A JUSTIÇA SOCIAL EM *O CAPITAL*

Editora Appris Ltda.
1.ª Edição - Copyright© 2025 dos autores
Direitos de Edição Reservados à Editora Appris Ltda.

Catalogação na Fonte
Elaborado por: Josefina A. S. Guedes
Bibliotecária CRB 9/870

L796j 2025	Lobato, Cícero de Paulo Monteiro A justiça social em O Capital / Cícero de Paulo Monteiro Lobato. – 1. ed. – Curitiba: Appris, 2025. 570 p. ; 27 cm. Inclui referências ISBN 978-65-250-7641-6 1. Trabalho. 2. Capital (Economia). 3. Tecnologia. I. Título. CDD – 331

Livro de acordo com a normalização técnica da ABNT

Editora e Livraria Appris Ltda.
Av. Manoel Ribas, 2265 – Mercês
Curitiba/PR – CEP: 80810-002
Tel. (41) 3156 - 4731
www.editoraappris.com.br

Printed in Brazil
Impresso no Brasil

Cícero de Paulo Monteiro Lobato

A JUSTIÇA SOCIAL EM *O CAPITAL*

artêra
editorial

Curitiba, PR
2025

FICHA TÉCNICA

EDITORIAL	Augusto V. de A. Coelho
	Sara C. de Andrade Coelho
COMITÊ EDITORIAL	Marli Caetano
	Andréa Barbosa Gouveia (UFPR)
	Edmeire C. Pereira (UFPR)
	Iraneide da Silva (UFC)
	Jacques de Lima Ferreira (UP)
SUPERVISORA EDITORIAL	Renata C. Lopes
PRODUÇÃO EDITORIAL	Sabrina Costa
REVISÃO	Ana Lúcia Wehr
DIAGRAMAÇÃO	Bruno Ferreira Nascimento
CAPA	Carlos Pereira
REVISÃO DE PROVA	Daniela Nazario

Somos assim, formados de barro e vento, de alguma forma,
para sermos fôrmas de formas, na Terra... e quem sabe, se quisermos, em todo o universo.

(Mourão Lobato)

AGRADECIMENTOS

Agradeço a Deus pela oportunidade de tentar trazer à pauta uma questão que atormenta a humanidade desde o manifesto comunista, quando Marx e Engels denunciaram a *exploração do trabalho escravo para obtenção de lucro pelos capitalistas.*

Dedico esta obra à minha família, a todos que acreditam na justiça social entre os seres humanos, independentemente de qualquer manifestação ideológica.

SUMÁRIO

CRÍTICA À ECONOMIA POLÍTICA

LIVRO I - VOLUME II

CRÍTICA À ECONOMIA POLÍTICA

LIVRO II – VOLUME III

CRÍTICA À ECONOMIA POLÍTICA
LIVRO III – VOLUME IV

A JUSTIÇA SOCIAL EM *O CAPITAL*

KARL MARX (Wilkipédia)

Karl Marx nasceu em Tréveris, Renânia – Prússia, Confederação Germânica, em 05 de maio de 1818, e faleceu em Londres, Inglaterra, em 14 de março de 1883, aos 64 anos.

Foi escritor, Filósofo, sociólogo, historiador e economista.

Marx nasceu em uma rica família de classe média, e estudou nas universidades de Bonn e Berlim, onde ficou interessado pelas ideias filosóficas dos jovens hegelianos. Depois dos estudos, ele escreveu para *Rheinische Zeitung*, um jornal radical publicado em Colônia, e começou a trabalhar na teoria da concepção materialista da história.

Mudou-se para Paris em 1843, onde começou a escrever para outros jornais radicais e conheceu Friedrich Engels, que se tornaria seu amigo e colaborador de longa data. Em 1849, ele foi exilado e se mudou para Londres junto com sua esposa e filhos, onde continuou a escrever e formular suas teorias sobre a atividade econômica e social. Ele também fez campanha para o socialismo e tornou-se uma figura significativa na Associação Internacional dos Trabalhadores.

FRIEDRICH ENGELS (Brasil Escola – Porfírio, Francisco – Internet)

Friedrich Engels foi um escritor, jornalista, economista, filósofo e teórico político alemão.

Engels escreveu, em parceria com Marx, o *Manifesto comunista*, e desenvolveu o materialismo histórico-dialético, também com a parceria de Karl Marx. Foi um dos grandes teóricos do comunismo do século XIX, e teve como grande motivação para o estudo e contribuição a essa área, a observação da condição dos operários em uma fábrica de sua família, em Manchester.

Engels nasceu em 1820, na cidade de Barmen, na Alemanha, filho de um rico industrial alemão. Engels iniciou o chamado curso secundário, desenvolvendo seus interesses particulares pelo estudo da filosofia, do direito e da economia, mas não o concluiu.

Ainda em Barmen, Engels começou a participar do grupo Jovens Hegelianos. O grupo havia sido fundado após a morte do célebre professor de filosofia Georg Wilhelm Friedrich Hegel, e visava produzir uma interpretação mais liberal e socialista dos escritos hegelianos.

Em 1842, aos 22 anos de idade, Engels vai para Manchester, na Inglaterra, para assumir um posto de chefia em uma das fábricas do pai. Ao entrar em contato com os trabalhadores industriais ingleses, o filósofo fica tocado pela vida extremamente precária que eles levavam. Aí se inicia o seu trabalho intelectual de oposição ao capitalismo que resultou, mais tarde, em uma profícua parceria com Karl Marx.

No fim de 1844, Marx e Engels escreveram o livro *A sagrada família*. Em 1845, Engels publicou *A situação dos trabalhadores da Inglaterra*.

Teve relacionamento estável com Mary Burns, até sua morte, em 1863. Após a morte de Mary, Engels iniciou um relacionamento com a irmã dela, Lydia "Lizzie" Burns, também sem um casamento civil ou religioso, durando até 1878, ano em que ela faleceu, aos 51 anos de idade.

Engels era um socialista convicto. Desde seu ingresso no grupo dos Jovens Hegelianos, o filósofo estava em contato com os ideais socialistas. A sua estada em Manchester e seu trabalho nas fábricas do pai fê-lo perceber o quão grave era a situação dos trabalhadores industriais ingleses. Esse choque de realidade abriu os olhos de Engels para a necessidade de pensar-se em uma teoria social e aplicá-la a fim de reduzir as desigualdades sociais.

Junto a Marx, Engels é considerado um teórico do socialismo científico, que estabelece uma distinção de classes sociais que deve ser superada para que haja justiça social.

O socialismo criado por Marx e Engels era diferente de todas as ideias socialistas pensadas antes. A teoria desses filósofos visava transformar os ideais socialistas em uma teoria científica capaz de ser aplicada numa realidade prática. Para tanto, os pensadores criaram um método de análise social chamado de materialismo histórico-dialético **(caminho entre ideias) (**grifo meu) e estabeleceram a necessidade de uma revolução para que houvesse uma mudança efetiva na sociedade.

A obra de Marx em economia estabeleceu a base para muito do entendimento atual sobre o trabalho e sua relação com o capital, além do pensamento econômico posterior em suas obras. Publicou vários livros durante sua vida, sendo *O Manifesto Comunista* (1848) e *O Capital* (1867-1894) os mais importantes.

As teorias de Marx sobre a sociedade, a economia e a política sustentam que as sociedades humanas progridem por meio da luta de classes: um conflito entre uma classe social, que controla os meios de produção, e a classe trabalhadora, que fornece a mão de obra para a produção; e que o "Estado burguês" foi criado para proteger os interesses da classe dominante, embora seja apresentado como um instrumento que representa o interesse comum de todos.

> Nas províncias romenas, uma parte das terras era explorada pelos membros da comunidade em lotes separados, como propriedade privada; outra, o "ager publics", era cultivada em comum. Os produtos desse trabalho comum serviam de reserva nas más colheitas ou em outras eventualidades, e constituíam receita pública destinada a cobrir custos de guerra, de religião e outras despesas. No curso do tempo, os dignitários guerreiros e religiosos usurparam a propriedade comum junto com as prestações de serviços a ela devidas. O trabalho do camponês, livre nas terras de propriedade comum, transformou-se em corveia para os ladrões das terras das comunidades. **Com isso, desenvolveram-se de fato, relações de servidão, que só foram sancionadas juridicamente, quando a Rússia, "libertadora do mundo", tornou a servidão legal, sob o pretexto de aboli-la.** O código da corveia, proclamado pelo general russo Kisselew, em 1831, foi naturalmente ditado pelos próprios boiardos. **Assim, a Rússia conquistou os magnatas dos principados danubianos e os aplausos dos cretinos liberais de toda a Europa** (grifo meu) (Marx, Karl – O Capital – Livro 1 – Volume 1 - O Processo de Produção Capitalista – p. 267-268).

Talvez o termo "comunista", empregado de maneira maliciosa pela burguesia, tenha se originado dessas comunas romenas e, com maior ênfase, após as reivindicações do partido comunista na Inglaterra, no século XIX, a favor da distribuição justa das riquezas produzidas na Inglaterra e nos demais países desenvolvidos à época. No século XIX, a aristocracia russa roubou as terras comuns e forçou os camponeses a trabalharem como escravos; com a tomada dessas terras, pela Revolução Russa, no século XX, entregando-as de volta aos camponeses, os liberais ocidentais gritaram e blasfemaram ao mundo burguês, taxando os revolucionários russos de comunistas, ladrões de propriedade privada, por meio de propagandas pagas aos meios de comunicações burgueses, que publicam apenas à medida do seu entesouramento. A partir daí, todos os governos contrários aos métodos de apropriação de riqueza das burguesias ocidentais liberais, nas sociedades modernas, são taxados de comunistas e perseguidos pelo poder das grandes corporações econômicas e dos governos que apoiam o capitalismo liberal.

Na verdade, o comunismo de Marx representa uma manifestação a favor da coletividade, da humanidade, para que ela encontre uma forma de tornar os homens e as mulheres menos desiguais, com direitos a uma vida mais digna, com condições de boas moradias, educação de qualidade, saúde e hospitais de qualidade para todos, higiene, lazer, cultura, enfim, bem-estar coletivo. O comunismo nunca propôs a supressão da propriedade privada, mas, sim, a distribuição justa do progresso eco-

nômico e social para toda a humanidade, e não apenas para 10% de toda a população, como quer a burguesia; pois não viemos à terra para ser pobres, miseráveis, indigentes; viemos para ser livres, dignos de merecermos – não importa a etnia, cor e crença – a felicidade na terra. E, para sermos felizes, precisamos ter condições básicas de igualdade social, educação, saúde, lazer, moradias dignas, com infraestrutura saudável, com padrão de qualidade moderna.

O comunismo não admite que haja concentração de renda tão alta como quer a burguesia ocidental liberal – é honesto e sensato que poucas famílias controlem 50% ou mais dos recursos sociais e deixem a grande maioria, 90% de todas as famílias, sem recursos suficientes para serem felizes e viverem com dignidade? Essas famílias são tão poderosas que chegam a controlar, juntas, nações e governos, fazendo governantes se sujeitarem a suas exigências – e isso é insensatez, pois seus objetivos são a concentração de recursos e de poder, contrários aos objetivos de bem-estar coletivo, que é a essência dos Estados soberanos e democráticos.

Veja, a seguir, a insensata posição de Bernard de Mandeville (século XVIII):

> Nos países onde a propriedade está bem protegida, é mais fácil viver sem dinheiro do que sem os pobres, pois quem faria o trabalho? Se não deve deixar os pobres morrerem de fome, não se lhes deve dar coisa alguma que lhes permita economizarem [...] A única coisa que pode tornar ativo o trabalhador é um salário moderado. Um salário demasiadamente pequeno, segundo o temperamento do trabalhador, deprime-o ou desespera-o; um demasiadamente grande torna-o insolente e preguiçoso... Numa nação livre, onde se proíbe a escravatura, a riqueza mais segura é constituída por um grande número de pobres laboriosos. Constituem fonte inesgotável para o recrutamento da marinha e do exército. Sem eles nada se poderia fruir nem poderiam ser explorados os produtos de um país.
>
> **Para tornar feliz a sociedade e para que o povo viva contente, mesmo em condições miseráveis, é necessário que a maioria permaneça ignorante e pobre.**
>
> **O saber aumenta e multiplica nossos desejos, e quanto menos um homem deseje mais fácil é satisfazer suas necessidades.** (grifo meu) (Marx, Karl – O Capital – Livro 1 – Volume 2 – O Processo de Produção Capitalista – p. 715).

Sobre a Lei Geral da Acumulação Capitalista, salienta Marx:

> É uma contradição do próprio movimento do capital que o incremento natural da massa de trabalhadores não sature suas necessidades de acumulação e, apesar disso, as ultrapassem. ***O Capital*** **precisa de maiores quantidades de trabalhadores jovens e de menor número de adultos** (grifo meu) (Marx, Karl – O Capital – Livro 1 – Volume 2 – O Processo de Produção Capitalista – p. 744).

Já em 1846 cantava o poeta Pierre Dupont, em seus Ouvriers (Marx, p. 806):

> Mal vestidos, morando em buracos,
>
> Sob tetos arruinados, em meio a escombros,
>
> Vivemos com as corujas e os ladrões,
>
> Amigos das sombras.

É por isso que, atualmente, muitos congressistas, apoiados por seus investidores diretos de campanha, fazem grande lobby para reduzir a idade penal – a grande maioria a ser afetada será a classe mais pobre, devido a suas más condições de formação, de oportunidades de melhor condição de vida e de educação inclusiva. Será uma porta aberta para outras leis contra o menor e a favor da burguesia capitalista. Esses congressistas nunca propõem aumento de verbas para educação integral e melhoria de condições de vida dos pais de crianças pobres. E o que mais me assombra é que, entre muitos pobres, há ainda muitos que, nas eleições, votam a favor dos ricos, a favor do capital, da burguesia, fazendo perpetuar suas condições de pobreza.

O Manifesto Comunista (Marx, 1999), escrito por Karl Marx e Friedrich Engels, em dezembro--janeiro de 1847-1848, após reuniões em Londres, com comunistas de várias nacionalidades, foi publicado em inglês, em fevereiro de 1848, na cidade de Londres, tendo sido traduzido e publicado em francês, alemão, italiano, flamengo e dinamarquês.

A seguir, coloco o resumo dos elementos mais significativos do Manifesto – nele podemos verificar uma grande manifestação de repúdio à forma como os capitalistas tratavam a questão social, excluindo os proletários e suas famílias de todo progresso social, proporcionado pelo acúmulo de riquezas em mãos dos proprietários de capitais, dos meios de produção e da acumulação de riqueza nas mãos dessa burguesia capitalista que, apesar de representar 1% da população da Inglaterra, detinha 90% da riqueza acumulada no país, naquela época. Comparada com a concentração de riquezas no mundo atual, podemos perguntar: o que de significativo modificou no contexto mundial?

Em 1847, todas as potências da velha Europa unem-se numa Santa Aliança para exorcizar o Comunismo: o papa e o czar, Metternich e Guizot, os radicais da França e os policiais da Alemanha. (Manifesto Comunista, p. 5).

Duas conclusões decorrem da agressão aos comunistas – **toda oposição ao liberalismo, não importa se liberal ou de esquerda, é caluniado como comunista** (grifo meu) (Manifesto Comunista, p. 5):

1) O comunismo já é reconhecido como força por todas as potências da Europa;

2) É tempo de os comunistas exporem, à face do mundo inteiro, seu modo de ver, seus fins e suas tendências, opondo um manifesto do próprio partido à lenda do espectro (imagem, sombra) do comunismo **propagandeado pela burguesia.** (grifo meu).

A história de todas as sociedades que existiram, até nossos dias, tem sido a história das lutas de classes. (Manifesto Comunista, p. 7).

Nas primeiras épocas históricas, verificamos, quase por toda parte, uma completa divisão da sociedade em classes distintas, uma escala graduada de condições sociais. Na Roma antiga encontramos patrícios, cavaleiros, plebeus, escravos; na idade Média, senhores, vassalos, mestres, companheiros, servos; e, em quase que em cada uma destas classes, novas divisões hierárquicas. (Manifesto Comunista, p. 7).

A sociedade burguesa moderna, que brotou das ruínas da sociedade feudal, não suplantou os velhos antagonismos de classe. Ela colocou no lugar novas classes, novas condições de opressão, novas formas de luta. Entretanto, esta época se caracteriza por ter simplificado os antagonismos de classe. A sociedade divide-se cada vez mais em dois vastos campos opostos, em duas grandes classes diametralmente opostas: a burguesia e o proletariado. (Manifesto Comunista, p. 8)

A descoberta da América, a circunavegação da África, ofereceram à burguesia em assenso **(acordo, aprovação, consentimento)** um novo campo de ação. Os mercados da Índia e da China, a colonização da América, o comércio colonial, o incremento dos meios de troca e, em geral, das mercadorias, imprimiram um impulso, desconhecido até então, ao comércio, à indústria, à navegação, e, por conseguinte, desenvolveram rapidamente o elemento revolucionário da sociedade feudal em decomposição. (grifo meu) (Manifesto Comunista, p. 8).

A antiga organização feudal da indústria, em que esta era circunscrita a corporações fechadas, já não podia satisfazer às necessidades que cresciam com a abertura de novos mercados. A manufatura a substituiu. A pequena burguesia industrial suplantou os mestres das corporações; a divisão do trabalho entre as diferentes corporações desapareceu diante da divisão do trabalho dentro da própria oficina. (Manifesto Comunista, p. 8-9).

Todavia, os mercados ampliavam-se cada vez mais: a procura de mercadorias aumentava sempre; a própria manufatura tornou-se insuficiente. Então o vapor e a maquinaria revolucionaram a produção industrial. A grande indústria moderna suplantou a manufatura; a média burguesia manufatureira cedeu lugar aos milionários da indústria, aos chefes de verdadeiros exércitos industriais, aos burgueses modernos. (Manifesto Comunista, p. 9).

Vemos, pois, que a própria burguesia moderna é o produto de um longo processo de desenvolvimento, de uma série de revoluções no molde de produção e de troca. **O governo moderno não é senão um comitê para gerir os negócios comuns de toda a classe burguesa.** (grifo meu) (Manifesto Comunista, p. 9-10).

Onde quer que tenha conquistado o poder, a burguesia calcou aos pés às relações feudais, patriarcais e idílicas **(utópicas, fantasiosas)**. Todos os complexos e variados laços que prendiam o homem feudal a seus superiores naturais ela os despedaçou sem piedade, para só deixar subsistir, de homem para homem, o laço do frio interesse, as duras exigências do pagamento à vista. (grifo meu) (Manifesto Comunista, p. 10-11).

Em uma palavra, em lugar da exploração velada por ilusões religiosas e políticas, a burguesia colocou uma exploração aberta, cínica, direta e brutal. Despojou de sua auréola todas as atividades até então reputadas veneráveis e encaradas com piedoso respeito. Do médico, do jurista, do sacerdote, do poeta, do sábio, fez seus servidores assalariados. (Manifesto Comunista, p. 11).

Pela exploração do mercado mundial, a burguesia imprimiu um caráter cosmopolita à produção e ao consumo em todos os países. Para desespero dos reacionários, ela retirou à indústria sua base nacional. As velhas indústrias nacionais foram destruídas e continuam a sê-lo diariamente. São suplantadas por novas indústrias, cuja introdução se torna uma questão vital para todas as nações civilizadas, indústrias que não empregam mais matérias-primas autóctones (do país), mas sim matérias-primas vindas das regiões mais distantes, e cujos produtos se consomem não somente no próprio país, mas em todas as partes do globo. Em lugar do antigo isolamento de regiões e nações, que se bastavam a si próprias, desenvolvem-se um intercâmbio universal, uma universal interdependência das nações, tanto à produção material como à produção intelectual. (Manifesto Comunista, p. 13).

A burguesia submeteu o campo à cidade. Criou grandes centros urbanos; aumentou prodigiosamente a população das cidades em relação à dos campos e, com isso, arrancou uma grande parte da população do embrutecimento da vida rural. Do mesmo modo que subordinou o campo à cidade, os países bárbaros ou semibárbaros aos países civilizados, subordinou os povos camponeses aos povos burgueses, o Oriente ao Ocidente. Aglomerou as populações, centralizou os meios de produção e concentrou a propriedade em poucas mãos. A consequência necessária dessas transformações foi a centralização política. Províncias independentes, apenas ligadas por débeis laços federativos, possuindo interesses, leis, governos e tarifas aduaneiras diferentes, foram reunidas em uma só nação, com um só governo, uma só lei, um só interesse nacional de classe, uma só barreira alfandegária. (Manifesto Comunista, p. 14-15).

Que século anterior teria suspeitado que semelhantes forças produtivas (a subjugação das forças da natureza, as máquinas, a aplicação da química à indústria, à agricultura, a navegação a vapor, as estradas de ferro, o telégrafo elétrico, a exploração de continentes inteiros, a canalização dos rios etc.) estivessem adormecidas no seio do trabalho social? (grifo meu) (Manifesto Comunista, p. 15).

No lugar da sociedade feudal estabeleceu-se a livre concorrência, com uma organização social e política correspondente, com a supremacia econômica e política **(e jurídica)** da classe burguesa. (grifo meu) (Manifesto Comunista, p. 16).

Hoje, as relações burguesas de produção e de troca, o regime burguês de propriedade, a sociedade burguesa moderna, que conjurou gigantescos meios de produção e de troca, assemelha-se ao feiticeiro que já não pode controlar as potências infernais que pôs em movimento com suas palavras mágicas. (Manifesto Comunista, p. 16).

O sistema burguês tornou-se demasiado estrito para conter as riquezas criadas em seu seio. De um lado, pela destruição violenta de grande quantidade de forças produtivas; de outro lado, pela conquista de novos mercados e pela exploração mais intensa dos antigos. (Manifesto Comunista, p. 17).

As armas que a burguesia utilizou para abater o feudalismo, voltam-se hoje contra a própria burguesia. (Manifesto Comunista, p. 18).

Com o desenvolvimento da burguesia, isto é, do capital, desenvolve-se também o proletariado, a classe dos operários modernos, que só podem viver se encontrarem trabalho, e que só encontram trabalho na medida em que este aumenta o capital. Esses operários, constrangidos a vender-se diariamente, são mercadoria, artigo de comércio como qualquer outro; em consequência, estão sujeitos a todas as vicissitudes (transformações) da concorrência, a todas as flutuações do mercado, **a todas as crises da indústria moderna**. (grifo meu) (Manifesto Comunista, p. 18).

O crescente emprego de máquinas e a divisão do trabalho, despojando o trabalho do operário de seu caráter autônomo, tiram-lhe todo atrativo. O produtor passa a um simples apêndice da máquina e só se requer dele a operação mais simples, mais monótona, mais fácil de aprender. Desse modo, o custo do operário se reduz, quase exclusivamente, aos meios de manutenção que lhe são necessários para viver e perpetuar sua existência. À medida que aumenta o caráter enfadonho do trabalho, decrescem os salários, e a quantidade de trabalho cresce com o desenvolvimento do maquinismo e da divisão do trabalho, quer pelo prolongamento das horas de labor, quer pelo aumento do trabalho exigido em um tempo determinado, pela aceleração do movimento das máquinas etc. (Manifesto Comunista, p. 18-19).

Quanto menos o trabalho exige habilidade e força, isto é, quanto mais a indústria moderna progride, tanto mais o trabalho dos homens é suplantado pelo das mulheres e crianças. As diferenças de idade e de sexo não têm mais importância social para a classe operária. Não há senão instrumentos de trabalho, cujo preço varia segundo a idade e o sexo. (Manifesto Comunista, p. 19).

Depois de sofrer a exploração do fabricante e de receber seu salário em dinheiro, o operário torna-se presa de outros membros da burguesia, do proprietário, do varejista, do usurário etc. As camadas inferiores da classe média de outrora, os pequenos industriais, pequenos comerciantes e pessoas que possuem rendas, artesãos e camponeses, caem nas fileiras do proletariado: uns porque seus pequenos capitais, não lhes permitindo empregar os processos da grande indústria, sucumbiram na concorrência com os grandes capitalistas; outros, porque sua habilidade profissional é depreciada pelos novos métodos de produção. (Manifesto Comunista, p. 19-20).

Em virtude da concorrência crescente dos burgueses entre si, e devido às crises comerciais que disso resultam, os salários se tornam cada vez mais instáveis; o aperfeiçoamento constante e cada vez mais rápido das máquinas torna a condição de vida do operário cada vez mais precária; os choques individuais entre o operário e o burguês tomam cada vez mais o caráter de choques entre duas classes. Os operários começam a formar uniões contra os burgueses e atuam em comum na defesa de seus salários; chegam a fundar associações permanentes a fim de se prepararem, na previsão daqueles choques eventuais. (Manifesto Comunista, p. 21-22).

A organização do proletariado em classe e, portanto, em partido político, é incessantemente destruída pela concorrência que fazem entre si os próprios operários **(que se vendem aos patrões, como arma para vencer a resistência dos movimentos operários)**. Mas renasce sempre, e cada vez mais forte, mais firme, mais poderosa. Aproveita-se das divisões intestinas da burguesia para obrigá-la ao reconhecimento legal de certos interesses da classe operária, como, por exemplo, a lei da jornada de dez horas de trabalho na Inglaterra. (grifo meu) (Manifesto Comunista, p. 22).

A burguesia vive em guerra perpétua. Primeiro, contra a aristocracia; depois, contra as frações da própria burguesia, cujos interesses se encontram em conflito com os progressos da indústria; e sempre contra a burguesia dos países estrangeiros. (Manifesto Comunista, p. 23).

Do mesmo modo que outrora, uma parte da nobreza passou-se para a burguesia; em nossos dias, uma parte da burguesia passa-se para o proletariado, especialmente a parte dos ideólogos burgueses que chegaram à compreensão teórica do movimento histórico em seu conjunto. De todas as classes que ora enfrentam a burguesia, só o proletariado é uma classe verdadeiramente revolucionária. (Manifesto Comunista, p. 23-24).

Nas condições de existência do proletariado já estão destruídas as da velha sociedade. O proletário não tem propriedade; suas relações com a mulher e os filhos nada têm de comum com as relações familiares burguesas. O trabalho industrial moderno, a sujeição do operário pelo capital, tanto na Inglaterra, na França, na Alemanha, como na América, despoja o proletário de todo caráter nacional. As leis, a moral, a religião, são para ele meros preconceitos burgueses, atrás dos quais se ocultam outros tantos interesses burgueses. (Manifesto Comunista, p. 24-25).

O operário moderno, longe de se elevar com o progresso da indústria, desce cada vez mais abaixo das condições de sua própria classe. O trabalhador cai no pauperismo, e este cresce ainda mais rapidamente que a população e a riqueza. É, pois, evidente que a burguesia é incapaz de continuar desempenhando o papel de classe dominante; e de impor à sociedade, como lei suprema, as condições de existência de sua classe. (Manifesto Comunista, p. 26-27).

A condição essencial da existência e da supremacia da classe burguesa é a acumulação da riqueza nas mãos dos particulares, a formação e o crescimento do capital. (Manifesto Comunista, p. 27).

A condição de existência do capital é o trabalho assalariado. Este se baseia exclusivamente na concorrência dos operários entre si. O progresso da indústria, de que a burguesia é agente passivo e inconsciente, substitui o isolamento dos operários, resultante de sua competição, por sua união revolucionária mediante a associação. (Manifesto Comunista, p. 27).

Os comunistas só se distinguem dos outros partidos operários em dois pontos: (Manifesto Comunista, p. 28).

1) nas diversas lutas nacionais dos proletários, destacam e fazem prevalecer os interesses comuns do proletariado, independentemente da nacionalidade;

2) nas diferentes fases por que passa a luta entre proletários e burgueses, representam, sempre e em toda parte, os interesses do movimento em seu conjunto.

O objetivo imediato dos comunistas é o mesmo que o de todos os partidos proletários: constituição dos proletários em classe, derrubada da supremacia burguesa – não é extinguir a burguesia; conquista do poder político pelo proletariado – participação do proletariado no poder político para defender seus interesses de classe. (grifo meu) (Manifesto Comunista, p. 29).

Todas as relações de propriedade têm passado por modificações constantes em consequência das contínuas transformações das condições históricas. A Revolução Francesa, por exemplo, aboliu a propriedade feudal em proveito da propriedade burguesa. (Manifesto Comunista, p. 29).

O que caracteriza o comunismo não é a abolição da propriedade em geral, mas a abolição da propriedade burguesa (era insuportável a concentração majoritária da propriedade nas mãos da burguesia – 1% da população detinha 90% de toda a riqueza acumulada da Inglaterra). Ora, a propriedade privada atual, a propriedade burguesa, é a última e mais perfeita expressão do modo de produção e de apropriação baseado nos antagonismos de classe, na exploração de uns pelos outros. (grifo meu) (Manifesto Comunista, p. 30).

O progresso da indústria já aboliu e continua a abolir a propriedade do pequeno burguês, em proveito da burguesia **(elite detentora dos meios de produção e do financiamento desses meios)**. Mas o trabalho do proletário assalariado, quando é capaz de criar propriedade para o proletário? (grifo meu) (Manifesto Comunista, p. 30).

Sobre a propriedade dos meios de produção, Marx e Engels, em *O Capital* – ao contrário do que se divulga pela cultura popular burguesa, de que o comunismo propõe a captura da propriedade privada pelo povo – estabelecem que:

Nas sociedades por ações dissociam-se a função e a propriedade do capital e, em consequência, o trabalho aparece por completo separado da propriedade, quer dos meios de produção, quer do trabalho excedente. (Karl Marx – O Capital – O Processo Global de Produção Capitalista – Livro 3 – Volume 5 – p. 505).

Esse resultado do desenvolvimento máximo da produção capitalista é uma fase transitória que levará o capital, necessariamente, a reverter à propriedade dos produtores, não mais, porém, como propriedade privada de produtores individuais, e sim como propriedade dos produtores na qualidade de associados, propriedade diretamente social. Nesta fase transitória, todas as funções do processo de reprodução ainda ligadas até agora, à propriedade do capital, se transformarão em simples funções dos produtores, associados em funções sociais (sociedades por ações e cooperativas industriais). (grifo meu) (Karl Marx – O Capital – O Processo Global de Produção Capitalista – Livro 3 – Volume 5 – p. 505-506).

Tanto as empresas capitalistas por ações quanto as cooperativas industriais dos trabalhadores devem ser consideradas formas de transição entre o modo capitalista de produção e o modo associado. (grifo meu) (Karl Marx – O Capital – O Processo Global de Produção Capitalista – Livro 3 – Volume 5 – p. 509).

O sistema de crédito, pela natureza dúplice que lhe é inerente, de um lado, desenvolve a força motriz da produção capitalista, o enriquecimento pela exploração do trabalho alheio, levando a um sistema puro e gigantesco de especulação e jogo, e limita cada vez mais o número dos poucos que exploram a riqueza social; de outro, constitui a forma de passagem para novo modo de produção do sistema capitalista de um só proprietário capitalista para o sistema de produção capitalista social – societário – empresas com vários sócios (Sociedades Anônimas, Sociedades por Cotas de Responsabilidade Ltda.) (grifo meu) (Karl Marx – O Capital – O Processo Global de Produção Capitalista – Livro 3 – Volume 5 – p. 510).

Continuando a narrativa dos comentários sobre o *Manifesto Comunista*:

Em sua forma atual a propriedade se move entre os dois termos antagônicos: capital e trabalho. (Manifesto Comunista, p. 31).

O capital é um produto coletivo, só pode ser posto em movimento pelos esforços combinados de todos os membros da sociedade. Não é, pois, uma força pessoal, é uma força social. Assim, quando o capital é transformado em propriedade comum, pertencente a todos os membros da sociedade, não é uma propriedade pessoal que se transforma em propriedade social. O que se transformou foi apenas o caráter social da propriedade. Esta perde seu caráter de classe. (Manifesto Comunista, p. 30).

Quanto ao trabalho do assalariado, o preço que se paga a ele é o mínimo de salário, isto é, a soma dos meios de subsistência necessária para que o operário viva como operário. Por conseguinte, o operário obtém com o seu trabalho o estritamente necessário para a sua mera conservação e reprodução de sua vida individual. O que o partido comunista deseja é suprimir o caráter miserável dessa apropriação, que faz com que o operário só viva para aumentar o capital do capitalista e só viva na medida em que o exigem os interesses da classe burguesa. (Manifesto Comunista, p. 32).

Na sociedade burguesa, o trabalho vivo é sempre um meio de aumentar o trabalho acumulado. Na sociedade comunista, o trabalho acumulado é sempre um meio de ampliar, enriquecer e melhorar cada vez mais a existência dos trabalhadores e de toda a sociedade. (grifo meu) (Manifesto Comunista, p. 32).

Na sociedade burguesa, o capital é independente e pessoal, ao passo que o indivíduo que trabalha não tem nem independência, nem personalidade. (Manifesto Comunista, p. 32).

Por liberdade, nas condições atuais da produção burguesa, compreende-se a liberdade de comércio, a liberdade de comprar e vender. (Manifesto Comunista, p. 33).

Na sociedade burguesa a propriedade privada está abolida para 9/10 (90%) de seus membros. E é precisamente porque não existe para estes nove décimos que ela existe para a classe burguesa. (grifo meu) (Manifesto Comunista, p. 33).

Acusai-nos (a burguesia aos comunistas), portanto, de querer abolir uma forma de propriedade que só pode existir com a condição de privar de toda propriedade a imensa maioria da sociedade. (grifo meu) (Manifesto Comunista, p. 33).

Desde o momento em que o trabalho não mais pode ser convertido em capital, em dinheiro, em renda da terra; desde o momento em que a propriedade individual não possa mais se converter em propriedade burguesa, declarais que a individualidade (do burguês somente) está suprimida – **o proletário não necessita de propriedade na visão burguesa**. (grifo meu) (Manifesto Comunista, p. 33-34).

O comunismo não retira a ninguém o poder de apropriar-se de sua parte dos produtos sociais; apenas quer suprimir o poder de escravizar o trabalho de outrem por meio dessa apropriação. (grifo meu) (Manifesto Comunista, p. 34).

Sobre a difamação dos burgueses de dizerem que os comunistas querem destruir a família, perguntamos sobre que fundamento repousa a família atual, a família burguesa? No capital, no ganho individual. (grifo meu) (Manifesto Comunista, p. 36).

A família, na sua plenitude, só existe para a burguesia, mas encontra seu complemento na supressão forçada das famílias dos proletários e na prostituição pública. (grifo meu) (Manifesto Comunista, p. 36).

Acusam aos comunistas de querer abolir a exploração das crianças, por seus próprios pais? (grifo meu) (Manifesto Comunista, p. 36).

Sim, os comunistas querem que as crianças proletárias tenham vida plena infantil, querem que elas estudem, que tenham bons alimentos, tais como as crianças das famílias burguesas. (grifo meu) (Manifesto Comunista, p. 36).

Nos trechos a seguir, Marx, em *O Capital*, denunciou a voracidade dos capitalistas em relação à utilização da mão de obra infantil, sendo insensíveis à natureza infantil e às condições de higienização e de salubridade nos locais de trabalho em domicílios.

Os trabalhos em domicílios comportavam duas divisões: 1) acabamento; 2) rendas feitas com bilros. (Karl Marx – O Capital – O Processo de Produção Capitalista – Livro 1 – Volume 1 – p. 535).

O acabamento de rendas se realizava ou nas casas das patroas ou por intermédio de mulheres, ajudadas ou não pelos filhos, em sua residência. Eram pobres as mulheres que mantinham as "casas das patroas". O local de trabalho era parte de sua residência. O número das trabalhadoras empregadas variava nuns casos de 20 a 40 e noutros de 10 a 20. A idade mínima em que as crianças começavam a trabalhar era de 6 anos, mas muitas começavam com menos de 5. O tempo ordinário de trabalho ia de 8 da manhã às 8 da noite, com 1 ½ horas para refeições que eram tomadas irregularmente e muitas vezes nos fétidos cubículos de trabalho. Quando o negócio se animava, o trabalho durava de 6 da manhã até 10, 11 ou 12 da noite – n**os quartéis ingleses, o espaço regulamentar reservado para cada soldado era de 500 a 600 pés cúbicos; nos hospitais militares, de 1200 pés cúbicos; e naqueles cubículos de trabalho cabia a cada pessoa 67 a 100 pés cúbicos**, e a luz do gás ainda consumia o oxigênio do ar. (grifo meu) (Karl Marx – O Capital – O Processo de Produção Capitalista – Livro 1 – Volume 1 – p. 535).

Para manter as rendas limpas, as crianças tinham muitas vezes de descalçar os sapatos, mesmo no inverno, embora o chão fosse de laje ou de ladrilho. (Karl Marx – O Capital – O Processo de Produção Capitalista – Livro 1 – Volume 1 – p. 535).

As patroas usavam uma vara como estimulante na medida em que o trabalho se prolongava.

As crianças se cansam progressivamente e ficam agitadas como pássaros à medida que se aproxima o fim da longa tarefa a que estão aprisionadas, monótona, fatigante para a vista, esgotante pela postura uniforme do corpo. É um verdadeiro trabalho de escravo. (Karl Marx – O Capital – O Processo de Produção Capitalista – Livro 1 – Volume 1 – p. 536).

Quando as senhoras trabalhavam com os próprios filhos em casa, o que modernamente significa num quarto alugado, frequentemente num sótão, a situação era pior, se isso é possível. Essa espécie de trabalho é encontrada num raio de 80 milhas em volta de Nottingham. Quando o garoto empregado nos estabelecimentos comerciais saia às 9 ou 10 da noite, davam-lhe muitas vezes um embrulho com rendas para fazer o seu acabamento em casa. O fariseu capitalista, representado por um dos seus lacaios assalariados, faz-lhe a entrega com a frase untuosa "isto é para a mamãe"; mas sabe muito bem que o pobre menino vai ter de ficar sentado ajudando. (Karl Marx – O Capital – O Processo de Produção Capitalista – Livro 1 – Volume 1 – p. 536).

Os pais, mergulhados na miséria e na degradação, só pensavam em extrair o máximo possível dos filhos. Estes, depois de crescidos, não queriam mais saber dos pais e os abandonavam.

Não admira que grassem a ignorância e o vício em gente assim criada [...]. Sua moral está no nível mais baixo... Grande número de mulheres tem filhos ilegítimos, e em idade tão imatura que assombra mesmo os familiarizados com a estatística criminal. (Karl Marx – O Capital – O Processo de Produção Capitalista – Livro 1 – Volume 1 – p. 538).

E a pátria dessas famílias modelares, é o país cristão exemplar da Europa, diz o Conde de Monta-lembert, por certo indiscutível autoridade em matéria de cristianismo. (Karl Marx – O Capital – O Processo de Produção Capitalista – Livro 1 – Volume 1 – p. 538).

Continuando a narrativa dos comentários sobre o *Manifesto Comunista*:

A burguesia diz também que os comunistas destruíram os vínculos mais íntimos, substituindo a educação doméstica pela educação social. (grifo meu) (Manifesto Comunista, p. 36).

E a educação burguesa não é também determinada pela sociedade, pelas condições sociais em que educam seus filhos, pela intervenção direta ou indireta da sociedade por meio de suas escolas? (Manifesto Comunista, p. 36).

Os comunistas não inventaram essa intromissão da sociedade na educação, apenas mudam seu caráter e arrancam a educação à influência da classe dominante, a burguesia, **estendendo-a a toda a sociedade.** (grifo meu) (Manifesto Comunista, p. 36).

As declamações burguesas sobre a família e a educação, sobre os doces laços que unem a criança aos pais, tornam-se cada vez mais repugnantes, à medida que a grande indústria destrói todos os laços familiares do proletário e transforma suas crianças em simples objetos de comércio, em instrumentos de trabalho. (grifo meu) (Manifesto Comunista, p. 37).

Toda a burguesia grita em coro: Vós, comunistas, quereis introduzir a comunidade das mulheres! (Manifesto Comunista, p. 37).

Os burgueses, não contentes em ter à sua disposição as mulheres e as filhas dos proletários, sem falar da prostituição oficial, têm singular prazer em cornearem-se uns aos outros. (grifo meu) (Manifesto Comunista, p. 37).

O casamento burguês é, na realidade, a comunidade das mulheres casadas. No máximo, poderiam acusar os comunistas de querer substituir uma comunidade de mulheres, hipócrita e dissimulada, por outra que seria franca e oficial. De resto, é evidente que, com a abolição das relações de produção atuais, a comunidade das mulheres que deriva dessas relações, isto é, a prostituição oficial e não oficial, desaparecerá. (Manifesto Comunista, p. 38).

Além disso, os comunistas são acusados de querer abolir a pátria, a nacionalidade. (grifo meu) (Manifesto Comunista, p. 38).

Mas os operários não têm pátria. Não se lhes pode tirar aquilo que não possuem. Como, porém, o proletariado tem por objetivo conquistar o poder político e erigir-se em classe dirigente da nação, tornar-se ele mesmo a nação; ele é, nessa medida, nacional, embora de nenhum modo no sentido burguês da palavra. (Manifesto Comunista, p. 38).

As demarcações e os antagonismos nacionais entre os povos desaparecem cada vez mais com o desenvolvimento da burguesia, com a liberdade do comércio e o mercado mundial, com a uniformidade da produção industrial e as condições de existência que lhe correspondem. (Manifesto Comunista, p. 38).

Suprimi a exploração do homem pelo homem e tereis suprimido a exploração de uma nação por outra. (Manifesto Comunista, p. 39).

Quanto às acusações feitas aos comunistas em nome da religião, da filosofia e da ideologia em geral, não merecem um exame aprofundado. (grifo meu) (Manifesto Comunista, p. 39).

Será preciso grande perspicácia para compreender que as ideias, as noções e as concepções, numa palavra, que a consciência do homem se modifica com toda mudança sobrevinda em suas condições de vida **(material e espiritual)**, em suas relações sociais, em sua existência social? (grifo meu) (Manifesto Comunista, p. 39).

Que demonstra a história das ideias senão que a produção intelectual se transforma com a produção material? (Manifesto Comunista, p. 39).

As ideias dominantes de uma época sempre foram as ideias da classe dominante. As ideias de liberdade religiosa e de liberdade de consciência não fizeram mais que proclamar o império da livre concorrência no domínio do conhecimento. As ideias religiosas, morais, filosóficas, políticas, jurídicas etc., modificaram-se no curso do desenvolvimento histórico, mas a religião, a moral, a filosofia, a política, o direito, mantiveram-se sempre através dessas transformações. (Manifesto Comunista, p. 39-40).

O comunismo quer abolir as verdades eternas como a liberdade, a justiça etc., comuns a todos os regimes sociais? Quer abolir a religião e a moral, em lugar de lhes dar uma nova forma, e isso contradiz todo o desenvolvimento histórico anterior? A que se reduz essa acusação? (grifo meu) (Manifesto Comunista, p. 40).

A história de toda a sociedade, até nossos dias, consiste no desenvolvimento dos antagonismos de classe, antagonismos que se têm revestido de formas diferentes nas diferentes épocas. (Manifesto Comunista, p. 40-41).

Mas qualquer que tenha sido a forma desses antagonismos, a exploração de uma parte da sociedade por outra é um fato comum a todos os séculos anteriores. Portanto, nada há de espantoso que a consciência social de todos os séculos, apesar de toda sua variedade e diversidade, se tenha movido sempre sob certas formas comuns, formas de consciência que só se dissolverão completamente com o desaparecimento total dos antagonismos de classe. (grifo meu) (Manifesto Comunista, p. 41).

Os comunistas sustentam que nos países mais adiantados, as seguintes medidas poderão geralmente ser postas em prática:

1) expropriação da propriedade latifundiária e emprego da renda da terra em proveito do Estado; (grifo meu) (Manifesto Comunista, p. 42).

Sobre esta proposta, no Brasil, os partidos com pautas concretas no interesse social sustentam a expropriação de propriedades latifundiárias improdutivas para serem entregues a camponeses que se constituem em comunidades produtivas (principalmente o MST). O Estado, além de expropriar essas terras, também deve entregar aos movimentos sociais que se dispõem a trabalhar a terra, as suas próprias terras improdutivas, tal como fizeram os EUA quando da expansão americana para a conquista Leste--Oeste, e disponibilizar linhas de créditos produtivos e locais para colocação (mercados municipais) de seus produtos, diretamente aos consumidores, melhorando seus rendimentos e diminuindo o custo dos produtos aos consumidores.

2) imposto fortemente progressivo; (grifo meu) (Manifesto Comunista, p. 42).

Sobre esta proposta, no Brasil, as esquerdas lutam para estender as taxas sobre faixas de rendas maiores e diminuição de impostos para os que ganham menos. Além disso, é importante o avanço da tributação sobre os lucros distribuídos sobre as formas de juros e dividendos aos acionistas, cuja arrecadação poderia ser investida em programas de saneamento básico, educação e saúde.

3) abolição do direito de herança; (grifo meu) (Manifesto Comunista, p. 42).

Na Inglaterra, à época, era comum que os terrenos locados para construção e produção agrícola fossem devolvidos em determinada época ao proprietário do terreno. Em censo da Inglaterra e do País de Gales, de 1861, 36.032 eram proprietários de casas, para uma população de 20 milhões de habitantes. Na realidade, quem herdava a maioria das construções e propriedades de terras eram os filhos e netos dos proprietários das terras arrendadas.

A seguir, coloco um trecho, de *O Capital*, demonstrando o descontentamento dos arrendatários de construção:

> Vencido o contrato de locação do terreno, os arrendatários são obrigados a entregar a casa ao grande proprietário, depois de lhe terem pago, até então, renda fundiária excessiva. Mal finda o contrato de locação, aparece o agente ou inspetor do proprietário do terreno, visita vossa casa e, depois de vos fazer pô-la em boas condições, toma posse dela e a anexa ao domínio do patrão. **A verdade é que, se for permitido que esse sistema ainda fique em pleno vigor por longo tempo, toda a propriedade das casas no Reino Unido, como a propriedade das terras agrícolas, ficará nas mãos dos grandes senhores de terras.** Todo o extremo oriental de Londres, ao norte e ao sul de "Temple Bar" pertence de maneira quase exclusiva a cerca de meia dúzia de grandes proprietários, proporcionando-lhes enormes rendas fundiárias, e os contratos de locação, quando não se extinguiram ainda totalmente, vencem-se rapidamente uns após outros. O mesmo se estende em maior ou menor grau a toda cidade do Reino. Mas, esse sistema voraz de exclusividade e monopólio ainda não se detém aí. Em virtude desse processo de usurpação, quase todas as docas de nossas cidades portuárias estão nas mãos dos grandes leviatãs de terras. (Loc. Cit., p. 92.) (Karl Marx – O Capital – O Processo Global de Produção Capitalista – Livro 3 – Volume 6 – p. 713).

No Livro 3 "Conversão do Lucro Suplementar em Renda Fundiária", Volume VI, Marx descreve comentários de (A. A. Walton, em *History of The landed tenures of Great Britain and Ireland*, Londres, 1865, diz a respeito:

> **Todos os esforços dos numerosos estabelecimentos agrícolas de nosso país não podem chegar a resultados muito importantes ou realmente apreciáveis para o progresso efetivo destinado a melhorar a agricultura, enquanto tais melhorias sirvam mais para aumentar o valor da propriedade e o montante da renda do proprietário do que para melhorar a situação do arrendatário ou do trabalhador agrícola.**

> **Os arrendatários em geral sabem tão bem quanto os proprietários das terras e seus administradores ou mesmo o presidente de uma sociedade agrícola que drenar bem, adubar com abundância e amanhar bem a terra, empregando-se, ao mesmo tempo, mais trabalho para limpar rigorosamente o terreno e revolvê-lo, produzem maravilhosos resultados, melhorando o solo e acrescendo a produção. Mas, tudo isso exige despesas consideráveis, e os arrendatários também sabem e muito bem que por mais que melhorem a terra ou aumentem o valor dela, quem a longo prazo tira a vantagem principal em rendas aumentadas e valor acrescido do solo é o proprietário [...].** (Karl Marx – O Capital – O Processo Global de Produção Capitalista – Livro 3 – Volume 6 – p. 712).

E complementa:

> **Na agricultura propriamente dita, esse processo ainda não se patenteia tão claro como na utilização de terrenos para construção. Na Inglaterra, a maior parte dos terrenos para construção não são vendidos como propriedade alodial (livre de encargos gerais) e sim alugados pelos proprietários por 99 anos, ou se possível por tempo mais curto. Vencido esse prazo, as construções revertem com o solo ao proprietário deste.** (Karl Marx – O Capital – O Processo Global de Produção Capitalista – Livro 3 – Volume 6 – p. 713).

Assim, essa proposta "comunista", à época, atendia à quase totalidade da população da Inglaterra e do País de Gales, portanto, justa e extremamente benéfica à população.

Sobre esta proposta, hoje, no Brasil, temos aprovado o imposto dos Estados sobre as heranças e doações. Mas há movimentos da sociedade, aqui e no mundo, e de seus representantes políticos em busca de novas receitas e de arrecadação na tributação das grandes fortunas – seria sensato tributar as grandes fortunas não declaradas, decorrentes de omissão de receitas, evitando-se a bitributação.

> **4) confisco da propriedade de todas os emigrados e sediciosos;** (grifo meu) (Manifesto Comunista, p. 42).

Esta proposta, à época, deve ter sido em função do total descaso da burguesia em relação aos reclamos e às condições sociais de pauperismo dos proletários – seria uma proposta pós-revolução.

> **5) centralização do crédito nas mãos do Estado por meio de um banco nacional, com capital do Estado e com monopólio do Estado;** (grifo meu) (Manifesto Comunista, p. 42-43).

No Brasil, temos bancos regionais de desenvolvimento, o Banco Nacional de Desenvolvimento Econômico e Social e bancos com maioria de capital estatal, ao lado de bancos privados. Contudo, atualmente, há movimentos crescentes da burguesia para acabar com esses bancos estatais e entregá-los à iniciativa privada, diminuindo o poder do Estado em dar oportunidade, com créditos baratos, às empresas que queiram investir no país, aumentar sua produção e produtividade e beneficiar o financiamento de suas exportações, fazendo com que o país perca sua capacidade de investimento, entregando ao mercado internacional sua disposição em fazer o país crescer.

6) centralização, nas mãos do Estado, de todos os meios de transporte; (grifo meu) (Manifesto Comunista, p. 43).

Infelizmente, a iniciativa privada no Brasil, a cada dia, toma conta mais e mais desse setor, tendo o Estado de intervir nas tarifas para diminuir as dificuldades impostas aos cidadãos que necessitam ir e vir diariamente ao trabalho, e deste para suas casas, e para suas compras, recreação e diversão – grandes corporações que tomaram conta do setor de transportes, no Brasil, associaram-se para inibir os investimentos menos onerosos ao transporte de cargas e de pessoas (trens de carga e urbanos).

Essencial também estar nas mãos do Estado os setores de energia e saneamento básico, estratégicos para o desenvolvimento econômico e social de qualquer país, e de sua segurança geopolítica.

7) multiplicação das fábricas e dos instrumentos de produção pertencentes ao Estado, arroteamento (tornar o terreno arado, pronto para cultivo) das terras incultas e melhoramento das terras cultivadas, segundo um plano geral; (grifo meu) (Manifesto Comunista, p. 43).

A burguesia fica ávida para tomar do Estado empresas que lucram e fornecem ao país condições de competição frente aos países desenvolvidos nas áreas de energia, comunicações, siderurgia e saneamento básico. Na área de siderurgia, todas as empresas do Estado foram privatizadas, tirando a capacidade nacional de exigir a produção de lingotes, por exemplo, para as ferrovias em construção no país; obrigando a importação desse produto, a preço maior e, às vezes, extorsivo – se o país importador não tem capacidade de produzir, os vendedores internacionais cobram o preço que quiserem.

8) trabalho obrigatório para todos, organização de exércitos industriais, particularmente para a agricultura; (grifo meu) (Manifesto Comunista, p. 43).

Sobre esta proposta, a solução para o crescimento de países em desenvolvimento passa pelo incentivo de obras de construção civil, pesada, naval e de óleo e gás, de ferrovias, de infraestrutura básica etc. Infelizmente, no Brasil atual, as burguesias, nacional e internacional (justiça, comunicação, empresários e interesses de capitais externos), acabaram com cinco grandes empresas brasileiras de engenharia que concorriam com empresas estrangeiras em diversas áreas, entregando uma grande fatia de mercado ao exterior e diminuindo a capacidade nacional de produção de insumos para esse setor (ferro, aço, cimento, máquinas e equipamentos, peças e acessórios de construção, cerâmica etc.), além de acabar com milhões de empregos diretos e indiretos advindos desse setor produtivo, que expandiam os demais setores da indústria e do comércio de bens e serviços.

9) combinação do trabalho agrícola e industrial, medidas tendentes a fazer desaparecer gradualmente a distinção entre a cidade e o campo; (grifo meu) (Manifesto Comunista, p. 43).

No Brasil, a proposta da esquerda é incrementar a produção de produtos agrícolas por pequenas famílias nas cidades do interior, diminuindo a falta de produtos na mesa da população – sou favorável ao incremento dos mercados municipais nas cidades pequenas, médias e grandes, visando a facilitar a venda dos pequenos produtores.

10) educação pública e gratuita de todas as crianças, abolição do trabalho das crianças nas fábricas, tal como é praticado hoje. Combinação da educação com a produção material etc. (grifo meu) (Manifesto Comunista, p. 43).

Sobre esta proposta, embora tenha havido um grande esforço para a canalização de recursos para a educação e saúde da população de menor poder aquisitivo no Brasil, infelizmente, os governos neoliberais atuais estão fazendo esforços para que os municípios deixem de investir nesses setores, enfraquecendo e deixando mais pobres as famílias sem recursos para lhes garantir uma boa educação e saúde.

Continuando o *Manifesto*:

> Em lugar da antiga sociedade burguesa, com suas classes e antagonismos de classe, surge uma associação onde o livre desenvolvimento de cada um é a condição do livre desenvolvimento de todos. (Manifesto Comunista, p. 44).

> Do mesmo modo que o pároco e o senhor feudal marcharam sempre de mãos dadas, o socialismo clerical marcha lado a lado com o socialismo feudal. Nada é mais fácil que recobrir o ascetismo cristão com um verniz socialista. (Manifesto Comunista, p. 47).

> O socialismo pequeno-burguês analisou com muita penetração as contradições inerentes às relações de produção modernas. Pôs a nu as hipócritas apologias dos economistas, à época. Demonstrou de um modo irrefutável os efeitos mortíferos das máquinas e da divisão do trabalho, a concentração dos capitais e da propriedade territorial, a superprodução, as crises, a decadência inevitável dos pequenos burgueses e camponeses, a miséria do proletariado, a anarquia da produção, **a clamorosa desproporção na distribuição das riquezas, a guerra industrial de extermínio entre as nações**, a dissolução dos velhos costumes, das velhas relações de família, das velhas nacionalidades. (grifo meu) (Manifesto Comunista, p. 49).

> Contudo, a finalidade real desse socialismo pequeno-burguês é restabelecer os antigos meios de produção e de troca e, com eles, as antigas relações de propriedade e toda a sociedade antiga, ou então fazer entrar à força os meios modernos de produção e de troca no quadro estreito das antigas relações de propriedade que foram destruídas e necessariamente despedaçadas por eles. Num e noutro caso, esse socialismo é, ao mesmo tempo, reacionário e utópico (fantasioso) (Manifesto Comunista, p. 49-50).

> A luta da burguesia alemã e especialmente da burguesia prussiana contra os feudais e a monarquia absoluta, numa palavra, o movimento liberal, tornou-se mais séria. Desse modo, apresentou-se ao verdadeiro socialismo a tão desejada oportunidade de contrapor ao movimento político as reivindicações socialistas. Pôde lançar os anátemas (conde-

nações, reprovações enérgicas, repreensão solene) tradicionais contra o liberalismo, o regime representativo, a concorrência burguesa, a liberdade burguesa de imprensa, o direito burguês, a liberdade e a igualdade, burguesas; pôde pregar às massas que nada tinham a ganhar, mas, pelo contrário, tudo a perder nesse movimento burguês. (grifo meu) (Manifesto Comunista, p. 52-53).

O socialismo alemão esqueceu, muito a propósito, que a crítica francesa, da qual era o eco monótono, pressupunha a sociedade burguesa moderna com as condições materiais de existência que lhe correspondem e uma constituição política adequada – precisamente as coisas que, na Alemanha, se tratava ainda de conquistar. (Manifesto Comunista, p. 53).

O verdadeiro socialismo alemão pareceu aos pequenos burgueses como uma arma capaz de aniquilar a burguesia e o proletariado. Esse socialismo compreendeu cada vez mais que sua vocação era ser o representante grandiloquente dessa pequena burguesia. (grifo meu) (Manifesto Comunista, p. 54).

Uma parte da burguesia procura remediar os males sociais com o fim de consolidar a sociedade burguesa. (Manifesto Comunista, p. 55).

Os socialistas burgueses querem as condições de vida da sociedade moderna sem as lutas e os perigos que dela decorrem fatalmente. Querem a sociedade atual, mas eliminando os elementos que a revolucionam e a dissolvem. Querem a burguesia sem o proletariado. (grifo meu) (Manifesto Comunista, p. 55-56).

Uma outra forma desse socialismo, menos sistemática, porém mais prática, procura fazer com que os operários se afastem de qualquer movimento revolucionário, demonstrando-lhes que não será tal ou qual mudança política, mas somente uma transformação das condições da vida material e das relações econômicas, que poderá ser proveitosa para eles. (grifo meu) (Manifesto Comunista, p. 56).

Os sistemas socialistas e comunistas propriamente ditos, os de Saint-Simon, Fourier, Owen etc., aparecem no primeiro período da luta entre o proletariado e a burguesia. (grifo meu) (Manifesto Comunista, p. 58).

Os fundadores desses sistemas compreendem bem o antagonismo das classes, assim como a ação dos elementos dissolventes na própria sociedade dominante. Mas não percebem no proletariado nenhuma iniciativa histórica, nenhum movimento político que lhe seja próprio. (grifo meu) (Manifesto Comunista, p. 58).

Opõem, pois, encarniçadamente, a qualquer ação política da classe operária, porque, em sua opinião, tal ação só pode provir de uma cega falta de fé no novo evangelho. (grifo meu) (Manifesto Comunista, p. 61).

Desse modo, os owenistas, na Inglaterra, e os fourieristas, na França, reagem respectivamente contra os cartistas (**o cartismo caracteriza-se como um movimento social inglês que se iniciou na década de 30 do século XIX. Inicialmente, fundou-se na luta pela inclusão política da classe operária**) e os reformistas (**o reformismo é um movimento social que tem em vista a transformação da sociedade mediante a introdução de reformas graduais e sucessivas na legislação e nas instituições já existentes, a fim de torná-las mais igualitárias**) (grifo meu) (Manifesto Comunista, p. 62).

Os comunistas combatem pelos interesses e objetivos imediatos da classe operária, mas, ao mesmo tempo, defendem e representam, no movimento atual, o futuro do movimento. (grifo meu) (Manifesto Comunista, p. 63).

Mas nunca, em nenhum momento, **esse partido** se descuida de despertar nos operários uma consciência clara e nítida do violento antagonismo que existe entre a burguesia e o proletariado, para que, na hora precisa, os operários alemães saibam converter as condições sociais e políticas, criadas pelo regime burguês, em outras tantas armas contra a burguesia, a fim de que, uma vez destruídas as classes reacionárias da Alemanha, possa ser travada a luta contra a própria burguesia. (Manifesto Comunista, p. 64).

Em suma, os comunistas apoiam em toda parte qualquer movimento revolucionário contra o estado de coisas social e político existentes. Em todos estes movimentos, põem em primeiro lugar, como questão fundamental, a questão da propriedade, qualquer que seja a forma, mais ou menos desenvolvida, de que esta se revista. (grifo meu) (Manifesto Comunista, p. 65).

Finalmente, os comunistas trabalham pela união e entendimento dos partidos democráticos de todos os países. (Manifesto Comunista, p. 65).

Os comunistas não se rebaixam a dissimular suas opiniões e seus fins. Proclamam abertamente que seus objetivos só podem ser alcançados pela derrubada violenta de toda a ordem social existente (**esta ordem social é mais violenta para a sociedade do que qualquer revolução, pela total ausência de justiça na distribuição social da propriedade e da riqueza**) (grifo meu) (Manifesto Comunista, p. 65).

Que as classes dominantes tremam à ideia de uma revolução comunista! Os proletários (miseráveis e sem direitos) nada têm a perder nela a não ser suas cadeias e misérias. Têm um mundo a ganhar. (grifo meu) (Manifesto Comunista, p. 65).

Sobre a colonização da América, em *O Capital*, diz Marx:

Nas colônias, não havendo ainda a dissociação entre o trabalhador e suas condições de trabalho, inclusive a raiz destas, a terra, ou ocorrendo ela apenas esporadicamente ou em escala limitada, também não há a separação entre agricultura e indústria, nem se verifica a destruição da indústria doméstica rural. Donde viria então o mercado interno para o capital (mercado de trabalhadores assalariados)? (Karl Marx – O Capital – O Processo de Produção Capitalista – Livro 1 – Volume 2 – p. 888).

Nenhuma parte da população da América é exclusivamente agrícola, excetuados os escravos e seus empregadores que combinam o capital e o trabalho em grandes empreendimentos. Americanos livres, que cultivam diretamente a terra, exercem, ao mesmo tempo, muitas outras ocupações. Parte dos móveis e instrumentos que utilizam é feita por eles mesmos. Frequentemente, constroem as próprias casas e levam ao mercado, qualquer que seja a distância, o produto de sua indústria. São fiandeiros e tecelões, fabricam sabão e velas, sapatos e roupas para o próprio uso. Na América, a agricultura constitui muitas vezes negócio secundário de um ferreiro, de um moleiro ou de um vendeiro. (Karl Marx – O Capital – O Processo de Produção Capitalista – Livro 1 – Volume 2 – p. 888).

A "grande beleza" da produção capitalista reside não só em reproduzir constantemente o assalariado como assalariado, mas também em produzir uma superpopulação relativa de assalariados, isto é, em relação à acumulação de capital. (Karl Marx – O Capital – O Processo de Produção Capitalista – Livro 1 – Volume 2 – p. 888).

Sobre as pressões econômicas das grandes potências sobre países periféricos no século XX, lideradas pelos EUA:

1 CUBA:

Antes da revolução de 1959, Cuba era dominada por fazendeiros e industriais norte-americanos, que controlavam a produção e exportação da indústria de cana-de-açúcar, e de vários setores da economia cubana, empregando a mais cruel política de exclusão de cubanos ao bem-estar social. Ernesto Che Guevara, Fidel Castro e Camilo Cienfuegos conseguiram abater as forças ditatoriais coniventes com as políticas pró-EUA, e, em janeiro de 1959, Fidel Castro foi aclamado como primeiro-ministro de Cuba e adotou medidas que contrariaram os interesses norte-americanos, realizando a nacionalização das refinarias de açúcar, promovendo a reforma agrária e estatizando os setores industriais e exportador, controlados pelos americanos. Contudo, os americanos continuaram a reivindicar a ilha como seu quintal – retirar o domínio americano do território, para melhorar o bem-estar dos cubanos, para os EUA, é ato comunista.

Marx, em seu Livro, *O Capital*, comenta sobre a relação dos americanos com Cuba:

É em Cuba (1863), cujas rendas se contam por milhões e cujos senhores de engenho americanos são verdadeiros nababos, que atualmente vemos a classe dos escravos ser mais maltratada, alimentada da maneira mais grosseira, sujeita aos trabalhos mais penosos, mais esgotantes, sem interrupções, sendo parte dela diretamente destruída cada ano, pela tortura lenta da estafa e da privação ao sono e ao repouso. (Karl Marx – O Capital – O Processo de Produção Capitalista – Livro 1 – Volume 1 – p. 302).

Espero ainda viver para ver todas as forças de paz do mundo manifestarem-se contra a imposição de restrições e embargos econômicos a nações que contrariem os interesses dos EUA e de outras nações ricas e de seus conglomerados econômicos sobre nações pobres. Esses embargos deixam os países embargados sem recursos econômicos para enfrentarem a escassez de alimentos e insumos essenciais e de infraestrutura, comprometendo a vida de milhões de crianças, jovens e idosos – deveriam ser considerados crimes contra os direitos universais do ser humano e rechaçados pela OEA e ONU (infelizmente, esses organismos estão nas mãos das grandes potências e de suas corporações, principalmente dos EUA).

2 BRASIL:

Sobre as condições em que JK assumiu o Brasil em termos de desenvolvimento econômico, descreve ele em seu programa de metas:

Quando elaborei meu Programa de Metas, em 1955, distribuí então 30 itens em quatro grandes setores: energia, transportes, alimentação e indústria de base. (Juscelino Kubitschek – Por Que Construí Brasília – 1ª Edição – 1975 – p. 350).

Quando assumi o governo, o país não tinha produzido um só motor, um só trator, um só carro, um só jipe, um só navio. Os transportes marítimos e ferroviários estavam estagnados. Para que se tenha uma ideia de como era a situação brasileira no início de 1956, por meio de algumas estatísticas comparativas, basta dizer que, no ano anterior, o Brasil produziu 1 milhão de toneladas de aço, enquanto os EUA produziram 120 milhões; tinha uma produção de 3 milhões de KW de energia, enquanto os EUA produzia 150 milhões de KW; possuía 800 km de vias pavimentadas e os EUA 7 milhões de Km; não produzia carro e os EUA produziam 7 milhões; nosso PNB era de 10 bilhões de dólares, e dos EUA era de 500 bilhões de dólares; a nossa renda per capita era de 200 dólares e dos americanos era de 3.000 dólares. (Juscelino Kubitschek – Por Que Construí Brasília – 1ª Edição – 1975 – p. 351).

JK e o rompimento de ralações com o FMI:

O Brasil era membro do FMI e, segundo os estatutos desse órgão, era-lhe permitido sacar o correspondente à sua quota, se assim o desejasse, a título de empréstimo. No início da minha administração, havíamos sacado o correspondente a nossa quota e saldamos o compromisso rigorosamente na data combinada. Em 1959, em face dos desajustamentos, decorrentes da superprodução cafeeira na safra de 1957/58, julgamos que devíamos bater, de novo, à porta do FMI. (Juscelino Kubitschek – Por Que Construí Brasília – 1ª Edição – 1975 – p. 359).

Verificamos, com surpresa, que a mentalidade dos diretores daquele órgão havia mudado muito. O Fundo adotara os princípios da Escola Ortodoxa de Economia para suas deliberações sobre empréstimos a países subdesenvolvidos e, nessas condições, fizera uma série de exigências, sem o atendimento das quais, não seria liberado o adiantamento solicitado. (Juscelino Kubitschek – Por Que Construí Brasília – 1ª Edição – 1975 – p. 359).

Quem ouve falar nesse incidente com o FMI, sem estar bem informado sobre a verdadeira natureza do caso, há de pensar que o Brasil desejava sacar bilhões de dólares daquele órgão e que, em face do volume do empréstimo pleiteado, excepcionais medidas de garantia devessem ser tomadas. O que o Brasil, pretendia, era sacar apenas 37,5 milhões de dólares da sua quota naquele Fundo. O empréstimo total, pleiteado pelo meu governo, é que era no valor de 300 milhões de dólares, mas distribuído entre o Fundo (37,5 milhões), o Eximbank e estabelecimentos de crédito privado norte-americanos (200 milhões) e europeus (o restante). (Juscelino Kubitschek – Por Que Construí Brasília – 1ª Edição – 1975 – p. 359).

A razão do enorme destaque do FMI é que, na época, sua aprovação a qualquer esquema de combate a desajustamentos econômicos representava uma espécie de sinal verde no cenário das finanças internacionais. E o Brasil, a braços com a crise do café, tinha necessidade urgente daquele sinal verde, para solucionar seu delicado problema interno. (Juscelino Kubitschek – Por Que Construí Brasília – 1ª Edição 1975 – p. 360).

As exigências do Fundo eram as seguintes: execução de um Plano de Estabilização Monetária, cujos itens principais eram a fixação de preços, não muito altos, para o

café, e o lançamento, no câmbio livre, de todas as importações. (grifo meu) (Juscelino Kubitschek – Por Que Construí Brasília – 1ª Edição – 1975 – p. 360).

Minha atitude, em face da exigência, foi de que, embora concordasse, em princípio, com a liberação das importações, não permitiria a sustação do câmbio especial para alguns produtos como a gasolina, o trigo e os fertilizantes. Esses três itens eram da maior importância para o país, porque a elevação do custo de qualquer deles teria reflexos imediatos sobre o bolso do povo. (Juscelino Kubitschek – Por Que Construí Brasília – 1ª Edição – 1975 – p. 360).

Em face da minha resistência, o Fundo alargou sua intransigência e desse choque de pontos de vista resultou o rompimento do meu governo com o FMI. (Juscelino Kubitschek – Por Que Construí Brasília – 1ª Edição – 1975 – p. 360).

Na época, o Fundo era presidido pelo Sr. Jacobson, representante da Suécia e intransigente defensor das ideias monetaristas. Ele visitou-me certa vez. **Na palestra que mantivemos, condenou tudo quanto eu vinha realizando em favor do desenvolvimento do país, insinuando que a diretriz, que deveria seguir, deveria ser a de procurar reduzir a inflação a 6%, nem que, para isso, tivesse de paralisar todas as obras programadas, inclusive a construção de Brasília.** (grifo meu) (Juscelino Kubitschek – Por Que Construí Brasília – 1ª Edição – 1975 – p. 360).

Assim, assumi a responsabilidade pelo rompimento com absoluta tranquilidade. O passo que dei era, de fato, grave, pois ele implicaria o fechamento automático, para o Brasil, das portas de todas as agências financeiras internacionais. Mesmo assim, prossegui na rota traçada e concluí, nos prazos prefixados, não só todas as obras programadas, mas, igualmente, construí Brasília e fiz a transferência da sede do governo. (Juscelino Kubitschek – Por Que Construí Brasília – 1ª Edição – 1975 – p. 360).

Esse tipo de agir americano – no passado, Roma, Espanha, Portugal, França, Inglaterra, Alemanha, todos sedentos de recursos econômicos e poder – constitui hoje a grande bandeira dos donos dos capitais, impondo seus pensamentos nos países periféricos, para convencerem suas elites a manterem o domínio das grandes corporações econômicas e financeiras (bancos) internacionais sobre esses países, ampliando neles a miséria de suas populações, com endividamento público e boicotes econômicos e apropriando-se, por meio de saques pelas elites locais, dos meios de produção de bens e recursos naturais estratégicos para os países desenvolvidos. Assim, qualquer ato de governos de países periféricos ou subdesenvolvidos em ampliar a capacidade produtiva e de fomentar o desenvolvimento econômico e social constitui ato subversivo aos interesses do grande capital (EUA e países desenvolvidos). E, em nome de suas corporações, esses países periféricos devem ser atacados pelas elites locais e incentivar manifestações de boicote a esses governos, com manifestações não progressivas, perturbadoras da ordem social, em nome da "defesa da família, da propriedade e proteção da nação", para não permitir o crescimento econômico deles, mantendo sempre o domínio das burguesias locais (10% da população) em detrimento do progresso e bem-estar da grande maioria das populações locais.

Após a Inglaterra, que assumiu a liderança capitalista no século XIX, como potência hegemônica, no século XX, coube aos EUA assumir essa liderança, consolidando sua posição de supremacia após a segunda grande Guerra Mundial. Contudo, no século XXI, sua hegemonia está prestes a ter um grande abalo.

Em documentário de Santiago Marimbondo, São Paulo, da revista *Esquerda e Diário*, ele descreve:

Assim, o que mantém a hegemonia do dólar nas relações comerciais internacionais, num momento em que não existe mais um lastro em ouro para essa moeda, é a **confiança dos agentes econômicos que o valor nominal expresso pela moeda poderá ser efetivamente convertido em mercadorias reais, efetivas. Essa confiança tem como base o poderio militar, econômico, político, em suma, a hegemonia dos EUA.** A crise dessa hegemonia tende a se expressar, portanto, também numa crise do dólar.

Sobre a pressão dos capitalistas em não aderir às leis de proteção aos trabalhadores no que concerne a acidentes de trabalho, Marx e Engels descrevem, em *O Capital*, como a seguir, que a maioria dos industriais não se curvou a esses princípios, tão somente para não permitir legislações a favor dos trabalhadores, mesmo sabendo que, na prática, beneficiavam a produtividade do trabalho:

Para resistir à legislação fabril, os fabricantes organizaram na época uma associação, a chamada 'National Association for the Amendment of the Gactory Laws', em Manchester, a qual em março de 1855 levantou, mediante contribuições de 2 xelins por cavalo-vapor, quantia superior a 50.000 libras, para pagar as despesas de processo dos membros denunciados à justiça pelos inspetores de fábricas e para litigar por conta própria. (Karl Marx – O Capital – O Processo Global de Produção Capitalista – Livro 3 – Volume 4 – p. 100-101).

O inspetor de fábrica para a Escócia, Sir John Kincaid, fala de uma empresa em Glasgow que, com o ferro velho da fábrica, proveu toda a sua maquinaria com dispositivos de proteção que lhe custaram 9 libras e 1 xelim. Se tivesse entrado para aquela associação, teria de pagar uma contribuição de 11 libras esterlinas por seus 110 cavalos-vapor, mais do que custara todo o dispositivo de proteção. (Karl Marx – O Capital – O Processo Global de Produção Capitalista – Livro 3 – Volume 4 – p. 101).

A National Association fora fundada em 1854 expressamente para combater a lei que prescrevia esses dispositivos de proteção. Os fabricantes, em todo o período de 1844-54, não fizeram caso dela. Quando, por ordem de Palmerston, os inspetores avisaram aos fabricantes de que a lei era para valer, fundaram estes imediatamente a Associação, que passou a ter, entre os seus mais eminentes associados, muitos que eram juízes de paz, obrigados pela própria função judiciária a aplicar a lei. (Karl Marx – O Capital – O Processo Global de Produção Capitalista – Livro 3 – Volume 4 – p. 101).

Os fabricantes perseguiram e caluniaram de todos os modos o chefe da inspeção das fábricas, Leonard Horner. (Karl Marx – O Capital – O Processo Global de Produção Capitalista – Livro 3 – Volume 4 – p. 101).

Os fabricantes não descansaram até conseguirem um julgamento da Corte Criminal (Court of Quenn's Bench), estabelecendo a interpretação de que a lei de 1844 não prescrevia dispositivos de proteção para árvores horizontais instaladas a mais de 7 pés acima do chão. Finalmente, em 1856, graças ao tartufo Wilson-Patten obtiveram do Parlamento uma lei que, nas circunstâncias, podia satisfazê-los. (Karl Marx – O Capital – O Processo Global de Produção Capitalista – Livro 3 – Volume 4 – p. 101).

A lei efetivamente retirava ao trabalhador qualquer proteção específica, e nos casos de indenização por acidentes ocasionados por máquinas remetia-os à justiça comum (pura ironia, visto o custo da justiça na Inglaterra), ao mesmo tempo que, em virtude de uma disposição extremamente sutil relativa à perícia judicial necessária, quase impossibilitava que o fabricante perdesse o processo. Daí resultou aumento rápido dos acidentes. No semestre de maio

a outubro de 1858, o inspetor Baker verificou terem os acidentes acrescido de 21% em relação apenas ao semestre anterior. É de parecer que 36,7% dos acidentes podiam ser evitados. Entretanto, em 1858/59 diminuiu expressivamente, em relação a 1845/46, o número de acidentes, isto é, por volta de 29%, enquanto o número de trabalhadores nas indústrias submetidas à inspeção aumentava de 20%. Mas como se explica essa ocorrência? Dentro dos limites em que o problema está esclarecido até 1865, a explicação está principalmente em que se introduziram novas máquinas, já antecipadamente providas de dispositivos de proteção, conformando-se o fabricante em utilizá-las por não lhe acarretarem custo suplementar. Além disso, alguns trabalhadores conseguiram ganhar judicialmente vultosas indenizações, e com as sentenças confirmadas na instância suprema (Rep. Fact., 30/04/1861 e abril de 1862, p. 17). (grifo meu) (Karl Marx – O Capital – O Processo Global de Produção Capitalista – Livro 3 – Volume 4 – p. 101-102).

Sobre o tema "acumulação e reprodução de capitais" em *O Capital*, Marx e Engels descrevem:

Observando o que se passa na realidade, vemos que o capital dinheiro latente, acumulado para emprego posterior, abrange: (Karl Marx – O Capital – O Processo de Circulação do Capital – Livro 2 – Volume 3 – p. 370).

- Depósitos bancários, ficando de fato nas mãos do banco uma soma relativamente ínfima de dinheiro. Amontoa-se capital dinheiro apenas nominalmente. O que se amontoa realmente são créditos que só podem se converter em dinheiro, porque se estabelece equilíbrio entre as retiradas e os depósitos. O que fica no banco como dinheiro é sempre soma relativamente pequena;

- Títulos da dívida pública, os quais de modo nenhum são "Capital", mas simples créditos sobre o produto anual da nação;

- Ações, ressalvados os casos de logro, constituem elas títulos de propriedade sobre capital efetivo pertencente a uma sociedade e representam direito sobre a mais-valia que daí anualmente flui.

São notórias as condições de exploração atuais por parte da burguesia rentista, preocupada especialmente no aumento de seus ganhos financeiros, sem se importar com as condições de investimento na coletividade e a melhoria do bem-estar social.

No Livro 3, capítulo "Aditamento ao Livro Terceiro, A Bolsa", consta:

Depois de 1865, ano que o livro terceiro foi escrito, sobreveio transformação que, além de conferir à Bolsa importância acrescida e cada vez maior, tende, com o desenvolvimento posterior, a concentrar nas mãos dos que manejam os títulos de Bolsa, a produção toda, industrial e agrícola, e a circulação econômica toda, os transportes e comunicações e as funções de troca, tornando-se assim a Bolsa de Valores a instituição que representa da maneira mais conspícua (distinta, notável) a produção capitalista. (grifo meu) (Karl Marx – O Capital – O Processo Global de Produção Capitalista – Livro 3 – Volume 6 – p. 1037).

Em 1865, ainda era a Bolsa um elemento secundário no sistema capitalista. Os títulos públicos representavam a massa principal dos valores de Bolsa e constituíam montante relativamente pequeno. Ao lado, os bancos por ações preponderantes na Europa Continental e na América; na Inglaterra, apenas davam os primeiros passos para absorver os bancos privados aristocráticos. Mas, o número deles ainda era relativamente insignificante. O montante das ações ferroviárias, comparado com o de hoje, ainda era bem modesto. Na forma de sociedades por ações havia poucas empresas diretamente produtivas, e o mesmo se dava com os bancos, sobretudo em países mais pobres, na Alemanha, Áustria, América etc., pois na época o olho do patrão ainda era superstição inexpugnável. (Karl Marx – O Capital – O Processo Global de Produção Capitalista – Livro 3 – Volume 6 – p. 1037-1038).

Nesse tempo, a Bolsa era portanto o lugar onde os capitalistas tiravam reciprocamente uns dos outros os respectivos capitais acumulados, e só atingia diretamente os trabalhadores por ser nova evidência da ação desmoralizadora geral da economia capitalista e por confirmar <u>a tese calvinista</u> de ser a predestinação, aliás o acaso (casualidade), que já nesta vida decide da bem-aventurança ou da perdição eterna, da riqueza, que proporciona deleite e poder, e da pobreza, que significa penúria e servidão. (grifo meu) (Karl Marx – O Capital – O Processo Global de Produção Capitalista – Livro 3 – Volume 6 – p. 1038).

Depois da crise de 1866, a acumulação efetuou-se com velocidade sempre crescente, de modo que em nenhum país industrial pôde o aumento da produção acompanhar o da acumulação, não conseguindo o capitalista isolado empregar plenamente a acumulação feita para ampliar o respectivo negócio, e isso era mais verdadeiro ainda na Inglaterra: a indústria têxtil algodoeira inglesa já em 1865 transfere capitais para a especulação com ações ferroviárias. Mas aumentou com essa acumulação a massa dos rentiers, das pessoas que estavam cansadas da tensão normal dos negócios e apenas desejavam recrear-se ou exercer as suaves funções de diretor ou de conselheiro administrativo de companhias. E, além disso, para facilitar a aplicação do capital dinheiro assim flutuante, estabeleceu-se, por toda parte, onde ainda não havia, novas formas legais de sociedade com responsabilidade limitada (nas Sociedades Anônimas, a responsabilidade é limitada à participação de cada sócio no capital social), e foram mais ou menos reduzidas as obrigações dos sócios até então com responsabilidade solidária (sociedades por ações na Alemanha, em 1890, representam 40% do capital total subscrito) (Karl Marx – O Capital – O Processo Global de Produção Capitalista – Livro 3 – Volume 6 – p. 1038).

Em correspondência, a indústria se converte progressivamente em empresas por ações. Um ramo após outro, como um destino inapelável. No início, a siderurgia onde são necessários investimentos gigantescos (antes, as minas quando já não estavam constituídas segundo o sistema de cotas mineiras). A seguir, a indústria química; de maquinaria. A Indústria têxtil na Europa Continental e na Inglaterra apenas em algumas zonas de Lancashire (fiação em Oldham, tecelagem em Burnley, cooperativas de alfaiates, as quais não passam de organizações preliminares, pois na crise próxima caem em poder dos patrões), fábricas de cerveja (as norte-americanas vendidas, há alguns anos a capitalistas ingleses; em seguida, Guinness, Bass, Allsopp). Depois, os trustes que criam empresas gigantescas com direção comum (como a Unite Alkali - A United Alkali Company Limited, empresa britânica, no ramo de química, foi fundada em 1890) (grifo meu) (Karl Marx – O Capital – O Processo Global de Produção Capitalista – Livro 3 – Volume 6 – p. 1039).

A mesma coisa na agricultura. Os bancos que se espalharam tanto na Alemanha sobretudo, emprestam cada vez mais sobre hipoteca, e com seus títulos o verdadeiro domínio sobre as terras se transfere para a Bolsa, principalmente se os bens hipotecados caem nas mãos dos credores. Atua aí poderosa a revolução agrícola decorrente da cultura das planícies. A prosseguir assim, é de esperar o dia em que as terras inglesas e francesas ficarão subordinadas à Bolsa. E agora os investimentos no estrangeiro, todos em ações. Falando apenas na Inglaterra: ferrovias da América do Norte e do

Sul, Goldberger etc. (Karl Marx – O Capital – O Processo Global de Produção Capitalista – Livro 3 – Volume 6 – p. 1039).

Por fim, a colonização, hoje autêntica sucursal da Bolsa. No interesse desta, as potências europeias, há alguns anos, dividiram a África, os franceses conquistaram Tunis e Tonquim. A África foi arrendada diretamente a Companhias (Niger, África do Sul, África Alemã do Sudoeste e Oriental). Cecil Rhodes apossou-se do território dos maxonas e de Natal para ficarem subordinados à Bolsa. (Karl Marx – O Capital – O Processo Global de Produção Capitalista – Livro 3 – Volume 6 – p. 1040).

No Brasil, a União, os Estados e os municípios são presas fáceis da especulação financeira dos bancos nacionais e internacionais, ávidos de lucro fácil na rolagem de dívidas e incentivadores das perturbações institucionais, sociais e econômicas que nos levam a trilhar por caminhos que nos distanciam cada vez mais das economias desenvolvidas – em verdade, as economias sul e latino-americanas são pressionadas a ser economias primárias para propiciar o contínuo desenvolvimento dos mais ricos; parte do golpe de 2016 contra o governo de Dilma está inserido neste contexto, pois era preciso parar o desenvolvimento do país, com independência, na indústria do óleo e gás e energia.

Governos progressistas em países subdesenvolvidos são alvos fáceis dos abutres internacionais, em conluio com as burguesias locais, não permitindo sua expansão econômica e seu desenvolvimento tecnológico, pois concorreriam com as economias desenvolvidas.

Neste trabalho, tentei colocar anotações de rodapé do livro *O Capital*, o mais visível à percepção do leitor, para que ficassem mais claras as posições de Marx e Engels quanto à exploração dos trabalhadores, à falta de comprometimento com os pobres e indigentes, produtos das condições impostas pelo avanço do capital. Também foi colocado neste trabalho, como complemento, anotações sobre o avanço das organizações capitalistas industriais e financeiras e do aumento do grau de exploração global do capital sobre os países subdesenvolvidos, prolongando saques seculares dos recursos naturais para beneficiar os países-sedes de suas organizações, com a adesão da burguesia local daqueles países periféricos, preocupada somente com suas regalias.

Quando a sociedade permite que o Estado se junte à burguesia, deixando de lado o desenvolvimento econômico e bem-estar social da maioria de sua população local, pode estar certa de que as instituições democráticas estarão na mais vil decadência e a nação na mais profunda desestruturação social e econômica.

Em *O Capital*, podemos perceber que, excluindo-se os temas sobre conceitos econômicos do valor da exploração do capital, da circulação da produção e da moeda, e da acumulação do capital, Marx e Engels descrevem as práticas dos produtores, impostas aos trabalhadores (crianças, mulheres, adolescentes e adultos) na condição de escravos, para auferirem ganhos, acumularem capitais e viverem com conforto, mesmo jogando milhões de seres humanos na mais degradante condição de vida. Nele, Marx coloca em todo o livro depoimentos e estatísticas que demonstram o quanto os capitalistas (industriais, comerciantes e banqueiros) impuseram sofrimento à humanidade em sua escalada pelo lucro, pela busca do enriquecimento e da acumulação de capitais.

Demonstram também, que, desde o início do capitalismo, em sua forma mais rudimentar, o Estado somente interveio no processo quando as condições de degradação da vida afetavam a paz e segurança de seus governantes, decorrentes de revoltas ou surtos de pestilência; e que os representantes do cristianismo jamais se opuseram, com veemência, aos governantes e capitalistas e ao sofrimento dos trabalhadores e de seus familiares – a miséria, a falta de educação e de saúde, e de capacidade de organização da população, servia-lhes de conforto como amortecedores de revoltas.

Quando cidadãos da classe média e menos favorecida se juntam à burguesia e blasfemam contra os seguidores de Marx, qualificando-os como "devoradores de crianças, como ladrões de propriedade privada", sinto que a sociedade perde o poder de confrontar os verdadeiros problemas sociais do país e de melhorar sua existência como sociedade mais justa e igualitária – a informação é constantemente deturpada pelo poder do dinheiro e pela manobra da burguesia no trato da informação aos cidadãos.

Insensato é o país que não tem uma lei de comunicações voltada para o interesse do bem-estar da sociedade e da nação.

Quem detém o poder do capital, do dinheiro, paga aos meios de comunicações a produção de mentiras, sustenta-as e faz delas verdade em proveito deles próprios e de seus seguidores.

Há, nas elites (detentores dos meios de produção e do capital financeiro) e na classe média dos países da "periferia econômica mundial", uma sensação de medo de se verem incluídas nas classes pobres; um temor que chega a ser comparado ao preconceito extremo de raça e se torna um preconceito crônico de classe social, de racismo estrutural. E esse medo faz com que elas tomem atitudes de se manterem empoderadas a qualquer custo, não permitindo as melhorias de condições mais igualitárias, perpetuando o abismo social e o subdesenvolvimento crônico em seus países.

Não tenho conhecimento, a não ser nos países latinos, de uma elite local tão desinformada ou desinteressada com o sentido de nacionalismo, de conquistas sociais para toda a população, com o desenvolvimento tecnológico do seu país – mesquinhez, orgulho e falta de compromisso com a extinção da pobreza são características que coadunam muito bem com ela.

Marx e Engels, ao contrário do que os interesses burgueses disseminam, foram incansáveis combatentes e opositores da burguesia e dos governos burgueses, pelos maus tratos impostos aos trabalhadores e cidadãos ao longo do processo de desenvolvimento do capitalismo. Combateram duramente o emprego infantil, de adolescentes e de mulheres, em troca da dispensa dos adultos, que, desempregados e marginalizados, eram submetidos à mais degradante condição humanitária. Combateram, com suas estatísticas e os depoimentos dos trabalhadores, a falta de condições de trabalho, de saneamento básico, de moradia, de saúde e educação, a exploração dos trabalhadores em troca de salários de fome e a escravidão no trabalho.

As consequências sociais desse processo de espoliação, ao longo de séculos, deixaram uma saga de flagelo e genocídio humanos, sem uma gota de arrependimento das elites capitalistas e burocracias governamentais burguesas.

Somente pensadores utópicos acreditam que, algum dia, todos os homens serão somente do bem – e se alguns fizerem o mal, arrepender-se-ão com brevidade de sua maldade para estar ao lado do bem e fazer da Terra o Céu, onde os seres humanos possam viver em paz e equilíbrio com toda a criação de Deus.

Infelizmente, a combinação do pensamento do ser humano com o dinheiro, para adquirir tudo para sua completa felicidade e o poder perante seus semelhantes, faz da Terra um inferno, onde os puros de coração são massacrados dia após dia – todos os seres humanos se curvarão ao poder do dinheiro e o louvarão: **"E todos farão tudo por ele e em nome dele, até mesmo corrompendo o pensamento"**.

Em toda a obra *O Capital,* não há descrição de nenhuma objeção de Marx e Engels à evolução da tecnologia, à produtividade, ao desenvolvimento econômico e social. Eram apenas contrários aos métodos utilizados pelos capitalistas, estes apoiados pelo Estado burguês, de tornarem os trabalhadores miseráveis e reles instrumentos sem alma, acessórios materiais da acumulação de capitais, como em parte de seu texto a seguir:

A produtividade do trabalho é determinada pelas mais diversas circunstâncias, entre elas a destreza média dos trabalhadores, o grau de desenvolvimento da ciência e sua aplicação tecnológica, a organização social produtiva, o volume e a eficácia dos meios de produção e as condições naturais. (grifo meu) (Karl Marx – O Capital – O Processo Global de Produção Capitalista – Livro 3 – Volume 4 – p. 100-101).

No Livro 3, *O Capital*, O Processo Global de Produção Capitalista, Marx e Engels deixam bem claro a preocupação em demonstrar que o aumento da produtividade está diretamente ligado ao aumento de novas máquinas e equipamentos mais eficazes e de um sistema de distribuição eficaz e do papel fundamental do crédito no sistema; que isso somente se consegue por meio de investimentos de capitais em novos métodos de produção; que, à medida que as invenções vão sendo utilizadas no aumento da produtividade, a indústria emprega menos a mão de obra de indivíduos; que o progresso das novas indústrias com os novos equipamentos mais modernos e mais produtivos não foi suficiente para diminuir a miséria da população, concentrando-se nas mãos dos industriais o capital disponível na economia à época; que os governantes e legisladores – muitas vezes representados pelos próprios industriais –, em conluio com os industriais, sempre retardam a melhoria das condições de vida da população, em proveito da acumulação de capitais nas mãos de poucos industriais e da burguesia.

O principal meio para diminuir o tempo de produção é aumentar a produtividade do trabalho, o que se chama geralmente progresso industrial. E em consequência, sobe necessariamente a taxa de lucro, a não ser que a totalidade do capital investido aumente consideravelmente com o emprego de maquinaria custosa e reduza a taxa de lucro a calcular sobre todo o capital. É sem dúvida o que sucede com muitos dos recentes progressos da metalurgia e da indústria química. Os novos processos de produzir ferro e aço, descobertos por Bessemer, Siemens, Gilchrist-Thomas e outros reduziram a um mínimo, com custos relativamente pequenos, o tempo exigido pelos métodos anteriores extremamente demorados. (grifo meu) (Karl Marx – O Capital – O Processo Global de Produção Capitalista – Livro 3 – Volume 4 – p. 79).

O principal meio de abreviar o tempo de circulação é o progresso dos transportes e comunicações. Nesse domínio operou-se durante os cinquenta anos uma revolução com que só se pode comparar a revolução industrial da segunda metade do século anterior. Em 1847 o tempo de circulação de mercadoria remetida à Ásia Oriental era pelo menos de doze meses, o que hoje pode ser reduzido aproximadamente ao mesmo número de semanas. Abreviou--se na mesma medida o tempo de rotação de todo o comércio mundial, e aumentou mais de duas ou três vezes a capacidade de operar dos capitais nele empregados, influenciando fortemente a taxa de lucro. (grifo meu) (Karl Marx – O Capital – O Processo Global de Produção Capitalista – Livro 3 – Volume 4 – p. 79-80).

O efeito direto que a redução do tempo de rotação tem sobre a produção de mais-valia e portanto sobre o lucro consiste na maior eficácia que ela dá à parte variável do capital. (Karl Marx – O Capital – O Processo Global de Produção Capitalista – Livro 3 – Volume 4 – p. 80).

Ao empregar o Capital Constante na produção vamos ver as economias oriundas da redução do tempo de circulação, do desenvolvimento dos meios de transportes e comunicações, e da melhoria contínua da maquinaria que proporciona: (grifo meu) (Karl Marx – O Capital – O Processo Global de Produção Capitalista – Livro 3 – Volume 4 – p. 90-91).

a. mudança da matéria com que é feita, por exemplo, ferro em vez de madeira;

b. barateamento resultante do progresso na fabricação de máquinas em geral, de modo que o valor da parte fixa do capital constante, embora cresça constantemente com o desenvolvimento do trabalho em grande escala, está longe de acompanhar o ritmo desse desenvolvimento;

c. aperfeiçoamentos especiais que permitem à maquinaria já existente operar mais barato e mais eficazmente;

d. redução dos resíduos com o emprego de melhores máquinas.

Tudo que diminui o desgaste da maquinaria e do capital fixo em geral, num dado período de produção, além de baixar o preço da mercadoria isolada, pois toda mercadoria reproduz no preço a parte alíquota do desgaste sobre ela incidente, reduz o desembolso alíquota de capital referente a esse período. A maior durabilidade das máquinas implica redução correspondente no preço delas. (grifo meu) (Karl Marx – O Capital – O Processo Global de Produção Capitalista – Livro 3 – Volume 4 – p. 91).

O desenvolvimento da produtividade do trabalho num ramo de produção, por exemplo, o de ferro, de carvão, máquinas, construção etc., patenteia-se condição para que se reduza o valor e portanto os custos dos meios de produção noutros ramos industriais, por exemplo, a indústria têxtil ou a agricultura. (grifo meu) (Karl Marx – O Capital – O Processo Global de Produção Capitalista – Livro 3 – Volume 4 – p. 91).

É o desenvolvimento da produtividade do trabalho no setor externo – o setor que lhe fornece meios de produção – que faz diminuir relativamente o valor do capital constante por ele empregado e, em consequência, subir a taxa de lucro. (Karl Marx – O Capital – O Processo Global de Produção Capitalista – Livro 3 – Volume 4 – p. 92).

Os mesmos edifícios, instalações de aquecimento e iluminação etc. custam, para um grande volume de produção, proporcionalmente, menos do que para um pequeno volume. O valor delas, embora suba em termos absolutos, cai em relação à expansão crescente da produção e à magnitude do capital variável ou à massa da força de trabalho posta em movimento. A economia que um capital faz na própria esfera de produção consiste, antes de mais nada e diretamente, em economia de trabalho, isto é, com o menor custo possível, num dado nível de produção. (grifo meu) (Karl Marx – O Capital – O Processo Global de Produção Capitalista – Livro 3 – Volume 4 – p. 92).

A relação entre a mais-valia e todo o capital – e é isto que determina a taxa de lucro – depende nessas condições, apenas do valor do capital constante, nada tendo a ver com o valor de uso dele. (Karl Marx – O Capital – O Processo Global de Produção Capitalista – Livro 3 – Volume 4 – p. 94).

O modo capitalista de produção impulsiona, de um lado, o desenvolvimento das forças produtivas do trabalho social, e, do outro, a economia no emprego do capital constante. (Karl Marx – O Capital – O Processo Global de Produção Capitalista – Livro 3 – Volume 4 – p. 96).

Mas não vigoram apenas a alienação e a indiferença do trabalhador, o portador do trabalho vivo, relativamente ao emprego econômico, isto é, racional e parcimonioso de suas condições de trabalho. De acordo com suas contradições e antagonismos, prossegue o sistema capitalista considerando o desperdício da vida e da saúde dos trabalhadores, o aviltamento de suas condições de existência, como economias no emprego do capital constante e, portanto, meio de elevar a taxa de lucro. (Karl Marx – O Capital – O Processo Global de Produção Capitalista – Livro 3 – Volume 4 – p. 96).

Passando o trabalhador a maior parte da vida no processo de produção, as condições desse processo constituem em grande parte aquelas em que se desenvolvem suas atividades, condições de sua vida, e economizá-las é método de elevar a taxa de lucro; exatamente como vimos antes, o trabalho excessivo, a transformação do trabalhador numa besta de trabalho, constitui método de acelerar a valorização do capital, a produção de mais-valia. (Karl Marx – O Capital – O Processo Global de Produção Capitalista – Livro 3 – Volume 4 – p. 97).

O capital tem a tendência a reduzir ao necessário o trabalho vivo diretamente empregado, a encurtar sempre o trabalho requerido para fabricar um produto, explorando as forças produtivas sociais do trabalho e, portanto, a economizar o mais possível o trabalho vivo diretamente aplicado. E, acresce outra tendência que é a de empregar o trabalho, reduzido à medida necessária, nas condições mais econômicas, isto é, a de restringir o valor do capital constante aplicado ao mínimo possível. O valor das mercadorias é determinado pelo necessário tempo de trabalho e não por qualquer outro tempo de trabalho nelas contido. Determina-o, primeiro, o capital, que, ao mesmo tempo, abrevia continuamente o tempo de trabalho socialmente necessário para produzir a mercadoria. Assim, o preço da mercadoria reduz-se ao mínimo, ao restringir-se ao mínimo cada camada de trabalho requerida para produzi-la. (Karl Marx – O Capital – O Processo Global de Produção Capitalista – Livro 3 – Volume 4 – p. 97-98).

Em toda a história da humanidade, sempre convivemos com situações de bem-estar coletivo caótico. Foram poucos os governantes que tiveram visão de humanismo coletivo, para dirimir as condições precárias dos trabalhadores, incentivando e assegurando benefícios como moradia, educação e melhores condições sanitárias. A maioria deles permitiu que os indivíduos se submetessem às mais degradantes condições de trabalho, de higiene e de sobrevivência.

No Brasil atual, a burguesia capitalista se apoiou fortemente na mídia para desestabilizar a força de mudanças sociais que estavam sendo implementadas nos governos de LULA e DILMA, mudanças essas direcionadas à diminuição da pobreza, à inclusão social e ao crescimento de uma classe média que assegurasse um mercado consumidor forte, que impulsionasse o desenvolvimento industrial e tecnológico independente e soberano do Brasil.

No Livro 3, *O Capital*, O Processo Global de Produção Capitalista, em "Capital Dinheiro e Capital Real I", Marx e Engels descrevem:

> **A reposição dos capitais aplicados na produção depende, em grande parte, da capacidade de consumo das classes não produtivas, enquanto a capacidade de consumo dos trabalhadores está limitada pelas leis do salário e ainda pela circunstância de só serem empregados quando o puderem ser com lucro para a classe capitalista.** (grifo meu) (Karl Marx – O Capital – O Processo Global de Produção Capitalista – Livro 3 – Volume 5 – p. 556).

> **A razão última de todas as crises reais continua sendo sempre a pobreza e a limitação do consumo das massas em face do impulso da produção capitalista: o de desenvolver as forças produtivas como se tivessem apenas por limite o poder absoluto de consumo da sociedade.** (grifo meu) (Karl Marx – O Capital – O Processo Global de Produção Capitalista – Livro 3 – Volume 5 – p. 556).

Em a *Nova Economia Política*, 3ª edição, de Celso Furtado (1977), consta:

> Nos EUA, onde as grandes dimensões do mercado interno haviam permitido às empresas industriais esgotarem as possibilidades de economias de escala, e o custo relativo da mão de obra era muito mais alto, as firmas saíram diretamente para a descentralização transnacional. (p 79).

> Uma empresa poderosa tem a possibilidade de, a curto prazo, modificar a sua estrutura financeira, isto é, de transformar um ativo menos líquido em outro mais líquido, o que, para fins práticos, pode ter o mesmo efeito que emitir papel-moeda. (p 81).

> Se a firma atua no plano internacional, essa possibilidade de criar liquidez adquire uma nova dimensão: permite à firma fazer transferências financeiras internacionais, escapando ao controle das autoridades monetárias dos países em que atua. Que esse poder seja utilizado em operações de especulação contra a moeda desse ou daquele país é apenas um aspecto da questão. Interessa assinalar que esse poder existe e significa a possibilidade de manipulação de imensa massa de recursos da parte de centros de decisão que escapam aos sistemas de coordenação que atualmente existem no mundo capitalista. (p 81).

> Nas sociedades capitalistas avançadas a única forma de reduzir o poder de compra da massa salarial é a elevação do nível geral de preços ou que se reduza sensivelmente o nível de emprego. Conciliar o pleno emprego com a estabilidade requer a vigência de um pacto social (empresários, governo e trabalhadores) que discipline o acesso aos frutos de uma rápida expansão do produto social. (p. 84-85).

> Em razão da considerável diferença no custo da mão de obra, muitas empresas multinacionais (principalmente as norte-americanas) procuram reestruturar-se implantando suas atividades produtivas na periferia, com vistas ao mercado dos Estados Unidos. Assim, a economia norte-americana teve de acomodar-se a um nível de desemprego crônico duas ou três vezes mais alto do que o que prevalece nos demais países centrais. Surgiu, assim, uma importante área de conflito entre amplos grupos da população norte-americana e os interesses das grandes empresas em rápida expansão transnacional. Estas últimas estão interligadas com o sistema de segurança dos EUA – Pentágono, CIA, etc. – e são extremamente influentes no ramo executivo do governo. Os grupos mais prejudicados canalizam o seu descontentamento através do Congresso, da imprensa e da "inteligentzia". (p. 102).

> É fato na história, que o segundo conflito mundial criou condições para que o conjunto das economias capitalistas viesse a operar com certo grau de unidade de comando político, apoiado num esquema unificado de segurança (dos EUA). O maior sacrifício humano e econômico nesse conflito coube à União Soviética, e a destruição do poder político-militar da Alemanha e do Japão beneficiou quase exclusivamente aos Estados Unidos, dentro do campo capitalista. Estabelecida a tutela política dos EUA, criaram-se as condições para que se dessem importantes modificações estruturais no sistema capitalista. Essa tutela possivelmente tenha sido aceita mais facilmente pelo fato de ter sido apresentada como um instrumento de defesa da "civilização ocidental". Sob essa tutela, novas condições levariam a uma maior homogeneidade das nações capitalistas

industrializadas, reduzindo-se as disparidades entre os níveis de renda da população dos Estados Unidos e as da Europa Ocidental e do Japão. (p. 73-74).

A doutrina que presidiu à nova ordenação é essencialmente uma reconstituição da ideologia liberal inglesa, que servira de justificação e ponta de lança à implantação do antigo sistema de divisão internacional do trabalho. Os acordos de Bretton Woods (1944) codificaram para o dólar funções de moeda de reserva similares à que adquirira a libra no século XIX, quando mais da metade das exportações mundiais de manufaturas se originavam nos portos ingleses. A Carta de Havana e a criação do GATT (1948) definiram os fundamentos justificativos e os mecanismos operatórios para assegurar uma progressiva destruição das barreiras ao comércio entre economias capitalistas. (p. 74).

O FMI operou principalmente como um instrumento de controle, a serviço dos EUA, de políticas econômicas e financeiras dos demais países, em particular dos chamados países subdesenvolvidos. A OIC não chegou sequer a implantar-se. (p. 80).

O que está sendo colocado em prática no Brasil, pós-golpe parlamentar, é o contrário do que Celso Furtado recomendou ao governo brasileiro, de que o primeiro desafio que deve enfrentar o Brasil é de aumentar sua capacidade de autofinanciamento, requerendo esforço de poupança pública e privada, canalizada para atividades produtivas, e maior disciplina e transparência no uso das divisas geradas pelas exportações. Por isso, é importante o saneamento das finanças públicas e disciplina dos fluxos externos monetários e financeiros, o que requer do governo disciplinamento das relações externas. E **essencialmente, deverá incentivar a distribuição de renda e fomentar seu mercado interno como alavanca de seu progresso econômico e social.**

CRÍTICA À ECONOMIA POLÍTICA

Livro I – Volume I

O PROCESSO DE PRODUÇÃO CAPITALISTA

A célula econômica da sociedade burguesa é a forma mercadoria, que reveste o produto do trabalho, ou a forma de valor assumida pela mercadoria. (Karl Marx – O Capital – O Processo de Produção Capitalista – Livro 1 – Volume 1 – p. 4).

O país mais desenvolvido não faz mais do que representar a imagem futura do menos desenvolvido. (Karl Marx – O Capital – O Processo de Produção Capitalista – Livro 1 – Volume 1 – p. 5).

Além dos males modernos (1860 – 1890), oprime a nós alemães uma série de males herdados, originários de modos de produção arcaicos, com suas comitivas de relações políticas e sociais contrárias ao espírito do tempo – a estatística social da Alemanha e dos demais países da Europa Ocidental era precária em relação à inglesa (saúde pública, exploração das mulheres, das crianças, condições precárias de habitação e alimentação e etc.) (grifo meu) (Karl Marx – O Capital – O Processo de Produção Capitalista – Livro 1 – Volume 1 – p. 5).

As elites costumam tapar os olhos e os ouvidos para negar as monstruosidades existentes no mundo moderno (século XIX) (grifo meu) (Karl Marx – O Capital – O Processo de Produção Capitalista – Livro 1 – Volume 1 – p. 5-6).

Considerando as devidas proporções nas economias contemporâneas, hoje, nos países desenvolvidos, ainda existem "monstruosidades (miséria, falta de recursos para habitação, saúde e educação)" em relação à população menos favorecida, como ocorre nos EUA, na Ásia e na Europa. Nas crises econômicas, aumenta-se a concentração de renda na parcela mais rica, e desemprego, miséria e fome, em toda parte de nosso globo terrestre. A concentração de riqueza no Brasil é tanta, que apenas 10% da população brasileira mais rica detém quase 50% de todos os recursos econômicos do país.

Colocando de lado motivos de índole nobre, o interesse mais egoísta das classes dominantes, impõe a utilização de meios políticos, jurídicos e militares que eliminem todos os obstáculos legais e de resistência dos movimentos trabalhistas para inibir o processo de ascensão da classe trabalhadora a padrões mais adequados de civilidade, como melhores condições de saúde, habitação, educação... (grifo meu) (Karl Marx – O Capital – O Processo de Produção Capitalista – Livro 1 – Volume 1 – p. 6).

A história brasileira recente demonstra a revolta das elites quando, nos governos de Getúlio, de JK, de João Goulart e dos 13 anos recentes de "Lula e Dilma", foram implementadas políticas incentivadoras do desenvolvimento industrial, da implantação do salário mínimo, da descentralização política e geográfica do desenvolvimento, da vontade de implantação de políticas de assistência ao trabalhador urbano e rural, a canalização de recursos para amortecimento da dívida externa, de aumento de recursos do BNDES para viabilização de projetos de infraestrutura e industrialização, o desenvolvimento da educação científica e o esforço para a diminuição da pobreza com a implantação de políticas sociais, como o Bolsa Família (este programa não era apenas a distribuição de dinheiro, mas um conjunto de medidas que faziam com que a criança fosse obrigada a estudar, a ter acompanhamento básico de saúde, proteção familiar, e os pais eram conduzidos a emprego ou cursos de aperfeiçoamento até possuírem condições de saírem do programa), o

Minha Casa Minha Vida (produção de moradias de baixo custo), incentivo ao desenvolvimento da cadeia de óleo e gás e de seus subprodutos, da aviação, da independência política e soberania nos assuntos externos.

As elites políticas, jurídicas e de corporações burguesas, aliadas à grande mídia nacional e aos interesses de países desenvolvidos e de suas corporações econômicas e políticas – na verdade, desde a ascensão de Lula ao planalto, em 2003, e com mais intensidade, a partir de 2006, com o pré-sal –, investiram de todas as formas para não permitir que houvesse mudanças na condução da política de subserviência do Brasil aos interesses das grandes corporações e dos países desenvolvidos. Ainda assim, no período de 2003 a 2014, o Brasil conquistou respeito internacional nos governos de Lula e Dilma.

Quando as forças burguesas se unem para atacar um governo de esquerda ou com práticas socialistas ou desenvolvimentistas voltadas para o social, a burguesia se alia à mídia e faz com que, em pouco tempo, seja construído um quadro de dificuldades econômicas para a população do país – fazem aumentar a inflação artificialmente (aumento de preços injustificados), deixam de produzir alimentos e produtos, boicotam sistemas de abastecimentos de produtos –, tudo para desestabilizar o governo e conseguirem a aprovação da população, principalmente da classe média, para seu grande objetivo.

Com o pseudocombate à corrupção, a mídia burguesa (desprovida de compromisso com o país) cooptou o judiciário (que, nos países latinos, é tradicionalmente e predominantemente de origem burguesa e de pensamento burguês) e, junto da burguesia capitalista e política e dos interesses externos em recursos estratégicos, interromperam as políticas implementadas até 2015, em favor do bem-estar coletivo e da expansão do mercado interno.

A Lava Jato, incentivada pela mídia como a salvação nacional, combatendo a corrupção de "mentirinha", nada mais foi, e continua sendo, o instrumento utilizado pela elite política e burguesa, com apoio da corporação jurídica burguesa, para afastar qualquer pretensão do Brasil em conquistar soberania, desenvolvimento econômico e pagar uma dívida social de mais de 500 anos para com os brasileiros pobres.

Um ano após o golpe, foram aprovadas, no Congresso e Planalto, várias medidas contra o trabalhador, com redução de benefícios, de desmantelamento da cadeia de petróleo brasileira, quebrando praticamente o setor naval brasileiro, com redução de mais de 100 mil empregos navais, diretos e indiretos, desmantelamento do setor de engenharia pesada brasileira, que se tornara competitiva no exterior, e dos setores de cimento, aço, máquinas e equipamentos pesados, e desestruturação do mercado interno.

Nestes tempos de caçada judicial, o Brasil perdeu uma grande oportunidade de exportação de serviços bilionários nos projetos da rota da seda com os países asiáticos.

Nos dizeres de Rogério Dutra, professor de direito da UFF – Blog Cafezinho, 10/01/2018, em relação aos processos políticos e jurídicos:

> Ao não considerar necessária a submissão de seus atos aos limites da lei e da Constituição Federal, ao operar independentemente das convenções que deram origem à própria instituição, e ao justificar os meios arbitrários aos fins políticos, está-se diante do puro e simples fascismo, e da mais cristalina corrupção.

Já no século XIX, por volta de 1860, Karl Marx observava que no continente europeu já era inevitável uma transformação nas relações existentes entre o capital e o trabalho. Nos EUA, após a abolição da escravatura (1860 – Abraham Lincoln), entrou na ordem política americana a transformação nas relações do capital e da propriedade da terra. As crises dominantes em vários países naquele século já começavam a pressentir que a sociedade não era um ser petrificado, mas um organismo vivo, constantemente em transformação. (grifo meu) (Karl Marx – O Capital – O Processo de Produção Capitalista – Livro 1 – Volume 1 – p. 7).

Do Portal de Pesquisas Temáticas e Educacionais – Sua Pesquisa.com:

> Abraham Lincoln, eleito, instaurou um programa de limitação da escravatura, levando à desintegração de vários estados do Sul e o início da Guerra de Secessão, ou Guerra Civil caracterizada por conflito militar nos Estados Unidos, entre os anos de 1861 e 1865. De um lado ficaram os estados do sul (Confederados) contra os estados do norte (União). Os estados do sul tinham uma economia baseada no latifúndio escravista e na produção, principalmente de algodão, voltada para a exportação. Enquanto isso, os estados do norte defendiam a abolição da escravidão e possuíam suas economias baseadas na indústria. Esta diferença de interesses deflagrou o conflito.
>
> A escravidão foi abolida, atendendo aos interesses dos estados do norte. Apesar disso, os negros não tiveram nenhum programa governamental que lhes garantissem a integração social. Após a liberdade, foram marginalizados pela sociedade.
>
> A região sul foi ocupada militarmente até o ano de 1877, perdendo influência política. No norte, a industrialização intensificou-se ainda mais, gerando mais riqueza na região.

No Brasil, a abolição da escravatura não incluiu o negro na sociedade como cidadão livre e economicamente independente e, na falta de legislação que o protegesse, foi discriminado desde sua libertação até os dias atuais.

> Por volta de 1820-30, dois fatores, um político e outro econômico, continuavam empurrando a luta entre o capital e o trabalho para segundo plano: o político era a contenda entre os governos agrupados em torno da Santa Aliança, apoiados em forças feudais, e a massa popular conduzida pela burguesia; e o econômico, a disputa entre o capital industrial e a propriedade aristocrática da terra (na França se disfarçava sob a oposição entre o pequeno e o grande proprietário de terras; na Inglaterra, irrompera abertamente, desde as leis aduaneiras de proteção dos cereais) (Karl Marx – O Capital – O Processo de Produção Capitalista – Livro 1 – Volume 1 – p. 10-11).
>
> Em 1830, a burguesia conquistara poder político na França e na Inglaterra. Daí em diante, a luta de classes adquiriu formas mais definidas e ameaçadoras – à burguesia interessava apenas o que era útil ou prejudicial ao capital. (Karl Marx – O Capital – O Processo de Produção Capitalista – Livro 1 – Volume 1 – p. 11).
>
> A dialética (argumentação dialogada, arte de discutir) mística de Hegel tornou-se moda na Alemanha porque parecia exaltar a situação burguesa existente. Para Marx, o ideal não é mais do que o material transposto para a cabeça do ser humano e por ele interpretado. (Karl Marx – O Capital – O Processo de Produção Capitalista – Livro 1 – Volume 1 – p. 11-17).
>
>> Marx e Engels, ao fundarem sua doutrina filosófica — o materialismo dialético — tiveram que reelaborar toda a dialética hegeliana, reestruturando-a por completo. Apresentando as características fundamentais de seu método dialético, Marx e Engels fizeram repetidas referências a Hegel como o filósofo que formulou os princípios fundamentais da

dialética. Isso não significa, entretanto, que a dialética de Marx e Engels seja idêntica à de Hegel. Na realidade, Marx e Engels tiraram da dialética de Hegel apenas o seu "veio racional", desprezando a estreiteza idealista hegeliana e impulsionando a dialética para frente, a fim de lhe dar um fundamento científico.

MERCADORIA E DINHEIRO

1 A Mercadoria

Segundo Marx, a mercadoria, por suas propriedades, satisfaz necessidades humanas. Seja qual for a natureza, a origem dela satisfaz a necessidade humana como meio de subsistência, de consumo, ou como meio de produção (matéria-prima). Cada coisa pode ser considerada sob duplo aspecto: qualidade e quantidade. (Karl Marx – O Capital – O Processo de Produção Capitalista – Livro 1 – Volume 1 – p. 41-42).

A utilidade de uma coisa (mercadoria) faz dela um valor de uso, que só se realiza com sua utilização ou consumo. O valor de uso constitui o conteúdo material da riqueza, qualquer que seja a forma social dela. (Karl Marx – O Capital – O Processo de Produção Capitalista – Livro 1 – Volume 1 – p. 42).

Uma mercadoria ou produto tem, em seu conjunto, vários tipos de uso, de abstração, dependendo da percepção de seu detentor, que podem dimensionar sua utilidade real.

O valor de troca reveza-se, de início, na relação quantitativa entre valores de uso de espécies diferentes, na proporção em que se trocam, relação que muda constantemente no tempo e no espaço. (Karl Marx – O Capital – O Processo de Produção Capitalista – Livro 1 – Volume 1 – p. 43).

As propriedades materiais só interessam pela utilidade que dão às mercadorias, por fazerem destas, valores de uso. De Borbon (l.c., p. 53 e 7): "não há diferença ou distinção em coisas de igual valor de troca". (Karl Marx – O Capital – O Processo de Produção Capitalista – Livro 1 – Volume 1 – p. 44).

Como valores de uso, as mercadorias são de qualidade diferente; como valores de troca, só podem diferir na quantidade, não contendo, portanto, nenhum sentido de valor de uso. (Karl Marx – O Capital – O Processo de Produção Capitalista – Livro 1 – Volume 1 – p. 44).

No tempo **(novos produtos e novas tecnologias – DVDs substituíram os discos e foram substituídos pelos Pen Drive e estes por novas tecnologias a serem produzidas)**, os produtos obsoletos perdem valor por falta de consumo; no espaço **(novos costumes, marketing, mudanças no meio ambiente local, novas exigências comportamentais das pessoas)** determinam novos hábitos de consumo e produtos, fora do contexto, deixam de existir pela perda de valor.

O valor de uma mercadoria não é determinado pela quantidade de trabalho gasto durante a produção. Na Inglaterra, após a introdução do tear a vapor, o tempo empregado para transformar determinada quantidade de fio em tecido diminuiu aproximadamente pela metade. (Karl Marx – O Capital – O Processo de Produção Capitalista – Livro 1 – Volume 1 – p. 45 e 46).

O que determina a grandeza do valor, portanto, é a quantidade de trabalho socialmente necessário ou o tempo de trabalho socialmente necessário **(inclui aí as modificações impostas pelas novas tecnologias)** para a produção de um valor de uso. (grifo meu) (Karl Marx – O Capital – O Processo de Produção Capitalista – Livro 1 – Volume 1 – p. 46).

A produtividade do trabalho é determinada pelas mais diversas circunstâncias, entre elas a destreza média dos trabalhadores, o grau de desenvolvimento da ciência e sua aplicação tecnológica, a organização social produtiva, o volume e a eficácia dos meios de produção e as condições naturais. (grifo meu) (Karl Marx – O Capital – O Processo de Produção Capitalista – Livro 1 – Volume 1 – p. 47).

Quanto maior a produtividade do trabalho, menor o tempo de trabalho requerido para produzir uma mercadoria, e quanto menor a quantidade de trabalho que nela se cristaliza, menor seu valor. A grandeza do valor de uma mercadoria varia na razão direta da quantidade, e na inversa da produtividade do trabalho que nela se aplica. (grifo meu) (Karl Marx – O Capital – O Processo de Produção Capitalista – Livro 1 – Volume 1 – p. 47).

Para criar mercadoria, é mister não só produzir valor de uso, mas produzi-lo para outros, dar origem a valor de uso social. (Karl Marx – O Capital – O Processo de Produção Capitalista – Livro 1 – Volume 1 – p. 48).

O produto, para se tornar mercadoria, tem de ser transferido a quem vir servir, como valor de uso, por meio da troca. (Karl Marx – O Capital – O Processo de Produção Capitalista – Livro 1 – Volume 1 – p. 48).

1.1 O Duplo Caráter do Trabalho Materializado na Mercadoria

O valor de uso de cada mercadoria representa determinada atividade produtiva subordinada a um fim, isto é, um trabalho útil particular. (Karl Marx – O Capital – O Processo de Produção Capitalista – Livro 1 – Volume 1 – p. 49).

Numa sociedade, cujos produtos assumem, geralmente, a forma de mercadoria, ou numa sociedade de produtores de mercadorias, autônomos, independentes uns dos outros, leva a um sistema complexo de divisão social do trabalho. (Karl Marx – O Capital – O Processo de Produção Capitalista – Livro 1 – Volume 1 – p. 49).

O trabalho, como criador de valores de uso, como trabalho útil, é indispensável à existência do homem, é necessidade natural e eterna de efetivar o intercâmbio material entre o homem e a natureza, de manter a vida humana. Não é a única fonte dos valores de uso que produz, da riqueza material. **De William Petty: "o trabalho é o pai, mas a mãe é a terra".** (grifo meu) (Karl Marx – O Capital – O Processo de Produção Capitalista – Livro 1 – Volume 1 – p. 48).

Uma quantidade maior de valor de uso cria maior riqueza material. Mas, no mesmo espaço de tempo, gera quantidades diferentes de valores de uso: **quantidade maior, quando a produtividade aumenta, e menor, quando ela decai.** (grifo meu) (Karl Marx – O Capital – O Processo de Produção Capitalista – Livro 1 – Volume 1 – p. 53).

1.2 A Forma do Valor ou o Valor de Troca

As mercadorias são, ao mesmo tempo, objetos úteis e veículos de valor. Patenteiam-se (manifestam-se) como mercadorias apenas na medida em que possuam dupla forma, aquela forma natural e a de valor. (Karl Marx – O Capital – O Processo de Produção Capitalista – Livro 1 – Volume 1 – p. 55).

Elas só encarnam valor na medida em que se tornam expressões de uma mesma substância social, o trabalho humano. Seu valor é uma realidade apenas social, só podendo manifestar-se na relação social em que uma mercadoria se troca por outra. (Karl Marx – O Capital – O Processo de Produção Capitalista – Livro 1 – Volume 1 – p. 55).

As mercadorias possuem forma comum de valor, representada pela forma dinheiro do valor. (Karl Marx – O Capital – O Processo de Produção Capitalista – Livro 1 – Volume 1 – p. 55).

A relação de valor entre duas mercadorias é a expressão de valor mais simples de uma mercadoria. (Karl Marx – O Capital – O Processo de Produção Capitalista – Livro 1 – Volume 1 – p. 55).

2 Forma Relativa e Equivalente do Valor

2.1 Forma Relativa do Valor

O trabalho concreto do produtor de um produto x, matéria-prima de outro produtor de um produto y, difere de ambos. Mas comparando-se os dois trabalhos, reduzem-se à condição de trabalho humano. (grifo meu) (Karl Marx – O Capital – O Processo de Produção Capitalista – Livro 1 – Volume 1 – p. 58).

A força humana de trabalho em ação ou o trabalho humano, cria valor; mas não é valor, senão quando se se cristaliza na forma de um objeto **útil à sociedade**. (grifo meu) (Karl Marx – O Capital – O Processo de Produção Capitalista – Livro 1 – Volume 1 – p. 59).

2.1.1 Determinação Quantitativa da Forma Relativa do Valor

Para expressarmos o valor de qualquer mercadoria, aludimos sempre à dada quantidade de objeto útil (15 toneladas de milho, por exemplo). Essa quantidade de mercadoria contém uma quantidade determinada de trabalho humano. (Karl Marx – O Capital – O Processo de Produção Capitalista – Livro 1 – Volume 1 – p. 61).

As quantidades de trabalho necessárias para a produção de um produto x, matéria-prima de um produto y, variam simultaneamente no mesmo sentido e na mesma proporção. (grifo meu) (Karl Marx – O Capital – O Processo de Produção Capitalista – Livro 1 – Volume 1 – p. 62).

Caso os valores das mercadorias experimentem variação, ao mesmo tempo e na mesma proporção, permanecerão constantes seus valores relativos. (Karl Marx – O Capital – O Processo de Produção Capitalista – Livro 1 – Volume 1 – p. 62).

2.2 Forma Equivalente do Valor

A forma equivalente do valor não contém nenhuma determinação do valor da mercadoria que a assume. (Karl Marx – O Capital – O Processo de Produção Capitalista – Livro 1 – Volume 1 – p. 64).

Ao observar-se a forma de equivalente, o valor de uso se torna a forma de manifestação do seu contrário, isto é, do valor. Despende-se trabalho humano tanto na forma do trabalho do produtor do produto x, quanto do produtor do produto y. Ambos possuem a propriedade comum de serem trabalho humano e, por isso, podem ser considerados sob esse ponto de vista apenas quando se trata, por exemplo, da produção de valor. (Karl Marx – O Capital – O Processo de Produção Capitalista – Livro 1 – Volume 1 – p. 66).

Aristóteles argumentou que:

> **A forma dinheiro da mercadoria é apenas a figura ulteriormente desenvolvida da forma simples do valor, isto é, da expressão do valor de uma mercadoria em outra qualquer. A troca, diz ele, não pode existir sem a igualdade, nem a igualdade ser a comensurabilidade (medição, comparabilidade).** (grifo meu) (Karl Marx – O Capital – O Processo de Produção Capitalista – Livro 1 – Volume 1 – p. 67).

2.3 A Forma Simples do Valor em seu Conjunto

A forma simples do valor de uma mercadoria se contém em sua relação de valor ou de troca com outra mercadoria diferente. O valor de uma mercadoria assume expressão fora dela, de manifestar-se como valor de troca. (Karl Marx – O Capital – O Processo de Produção Capitalista – Livro 1 – Volume 1 – p. 68).

Os mercantilistas põem em relevo o aspecto qualitativo da expressão do valor, a forma de equivalente assumida pela mercadoria, forma que encontra no dinheiro sua configuração definitiva. (Karl Marx – O Capital – O Processo de Produção Capitalista – Livro 1 – Volume 1 – p. 69).

Em todos os estádios (períodos, épocas) sociais, o produto do trabalho é valor de uso. Mas só um período determinado do desenvolvimento histórico, em que se representa o trabalho despendido na produção de uma coisa útil, como propriedade objetiva, inerente a essa coisa, como seu valor, é que transforma o produto do trabalho em mercadoria. (grifo meu) (Karl Marx – O Capital – O Processo de Produção Capitalista – Livro 1 – Volume 1 – p. 70).

A forma simples de valor da mercadoria é também a forma mercadoria elementar, o produto do trabalho, coincidindo, portanto, o desenvolvimento da forma mercadoria com o desenvolvimento da forma do valor. (Karl Marx – O Capital – O Processo de Produção Capitalista – Livro 1 – Volume 1 – p. 70).

Para se chegar à forma preço, há várias etapas de transformações da forma simples do valor. (Karl Marx – O Capital – O Processo de Produção Capitalista – Livro 1 – Volume 1 – p. 70).

2.4 Forma Extensiva do Valor Relativo

Não é a troca que regula a magnitude de valor da mercadoria, mas, ao contrário, é a magnitude do valor da mercadoria que regula as relações de troca. (Karl Marx – O Capital – O Processo de Produção Capitalista – Livro 1 – Volume 1 – p. 72).

O valor de uma mercadoria só adquire expressão geral, porque todas as outras mercadorias exprimem seu valor através do mesmo equivalente, e toda nova espécie de mercadoria tem de fazer o mesmo. (Karl Marx – O Capital – O Processo de Produção Capitalista – Livro 1 – Volume 1 – p. 75).

A forma geral do valor relativo do mundo das mercadorias imprime à mercadoria, eleita equivalente, o caráter de equivalente geral. (Karl Marx – O Capital – O Processo de Produção Capitalista – Livro 1 – Volume 1 – p. 75).

Uma espécie particular de mercadoria adquire a forma de equivalente geral, em virtude de todas as outras mercadorias converterem-na em material da forma única e geral de valor que consagram. (Karl Marx – O Capital – O Processo de Produção Capitalista – Livro 1 – Volume 1 – p. 76).

2.5 Transição da Forma Geral do Valor para a Forma Dinheiro

Uma determinada mercadoria, com cuja forma natural se identifica socialmente a forma equivalente, torna-se mercadoria dinheiro, funciona como dinheiro. Desempenha o papel de equivalente universal **de troca**, tornando-se sua função social específica, seu monopólio social, no mundo das mercadorias. (grifo meu) (Karl Marx – O Capital – O Processo de Produção Capitalista – Livro 1 – Volume 1 – p. 78).

À primeira vista, a mercadoria parece ser coisa trivial, imediatamente compreensível. **Analisando-a, vê-se que ela é algo muito estranho, cheia de sutilezas metafísicas e argúcias teológicas**. Como valor de uso, nada há de misterioso nela, quer a observemos sob o aspecto de que se destina a satisfazer necessidades humanas, com suas propriedades, quer sob o ângulo de que só adquire essas propriedades em consequência do trabalho humano. (grifo meu) (Karl Marx – O Capital – O Processo de Produção Capitalista – Livro 1 – Volume 1 – p. 79).

O ser humano, por suas atividades, modifica do modo que lhe é útil a forma dos elementos naturais. Por exemplo, a forma da madeira, quando dela faz uma mesa, logo que se revela mercadoria, transforma-se em algo, ao mesmo tempo, perceptível e impalpável **(essa nova forma serve para diferentes utilidades, de acordo com o desejo e fantasias de seu comprador)** (grifo meu) (Karl Marx – O Capital – O Processo de Produção Capitalista – Livro 1 – Volume 1 – p. 79).

O caráter misterioso **(aos olhos e sentimentos do consumidor)** da mercadoria não provém do seu valor de uso, nem tampouco dos fatores determinantes do valor. (grifo meu) (Karl Marx – O Capital – O Processo de Produção Capitalista – Livro 1 – Volume 1 – p. 80).

A mercadoria é misteriosa simplesmente por encobrir as características sociais do próprio trabalho dos homens, apresentando-as como características materiais e propriedades sociais inerentes aos produtos do trabalho; por ocultar, portanto, a relação social entre os trabalhos individuais dos produtores e o trabalho total, ao refleti-la como relação social existente, à margem deles, entre os produtos do seu próprio trabalho. (Karl Marx – O Capital – O Processo de Produção Capitalista – Livro 1 – Volume 1 – p. 81).

Através dessa dissimulação, os produtos do trabalho se tornam mercadorias, coisas sociais, com propriedades perceptíveis e imperceptíveis aos sentidos. A impressão luminosa de uma coisa sobre o nervo ótico não se apresenta como sensação subjetiva desse nervo, mas como forma sensível de uma coisa existente fora do órgão da visão. Há uma relação física entre coisas físicas. Mas a forma mercadoria e a relação de valor entre os produtos do trabalho, a qual caracteriza essa forma, nada têm a ver com a natureza física desses produtos nem com as relações materiais dela decorrentes. **Uma relação social definida, estabelecida entre os homens, assume a forma fantasmagórica de uma relação entre coisas. Para encontrar um símile, temos de recorrer à região nebulosa da crença. Aí, os produtos do cérebro humano parecem dotados de vida própria, figuras autônomas que mantêm relações entre si e com os seres humanos.** É o que ocorre com os produtos da mão humana, no mundo das mercadorias. Chamo a isto de fetichismo (**fantasia**), que está sempre grudado aos produtos do trabalho, quando são gerados como mercadorias. É inseparável da produção de mercadorias. (grifo meu) (Karl Marx – O Capital – O Processo de Produção Capitalista – Livro 1 – Volume 1 – p. 81).

Esse fetichismo (fantasia, crença) do mundo das mercadorias decorre, conforme demonstra a análise precedente, do caráter social próprio do trabalho que produz mercadorias. (grifo meu) (Karl Marx – O Capital – O Processo de Produção Capitalista – Livro 1 – Volume 1 – p. 81).

Uma mercadoria qualquer pode ter diferentes utilidades e preços, dependendo da forma como é vista ou percebida pelo comprador, mesmo tendo o mesmo custo de fabricação de outra similar, mas com características mais ou menos atrativas do ponto de vista da fantasia humana.

Só com a troca adquirem, os produtos do trabalho, como valores, uma realidade socialmente homogênea, distinta da sua heterogeneidade de objetos úteis e perceptível aos sentidos. Esta cessão do produto do trabalho em coisa útil e em valor, só atua na prática, depois de ter, a troca, atingido tal expansão e importância que se produzam as coisas úteis para serem permutadas, considerando-se o valor das coisas já por ocasião de serem produzidas. (Karl Marx – O Capital – O Processo de Produção Capitalista – Livro 1 – Volume 1 – p. 82).

A igualdade completa de diferentes trabalhos só pode assentar numa abstração, que põe de lado a desigualdade existente entre eles e os reduz ao seu caráter comum de dispêndio de força humana de trabalho, de trabalho humano abstrato. (Karl Marx – O Capital – O Processo de Produção Capitalista – Livro 1 – Volume 1 – p. 82).

Os trabalhos particulares realizados, independentemente uns dos outros, mas interdependentes, em todos os sentidos, como parcelas naturalmente integrantes da divisão social do trabalho, são, de modo contínuo, ajustados nas proporções requeridas pela sociedade. (Karl Marx – O Capital – O Processo de Produção Capitalista – Livro 1 – Volume 1 – p. 83-84).

A determinação da quantidade do valor pelo tempo do trabalho é, por isso, um segredo oculto sob os movimentos visíveis dos valores relativos das mercadorias. Sua descoberta destrói a aparência de casualidade que reveste a determinação das quantidades de valor dos produtos do trabalho, mas não suprime a forma material dessa determinação. (Karl Marx – O Capital – O Processo de Produção Capitalista – Livro 1 – Volume 1 – p. 84).

Todo o mistério do mundo das mercadorias, todo sortilégio e magia que enevoam os produtos do trabalho, ao assumirem estes a forma de mercadorias, desaparecem, assim que examinamos outras formas de produção. (grifo meu). Karl Marx – O Capital – O Processo de Produção Capitalista – Livro 1 – Volume 1 – p. 85).

Na Idade Média Europeia, não havia o indivíduo independente. Todos eram dependentes: servos e senhores feudais, vassalos e suseranos, leigos e clérigos. A dependência pessoal caracterizava tanto as relações sociais da produção material, quanto às outras esferas da vida baseadas nessa produção. A forma diretamente social do trabalho era a forma concreta do trabalho, sua particularidade, e não sua generalidade abstrata, como ocorre com a produção de mercadorias. (Karl Marx – O Capital – O Processo de Produção Capitalista – Livro 1 – Volume 1 – p. 86).

No século XIX a forma primitiva da propriedade comum existia na sociedade eslava, como na russa, romana, germana, celta e na sociedade indiana. (Karl Marx – O Capital – O Processo de Produção Capitalista – Livro 1 – Volume 1 – p. 86).

Fórmulas que pertencem a uma formação social em que o processo de produção domina o homem e não o homem o processo de produção, são consideradas pela consciência burguesa uma necessidade tão natural quanto o próprio trabalho produtivo – **o pensamento burguês visa a maximização da produção transformada em dinheiro, sendo o homem mera parte do processo produtivo**. (grifo meu). Karl Marx – O Capital – O Processo de Produção Capitalista – Livro 1 – Volume 1 – p. 90).

No filme *O Vagabundo*, de Chaplin, em 1936, mostra-se o auge do predomínio do padrão "Taylor-Ford", em que os trabalhadores têm suas habilidades substituídas por um trabalho rotineiro, alienado e facilmente substituível por outro indivíduo. É o predomínio do operário-massa, do trabalho cronometrado de acordo com a máquina e com o ritmo de produção imposta pela necessidade de produção do capitalista – **Sérgio Prieb, UFSM, NEEC (Sul 21, 05/02/2012)**.

3 O Processo de Troca

Apenas a ação social pode fazer de determinada mercadoria equivalência geral. A forma corpórea dessa mercadoria torna-se, desse modo, a forma equivalente com validade social; ser equivalente geral, torna-se função especificamente social da mercadoria eleita, o dinheiro. (Karl Marx – O Capital – O Processo de Produção Capitalista – Livro 1 – Volume 1 – p. 97).

Marx lembra em sua narrativa apocalíptica: (Karl Marx – O Capital – O Processo de Produção Capitalista – Livro 1 – Volume 1 – p. 97).

Todos eles terão um mesmo desígnio, e entregarão sua força e seu poder à besta. E que só possa comprar ou vender quem tiver o sinal, a saber, o nome da besta ou o número do seu nome. (grifo meu).

O dinheiro (**"todos farão tudo por ele e em nome dele"**) é um cristal gerado necessariamente pelo processo de troca, e que serve, de fato, para equiparar os diferentes produtos do trabalho e, portanto, para convertê-los em mercadorias. (grifo meu) (Karl Marx – O Capital – O Processo de Produção Capitalista – Livro 1 – Volume 1 – p. 97).

A necessidade, para o intercâmbio, de exteriorizar essa oposição, exige forma independente para o valor da mercadoria e persiste até que, finalmente, é satisfeita com a duplicação da mercadoria em mercadoria e dinheiro. (Karl Marx – O Capital – O Processo de Produção Capitalista – Livro 1 – Volume 1 – p. 97).

Com o desenvolvimento da troca de mercadorias, a forma de equivalente geral ou social fixa-se, exclusivamente, em tipos especiais de mercadorias, ou cristaliza-se na forma dinheiro. (Karl Marx – O Capital – O Processo de Produção Capitalista – Livro 1 – Volume 1 – p. 99).

Assim, a forma dinheiro aderiu aos mais importantes artigos fornecidos pelo estrangeiro, os quais, na realidade, se constituíram em formas espontâneas de manifestação do valor de troca dos produtos da economia interna, ou se fixou no objeto útil, que representava o elemento principal do patrimônio nativo alienável. (Karl Marx – O Capital – O Processo de Produção Capitalista – Livro 1 – Volume 1 – p. 99).

Embora ouro e prata, não sejam dinheiro, este é ouro e prata, conforme demonstra a coincidência entre suas propriedades naturais e suas funções monetárias. (Karl Marx – O Capital – O Processo de Produção Capitalista – Livro 1 – Volume 1 – p. 99-100).

A mercadoria dinheiro, além de possuir o valor de uso inerente à sua qualidade de mercadoria (ouro), adquire um valor de uso formal que decorre de sua função social específica. (grifo meu) (Karl Marx – O Capital – O Processo de Produção Capitalista – Livro 1 – Volume 1 – p. 100).

O processo de troca dá à mercadoria que transforma em dinheiro, não o valor dela, mas sua forma específica de valor. A prata trocava-se pelo valor de uso que possuía, ou seja, por seu valor real. Convertida em dinheiro, adquiriu um valor adicional. (Karl Marx – O Capital – O Processo de Produção Capitalista – Livro 1 – Volume 1 – p. 101).

O dinheiro, com o passar do tempo, tornou-se riqueza, representando símbolo das mercadorias – vários autores (1766/67). (grifo meu).

Os homens procedem de maneira atomística no processo de produção local e suas relações de produção assumem uma configuração material que não depende de seu controle, nem de sua ação consciente individual. Esses fenômenos se manifestam na transformação geral dos produtos do trabalho em mercadorias, transformação que gera a mercadoria equivalente universal, o dinheiro. (Karl Marx – O Capital – O Processo de Produção Capitalista – Livro 1 – Volume 1 – p. 103-104).

4 O Dinheiro ou a Circulação das Mercadorias

4.1 Introdução – Contexto de 1859

As Pesquisas de Marx sobre o modo de produção capitalista e as correspondentes relações de produção e de circulação tinham como palco a Inglaterra, que era o campo clássico de produção. (Karl Marx – O Capital – O Processo de Produção Capitalista – Livro 1 – Volume 1 – p. 5).

À época, além dos males da produção capitalista, oprimia aos alemães os males herdados dos modos de produção arcaicos, com seu séquito de relações políticas e sociais contrárias ao espírito do tempo. Comparada com a inglesa, era precária a condição social dos alemães e dos demais países da Europa Ocidental, com ausência completa de comissões de fábrica, seus inspetores, médicos, informantes da saúde pública, seus comissários incumbidos de investigar a exploração das mulheres e das crianças, as condições de habitação e alimentação – o capitalismo alemão da época englobaria monstruosidades sociais. (Karl Marx – O Capital – O Processo de Produção Capitalista – Livro 1 – Volume 1 – p. 5).

O capitalismo da Europa era atormentado também pela guerra de independência americana do século XVIII (04 de julho de 1776) e da guerra civil americana do século XIX. (Karl Marx – O Capital – O Processo de Produção Capitalista – Livro 1 – Volume 1 – p. 6).

Pondo de lado motivos de índole nobre, o interesse mais egoísta impõe às classes dominantes a eliminação de todos os obstáculos legalmente removíveis, com o fim de impedir o progresso da classe trabalhadora na Europa. (grifo meu) (Karl Marx – O Capital – O Processo de Produção Capitalista – Livro 1 – Volume 1 – p. 6).

As classes dominantes tinham forte influência nos órgãos formuladores de leis, da justiça e do poder militar do Estado, com o objetivo de impor à classe trabalhadora a troca do trabalho por miseráveis condições de sobrevivência e dignidade.

Os representantes estrangeiros da coroa britânica diziam que nos países civilizados (capitalistas) do continente europeu, era tão visível quanto inevitável, como na Inglaterra, uma transformação nas relações existentes entre o capital e o trabalho. (Karl Marx – O Capital – O Processo de Produção Capitalista – Livro 1 – Volume 1 – p. 7).

Nos EUA, após abolida a escravatura, Mr. Wade, vice-presidente, declarava em comícios a urgência nas transformações do capital e da propriedade da terra – já era sinal das mutações da sociedade, constantemente submetida a processos de transformação em suas necessidades. (Karl Marx – O Capital – O Processo de Produção Capitalista – Livro 1 – Volume 1 – p. 7).

4.2 Medida dos Valores

O dinheiro, como medida do valor, é a forma necessária de manifestar-se a medida imanente (implícita) do valor das mercadorias, o tempo de trabalho; como mercadoria, não tem valor. (grifo meu) (Karl Marx – O Capital – O Processo de Produção Capitalista – Livro 1 – Volume 1 – p. 106).

Como forma do valor, o preço ou a forma dinheiro das mercadorias se distingue da sua forma corpórea, real e tangível. **O preço é uma forma puramente ideal ou mental; em sua função de medida de valor tem, por isso, apenas a serventia de dinheiro ideal ou figurado.** (grifo meu) (Karl Marx – O Capital – O Processo de Produção Capitalista – Livro 1 – Volume 1 – p. 107).

Só pode haver subida geral dos preços das mercadorias, permanecendo inalterável o valor do dinheiro, quando os valores das mercadorias sobem; não se modificando os valores das mercadorias, quando cai o valor do dinheiro **(desvalorização do dinheiro frente a uma moeda estrangeira – o real frente ao dólar, ao euro etc.)** (grifo meu) (Karl Marx – O Capital – O Processo de Produção Capitalista – Livro 1 – Volume 1 – p. 111).

Ao contrário, só pode haver queda geral dos preços das mercadorias, mantendo-se estável o valor do dinheiro, quando os valores das mercadorias caem; não se alterando os valores das mercadorias, quando sobe o valor do dinheiro **(valorização do dinheiro frente a uma moeda estrangeira – o real frente ao dólar, ao euro etc.)** (grifo meu) (Karl Marx – O Capital – O Processo de Produção Capitalista – Livro 1 – Volume 1 – p. 111).

Suponhamos um sapato importado no valor de U$100:

Consideremos que seu preço suba para U$150; e que a comparação de moedas: U$1 = $1; Gasto será de $150.

Consideremos uma variação na comparação de moedas: U$1 = $1,40; e que o preço do sapato fique estável, ao valor de U$100; Gasto será de $140.

Com o desenvolvimento da riqueza, o metal menos nobre foi expulso da função moeda. O cobre foi substituído pela prata, e esta pelo ouro. (Karl Marx – O Capital – O Processo de Produção Capitalista – Livro 1 – Volume 1 – p. 111).

Uma determinada parte de ouro na Inglaterra passou a ser designada 1 Libra Esterlina; nos EUA, 1 Dólar.

Sendo o padrão monetário puramente convencional, acabou sendo regulado pelas leis locais. (Karl Marx – O Capital – O Processo de Produção Capitalista – Livro 1 – Volume 1 – p. 112).

Assim, as mercadorias expressam, como valores monetários, o que valem, e o dinheiro serve de dinheiro-conta, para fixar o valor de uma coisa, em sua forma dinheiro. (grifo meu) (Karl Marx – O Capital – O Processo de Produção Capitalista – Livro 1 – Volume 1 – p. 113).

Com a transformação da magnitude do valor em preço, manifesta-se essa relação necessária através da relação de troca de uma mercadoria com a mercadoria dinheiro, de existência extrínseca à mercadoria com que se permuta. Nessa relação, pode o preço expressar tanto a magnitude do valor da mercadoria quanto essa grandeza deformada para mais, ou para menos, de acordo com as circunstâncias. A possibilidade de divergência quantitativa entre preço e magnitude de valor, ou do afastamento do preço da magnitude de valor, é, assim, inerente à própria forma preço. Ela não só admite a possibilidade de divergência quantitativa entre magnitude de valor e de preço, mas também pode esconder uma contradição qualitativa, de modo que o preço deixa de ser expressão do valor, embora dinheiro seja apenas a forma do valor das mercadorias. (Karl Marx – O Capital – O Processo de Produção Capitalista – Livro 1 – Volume 1 – p. 115).

A forma preço implica a alienabilidade das mercadorias contra dinheiro e a necessidade dessa alienação por dinheiro. (Karl Marx – O Capital – O Processo de Produção Capitalista – Livro 1 – Volume 1 – p. 116).

4.3 Meio de Circulação

Ao chegar ao destino em que serve de valor de uso, a mercadoria sai da esfera da troca para entrar na esfera do consumo. (Karl Marx – O Capital – O Processo de Produção Capitalista – Livro 1 – Volume 1 – p. 117).

Temos de observar a metamorfose das mercadorias, através da qual se processa a circulação social das coisas; da troca de mercadoria por dinheiro. (Karl Marx – O Capital – O Processo de Produção Capitalista – Livro 1 – Volume 1 – p. 117).

A mercadoria é realmente valor de uso, e seu valor se expressa apenas idealmente no preço que a equipara ao ouro (dinheiro) que representa a figura real do seu valor. (grifo meu) (Karl Marx – O Capital – O Processo de Produção Capitalista – Livro 1 – Volume 1 – p. 117).

O processo de troca da mercadoria se realiza através de duas metamorfoses opostas e reciprocamente complementares – a mercadoria converte-se em dinheiro e o dinheiro converte-se em mercadoria. As fases da transformação constituem atos do dono da mercadoria: venda, troca da mercadoria por dinheiro; compra, troca do dinheiro por mercadoria. (Karl Marx – O Capital – O Processo de Produção Capitalista – Livro 1 – Volume 1 – p. 118).

Para o dono do dinheiro, comprar uma mercadoria deve satisfazê-lo; deve, antes de tudo, ter valor de uso para ele, para que possa fazer a troca. (Karl Marx – O Capital – O Processo de Produção Capitalista – Livro 1 – Volume 1 – p. 119).

No mercado, a mercadoria pode ser produto de nova espécie de trabalho, que se destina a satisfazer necessidades emergentes ou mesmo criar necessidades até então desconhecidas. (grifo meu) (Karl Marx – O Capital – O Processo de Produção Capitalista – Livro 1 – Volume 1 – p. 119).

O produto (mercadoria) satisfaz momentaneamente determinada necessidade social. No futuro, perde sua posição, parcial ou total, para outro produto semelhante (com mais tecnologia, talvez; por mudança de hábitos sociais). Quando saturada no mercado, não havendo comprador, a mercadoria torna-se excedente, supérflua e inútil. (grifo meu) (Karl Marx – O Capital – O Processo de Produção Capitalista – Livro 1 – Volume 1 – p. 119).

Aceita a mercadoria como útil, ou seja, reconhecido seu valor de uso, e o dono do dinheiro atraído por ela, surge a pergunta do comprador: quanto de dinheiro? Do lado do dono da mercadoria com valor de uso, haverá um posicionamento de maximizar seu ganho na troca por dinheiro; do lado do dono do dinheiro, um posicionamento de minimizar o valor dela. Assim, a objetividade do mercado (comprador e vendedor) é que determina o valor da troca. (grifo meu) (Karl Marx – O Capital – O Processo de Produção Capitalista – Livro 1 – Volume 1 – p. 119).

O preço da mercadoria é apenas a denominação em dinheiro, da quantidade de trabalho social (trabalho, tecnologia, propaganda, lucro etc.) nela incorporado. Mas, o que ontem era o tempo de trabalho socialmente necessário para a produção de uma mercadoria x, deixa de ser, hoje, conforme o dono do dinheiro se empenha em verificar as cotações dos diferentes competidores (vendedores) da mercadoria no mercado. A mercadoria **do vendedor** "ama o dinheiro", mas amor tem limites – o seu preço. (grifo meu) (Karl Marx – O Capital – O Processo de Produção Capitalista – Livro 1 – Volume 1 – p. 120).

A divisão do trabalho transforma o produto do trabalho em mercadoria, tornando, assim, necessária a transformação desta em dinheiro. O vendedor substitui sua mercadoria por dinheiro; o comprador, seu dinheiro por mercadoria. (Karl Marx – O Capital – O Processo de Produção Capitalista – Livro 1 – Volume 1 – p. 121).

A realização do preço, ou de forma ideal, do valor da mercadoria, é a realização simultânea e oposta ao valor de uso ideal do dinheiro – a transformação de mercadoria em dinheiro é, ao mesmo tempo, transformação de dinheiro em mercadoria. (grifo meu) (Karl Marx – O Capital – O Processo de Produção Capitalista – Livro 1 – Volume 1 – p. 121).

A circulação das mercadorias difere formal e essencialmente da troca imediata de produtos. Em suas funções de intermediário da circulação das mercadorias, assume o dinheiro o papel do meio de circulação. (grifo meu) (Karl Marx – O Capital – O Processo de Produção Capitalista – Livro 1 – Volume 1 – p. 125-127).

4.3.1 O Curso (Caminho) do Dinheiro

O movimento das mercadorias constitui um circuito. O resultado é o afastamento constante do dinheiro do seu ponto de partida, e não a volta a esse ponto. (Karl Marx – O Capital – O Processo de Produção Capitalista – Livro 1 – Volume 1 – p. 127).

Concluída a operação vender para comprar, afasta-se o dinheiro das mãos que o estavam guardando. (Karl Marx – O Capital – O Processo de Produção Capitalista – Livro 1 – Volume 1 – p. 128).

O curso do dinheiro é a repetição constante e monótona do mesmo processo. (grifo meu) (Karl Marx – O Capital – O Processo de Produção Capitalista – Livro 1 – Volume 1 – p. 128).

O resultado da circulação das mercadorias, a reposição de uma mercadoria por outra, toma a aparência de ter sido consequência não da mudança da forma das mercadorias, mas da função desempenhada pelo dinheiro, de meio de circulação, que põe a circular as mercadorias, inertes por natureza, transferindo-as das mãos de vendedores e compradores, dando-lhes sempre uma direção oposta a seu próprio curso. (Karl Marx – O Capital – O Processo de Produção Capitalista – Livro 1 – Volume 1 – p. 129).

O dinheiro, sendo meio de circulação, permanece na esfera da circulação onde desempenha continuamente seu papel. (grifo meu) (Karl Marx – O Capital – O Processo de Produção Capitalista – Livro 1 – Volume 1 – p. 130).

Ocorrem todos os dias, em vários locais, muitas metamorfoses parciais de mercadorias (vendas e compras). Em seus preços, já estão nas mercadorias idealmente equiparadas as quantidades de dinheiro. A forma direta de circulação que estamos observando confronta corporalmente dinheiro e mercadoria – dinheiro, no polo da compra; mercadoria, no polo da venda. Assim, o montante dos meios de circulação exigido pela circulação do mundo das mercadorias já está determinado pela soma dos preços das mercadorias. (grifo meu) (Karl Marx – O Capital – O Processo de Produção Capitalista – Livro 1 – Volume 1 – p. 130).

A variação na massa dos meios de circulação provém do próprio dinheiro, mas não da sua função de meio de circulação, mas da sua função de medida de valor. (Karl Marx – O Capital – O Processo de Produção Capitalista – Livro 1 – Volume 1 – p. 130).

A elevação ou a queda dos preços de certo número de artigos importantes basta para aumentar ou diminuir a soma dos preços a realizar de todas as mercadorias, e, em consequência, para lançar mais ou menos dinheiro em circulação. A variação dos preços das mercadorias, correspondente a verdadeiras variações de valor ou a meras oscilações dos preços do mercado, exerce o mesmo efeito sobre o montante dos meios de circulação. (Karl Marx – O Capital – O Processo de Produção Capitalista – Livro 1 – Volume 1 – p. 132).

O processo de circulação das mercadorias só transparece através do curso do dinheiro, e se revela por meio da velocidade desse curso, a velocidade da metamorfose delas, o entrelaçamento contínuo das séries de metamorfoses, a celeridade do giro social, das coisas, a rapidez com que as mercadorias desaparecem da circulação e são substituídas por novas. Essa movimentação é que regula a quantidade de dinheiro que funciona como meio de circulação em cada período. Dessa velocidade depende a proporção daquela soma de preços que pode ser realizada pela mesma moeda. (Karl Marx – O Capital – O Processo de Produção Capitalista – Livro 1 – Volume 1 – p. 134-135).

Os três fatores (**o movimento dos preços, a quantidade das mercadorias em circulação, e a velocidade do curso do dinheiro**) podem variar em sentidos diferentes e em proporções diversas. (grifo meu) (Karl Marx – O Capital – O Processo de Produção Capitalista – Livro 1 – Volume 1 – p. 135).

A lei, segundo a qual, a quantidade dos meios de circulação é determinada pela soma dos preços das mercadorias em circulação, pode ser expressa da seguinte maneira: dada a soma dos valores das mercadorias e dada a velocidade média das metamorfoses delas, a quantidade de metal precioso na função de dinheiro em curso depende do valor desse metal. (Karl Marx – O Capital – O Processo de Produção Capitalista – Livro 1 – Volume 1 – p. 136-137).

A ilusão de que os preços das mercadorias são determinados pela quantidade dos meios de circulação, e esta pela quantidade dos metais preciosos num país, é uma ilusão fundamentada por seus primitivos adeptos, na hipótese absurda de que as mercadorias entram na circulação sem preço e o dinheiro sem valor. (grifo meu) (Karl Marx – O Capital – O Processo de Produção Capitalista – Livro 1 – Volume 1 – p. 137).

4.3.2 Os Símbolos de Valor Moeda

A forma de moeda assumida pelo dinheiro decorre de sua função de meio de circulação. (Karl Marx – O Capital – O Processo de Produção Capitalista – Livro 1 – Volume 1 – p. 138).

A tendência natural do processo de circulação, de converter a moeda, de ouro, em simulacro da quantidade de ouro que deveria ter em símbolo pelo metálico oficial, é reconhecida pelas leis mais modernas relativas ao limite de perda metálica além do qual as peças de ouro deixam de ter curso legal ou são desmonetizadas. (Karl Marx – O Capital – O Processo de Produção Capitalista – Livro 1 – Volume 1 – p. 139).

O próprio curso do dinheiro, ao separar o peso real do peso nominal da moeda, a existência metálica desta de sua existência funcional, traz latente a possibilidade de o dinheiro metálico ser substituído, em sua função de moeda, por senhas feitas de outro material, por meros símbolos. Coisas relativamente sem valor, pedaços de papel, podem substituir o metal no exercício da função moeda. (Karl Marx – O Capital – O Processo de Produção Capitalista – Livro 1 – Volume 1 – p. 139-140).

Nos dias atuais, já se fala apenas na circulação de moeda apenas virtual, substituindo o papel-moeda, já muito em desuso pelo crescimento exponencial do crédito.

O caráter puramente simbólico está de algum modo dissimulado nas peças de dinheiro metálicas; revelam-se plenamente no dinheiro papel. (Karl Marx – O Capital – O Processo de Produção Capitalista – Livro 1 – Volume 1 – p. 140).

Marx aludia apenas ao papel-moeda, o dinheiro papel do Estado, com curso compulsório. (Karl Marx – O Capital – O Processo de Produção Capitalista – Livro 1 – Volume 1 – p. 141).

O dinheiro de crédito pressupõe, ao contrário, condições desconhecidas à época, mas acreditava-se que se o verdadeiro dinheiro papel, papel-moeda, nasce da função do dinheiro, de meio de circulação, o dinheiro de crédito tem sua raiz natural na função do dinheiro, de meio

de pagamento. (grifo meu) (Karl Marx – O Capital – O Processo de Produção Capitalista – Livro 1 – Volume 1 – p. 141).

Ao circularem pedaços de papel impressos, com denominações de 1, 5, 10... libras, em lugar da quantidade de ouro da mesma denominação, governam seu movimento apenas as leis do curso do dinheiro, que diz que a emissão de papel-moeda tem de limitar-se à quantidade de ouro que realmente circulava se não fosse substituída por símbolos. (grifo meu) (Karl Marx – O Capital – O Processo de Produção Capitalista – Livro 1 – Volume 1 – p. 141).

Caso o papel ultrapassar a sua medida, expõe-se ao descrédito geral. Contudo, ainda representará a quantidade de ouro determinada pelas leis imanentes ao mundo das mercadorias, portanto, só quantidade de ouro suscetível de ser representada. (Karl Marx – O Capital – O Processo de Produção Capitalista – Livro 1 – Volume 1 – p. 142).

O papel-moeda só é símbolo de valor por representar quantidade de ouro, a qual é quantidade de valor como todas as quantidades das outras mercadorias. (Karl Marx – O Capital – O Processo de Produção Capitalista – Livro 1 – Volume 1 – p. 142).

A coerção do Estado vigora apenas na esfera interna da circulação, contida dentro das fronteiras de uma comunidade; e só nela desempenha plenamente o dinheiro sua função de meio de circulação, e assim pode ter no papel-moeda pura existência funcional, exteriormente distinta de sua substância metálica. (Karl Marx – O Capital – O Processo de Produção Capitalista – Livro 1 – Volume 1 – p. 143).

4.3.3 O Dinheiro

É dinheiro a mercadoria que serve para medir o valor e, direta ou indiretamente, de meio de circulação. (Karl Marx – O Capital – O Processo de Produção Capitalista – Livro 1 – Volume 1 – p. 144).

Vende-se mercadoria não para comprar mercadoria, mas para substituir a forma mercadoria pela forma dinheiro. A transformação passa a ter fim, em si mesma, ao invés de servir de meio de circulação das coisas. Impede-se à imagem transformada da mercadoria de funcional como forma absolutamente alienável, de caráter fugaz. (Karl Marx – O Capital – O Processo de Produção Capitalista – Livro 1 – Volume 1 – p. 144).

O dinheiro petrifica-se em tesouro, o vendedor de mercadorias em entesourador. (Karl Marx – O Capital – O Processo de Produção Capitalista – Livro 1 – Volume 1 – p. 144).

No dinheiro desaparecem todas as diferenças qualitativas das mercadorias, e o dinheiro, nivelador radical, apaga todas as distinções. (Karl Marx – O Capital – O Processo de Produção Capitalista – Livro 1 – Volume 1 – p. 146).

Mas, o próprio dinheiro é mercadoria, um objeto externo, suscetível de tornar-se propriedade de qualquer indivíduo. Assim, o poder social torna-se o poder privado dos particulares. (Karl Marx – O Capital – O Processo de Produção Capitalista – Livro 1 – Volume 1 – p. 146-147).

A sociedade antiga denuncia o dinheiro como elemento corrosivo da ordem econômica e da moral. A sociedade moderna, que já nos seus primórdios arranca plutão pelos cabelos das entranhas da terra, saúda no ouro o Santo Graal, a resplandecente encarnação do princípio mais autêntico de sua vida. (Karl Marx – O Capital – O Processo de Produção Capitalista – Livro 1 – Volume 1 – p. 147).

A mercadoria, como valor de uso, satisfaz uma necessidade particular e constitui um elemento específico da riqueza material. (Karl Marx – O Capital – O Processo de Produção Capitalista – Livro 1 – Volume 1 – p. 147).

O desejo de entesourar é por natureza insaciável. Do ponto de vista da qualidade ou da forma, o dinheiro não conhece fronteiras: é o representante universal da riqueza material, pois conversível em qualquer mercadoria. (Karl Marx – O Capital – O Processo de Produção Capitalista – Livro 1 – Volume 1 – p. 147).

Mas, qualquer porção real de dinheiro é quantitativamente limitada, sendo meio de compra de eficácia restrita. Essa contradição entre a limitação quantitativa e o aspecto qualitativo sem limites, impulsiona permanentemente o entesourador para o trabalho de **Sísifo** da acumulação. (Karl Marx – O Capital – O Processo de Produção Capitalista – Livro 1 – Volume 1 – p. 147).

De Shakespeare, Timon de Atenas (Timon of Athens): (grifo meu) (Karl Marx – O Capital – O Processo de Produção Capitalista – Livro 1 – Volume 1 – p. 146).

Ouro, amarelo, fulgurante, ouro precioso!

Uma porção dele basta para fazer do preto, branco; do louco, sensato; do errado, certo; do vilão, nobre; do velho, jovem; do covarde, valente.

Esse escravo amarelo ata e desata vínculos sagrados; abençoa e amaldiçoa; doura a lepra, mas não a cura; honra ladrões, dá-lhes títulos, genuflexões e homenagens; faz a viúva anciã casar de novo.

Metal execrável, és da humanidade a vil prostituta!

(grifo meu) (Karl Marx – O Capital – O Processo de Produção Capitalista – Livro 1 – Volume 1 – p. 146).

De Sófocles, Antígona:

Nada suscitou nos homens tantas ignomínias como o ouro.

É capaz de arruinar cidades; de expulsar os homens de seus lares; seduz e deturpa o espírito nobre.

Ensina ao mortal os caminhos da astúcia e da perfídia.

(grifo meu) (Karl Marx – O Capital – O Processo de Produção Capitalista – Livro 1 – Volume 1 – p. 147).

4.3.4 Meio de Pagamento

Com o desenvolvimento da circulação das mercadorias, vão aparecendo as condições em que a alienação da mercadoria se separa, por um intervalo de tempo, da realização do seu preço. (Karl Marx – O Capital – O Processo de Produção Capitalista – Livro 1 – Volume 1 – p. 149).

A produção de diversas mercadorias depende de diferentes estações do ano. (Karl Marx – O Capital – O Processo de Produção Capitalista – Livro 1 – Volume 1 – p. 149).

Com a constante repetição das mesmas transações entre as mesmas pessoas, as condições de venda das mercadorias regulam-se pelas condições de produção. Outras vezes, o que se vende é o uso, por determinado espaço de tempo, de certas espécies de mercadorias. O vendedor torna-se credor; o comprador, devedor. (Karl Marx – O Capital – O Processo de Produção Capitalista – Livro 1 – Volume 1 – p. 149).

A metamorfose da mercadoria, ou o desenvolvimento da forma do valor, assume então novo aspecto, e em consequência, o dinheiro adquire nova função. Ele se torna meio de pagamento. (Karl Marx – O Capital – O Processo de Produção Capitalista – Livro 1 – Volume 1 – p. 149-150).

A forma dinheiro, ou a relação monetária entre credor e devedor, reflete nessas lutas o antagonismo mais profundo das condições econômicas de existência das partes envolvidas. (Karl Marx – O Capital – O Processo de Produção Capitalista – Livro 1 – Volume 1 – p. 150).

O dinheiro passa a exercer duas funções. Primeiro, é medida de valor, ao determinar o preço da mercadoria; segundo, o dinheiro serve de meio ideal de compra. Ele só entra em circulação na data do pagamento, passando das mãos do comprador para as do vendedor. (Karl Marx – O Capital – O Processo de Produção Capitalista – Livro 1 – Volume 1 – p. 150).

No processo de entesouramento, interrompe-se a circulação com a primeira fase; retira-se da circulação a forma transfigurada da mercadoria, o dinheiro. Mas, agora, o meio de pagamento penetra na circulação, depois de a mercadoria ter sido dela expulsa. (grifo meu) (Karl Marx – O Capital – O Processo de Produção Capitalista – Livro 1 – Volume 1 – p. 150-151).

Assim, o dinheiro já não exerce mais a função de intermediário do processo de trocas. O vendedor transforma mercadoria em dinheiro, para satisfazer com ele necessidades; o entesourador, para preservar a mercadoria sob a forma de dinheiro; o devedor, para poder pagar, pois se não pagar, ocorrerá a venda judicial de seus bens. (Karl Marx – O Capital – O Processo de Produção Capitalista – Livro 1 – Volume 1 – p. 151).

A forma do valor da mercadoria, o dinheiro, torna-se o próprio fim da venda, em virtude de uma necessidade social oriunda das próprias condições do processo de circulação. (Karl Marx – O Capital – O Processo de Produção Capitalista – Livro 1 – Volume 1 – p. 151).

O comprador converte dinheiro em mercadoria, antes de ter convertido mercadoria em dinheiro; a mercadoria do vendedor circula, mas realiza o preço apenas sob a forma de um direito sobre o dinheiro a receber. É o objeto do consumo de outrem antes de converter-se em dinheiro. (Karl Marx – O Capital – O Processo de Produção Capitalista – Livro 1 – Volume 1 – p. 151).

As obrigações vencidas em dado período, de todo o processo de circulação, representam a soma dos preços das mercadorias cuja venda deu origem a essas obrigações. A quantidade de dinheiro necessária para realizar essa soma de preços depende sobremodo da velocidade do curso dos meios de pagamentos. A velocidade está condicionada pelo encadeamento das relações entre credores e devedores e pela duração dos intervalos entre as diversas datas de pagamento. A cadeia de pagamentos sucessivos ou de primeiras metamorfoses retardadas distingue-se fundamentalmente do entrelaçamento das séries de metamorfoses **das mercadorias.** (grifo meu) (Karl Marx – O Capital – O Processo de Produção Capitalista – Livro 1 – Volume 1 – p. 151).

O movimento dos meios de pagamento expressa uma conexão social que existia antes do curso dos meios de circulação. (Karl Marx – O Capital – O Processo de Produção Capitalista – Livro 1 – Volume 1 – p. 152).

Com a concentração dos pagamentos no mesmo lugar, desenvolvem-se naturalmente organizações e métodos especiais para liquidá-los. Na idade média, em Lyon, os "virements" já exerciam essa função. (Karl Marx – O Capital – O Processo de Produção Capitalista – Livro 1 – Volume 1 – p. 152).

A função dessas organizações era confrontar os saldos a pagar e a receber de A, B, C etc., para até certo ponto anularem-se reciprocamente como grandezas positivas e negativas, ficando apenas pequenos saldos para serem pagos. A função do dinheiro como meio de pagamento envolve, assim, uma contradição direta. Enquanto os pagamentos se compensam, serve apenas idealmente de dinheiro de conta ou de medida de valores. Quando tem de ser efetuados pagamentos reais, a função do dinheiro deixa de ser a de meio de circulação, de forma transitória e intermediária do intercâmbio das coisas materiais, para ser a de encarnar o trabalho social, a existência independente do valor de troca, a mercadoria absoluta. (Karl Marx – O Capital – O Processo de Produção Capitalista – Livro 1 – Volume 1 – p. 152).

Esta contradição manifesta-se na fase especial das crises industriais e comerciais, chamada crise do dinheiro. Ela só ocorre onde se desenvolvem plenamente uma cadeia de pagamentos simultâneos e um sistema de liquidá-los por compensação. (Karl Marx – O Capital – O Processo de Produção Capitalista – Livro 1 – Volume 1 – p. 152).

Havendo perturbações gerais no funcionamento desse mecanismo, deixa o dinheiro súbita e diretamente a forma ideal de conta, para virar dinheiro em espécie. (Karl Marx – O Capital – O Processo de Produção Capitalista – Livro 1 – Volume 1 – p. 152).

Antes, a mercadoria dinheiro era mera ilusão para o burguês. Agora, se proclama que só o dinheiro é mercadoria. (Karl Marx – O Capital – O Processo de Produção Capitalista – Livro 1 – Volume 1 – p. 152-153).

A escassez extrema de dinheiro prossegue, tenham os pagamentos de ser feitos em ouro ou em dinheiro de crédito ou em bilhetes de banco. (Karl Marx – O Capital – O Processo de Produção Capitalista – Livro 1 – Volume 1 – p. 153).

A soma global do dinheiro que circula em determinado período (SDC), dada a velocidade do curso dos meios de circulação e de pagamentos, é igual à soma dos preços a realizar das mercadorias (PRM), mais a soma dos pagamentos vencidos (PV), menos os pagamentos que reciprocamente se compensam (PRC), menos finalmente as repetições do emprego da mesma moeda como meio de circulação ou ~~mero~~ meio de pagamento (RMMCP): (grifo meu) (Karl Marx – O Capital – O Processo de Produção Capitalista – Livro 1 – Volume 1 – p. 153).

$$SDC = PRM + PV - PRC - RMMCP$$

O dinheiro de crédito decorre diretamente da função do dinheiro como meio de pagamento, circulando certificados das dívidas relativas às mercadorias vendidas, com o fim de transferir a outros o direito de exigir o pagamento delas. À medida que se amplia o sistema de crédito, desenvolve-se a função de meio de pagamento exercida pelo dinheiro. Através dessa função, adquire formas próprias de existência do domínio das grandes transações, ficando as moedas de ouro e prata geralmente relegadas para o comércio a retalho. (Karl Marx – O Capital – O Processo de Produção Capitalista – Livro 1 – Volume 1 – p. 154).

Quando a produção de mercadorias atinge certo nível de amplitude, a função de meio de pagamento que o dinheiro exerce ultrapassa a esfera da circulação de mercadorias. É a mercadoria universal dos contratos. (Karl Marx – O Capital – O Processo de Produção Capitalista – Livro 1 – Volume 1 – p. 154-155).

Rendas e tributos se transformam de pagamentos em espécie, em pagamentos em dinheiro. Essa transformação é determinada pela estrutura geral do processo de produção. (Karl Marx – O Capital – O Processo de Produção Capitalista – Livro 1 – Volume 1 – p. 155).

Dados da casa de comércio de Londres (Morrison, Dillon & Co) – Período de um ano – 1856 (Report Select Commitee on the Bank Acts, julho de 1858): (grifo meu) (Karl Marx – O Capital – O Processo de Produção Capitalista – Livro 1 – Volume 1 – p. 154-155).

Recebimentos em Libras - Milhões		Pagamentos em Libras – Milhões	
Letras de banqueiros e comerciantes – Pagamentos a prazo	553.596	Letras pagáveis a prazo	302.674
Bilhetes do Banco da Inglaterra	68.554	Bilhetes do Banco da Inglaterra	22.743
Bilhetes de bancos provinciais	9.627		
Cheques de banqueiros - a vista	357.715	Cheques sobre banqueiros de Londres	663.672
Ouro	8.089	Ouro	9.427
Prata e cobre	1.486	Prata e cobre	1.484
Vales postais	933		
Total	**1.000.000**	**Total**	**1.000.000**

DEFOE (1710):

> **O comércio deixou de se processar pela troca de mercadoria contra mercadoria, pela entrega de uma contra a recepção de outra, para se constituir de vendas contra pagamentos, e todos os negócios [...] são expressos sob a forma de transações em dinheiro.**

(grifo meu) (Karl Marx – O Capital – O Processo de Produção Capitalista – Livro 1 – Volume 1 – p. 155).

Boisguillebert, (Paris, 1843):

> **O dinheiro tornou-se verdugo de todos os seres. A arte financeira é o "alambique onde se evapora uma quantidade assustadora de bens e mercadorias, para se obter esse fatal extrato".**

(grifo meu) (Karl Marx – O Capital – O Processo de Produção Capitalista – Livro 1 – Volume 1 – p. 155).

Todos os negócios são expressos sob a forma de transações em dinheiro.

Da lei relativa à velocidade do curso dos meios de pagamento, depreende-se que a quantidade dos meios de pagamento necessária a determinada soma de pagamentos periódicos, qualquer que seja a origem dos débitos, está em relação direta com a duração dos períodos. (Karl Marx – O Capital – O Processo de Produção Capitalista – Livro 1 – Volume 1 – p. 156).

O desenvolvimento do dinheiro como meio de pagamento acarreta a necessidade de acumular dinheiro, para atender aos débitos nas datas de vencimento. O entesouramento, como forma autônoma de enriquecimento, desapareceu com o progresso da sociedade burguesa, mas, sob a forma de fundo de reserva de meios de pagamento, se expande com essa sociedade. (Karl Marx – O Capital – O Processo de Produção Capitalista – Livro 1 – Volume 1 – p. 157).

Só no mercado mundial o dinheiro adquire plenamente o caráter de mercadoria, cujo corpo é simultaneamente a encarnação social imediata do trabalho humano abstrato. (Karl Marx – O Capital – O Processo de Produção Capitalista – Livro 1 – Volume 1 – p. 157).

Na esfera nacional da circulação, só uma mercadoria (dinheiro) pode servir de medida de valor. No mercado mundial, há dupla medida do valor, o ouro e a prata. (Karl Marx – O Capital – O Processo de Produção Capitalista – Livro 1 – Volume 1 – p. 157).

O dinheiro mundial exerce a função do meio universal de pagamento, de meio universal de compra e de encarnação social absoluta da riqueza (universal wealth). A função de meio de pagamento, para liquidar débitos internacionais, é a que predomina. Daí surgiu a teoria da balança comercial dos mercantilistas. (Karl Marx – O Capital – O Processo de Produção Capitalista – Livro 1 – Volume 1 – p. 158 e 159).

Eles viam no saldo favorável em ouro ou prata da balança comercial, a finalidade do comércio exterior (ob. cit., p. 150) (grifo meu) (Karl Marx – O Capital – O Processo de Produção Capitalista – Livro 1 – Volume 1 – p. 159).

Os países onde a produção burguesa está bastante desenvolvida, limitam-se as grandes reservas entesouradas e concentradas nos bancos ao mínimo exigido para o desempenho de suas funções específicas. Quase sempre, a abundância exagerada das reservas entesouradas, além do nível médio, indica estancamento da circulação das mercadorias, interrupção do fluxo das suas metamorfoses. (Karl Marx – O Capital – O Processo de Produção Capitalista – Livro 1 – Volume 1 – p. 160-161).

John Bellers Essays, p. 13:

O que existe em dinheiro além do estritamente necessário para o comércio interno é capital morto, não trazendo nenhum lucro ao país que o detém, exceto quando é exportado ou importado. (Karl Marx – O Capital – O Processo de Produção Capitalista – Livro 1 – Volume 1 – p. 161).

W. Petty, *Quantulumcumque*, **p. 39:**

Que sucederá se houver moedas demais? Poderemos fundi-las, escolhendo para esse fim as mais pesadas, convertendo-as em baixelas suntuárias, em vasos e utensílios de ouro e prata; ou enviá-las como mercadoria, onde delas há necessidade e procura; ou emprestá-las a juros, onde pagarem juros elevados. (Karl Marx – O Capital – O Processo de Produção Capitalista – Livro 1 – Volume 1 – p. 161).

W. Petty, *Political Anatomy of Ireland*, **p. 14-15:**

O dinheiro é a gordura do organismo político, e, por isso, demais, dificulta sua mobilidade e, de menos, torna-o doente... Do mesmo modo que a gordura flexibiliza os movimentos dos músculos, alimenta na falta de alimentos, preenche cavidades irregulares e aformoseia o corpo, o dinheiro torna mais rápidos os movimentos do Estado, traz víveres do exterior quando há carência no país, salda contas... e embeleza tudo, embora mais especialmente, conclui ironicamente, aos indivíduos que o possuem em abundância. (grifo meu) (Karl Marx – O Capital – O Processo de Produção Capitalista – Livro 1 – Volume 1 – p. 161).

5 A Transformação do Dinheiro em Capital

A circulação das mercadorias é o ponto de partida do capital. O comércio e o mercado mundiais inauguram no século XVI a moderna história do capital. (Karl Marx – O Capital – O Processo de Produção Capitalista – Livro 1 – Volume 1 – p. 165).

Historicamente, em suas origens, é sob a forma de dinheiro que o capital se confronta com a propriedade imobiliária; como a fortuna em dinheiro, capital do comerciante ou do usurário – como diz o provérbio francês: "dinheiro não tem senhor – Mercier de la Rivière, p. 543". (Karl Marx – O Capital – O Processo de Produção Capitalista – Livro 1 – Volume 1 – p. 166).

O dinheiro que se movimenta de acordo com a última circulação, transforma-se em capital, vira capital e, por sua destinação, é capital. (Karl Marx – O Capital – O Processo de Produção Capitalista – Livro 1 – Volume 1 – p. 166).

5.1 (D – M – D') e (M – D – M')

O que distingue os dois circuitos é a sucessão inversa de ambas as fases opostas de circulação. A circulação simples das mercadorias começa com a venda e termina com a compra; a circulação do dinheiro, como capital, começa com a compra e termina com a venda. (Karl Marx – O Capital – O Processo de Produção Capitalista – Livro 1 – Volume 1 – p. 167).

Dinheiro é a forma transfigurada das mercadorias na qual seus valores de uso particulares desaparecem. O dinheiro encerra o movimento apenas para começá-lo de novo. O fim de cada círculo particular, em que a compra se realiza em função da venda, constitui naturalmente o começo de novo círculo. A circulação de dinheiro como capital, ao contrário, tem sua finalidade em si mesma, pois a expansão do valor só existe nesse movimento continuamente renovado. Por isso, o movimento do capital não tem limites. (Karl Marx – O Capital – O Processo de Produção Capitalista – Livro 1 – Volume 1 – p. 169-171).

F. Engels, Paris, 1844, p. 99:

O capital divide-se [...] em capital primitivo e lucro, o acréscimo ao capital [...]; embora na prática esse lucro se torne imediatamente capital e seja posto em movimento com o capital primitivo.

Como representante consciente desse movimento, o possuidor do dinheiro torna-se capitalista. Sua pessoa, ou seu bolso, é donde sai e para onde volta o dinheiro. O conteúdo objetivo da circulação em causa – a expansão do valor – é sua finalidade subjetiva. (Karl Marx – O Capital – O Processo de Produção Capitalista – Livro 1 – Volume 1 – p. 172).

Enquanto a apropriação crescente da riqueza abstrata for o único motivo que determina suas operações, funciona ele como capitalista, ou como capital personificado, dotado de vontade e consciência. Nunca se deve considerar o valor de uso, objetivo imediato do capitalista. Tampouco o lucro isolado, mas o interminável processo de obter lucros. (Karl Marx – O Capital – O Processo de Produção Capitalista – Livro 1 – Volume 1 – p. 172).

A expansão incessante do valor, por que luta o entesourador, procurando sagrar, tirar dinheiro da circulação, obtém-na de maneira mais sagaz o capitalista, lançando-o continuamente na circulação. (Karl Marx – O Capital – O Processo de Produção Capitalista – Livro 1 – Volume 1 – p. 173).

O valor em expansão tem formas determinadas de manifestar-se no ciclo de sua vida. Examinando-as chegamos às proposições: capital é dinheiro; capital é mercadoria. (Karl Marx – O Capital – O Processo de Produção Capitalista – Livro 1 – Volume 1 – p. 173).

Caso o dinheiro não assuma a forma mercadoria, ele não vira capital. (Karl Marx – O Capital – O Processo de Produção Capitalista – Livro 1 – Volume 1 – p. 174).

O capitalista sabe que todas as mercadorias – tenham elas aparência vil ou mau odor – são em fé e em verdade, dinheiro, e, além disso, milagroso meio de fazer mais dinheiro com dinheiro. (Karl Marx – O Capital – O Processo de Produção Capitalista – Livro 1 – Volume 1 – p. 174).

O valor se torna valor em progressão, dinheiro em progressão e, como tal, capital. Sai da circulação, entra novamente nela, mantém-se e multiplica-se nela, retorna dela acrescido e recomeça incessantemente o mesmo circuito. (Karl Marx – O Capital – O Processo de Produção Capitalista – Livro 1 – Volume 1 – p. 174).

(D – D' – D'') – dinheiro que se dilata; dinheiro que gera dinheiro, como definição de capital dada pelos mercantilistas. (grifo meu). Karl Marx – O Capital – O Processo de Produção Capitalista – Livro 1 – Volume 1 – p. 175).

Comprar para vender mais caro, gerando: Capital Mercantil **(D – M – D')**. O capital industrial é dinheiro, que se converte em mercadoria e com sua venda, se transforma em mais dinheiro. Assim, **(D – M – D')** é a fórmula geral do capital, conforme ele aparece diretamente na circulação. (Karl Marx – O Capital – O Processo de Produção Capitalista – Livro 1 – Volume 1 – p. 175).

Pondo-se de lado as circunstâncias que não se originam das leis imanentes da circulação simples das mercadorias, o que sucede, além da substituição de um valor de uso, por outro, é nada mais do que a metamorfose, simples mudança da forma da mercadoria. (Karl Marx – O Capital – O Processo de Produção Capitalista – Livro 1 – Volume 1 – p. 177).

Onde há igualdade não há lucro. As mercadorias podem ser vendidas realmente por preços que se desviam de seus valores, mas esses desvios representam violações da lei que regula a troca de mercadorias. Esta, em sua forma pura, é uma permuta de equivalentes, não, portanto, nenhum meio de acrescer valor. (Karl Marx – O Capital – O Processo de Produção Capitalista – Livro 1 – Volume 1 – p. 178).

A formação da mais-valia e, portanto, a transformação do dinheiro em capital, não pode ser explicada por vender, o vendedor, as mercadorias acima do valor, nem por comprá-las, o comprador, abaixo do valor. (Karl Marx – O Capital – O Processo de Produção Capitalista – Livro 1 – Volume 1 – p. 181).

Na circulação, produtores e consumidores confrontam-se apenas como vendedores e compradores. (Karl Marx – O Capital – O Processo de Produção Capitalista – Livro 1 – Volume 1 – p. 181).

A forma (**D – M – D'**), comprar para vender mais caro, aparece mais claramente no capital comercial propriamente dito. Por outro lado, todo o seu movimento se processa dentro da esfera da circulação. (Karl Marx – O Capital – O Processo de Produção Capitalista – Livro 1 – Volume 1 – p. 184).

A fim de encontrar uma explicação para o aumento do valor do capital comercial que não seja a simples fraude contra os produtores de mercadorias, temos de recorrer a uma longa série de elementos intermediários, de que não dispomos ainda, pois nossos únicos pressupostos são a circulação de mercadorias e seus fatores simples. (Karl Marx – O Capital – O Processo de Produção Capitalista – Livro 1 – Volume 1 – p. 184).

O que se falou sobre o capital comercial, aplica-se com mais razão ainda ao capital usurário. Neste, a forma (D – M – D'), reduz-se a dois extremos sem termo médio, D – D', dinheiro que se troca por mais dinheiro, forma que contraria a natureza do dinheiro e por isso inexplicável do ponto de vista da troca de mercadorias. (Karl Marx – O Capital – O Processo de Produção Capitalista – Livro 1 – Volume 1 – p. 184).

Aristóteles ("De Rep.," ed. Bekker, lib. I):

Aristóteles opõe a economia à Crematística (ciência de produzir riqueza), partindo da primeira.

A forma primitiva do comércio de mercadorias era a troca direta, mas com sua extensão surgiu a necessidade do dinheiro.

Com a invenção do dinheiro, tinha a troca necessariamente de converter-se em comércio de mercadorias, e este em contradição com sua tendência primitiva, constituiu-se em Crematística.

A Crematística distingue-se da economia, por ser a circulação para ela a fonte da riqueza. E ela parece girar em torno do dinheiro, pois o dinheiro é o princípio e o fim dessa espécie de permuta. Por isso, não há limites à riqueza que a Crematística procura atingir. Toda arte que não é um meio para um fim, mas um fim em si mesma, não tem limite a seu afã, pois procura sempre aproximar-se mais dele, enquanto as artes que procuram meios para atingir um objetivo possuem limites, uma vez que o próprio objetivo lhes estabelece os limites. No primeiro caso, está a Crematística, que não tem limite à sua finalidade e visa o enriquecimento absoluto.

Aristóteles (ob. cit., cap. 10, p. 17):

Inventou-se o dinheiro para facilitar a troca das mercadorias, mas o juro faz do dinheiro mais dinheiro. Daí seu nome... "pois os gerados são semelhantes aos que o geraram. O juro é dinheiro que nasce de dinheiro, e de todos os modos de adquirir este é o mais contrário à natureza".

(Karl Marx – O Capital – O Processo de Produção Capitalista – Livro 1 – Volume 1 – p. 185).

Para os banqueiros e agiotas, o juro é natural e essencial.

O valor excedente (mais-valia) não pode originar-se na circulação. Ao formar-se algo tem de ocorrer fora dela e nela imperceptível. Mas pode o valor excedente ter sua origem fora da circulação? (Karl Marx – O Capital – O Processo de Produção Capitalista – Livro 1 – Volume 1 – p. 185).

A circulação é a soma de todas as relações mútuas dos possuidores de mercadoria. Fora dela, o possuidor de mercadoria só mantém relações com sua própria mercadoria. No que toca ao valor desta, a relação limita-se a conter ela uma quantidade do trabalho dele, medida de acordo com determinadas leis sociais. (Karl Marx – O Capital – O Processo de Produção Capitalista – Livro 1 – Volume 1 – p. 185).

Essa quantidade de trabalho se traduz na magnitude do valor da mercadoria; magnitude que se exprime em dinheiro de conta, num preço x. Mas esse trabalho não se representa no valor da mercadoria e num excedente desse valor, num preço de x, que é, ao mesmo tempo, (x + y), um valor que é superior a si mesmo. (Karl Marx – O Capital – O Processo de Produção Capitalista – Livro 1 – Volume 1 – p. 185).

O possuidor da mercadoria pode em seu trabalho gerar valores, mas não valores que se dilatam. Pode aumentar o valor de uma mercadoria, acrescentando com novo trabalho, novo valor ao já existente, ao fazer, por exemplo, sapatos utilizando couro. O mesmo material terá agora mais valor, por conter maior quantidade de trabalho. O sapato tem mais valor do que o valor do couro, mas este não adquiriu valor excedente no período de fabricação do sapato. É, portanto, impossível que o produtor de mercadorias, fora da esfera da circulação, sem entrar em contato com outros possuidores de mercadorias, consiga expandir um valor, transforme dinheiro ou mercadoria em capital. (Karl Marx – O Capital – O Processo de Produção Capitalista – Livro 1 – Volume 1 – p. 185-186).

Capital, portanto, nem pode originar-se na circulação nem fora da circulação. Deve, ao mesmo tempo, ter e não ter nela sua origem. (Karl Marx – O Capital – O Processo de Produção Capitalista – Livro 1 – Volume 1 – p. 186).

Assim, a transformação do dinheiro em capital tem de ser explicada à base das leis imanentes (que estão compreendidos na própria essência do todo, aderentes) da troca de mercadorias, e desse modo a troca de equivalentes serve de ponto de partida. O possuidor do dinheiro que, no momento, prefigura o capitalista, tem de comprar mercadoria pelo seu valor, vendê-la pelo seu valor, e, apesar disso, colher no fim do processo mais valor do que nele lançou. (Karl Marx – O Capital – O Processo de Produção Capitalista – Livro 1 – Volume 1 – p. 186).

Sua transformação em capitalista deve ocorrer dentro da esfera da circulação e, ao mesmo tempo, fora dela. (Karl Marx – O Capital – O Processo de Produção Capitalista – Livro 1 – Volume 1 – p. 186).

5.2 Compra e Venda da Força do Trabalho

A mudança do valor do dinheiro que se pretende transformar em capital não pode ocorrer no próprio dinheiro. Ao servir de meio de compra ou de pagamento, o dinheiro apenas realiza o preço da mercadoria, que compra ou paga, e, ao manter-se em sua própria forma, petrifica-se em valor de magnitude fixada. Tampouco pode a mudança do valor, decorrer do segundo ato da circulação, da revenda da mercadoria, pois esse ato apenas reconverte a mercadoria da forma natural em forma dinheiro. (Karl Marx – O Capital – O Processo de Produção Capitalista – Livro 1 – Volume 1 – p. 187).

A mudança só pode ocorrer e originar-se de seu valor de uso como tal, de seu consumo. Para extrair valor do consumo de uma mercadoria, nosso possuidor de dinheiro deve ter a felicidade de descobrir, dentro da esfera de circulação, no mercado, uma mercadoria cujo valor de uso possua a propriedade peculiar, de sua fonte de valor; de modo que consumi-la seja realmente encarnar trabalho, criar valor, portanto. E o possuidor de dinheiro encontra no mercado essa mercadoria especial: é a capacidade de trabalho ou a força do trabalho (o conjunto das faculdades físicas e mentais, existentes no corpo e na personalidade viva de um ser humano, as quais ele põe em ação toda a vez que produz valores de uso de qualquer espécie) (Karl Marx – O Capital – O Processo de Produção Capitalista – Livro 1 – Volume 1 – p. 187).

A força de trabalho só pode aparecer como mercadoria no mercado, enquanto for e por ser oferecida ou vendida como mercadoria pelo seu próprio possuidor, pela pessoa da qual ela é a força de trabalho. Ele e o possuidor do dinheiro encontram-se no mercado e entram em relação um com outro como possuidores de mercadoria, dotados de igual condição, diferenciando-se apenas por um ser o vendedor e o outro o comprador, sendo ambos, juridicamente, pessoas iguais. A continuidade dessa relação exige que o possuidor da força de trabalho a venda sempre por tempo determinado, pois se a vende de uma vez por todas, vender-se-á a si mesmo, transformar-se-á de homem livre em escravo, de um vendedor de mercadoria em mercadoria. (Karl Marx – O Capital – O Processo de Produção Capitalista – Livro 1 – Volume 1 – p. 187-188).

Segunda condição essencial para o possuidor do dinheiro, encontrar no mercado força de trabalho como mercadoria: o dono dessa força não pode vender mercadorias em que encarne trabalho, e é forçado a vender sua força de trabalho que só existe nele mesmo. (Karl Marx – O Capital – O Processo de Produção Capitalista – Livro 1 – Volume 1 – p. 188).

Quem quiser vender mercadoria que não seja sua força de trabalho, tem de possuir meios de produção, como matérias-primas, instrumento de produção etc. **Tem que ter Capital de Trabalho**. (grifo meu) (Karl Marx – O Capital – O Processo de Produção Capitalista – Livro 1 – Volume 1 – p. 189).

Para transformar dinheiro em capital, tem o possuidor do dinheiro de encontrar o trabalhador livre no mercado de mercadorias, livre nos dois sentidos, o de dispor como pessoa livre de sua força de trabalho, como sua mercadoria, e o de estar livre, inteiramente despojado de todas as coisas necessárias à materialização de sua força de trabalho, não tendo além desta outra mercadoria para vender. (Karl Marx – O Capital – O Processo de Produção Capitalista – Livro 1 – Volume 1 – p. 189).

Não interessa ao possuidor do dinheiro saber por que o trabalhador livre se defronta com ele no mercado de trabalho, não passando o mercado de trabalho, pare ele, de uma divisão especial do mercado de mercadorias. (Karl Marx – O Capital – O Processo de Produção Capitalista – Livro 1 – Volume 1 – p. 189).

O aparecimento do produto sob a forma de mercadoria supõe uma divisão de trabalho tão desenvolvida na sociedade, que, ao ocorrer esse aparecimento, já se terá concluído a dissociação entre valor de uso e valor de troca, dissociação que começa com a permuta direta. Esse estágio de desenvolvimento é comum a diversas formações econômico-sociais. (Karl Marx – O Capital – O Processo de Produção Capitalista – Livro 1 – Volume 1 – p. 190).

As funções particulares desempenhadas pelo dinheiro, mero equivalente de mercadoria, meio de circulação, meio de pagamento, tesouro, dinheiro mundial, indicam, segundo a extensão e preponderância relativa de cada uma das funções, estágios muito diversos do processo de produção social. (Karl Marx – O Capital – O Processo de Produção Capitalista – Livro 1 – Volume 1 – p. 190).

As condições históricas de existência do capital não se concretizam por haver circulação de mercadorias e de dinheiro. **Só aparece o capital quando o possuidor dos meios de produção e de subsistência encontra o trabalhador livre no mercado vendendo sua força de trabalho, e esta única condição histórica determina um período da história da humanidade.** (grifo meu) (Karl Marx – O Capital – O Processo de Produção Capitalista – Livro 1 – Volume 1 – p. 190).

O capital anuncia, desde o início, uma nova época no processo de produção social. O que caracteriza a época capitalista é adquirir a força de trabalho; para o trabalhador, a forma de mercadoria que lhe pertence, tornando seu trabalho a forma de assalariado. Só a partir desse momento se generaliza a forma de mercadoria dos produtos do trabalho. (Karl Marx – O Capital – O Processo de Produção Capitalista – Livro 1 – Volume 1 – p. 190).

O valor da força de trabalho é determinado como o de qualquer outra mercadoria, por tempo de trabalho necessário à sua produção e, por consequência, a sua reprodução. Enquanto valor, a força de trabalho representa apenas determinada quantidade de trabalho social médio nela corporificado. A produção dela supõe a existência do indivíduo e sua aptidão. Dada a existência deste, a produção da força de trabalho consiste em sua manutenção ou reprodução. (Karl Marx – O Capital – O Processo de Produção Capitalista – Livro 1 – Volume 1 – p. 191).

O tempo de trabalho necessário à produção de trabalho reduz-se, portanto, ao tempo de trabalho necessário à produção desses meios de subsistência, ou o valor da força de trabalho é o valor dos meios de subsistência necessários à manutenção de seu possuidor. (grifo meu) (Karl Marx – O Capital – O Processo de Produção Capitalista – Livro 1 – Volume 1 – p. 191).

A força de trabalho só se torna realidade com seu exercício, só se põe em ação no trabalho. Através dela, despende-se determinada quantidade de músculos, nervos, cérebro, que se tem de renovar. Ao aumentar esse dispêndio torna-se necessário aumentar a remuneração. (Karl Marx – O Capital – O Processo de Produção Capitalista – Livro 1 – Volume 1 – p. 191).

A soma dos meios de subsistência deve ser suficiente para manter o trabalhador no nível de vida normal do trabalhador. As próprias necessidades naturais de alimentação, roupa, aquecimento, habitação [...], variam de acordo com as condições climáticas e de outra natureza de cada país. (Karl Marx – O Capital – O Processo de Produção Capitalista – Livro 1 – Volume 1 – p. 191).

Um elemento histórico e moral entram na determinação do valor da força do trabalho, o que a distingue das outras mercadorias. (Karl Marx – O Capital – O Processo de Produção Capitalista – Livro 1 – Volume 1 – p. 191).

As forças de trabalho retiradas do mercado por desgaste ou por morte têm de ser incessantemente substituídas pelo menos por um número igual de novas forças de trabalho. (Karl Marx – O Capital – O Processo de Produção Capitalista – Livro 1 – Volume 1 – p. 192).

A fim de modificar a natureza humana, de modo que alcance habilidade e destreza em determinada espécie de trabalho, e se torne força de trabalho desenvolvida e específica, é mister educação ou treino, que custa uma soma maior ou menor de valores em mercadorias. Esta soma varia de acordo com o nível de qualificação da força de trabalho. Os custos de aprendizagem, ínfimos para a força de trabalho comum, entram, portanto, no total dos valores despendidos para sua produção. (Karl Marx – O Capital – O Processo de Produção Capitalista – Livro 1 – Volume 1 – p. 192).

O valor da força de trabalho reduz-se ao valor de uma soma determinada de meios de subsistência, ou seja, com a magnitude do tempo de trabalho exigido para sua produção. (Karl Marx – O Capital – O Processo de Produção Capitalista – Livro 1 – Volume 1 – p. 192).

O limite último ou mínimo do valor da força de trabalho é determinado pelo valor de quantidade diária de mercadorias indispensável para que o portador da força de trabalho, o ser humano, possa continuar vivendo, ou seja, pelos meios de subsistência fisicamente imprescindíveis. Se o preço da força de trabalho baixa a esse mínimo, baixa também seu valor, e ela só pode vegetar e atrofiar-se. (Karl Marx – O Capital – O Processo de Produção Capitalista – Livro 1 – Volume 1 – p. 193).

Em virtude da natureza peculiar dessa mercadoria "Força de Trabalho", seu valor de uso não se transfere realmente às mãos do comprador, logo após conclusão do contrato entre ele e o vendedor. Seu valor, como o de qualquer outra mercadoria, estava determinado antes de ela entrar em circulação, pois despendeu determinada quantidade de trabalho social para a produção da força de trabalho, mas seu valor de uso só existe com sua exteriorização posterior. Em todos os países em que domina o modo de produção capitalista, a força de trabalho só é paga depois de ter funcionado durante o prazo previsto no contrato de compra, no fim da semana, por exemplo. Por toda parte, pois, o trabalhador adianta ao capitalista o valor de uso da força de trabalho; permite ao comprador consumi-la antes de pagá-la; dá crédito ao capitalista. (Karl Marx – O Capital – O Processo de Produção Capitalista – Livro 1 – Volume 1 – p. 194).

Contudo, sirva o dinheiro de meio de compra ou de meio de pagamento, em nada se altera a natureza da troca de mercadorias. (Karl Marx – O Capital – O Processo de Produção Capitalista – Livro 1 – Volume 1 – p. 195).

Por isso, o dono do dinheiro e o possuidor da força de trabalho acabam ambos se encontrando na produção. (Karl Marx – O Capital – O Processo de Produção Capitalista – Livro 1 – Volume 1 – p. 196).

Ao deixar a esfera da circulação simples ou da troca de mercadorias, à qual o livre-cambista vulgar toma de empréstimo sua concepção, ideias e critérios para julgar a sociedade baseada no capital e no trabalho assalariado, parece que algo se transforma na fisionomia dos personagens do nosso drama (Capitalista e Trabalhador) (Karl Marx – O Capital – O Processo de Produção Capitalista – Livro 1 – Volume 1 – p. 197).

6 A Produção da Mais-Valia Absoluta

6.1 O Processo de Trabalho e o Processo de Produzir Mais-Valia

6.1.1 O Processo de Produzir Valores de Uso

Para o trabalho reaparecer em mercadorias, tem de ser empregado em valores de uso, em coisas que sirvam para satisfazer necessidades de qualquer natureza. O que o capitalista determinar ao trabalhador produzir é, portanto, um valor de uso particular, um artigo especificado. (Karl Marx – O Capital – O Processo de Produção Capitalista – Livro 1 – Volume 1 – p. 201).

O trabalho é um processo em que participam o homem e a natureza, processo em que o ser humano, com sua própria ação, impulsiona, regula e controla seu intercâmbio material com a natureza. (Karl Marx – O Capital – O Processo de Produção Capitalista – Livro 1 – Volume 1 – p. 202).

O objeto de trabalho só é matéria-prima depois de ter experimentado uma modificação efetuada pelo trabalho. (Karl Marx – O Capital – O Processo de Produção Capitalista – Livro 1 – Volume 1 – p. 203).

O meio de trabalho é uma coisa ou um complexo de coisas que o trabalhador insere entre si mesmo e o objeto de trabalho e lhe serve para dirigir sua atividade sobre esse objeto. Ele utiliza as proprie-dades mecânicas, físicas e químicas das coisas, para fazê-las atuarem como forças sobre outras coisas, de acordo com o fim que tem em mira. (Karl Marx – O Capital – O Processo de Produção Capitalista – Livro 1 – Volume 1 – p. 203).

A coisa de que o trabalhador se apossa imediatamente, não é o objeto de trabalho, mas o meio de trabalho. A terra é também seu arsenal primitivo de meios de trabalho. (Karl Marx – O Capital – O Processo de Produção Capitalista – Livro 1 – Volume 1 – p. 203).

O processo de trabalho, ao atingir certo nível de desenvolvimento, exige meios de trabalho já ela-borados. (Karl Marx – O Capital – O Processo de Produção Capitalista – Livro 1 – Volume 1 – p. 204).

O que distingue as diferentes épocas econômicas não é o que se faz, mas como, com que meios de trabalho se faz – eles servem para medir o desenvolvimento da força humana de trabalho e, além disso, indicam as condições sociais em que se realiza o trabalho. (Karl Marx – O Capital – O Processo de Produção Capitalista – Livro 1 – Volume 1 – p. 204).

Meios de trabalho, em sentido lato, são todas as condições materiais, seja como for, necessárias à realização do processo de trabalho. Elas não participam diretamente do processo, mas este fica sem elas total ou parcialmente impossibilitado de concretizar-se. Assim, a terra é ainda um meio universal de trabalho, pois fornece o local ao trabalhador e proporciona ao processo que ele desenvolve o campo de operação. Pertencem a essa classe os meios resultantes de trabalhos ante-riores, tais como edifícios de fábricas, canais, estradas etc. (Karl Marx – O Capital – O Processo de Produção Capitalista – Livro 1 – Volume 1 – p. 205).

Quando um valor de uso sai do processo de trabalho como produto, participaram da sua feitura, como meios de produção, outros valores de uso, produtos de anteriores processos de trabalho. Valor de uso, que é produto de um trabalho, torna-se, assim, meio de produção de outro. (Karl Marx – O Capital – O Processo de Produção Capitalista – Livro 1 – Volume 1 – p. 205).

Excetuadas as indústrias extrativas, cujo objeto de trabalho é fornecido pela natureza, todos os ramos industriais têm por objeto de trabalho a matéria-prima, isto é, um objeto já filtrado pelo trabalho, um produto do próprio trabalho. (Karl Marx – O Capital – O Processo de Produção Capitalista – Livro 1 – Volume 1 – p. 206).

O meio de trabalho (a máquina a vapor, o carvão, a roda, o óleo, o cavalo de tração, o feno) consome o material acessório ou o material acessório é adicionado à matéria prima para modificá-la materialmente: o cloro ao pano cru; o carvão ao ferro; a anilina à lã etc. (grifo meu) (Karl Marx – O Capital – O Processo de Produção Capitalista – Livro 1 – Volume 1 – p. 206).

Um produto que existe em forma final para consumo pode tornar-se matéria prima. A matéria prima pode ser chamada de semiproduto ou produto intermediário. (Karl Marx – O Capital – O Processo de Produção Capitalista – Livro 1 – Volume 1 – p. 207).

O processo de trabalho é atividade dirigida com o fim de criar valores de uso, de apropriar os elementos naturais às necessidades humanas; é condição natural eterna da vida humana. (Karl Marx – O Capital – O Processo de Produção Capitalista – Livro 1 – Volume 1 – p. 208).

O capitalista, com sua experiência e sagacidade, escolhe os meios de produção e as forças de trabalho adequadas ao seu ramo especial de negócios (fiação, fabricação de calçados etc.). Ele põe-se então a consumir a mercadoria, a força de trabalho que adquiriu, fazendo o detentor dela, o trabalhador, consumir os meios de produção com o seu trabalho, transformando-a em nova mercadoria. (grifo meu) (Karl Marx – O Capital – O Processo de Produção Capitalista – Livro 1 – Volume 1 – p. 209).

O processo de trabalho, quando ocorre como processo de consumo da força de trabalho, pelo capitalista, apresenta dois fenômenos característicos: (grifo meu) (Karl Marx – O Capital – O Processo de Produção Capitalista – Livro 1 – Volume 1 – p. 209).

- o trabalhador trabalha sob o controle do capitalista, a quem pertence seu trabalho;

- o capitalista cuida em que o trabalho se realize de maneira apropriada e em que se apliquem adequadamente os meios de produção, não se desperdiçando matéria-prima e poupando-se o instrumental de trabalho, gastando só o indispensável à execução do trabalho;

- o produto é propriedade do capitalista, não do trabalhador – o possuidor da força de trabalho apenas cede realmente o valor de uso que vendeu ao ceder seu trabalho.

6.1.2 O Processo de Produzir Mais-Valia

Quando os trabalhadores recebem salários por seu trabalho, é o capitalista o possuidor não só do capital, mas também do trabalho. A palavra capital, assim empregada, compreende ambos: trabalho e capital.

O capitalista tem dois objetivos:

- Quer produzir uma mercadoria de valor mais elevado que o valor conjunto das mercadorias para produzi-la, ou seja, a soma dos valores dos meios de produção e força de trabalho, pelos quais antecipou seu dinheiro no mercado; além de valor de uso, quer produzir mercadoria, valor, e um excedente mais-valia. (Karl Marx – O Capital – O Processo de Produção Capitalista – Livro 1 – Volume 1 – p. 211).

Comparando o processo de produzir valor com o de produzir mais-valia, veremos que a mais-valia difere da que quer se prolongar além de certo ponto. O processo de produzir valor simplesmente dura até o ponto em que o valor da força de trabalho pago pelo capital é substituído por um equivalente. Ultrapassando esse ponto, o processo de produzir valor torna-se processo de produzir mais-valia (valor excedente). (Karl Marx – O Capital – O Processo de Produção Capitalista – Livro 1 – Volume 1 – p. 220).

O processo de produção, quando unidade do processo de trabalho e do processo de produzir valor, é processo de produção de mercadorias; quando unidade do processo de trabalho e do processo de produzir mais-valia, é processo capitalista de produção, forma capitalista da produção de mercadorias. (Karl Marx – O Capital – O Processo de Produção Capitalista – Livro 1 – Volume 1 – p. 222).

7 Capital Constante e Capital Variável

Como é que o trabalhador acrescenta tempo de trabalho e consequentemente valor? Sob a forma de trabalho útil particular e apenas sob essa forma. (Karl Marx – O Capital – O Processo de Produção Capitalista – Livro 1 – Volume 1 – p. 225).

O que se consome dos meios de produção é o valor de uso, e o trabalho cria produtos através desse consumo. É conservado não por ocorrer com ele uma operação no processo do trabalho, mas por desaparecer o valor de uso em que ele existia originalmente, valor de uso que se transmuta em outro valor de uso. O excedente que o valor total do produto tem sobre a soma dos valores de seus elementos constitutivos é o excedente do capital ampliado sobre o capital originalmente despendido. Os meios de produção, de um lado, e a força de trabalho, do outro, são apenas diferentes formas de existência, assumidas pelo valor do capital original ao despir-se na forma dinheiro e transformar-se nos fatores do processo de trabalho. (Karl Marx – O Capital – O Processo de Produção Capitalista – Livro 1 – Volume 1 – p. 233-234).

A parte do capital que se converte em meios de produção (matéria-prima, materiais acessórios e meio de trabalho) não muda a magnitude do seu valor no processo de produção. Portanto, essa parte chama-se de capital constante. (Karl Marx – O Capital – O Processo de Produção Capitalista – Livro 1 – Volume 1 – p. 234).

A parte do capital convertida em força de trabalho, ao contrário, muda de valor no processo de produção. Reproduz o próprio equivalente e, além disso, proporciona um excedente, a mais-valia, que pode variar, ser maior ou menor. Esta parte do capital é a parte variável do capital ou capital variável. (Karl Marx – O Capital – O Processo de Produção Capitalista – Livro 1 – Volume 1 – p. 234-235).

7.1 A Taxa da Mais-Valia

A Mais-Valia produzida pelo capital desembolsado C no processo de produção ou o aumento do valor do capital desembolsado patenteia-se no excedente do valor do produto sobre a soma dos valores: (grifo meu) (Karl Marx – O Capital – O Processo de Produção Capitalista – Livro 1 – Volume 1 – p. 237).

$$C = Cc \text{ (Capital Constante)} + Cv \text{ (Capital Variável)}$$

No final do processo, a mercadoria sai representada por: (grifo meu) (Karl Marx – O Capital – O Processo de Produção Capitalista – Livro 1 – Volume 1 – p. 237-238).

$$C' = Cc + Cv + m \text{ (mais-valia)}$$

O tempo de trabalho necessário é a parte do dia de trabalho na qual sucede a reprodução de valor; trabalho necessário é o trabalho despendido durante este tempo. Ambos são necessários ao trabalhador, pois não dependem da forma social de seu trabalho e necessários ao capital e ao seu mundo baseado na existência permanente do trabalhador. (Karl Marx – O Capital – O Processo de Produção Capitalista – Livro 1 – Volume 1 – p. 242).

Quando o trabalhador opera além dos limites do trabalho necessário, embora constitua trabalho, dispêndio de força de trabalho, não representa para ele nenhum valor, gerando mais-valia. A essa parte do dia de trabalho, excedente, denomina-se trabalho excedente. (Karl Marx – O Capital – O Processo de Produção Capitalista – Livro 1 – Volume 1 – p. 242).

Marx chega à expressão de trabalho excedente (TE) e trabalho necessário (TN), onde: (grifo meu) (Karl Marx – O Capital – O Processo de Produção Capitalista – Livro 1 – Volume 1 – p. 243).

$$M/V \text{ (Taxa de Mais-Valia)} = TE / TN$$

E considera que a taxa da mais-valia é a expressão precisa do grau de exploração da força de trabalho pelo capital ou do trabalhador pelo capitalista. (Karl Marx – O Capital – O Processo de Produção Capitalista – Livro 1 – Volume 1 – p. 243).

Em 1837 (Letters on the Factory Act ..., Londres), de acordo com a lei vigente, nenhuma fábrica que ocupasse pessoas com menos de 18 anos podia trabalhar, por dias seguidos, mais de 12 horas, de 2ª a 6ª feira, e 9 horas aos sábados, totalizando 11 ½ de 2ª a sábado. (Karl Marx – O Capital – O Processo de Produção Capitalista – Livro 1 – Volume 1 – p. 251).

8 A Jornada de Trabalho

O valor da força de trabalho, como o de qualquer outra mercadoria, se determina pelo tempo de trabalho necessário para produzi-la. Se a produção dos meios de subsistência do trabalhador, diários e médios, custa 6 horas, tem ele de trabalhar em média 6 hs p/dia, para produzir quotidianamente sua força de trabalho ou para reproduzir o valor recebido por sua venda. (Karl Marx – O Capital – O Processo de Produção Capitalista – Livro 1 – Volume 1 – p. 260).

Seja a jornada de trabalho a seguir:

A   **+ 3Hs**   **B**   **+3Hs**   **C**

[....................] [....................]

6 Hs   **9Hs**   **12 Hs**

A Taxa Mais-Valia = AC / A

A jornada de trabalho não é uma grandeza constante, mas variável. Uma das suas partes é determinada pelo tempo de trabalho necessário à reprodução da força de trabalho do próprio trabalhador, mas sua magnitude total varia com a duração do trabalho excedente. Assim, a jornada de trabalho é determinável, mas não é uma grandeza fixa, mas flutuante. Não pode ser prolongada além de certo ponto. Durante o dia (24hs), só pode o trabalhador despender determinada força de trabalho. Além de encontrar o seu limite físico, o prolongamento da jornada de trabalho esbarra em fronteiras morais, determinados pelo nível geral de civilização (necessidades espirituais, sociais...). (grifo meu) (Karl Marx – O Capital – O Processo de Produção Capitalista – Livro 1 – Volume 1 – p. 262).

O capitalista compra a força de trabalho pelo valor diário. Seu valor de uso lhe pertence durante a jornada de trabalho. Como capitalista, apenas personifica o capital. Sua alma é a alma do Capital. (Karl Marx – O Capital – O Processo de Produção Capitalista – Livro 1 – Volume 1 – p. 262).

O capital é trabalho morto que como um vampiro se reanima sugando o trabalho vivo e quanto mais o suga mais forte se torna o Capital. (grifo meu) (Karl Marx – O Capital – O Processo de Produção Capitalista – Livro 1 – Volume 1 – p. 263).

> Durante a grande greve dos trabalhadores em construção, em Londres, em 1860/1861, para reduzir o dia de trabalho a 9 horas, publicou o comitê dos trabalhadores um manifesto que em grande parte concordava com a argumentação do trabalhador. Os que trabalham alimentam, na realidade, a si próprios e aos ricos. (Edmund Burke, ob. cit., p. 2 e 3) (Karl Marx – O Capital – O Processo de Produção Capitalista – Livro 1 – Volume 1 – p. 195).

O capitalista afirma seu direito, como comprador, quando procura prolongar o mais possível a jornada de trabalho e transformar, sempre que possível, um dia de trabalho em dois. Por outro lado, o trabalhador afirma seu direito, como vendedor, quando quer limitar a jornada de trabalho a determinada magnitude normal de tempo. (Karl Marx – O Capital – O Processo de Produção Capitalista – Livro 1 – Volume 1 – p. 265).

Na história da produção capitalista, a regulamentação da jornada de trabalho se apresenta como luta pela limitação da jornada de trabalho, travada pela classe capitalista e a classe trabalhadora – **toda vez que numa sociedade, a classe trabalhadora deixa de se organizar politicamente, a classe capitalista avança contra os direitos sociais**.

No Brasil de Getúlio, os coronéis, donos de lavouras de café e de terras de pastagens de gado, com apoio da burguesia, se rebelaram contra Getúlio Vargas pela criação do salário mínimo – o trabalhador do campo era tratado como um escravo livre, sem direitos a salário.

Quando as burguesias econômica e política se unem para desestabilizar a classe política trabalhadora – e conseguem, se contam com maioria no Congresso –, os reflexos são a deterioração das condições sociais e econômicas do país, como vivenciamos no Brasil atual.

8.1 A Avidez por Trabalho Excedente

Nesta parte, Marx expõe a insensatez e avidez do capitalista em auferir lucros, desrespeitando a vida e dignidade da pessoa humana; e pior, com apoio e omissão do Estado e dos religiosos.

Não foi o capital quem inventou o trabalho excedente. Toda vez que uma parte da sociedade possui o monopólio dos meios de produção, tem o trabalhador, livre ou não, de acrescentar ao tempo de trabalho necessário à sua própria manutenção, um tempo excedente destinado a produzir os meios de subsistência para o proprietário dos meios de produção. Fazer o trabalhador trabalhar até sua morte, se torna a forma oficial do trabalho em excesso. (Karl Marx – O Capital – O Processo de Produção Capitalista – Livro 1 – Volume 1 – p. 265-266).

O trabalho dos negros nos estados meridionais da América do Norte preservava certo caráter patriarcal enquanto a produção se destinava à satisfação direta das necessidades. Na medida, porém, em que a exportação de algodão se tornou interesse vital daqueles estados, o trabalho em excesso dos negros e o consumo de suas vidas em sete anos de trabalho tornaram-se parte integrante de um sistema friamente calculado. (grifo meu) (Karl Marx – O Capital – O Processo de Produção Capitalista – Livro 1 – Volume 1 – p. 266).

A avidez por mais valia do capitalista se manifesta no empenho de prolongar desmesuradamente o dia de trabalho no empenho de aumentar os dias de trabalho compulsório e gratuito. (Karl Marx – O Capital – O Processo de Produção Capitalista – Livro 1 – Volume 1 – p. 267).

Nas províncias romenas, seu modo primitivo de produção se baseava na propriedade comum, mas não sob a forma eslava ou indiana. Nas províncias romenas, uma parte das terras era explorada pelos membros da comunidade em lotes separados como propriedade privada, outra, o *ager publics*, era cultivada em comum. Os produtos desse trabalho comum serviam de reserva nas más colheitas ou em outras eventualidades, e constituíam receita pública destinada a cobrir custos de guerra, de religião e outras despesas. (Karl Marx – O Capital – O Processo de Produção Capitalista – Livro 1 – Volume 1 – p. 268).

No curso do tempo, os dignitários guerreiros e religiosos usurparam a propriedade comum junto com as prestações de serviços a ela devidas. O trabalho do camponês livre, nas terras de propriedade comum, transformou-se em corveia para os ladrões das terras das comunidades. Com isso, desenvolveram-se, de fato, relações de servidão, que só foram sancionadas juridicamente, quando a Rússia, "libertadora do mundo burguês", tornou a servidão legal sob o pretexto de aboli-la. O código da corveia, proclamado pelo general russo Kisselew, em 1831, foi naturalmente ditado pelos próprios boiardos (oposição aos bolcheviques). Assim, a Rússia conquistou os magnatas dos principados danubianos e os aplausos dos cretinos liberais de toda a Europa. (grifo meu) (Karl Marx – O Capital – O Processo de Produção Capitalista – Livro 1 – Volume 1 – p. 268).

Em 19 de fevereiro de 1861, Alexandre II decretou o fim do sistema de servidão. Contudo, sua eficácia não saiu do papel.

Segundo o *reglement organique*, cada camponês valáquio devia ao pretenso proprietário das terras, 36 dias de trabalho em geral, 3 dias de trabalho no campo e 3 dias de transporte de madeira, acrescendo a isso, prestações devidas (jobagie) ao ocorrerem necessidades extraordinárias de produção. (Karl Marx – O Capital – O Processo de Produção Capitalista – Livro 1 – Volume 1 – p. 268).

A limitação da jornada de trabalho nas fábricas foi ditada pela mesma necessidade que levou a disseminação do guano nos campos ingleses. A mesma capacidade que esgotou as terras atacou a força vital da nação em suas próprias raízes. (Karl Marx – O Capital – O Processo de Produção Capitalista – Livro 1 – Volume 1 – p. 269).

A lei fabril de 1850, vigente ainda em 1867, autorizava 10 horas para a jornada média, sendo 12 horas para os primeiros 5 dias da semana, de 6 às 18 horas, descontando ½ hora para a primeira refeição e 1 hora para almoço, restando 10 ½ hora de trabalho; e 8 horas aos sábados, de 6 às 14 horas, descontando ½ hora para almoço. (Karl Marx – O Capital – O Processo de Produção Capitalista – Livro 1 – Volume 1 – p. 270).

A lei tinha fiscais próprios, os inspetores de fábrica, subordinados diretamente ao ministério do interior e cujos relatórios eram publicados semestralmente pelo parlamento. Esses relatórios forneciam estatísticas regulares e oficiais sobre a avidez capitalista por trabalho excedente. (Karl Marx – O Capital – O Processo de Produção Capitalista – Livro 1 – Volume 1 – p. 270).

Friedrich Engels, Leipzig, 1845:

A profundidade com que Engels apreendeu o espírito do modo de produção capitalista se patenteia nos Factory Reports, nos Reports on Mines etc., que apareceram a partir de 1845, e o poder com que retratou pormenorizadamente a situação se evidencia com a comparação mais ligeira entre seu trabalho e os relatórios oficiais da "Children's Employment Comission" (1863 a 1867), publicados 18 a 20 anos mais tarde. Tratam de ramos industriais onde até 1862 não se introduzira ainda a legislação fabril, e que neles, em parte, ainda não vigorava... (Karl Marx – O Capital – O Processo de Produção Capitalista – Livro 1 – Volume 1 – p. 271).

Crises em que a produção era interrompida, só se trabalhando "pouco tempo", durante alguns dias da semana, em nada mudavam o empenho de prolongar o dia de trabalho. Quanto menos negócios faziam, maior tinha de ser o lucro sobre o negócio feito. Quanto menos tempo se pode trabalhar, tanto maior tem de ser o tempo de trabalho excedente. (Karl Marx – O Capital – O Processo de Produção Capitalista – Livro 1 – Volume 1 – p. 272).

Sobre a crise de 1857 a 1858, relatam os inspetores de fábrica - Relatório dos Inspetores de Fábrica:

Pode parecer absurdo que haja qualquer espécie de excesso de trabalho numa ocasião em que os negócios vão tão mal; mas a má situação incita pessoas inescrupulosas a praticarem transgressões, obtendo assim "um lucro extra..." Ao mesmo tempo em que, diz Leonard Horner, 122 fábricas em meu distrito encerraram suas atividades, 143 ficaram paradas e todas as outras trabalhavam com tempo reduzido, continuava-se a fazer o operário trabalhar além do tempo fixado por lei. Embora, diz Howell, a maioria das fábricas, em virtude da má situação, tenha reduzido à metade seu tempo de trabalho, continuei a receber o mesmo número de queixas denunciando que os trabalhadores eram furtados em meia hora ou 2/4 hora nos intervalos legalmente assegurados para refeições e descanso. (grifo meu) (Karl Marx – O Capital – O Processo de Produção Capitalista – Livro 1 – Volume 1 – p. 272-273).

O mesmo fenômeno reproduziu-se em menor escala, durante a terrível crise do algodão, de 1861 a 1865:

> Quando surpreendemos os trabalhadores em atividade, em hora de refeição ou em qualquer hora ilegal, é dada muitas vezes a desculpa de que eles não querem abandonar a fábrica e que é necessário coagi-los a interromperem seu trabalho (limpeza de máquinas etc.), notadamente nos sábados à tarde. Mas, se os operários permanecem nas fábricas depois de paradas as máquinas, isto acontece apenas por não concederem a eles, no horário legal de trabalho, nenhum tempo para executar tarefas dessa natureza. (Karl Marx – O Capital – O Processo de Produção Capitalista – Livro 1 – Volume 1 – p. 273).

As transgressões se apresentam em maior número no relatório semestral de 1863. A Seguir, veja a descrição (Reports, Oct. 1860):

> A acreditarem nos depoimentos judiciais dos fabricantes, seus operários opõem-se fanaticamente à interrupção do trabalho na fábrica, conforme se vê no seguinte caso…: em começo de junho de 1836, foram encaminhadas denúncias aos magistrados de Dewsbury (Yorkshire), relativas à violação da lei fabril (1833) por proprietários de 8 grandes fábricas, nas proximidades de Batley. **Alguns desses cavalheiros eram acusados de ter posto a trabalhar cinco meninos, de 12 a 15 anos, de 6 horas da manhã de sexta-feira, até às 4 horas da tarde do sábado seguinte, sem lhes conceder nenhum descanso, além do tempo das refeições e 1 hora para dormir à meia-noite… em locais sem condições humanas de trabalho,** numa verdadeira caverna onde são desmanchados os trapos de lã e onde nuvens de poeira de resíduos etc. forçam mesmo o trabalhador adulto a tapar continuamente sua boca com o lenço, a fim de proteger os seus pulmões. Os cavalheiros acusados afirmaram, e seu escrúpulo religioso… impedia-lhe de prestarem juramento, que tinham com sua grande compaixão permitido aos miseráveis meninos dormir 4 horas, mas os obstinados não queriam de modo nenhum ir para a cama. Dryden prefigurou esses quacres: "Uma raposa que simula santidade, tem medo de jurar, mas é capaz de mentir como o demônio, com ar piedoso e penitente, mas de olhar oblíquo que não ousa pecar, sem antes fazer sua oração". (Karl Marx – O Capital – O Processo de Produção Capitalista – Livro 1 – Volume 1 – p. 273-274).

Nessa atmosfera não é nenhum segredo a formação da mais-valia por meio de trabalho excedente. (Karl Marx – O Capital – O Processo de Produção Capitalista – Livro 1 – Volume 1 – p. 274).

Nada caracteriza melhor essa situação que a designação dada pelo trabalhador: chama o que trabalha durante toda a jornada de "tempo inteiro" e o que só pode trabalhar legalmente apenas 6 horas, os meninos de menos de 13 anos, de "meio tempo". O trabalhador não passa aí de tempo de trabalho personificado. Todas as diferenças pessoais se reduzem aí às categorias de tempo integral e meio tempo. (Karl Marx – O Capital – O Processo de Produção Capitalista – Livro 1 – Volume 1 – p. 274 e 275).

8.2 Ramos Industriais Ingleses sem Limites Legais à Exploração

Neste item e no seguinte, Marx tratou de descrever a relação de capitalistas e trabalhadores quando faltam limites legais que impeçam a escravização no trabalho e o abuso na utilização do trabalho de crianças.

A voracidade por trabalho excedente através do prolongamento da jornada de trabalho e dos abusos desmedidos daí decorrentes, levaram, finalmente, à imposição de restrições legais ao capital. (Karl Marx – O Capital – O Processo de Produção Capitalista – Livro 1 – Volume 1 – p. 275).

Apesar dessas restrições impostas, muitos setores de produção não se opunham a nenhum limite à exploração da força de trabalho, como colocado a seguir:(grifo meu) (Karl Marx – O Capital – O Processo de Produção Capitalista – Livro 1 – Volume 1 – p. 275).

> O juiz do condado Broughton, presidindo uma reunião na prefeitura de Nottingham, em 14/01/1860, declarou que naquela parte da população, empregada nas "fábricas de renda" da cidade, reinavam sofrimentos e privações em grau desconhecido no resto do mundo civilizado... **Às 2, 3 e 4 horas da manhã, as crianças de 9 e 10 anos são arrancadas de camas imundas e obrigadas a trabalhar até às 10, 11 ou 12 horas da noite**, para ganhar o indispensável à mera subsistência. Com isso, seus membros definham, sua estatura se atrofia, suas faces se tornam lívidas, seu ser mergulha num torpor pétreo, horripilante de se contemplar... O sistema, como o descreveu o reverendo Montagu Valpy, constitui uma escravidão ilimitada, escravidão em sentido social, físico, moral e intelectual... Que pensar de uma cidade onde se realiza uma reunião pública para pedir que o tempo de trabalho para os homens se limite a 18 horas por dia!... Protestamos contra os senhores de escravos da Virgínia e da Carolina. Mas, o mercado negreiro, com os horrores do látego (flagelo, castigo) e do tráfego de carne humana é por acaso mais ignóbil do que esta lenta imolação dos seres humanos, praticada a fim de se produzirem véus e golas para maior lucro dos capitalistas? (grifo meu) (Karl Marx – O Capital – O Processo de Produção Capitalista – Livro 1 – Volume 1 – p. 275).

A indústria de cerâmica de Staffordshire foi objeto de três inquéritos parlamentares durante os últimos vinte e dois anos (1841 a 1863). (Karl Marx – O Capital – O Processo de Produção Capitalista – Livro 1 – Volume 1 – p. 276).

A seguir, alguns depoimentos de crianças exploradas, encontrados nos relatórios de 1860 a 1863:

Wilhem Wood, um garoto de 9 anos, depõe: tinha 7 anos e 10 meses de idade, quando começou a trabalhar". Lidava com formas (levava as formas cheias até à câmara de secagem e de volta as formas vazias para serem enchidas e novamente levadas) desde o início. Chegava todos os dias da semana, no trabalho, às seis horas da manhã e acabava sua jornada por volta de 9 horas da noite... Quinze horas de trabalho por dia para garotos de 7 anos. (grifo meu) (Karl Marx – O Capital – O Processo de Produção Capitalista – Livro 1 – Volume 1 – p. 276).

J. Murray, um menino de 12 anos: lido com formas e faço girar a roda. Chego ao trabalho às 6 horas da manhã, às vezes às 4 horas. Trabalhei toda a noite passada, indo até às 6 horas da manhã. Não durmo desde a noite passada. Havia ainda 8 ou 9 garotos que trabalharam durante toda a noite passada. Todos, menos um, voltaram esta manhã. Recebo por semana 3 xelins e 6 pence. Nada recebo a mais por trabalhar toda a noite. Na semana passada trabalhei 2 noites. (Karl Marx – O Capital – O Processo de Produção Capitalista – Livro 1 – Volume 1 – p. 276-277).

Fenyhough, um garoto de 10 anos: Nem sempre tenho uma hora para o almoço, frequentemente só tenho meia hora, às quintas, sextas e sábados. (Karl Marx – O Capital – O Processo de Produção Capitalista – Livro 1 – Volume 1 – p. 277).

O Dr. Greenhow declarou que é extraordinariamente curta a duração da vida nos distritos de Stoke-upon-Trent e Wolstantan, centros da indústria de cerâmica. (Karl Marx – O Capital – O Processo de Produção Capitalista – Livro 1 – Volume 1 – p. 277).

Cada nova geração de trabalhadores de cerâmica é mais raquítica e mais fraca que a anterior.

O Dr. Mcbean manifesta-se no mesmo sentido:

Desde que iniciei minha clínica há 25 anos entre os trabalhadores de cerâmica, tenho observado sua pronunciada degeneração progressiva pela diminuição da estatura e do peso. (Karl Marx – O Capital – O Processo de Produção Capitalista – Livro 1 – Volume 1 – p. 277).

A seguir o relatório da Comissão de 1863, do Dr. J. T. Arledge, médico diretor do Hospital de North Staffordshire:

Como classe, os trabalhadores de cerâmica, homens e mulheres [...] representam uma população física e moralmente degenerada. São em regra franzinos, de má construção física, e frequentemente tem o tórax deformado. Envelhecem prematuramente e vivem pouco, fleumáticos e anêmicos, patenteiam a fraqueza de sua constituição através de contínuos ataques de dispepsia, perturbações hepáticas e renais e reumatismo... (Karl Marx – O Capital – O Processo de Produção Capitalista – Livro 1 – Volume 1 – p. 278).

Charles Parsons... descreve o seguinte:

> Não disponho de dados estatísticos, mas fiz observações pessoais e não posso deixar de afirmar que minha revolta aumenta cada vez mais ao ver essas pobres crianças, cuja saúde é sacrificada para satisfazer à avareza dos pais ou dos empregadores. (Karl Marx – O Capital – O Processo de Produção Capitalista – Livro 1 – Volume 1 – p. 278).

> Uma indústria de posição tão destacada aos olhos do mundo, não mais irá ostentar a mácula de ter seu sucesso acompanhado pela degenerescência física, pelos generalizados sofrimentos corporais e pela morte prematura da população dos trabalhadores, através de cujo trabalho e de cuja habilidade atingiu tão grandes resultados. (Karl Marx – O Capital – O Processo de Produção Capitalista – Livro 1 – Volume 1 – p. 278-279).

O que foi descrito sobre a cerâmica na Inglaterra era igualmente visto da Escócia (L.c.,p.XLVII). A fabricação de fósforos de atrito datava de 1833, quando se inventou o processo de aplicar o fósforo ao palito de madeira. Desde 1845 desenvolveu-se rapidamente na Inglaterra, espalhando-se das zonas mais populosas de Londres, para Manchester, Birmingham, Liverpool, Bristol, Norwic, Newcastle e Glasgow e com ela floresceu o trismo, que segundo descoberta de um médico de Viena já em 1845, era doença peculiar dos trabalhadores dessa indústria. A metade dos trabalhadores eram meninos com menos de 13 anos e adolescentes com menos de 18 anos. Essa indústria é tão insalubre, repugnante e mal afamada, que somente a parte mais miserável da classe trabalhadora, viúvas famintas etc., cediam seus filhos ("crianças esfarrapadas, subnutridas, sem nunca terem frequentado escola"). Entre as testemunhas inquiridas pelo comissário White (1863), 270 tinham menos de 18 anos, 40 menos de 10 anos, 10 apenas 8 anos, e 5 apenas 6 anos de idade. O dia de trabalho variava entre 12, 14 e 15 horas, com trabalho noturno, refeições irregulares, em regra no próprio local de trabalho, empesteado pelo fósforo. (Karl Marx – O Capital – O Processo de Produção Capitalista – Livro 1 – Volume 1 – p. 279).

> J. Leach depõe: No inverno passado (1862), entre 19 moças não compareceram; 6, em virtude de doenças causadas por excesso de trabalho. Tinham de gritar para elas a fim de mantê-las acordadas. (Karl Marx – O Capital – O Processo de Produção Capitalista – Livro 1 – Volume 1 – p. 279).

> W. Duffy: Às vezes os garotos não podiam abrir os olhos de cansaço e o mesmo sucedia conosco. (Karl Marx – O Capital – O Processo de Produção Capitalista – Livro 1 – Volume 1 – p. 280).

> J. Lightbourne: Tenho 13 anos de idade... no último inverno trabalhávamos até às 9 horas da noite e no inverno anterior até às 10 horas. No inverno passado, meus pés feridos doíam tanto que eu gritava todas as noites. (Karl Marx – O Capital – O Processo de Produção Capitalista – Livro 1 – Volume 1 – p. 280).

> G. Aspen: Este meu filho quando tinha 7 anos de idade eu o carregava nas costas através da neve, na ida e na volta, e ele trabalhava 16 horas... (Karl Marx – O Capital – O Processo de Produção Capitalista – Livro 1 – Volume 1 – p. 280).

> Smith, sócio-gerente de uma fábrica de Manchester:...: Os menores e os adultos (152 meninos e jovens com menos de 18 anos e 140 adultos) trabalharam igualmente em média, durante os últimos 18 meses, pelo menos 7 dias de trabalho e 5 horas por semana, ou sejam 78 ½ horas semanalmente. Nas 6 semanas que acabaram a 2 de maio deste ano (1863), a média foi superior: 8 dias de trabalho ou 84 horas por semana (11,12 a 18 horas por semana! (grifo meu) (Karl Marx – O Capital – O Processo de Produção Capitalista – Livro 1 – Volume 1 – p. 280).

Pondo de lado a fabricação de pão à máquina..., nenhuma atividade na Inglaterra conservou, à época, como a panificação, um método de produção tão arcaico, tal qual encontramos descrito pelos poetas do tempo do império romano, antes da era cristã. Mas o capital, conforme se observou anteriormente, é de início indiferente quanto à natureza técnica do processo de trabalho do qual se apossa. (Karl Marx – O Capital – O Processo de Produção Capitalista – Livro 1 – Volume 1 – p. 281).

A incrível falsificação de pão, principalmente em Londres, foi de início, desmascarada pelo comitê de inquérito da Câmara dos Comuns "sobre a falsificação de alimentos" (1855 a 1856) e pela obra do Dr. Hassall *Adulterations detected*. A consequência dessas revelações foi a lei de 6 de agosto de 1860, destinada a evitar adulteração dos alimentos e das bebidas. (Karl Marx – O Capital – O Processo de Produção Capitalista – Livro 1 – Volume 1 – p. 281).

A falsificação de pão e a formação de uma classe de padeiros que o vende mais barato desenvolveram-se na Inglaterra desde o começo do século XVIII, quando se desvaneceu o caráter corporativo da atividade e o capitalista, na figura do moleiro ou do agente da farinha foi tomando o lugar do mestre padeiro. Estabeleceu-se, assim, a base para a produção capitalista, para o prolongamento desmesurado do trabalho diurno e do trabalho noturno, embora este último só se firmasse definitivamente em Londres, em 1824 – raramente essa classe de padeiros atingiam 42 anos de idade. Contudo, sempre havia candidatos para o trabalho, fornecidos a Londres pela Escócia, pelos distritos rurais do Oeste da Inglaterra e pela Alemanha. (Karl Marx – O Capital – O Processo de Produção Capitalista – Livro 1 – Volume 1 – p. 285).

Até a inteligência burguesa compreende a posição dos patrões que vendem mais barato: "O trabalho não pago dos empregados constitui o fundamento de sua concorrência". E os padeiros que vendem a preço sem rebaixa denunciam os concorrentes que rebaixam o preço, à Comissão de Inquérito, como ladrões do trabalho alheio e falsificadores. (Karl Marx – O Capital – O Processo de Produção Capitalista – Livro 1 – Volume 1 – p. 284).

> Prosperam enganando o público e extraindo dos empregados 18 horas de trabalho por um salário de 12 horas. (Report First Evidence, p. 106) (Karl Marx – O Capital – O Processo de Produção Capitalista – Livro 1 – Volume 1 – p. 284).

Nos anos de 1858 a 1860, os empregados de padaria na "Irlanda" organizaram, às próprias custas, comícios contra o trabalho noturno e aos domingos. O público no comício de maio, por exemplo, realizado em 1860, em Dublin, tomou o partido deles, com entusiasmo irlandês. Com esse movimento, conseguiu-se realmente estabelecer que só haveria trabalho diurno em algumas cidades. (Karl Marx – O Capital – O Processo de Produção Capitalista – Livro 1 – Volume 1 – p. 285).

Em Limerick, onde os sofrimentos desses empregados ultrapassavam reconhecidamente todas as medidas, esse movimento foi derrotado pela oposição dos donos das padarias, notadamente dos padeiros moleiros. O exemplo de Limerick levou a campanha ao retrocesso em Ennis e Tipporary. Em Cork onde a indignação pública se manifestou mais forte, os patrões conseguiram derrotar o movimento utilizando seu poder de colocar na rua os empregados. Em Dublin, os patrões opuseram a mais decidida resistência e, perseguindo os que estavam à frente da agitação, forçaram os demais a ceder, a se conformar com o trabalho à noite e aos domingos. (Report of Committee on the Baking Trade in Ireland, 1861). Karl Marx – O Capital – O Processo de Produção Capitalista – Livro 1 – Volume 1 – p. 285).

A comissão do governo inglês, armada até os dentes na Irlanda protestou em tom suave e funéreo contra os implacáveis donos das padarias de Dublin, Limerick, Cork e de outras cidades. (Karl Marx – O Capital – O Processo de Produção Capitalista – Livro 1 – Volume 1 – p. 285).

A comissão acredita que o tempo de trabalho é determinado por leis naturais que não podem ser violadas impunemente... O trabalho além de 12 horas tende a deteriorar a saúde do trabalhador, a causar-lhe o envelhecimento rápido e morte prematura, levando a infelicidade às famílias dos trabalhadores, que no instante de maior necessidade ficam privadas do cuidado e do apoio do seu chefe. (Karl Marx – O Capital – O Processo de Produção Capitalista – Livro 1 – Volume 1 – p. 286).

Na Escócia, o trabalhador agrícola, o homem do arado, protestou contra sua jornada de 13 a 14 horas, no clima mais rigoroso, com trabalho adicional de 4 horas aos domingos. Ao mesmo tempo, está diante do "Grand Jury de Londres" três ferroviários, um condutor, um maquinista e um sinaleiro. Um grande desastre ferroviário mandou centenas de pessoas à morte. Unanimemente declaram aos jurados que seu trabalho, de 10 ou 12 horas, tinha a duração de 8 horas por dia. Durante os últimos 5 a 6 anos, foi sendo aumentado progressivamente para 14, 18 e 20 horas e, nas ocasiões de maior movimento, nos períodos das excursões e passeios, estendia-se muitas vezes a 40 ou 50 horas sem interrupção... (Karl Marx – O Capital – O Processo de Produção Capitalista – Livro 1 – Volume 1 – p. 286-287).

Nas últimas semanas de junho de 1863, todos os jornais de Londres traziam uma notícia encimada por um título sensacional: Morte, por excesso de trabalho. Tratava-se da morte da modista Mary Anne Walkley, de 20 anos, que trabalhava numa renomada casa de modas, explorada por uma senhora com o agradável nome de Elisa. A velha história, tantas vezes contada, foi novamente descoberta. Moças que trabalham ininterruptamente 16 ½ horas, durante a temporada, às vezes 30 horas consecutivas, sendo reanimadas, quando fraquejam, por meio de vinho do porto ou café... Mary Anne Walkley morreu por ter trabalhado em excesso num quarto superlotado e dormido num cubículo mal ventilado. Ela morreu de apoplexia, mas há motivos para se recear que o trabalho em excesso numa oficina superlotada apressou sua morte. (Karl Marx – O Capital – O Processo de Produção Capitalista – Livro 1 – Volume 1 – p. 287-289).

Segundo denúncia do Morning Star, Órgão dos livre-cambistas Cobden e Bright, "nossos escravos brancos são levados ao túmulo por estafa e fenecem e morrem silenciosamente". (Karl Marx – O Capital – O Processo de Produção Capitalista – Livro 1 – Volume 1 – p. 289).

> A palavra de ordem é trabalhar até morrer não só nas oficinas das modistas mas em milhares de outros lugares onde se desenvolvem as atividades [...]. O ferreiro pode vibrar tantas pancadas por dia, mas ele é forçado a vibrar um número maior de marteladas, a andar um número maior de passos, a respirar mais vezes e a gastar assim um quarto mais de sua vida. Realiza o esforço que lhe é prescrito e tem por resultado produzir num período limitado 14 horas mais do trabalho que seria normal e morrer aos 37 anos e não aos 50 anos. (grifo meu) (Karl Marx – O Capital – O Processo de Produção Capitalista – Livro 1 – Volume 1 – p. 290).

8.3 Sistema de Revezamento

O prolongamento do trabalho além dos limites diurnos naturais, pela noite adentro, serve apenas de paliativo para apaziguar a sede vampiresca do capital pelo sangue vivificante do trabalho. (grifo meu) (Karl Marx – O Capital – O Processo de Produção Capitalista – Livro 1 – Volume 1 – p. 290).

O impulso imanente da produção capitalista é apropriar-se do trabalho durante todas as 24 horas do dia. Sendo fisicamente impossível, entretanto, explorar dia e noite sem parar, a mesma força de trabalho, é necessário, para superar esse obstáculo físico, revezar as forças de trabalho a serem empregadas nos períodos diurno e noturno. Há diferentes métodos de revezamento: o trabalho, por exemplo, pode ser ordenado de modo que uma parte do pessoal, numa semana, fica no horário diurno, e na outra, no noturno etc. (Karl Marx – O Capital – O Processo de Produção Capitalista – Livro 1 – Volume 1 – p. 290 e 291).

Pondo de lado os efeitos geralmente prejudiciais do trabalho noturno, o processo de produção ininterrupto de 24 horas de trabalho proporciona a oportunidade altamente desejada de ultra-passar os limites da jornada nominal de trabalho. Assim, por exemplo, nos ramos industriais atrás mencionados, extremamente fatigantes, a jornada nominal de trabalho em regra está fixada em 12 horas diurnas ou noturnas. Mas, em muitos casos, o trabalho extraordinário, além desse limite, para usar expressão do relatório oficial inglês, "é algo que realmente horroriza". (L. c., 57, p. XII) (Karl Marx – O Capital – O Processo de Produção Capitalista – Livro 1 – Volume 1 – p. 291-292).

> Numa laminação em que a jornada nominal de trabalho ia de 6 da manhã até às 5 ½ horas da tarde, um garoto trabalhava quatro noites por semana até pelo menos 8 ½ horas da noite do dia seguinte [...] e isto durante seis meses. (L. c., p. XIII) (Karl Marx – O Capital – O Processo de Produção Capitalista – Livro 1 – Volume 1 – p. 287-288).

Nas fábricas de papel onde o papel é feito a máquina, o trabalho noturno é a regra para todos os processos exceto para a seleção dos trapos. Em alguns casos, o trabalho noturno por revezamento prosseguia sem interrupção, por toda a semana, indo geralmente de domingo à noite, até meia-noite do sábado seguinte. A turma diurna trabalhava cinco dias de 12 horas, e um dia de 18 horas, e a turma noturna cinco noites de 12 e uma noite de 6 horas por semana. Em outros casos, cada turma trabalhava 24 horas, uma depois da outra, em dias alternados. Uma turma trabalhava 6 horas, segunda-feira, e 18 horas, na sexta, para preencher as 24 horas. (L. c., p. XIII) (Karl Marx – O Capital – O Processo de Produção Capitalista – Livro 1 – Volume 1 – p. 294).

J. Elis, da firma John Brown & Co (Ferro e Aço) opina, sobre alteração na legislação do trabalho:

> Não creio que se possa objetar a ideia de não permitir que menores de 18 anos trabalhem por mais de 12 horas por dia. Mas não creio que se deva estabelecer uma disposição no sentido de proibir o trabalho noturno de jovens com mais de 12 anos. Preferimos uma lei que proíba empregar jovens com menos de 13 anos ou até com menos de 15 anos, a uma lei que nos proíba de utilizar no trabalho noturno os jovens que temos... Achamos que o trabalho noturno, em semanas alternadas, não é prejudicial. (grifo meu) (Karl Marx – O Capital – O Processo de Produção Capitalista – Livro 1 – Volume 1 – p. 295-296).

Naylor e Vickers:

> Achamos que as pessoas que realizam alternadamente trabalho noturno são tão sadias quanto as que trabalham de dia... Opomo-nos à proibição de se empregarem menores de 18 anos em trabalho noturno, considerando o aumento de despesas, e este é o único motivo. Acreditamos que esse aumento iria além do limite que o negócio poderia razoavelmente suportar, para se manter próspero. A mão de obra aqui é escassa e poderia tornar-se insuficiente com essa proibição. (L. c., 80, p. XVI e XVII) (grifo meu) (Karl Marx – O Capital – O Processo de Produção Capitalista – Livro 1 – Volume 1 – p. 296).

E. F. Sanderson (Sanderson, Bros. & Co., Usinas de Aço, Laminação e Forja, em Attercliffe):

> Surgiriam grandes dificuldades se menores de 18 anos fossem proibidos de trabalhar à noite. A principal seria o aumento dos custos com o emprego de adultos em vez de menores. (grifo meu) (Karl Marx – O Capital – O Processo de Produção Capitalista – Livro 1 – Volume 1 – p. 296-297).

Os adultos ficavam sem trabalhar, enquanto os menores de idade, por serem mão de obra mais barata, os substituíam. Assim, aqueles se tornavam indigentes, por não conseguirem seu sustento e de suas famílias, e as crianças eram sacrificadas a trabalhar, arduamente, para o triunfo do capital.

8.4 A Luta pela Jornada Normal de Trabalho

Que é uma jornada de trabalho? Durante quanto tempo é permitido ao capital consumir a força de trabalho cujo valor diário paga? Por quanto tempo se pode prolongar a jornada de trabalho acima do tempo necessário para reproduzir a própria força de trabalho? **O Capital responde que o dia de trabalho compreende todas as 24 horas... Durante toda sua existência, o trabalhador nada mais é do que força de trabalho... Não tem qualquer sentido o tempo para educação, para o desenvolvimento intelectual, para preencher funções sociais, para o convívio social, para o livre exercício das forças físicas e espirituais, para o descanso dominical, mesmo no país dos santificadores de domingo. Mas em seu impulso cego, desmedido, em sua voracidade por trabalho excedente, viola o capital os limites extremos, físicos e morais, da jornada de trabalho. Usurpa o tempo que deve pertencer ao crescimento, ao desenvolvimento e à saúde do corpo. Rouba o tempo necessário para se respirar ar puro e absorver a luz do sol. Comprime o tempo destinado às refeições para incorporá-lo, sempre que possível, ao próprio processo de produção, fazendo o trabalhador ingerir os alimentos, como a caldeira consome o carvão, a maquinaria, a graxa e o óleo, como se fosse mero meio de produção.** (grifo meu) (Karl Marx – O Capital – O Processo de Produção Capitalista – Livro 1 – Volume 1 – p. 300-301).

O capital não se preocupa com a duração da vida da força de trabalho. Interessa-lhe exclusivamente o máximo de força de trabalho que pode ser posta em atividade. Atinge esse objetivo encurtando a duração da força de trabalho, como um agricultor voraz que consegue uma grande produção exaurindo a terra de sua fertilidade. (Karl Marx – O Capital – O Processo de Produção Capitalista – Livro 1 – Volume 1 – p. 301).

A produção capitalista é produção de mais valia, absorção de trabalho excedente. Ao prolongar o dia de trabalho, não causa apenas a atrofia da força humana de trabalho, ela ocasiona o esgotamento prematuro e a morte da própria força de trabalho. Aumenta o tempo de produção do trabalhador, encurtando a duração da sua vida. (Karl Marx – O Capital – O Processo de Produção Capitalista – Livro 1 – Volume 1 – p. 301).

A produção nos campos de arroz da Geórgia e nos Pântanos do Mississipi:

> Com o funcionamento do tráfico negreiro, preservar o escravo, por excesso de trabalho, perde o sentido, pois interessa ao dono do escravo extrair o máximo de trabalho, pois a duração de sua vida é menos importante que sua produtividade, quando pode ser substituído por outro escravo importado das zonas negreiras (Vigínia e Kentucky). Nos países escravistas, a economia mais eficaz consiste em extrair do escravo a maior quantidade possível de trabalho, no menor tempo possível. (Karl Marx – O Capital – O Processo de Produção Capitalista – Livro 1 – Volume 1 – p. 302).

> **É em Cuba, cujas rendas se contam por milhões e cujos senhores de engenho são verdadeiros nababos, que atualmente vemos a classe dos escravos ser mais maltratada, alimentada da maneira mais grosseira, sujeita aos trabalhos mais penosos, mais esgotantes, sem interrupções, sendo parte dela diretamente destruída cada ano, pela tortura lenta da estafa e da privação ao sono e do repouso.** (grifo meu) (Karl Marx – O Capital – O Processo de Produção Capitalista – Livro 1 – Volume 1 – p. 302).

Marx mostrou como o trabalho em excesso dizimava em Londres os empregados das padarias.

Josiah Wedgwood, o inventor da cerâmica, originalmente um simples trabalhador, declarou perante a Câmara dos Comuns, em 1785, que toda a manufatura ocupava de 15 mil a 20 mil pessoas. Em 1861, só a população das cidades que, na Grã-Bretanha, eram os centros dessa indústria, elevava-se a 101.302 pessoas. (Karl Marx – O Capital – O Processo de Produção Capitalista – Livro 1 – Volume 1 – p. 303).

Em 1860, os fabricantes fabris propuseram aos membros da Poor Law Commission (comissão de assistência aos pobres) mandar para o norte a população excedente dos distritos agrícolas, afirmando que os fabricantes a absorveriam e consumiriam. (Karl Marx – O Capital – O Processo de Produção Capitalista – Livro 1 – Volume 1 – p. 303).

> O ano de 1860 marca o apogeu da indústria têxtil de algodão [...] Faltaram novamente braços. Os fabricantes voltaram-se para os agentes de trabalhadores [...] e estes percorreram vários territórios ..., mas a população excedente já havia sido consumida. (Karl Marx – O Capital – O Processo de Produção Capitalista – Livro 1 – Volume 1 – p. 304).

O capital, que tem tão "boas razões" para negar os sofrimentos da geração de trabalhadores que o circundam, não se deixa influenciar, em sua ação prática, pela respectiva degenerescência futura da humanidade e do irresistível despovoamento final. O capital não tem a menor consideração com a saúde e com a vida do trabalhador, a não ser quando a sociedade o compele a respeitá-las. (Karl Marx – O Capital – O Processo de Produção Capitalista – Livro 1 – Volume 1 – p. 306).

O estabelecimento de uma jornada normal de trabalho é o resultado de uma luta multissecular entre o capitalista e o trabalhador. (Karl Marx – O Capital – O Processo de Produção Capitalista – Livro 1 – Volume 1 – p. 307).

Foi preciso que ocorressem séculos para o trabalhador "livre", em consequência do desenvolvimento do modo de produção capitalista, consentir voluntariamente, isto é, ser socialmente compelido a vender todo o tempo ativo da sua vida, sua própria capacidade de trabalho, pelo preço de seus meios de subsistência habituais, seu direito à primogenitura por um prato de lentilhas. (Karl Marx – O Capital – O Processo de Produção Capitalista – Livro 1 – Volume 1 – p. 307-308).

Trazendo para nossos dias, essas palavras de Marx demonstram o quanto é importante a organização do trabalhador para sensibilizar toda a comunidade a escolher bem seus representantes políticos, visando à proteção social nas relações "trabalho x capital".

O primeiro estatuto dos trabalhadores, decretado por Eduardo III, em 1349, no ano 23 de seu reinado, encontrou seu pretexto imediato na "peste negra", que dizimou a população a tal ponto que, como dizia um publicista conservador, "a dificuldade de achar trabalhadores a preços razoáveis (que deixam para os empregadores uma quantidade razoável de trabalho excedente) tornou-se realmente insuportável." A lei se encarregou assim, de fixar salários razoáveis e de determinar os limites da jornada de trabalho. (Karl Marx – O Capital – O Processo de Produção Capitalista – Livro 1 – Volume 1 – p. 308-309).

Arrocho aos trabalhadores, 147 anos após promulgação do 1º Estatuto dos Trabalhadores.

A duração do trabalho é novamente regulada no estatuto de 1496, promulgado no reinado de Henrique VII. O dia de trabalho para todos os artífices e trabalhadores agrícolas, de março a setembro, devia durar de 5 da manhã a 7 ou 8 da noite. (Karl Marx – O Capital – O Processo de Produção Capitalista – Livro 1 – Volume 1 – p. 309).

Mais arrocho, após 66 anos de promulgação do Estatuto de 1496.

No estatuto da Rainha Isabel, de 1562, para todos os trabalhadores ajustados por salário diário ou semanal, não altera a duração do dia de trabalho, mas procura reduzir os intervalos a 2 ½ horas no verão e 2 no inverno. (Karl Marx – O Capital – O Processo de Produção Capitalista – Livro 1 – Volume 1 – p. 309).

Prova-se que os governantes sempre estão do lado da burguesia e dos capitalistas, que os sustentam no poder.

A situação do trabalho das crianças no fim do século XVII se patenteia na seguinte queixa:

> Nossos jovens nada fazem até se tornarem aprendizes, precisando então muito tempo, 7 anos, para se transformarem em artífices. (Karl Marx – O Capital – O Processo de Produção Capitalista – Livro 1 – Volume 1 – p. 310).

Postlethwayt diz entre outras coisas:

> **O comentário trivial, feito por muitas pessoas, de que o trabalhador não trabalha todos os 6 dias se pode ganhar o suficiente para viver em 5 dias. Daí concluir pela necessidade de encarecer com impostos ou por qualquer outra medida os meios de subsistência, a fim de forçar o artesão e o trabalhador da manufatura a trabalhar ininterruptamente 6 dias por semana.** (grifo meu) (Karl Marx – O Capital – O Processo de Produção Capitalista – Livro 1 – Volume 1 – p. 311-312).

Quando a burguesia quer que o trabalhador se convença de que necessita trabalhar mais, induz o governo e os empresários a aumentarem os preços dos produtos, utilizando a grande imprensa como amortecedor das queixas individuais contra a carestia. Quando querem derrubar um governo, utilizam a grande imprensa para inflamar a população inconsciente e despreparada para enganá-la e conseguir seus objetivos.

Em 1852, quando Luiz Bonaparte, para firmar sua posição junto à burguesia, quis alterar a jornada legal de trabalho, gritaram os trabalhadores franceses a uma voz: A lei que reduziu o dia de trabalho a 12 horas é o único bem que nos ficou da legislação da república! (Karl Marx – O Capital – O Processo de Produção Capitalista – Livro 1 – Volume 1 – p. 314).

Em Zurique, o trabalho de meninos com mais de 10 anos foi limitado a 12 horas; em Argóvia, em 1862, o trabalho de menores entre 13 e 16 anos foi reduzido de 12 ½ horas para 12; em 1860, na Áustria, foi diminuído para 12 horas o trabalho para menores entre 13 e 16 anos. (Karl Marx – O Capital – O Processo de Produção Capitalista – Livro 1 – Volume 1 – p. 314-315).

A casa do terror para os indigentes com a qual a alma do capital ainda sonhava, em 1770, ergueu-se poucos anos mais tarde gigantesca, no cárcere de trabalho para o próprio trabalhador da indústria. Ela se denominou de fábrica. (Karl Marx – O Capital – O Processo de Produção Capitalista – Livro 1 – Volume 1 – p. 315).

8.5 A Legislação Fabril Inglesa de 1833 a 1864

O capital levou séculos, antes de surgir a indústria moderna, para prolongar a jornada de trabalho até seu limite máximo normal e, ultrapassando-o, até ao limite do dia natural de 12 horas. (Leonard Horner, 1841) (Karl Marx – O Capital – O Processo de Produção Capitalista – Livro 1 – Volume 1 – p. 315).

A partir do nascimento da moderna indústria do último terço do século XVIII, essa tendência transformou-se num processo que se desencadeou desmesurado e violento como uma avalanche. Todas as fronteiras estabelecidas pela moral e pela natureza, pela idade ou pelo sexo, pelo dia e pela noite foram destruídas. As próprias ideias de dia e de noite, desvaneceram tanto que um juiz inglês, em 1860, teve de empregar uma argúcia verdadeiramente talmúdica (leis hebraicas de costumes, tradições), para definir juridicamente o que era dia e o que era noite. (Karl Marx – O Capital – O Processo de Produção Capitalista – Livro 1 – Volume 1 – p. 316).

Logo que a classe trabalhadora, atordoada pelo tumulto da produção, recobrou seus sentidos, teve início sua resistência; primeiro na Inglaterra, a terra natal da grande indústria. Todavia, as concessões que conquista durante três decênios ficaram apenas no papel. De 1802 a 1833, promulgou o Parlamento, cinco leis sobre trabalho, mas astuciosamente não votou recursos para sua aplicação compulsória, para o quadro de pessoal necessário à sua execução. (Karl Marx – O Capital – O Processo de Produção Capitalista – Livro 1 – Volume 1 – p. 316).

A verdade é que, antes da lei de 1833, crianças e adolescentes tinham de trabalhar a noite inteira ou o dia inteiro, ou de fazer ambas as coisas ao bel-prazer do patrão. Uma jornada normal de trabalho para a indústria da época só aparece com a lei fabril de 1833, aplicável às indústrias têxteis do algodão, lã, linho e seda. (grifo meu) (Karl Marx – O Capital – O Processo de Produção Capitalista – Livro 1 – Volume 1 – p. 316).

A lei de 1833 estabelecia que a jornada normal de trabalho começava às 5 ½ horas da manhã e terminava às 8 ½ da noite e que é legal dentro desses limites de um período de 15 horas empregar menores, entre 13 e 18 anos, a qualquer hora do dia, desde que o menor empregado não trabalhasse durante um dia mais de 12 horas, com exceção de casos expressamente previstos. Foi proibido o emprego de crianças com menos de 9 anos, salvo alguma exceção, e limitado o trabalho de meninos entre 9 e 13 anos a 8 horas por dia de trabalho. O trabalho noturno que, segundo essa lei ia de 8 ½ horas da noite às 5 ½ da manhã, foi proibido a todos os menores entre 9 e 18 anos. (Karl Marx – O Capital – O Processo de Produção Capitalista – Livro 1 – Volume 1 – p. 316-317).

Os legisladores estavam tão longe de querer limitar a liberdade do capital, de sugar a força de trabalho dos adultos ou a liberdade do trabalho, que imaginaram um sistema apropriado para coibir essa apavorante consequência da lei fabril. (Karl Marx – O Capital – O Processo de Produção Capitalista – Livro 1 – Volume 1 – p. 317).

O mesmo parlamento reformado que, por delicada deferência para com os fabricantes, condenou menores de 13 anos a trabalharem 72 horas por semana nas fábricas, durante vários anos, em compensação, na lei de emancipação que também ministrava a liberdade em conta-gotas, proibiu aos senhores das plantações fazerem seus escravos trabalharem mais de 45 horas por semana. (Karl Marx – O Capital – O Processo de Produção Capitalista – Livro 1 – Volume 1 – p. 318).

De modo nenhum apaziguado, o capital deu início a uma ruidosa agitação que durou vários anos. De acordo com a antropologia capitalista, a infância acaba aos 10 anos e no máximo aos 11 anos. Quanto mais perto a data da vigência plena da lei fabril, quanto mais se aproximava o ano fatal de 1836, tanto mais se enfurecia o movimento dos fabricantes. Conseguiram realmente intimidar tanto o Governo, que este, em 1835, propôs reduzir o limite da infância de 13 para 12 anos. (Karl Marx – O Capital – O Processo de Produção Capitalista – Livro 1 – Volume 1 – p. 318).

Quando o Congresso brasileiro começa a discutir a maioridade penal, os capitalistas e a burguesia, que os financiam, vislumbram a redução da idade para o trabalho. Contudo, a sociedade deve estar alerta de que as consequências do emprego infantil regulamentado será a dispensa da mão de obra adulta, aumentando mais o abismo social.

Durante o decênio em que a lei regulou o trabalho nas fábricas, vigorando a princípio parcialmente e depois em sua plenitude, regurgitam só relatórios oficiais dos inspetores das fábricas, de queixas sobre obstáculos forjados que tornavam impossível sua execução – em referência ao período de 15 horas livres, em que os patrões encontraram um novo sistema de turnos múltiplos em que os trabalhadores não mudam a horas físicas, mas mudam as horas em que eles são atrelados ao trabalho. (Karl Marx – O Capital – O Processo de Produção Capitalista – Livro 1 – Volume 1 – p. 318-319).

Em reunião com o Ministro do Interior, em 1844, demonstraram os inspetores a impossibilidade de qualquer controle, com o novo sistema que os patrões tinham astuciado. (Karl Marx – O Capital – O Processo de Produção Capitalista – Livro 1 – Volume 1 – p. 319).

Os trabalhadores das fábricas, notadamente a partir de 1838, tinham feito da lei de 10 horas, sua divisa econômica e da carta do povo sua divisa política e eleitoral. Uma parte dos próprios fabricantes que tinha organizado as atividades da fábrica de acordo com a lei de 1833 assoberbou o Parlamento com memoriais sobre a concorrência imoral dos falsos irmãos, aos quais uma impudência maior ou circunstâncias locais mais favoráveis permitiam a violação da lei. Além disso, por mais que um fabricante quisesse dar livre curso à sua ganância, os representantes e líderes políticos da classe industrial tinham-lhe prescrito mudança de posição e de linguagem para com os trabalhadores. Tinham deflagrado a campanha para abolir as leis aduaneiras de proteção aos cereais e precisavam da ajuda dos trabalhadores para a vitória. Prometeram então a estes não só dobrar o tamanho do pão, mas também adotar a lei das 10 horas no reino de mil anos do comércio livre. Por isso, não deviam de modo nenhum combater uma medida destinada apenas a tornar efetiva a lei de 1833. (Karl Marx – O Capital – O Processo de Produção Capitalista – Livro 1 – Volume 1 – p. 319).

Assim, nasceu a lei fabril adicional de 7 de junho, de 1844, entrando em vigor em 10 de setembro. Colocou sobre a proteção da lei uma nova categoria de trabalhadores, as mulheres maiores de 18 anos. Foram em todos os sentidos equiparadas aos adolescentes menores de 18 anos, com o tempo de trabalho reduzido a 12 horas, sendo-lhes vedado o trabalho noturno etc. Pela primeira vez, foi a legislação levada a controlar trabalho de pessoas adultas, direta e oficialmente. O relatório de

1844/45 sobre o trabalho nas fábricas diz: (Karl Marx – O Capital – O Processo de Produção Capitalista – Livro 1 – Volume 1 – p. 320).

> Até agora não chegou ao meu conhecimento nenhum caso de mulheres adultas que tenham se queixado contra esses atentados aos seus direitos.

O trabalho de menores de 13 anos foi reduzido a 6 ½ horas por dia e, em certas circunstâncias, a 7 horas. (Karl Marx – O Capital – O Processo de Produção Capitalista – Livro 1 – Volume 1 – p. 320).

Para eliminar os abusos do falso sistema de turnos, a lei desceu aos seguintes importantes pormenores: (Karl Marx – O Capital – O Processo de Produção Capitalista – Livro 1 – Volume 1 – p. 320).

> A jornada de trabalho das crianças e dos adolescentes conta-se do momento em que qualquer criança ou qualquer adolescente comece a trabalhar na fábrica pela manhã.

É proibido empregar depois de 1 hora da tarde as crianças que começam a trabalhar pela manhã antes das 12 horas. As 1 ½ horas para refeições tem de ser concedidas nos mesmos intervalos do dia a todos os trabalhadores legalmente protegidos, dando-se a eles, pelo menos, uma hora para refeições antes das 3 horas da tarde. Crianças ou adolescentes não podem trabalhar mais de cinco horas antes de 1 hora da tarde, sem ter uma pausa para refeição de, no mínimo, meia hora... (Karl Marx – O Capital – O Processo de Produção Capitalista – Livro 1 – Volume 1 – p. 321).

Essas disposições minuciosas que fixam o período, os limites, os intervalos do trabalho de maneira tão militarmente uniforme... Desenvolveram-se progressivamente em conformidade com as condições do modo de produção, com suas leis naturais. Sua elaboração, reconhecimento oficial e proclamação pelo Estado foram a consequência de uma longa luta de classes. (Karl Marx – O Capital – O Processo de Produção Capitalista – Livro 1 – Volume 1 – p. 321).

Assim, no período de 1844 a 1847, vigorou geralmente o dia de trabalho de 12 horas em todos os ramos industriais submetidos à legislação fabril. (Karl Marx – O Capital – O Processo de Produção Capitalista – Livro 1 – Volume 1 – p. 321).

Os fabricantes, todavia, não permitiram este progresso, sem um retrocesso que os compensasse. Por pressão deles, a Câmara dos Comuns reduziu a idade mínima das crianças aptas para o trabalho, de 9 para 8 anos, assegurando assim ao capital o direito que possui, por lei divina e natural, ao acréscimo da mão de obra infantil. (grifo meu) (Karl Marx – O Capital – O Processo de Produção Capitalista – Livro 1 – Volume 1 – p. 321).

Os anos de 1846 e 1847 são marcantes na história econômica da Inglaterra. Revogam-se as leis sobre cereais, eliminam-se as taxas aduaneiras sobre algodão e outras matérias-primas, e o comércio livre torna-se a estrela polar da legislação. (Karl Marx – O Capital – O Processo de Produção Capitalista – Livro 1 – Volume 1 – p. 322).

Por outro lado, o movimento cartista e a campanha pelas 10 horas atingiram o ponto culminante. Encontraram aliados nos tories sedentos de vingança. Apesar da resistência fanática da corte dos livre-cambistas, que, liderada por Bright e Cobden, não honrou seus compromissos, passou no

Parlamento a lei das 10 horas, pela qual se lutara tempo. (Karl Marx – O Capital – O Processo de Produção Capitalista – Livro 1 – Volume 1 – p. 322).

A nova lei fabril, de 8 de junho de 1847, estabelecia que, a 1º de julho de 1847, o dia de trabalho dos adolescentes de 13 a 18 anos, e de todas as mulheres, seria preliminarmente reduzido a 11 horas, e a partir de 1º de maio de 1848, a 10 horas, definitivamente. (Karl Marx – O Capital – O Processo de Produção Capitalista – Livro 1 – Volume 1 – p. 322).

O capital desfechou uma campanha inicial para impedir a plena aplicação da lei em 1º de maio de 1848. E os trabalhadores, supostamente escarmentados pela experiência, deveriam eles mesmos ajudar a destruir sua obra. Os patrões escolheram habilmente o momento. (Karl Marx – O Capital – O Processo de Produção Capitalista – Livro 1 – Volume 1 – p. 322).

Os fabricantes procuraram intensificar os efeitos naturais dessas circunstâncias com uma rebaixa geral dos salários em 10%...; depois mais 8 1/3 %; quando reduziu o dia de trabalho para 11 horas; e o dobro dessa baixa, quando veio a redução para 10 horas. Por toda parte em que as circunstâncias permitiam, a rebaixa salarial atingiu pelo menos 25%. Nessas condições tão favoráveis adrede preparadas, teve início a agitação junto aos trabalhadores em favor da revogação da lei de 1847. Os patrões recorreram a todas as formas de logro, de sedução e de ameaça, mas em vão. Com referência às petições que levavam meia dúzia de assinaturas de trabalhadores, compelidos a queixar-se contra a lei, declararam os próprios peticionários, ao serem interrogados, que suas assinaturas foram extorquidas. Não conseguindo os fabricantes fazerem os trabalhadores falarem no sentido desejado, passaram a bradar com mais vigor, em nome dos trabalhadores, na imprensa e no Parlamento. (Karl Marx – O Capital – O Processo de Produção Capitalista – Livro 1 – Volume 1 – p. 322-323).

A campanha preliminar do capital fracassou e a lei das 10 horas entrou em vigor a 1º de maio de 1848. (Karl Marx – O Capital – O Processo de Produção Capitalista – Livro 1 – Volume 1 – p. 324).

É importante que a sociedade tenha consciência de que a imprensa, em qualquer época e lugar do mundo, fala de acordo com o que lhe pagam. É por isso que esse segmento, essencial à democracia, deve ser bastante pulverizado e disciplinado, eliminando-se a excessiva concentração de pequenos grupos midiáticos controlando as comunicações de um país, impondo o seu pensamento e oprimindo a consciência da população com suas mentiras e seus desejos.

Para compreensão do que segue, Marx lembra que as leis fabris de 1833, 1844 e 1847 estavam em pleno vigor, ressalvadas as emendas de uma na outra; que nenhuma delas limitava a jornada do trabalhador do sexo masculino maior de 18 anos, e que, a partir de 1833, o período de 15 horas de 5 ½ da manhã às 8 ½ da noite era o dia legal, dentro de cujos limites devia ser executado, inicialmente, o trabalho de 12 horas e, depois, o trabalho de 10 horas dos adolescentes menores de 18 anos e das mulheres, sob as condições legalmente prescritas. (Karl Marx – O Capital – O Processo de Produção Capitalista – Livro 1 – Volume 1 – p. 324-325).

Os fabricantes começaram aqui e ali a despedir uma parte, frequentemente metade dos adolescentes e mulheres empregados e restauraram para os trabalhadores adultos do sexo masculino o trabalho noturno que quase não se usava mais. A lei das 10 horas, bradaram eles, não lhes deixava outra saída. (Karl Marx – O Capital – O Processo de Produção Capitalista – Livro 1 – Volume 1 – p. 325).

Contudo, a lei das 10 horas nos ramos industriais a ela submetidos salvou os trabalhadores da degenerescência completa e protegeu sua saúde (Reports, for 31 Oct. 1859). "O capital" não pode jamais manter as máquinas em movimento além de um tempo determinado, sem prejudicar a saúde e a moral dos trabalhadores ocupados; e estes não estão em condições de proteger-se. (Karl Marx – O Capital – O Processo de Produção Capitalista – Livro 1 – Volume 1 – p. 345).

Em 1850, os patrões descobriram que a lei de 1844, embora não permitisse trabalhar 5 horas pela manhã sem intervalo de pelo menos 30 minutos para descanso, nada desse gênero previa para o trabalho à tarde. Assim, o capital exigiu e obteve a satisfação de fazer mourejarem, sem descansos, de 2 da tarde às 8 ½ da noite, crianças de 8 anos, fazendo-as passar fome. (Karl Marx – O Capital – O Processo de Produção Capitalista – Livro 1 – Volume 1 – p. 326).

Nos tribunais estavam sentados os próprios patrões para julgarem a si mesmos. (grifo meu) (Karl Marx – O Capital – O Processo de Produção Capitalista – Livro 1 – Volume 1 – p. 329).

Os consultores jurídicos da coroa declaram absurda a interpretação que os fabricantes davam à lei de 1848, mas os salvadores da sociedade não renunciaram aos seus propósitos. (Karl Marx – O Capital – O Processo de Produção Capitalista – Livro 1 – Volume 1 – p. 329).

Já em dezembro de 1848, Leonard Horner tinha uma lista de 65 fabricantes e 29 supervisores que declaravam unanimemente ser impossível a qualquer regime de fiscalização impedir a prolongação mais extensa do trabalho sob o sistema de turnos. (Karl Marx – O Capital – O Processo de Produção Capitalista – Livro 1 – Volume 1 – p. 330).

A 5 de agosto de 1850, a jornada de trabalho para adolescentes e mulheres, nos primeiros 5 dias da semana, foi elevada de 10 horas para 10 ½ horas, e reduzida a 7 ½ horas aos sábados. O trabalho devia ser realizado no período de 6 da manhã às 6 da noite, com 1 ½ horas de pausas para refeições, a serem concedidas ao mesmo tempo e de acordo com as determinações da lei de 1844. Com isto se pôs fim definitivo ao sistema de turnos múltiplos. A lei de 1844 continuou em vigor para o trabalho das crianças. (Karl Marx – O Capital – O Processo de Produção Capitalista – Livro 1 – Volume 1 – p. 332-333).

Na França, em 1850, foi estabelecido em lei o período de 12 horas por dia de trabalho, sendo aplicada em todas as fábricas, sem distinção. (Karl Marx – O Capital – O Processo de Produção Capitalista – Livro 1 – Volume 1 – p. 342).

8.6 Repercussões da Legislação Fabril Inglesa nos Outros Países

A produção de mais-valia, ou a extração de trabalho excedente, constitui o conteúdo e o objetivo específicos da produção capitalista, quaisquer que sejam as modificações do próprio modo de produção, relacionadas com a subordinação do trabalho ao capital. (Karl Marx – O Capital – O Processo de Produção Capitalista – Livro 1 – Volume 1 – p. 339-340).

A instituição de uma jornada normal de trabalho é, por isso, o resultado de uma guerra civil de longa duração, mais ou menos oculta, entre a classe capitalista e a classe trabalhadora. Começando essa luta no domínio da indústria moderna, travou-se primeiro na terra natal dessa indústria, a Inglaterra. Os trabalhadores fabris ingleses foram não só os campeões de seus camaradas nacionais, mas de toda a classe trabalhadora moderna, do mesmo modo que seus teóricos foram os primeiros a desafiar a teoria do capital. (Karl Marx – O Capital – O Processo de Produção Capitalista – Livro 1 – Volume 1 – p. 341).

Na França, foi necessária a revolução de fevereiro para surgir a lei das 12 horas, muito mais deficiente que o original inglês. Contudo, o método revolucionário francês pôs em evidência suas vantagens especiais. De um só golpe, impôs a todas as oficinas e fábricas, sem distinção, o mesmo limite para a jornada de trabalho, enquanto a legislação inglesa resultava de concessões, relutantemente feitas em cada caso conforme a pressão das circunstâncias, com o risco de cair num confuso emaranhado jurídico. (Karl Marx – O Capital – O Processo de Produção Capitalista – Livro 1 – Volume 1 – p. 342).

A confusão das leis e suas interpretações sempre favorecem o economicamente mais forte.

Nos EUA, o impulso de independência dos trabalhadores ficou paralisado enquanto a escravatura desfigurava uma parte da república. O trabalhador branco não pode emancipar-se onde se ferreteava o negro. Mas, da morte da escravatura, surgiu imediatamente uma nova vida. O primeiro fruto da guerra civil foi a campanha pelas 8 horas que se propagou com a bota de sete léguas das ferrovias, do Atlântico ao Pacífico, da Nova Inglaterra à Califórnia. (Karl Marx – O Capital – O Processo de Produção Capitalista – Livro 1 – Volume 1 – p. 343).

Em Baltimores, o congresso geral de trabalhadores, de agosto de 1866, declarou: (Karl Marx – O Capital – O Processo de Produção Capitalista – Livro 1 – Volume 1 – p. 343).

O primeiro e grande imperativo do presente, para libertar o trabalho deste país da escravatura capitalista, é a promulgação de uma lei estabelecendo a jornada normal de trabalho de 8 horas em todos os Estados da União Americana. Estamos dispostos a juntar todas as nossas forças com o fim de alcançar esse glorioso resultado.

No começo de setembro de 1866, resolveu o Congresso Internacional dos Trabalhadores em Genebra, por proposta do Conselho Geral de Londres: Consideramos a limitação do dia de trabalho uma condição preliminar sem a qual fracassarão necessariamente todos os outros esforços de emancipação [...]. Propomos 8 horas de trabalho como limite legal do dia de trabalho. (Karl Marx – O Capital – O Processo de Produção Capitalista – Livro 1 – Volume 1 – p. 343-344).

Assim, o movimento dos trabalhadores, em ambos os lados do Atlântico, surgido instintivamente das próprias condições de produção, consagra as palavras do inspetor do trabalho R. J. Saunders: (Karl Marx – O Capital – O Processo de Produção Capitalista – Livro 1 – Volume 1 – p. 344).

Novos passos com o fim de reformar a sociedade não poderão ser dados com qualquer esperança de sucesso, a não ser que as horas de trabalho sejam limitadas e que os limites prescritos sejam impostos com rigor, coativamente.

O contrato pelo qual o trabalhador vendeu sua força de trabalho ao capitalista demonstra, por assim dizer, que ele dispõe livremente de si mesmo. Concluído o negócio descobre-se que ele não é nenhum agente livre, que o tempo em que está livre para vender sua força de

trabalho é o tempo em que é forçado a vendê-la e que seu vampiro (o capitalista) não o soltará enquanto houver um músculo, um nervo, uma gota de sangue a explorar. (grifo meu) (Karl Marx – O Capital – O Processo de Produção Capitalista – Livro 1 – Volume 1 – p. 344).

Para proteger-se contra a serpe de seus tormentos, tem os trabalhadores de se unirem e como classe, compelir a que se promulgue uma lei que seja uma barreira social intransponível, capaz de impedi-los definitivamente de venderem a si mesmos e sua descendência ao capital, mediante livre acordo que os condena à morte e à escravatura. (grifo meu) (Karl Marx – O Capital – O Processo de Produção Capitalista – Livro 1 – Volume 1 – p. 344-345).

9 Taxa e Massa da Mais-Valia

Partindo do pressuposto de que o valor da força de trabalho e da parte do dia de trabalho necessária para reproduzir ou manter a força de trabalho são magnitudes determinadas, constantes, basta conhecer a taxa da mais valia para se saber a quantidade dela que o trabalhador individual fornece ao capitalista em determinado período. (Karl Marx – O Capital – O Processo de Produção Capitalista – Livro 1 – Volume 1 – p. 346).

Assim, considerando o trabalho necessário de 6 horas por dia, expressando-se em uma quantidade de ouro de 3 xelins = 1 táler, constitui o táler o valor diário de uma força de trabalho ou o valor do capital adiantado para a compra de uma força de trabalho. E se a taxa da mais-valia é de 100%, esse capital variável de 1 táler produz uma massa de mais- valia de 1 táler ou o trabalhador fornece diariamente uma quantidade de trabalho excedente de 6 horas. (Karl Marx – O Capital – O Processo de Produção Capitalista – Livro 1 – Volume 1 – p. 346-347).

Do mesmo modo, se um capital variável de 1 táler, o valor diário de uma força de trabalho, produz por dia uma mais-valia de 1 táler, um capital variável de 100 táleres produz por dia uma mais valia de 100, e um de n táler, uma mais valia diárias de n táler. (Karl Marx – O Capital – O Processo de Produção Capitalista – Livro 1 – Volume 1 – p. 346).

Seja **M** a quantidade de mais-valia, **m** a mais-valia diariamente fornecida em média pelo trabalhador individual, **Cv** o capital variável adiantado diariamente para compra de uma força de trabalho individual, **V** a soma total do capital variável, **f** o valor de uma força média de trabalho constante, **t'/t** o grau de exploração dessa força e **n** o número dos trabalhadores médios empregados, teremos: (grifo meu) (Karl Marx – O Capital – O Processo de Produção Capitalista – Livro 1 – Volume 1 – p. 347 e 348).

M (quantidade de mais-valia) = (m/Cv) x V   **M = f x (t'/t) x n**

Assim, se o capitalista tem de adiantar 100 táleres para explorar diariamente 100 trabalhadores e a taxa da mais-valia é de 50%, esse capital variável de 100 táleres rende uma mais-valia de 50 táleres, ou de 100 x 3 horas de trabalho: (Karl Marx – O Capital – O Processo de Produção Capitalista – Livro 1 – Volume 1 – p. 348).

$$M = 50 = 50\% \text{ (taxa de exploração do trabalho excedente) x } 100$$

Caso o capitalista dobre a taxa da mais-valia ou se o dia de trabalho não for mais de 9 horas (6 horas + 3 excedente) e sim de 12 horas (6 horas e 6 excedente) e o capital variável for, ao mesmo tempo, reduzido à metade, produzirá ele do mesmo modo uma mais valia de 50 táleres ou de 50 x 6 horas de trabalho. (Karl Marx – O Capital – O Processo de Produção Capitalista – Livro 1 – Volume 1 – p. 348).

$$M = 50 = 100\% \text{ (taxa de exploração do trabalho excedente) x } 50$$

A redução do capital variável pode, portanto, ser compensada por aumento proporcional adequado no grau de exploração da força de trabalho, ou o decréscimo no número dos trabalhadores empregados por aumento proporcional adequado do dia de trabalho. (Karl Marx – O Capital – O Processo de Produção Capitalista – Livro 1 – Volume 1 – p. 348).

Essa lei de Marx assume, portanto, a forma seguinte: as quantidades de valor e de mais-valia produzidos por diferentes capitais variam, se for dado o valor da força de trabalho e se for igual seu grau de exploração (taxa de mais-valia), na razão direta das magnitudes das partes variáveis desses capitais, isto é, das suas partes transformadas em força de trabalho viva. (Karl Marx – O Capital – O Processo de Produção Capitalista – Livro 1 – Volume 1 – p. 350-351).

Considerando-se a repartição percentual do capital aplicado, todo mundo sabe que um dono de fiação que emprega relativamente muito capital constante e pouco capital variável, não obtém por isso lucro menor ou mais-valia inferior do que a auferida por um dono de padaria, que põe em movimento, relativamente, muito capital variável e pouco capital constante. Se o número de trabalhadores é de um milhão e o dia de trabalho em média de um trabalhador é de 10 horas, o dia de trabalho social será de 10 milhões de horas. Dada a extensão do dia de trabalho, sejam seus limites estabelecidos física ou socialmente, a quantidade de mais valia só pode ser aumentada por meio do aumento do número dos trabalhadores, da população trabalhadora. Aqui, o crescimento da população constitui o limite matemático da produção da mais-valia por meio de todo o capital social. (Karl Marx – O Capital – O Processo de Produção Capitalista – Livro 1 – Volume 1 – p. 351).

A quantidade mínima de capital variável é o preço de custo de uma força individual de trabalho empregada durante o ano inteiro, dia a dia, para produzir mais-valia. (Karl Marx – O Capital – O Processo de Produção Capitalista – Livro 1 – Volume 1 – p. 352).

O capital personificado, o capitalista, cuida de que o trabalhador realize sua tarefa com esmero e com o grau adequado de intensidade. (Karl Marx – O Capital – O Processo de Produção Capitalista – Livro 1 – Volume 1 – p. 354).

O capital transforma-se, além disso, numa relação coercitiva, que força a classe trabalhadora a trabalhar mais do que exige o círculo limitado das próprias necessidades. (Karl Marx – O Capital – O Processo de Produção Capitalista – Livro 1 – Volume 1 – p. 354).

Para o trabalhador, os meios de produção não são capital, mas simples meios e materiais de sua atividade produtiva adequada a um fim. A situação muda de aspecto quando observamos o processo de produção do ponto de vista do processo de criar valor. Os meios de produção se transformam imediatamente em meios de absorção de trabalho alheio. Não é mais o trabalhador que emprega os meios de produção, mas os meios de produção que empregam o trabalhador. Em vez de serem consumidos por ele como elementos materiais de sua atividade produtiva, consomem-no como o fermento de seu próprio processo vital. E o processo vital do capital consiste apenas em mover-se como valor que se expande continuamente. Fornos e edifícios de fábricas parados à noite não absorvem trabalho vivo e são meras perdas para o capitalista. (Karl Marx – O Capital – O Processo de Produção Capitalista – Livro 1 – Volume 1 – p. 354-355).

10 A Produção da Mais-Valia Relativa

10.1 Conceito de Mais-Valia Relativa

A taxa da mais-valia e a extensão da jornada de trabalho dependem da duração desse prolongamento. Se o tempo de trabalho necessário era constante, o dia total de trabalho era variável. Suponhamos agora uma jornada de trabalho cuja extensão e cuja repartição em trabalho necessário e trabalho excedente sejam dadas. (Karl Marx – O Capital – O Processo de Produção Capitalista – Livro 1 – Volume 1 – p. 344-345).

A .... B...............................C

[10 horas]   [2 horas]

Trabalho necessário   Tr Excedeente

A figura acima representa um dia de trabalho de 12 horas. (grifo meu).

Segundo Marx, mais-valia absoluta é a produzida pelo prolongamento do dia de trabalho, e mais-valia relativa a decorrente da contração do tempo de trabalho necessário e da correspondente alteração na relação quantitativa entre ambas as partes componentes da jornada de trabalho. (Karl Marx – O Capital – O Processo de Produção Capitalista – Livro 1 – Volume 1 – p. 363).

O valor de uma mercadoria não é determinado apenas pela quantidade de trabalho que lhe dá a última forma, mas também pela quantidade de trabalho contida em seus meios de produção. (Karl Marx – O Capital – O Processo de Produção Capitalista – Livro 1 – Volume 1 – p. 363).

A mercadoria que barateia diminui naturalmente o valor da força de trabalho apenas na proporção em que participa da reprodução da força de trabalho. A totalidade das coisas necessárias à vida compõe-se de diferentes mercadorias oriundas de indústrias diferentes, e o valor de cada uma dessas mercadorias é uma parte alíquota do valor da força de trabalho. Esse valor diminui com o tempo de trabalho necessário à sua reprodução, sendo sua redução total igual à soma das reduções do tempo de trabalho necessário em todas essas indústrias. Se um capitalista barateia camisas, elevando a força produtiva de trabalho, não tem ele necessariamente em mira reduzir, em determinada percentagem, o valor da força de trabalho e consequentemente o tempo de trabalho necessário, mas na medida em que, por fim, contribui para esse resultado, concorre para elevar a taxa geral da mais-valia. As tendências gerais e necessárias do capital devem ser distinguidas de suas formas de manifestação. (Karl Marx – O Capital – O Processo de Produção Capitalista – Livro 1 – Volume 1 – p. 363-364).

A taxa geral da mais-valia só experimenta alteração relacionada com o processo por inteiro, quando a elevação da produtividade do trabalho atinge ramos de produção, baixando preços de mercadorias que fazem parte do conjunto dos meios de subsistência que constituem elementos do valor da força de trabalho. (Karl Marx – O Capital – O Processo de Produção Capitalista – Livro 1 – Volume 1 – p. 367).

O valor das mercadorias varia na razão inversa da produtividade do trabalho. Em contraposição, a mais-valia relativa varia na razão direta da produtividade do trabalho. Eleva-se ou cai com a ascensão ou queda da produtividade do trabalho. (Karl Marx – O Capital – O Processo de Produção Capitalista – Livro 1 – Volume 1 – p. 367).

Uma vez que o processo barateia as mercadorias e eleva a mais-valia nelas contida, fica solucionado o mistério de o capitalista, preocupado apenas em produzir valor de troca, esforçar-se continuamente para baixar o valor de troca das mercadorias. (Karl Marx – O Capital – O Processo de Produção Capitalista – Livro 1 – Volume 1 – p. 368).

Poupança do trabalho por meio do desenvolvimento da produtividade do trabalho não tem como fim a atingir, na produção capitalista, a redução da jornada de trabalho. Seu objetivo é apenas reduzir o tempo de trabalho requerido para produzir determinada quantidade de mercadoria. (grifo meu) (Karl Marx – O Capital – O Processo de Produção Capitalista – Livro 1 – Volume 1 – p. 368-369).

O desenvolvimento da produtividade do trabalho na produção capitalista tem por objetivo reduzir a parte do dia de trabalho durante a qual o trabalhador tem de trabalhar para si mesmo, justamente para ampliar a outra parte durante a qual pode trabalhar gratuitamente para o capitalista. (Karl Marx – O Capital – O Processo de Produção Capitalista – Livro 1 – Volume 1 – p. 369).

10.2 Cooperação

A produção capitalista só começa realmente quando um mesmo capital particular ocupa, de uma só vez, número considerável de trabalhadores, quando o processo de trabalho amplia sua escala e fornece produtos em maior quantidade. (Karl Marx – O Capital – O Processo de Produção Capitalista – Livro 1 – Volume 1 – p. 370).

Na produção de valor, qualquer conjunto de trabalhadores é apenas um múltiplo da unidade, um trabalhador. Não faz a menor diferença que os 1.200 trabalhadores trabalhem separadamente ou unidos sob o comando do mesmo capital. O trabalho que se objetiva em valor é trabalho de qualidade social média, exteriorização de força de trabalho média. Mas, uma magnitude média é apenas a média de muitas magnitudes distintas da mesma espécie. (Karl Marx – O Capital – O Processo de Produção Capitalista – Livro 1 – Volume 1 – p. 371).

O dia de trabalho de cada um existe como parte alíquota do dia de trabalho coletivo. (Karl Marx – O Capital – O Processo de Produção Capitalista – Livro 1 – Volume 1 – p. 372).

Mesmo não se alterando o método de trabalho, o emprego simultâneo de grande número de trabalhadores opera uma revolução nas condições materiais do processo de trabalho. O valor de troca das mercadorias e, portanto, dos meios de produção, não aumenta a escala dos meios de produção utilizados em comum. (Karl Marx – O Capital – O Processo de Produção Capitalista – Livro 1 – Volume 1 – p. 373).

Um local onde trabalham 20 tecelões com 20 teares deve ser bem maior do que o local ocupado por um tecelão independente com dois companheiros. Mas, custa menos trabalho construir uma oficina para 20 pessoas, e assim o valor dos meios de produção concentrados, para uso em comum e em larga escala, não cresce na proporção em que aumenta seu tamanho e seu efeito útil. (Karl Marx – O Capital – O Processo de Produção Capitalista – Livro 1 – Volume 1 – p. 373).

Esses meios adquirem esse caráter de condições do trabalho social ou condições sociais do trabalho em comparação com os meios de produção esparsos e relativamente custosos de trabalhadores autônomos isolados ou de pequenos patrões, mesmo quando os numerosos trabalhadores reunidos não se ajudam reciprocamente, mas apenas trabalham no mesmo local. (Karl Marx – O Capital – O Processo de Produção Capitalista – Livro 1 – Volume 1 – p. 373-374).

A economia dos meios de produção tem de ser considerada sob dois aspectos. Primeiro, barateia as mercadorias, reduzindo desse modo o valor da força de trabalho. Segundo, altera a relação entre mais valia e capital total adiantado, isto é, a soma de suas partes constante e variável. (Karl Marx – O Capital – O Processo de Produção Capitalista – Livro 1 – Volume 1 – p. 374).

Chama-se cooperação, a forma de trabalho em que muitos trabalham juntos, de acordo com um plano, no mesmo processo de produção ou em processos de produção diferentes, mas conexos. (Karl Marx – O Capital – O Processo de Produção Capitalista – Livro 1 – Volume 1 – p. 374).

Embora realizem simultaneamente e em conjunto o mesmo trabalho ou a mesma espécie de trabalho, podem os trabalhos individuais representar, como partes do trabalho total, diferentes fases do processo de trabalho, percorridas mais rapidamente pelo objeto de trabalho em virtude da cooperação. (Karl Marx – O Capital – O Processo de Produção Capitalista – Livro 1 – Volume 1 – p. 375).

O trabalhador coletivo tem olhos e mãos em todas as direções e possui, dentro de certo limite, o dom de ubiquidade (de onipresença, de estar, ao mesmo tempo, em diversos lugares). Concluem-se diversas partes do produto ao mesmo tempo, mesmo que estejam separadas no espaço. (grifo meu) (Karl Marx – O Capital – O Processo de Produção Capitalista – Livro 1 – Volume 1 – p. 376).

Sendo o processo de trabalho complicado, a simples existência de um certo número de cooperadores, permite repartir as diferentes operações entre os diferentes trabalhadores, de modo a serem executados simultaneamente, encurtando-se assim o tempo de trabalho necessário para a conclusão de todas as tarefas. (Karl Marx – O Capital – O Processo de Produção Capitalista – Livro 1 – Volume 1 – p. 376).

A cooperação permite ampliar o espaço no qual se realiza o trabalho, sendo exigida por certos processos de trabalho em virtude da extensão do espaço em que se executa. A redução do espaço do trabalho, simultaneamente, com a ampliação de sua eficácia, elimina uma série de custos dispensáveis, tornando-se possível, com a aglomeração dos trabalhadores, a conjunção de vários processos e a concentração dos meios de produção. (Karl Marx – O Capital – O Processo de Produção Capitalista – Livro 1 – Volume 1 – p. 377-378).

Com a cooperação de muitos assalariados, o domínio do capital tornou-se uma exigência para a execução do próprio processo de trabalho, uma condição necessária da produção. (Karl Marx – O Capital – O Processo de Produção Capitalista – Livro 1 – Volume 1 – p. 379).

Todo trabalho diretamente social ou coletivo, executado em grande escala exige, com maior ou menor intensidade, uma direção que harmonize as atividades individuais e preencha as funções gerais ligadas ao movimento de todo o organismo produtivo, que difere do movimento de seus órgãos isoladamente considerados. Essa função de dirigir, superintender e mediar, assume-a o capital logo que o trabalho a ele subordinado se torna cooperativo. (Karl Marx – O Capital – O Processo de Produção Capitalista – Livro 1 – Volume 1 – p. 379-380).

Antes de tudo, o motivo que impele e o objetivo que determina o processo de produção capitalista é a maior expansão possível do próprio capital, a maior produção possível de mais-valia, a maior exploração possível da força de trabalho. (grifo meu) (Karl Marx – O Capital – O Processo de Produção Capitalista – Livro 1 – Volume 1 – p. 380).

Com o desenvolvimento, o capitalista se desfaz da função de supervisão direta e contínua dos trabalhadores isolados e dos grupos de trabalhadores, entregando-a a um tipo especial de assalariado, oficiais superiores e suboficiais, que durante o processo de trabalho comandam em nome do capital, do capitalista. (Karl Marx – O Capital – O Processo de Produção Capitalista – Livro 1 – Volume 1 – p. 381).

O capitalista não é capitalista por ser dirigente industrial, mas ele tem o comando industrial porque é capitalista, **porque é dono dos meios de produção**. (grifo meu) (Karl Marx – O Capital – O Processo de Produção Capitalista – Livro 1 – Volume 1 – p. 381).

O comando supremo na indústria é atributo do capital, como no tempo feudal a direção da guerra e a administração da justiça eram atributos da propriedade da terra. (Karl Marx – O Capital – O Processo de Produção Capitalista – Livro 1 – Volume 1 – p. 382).

A poderosa força da cooperação simples se revela nas obras gigantescas realizadas pelos antigos povos asiáticos, pelos egípcios e outros povos. (Karl Marx – O Capital – O Processo de Produção Capitalista – Livro 1 – Volume 1 – p. 382).

Esse poder dos reis asiáticos e egípcios ou dos teocratas etruscos transferiu-se com a indústria para o capitalista, atue ele isolado ou como capitalista coletivo em associações como a sociedade anônima. (Karl Marx – O Capital – O Processo de Produção Capitalista – Livro 1 – Volume 1 – p. 383).

A cooperação capitalista pressupõe o assalariado livre que vende sua força de trabalho ao capital. Ela não se manifesta como forma histórica especial de cooperação, mas a cooperação é que se manifesta como forma histórica peculiar do processo de produção capitalista, como forma histórica que o distingue especificamente. A cooperação aparece como forma específica do processo de produção capitalista. (Karl Marx – O Capital – O Processo de Produção Capitalista – Livro 1 – Volume 1 – p. 383-384).

11 Divisão do Trabalho e Manufatura

11.1 Dupla Origem da Manufatura

A cooperação fundada na divisão do trabalho adquire sua forma clássica na manufatura. Predomina como forma característica do processo de produção capitalista durante o período manufatureiro propriamente dito, de meados do século XVI ao último terço do século XVIII. (Karl Marx – O Capital – O Processo de Produção Capitalista – Livro 1 – Volume 1 – p. 386).

A manufatura nasce quando são concentrados numa oficina, sob o comando do mesmo capitalista, trabalhadores de ofícios diversos e independentes, por cujas mãos têm de passar um produto até seu acabamento final. (Karl Marx – O Capital – O Processo de Produção Capitalista – Livro 1 – Volume 1 – p. 386).

A manufatura de carruagem, por exemplo, reúne todos diferentes artífices numa oficina onde trabalham simultaneamente em colaboração. Até aí estamos no domínio da cooperação simples que encontra, pronto e acabado, seu material constituído por homens e coisas. (Karl Marx – O Capital – O Processo de Produção Capitalista – Livro 1 – Volume 1 – p. 387).

Mas logo sucede uma modificação substancial. No início, a manufatura de carruagens era uma combinação de ofícios independentes. Progressivamente, ela se transforma num sistema que divide a produção de carruagens em suas diversas operações especializadas. Cada operação se cristaliza em função exclusiva de um trabalhador e a sua totalidade é executada pela união desses trabalhadores parciais. (Karl Marx – O Capital – O Processo de Produção Capitalista – Livro 1 – Volume 1 – p. 387).

Combinando diferentes ofícios, sob o comando do mesmo capital, surgiram as manufaturas de panos e muitas outras. (Karl Marx – O Capital – O Processo de Produção Capitalista – Livro 1 – Volume 1 – p. 387).

Mas a manufatura pode ter origem oposta. O mesmo capital reúne ao mesmo tempo, na mesma oficina, muitos trabalhadores que fazem a mesma coisa ou a mesma espécie de trabalho. Isto pode ocorrer, por exemplo, com trabalhadores especializados em papel, ou em tipos de imprensa ou em agulhas. É a cooperação na forma mais simples. (Karl Marx – O Capital – O Processo de Produção Capitalista – Livro 1 – Volume 1 – p. 387-388).

Circunstâncias externas logo levaram o capitalista a utilizar de maneira diferente a concentração dos trabalhadores no mesmo local e a simultaneidade de seus trabalhos. (Karl Marx – O Capital – O Processo de Produção Capitalista – Livro 1 – Volume 1 – p. 388).

Em vez de o mesmo artífice executar as diferentes operações dentro de uma sequência, são elas destacadas umas das outras, isoladas, justapostas no espaço, cada uma delas confiada a um artífice diferente e todas executadas ao mesmo tempo pelos trabalhadores cooperantes. Essa repartição acidental de tarefas repete-se, revela suas vantagens peculiares e ossifica-se progressivamente em divisão sistemática do trabalho. A mercadoria deixa de ser produto individual de um artífice independente, que faz muitas coisas, para se transformar no produto social de um conjunto de artífices, cada um dos quais realiza ininterruptamente a mesma e única tarefa parcial. (Karl Marx – O Capital – O Processo de Produção Capitalista – Livro 1 – Volume 1 – p. 388).

A manufatura, portanto, ora introduz a divisão do trabalho num processo de produção ou a aperfeiçoa, ora combina ofícios anteriormente distintos. Qualquer que seja, seu ponto de partida, seu resultado final é o mesmo: um mecanismo de produção cujos órgãos são seres humanos. (Karl Marx – O Capital – O Processo de Produção Capitalista – Livro 1 – Volume 1 – p. 389).

A divisão manufatureira do trabalho é uma espécie particular de cooperação e, muitas de suas vantagens decorrem não dessa forma particular, mas da natureza geral da cooperação. (Karl Marx – O Capital – O Processo de Produção Capitalista – Livro 1 – Volume 1 – p. 389).

11.2 O Trabalhador Parcial e sua Ferramenta

O trabalhador coletivo que constitui o mecanismo vivo da manufatura consiste apenas desses trabalhadores parciais, limitados. Por isso, produz-se em menos tempo ou eleva-se a força produtiva do trabalho, em comparação com os ofícios independentes. (Karl Marx – O Capital – O Processo de Produção Capitalista – Livro 1 – Volume 1 – p. 389).

Havendo sempre diversas gerações de trabalhadores que vivem simultaneamente e cooperam nas mesmas manufaturas, os artifícios técnicos assim adquiridos firmam-se, acumulam-se e se transmitem. (Karl Marx – O Capital – O Processo de Produção Capitalista – Livro 1 – Volume 1 – p. 390).

A manufatura produz realmente a virtuosidade do trabalhador mutilado, ao reproduzir e levar sistematicamente ao extremo, dentro da oficina, a especialização natural dos ofícios que encontra na sociedade. (Karl Marx – O Capital – O Processo de Produção Capitalista – Livro 1 – Volume 1 – p. 390).

Um artífice que executa, uma após outra, as diversas operações parciais da produção de uma mercadoria, é obrigado ora a mudar de lugar, ora a mudar de ferramenta. A passagem de uma operação para outra interrompe o fluxo de seu trabalho e forma por assim dizer lacunas em seu dia de trabalho. Essas lacunas somem quando executa o dia inteiro continuamente uma única operação, ou desaparecem na medida em que diminuem as mudanças de operação. O acréscimo de produtividade se deve então ao dispêndio crescente da força de trabalho num dado espaço de tempo, isto é, à intensidade crescente do trabalho, ou a um decréscimo do dispêndio improdutivo da força de trabalho. O gasto extra de força exigido pela transição do repouso para o movimento é substituído pelo trabalho de prolongar por mais tempo a velocidade normal, uma vez adquirida. Por outro lado, a continuidade de um trabalho uniforme destrói o impulso e a expansão das forças anímicas (forças do espírito) que se recuperam e se estimulam com a mudança de atividade. (Karl Marx – O Capital – O Processo de Produção Capitalista – Livro 1 – Volume 1 – p. 391).

A produtividade do trabalho depende não só da virtuosidade do trabalhador, mas também da perfeição de suas ferramentas. (Karl Marx – O Capital – O Processo de Produção Capitalista – Livro 1 – Volume 1 – p. 391).

A manufatura se caracteriza pela diferenciação das ferramentas, que imprime aos instrumentos da mesma espécie formas determinadas para cada emprego útil especial, e pela especialização, que só permite a cada uma dessas ferramentas operar plenamente em mãos do trabalhador parcial específico. (Karl Marx – O Capital – O Processo de Produção Capitalista – Livro 1 – Volume 1 – p. 392).

11.3 As Duas Formas Fundamentais da Manufatura: Heterogênea e Orgânica

Esse duplo caráter da manufatura decorre da natureza do artigo produzido. (Karl Marx – O Capital – O Processo de Produção Capitalista – Livro 1 – Volume 1 – p. 393).

Uma locomotiva, por exemplo, constitui-se de mais de 5.000 peças distintas. Mas não serve de exemplo para a primeira espécie de manufatura, pois é uma estrutura produzida pela grande indústria. Mas o relógio serve e William Petty utilizou-o para ilustrar a divisão do trabalho na manufatura. De produto individual do artífice de Nuremberg, o relógio transformou-se no produto social de numerosos trabalhadores parciais, cada um com o encargo de um produto parcial, como as rodas em bruto, as molas, o mostrador, a mola espiral, os furos para as pedras e as alavancas com rubis, os ponteiros, a caixa, os parafusos, o douramento. Só poucas partes do relógio passam por diferentes mãos; em regra, todas essas peças esparsas são ajustadas para formar um todo mecânico quando chegam pela primeira vez às mãos do trabalhador encarregado da montagem. Essa relação externa do produto acabado com seus diferentes elementos, observada na relojoaria e em fabricações análogas, torna acidental a congregação dos trabalhadores parciais na mesma oficina. As operações parciais podem mesmo ser executadas como ofícios independentes entre si. (Karl Marx – O Capital – O Processo de Produção Capitalista – Livro 1 – Volume 1 – p. 393-394).

Em Genebra, existem grandes manufaturas de relógios onde funciona a cooperação direta dos trabalhadores parciais sob o comando do mesmo capital. Só excepcionalmente é lucrativa a exploração manufatureira, nesse ramo, pois é a mais aguçada possível a concorrência entre os trabalhadores que querem trabalhar em casa. O fracionamento da produção em numerosos processos heterogêneos pouco permite o emprego de instrumental comum de trabalho e o capitalista evita as despesas de construção com o sistema disperso de fabricação. Todavia, a condição desses trabalhadores parciais que trabalham a domicílio para um capitalista é totalmente diversa da do artífice independente que trabalha para seus próprios clientes. (Karl Marx – O Capital – O Processo de Produção Capitalista – Livro 1 – Volume 1 – p. 394).

A segunda espécie de manufatura, sua forma perfeita, produz artigos que percorrem fases de produção conexas, uma sequência de processos gradativos, como na manufatura de agulhas, em que o arame passa pelas mãos de 72 e até de 92 trabalhadores parciais, realizando cada um uma operação específica. (Karl Marx – O Capital – O Processo de Produção Capitalista – Livro 1 – Volume 1 – p. 394-395).

Manufatura dessa espécie, quando combina ofícios primitivamente dispersos, reduz o espaço que separa as diversas fases de produção do artigo. O tempo gasto em passar de um estágio a outro da produção é reduzido do mesmo modo que o trabalho de efetuar essa transição. (Karl Marx – O Capital – O Processo de Produção Capitalista – Livro 1 – Volume 1 – p. 395).

Uma quantidade determinada de matéria-prima, por exemplo, de trapos, na manufatura de papel, ou de arame, na manufatura de agulhas, percorre, nas mãos dos diferentes trabalhadores parciais, uma sequência cronológica de fases de produção até chegar à sua forma final. (Karl Marx – O Capital – O Processo de Produção Capitalista – Livro 1 – Volume 1 – p. 395).

Na manufatura, tornou-se lei técnica, do próprio processo de produção, o fornecimento de determinada quantidade de produto num tempo dado. (Karl Marx – O Capital – O Processo de Produção Capitalista – Livro 1 – Volume 1 – p. 396).

A divisão manufatureira do trabalho simplifica e diversifica não só os órgãos qualitativamente diversos do trabalhador coletivo social, mas também cria uma relação matemática fixa para o tamanho desses órgãos, para o número relativo de trabalhadores ou para a magnitude relativa do grupo de trabalhadores em cada função particular. (Karl Marx – O Capital – O Processo de Produção Capitalista – Livro 1 – Volume 1 – p. 397).

O período manufatureiro estabelece conscientemente, como princípio, a diminuição do tempo de trabalho necessário para a produção de mercadorias, e de maneira esporádica chega a utilizar máquinas, sobretudo para certos processos preliminares simples que tem de ser executados em larga escala e com grande emprego de força. Assim, logo se introduzem na manufatura de papel, máquinas para triturar os trapos e na metalurgia, máquinas para moer o minério. Mas em geral, a maquinaria desempenha, no período manufatureiro, aquele papel secundário que Adam Smith lhe atribuiu, ao compará-la com a divisão do trabalho. O emprego esporádico das máquinas no século

XVII tornou-se muito importante, por ter oferecido aos grandes matemáticos daquele tempo uma base prática e um estímulo para criarem a mecânica moderna. (Karl Marx – O Capital – O Processo de Produção Capitalista – Livro 1 – Volume 1 – p. 399-400).

O mecanismo específico do período manufatureiro é o trabalhador coletivo, constituído de muitos trabalhadores parciais. (Karl Marx – O Capital – O Processo de Produção Capitalista – Livro 1 – Volume 1 – p. 400).

Depois de desenvolver até atingir a virtuosidade, uma única especialidade limitada, sacrificando a capacidade total de trabalho do ser humano, põe-se a manufatura a transformar numa especialidade a ausência de qualquer formação. Ao lado da graduação hierárquica, surge a classificação dos trabalhadores em hábeis e inábeis. Para os últimos não há custos de aprendizagem, e, para os primeiros, esses custos se reduzem em relação às despesas necessárias para formar um artesão, pois a função deles foi simplificada. Em ambos os casos, cai o valor da força de trabalho. A exceção é constituída pelas novas funções gerais resultantes da decomposição do processo de trabalho, as quais não existiam no artesanato ou quando existiam, desempenhavam papel inferior. A desvalorização relativa da força de trabalho, decorrente da eliminação ou da redução dos custos de aprendizagem, redunda para o capital em acréscimo imediato de mais valia, pois tudo o que reduz o tempo de trabalho, necessário para reproduzir a força de trabalho, aumenta o domínio do trabalho excedente. (Karl Marx – O Capital – O Processo de Produção Capitalista – Livro 1 – Volume 1 – p. 401-402).

11.4 Divisão de Trabalho na Manufatura e Divisão do Trabalho na Sociedade

A divisão social do trabalho constitui o fundamento geral de toda produção de mercadoria. (Karl Marx – O Capital – O Processo de Produção Capitalista – Livro 1 – Volume 1 – p. 402).

Considerando o trabalho, podemos chamar a separação da produção social em seus grandes ramos (agricultura, indústria etc.) de divisão do trabalho em geral; a diferenciação desses grandes ramos em espécie e variedade, de divisão do trabalho em particular; e a divisão do trabalho numa oficina, de divisão do trabalho individualizada, singularizada. (Karl Marx – O Capital – O Processo de Produção Capitalista – Livro 1 – Volume 1 – p. 402).

A troca de produtos não cria a diferença entre os ramos de produção, mas estabelece relações entre os ramos diferentes e transforma-os em atividades mais ou menos interdependentes dentro do conjunto da produção social. A divisão social do trabalho surge aí através da troca entre ramos de produção que são originalmente diversos e independentes entre si. (Karl Marx – O Capital – O Processo de Produção Capitalista – Livro 1 – Volume 1 – p. 403).

O fundamento de toda divisão do trabalho desenvolvida e processada através da troca de mercadorias é a separação entre a cidade e o campo. (Karl Marx – O Capital – O Processo de Produção Capitalista – Livro 1 – Volume 1 – p. 404).

A divisão de trabalho na sociedade depende da magnitude e densidade da população que correspondem à aglomeração dos operários numa oficina. (Karl Marx – O Capital – O Processo de Produção Capitalista – Livro 1 – Volume 1 – p. 404).

Um país relativamente pouco povoado com meios de transportes desenvolvidos possui uma população mais densa do que um país mais povoado com escassos meios de transportes, e a esse respeito os estados setentrionais da União Americana são mais densamente povoados do que a Índia. (Karl Marx – O Capital – O Processo de Produção Capitalista – Livro 1 – Volume 1 – p. 404).

Sendo a produção e a circulação de mercadorias condições fundamentais do modo de produção capitalista, a divisão manufatureira do trabalho pressupõe que a divisão do trabalho na sociedade tenha atingido certo grau de desenvolvimento. (Karl Marx – O Capital – O Processo de Produção Capitalista – Livro 1 – Volume 1 – p. 404).

No período manufatureiro, a divisão do trabalho na sociedade desenvolveu-se muito com a ampliação do mercado mundial e com o sistema colonial que figuram entre as condições de existência gerais desse período. (Karl Marx – O Capital – O Processo de Produção Capitalista – Livro 1 – Volume 1 – p. 405).

Apesar das numerosas analogias e das conexões entre a divisão do trabalho na sociedade e a divisão do trabalho na manufatura, há entre elas uma diferença não só de grau, mas de substância. A analogia mais se evidencia incontestável quando uma conexão íntima entrelaça diversos ramos de atividade. Cada produto é uma etapa para o artigo final que é o produto de todos os trabalhos especiais combinados. (Karl Marx – O Capital – O Processo de Produção Capitalista – Livro 1 – Volume 1 – p. 406).

Com A. Smith podemos imaginar que a divisão social do trabalho se distingue da divisão do trabalho na manufatura, apenas subjetivamente. Na manufatura, se observa em conjunto os diversos trabalhos parciais que se processam no mesmo local, enquanto a divisão do trabalho na sociedade tem sua conexão obscurecida por estar dispersa em imensas áreas e pelo grande número dos que estão ocupados em cada ramo determinado. (Karl Marx – O Capital – O Processo de Produção Capitalista – Livro 1 – Volume 1 – p. 406).

O que estabelece a conexão entre os trabalhos independentes do criador, do curtidor e do sapateiro é o fato de os respectivos produtos serem mercadorias. Só o produto coletivo dos trabalhadores parciais transforma-se em mercadorias. (Karl Marx – O Capital – O Processo de Produção Capitalista – Livro 1 – Volume 1 – p. 406-407).

A divisão do trabalho na sociedade se processa através da compra e venda dos produtos dos diferentes ramos de trabalho; a conexão, dentro da manufatura, dos trabalhos parciais, se realiza através da venda de diferentes forças de trabalho ao mesmo capitalista que as emprega como força de trabalho coletiva. (Karl Marx – O Capital – O Processo de Produção Capitalista – Livro 1 – Volume 1 – p. 407).

A lei do valor das mercadorias determina quanto do tempo global de trabalho disponível a sociedade pode despender para produzir cada espécie de mercadoria. Todavia, essa tendência constante das diferentes esferas de produção, de estarem em equilíbrio, revela-se apenas através da reação contra a contínua destruição desse equilíbrio. (Karl Marx – O Capital – O Processo de Produção Capitalista – Livro 1 – Volume 1 – p. 408).

A divisão social do trabalho faz confrontarem-se produtores independentes de mercadorias, os quais não reconhecem outra autoridade além da concorrência, além da coação exercida sobre eles pela pressão dos recíprocos interesses, do mesmo modo que no reino animal a guerra de todos contra todos (*"bellum omnium contra omnes"*), preserva mais ou menos as condições de existência de todas as espécies. **O mesmo espírito burguês que louva como fator de aumento da força produtiva**, a divisão manufatureira do trabalho, a condenação do trabalhador a executar perpetuamente uma operação parcial e sua subordinação completa ao capitalista, **com a mesma ênfase denuncia todo controle e regulamentação sociais conscientes do processo de produção, com um ataque aos invioláveis direitos de propriedade, de liberdade e de iniciativa do gênio capitalista.** (grifo meu) (Karl Marx – O Capital – O Processo de Produção Capitalista – Livro 1 – Volume 1 – p. 408).

Na sociedade em que rege o modo capitalista de produção condicionam-se reciprocamente a anarquia da divisão social do trabalho e o despotismo da divisão manufatureira do trabalho. (Karl Marx – O Capital – O Processo de Produção Capitalista – Livro 1 – Volume 1 – p. 408).

A lei que regula a divisão do trabalho na comunidade opera com a força irresistível de uma lei natural. Cada artesão particular, o ferreiro, o oleiro etc., realiza todas as operações pertinentes ao seu ofício, de maneira tradicional, mas independente e sem reconhecer qualquer autoridade acima dela em sua oficina. (Karl Marx – O Capital – O Processo de Produção Capitalista – Livro 1 – Volume 1 – p. 410).

Enquanto a divisão social do trabalho, quer se processe ou não através da troca de mercadorias e inerente às mais diversas formações econômicas da sociedade, a divisão do trabalho na manufatura é uma criação específica do modo de produção capitalista. (Karl Marx – O Capital – O Processo de Produção Capitalista – Livro 1 – Volume 1 – p. 411).

11.5 Caráter Capitalista da Manufatura

Crescendo o capital variável, aumenta necessariamente o capital constante, ampliando-se as condições comuns de produção, como construções, fornos etc., principalmente a quantidade de matérias-primas, e mais rapidamente que o número de trabalhadores empregados. (Karl Marx – O Capital – O Processo de Produção Capitalista – Livro 1 – Volume 1 – p. 412).

A quantidade de matérias-primas consumida num tempo dado, por determinada quantidade de trabalho, aumenta na mesma proporção em que a produtividade cresce em virtude da divisão do trabalho. (Karl Marx – O Capital – O Processo de Produção Capitalista – Livro 1 – Volume 1 – p. 412).

Enquanto a cooperação simples, em geral, não modifica o modo de trabalhar do indivíduo, a manufatura o revoluciona inteiramente e se apodera da força individual de trabalho em suas raízes. (Karl Marx – O Capital – O Processo de Produção Capitalista – Livro 1 – Volume 1 – p. 412).

Não só o trabalho é dividido e suas diferentes frações distribuídas entre os indivíduos, mas o próprio indivíduo é "mutilado" e transformado no aparelho automático de um trabalho parcial, tornando-se, assim, realidade a fábula absurda de "Menennius Agrippa" que representa um ser humano como simples fragmento de seu próprio corpo. Originariamente, o trabalhador vendia sua força de trabalho ao capital por lhe faltarem os meios materiais para produzir uma mercadoria. Agora, sua força individual de trabalho não funciona se não estiver vendida ao capital. (Karl Marx – O Capital – O Processo de Produção Capitalista – Livro 1 – Volume 1 – p. 412-413).

Na manufatura, o enriquecimento do trabalhador coletivo e, por isso, do capital, em forças produtivas sociais, realiza-se às custas do empobrecimento do trabalhador em forças produtivas individuais. (Karl Marx – O Capital – O Processo de Produção Capitalista – Livro 1 – Volume 1 – p. 414).

> A ignorância é a mãe da indústria e da superstição. As manufaturas prosperam mais onde mais se dispensa o espírito e onde a manufatura pode... ser considerada uma máquina, cujas partes são seres humanos. (A. Ferguson, l. c., p. 280).

Realmente, em meados do século XVIII, algumas manufaturas empregavam de preferência indivíduos meio idiotas em certas operações simples que constituíam segredos de fabricação. (Karl Marx – O Capital – O Processo de Produção Capitalista – Livro 1 – Volume 1 – p. 414).

> Um homem que despende toda a sua vida na execução de algumas operações simples [...] não tem oportunidade de exercitar sua inteligência [...]. (J. D. Tuckett, Londres, 1846, V, I, p. 148)

De acordo com G. Garnier, senador no primeiro império francês, a instrução popular contraria as leis da divisão do trabalho e adotá-la seria "proscrever todo o nosso sistema social". Diz ele: (Karl Marx – O Capital – O Processo de Produção Capitalista – Livro 1 – Volume 1 – p. 415).

> Como toda as outras divisões do trabalho, a que existe entre o trabalho manual e o trabalho intelectual se torna mais acentuada e mais evidente à medida que a sociedade se torna mais rica. Como qualquer outra divisão do trabalho, esta é consequência de progressos passados e causa de progressos futuros [...]. Deve então o governo contrariar essa divisão e retardar sua marcha natural? Deve empregar uma parte da receita pública para confundir e misturar duas espécies de trabalho que tendem por si mesmas a se separar?

D. Urquhart, Familiar Words, Londres, 1855, p. 119:

> Subdividir um homem é executá-lo, se merece a pena de morte. É assassiná-lo se não a merece. A subdivisão do trabalho é o assassinato de um povo.

A cooperação baseada na divisão do trabalho (manufatura) é nos seus começos uma criação natural, espontânea. Ao adquirir certa consistência e base suficientemente ampla, torna-se a forma consciente, metódica e sistemática do modo de produção capitalista. (Karl Marx – O Capital – O Processo de Produção Capitalista – Livro 1 – Volume 1 – p. 416-417).

12 A Maquinaria e a Indústria Moderna

12.1 Desenvolvimento da Maquinaria

O objetivo do capital, quando emprega maquinaria, é baratear as mercadorias. A maquinaria é meio para produzir mais valia. (Karl Marx – O Capital – O Processo de Produção Capitalista – Livro 1 – Volume 1 – p. 424).

Na manufatura, o ponto de partida para revolucionar o modo de produção é a força de trabalho; na indústria moderna, é o instrumental de trabalho, a máquina. (Karl Marx – O Capital – O Processo de Produção Capitalista – Livro 1 – Volume 1 – p. 424).

Matemáticos e mecânicos, seguidos nesse ponto por alguns economistas ingleses, consideram a ferramenta uma máquina simples, e a máquina uma ferramenta complexa. (Karl Marx – O Capital – O Processo de Produção Capitalista – Livro 1 – Volume 1 – p. 424).

Toda maquinaria desenvolvida consiste de três partes essencialmente distintas: o motor, a transmissão e a máquina-ferramenta ou máquina de trabalho. O motor é a força motriz de todo o mecanismo. Produz sua própria força motriz, como a máquina a vapor, a máquina a ar quente, a máquina eletromagnética etc.; ou recebe o impulso de uma força natural externa adrede preparada, como a roda hidráulica, o impulso da água, ou as asas do moinho, a força do vento etc. (Karl Marx – O Capital – O Processo de Produção Capitalista – Livro 1 – Volume 1 – p. 425).

O motor e a transmissão existem apenas para transmitir movimento à máquina-ferramenta que se apodera do objeto de trabalho e o transforma de acordo com o fim desejado. É desta parte da maquinaria, a máquina-ferramenta, que parte a revolução industrial no século XVIII. E a máquina-ferramenta continua a servir de ponto de partida sempre que se trata de transformar um ofício ou manufatura em exploração mecanizada. (Karl Marx – O Capital – O Processo de Produção Capitalista – Livro 1 – Volume 1 – p. 426).

Provenha a força motriz do homem ou de outra máquina, a coisa não muda em sua essência. Quando a ferramenta propriamente dita se transfere do homem para um mecanismo, a máquina toma o lugar da simples ferramenta. (Karl Marx – O Capital – O Processo de Produção Capitalista – Livro 1 – Volume 1 – p. 426-427).

Muitas ferramentas põem em evidência de maneira bem contrastante a diferença entre o homem na função de simples força motriz e o homem como trabalhador que exerce seu ofício manual. (Karl Marx – O Capital – O Processo de Produção Capitalista – Livro 1 – Volume 1 – p. 427).

A máquina da qual parte a revolução industrial substitui o trabalhador que maneja uma única ferramenta por um mecanismo que, ao mesmo tempo, opera com certo número de ferramentas idênticas ou semelhantes àquela, e é acionado por uma única força motriz, qualquer que seja sua forma. (Karl Marx – O Capital – O Processo de Produção Capitalista – Livro 1 – Volume 1 – p. 428-429).

Assim, o período manufatureiro desenvolveu os primeiros elementos científicos e técnicos da indústria moderna. A máquina de fiar aperfeiçoada de Arkwright, quando apareceu, era impulsionada pela água. Mas o uso da água como força motriz dominante, também acarretava certas dificuldades. (Karl Marx – O Capital – O Processo de Produção Capitalista – Livro 1 – Volume 1 – p. 430).

Com o número das máquinas-ferramentas impulsionadas ao mesmo tempo, aumenta-se o tamanho do motor e o mecanismo de transmissão assume grandes proporções. (Karl Marx – O Capital – O Processo de Produção Capitalista – Livro 1 – Volume 1 – p. 431).

Temos então de distinguir duas coisas: a cooperação de muitas máquinas da mesma espécie e o sistema de máquinas. (Karl Marx – O Capital – O Processo de Produção Capitalista – Livro 1 – Volume 1 – p. 431).

No primeiro caso, o produto por inteiro é feito por uma máquina. Ela executa as diversas operações que eram realizadas por um artesão com sua ferramenta, por exemplo, por um tecelão com seu tear, ou que eram executadas em série por artesãos com diferentes ferramentas, independentes uns dos outros ou como membros de uma manufatura. (Karl Marx – O Capital – O Processo de Produção Capitalista – Livro 1 – Volume 1 – p. 431).

O processo global, dividido e realizado na manufatura através de operações sucessivas passa a ser executado por uma máquina-ferramenta, que opera através da combinação de diferentes ferramentas. (Karl Marx – O Capital – O Processo de Produção Capitalista – Livro 1 – Volume 1 – p. 432).

Pondo-se de lado o trabalhador, ela se patenteia, antes de tudo, na aglomeração, num mesmo local de máquinas-ferramenta da mesma espécie, operando ao mesmo tempo. (Karl Marx – O Capital – O Processo de Produção Capitalista – Livro 1 – Volume 1 – p. 432).

A revolução no modo de produção de um ramo industrial acaba se propagando a outros. É o que se verifica principalmente nos ramos industriais que constituem fases de um processo global, embora estejam isolados entre si pela divisão social do trabalho, de modo que cada um produz uma mercadoria independente. A mecanização da fiação torna necessária a mecanização da tecelagem e ambas ocasionam a revolução química e mecânica no branqueamento, na estampagem e na tinturaria. A revolução na fiação do algodão provocou a invenção da descaroçadora de algodão, com a qual tornou possível a produção de algodão na enorme escala então exigida. A revolução no modo de produção da indústria e da agricultura tornou, sobretudo, necessária uma revolução nas condições gerais do processo social de produção, isto é, nos meios de comunicação e de transporte. (Karl Marx – O Capital – O Processo de Produção Capitalista – Livro 1 – Volume 1 – p. 437).

Além das transformações radicais ocorridas na construção de navios a vela, o sistema de transportes e comunicações foi progressivamente adaptado ao modo de produção da grande indústria, com a introdução dos navios a vapor fluvial, das vias férreas, dos transatlânticos e do telégrafo. Mas as massas gigantescas de ferro que tinham então de ser forjadas, soldadas, cortadas, brocadas e moldadas, exigiam máquinas ciclópicas cuja produção não se poderia conseguir através dos métodos da manufatura. (Karl Marx – O Capital – O Processo de Produção Capitalista – Livro 1 – Volume 1 – p. 438).

A indústria moderna teve então de apoderar-se de seu instrumento característico de produção, a própria máquina, e de produzir máquinas com máquinas. Só assim criou ela sua base técnica adequada e ergueu-se sobre seus próprios pés. Com a produção mecanizada crescente das primeiras décadas do século XIX, apoderou-se a maquinaria progressivamente da fabricação das máquinas-ferramenta. Mas só durante as últimas décadas (que precedem a 1866), a enorme construção de ferrovias e a navegação transatlântica, fizeram surgir máquinas ciclópicas empregadas na construção dos motores. (Karl Marx – O Capital – O Processo de Produção Capitalista – Livro 1 – Volume 1 – p. 438).

O instrumental de trabalho, ao converter-se em maquinaria, exigiu a substituição da força humana por forças naturais e da rotina empírica pela aplicação consciente da ciência. (Karl Marx – O Capital – O Processo de Produção Capitalista – Livro 1 – Volume 1 – p. 439).

No sistema de máquinas, tem a indústria moderna o organismo de produção inteiramente objetivo que o trabalhador encontra pronto e acabado como condição material da produção. A maquinaria, com algumas exceções, só funciona por meio de trabalho diretamente coletivizado ou comum. O caráter cooperativo do processo de trabalho torna-se uma necessidade técnica, imposta pela natureza do próprio instrumental de trabalho. (Karl Marx – O Capital – O Processo de Produção Capitalista – Livro 1 – Volume 1 – p. 440).

12.2 Valor que a Maquinaria Transfere ao Produto

É mister observar que as máquinas entram por inteiro no processo de trabalho e apenas por partes no processo de formação do valor. Nunca acrescentam mais valor do que o que perdem com seu desgaste médio. Há, portanto, grande diferença entre o valor da máquina e a parte do valor que ela transfere periodicamente ao produto. E quanto mais dure a máquina, repetindo o mesmo processo, tanto maior a diferença entre a formação no valor do produto e o que desempenha na formação do produto. (Karl Marx – O Capital – O Processo de Produção Capitalista – Livro 1 – Volume 1 – p. 441).

Só com a indústria moderna aprende o homem a fazer o produto de seu trabalho passado, o trabalho já materializado, operar em grande escala, gratuitamente, como se fosse uma força natural. (Karl Marx – O Capital – O Processo de Produção Capitalista – Livro 1 – Volume 1 – p. 442).

Na cooperação e na manufatura, as condições gerais de produção, como edifícios, utilizadas em comum, se tornam menos onerosas, ocorrendo por isso redução do preço do produto. (Karl Marx – O Capital – O Processo de Produção Capitalista – Livro 1 – Volume 1 – p. 442).

Na maquinaria não só o corpo da máquina-ferramenta é utilizado por muitas ferramentas, mas também o mesmo motor, com uma parte do mecanismo de transmissão, é consumido por muitas máquinas-ferramenta. (Karl Marx – O Capital – O Processo de Produção Capitalista – Livro 1 – Volume 1 – p. 442).

Enquanto o custo de trabalho da máquina e, consequentemente, o valor por ela transferido ao produto for menor que o valor que o trabalhador adiciona ao objeto de trabalho, com sua ferramenta, haverá sempre uma diferença de trabalho economizado em favor da máquina. A produtividade da máquina mede-se, por isso, pela proporção em que ela substitui a força de trabalho do homem. (Karl Marx – O Capital – O Processo de Produção Capitalista – Livro 1 – Volume 1 – p. 445).

Nas fábricas, onde o velho método de estampar tecidos à mão foi substituído pela máquina, uma só máquina, assistida por um adulto ou menor, estampava, numa hora, a mesma quantidade de tecido, a quatro cores, de 200 homens, para ser realizada no mesmo tempo. (grifo meu) (Karl Marx – O Capital – O Processo de Produção Capitalista – Livro 1 – Volume 1 – p. 446).

Custando a máquina tanto quanto a força de trabalho que substitui, o trabalho nela materializado será sempre muito menor que o trabalho vivo por ela substituído. (Karl Marx – O Capital – O Processo de Produção Capitalista – Livro 1 – Volume 1 – p. 447).

Antes da proibição de mulheres e de meninos com menos de 10 anos trabalharem nas minas, o capital achava a utilização nelas de mulheres e moças despidas, muitas vezes em conjunto com homens, perfeitamente de acordo com seu código moral, principalmente com seu livro-caixa; de modo que só após a proibição legal passou o capitalista a lançar mão da maquinaria. (Karl Marx – O Capital – O Processo de Produção Capitalista – Livro 1 – Volume 1 – p. 448).

É na Inglaterra, o país das máquinas, o lugar do mundo onde mais vergonhosamente se dilapida a força humana de trabalho em tarefas miseravelmente pagas. (Karl Marx – O Capital – O Processo de Produção Capitalista – Livro 1 – Volume 1 – p. 449).

12.3 Consequências Imediatas da Produção Mecanizada sobre o Trabalhador

O ponto de partida da indústria moderna, conforme já vimos, é a revolução do instrumental de trabalho, e este instrumental revolucionado assume sua forma mais desenvolvida no sistema orgânico de máquinas da fábrica. (Karl Marx – O Capital – O Processo de Produção Capitalista – Livro 1 – Volume 1 – p. 449).

Ao contrário da burguesia à época e atual, Marx foi um defensor ferrenho das leis contra o trabalho infantil, e suas denúncias sobre a escravidão infantil foram bem eloquentes no item a seguir. Ficou evidenciado o seu carinho para com a vida e proteção à infância, à adolescência, às mulheres e mães, e sua preocupação com a indigência dos adultos desempregados.

Essa revolução industrial repercutiu da seguinte forma sobre o trabalhador:

a) Apropriação pelo capital das forças de trabalho suplementares, o trabalho das mulheres e das crianças (grifo meu)

A primeira preocupação do capitalista ao empregar a maquinaria, foi a de utilizar o trabalho das mulheres e das crianças. A maquinaria transformou-se imediatamente em meio de aumentar o número de assalariados, colocando todos os membros da família do trabalhador, sem distinção de sexo e de idade, sob o domínio direto do capital. (Karl Marx – O Capital – O Processo de Produção Capitalista – Livro 1 – Volume 1 – p. 450).

O valor da força de trabalho era determinado não pelo tempo de trabalho necessário para manter individualmente o trabalhador adulto, mas pelo necessário à sua manutenção e a de sua família. Lançando a máquina, todos os membros da família do trabalhador no mercado de trabalho, reparte ela o valor da força de trabalho do homem adulto pela família inteira. Assim, desvaloriza a força de trabalho do adulto. (Karl Marx – O Capital – O Processo de Produção Capitalista – Livro 1 – Volume 1 – p. 450).

A máquina revoluciona radicalmente o contrato entre o trabalhador e o capitalista. Antes, vendia o trabalhador sua própria força de trabalho, da qual dispunha formalmente como pessoa livre. Agora, vende mulher e filhos. Torna-se traficante de escravos. A procura de trabalho infantil lembra, às vezes, a procura de escravos através de anúncios que costumávamos ler nos jornais americanos. (Karl Marx – O Capital – O Processo de Produção Capitalista – Livro 1 – Volume 1 – p. 451-452).

O fabricante exige jovens que aparentem já ter 13 anos. A queda surpreendente e vertical no número de meninos empregados com menos de 13 anos, que frequentemente aparece nas estatísticas inglesas dos últimos 20 anos, foi em grande parte, segundo o depoimento dos inspetores de fábrica, resultante de atestados médicos que aumentavam a idade das crianças para satisfazer a ânsia de exploração do capitalista e a necessidade de traficância dos pais. (Karl Marx – O Capital – O Processo de Produção Capitalista – Livro 1 – Volume 1 – p. 452).

Toda vez que a lei fabril limita a 6 horas o trabalho infantil, nos ramos industriais que a ela não estavam sujeitos, renovam-se as lamentações dos fabricantes. Sendo, porém, o capital um nivelador por natureza, que exige, como um direito natural, inato à igualdade das condições de exploração do trabalho em todos os ramos de produção, a limitação legal do trabalho infantil num ramo industrial torna-se causa para estender essa limitação a outro ramo. (Karl Marx – O Capital – O Processo de Produção Capitalista – Livro 1 – Volume 1 – p. 453).

De acordo com investigação médica oficial em 1861, pondo-se de lado circunstâncias locais, as altas taxas de mortalidade decorriam principalmente de trabalharem as mães fora de casa, com crianças abandonadas e malcuidadas, sem alimentação adequada ou suficiente. Em distritos de registro da Inglaterra, anualmente, em média, foram registrados em cada grupo de 100.000 crianças com menos de 1 ano de vida:

- em 16 distritos, 9.085 óbitos;

- em 24 distritos, de 10.000 a 11.000 óbitos;

- em 39 distritos, de 11.000 a 12.000 óbitos;

- em 22 distritos, mais de 20.000 óbitos;

- em 25 distritos, mais de 21.000 óbitos;

- em 17 distritos, mais de 22.000 óbitos;

- em 11 distritos, mais de 23.000 óbitos;

- em Hoo, Wolverhamptosn, Ashton-under-Lyne e Preston, mais de 24.000 óbitos;

- em Nottingham, Stockport e Bradford, mais de 25.000 óbitos;

- em Wisbeach, 26.000 óbitos;

- em Manchester, 26.125 óbitos.

(grifo meu) (Karl Marx – O Capital – O Processo de Produção Capitalista – Livro 1 – Volume 1 – p. 453 e 454).

Os 70 clínicos interrogados por Dr. Hunter, naqueles distritos, revelaram, a respeito desse ponto, impressionante unanimidade. O sistema industrial se introduziu com a revolução na cultura do solo. (Karl Marx – O Capital – O Processo de Produção Capitalista – Livro 1 – Volume 1 – p. 454-455).

Mulheres casadas que trabalham em grupo com moças e rapazes são postas à disposição do arrendatário das terras por um homem, o agenciador, que contrata pelo grupo inteiro. Os bandos assim formados se deslocam frequentemente para lugares que ficam a muitas milhas de distância de suas aldeias, e são encontrados nas estradas, ao amanhecer e ao anoitecer. As mulheres com anáguas curtas, com as correspondentes saias e botas, às vezes de calças, com a maravilhosa aparência de fortes e sadias, mas corrompidas por costumeira licenciosidade, sem cuidar das consequências nefastas que seu gosto por essa vida movimentada e independente acarreta para os seus rebentos que definham em casa. (L. C., p. 456).

Reproduzem-se aí todos os fenômenos dos distritos industriais e com maior intensidade ainda o infanticídio dissimulado e o emprego de narcóticos para aquietar as crianças. (Karl Marx – O Capital – O Processo de Produção Capitalista – Livro 1 – Volume 1 – p. 455).

> Será, exclama o inspetor de fábrica R. Baker, em relatório oficial, uma verdadeira felicidade para os distritos industriais da Inglaterra, quando se proibir qualquer mulher casada com família de trabalhar em qualquer fábrica. (Reports of Insp., oct., 1862).

A degradação moral ocasionada pela exploração capitalista do trabalho das mulheres e das crianças foi descrita de maneira exaustiva por F. Engels, em sua obra *Lage der arbeitenden Klasse Englands* e por outros escritores, de maneira tão exaustiva que não é mister voltar ao assunto. (Karl Marx – O Capital – O Processo de Produção Capitalista – Livro 1 – Volume 1 – p. 455-456).

A obliteração (supressão) intelectual dos adolescentes, artificialmente produzida com a transformação deles em simples máquinas de fabricar mais-valia, é bem diversa daquela ignorância natural em que o espírito, embora sem cultura, não perde sua capacidade de desenvolvimento, sua fertilidade natural. Essa obliteração forçou o parlamento inglês a fazer da instrução elementar condição compulsória para o emprego produtivo de menores de 14 anos em todas as indústrias sujeitas às leis fabris. O espírito da produção capitalista resplandecia vitorioso na redação confusa das chamadas cláusulas de educação das leis fabris, na falta de aparelhagem administrativa, que tornava frequentemente ilusória a obrigatoriedade do ensino, na oposição dos próprios fabricantes contra essa obrigatoriedade e nas suas manhas e trapaças para se furtarem a ela. (Karl Marx – O Capital – O Processo de Produção Capitalista – Livro 1 – Volume 1 – p. 456).

Antes da lei fabril emendada, de 1844, não eram raros os certificados de frequência à escola, subscritos com uma cruz por professores ou professoras que não sabiam escrever. (Karl Marx – O Capital – O Processo de Produção Capitalista – Livro 1 – Volume 1 – p. 456).

Na Escócia, os fabricantes procuram de todos os modos possíveis excluir de suas fábricas os meninos obrigados a frequentar a escola. (Karl Marx – O Capital – O Processo de Produção Capitalista – Livro 1 – Volume 1 – p. 458).

Com o afluxo predominante de crianças e mulheres na formação do pessoal de trabalho combinado, quebra a maquinaria, finalmente, a resistência que o trabalhador masculino opunha, na manufatura, ao despotismo do capital. (Karl Marx – O Capital – O Processo de Produção Capitalista – Livro 1 – Volume 1 – p. 459).

b) Prolongamento da jornada de trabalho

Quanto maior o período em que funciona a maquinaria, tanto maior a quantidade de produtos em que se reparte o valor transferido pela máquina, e tanto menor a porção de valor que acrescenta a cada mercadoria em particular. (Karl Marx – O Capital – O Processo de Produção Capitalista – Livro 1 – Volume 1 – p. 460).

A máquina experimenta duas espécies de desgaste. Um decorre de seu uso, como moedas que se gastam na circulação; outro provém da inação, como a espada inativa que enferruja na bainha. Esta é a deterioração causada pelos elementos. O desgaste da primeira espécie está em relação mais ou menos direta, e o segundo, até certo ponto, na razão inversa do uso da máquina. (Karl Marx – O Capital – O Processo de Produção Capitalista – Livro 1 – Volume 1 – p. 461).

A máquina experimenta ainda, além do material, o desgaste moral. Perde valor de troca na medida em que se podem reproduzir mais barato máquinas da mesma construção ou fazer melhores máquinas que com ela concorram. Em ambos os casos, por mais nova e forte que seja a máquina, seu valor não é mais determinado pelo tempo de trabalho que nela realmente se materializou, mas pelo tempo de trabalho necessário para reproduzir ela mesma ou uma máquina melhor. Sofre, por isso, maior ou menor desvalorização. Quanto mais curto o período em que se reproduz seu valor global, tanto menor o perigo de desgaste moral, e quanto maior a duração da jornada de trabalho, tanto mais curto aquele período. (Karl Marx – O Capital – O Processo de Produção Capitalista – Livro 1 – Volume 1 – p. 461).

O domínio crescente da maquinaria torna desejável o prolongamento crescente do dia de trabalho, conforme reconhece Senior, doutrinado por Ashworth. (Karl Marx – O Capital – O Processo de Produção Capitalista – Livro 1 – Volume 1 – p. 463).

A máquina produz mais-valia relativa, diretamente, ao depreciar a força de trabalho; indiretamente, ao baratear as mercadorias que entram na reprodução dessa força; e, ainda, em suas primeiras aplicações esporádicas, transformando em trabalho potenciado, de maior eficácia, o trabalho empregado, ficando o valor individual de seu produto inferior ao social e capacitando o capitalista a cobrir o valor diário da força de trabalho com menor porção de valor do produto diário. (Karl Marx – O Capital – O Processo de Produção Capitalista – Livro 1 – Volume 1 – p. 463).

Nesse período de transição em que a produção mecanizada assume o aspecto de monopólio, os lucros são extraordinariamente altos e o capitalista procura explorar ao máximo esse período, prolongando ao máximo possível o dia de trabalho. Quanto mais lucra, mais quer lucrar. (Karl Marx – O Capital – O Processo de Produção Capitalista – Livro 1 – Volume 1 – p. 463-464).

A aplicação capitalista da maquinaria cria motivos novos e poderosos para efetivar a tendência de prolongar sem medida o dia de trabalho e revoluciona os métodos de trabalho e o caráter do organismo de trabalho coletivo de tal forma que quebra a oposição contra aquela tendência. Demais, ao recrutar para o capital as camadas da classe trabalhadora, que antes lhe eram inacessíveis, e ao dispensar trabalhadores substituídos pelas máquinas, produz uma população trabalhadora excedente, compelida a submeter-se à lei do capital. Daí esse estranho fenômeno da história da indústria moderna: a máquina põe abaixo todos os limites morais e naturais da jornada de trabalho. Daí o paradoxo econômico que torna o mais poderoso meio de encurtar o tempo de trabalho no meio mais infalível de transformar todo o tempo da vida do trabalhador e de sua família em tempo de trabalho de que pode lançar mão o capital para expandir seu valor. (Karl Marx – O Capital – O Processo de Produção Capitalista – Livro 1 – Volume 1 – p. 465).

Como sonhava Aristóteles, que "atendendo às nossas ordens e aos nossos desejos, as ferramentas pudessem executar as tarefas para que foram feitas, por si mesmas, e as lançadeiras do tecelão tecessem sozinhas, o mestre de ofício não precisaria de auxiliares, nem os senhores de escravo". E Antípatros, um poeta grego do tempo de Cícero, saúda a invenção do moinho de água para moer o trigo, forma elementar de toda maquinaria produtiva, como a "aurora libertadora das escravas e restauradora da idade de ouro". Pois eles nada entendiam de economia política nem de cristianismo, de acordo com a descoberta do avisado Bastiat e, antes dele, do mais sagaz ainda MacCulloch. Entre outras coisas, eles não entendiam que a máquina fosse o meio mais eficiente de prolongar a jornada de trabalho, para escravizar massas de trabalhadores. (Karl Marx – O Capital – O Processo de Produção Capitalista – Livro 1 – Volume 1 – p. 465-466).

C) Intensificação do Trabalho

Quando a rebeldia crescente da classe trabalhadora forçou o estado a diminuir coercitivamente o tempo de trabalho, começando por impor às fábricas, propriamente ditas, um dia normal de trabalho; quando, portanto, se tornou impossível aumentar a produção da mais-valia, prolongando o dia de trabalho, lançou-se o capital, com plena consciência e com todas as suas forças, **à produção da mais-valia relativa**, acelerando o desenvolvimento do sistema de máquinas. Ocorreu, ao mesmo tempo, uma alteração no caráter da mais-valia relativa. Em termos genéricos, o método de produção da mais-valia relativa consiste em capacitar o trabalhador, com o acréscimo da produtividade do trabalho, a produzir mais com o mesmo dispêndio de trabalho no mesmo tempo. O mesmo tempo de trabalho continua, então, a acrescentar o mesmo valor ao produto total, embora esse valor de troca inalterado se represente agora em quantidade maior de valores de uso, de artigos, caindo desse modo o valor de cada mercadoria em particular. (grifo meu) (Karl Marx – O Capital – O Processo de Produção Capitalista – Livro 1 – Volume 1 – p. 467).

Mas, a coisa é diferente depois que se reduz coercitivamente o dia de trabalho. Essa redução, com o poderoso impulso que dá ao desenvolvimento da força produtiva e à poupança das condições de produção, impõe ao trabalhador mais dispêndio de trabalho, preenchimento mais denso dos poros da jornada, em suma, um tal grau de condensação do trabalho que só pode ser alcançado reduzindo-se o dia de trabalho. Essa compressão de massa maior de trabalho, num período dado, significa o que realmente é: maior quantidade de trabalho. O tempo de trabalho medido agora de duas maneiras, segundo sua extensão, sua duração e segundo seu grau de condensação, sua intensidade. A hora mais intensa do dia de trabalho, de 10 horas, contém agora mais trabalho, isto é, força de trabalho despendida do que a hora menos densa do dia de trabalho de 12 horas. (Karl Marx – O Capital – O Processo de Produção Capitalista – Livro 1 – Volume 1 – p. 467-468).

O primeiro efeito da jornada de trabalho diminuída decorre dessa lei evidente: a capacidade de operar da força de trabalho está na razão inversa do tempo em que opera. Por isso, dentro de certos limites, o que se perde em duração, ganha-se em eficácia. Através do método de retribuição, o capital induz o trabalhador a empregar realmente maior força de trabalho. (Karl Marx – O Capital – O Processo de Produção Capitalista – Livro 1 – Volume 1 – p. 468).

A 20 de abril de 1844, em suas duas fábricas em Preston, R. Gardner reduziu a jornada de 12 para 11 horas. Decorrido um ano aproximadamente, verificou-se que se obteve, com o mesmo custo, a mesma quantidade de produto e os trabalhadores em conjunto ganharam em 11 horas o mesmo salário que recebiam antes em 12 horas. (Karl Marx – O Capital – O Processo de Produção Capitalista – Livro 1 – Volume 1 – p. 469).

Em 11 horas, produziu-se mais do que antes, em 12 horas, em virtude exclusivamente do maior afinco dos trabalhadores e da maior economia de seu tempo. Enquanto recebiam a mesma retribuição e ganhavam 1 hora de tempo livre, recebia o capitalista a mesma quantidade de produto e poupava os gastos de carvão, gás e outros itens durante 1 hora. (Karl Marx – O Capital – O Processo de Produção Capitalista – Livro 1 – Volume 1 – p. 469-470).

Em 1850, as fábricas do Reino Unido empregavam 134.217 cavalos-vapor nominais para movimentarem 35.638.716 fusos e 301.445 teares. Em 1856, o número de fusos e de teares era respectivamente de 33.503.580 e 369.205. Se se estimassem os cavalos-vapor nominais exigidos em 1856, na base de 1850, seriam necessários 175.000 cavalos-vapor nominais. Estes, entretanto, segundo os dados oficiais, foram de 161.435, uma diferença superior a 10.000 em relação à estimativa feita na base dos dados de 1850. (Karl Marx – O Capital – O Processo de Produção Capitalista – Livro 1 – Volume 1 – p. 474).

A 27 de abril de 1863, declarou o parlamentar Ferrand na Câmara dos Comuns: (Karl Marx – O Capital – O Processo de Produção Capitalista – Livro 1 – Volume 1 – p. 475).

> Delegados dos trabalhadores de 10 distritos de Lancashire e Cheshire, em nome dos quais falo, comunicaram-me que aumenta constantemente o trabalho nas fábricas em consequência dos aperfeiçoamentos da maquinaria. Antes, uma pessoa com dois auxiliares atendia a 2 teares; hoje, sem auxiliares, atende a 3 e não é raro uma pessoa atender a 4. Conforme se evidencia dos fatos apresentados, extraem-se hoje 12 horas de trabalho em menos de 10 horas. Compreende-se perfeitamente a enorme proporção em que aumentou o esforço dos trabalhadores das fábricas nos últimos anos. (Journal of the Soc., 1872).

Os inspetores de fábricas, embora louvem incansavelmente e com razão os resultados favoráveis das leis fabris de 1844 a 1850, confessam que a redução da jornada de trabalho provocou uma intensificação do trabalho que destrói a saúde do trabalhador e, portanto, a própria força de trabalho. (Karl Marx – O Capital – O Processo de Produção Capitalista – Livro 1 – Volume 1 – p. 476).

Não existe a menor dúvida que a tendência do capital, com a proibição legal definitiva de prolongar a jornada de trabalho, é de compensar-se com a elevação sistemática do grau de intensidade do trabalho e de converter todo aperfeiçoamento da maquinaria em meio para absorver maior quantidade de força de trabalho. Essa tendência logo atingirá um ponto crítico em que será inevitável nova redução das horas de trabalho. Demais, o período de jornada de 10 horas, de 1848 até hoje, superou, pela rapidez do progresso da indústria inglesa, o período da jornada de 12 horas, de 1833 a 1847, muito mais do que este conseguiu superar o período da jornada sem limites, que durou meio século, começando com a introdução do sistema fabril. (Karl Marx – O Capital – O Processo de Produção Capitalista – Livro 1 – Volume 1 – p. 476 e 477).

12.4 A Fábrica

Embora a maquinaria, tecnicamente, lance por terra o velho sistema da divisão do trabalho, continua ele a sobreviver na fábrica, como costume tradicional herdado da manufatura, até que o capital o remodela e consolida de forma mais repugnante como meio sistemático de explorar a força de trabalho. A especialização de manejar uma ferramenta parcial, uma vida inteira, se transforma na especialização de servir sempre a uma máquina parcial. Utiliza-se a maquinaria, para transformar o trabalhador, desde a infância, em parte de uma máquina parcial. Assim, não só se reduzem os custos necessários para reproduzi-lo, mas também se torna completa sua desamparada dependência da fábrica como um todo, e, portanto, do capitalista. (Karl Marx – O Capital – O Processo de Produção Capitalista – Livro 1 – Volume 1 – p. 482-483).

Na manufatura e no artesanato, o trabalhador se serve da ferramenta; na fábrica, serve à máquina. Naqueles, procede dele o movimento do instrumental de trabalho; nesta, tem de acompanhar o movimento do instrumental. Na manufatura, os trabalhadores são membros de um mecanismo vivo. Na fábrica, eles se tornam complementos vivos de um mecanismo morto, que existe independente deles. (Karl Marx – O Capital – O Processo de Produção Capitalista – Livro 1 – Volume 1 – p. 483).

O trabalho na fábrica exaure os nervos ao extremo, suprime o jogo variado dos músculos e confisca toda a atividade livre do trabalhador, física e espiritual. (Karl Marx – O Capital – O Processo de Produção Capitalista – Livro 1 – Volume 1 – p. 483).

A habilidade especializada e restrita do trabalhador individual, despojado, que lida com a máquina, desaparece como uma quantidade infinitesimal diante da ciência, das imensas forças naturais e da massa de trabalho social, incorporadas ao sistema de máquinas e formando com ele o poder do patrão. (Karl Marx – O Capital – O Processo de Produção Capitalista – Livro 1 – Volume 1 – p. 484).

O patrão, nas divergências com os trabalhadores, a estes se dirige depreciativamente: (Karl Marx – O Capital – O Processo de Produção Capitalista – Livro 1 – Volume 1 – p. 484).

> A maquinaria do patrão desempenha de fato, na atividade da produção, papel muito mais importante que o trabalho e a habilidade do trabalhador, que se podem aprender em 6 meses de instrução, estando ao alcance de qualquer braceiro do campo. (Report of the Committee, Manchester, 1854, p. 17).

Através do código da fábrica, o capital formula, legislando particular e arbitrariamente, sua autocracia sobre os trabalhadores, e põe de lado a divisão dos poderes, tão proclamada pela burguesia, e o mais proclamado ainda regime representativo. O código é apenas a deformação capitalista da regulamentação social do processo de trabalho, que se torna necessária com a cooperação em grande escala e com a aplicação de instrumental comum de trabalho, notadamente a maquinaria. Todas as penalidades se reduzem naturalmente a multas e a descontos salariais, e a sagacidade legislativa desses Licurgos de fábrica torna a transgressão de suas leis sempre que possível mais rendosa que a observância delas. (Karl Marx – O Capital – O Processo de Produção Capitalista – Livro 1 – Volume 1 – p. 485).

12.5 Luta entre o Trabalhador e a Máquina

A luta entre o capitalista e o trabalhador remonta à própria origem do capital. (Karl Marx – O Capital – O Processo de Produção Capitalista – Livro 1 – Volume 1 – p. 489).

As lutas por salário dentro da manufatura pressupunham a manufatura e não se dirigiam contra sua existência. Os que combatem a criação da manufatura não são os assalariados, mas os mestres das corporações e as cidades privilegiadas. (grifo meu) (Karl Marx – O Capital – O Processo de Produção Capitalista – Livro 1 – Volume 1 – p. 491).

Durante o período manufatureiro, os ofícios manuais, embora decompostos pela divisão do trabalho, continuaram sendo a base da produção. **As manufaturas propriamente ditas abriam**

novos campos de produção para a população rural, expulsa das terras com a dissolução do sistema feudal. (grifo meu) (Karl Marx – O Capital – O Processo de Produção Capitalista – Livro 1 – Volume 1 – p. 491).

O roubo de terras em grande escala, praticado na Inglaterra, criou as condições para a agricultura em grande escala. Em seu começo, essa subversão da agricultura tinha mais o aspecto de uma revolução política. (Karl Marx – O Capital – O Processo de Produção Capitalista – Livro 1 – Volume 1 – p. 492).

A auto expansão do capital através da máquina está na razão direta do número de trabalhadores cujas condições de existência ela destrói. Todo o sistema de produção capitalista baseia-se na venda da força de trabalho como mercadoria pelo trabalhador. A divisão manufatureira do trabalho particulariza essa força de trabalho, reduzindo-a à habilidade muito limitada de manejar uma ferramenta de aplicação estritamente especializada. (Karl Marx – O Capital – O Processo de Produção Capitalista – Livro 1 – Volume 1 – p. 492).

Quando a máquina passa a manejar a ferramenta, o valor de troca da força de trabalho desaparece ao desvanecer seu valor de uso. O trabalhador é posto fora do mercado como o papel-moeda retirado da circulação. A parte da classe trabalhadora que a maquinaria transforma em população supérflua, não mais imediatamente necessária à auto expansão do capital, segue uma das pontas de um dilema inarredável: ou sucumbe na luta desigual dos velhos ofícios e das antigas manufaturas contra a produção mecanizada, ou inunda todos os ramos industriais mais acessíveis, abarrotando o mercado de trabalho e fazendo o preço da força de trabalho cair abaixo do seu valor. Para os trabalhadores lançados à miséria é um grande consolo, dizem, serem apenas temporários seus sofrimentos; outro consolo decorreria de a máquina apropriar-se, apenas pouco a pouco, de um ramo inteiro de produção, com o que se reduz a extensão e a intensidade dos seus efeitos destruidores. Os dois consolos se anulam. **Quando a máquina se apodera, pouco a pouco, de um ramo de produção, produz ela miséria crônica na camada de trabalhadores com que concorre. Quando a transição é rápida, seus efeitos são enormes e agudos.** A história não oferece nenhum espetáculo mais horrendo que a extinção progressiva dos tecelões manuais ingleses, arrastando-se durante decênios e consumando-se finalmente em 1838. Muitos deles morreram de fome, muitos vegetaram por longos anos com suas famílias, com uma renda de 2 ½ pence por dia. (grifo meu) (Karl Marx – O Capital – O Processo de Produção Capitalista – Livro 1 – Volume 1 – p. 492-493).

(A Prize Essay on the comparative merits of Competition and Cooperations, Londres, 1834): (Karl Marx – O Capital – O Processo de Produção Capitalista – Livro 1 – Volume 1 – p. 493).

A competição entre a tecelagem a mão e a tecelagem a máquina prolongou-se na Inglaterra, antes de introduzir-se a nova lei de assistência à pobreza de 1834, porque se completavam com subsídios paroquiais os salários que caíam muito abaixo do mínimo.

As perguntas do Comitê de emigração e as respostas do reverendo Turner mostram como se mantém a competição do trabalho manual com a máquina.

Pergunta: o emprego do tear mecânico suplantou o emprego do tear manual?

Resposta: sem dúvida, e teria suplantado mais do que ocorreu, se os tecelões manuais não tivessem sido colocados em condições de se submeterem a uma redução de salário.

Pergunta: Mas, ao se submeterem, aceitaram eles salários que são insuficientes e passaram a contar com a contribuição paroquial para completar seu sustento?

Resposta: sim, e a competição entre o tear manual e o mecânico é na realidade mantida pela proteção dada à indigência. Eis aí as vantagens que a introdução da maquinaria trouxe aos que se dedicam ao trabalho: a pobreza degradante ou a expatriação. De artesãos respeitáveis, e até certo ponto, independentes, são rebaixados a miseráveis pedintes que vivem do pão degradante da caridade. Chama-se isto de inconveniência passageira.

Por outro lado, foram agudos os efeitos da maquinaria da indústria têxtil algodoeira na Índia. O governador-geral em 1834/35 constatava que a miséria encontrará dificilmente um paralelo na história do comércio. Os ossos dos tecelões de algodão branqueiam as planícies da Índia. (Karl Marx – O Capital – O Processo de Produção Capitalista – Livro 1 – Volume 1 – p. 494).

A feição independente e estranha que o modo capitalista de produção imprime às condições e ao produto do trabalho, em relação ao trabalhador, se converte com a maquinaria em oposição completa. Daí a revolta brutal do trabalhador contra esse instrumental de trabalho, a maquinaria. (Karl Marx – O Capital – O Processo de Produção Capitalista – Livro 1 – Volume 1 – p. 494).

O instrumental de trabalho liquida, então, o trabalhador. (Karl Marx – O Capital – O Processo de Produção Capitalista – Livro 1 – Volume 1 – p. 494).

O objetivo constante da maquinaria aperfeiçoada é diminuir o trabalho manual ou completar um elo na cadeia de produção da fábrica, substituindo aparelhos humanos por aparelhos de aço. A aplicação do vapor e da força hidráulica à maquinaria, até então movida manualmente, é acontecimento de todos os dias [...]. São constantes os pequenos aperfeiçoamentos na maquinaria, que tem por finalidade a economia da força motriz, melhoria do produto, maior produção no mesmo espaço de tempo ou supressão de uma criança, de uma mulher ou de um homem [...]. No sistema automático suprime-se progressivamente o talento do trabalhador. O aperfeiçoamento das máquinas se destina não só a diminuir o número dos trabalhadores adultos necessários à concretização de determinado resultado, mas substitui uma classe de indivíduos por outra, o mais hábil pelo menos hábil, os adultos por crianças, os homens por mulheres. Todas essas mudanças causam flutuações contínuas na taxa do salário. A maquinaria lança continuamente adultos fora da fábrica. (Reports of Insp. Of Fact. 31 oct. 1858).

A máquina não é apenas o concorrente todo-poderoso, sempre pronto a tornar supérfluo o assalariado. O capital, aberta e tendenciosamente, proclama-a o poder inimigo do trabalhador, manejando-o em função desse atributo. Ela se torna a arma mais poderosa para reprimir as revoltas periódicas e as greves dos trabalhadores contra a autocracia do capital. (Karl Marx – O Capital – O Processo de Produção Capitalista – Livro 1 – Volume 1 – p. 499).

12.6 A Teoria da Compensação para os Trabalhadores Desempregados pela Máquina

James Mill, Mac Culloch, Torrens, Senior, John Stuart Mill e toda uma série de economistas burgueses afirmam que toda maquinaria, ao desempregar trabalhadores, sempre libera, simultaneamente e necessariamente, capital adequado para empregar esses trabalhadores desempregados. (Karl Marx – O Capital – O Processo de Produção Capitalista – Livro 1 – Volume 1 – p. 502).

Os verdadeiros fatos, dissimulados pelo otimismo econômico, são esses: os trabalhadores despedidos pela máquina são transferidos da fábrica para o mercado de trabalho e lá aumentam o número das forças de trabalho que estão à disposição da exploração capitalista. Os trabalhadores despedidos de um ramo industrial podem, sem dúvida, procurar emprego em qualquer outra ocupação. Se o acham, recompondo-se assim o laço que existia entre eles e os meios de subsistência de que foram dissociados, isto acontece através de novo capital adicional que procura aplicação, e de modo nenhum através do capital que já operava antes e se transformou em máquina. Mesmo nesse caso, suas possibilidades são ínfimas. Atrofiados pela divisão do trabalho, esses pobres-diabos valem tão pouco fora de seu âmbito de atividade, que só encontram acesso em ramos de trabalho inferiores e, por isso, superlotados e mal pagos. Além disso, cada ramo industrial atrai anualmente novo fluxo de seres humanos, o contingente para substituir e para aumentar seus trabalhadores conforme suas necessidades regularmente renovadas. (Karl Marx – O Capital – O Processo de Produção Capitalista – Livro 1 – Volume 1 – p. 505-506).

Quando a maquinaria despede parte dos trabalhadores ocupados em determinado ramo industrial, o contingente que para ele aflui é redistribuído e absorvido por outros ramos, enquanto os despedidos em grande parte se arruínam e perecem no período de transição. (Karl Marx – O Capital – O Processo de Produção Capitalista – Livro 1 – Volume 1 – p. 506).

A maquinaria barateia e aumenta o produto no ramo de que se apodera e, de início, não modifica a quantidade de meios de subsistência produzidos em outros ramos. Depois de sua introdução, possui, portanto, a sociedade, a mesma ou maior quantidade de meios de subsistência para os trabalhadores despedidos, não se levando em conta a enorme porção do produto anual dilapidada pelos que não são trabalhadores. E este é o ponto nevrálgico da apologética econômica. (Karl Marx – O Capital – O Processo de Produção Capitalista – Livro 1 – Volume 1 – p. 506).

A maquinaria, como instrumental que é, encurta o tempo de trabalho, facilita o trabalho, é uma vitória do homem sobre as forças naturais, aumenta a riqueza dos que realmente produzem, mas, com sua aplicação capitalista, gera resultados opostos: prolonga o tempo de trabalho, aumenta sua intensidade, escraviza o homem por meio das forças naturais, pauperiza os verdadeiros produtores. (Karl Marx – O Capital – O Processo de Produção Capitalista – Livro 1 – Volume 1 – p. 506).

O economista burguês não nega que sucedam aborrecimentos temporários com esse emprego. Para ele, é impossível qualquer outra utilização da maquinaria que não seja a capitalista. (Karl Marx – O Capital – O Processo de Produção Capitalista – Livro 1 – Volume 1 – p. 506).

Embora a maquinaria despeça necessariamente trabalhadores nos ramos onde se introduz, pode ela provocar acréscimos de emprego em outros ramos. Mas, esse efeito nada tem de comum com a chamada teoria da compensação. (Karl Marx – O Capital – O Processo de Produção Capitalista – Livro 1 – Volume 1 – p. 507).

A ampliação dos meios de produção e dos meios de subsistência com decréscimo relativo do número de trabalhadores, leva ao aumento do trabalho em ramos industriais cujos produtos, como canais, docas, túneis, pontes etc., só proporcionam frutos em futuro distante. Formam-se, baseados diretamente na maquinaria ou na transformação industrial geral, ocasionada por ela, ramos de produção inteiramente novos e em consequência novos campos de trabalho. (Karl Marx – O Capital – O Processo de Produção Capitalista – Livro 1 – Volume 1 – p. 510-511).

O censo de 1861, na Inglaterra e País de Gales, registra na indústria de gás (usinas de gás, produção de aparelhos mecânicos, agentes das companhias de gás etc.) 15.211 pessoas, na telegrafia 2.399, na fotografia, 2.366, no serviço de navegação a vapor 3.570 e em estradas de ferro 70.599 entre os quais cerca de 28.000 abrangendo os cantoneiros mais ou menos permanentes, sem qualquer preparação profissional, e todo o pessoal administrativo e comercial. Número total de indivíduos ocupados nessas cinco indústrias novas: 94.145. (Karl Marx – O Capital – O Processo de Produção Capitalista – Livro 1 – Volume 1 – p. 511).

12.7 Repulsão e Atração dos Trabalhadores pela Fábrica. Crises da Indústria Têxtil Algodoeira

Todos os representantes de algum porte da economia política admitem que a introdução das máquinas constitui uma calamidade para os trabalhadores dos artesanatos e das manufaturas tradicionais, com os quais elas competem inicialmente. Quase todos deploram a escravatura do trabalhador de fábrica. E qual é o argumento mais importante que apresentam? Argumentam que a máquina, após os horrores de seu período de introdução e desenvolvimento, aumenta, em sua etapa final, os escravos do trabalho, em vez de diminuí-los. Sim, a economia política rejubila-se com o teorema repugnante, mesmo para o filantropo que crê na necessidade eterna do modo capitalista de produção, de que a fábrica, baseada na exploração mecanizada, depois de certo período de crescimento, após transição mais ou menos longa, chegará à fase em que absorverá integralmente número tão grande de trabalhadores que não haverá possibilidade de deixá-los sem emprego como no estágio inicial. (Karl Marx – O Capital – O Processo de Produção Capitalista – Livro 1 – Volume 1 – p. 513).

Em 1860, quando se fez um censo especial de todas as fábricas do Reino Unido por ordem do Parlamento, era de 652 o número das fábricas das zonas de Lancashire, Cheshire e Yorkshire, sob a jurisdição do inspetor R. Baker. Dessas, 570 continham 85.622 teares a vapor, 6.819.146 fusos (excluídos os fusos duplos), 27.439 cavalos em máquinas a vapor e 1.390 em rodas hidráulicas; e 94.119 pessoas empregadas. Em 1865, as mesmas fábricas continham 95.163 teares a vapor, 7.025.031 fusos, 28.925 cavalos-vapor em máquinas a vapor e 1.445 em rodas hidráulicas; e 88.913 pessoas ocupadas. (Karl Marx – O Capital – O Processo de Produção Capitalista – Livro 1 – Volume 1 – p. 513-514).

Apesar da quantidade de trabalhadores realmente eliminados e virtualmente substituídos, é compreensível que com o crescimento do sistema mecanizado, expresso no maior número de fábricas da mesma espécie ou nas dimensões ampliadas das fábricas existentes, possam os trabalhadores fabris se tornarem, por fim, mais numerosos do que os trabalhadores suprimidos das manufaturas e dos ofícios. Assim, o emprego da máquina mudou a composição do capital global, reduzindo-se a força de composição da força de trabalho a 1/5 e dos meios de produção a 4/5. A cada avanço da produção mecanizada, cresce o aumento do capital constante, constituído de maquinaria, matérias-primas etc., enquanto diminui-se o capital variável, despendido em força de trabalho. (Karl Marx – O Capital – O Processo de Produção Capitalista – Livro 1 – Volume 1 – p. 515-516).

Em 1835, o número de todos os trabalhadores nas fábricas inglesas (de algodão, lã, linho e seda), era de 354.684; em 1861, só o número dos tecelões de teares era de 230.654. Esse crescimento diminui de importância quando se pondera que, em 1838, o número de tecelões manuais britânicos, com os familiares que com eles trabalhavam, atingia 800.000. (Karl Marx – O Capital – O Processo de Produção Capitalista – Livro 1 – Volume 1 – p. 516).

Quando a produção mecanizada se estende num ramo às custas do artesanato tradicional e da manufatura, sua vitória é tão certa quanto a de um exército equipado com armas de fogo em luta contra índios armados com arco e flecha. Esse primeiro período em que a máquina conquista seu campo de ação é decisivamente importante em virtude dos lucros extraordinários que ajuda a produzir. Estes constituem fonte de acumulação acelerada, que está se formando constantemente e procura aplicação nos setores favorecidos da produção. (Karl Marx – O Capital – O Processo de Produção Capitalista – Livro 1 – Volume 1 – p. 516).

O barateamento dos produtos feitos pela máquina e a revolução nos meios de transporte e comunicação servem de armas para a conquista de mercados estrangeiros. Arruinando com seus produtos o artesanato de países estrangeiros, a produção mecanizada transforma necessariamente esses países em campos de produção de suas matérias-primas. Assim, a Índia foi compelida a produzir algodão, lã, cânhamo, juta, anil etc. para a Grã-Bretanha. (Karl Marx – O Capital – O Processo de Produção Capitalista – Livro 1 – Volume 1 – p. 517).

Tornando constantemente supérflua uma parte dos trabalhadores, a indústria moderna da época, nos países em que está radicada, estimula e incita a emigração para países estrangeiros e sua colonização, que se convertem assim em colônias fornecedoras de matérias-primas para a mãe-pátria, como a Austrália, por exemplo, que produz lã. Cria-se nova divisão internacional do trabalho, adequada aos principais centros da indústria moderna, transformando uma parte do planeta em áreas de produção predominantemente agrícola, destinada à outra parte primordialmente industrial. (grifo meu) (Karl Marx – O Capital – O Processo de Produção Capitalista – Livro 1 – Volume 1 – p. 517).

O enorme poder de expansão, aos saltos, do sistema fabril e sua dependência do mercado mundial, geram necessariamente uma produção em ritmo febril, seguida de abarrotamento dos mercados que, ao se contraírem, ocasionam um estado de paralisação. A vida da indústria se converte numa sequência de períodos de atividade moderada, prosperidade, superprodução, crise e estagnação. A incerteza e a instabilidade a que a produção mecanizada submete a ocupação e, consequentemente, as condições de vida do trabalhador, tornam-se normais como aspectos das variações periódicas do ciclo industrial. (Karl Marx – O Capital – O Processo de Produção Capitalista – Livro 1 – Volume 1 – p. 518-519).

Excetuados os períodos de prosperidade, travam-se entre os capitalistas os mais furiosos combates, procurando cada um deles obter uma participação no mercado. Essa participação está na razão direta do barateamento do produto. Por isso, rivalizam-se no emprego de maquinaria aperfeiçoada que substitui força de trabalho e na aplicação de novos métodos de produção. Mas, em todo ciclo industrial, chega o momento em que se procura baratear as mercadorias, diminuindo-se à força o salário abaixo do valor da força de trabalho. (Karl Marx – O Capital – O Processo de Produção Capitalista – Livro 1 – Volume 1 – p. 519).

De 1770 a 1815, a indústria têxtil algodoeira, só em cinco anos, experimentou depressão ou estagnação – durante esse período, os fabricantes ingleses possuíam o monopólio da maquinaria e do mercado mundial:

- de 1815 a 1821 houve depressão;

- em 1822 e 1823, prosperidade;

- em 1824, abolição das leis contra as Trades Unions, grande expansão geral das fábricas;

- em 1825, crise;

- em 1826, grande miséria e revoltas entre os trabalhadores das fábricas;

- em 1827, ligeira melhoria;

- em 1828, grande aumento dos teares a vapor e das exportações;

- em 1829, as exportações, especialmente para a Índia, ultrapassaram todos os anos anteriores;

- em 1830, mercados abarrotados, grande penúria;

- de 1831 a 1833, mantém-se a depressão, e retira-se da Companhia das Índias Orientais o monopólio do comércio com a Índia e a China;

- em 1834, há grande aumento de fábricas e de maquinaria, e escassez de força de trabalho – a nova lei dos pobres promove a emigração dos trabalhadores rurais para os distritos das fábricas. Os condados rurais se esvaziam de crianças. Tráfico de escravos brancos;

- em 1835, grande prosperidade – ao mesmo tempo, os tecelões morrem de fome;

- em 1836, grande prosperidade;

- em 1837 e 1838, depressão e crise;

- em 1839, reanimação;

- em 1840, grande depressão, revoltas, intervenção de tropas;

- em 1841 e 1842, sofrimentos terríveis dos trabalhadores fabris;

- em 1842, os fabricantes fecham suas fábricas aos trabalhadores para forçar a abolição das leis aduaneiras sobre cereais;

- em 1843, grande miséria;

- em 1844, reanimação;

- em 1845, grande prosperidade;

- em 1846, de início continuação da melhora, seguida de sintomas opostos. Revogação das leis sobre cereais;

- em 1847, crise. Redução geral dos salários em 10% ou mais, para comemorar o enorme pão prometido pelos livre-cambistas;

- em 1848, continua a depressão e Manchester encontrava-se sob proteção militar;

- em 1849, reanimação;

- em 1850, prosperidade;

- em 1851, preços em declínio, salários baixos, greves frequentes;

- em 1852, início de melhoria. Continuam as greves e os fabricantes ameaçam importar trabalhadores estrangeiros;

- em 1853, exportação em ascensão. Greve de 6 meses e grande miséria em Preston;

- em 1854, prosperidade, mercados abarrotados;

- em 1855, notícias de falências acorrem nos Estados Unidos, no Canadá e nos mercados orientais;

- em 1856, grande prosperidade;

- em 1857, crise;

- em 1858, melhoria;

- em 1859, grande prosperidade, aumento das fábricas;

- em 1860, apogeu da indústria têxtil algodoeira. Então os mercados indianos, australianos e de outras áreas ficaram tão abarrotados que, mesmo em 1863, não tinham absorvido ainda todo o encalhe;

- em 1861, a melhoria continuou por algum tempo; manifestam-se tendências opostas, sobrevindo a guerra civil americana e a falta de algodão;

- de 1862 a 1863, colapso completo.

(grifo meu) (Karl Marx – O Capital – O Processo de Produção Capitalista – Livro 1 – Volume 1 – p. 520).

A história da carência de algodão caracteriza tão bem o processo capitalista que não podemos deixar de nos referir a ela. Pelas condições mencionadas no mercado mundial em 1860 e 1861, vê-se que a crise do algodão surgiu para os fabricantes no momento oportuno e em parte lhes foi favorável, fato reconhecido nos relatórios da Câmara de Comércio de Manchester, proclamado no Parlamento por Palmerston e Derb, e confirmado pelos acontecimentos. Em 1861, havia muitas fábricas pequenas entre as 2.887 fábricas têxteis algodoeiras do Reino Unido. A maioria das pequenas fábricas eram tecelagens, construídas durante o período de prosperidade a partir de 1858, na maior parte por especuladores, dos quais um fornecia o fio, outro a maquinaria e um terceiro o prédio; eram movimentadas por antigos supervisores ou por outras pessoas sem recursos. Na maioria dos casos sucumbiram esses pequenos fabricantes. (Karl Marx – O Capital – O Processo de Produção Capitalista – Livro 1 – Volume 1 – p. 521).

Dimensionando a estagnação, estimativas idôneas calculavam que, em outubro de 1862, estavam parados 60,3% dos fusos e 58% dos teares. Isto se referia a todo o ramo industrial, variando naturalmente bastante de um distrito para outro. Só muito poucas fábricas trabalhavam em tempo integral (60 horas por semana), as restantes com interrupções. Mesmo os poucos trabalhadores que operavam a tempo integral e com **salário por peça**, tiveram necessariamente diminuída sua remuneração semanal, em virtude da substituição do algodão de qualidade normal pelo de qualidade inferior: o de Sea Island pelo egípcio (na fiação fina), o americano e o egípcio pelo surat (da Índia), e o algodão puro por misturas de resíduos de algodão com surat. Com o emprego do algodão surat e com tempo integral de trabalho, a perda do trabalhador elevava-se a 20 a mais de 30%. A maioria dos fabricantes, porém, rebaixava a taxa do salário por peça de 5 a 10%. Podemos imaginar a situação dos que trabalhavam apenas 3 ou 4 dias por semana, ou apenas 6 horas por dia. Em 1863, depois de sobrevir relativa melhoria, os salários semanais para tecelões, fiandeiros etc., oscilavam entre 3 xelins e 4 pence, a 5 xelins e 1 pence etc. Mesmo nessas condições miseráveis, não se esgotava o talento que tinham os fabricantes em inventar reduções salariais. Estas eram impostas em parte como castigo por defeitos de produção devidos à má qualidade do algodão, à maquinaria inadequada etc. Quando o fabricante era proprietário dos casebres dos trabalhadores, descontava ele o aluguel do salário nominal. Em fins de 1862, os supervisores ganhavam apenas 5 a 9 xelins por semana, e os tecelões de 2 a 6 xelins. (grifo meu) (Karl Marx – O Capital – O Processo de Produção Capitalista – Livro 1 – Volume 1 – p. 523-524).

Mesmo quando o operário trabalhava em horário reduzido, o patrão descontava frequentemente do salário o aluguel. Não admira que em algumas partes de Lancashire irrompesse uma epidemia causada pela fome. Mais característico, porém, do que tudo isso, foi a revolução do processo de produção às custas do trabalhador, de acordo com os relatos a seguir: (Karl Marx – O Capital – O Processo de Produção Capitalista – Livro 1 – Volume 1 – p. 524-525).

Inspetor Redgrave:

Embora tenha eu apresentado as receitas reais dos trabalhadores em muitas fábricas, não se deduz daí que eles recebam a mesma importância todas as semanas. Seus salários estão sujeitos às maiores flutuações, em virtude das contínuas experiências que os fabricantes fazem... Sua remuneração sobe e desce com a qualidade da mistura do algodão; uma semana, seus salários só se afastam em 15% do nível primitivo, para diminuírem de 50 a 60% em relação a esse nível, uma ou duas semanas depois.

Os empregados encarregados de abrir os fardos de algodão informaram-me que o cheiro insuportável lhes faz mal... Nas salas de misturar, carduçar e cardar, a poeira e o cheiro que se desprendem irritam as vias respiratórias, causam tosse e dificuldade de respiração... Em virtude da fibra curta, adiciona-se ao fio, na ocasião de engomar, grande quantidade de todas as espécies de ingredientes que substituem a farinha que se utilizava antigamente. Daí as náuseas e as dispepsias dos tecelões. A poeira causa bronquite, inflamação da garganta, além de uma doença de pele, em virtude da irritação desta provocada pela sujeira do algodão surat.

(L.C., p. 57).

Os ingredientes que substituíram a farinha se constituíram numa fonte de lucros para os fabricantes, em virtude de aumentar o peso do fio. Faziam 15 libras de matéria-prima pesar 20 libras, depois de tecida. No relatório dos inspetores, de 30 de abril de 1864, lê-se: (Karl Marx – O Capital – O Processo de Produção Capitalista – Livro 1 – Volume 1 – p. 525).

Os industriais se aproveitam dessa fonte de lucro, de maneira realmente vergonhosa. Soube, por fonte idônea, de um caso em que se obtêm 8 libras-peso de tecido, com 5 ¼ libras peso de algodão e 2% de goma, e de outro em que havia, em 5 ¼ libras-peso de tecido, duas de goma. Tratava-se de panos ordinários de camisa, destinados à exportação. Em outros tipos de tecidos, a adição de goma chegou às vezes a 50%. Desse modo, há fabricantes que podem se vangloriar, e realmente o fazem, de que ficam ricos vendendo tecidos por menos dinheiro do que custa o fio que eles deveriam conter. (Reports, 1864, p. 27)

Mas os trabalhadores não tinham apenas de sofrer com os experimentos feitos pelos patrões nas fábricas e pelas municipalidades fora das fábricas, com a redução salarial e com a falta de trabalho, com a miséria e com a mendicidade, com a retórica louvaminheira de membros da Câmara dos Lordes e dos Comuns: (Karl Marx – O Capital – O Processo de Produção Capitalista – Livro 1 – Volume 1 – p. 525).

Infelizes mulheres, lançadas fora do emprego em virtude da crise algodoeira, tornaram-se e continuaram sendo a escória da sociedade... O número de jovens prostitutas ultrapassou o nível de tudo o que pude verificar nos últimos 25 anos. (Reports of Insp. Of Fact., 1865, p. 61-62).

Nos primeiros 45 anos da indústria têxtil algodoeira britânica, de 1770 a 1815, houve apenas 5 anos de crise e estagnação; mas esse foi o período em que ela tinha o monopólio mundial. O segundo período, de 48 anos, de 1815 a 1863, apresenta 20 anos de reanimação e de prosperidade para 28 anos de depressão e de estagnação. De 1815 a 1830 começa a concorrência da Europa Continental e dos EUA. A partir de 1833, força-se a expansão dos mercados asiáticos, mesmo à custa da "destruição da raça humana". (Karl Marx – O Capital – O Processo de Produção Capitalista – Livro 1 – Volume 1 – p. 526).

A partir da abolição das leis aduaneiras sobre os cereais, de 1846 a 1863, há 8 anos de atividade moderada e de prosperidade; e 9 anos de depressão e estagnação. (Karl Marx – O Capital – O Processo de Produção Capitalista – Livro 1 – Volume 1 – p. 526).

12.8 Revolução que a Indústria Moderna Realiza na Manufatura, no Artesanato e no Trabalho a Domicílio

Na manufatura moderna, a exploração da força de trabalho barata e imatura é mais vergonhosa do que na fábrica propriamente, pois o fundamento técnico que existe nesta substituição da força muscular pela máquina e a decorrente facilidade do trabalho, falta em grande parte naquela, onde o organismo feminino ou ainda imaturo fica exposto, da maneira mais inescrupulosa, às influências de substâncias tóxicas etc. (Karl Marx – O Capital – O Processo de Produção Capitalista – Livro 1 – Volume 1 – p. 529).

As manufaturas metalúrgicas em Birmingham e cercanias empregam, em trabalhos na maior parte pesados, 30.000 crianças e jovens, além de 10.000 mulheres. São aí empregados em atividades insalubres, nas fundições de cobre, na fabricação de botões, nas oficinas de esmaltar, de galvanizar e de laquear. O trabalho em excesso a que são submetidos os adultos e os menores nas impressoras de jornais e de livros de Londres conquistou, para esses estabelecimentos, o famigerado nome de "matadouros". Os mesmos excessos se encontram na encadernação de livros, e suas vítimas são principalmente mulheres, meninas e crianças. Menores realizam trabalhos pesados nas cordoarias, ou trabalham à noite nas salinas, nas manufaturas de velas e noutras manufaturas químicas. Há o emprego criminoso de menores, para rodarem os teares, em tecelagens de seda que não são movidas a máquina. Um dos trabalhos mais humilhantes e sujos e mais mal pagos, em que se empregam de preferência meninas e mulheres, é o de classificar trapos, provenientes de vários países, dentre os quais o Japão, países da América do Sul e das ilhas Canárias. Mas, seus principais fornecedores são a Alemanha, França, Rússia, Itália, Egito, Turquia, Bélgica e Holanda. Servem para adubos, para fazer estofo de roupa de cama, lã artificial e papel. Os classificadores de trapos servem para transmitir varíola e outras doenças contagiosas das quais são as primeiras vítimas. Além da mineração em geral e da produção de carvão, constituem as olarias um exemplo clássico do trabalho em excesso, pesado e desproporcionado, com a consequente brutalização dos trabalhadores explorados nessa atividade desde a infância; só esporadicamente empregando-se nesse ramo a maquinaria recentemente inventada na Inglaterra (1866). O dia de trabalho de 5 horas da manhã até 7 horas da noite é considerado reduzido, moderado. São empregadas crianças de ambos os sexos de 6 e até de 4 anos. Trabalham o mesmo número de horas dos adultos, muitas vezes mais. O trabalho é duro, e o calor do verão aumenta sua exaustão. (Karl Marx – O Capital – O Processo de Produção Capitalista – Livro 1 – Volume 1 – p. 530-531).

Das 150.000 pessoas ocupadas na produção inglesa de rendas, quase 10.000 estavam sujeitas à lei fabril de 1861. A imensa maioria dos restantes 140.000 eram mulheres, adolescentes e crianças de ambos os sexos, estando o sexo masculino aí fracamente representado. Em cada grupo de 686 pacientes rendeiras, a maioria entre 17 e 24 anos, havia 1 tuberculosa. (Karl Marx – O Capital – O Processo de Produção Capitalista – Livro 1 – Volume 1 – p. 534).

A lei fabril de 1861 regulava o trabalho de produzir rendas, quando feito a máquina, regra que continuava em vigor à época na Inglaterra. (Karl Marx – O Capital – O Processo de Produção Capitalista – Livro 1 – Volume 1 – p. 534).

Nessas páginas, Marx denunciou a voracidade dos capitalistas em relação à utilização da mão de obra infantil, sendo insensíveis à natureza infantil e às condições de higienização e de salubridade nos locais de trabalho em domicílios.

Os trabalhos em domicílios comportavam duas divisões: 1) acabamento; 2) rendas feitas com bilros. (Karl Marx – O Capital – O Processo de Produção Capitalista – Livro 1 – Volume 1 – p. 535).

O acabamento de rendas se realizava ou nas casas das patroas ou por intermédio de mulheres, ajudadas ou não pelos filhos, em sua residência. Eram pobres as mulheres que mantinham as "casas das patroas". O local de trabalho era parte de sua residência. O número das trabalhadoras empregadas variava nuns casos de 20 a 40 e noutros de 10 a 20. A idade mínima em que as crianças começavam a trabalhar era de 6 anos, mas muitas começavam com menos de 5. O tempo ordinário de trabalho ia de 8 da manhã às 8 da noite, com 1 ½ horas para refeições que eram tomadas irregularmente e muitas vezes nos fétidos cubículos de trabalho. Quando o negócio se animava, o trabalho durava de 6 da manhã até 10, 11 ou 12 da noite – n**os quartéis ingleses, o espaço regulamentar reservado para cada soldado era de 500 a 600 pés cúbicos; nos hospitais militares, de 1200**

pés cúbicos; e naqueles cubículos de trabalho cabia a cada pessoa 67 a 100 pés cúbicos, e a luz do gás ainda consumia o oxigênio do ar. (grifo meu) (Karl Marx – O Capital – O Processo de Produção Capitalista – Livro 1 – Volume 1 – p. 535).

Para manter as rendas limpas, as crianças tinham muitas vezes de descalçar os sapatos, mesmo no inverno, embora o chão fosse de laje ou de ladrilho. (Karl Marx – O Capital – O Processo de Produção Capitalista – Livro 1 – Volume 1 – p. 535).

As patroas usavam uma vara como estimulante na medida em que o trabalho se prolongava. (Karl Marx – O Capital – O Processo de Produção Capitalista – Livro 1 – Volume 1 – p. 536).

> As crianças se cansam progressivamente e ficam agitadas como pássaros à medida que se aproxima o fim da longa tarefa a que estão aprisionadas, monótona, fatigante para a vista, esgotante pela postura uniforme do corpo. É um verdadeiro trabalho de escravo.

Quando as senhoras trabalhavam com os próprios filhos em casa, o que modernamente significa num quarto alugado, frequentemente num sótão, a situação era pior, se isso é possível. Essa espécie de trabalho é encontrada num raio de 80 milhas em volta de Nottingham. Quando o garoto empregado nos estabelecimentos comerciais saía às 9 ou 10 da noite, davam-lhe muitas vezes um embrulho com rendas para fazer o seu acabamento em casa. O fariseu capitalista, representado por um dos seus lacaios assalariados, faz-lhe a entrega com a frase untuosa "isto é para a mamãe"; mas sabe muito bem que o pobre menino vai ter de ficar sentado ajudando. (Karl Marx – O Capital – O Processo de Produção Capitalista – Livro 1 – Volume 1 – p. 536).

Os pais, mergulhados na miséria e na degradação, só pensavam em extrair o máximo possível dos filhos. Estes, depois de crescidos, não queriam mais saber dos pais e os abandonavam. (Karl Marx – O Capital – O Processo de Produção Capitalista – Livro 1 – Volume 1 – p. 538).

> Não admira que grassem a ignorância e o vício em gente assim criada... Sua moral está no nível mais baixo... Grande número de mulheres tem filhos ilegítimos, e em idade tão imatura que assombra mesmo os familiarizados com a estatística criminal. (L.C., p. XL e XLI).

E a pátria dessas famílias modelares, é o país cristão exemplar da Europa, diz o Conde de Montalembert, por certo indiscutível autoridade em matéria de cristianismo. (Karl Marx – O Capital – O Processo de Produção Capitalista – Livro 1 – Volume 1 – p. 538).

Ainda, nos tempos atuais, é muito comum nas grandes empresas substituírem a mão de obra mais antiga pela mais jovem, com o objetivo único de redução de custos e maximização do lucro. Não há nenhum senso de respeito às famílias dos desempregados em relação ao futuro, após o desemprego de seus pais. E quando a economia de um país entra em recessão, essas famílias são jogadas na mais infame e brutal condição de pobreza, desigualdade social e de civilidade. Imaginem um país onde o governo não seja solidário com ajuda aos desempregados, aos sem moradia, aos idosos sem recursos para sua sobrevivência? Qual a função do Estado, senão proporcionar o bem-estar coletivo?

Os salários nas atividades acima consideradas, em si mesmos miseráveis, são reduzidos muito abaixo do seu montante nominal por meio do sistema de pagamento com gêneros, que predomina principalmente nos distritos das rendeiras. (Karl Marx – O Capital – O Processo de Produção Capitalista – Livro 1 – Volume 1 – p. 538).

A exploração abusiva do trabalho de mulheres e crianças, o esbulho de todas as condições normais requeridas pelo trabalho e pela vida e a brutalidade do trabalho excessivo ou noturno, constituem métodos de baratear a força de trabalho que acabam por encontrar certas barreiras naturais, intransponíveis. Colocam-se contra as mesmas barreiras o barateamento das mercadorias e toda exploração capitalista baseada nesses métodos. Levam-se muitos anos até atingirem esse ponto. Ao ser ele atingido, soa a hora de ser introduzida a máquina e de se transformar rapidamente em produção mecanizada o trabalho a domicílio ou a manufatura, dispersos pelo país. (Karl Marx – O Capital – O Processo de Produção Capitalista – Livro 1 – Volume 1 – p. 538-539).

A lei fabril força o amadurecimento dos elementos materiais necessários à transformação do sistema manufatureiro em fabril, e acelera, por exigir maior dispêndio de capital, a ruína das empresas menores e a concentração de capital. (Karl Marx – O Capital – O Processo de Produção Capitalista – Livro 1 – Volume 1 – p. 548).

Os empregadores, diz "Child. Empl. Comm.", "exploram a irregularidade habitual do trabalho a domicílio para, nas ocasiões de premência, forçar as pessoas que dele vivem a trabalhar até 11, 12 da noite, 2 da madrugada, literalmente, todas as horas", e em locais "onde o mau cheiro basta para arrasar uma pessoa. A gente pode ir talvez até à porta, abri-la, mas não tem coragem de prosseguir". Nossos patrões são engraçados, diz uma das testemunhas inquiridas, um sapateiro, "eles acreditam que não faz mal nenhum a um rapaz matar-se de trabalhar metade do ano, se ficar mais ou menos ocioso, na outra metade". (l. C., p. 127, n.56).

O desenvolvimento da navegação oceânica e dos meios de comunicação em geral eliminou o fundamento realmente técnico do trabalho sazonal; todas as outras circunstâncias pretensamente incontroláveis foram eliminadas com maiores construções, mais máquinas, maior número de trabalhadores empregados ao mesmo tempo e pelas repercussões consequentes dessas mudanças sobre o comércio atacadista. Mas, o capital, conforme reiteradamente declaram seus representantes só se prontificava a aderir à reclamada modificação de métodos sob pressão de uma lei geral do Parlamento, regulamentando coercitivamente a jornada de trabalho. (Karl Marx – O Capital – O Processo de Produção Capitalista – Livro 1 – Volume 1 – p. 549-550).

12.9 Legislação Fabril Inglesa, suas Disposições Relativas à Higiene e à Educação, e sua Generalização a toda Produção Social

Que poderia caracterizar melhor o sistema capitalista de produção do que a necessidade de o Estado impor-lhe coativamente a adoção das mais simples precauções de limpeza e de higiene? (Karl Marx – O Capital – O Processo de Produção Capitalista – Livro 1 – Volume 1 – p. 552).

Graças à lei fabril de 1864, mais de 200 estabelecimentos de cerâmica foram caiados e limpos, depois de uma abstinência de 20 anos, ou total, em relação a operações dessa natureza. Neles trabalham 27.878 empregados que até então respiravam, durante as jornadas prolongadas e muitas vezes durante o trabalho noturno, uma atmosfera pestilencial que tornava insalubre e mortífera uma atividade relativamente inofensiva. A lei melhorou muito a ventilação nas fábricas. (Reports of nsp. Of Fact. Oct. 1865, p. 127).

Reiteradas vezes dissemos que os médicos ingleses sustentavam unanimemente que, para o trabalho contínuo, 500 pés cúbicos de ar por pessoa constituíam o mínimo absolutamente indispensável. (Karl Marx – O Capital – O Processo de Produção Capitalista – Livro 1 – Volume 1 – p. 552).

A indústria moderna elimina tecnicamente a divisão manufatureira do trabalho, na qual um ser humano, com todas as suas faculdades, e por toda a vida, fica prisioneiro de uma tarefa parcial. A contradição entre a divisão manufatureira do trabalho e a natureza da indústria moderna se impõe de maneira poderosa. Antigamente, nas tipografias inglesas, por exemplo, os aprendizes, de acordo com o velho sistema de manufatura e do artesanato, começavam pelas tarefas mais fáceis, evoluindo gradativamente para as mais complexas. Percorriam as etapas de uma aprendizagem, até se tornarem tipógrafos completos. Saber ler e escrever era para todos uma exigência do ofício. Tudo isso mudou com a máquina de imprimir. Esta precisava de duas espécies de trabalhadores, um adulto, o supervisor da máquina, e meninos, na maioria entre 11 e 17 anos, cuja atividade consistia exclusivamente em colocar uma folha de papel na máquina e retirá-la depois de impressa. (Karl Marx – O Capital – O Processo de Produção Capitalista – Livro 1 – Volume 1 – p. 555-556).

Criou a moderna ciência da tecnologia o princípio de considerar em si mesmo cada processo de produção e de decompô-lo, sem levar em conta qualquer intervenção da mão humana, em seus elementos constitutivos. As formas multifárias (variadas), aparentemente desconexas e petrificadas do processo social de produção se decompõem em aplicações da ciência conscientemente planejadas e sistematicamente especializadas segundo o efeito útil requerido. A tecnologia descobriu as poucas formas fundamentais do movimento, em que se resolve necessariamente toda a ação produtiva do corpo humano, apesar da variedade dos instrumentos empregados, do mesmo modo que a mecânica nos faz ver, através da grande complicação da maquinaria, a contínua repetição das potências mecânicas simples. A indústria moderna nunca considera nem trata como definitiva a forma existente de um processo de produção. Sua base técnica é revolucionária, enquanto todos os modos anteriores de produção eram essencialmente conservadores. Por meio da maquinaria, dos processos químicos e de outros modos, a indústria moderna transforma continuamente, com a base técnica da produção, as funções dos trabalhadores e as combinações sociais do processo de trabalho. (Karl Marx – O Capital – O Processo de Produção Capitalista – Livro 1 – Volume 1 – p. 557-558).

A legislação fabril arrancou ao capital a primeira e insuficiente concessão de conjugar a instrução primária com o trabalho na fábrica. **Mas, não há dúvida de que a conquista inevitável do poder político pela classe trabalhadora trará a adoção do ensino tecnológico, teórico e prático, nas escolas dos trabalhadores.** Também não há dúvida de que a forma capitalista de produção e as correspondentes condições econômicas dos trabalhadores se opõem diametralmente a esses fermentos de transformação e ao seu objetivo, a eliminação da velha divisão do trabalho. Mas, o desenvolvimento das contradições de uma forma histórica de produção é o único caminho de sua dissolução e do estabelecimento de uma nova forma. A máxima da sabedoria do artesanato, "sapateiro não passes do sapato", tornou-se mera sandice no dia em que o relojoeiro Watt inventou a máquina a vapor, o barbeiro Arkwright o tear, o artífice de ourivesaria Fulton, o navio a vapor. (grifo meu) (Karl Marx – O Capital – O Processo de Produção Capitalista – Livro 1 – Volume 1 – p. 559).

Quando regula o trabalho nas fábricas, nas manufaturas etc., a legislação fabril é considerada apenas intervenção nos direitos de exploração exercidos pelo capital. (Karl Marx – O Capital – O Processo de Produção Capitalista – Livro 1 – Volume 1 – p. 559).

A indústria moderna, ao dissolver a base econômica da família antiga e o correspondente trabalho familiar, desintegrou também as velhas relações familiares. O direito das crianças tinha de ser proclamado. (Karl Marx – O Capital – O Processo de Produção Capitalista – Livro 1 – Volume 1 – p. 560).

> [...] O sistema da exploração sem limites do trabalho infantil em geral e do trabalho a domicílio em particular é mantido pelos pais que exercem sobre seus novos e tenros rebentos uma autoridade arbitrária e nefasta, sem freio e sem controle... Os pais não devem possuir o poder absoluto de transformar seus filhos em simples máquinas de produzir por semana determinada quantia em salário... Crianças e jovens tem um direito à proteção da lei contra os abusos do poder paterno, os quais destroem prematuramente sua força física e os degrada intelectual e moralmente. (Relatório final da *Child. Empl. Comm.* De 1866).

Mas, não foram os abusos do poder paterno que criaram a exploração direta ou indireta das forças imaturas do trabalho pelo capital; ao contrário, foi o modo capitalista de exploração que, ao suprimir a base econômica correspondente à autoridade paterna, fez o exercício dela degenerar em abusos nefastos. (grifo meu) (Karl Marx – O Capital – O Processo de Produção Capitalista – Livro 1 – Volume 1 – p. 561).

12.10 Indústria Moderna e Agricultura

A indústria moderna atua na agricultura mais revolucionariamente que em qualquer outro setor, ao destruir o baluarte da velha sociedade, o camponês, substituindo-o pelo trabalhador assalariado. As necessidades de transformação social e a oposição de classes no campo são assim equiparadas às da cidade. Os métodos rotineiros e irracionais da agricultura são substituídos pela aplicação consciente, tecnológica da ciência. O modo de produção capitalista completa a ruptura dos laços primitivos que, no começo, uniam a agricultura e a manufatura. Mas, ao mesmo tempo, cria as condições materiais para uma síntese nova, superior, para a união da agricultura e da indústria, na base das estruturas que desenvolveram em mútua oposição. Com a preponderância cada vez maior da população urbana que se amontoa nos grandes centros, a produção capitalista, de um lado, concentra a força motriz histórica da sociedade, e, do outro, perturba o intercâmbio material entre o homem e a terra, isto é, a volta à terra dos elementos do solo, consumidos pelo ser humano sob a forma de alimentos e de vestuário, violando assim a eterna condição natural da fertilidade permanente do solo. Com isso, destrói a saúde física do trabalhador urbano e a vida mental do trabalhador do campo. (Karl Marx – O Capital – O Processo de Produção Capitalista – Livro 1 – Volume 1 – p. 577-578).

A dispersão dos trabalhadores rurais em áreas extensas quebra sua força de resistência, enquanto a concentração aumenta a dos trabalhadores urbanos. Na agricultura moderna, como na indústria urbana, o aumento da força produtiva e a maior mobilização do trabalho obtêm-se com a devastação e a ruína física da força de trabalho. E todo progresso da agricultura capitalista significa progresso na arte de despojar não só o trabalhador, mas também o solo; e todo aumento da fertilidade da terra num tempo dado significa esgotamento mais rápido das fontes duradouras dessa fertilidade. Quanto mais se apoia na indústria moderna o desenvolvimento de um país, como é caso dos Estados Unidos da América, mais rápido é esse processo de destruição. A produção capitalista, portanto, só desenvolve a técnica e a combinação do processo social de produção, exaurindo as fontes originais de toda riqueza: a terra e o trabalhador. (Karl Marx – O Capital – O Processo de Produção Capitalista – Livro 1 – Volume 1 – p. 577-578).

CRÍTICA À ECONOMIA POLÍTICA

Livro I - Volume II

PRODUÇÃO DA MAIS-VALIA ABSOLUTA E DA MAIS-VALIA RELATIVA

1 Mais-Valia Absoluta e Mais-Valia Relativa

Observando-se todo o processo do ponto de vista do resultado, do produto, evidencia-se que meio e objeto de trabalho são meios de produção, e o trabalho é trabalho produtivo. (Karl Marx – O Capital – O Processo de Produção Capitalista – Livro 1 – Volume 2 – p. 583).

Essa conceituação de trabalho produtivo, derivada apenas do processo de trabalho, não é de modo nenhum adequado ao processo de produção capitalista. (Karl Marx – O Capital – O Processo de Produção Capitalista – Livro 1 – Volume 2 – p. 583).

O produto deixa de ser o resultado imediato da atividade do produtor individual para tornar-se produto social, comum, de um trabalhador coletivo, isto é, de uma combinação de trabalhadores, podendo ser direta ou indireta a participação de cada um deles na manipulação do objeto sobre que incide o trabalho. (Karl Marx – O Capital – O Processo de Produção Capitalista – Livro 1 – Volume 2 – p. 584).

O conceito de trabalho produtivo não compreende apenas uma relação entre atividade e efeito útil, entre trabalhador e produto do trabalho, mas também uma relação de produção especificamente social, de origem histórica, que faz do **trabalhador o instrumento direto de criar mais-valia**. Ser trabalhador produtivo não é nenhuma felicidade, mas azar. (grifo meu) (Karl Marx – O Capital – O Processo de Produção Capitalista – Livro 1 – Volume 2 – p. 584).

A economia política clássica sempre fez da produção da mais-valia a característica marcante do trabalhador produtivo. Por isso, sua definição de trabalhador produtivo varia com sua concepção da natureza da mais-valia. Assim, os fisiocratas sustentam que só o trabalho agrícola é produtivo, porque só ele cria mais-valia. **Para os fisiocratas só existe mais-valia sob a forma de renda da terra**. (grifo meu) (Karl Marx – O Capital – O Processo de Produção Capitalista – Livro 1 – Volume 2 – p. 584-585).

A produção da mais-valia absoluta se realiza com o prolongamento da jornada de trabalho além do ponto em que o trabalhador produz apenas um equivalente ao valor de sua força de trabalho e com a apropriação pelo capital desse trabalho excedente. Ela constitui o fundamento do sistema capitalista e o ponto de partida da produção da mais-valia relativa. Esta pressupõe que a jornada de trabalho já esteja dividida em duas partes: trabalho necessário e trabalho excedente. Para prolongar o trabalho excedente, encurta-se o trabalho necessário com métodos que permitem produzir-se em menos tempo o equivalente ao salário. **A produção da mais-valia absoluta gira exclusivamente em torno da duração da jornada de trabalho; a produção da mais-valia relativa revoluciona totalmente os processos técnicos de trabalho e as combinações sociais**. (grifo meu) (Karl Marx – O Capital – O Processo de Produção Capitalista – Livro 1 – Volume 2 – p. 585).

A produção da mais-valia relativa pressupõe, portanto, um modo de produção especificamente capitalista, que, com seus métodos, meios e condições, surge e se desenvolve, de início, na base da subordinação formal do trabalho ao capital. No curso desse desenvolvimento, essa subordinação formal é substituída pela sujeição real do trabalho ao capital. (Karl Marx – O Capital – O Processo de Produção Capitalista – Livro 1 – Volume 2 – p. 585).

Ao lado dos produtores independentes, que exercem seus ofícios ou lavram a terra com métodos tradicionais e antigos, encontramos o usurário ou comerciante, o capital usurário ou o capital comercial, que os suga parasitariamente. A predominância dessa forma de exploração numa sociedade exclui o modo capitalista de produção, para o qual pode servir de transição como ocorreu nos fins da Idade Média. Finalmente, como é o caso do trabalho a domicílio, certas formas intermediárias se reproduzem dispersamente na retaguarda da grande indústria mecanizada, embora com fisionomia totalmente modificada. (Karl Marx – O Capital – O Processo de Produção Capitalista – Livro 1 – Volume 2 – p. 585).

O prolongamento desmedido da jornada de trabalho revelou-se o produto mais genuíno da grande indústria mecanizada. Em substância, o modo de produção especificamente capitalista cessa de ser mero meio de produzir mais-valia relativa, logo que se apossa de todo um ramo de produção e mais ainda depois que conquista todos os ramos decisivos da produção. (Karl Marx – O Capital – O Processo de Produção Capitalista – Livro 1 – Volume 2 – p. 586).

A mais-valia relativa é absoluta por exigir a prolongação absoluta da jornada de trabalho além do tempo necessário à existência do trabalhador. A mais-valia absoluta é relativa por exigir um desenvolvimento da produtividade do trabalho que permita reduzir o tempo de trabalho necessário a uma parte da jornada de trabalho. (Karl Marx – O Capital – O Processo de Produção Capitalista – Livro 1 – Volume 2 – p. 586).

Assim que estabelece o modo de produção capitalista e se torna o modo geral de produção, sente-se a diferença entre a mais-valia absoluta e a mais-valia relativa, quando se torna essencial elevar a taxa da mais-valia. (Karl Marx – O Capital – O Processo de Produção Capitalista – Livro 1 – Volume 2 – p. 586).

Só se pode falar de uma base natural da mais-valia no sentido muito geral de que não há nenhum obstáculo natural absoluto que impeça uma pessoa de transferir o trabalho necessário à própria existência para outra pessoa, do mesmo modo que não existe um obstáculo natural absoluto que impeça um ser humano de repastar-se com a carne de seu semelhante. Não há nenhuma razão, como se faz às vezes, para relacionar com ideias místicas essa produtividade do trabalho, que se desenvolve naturalmente. Só depois que os homens ultrapassam sua primitiva condição animal, e socializam até certo ponto seu próprio trabalho, é que surgem condições em que o trabalho excedente de um se torna condição de existência de outro. (Karl Marx – O Capital – O Processo de Produção Capitalista – Livro 1 – Volume 2 – p. 587).

O sistema capitalista surge sobre um terreno econômico que é o resultado de um longo processo de desenvolvimento. A produtividade do trabalho que encontra e que lhe serve de ponto de partida é uma dádiva não da natureza, mas de uma história que abrange séculos. (Karl Marx – O Capital – O Processo de Produção Capitalista – Livro 1 – Volume 2 – p. 587-588).

A produtividade do trabalho depende de condições naturais. Podem se referir à própria natureza do homem, como raça etc., ou à natureza que o cerca. As condições naturais externas se distinguem economicamente em duas grandes classes: riquezas naturais de meios de subsistência, isto é, solo fértil, águas piscosas (abundantes em peixes) etc.; e riquezas naturais de meios de trabalho, a saber, quedas d'água, rios navegáveis, madeira, metais, carvão etc. Nos primórdios da civilização, o papel decisivo cabe à primeira espécie de riquezas naturais; nos estágios de desenvolvimento superiores, à segunda espécie. (Karl Marx – O Capital – O Processo de Produção Capitalista – Livro 1 – Volume 2 – p. 588).

Uma natureza excessivamente pródiga "mantém o homem preso a ela como uma criança sustentada por andadeiras". A pátria do capital não é o clima tropical com sua vegetação exuberante, mas a zona temperada. Não é a fertilidade absoluta do solo, mas sua diferenciação e a variedade de seus produtos naturais, que constituem a base física da divisão social do trabalho e que incitam o homem, com a diversidade das condições naturais em que vive, a multiplicar suas necessidades, aptidões, instrumentos e métodos de trabalho. A necessidade de controlar socialmente uma força natural, de utilizá-la, de apropriar-se dela ou domá-la por meio de obras em grande escala feitas pelo homem, desempenha o papel mais decisivo na história da indústria. (Karl Marx – O Capital – O Processo de Produção Capitalista – Livro 1 – Volume 2 – p. 589).

O segredo do florescimento industrial da Espanha e da Sicília, sob o domínio árabe, estava nas obras de irrigação. (Karl Marx – O Capital – O Processo de Produção Capitalista – Livro 1 – Volume 2 – p. 590).

As condições naturais favoráveis criam apenas a possibilidade, mas nunca a realidade do trabalho excedente e, consequentemente, da mais-valia ou do produto excedente. (Karl Marx – O Capital – O Processo de Produção Capitalista – Livro 1 – Volume 2 – p. 590).

Ricardo não se preocupou com a origem da mais-valia. Tratava-a como coisa inerente ao modo capitalista de produção, o qual é, a seus olhos, a forma natural da produção social. Quando se referia à produtividade do trabalho, não procurava nela a causa da existência da mais-valia, mas a causa que determina a magnitude dela. (Karl Marx – O Capital – O Processo de Produção Capitalista – Livro 1 – Volume 2 – p. 592).

Os economistas burgueses, na realidade, sentiam intuitivamente, que era perigoso aprofundar demais o problema da origem da mais-valia. O que dizer porém de John Stuart Mill, que meio século depois de Ricardo solenemente anuncia sua superioridade em relação aos mercantilistas, repetindo mediocremente os subterfúgios levianos dos primeiros vulgarizadores de Ricardo, quando argumenta que: (Karl Marx – O Capital – O Processo de Produção Capitalista – Livro 1 – Volume 2 – p. 592-593).

> A causa do lucro decorre de o trabalho produzir mais do que é necessário para seu sustento. Ou para mudar a forma da proposição: o motivo por que o capital proporciona um lucro é a duração dos alimentos, roupas, matérias-primas e instrumentos de trabalho, por mais tempo que o necessário para sua produção.
>
> Vemos assim, que o lucro se origina não do incidente da troca, mas da força produtiva do trabalho; os lucros globais de um país são sempre determinados pela força produtiva do trabalho, haja ou não troca. Se não houvesse divisão das ocupações, não haveria nem compra nem venda, mas haveria lucros.
>
> Se a totalidade dos trabalhadores de um país produz 20% acima da soma de seus salários, os lucros serão de 20%, quaisquer que sejam os preços das mercadorias.

Suponho, por toda parte, o presente estado de coisas que prevalece, com poucas exceções, universalmente, a saber, que o capitalista adianta todas as despesas, inclusive a remuneração completa do trabalhador.

"Mill" confunde a duração do trabalho com a duração dos produtos do trabalho. Para ele, troca, compra e venda, condições gerais da produção capitalista, não passam de mero incidente, e haveria sempre lucros sem compra e venda da força de trabalho. (Karl Marx – O Capital – O Processo de Produção Capitalista – Livro 1 – Volume 2 – p. 594).

Segundo Marx, em sua carta de 28 de novembro de 1878, a N. F. Danielson, tradutor russo de *O Capital*, propôs que: "O método de Mill tratar as diversas formas históricas de produção social, evidencia-se brilhantemente na seguinte passagem: "suponho, diz ele, por toda parte, o presente estado de coisas que, onde trabalhadores e capitalistas são classes separadas, prevalece, com poucas exceções, universalmente, a saber, que o capitalista adianta todas as despesas inclusive a remuneração completa do trabalhador". (Karl Marx – O Capital – O Processo de Produção Capitalista – Livro 1 – Volume 2 – p. 594).

Na realidade, o trabalhador adianta seu trabalho ao capitalista gratuitamente durante uma semana, para receber seu preço de mercado no fim da semana. Segundo Mill, isto o torna capitalista. (Karl Marx – O Capital – O Processo de Produção Capitalista – Livro 1 – Volume 2 – p. 594).

VARIAÇÕES QUANTITATIVAS NO PREÇO DA FORÇA DE TRABALHO E NA MAIS-VALIA

O valor da força de trabalho é determinado pelo valor dos meios de subsistência habitualmente necessários ao trabalhador médio. (Karl Marx – O Capital – O Processo de Produção Capitalista – Livro 1 – Volume 2 – p. 595).

O que muda é o valor dessa quantidade. Há dois outros fatores que influem no valor da força de trabalho. Um, os custos de sua formação, que variam com o modo de produção; outro, a diversidade natural, a diferença entre a força de trabalho dos homens e das mulheres, dos menores e dos adultos. O emprego dessas diversas forças de trabalho, determinado por sua vez pelo modo de produção, modifica bastante os custos de manutenção da família do trabalhador e o valor do trabalhador adulto masculino. (Karl Marx – O Capital – O Processo de Produção Capitalista – Livro 1 – Volume 2 – p. 595-596).

As magnitudes relativas do preço da força de trabalho e da mais-valia são determinadas por três circunstâncias:

1. A duração do trabalho ou a magnitude extensiva do trabalho;

2. A intensidade normal do trabalho ou sua magnitude intensiva, segundo a qual dada quantidade de trabalho é despendida em determinado espaço de tempo;

3. Finalmente, a produtividade do trabalho, segundo a qual a mesma quantidade de trabalho fornece no mesmo tempo uma quantidade maior ou menor de produto, dependendo do grau de desenvolvimento das condições de produção.

(Karl Marx – O Capital – O Processo de Produção Capitalista – Livro 1 – Volume 2 – p. 596).

1 Duração e Intensidade do Trabalho, Parte Constante; Produtividade do Trabalho, Parte Variável

O valor da "força de trabalho e a mais-valia" são determinados por três leis:

1. O dia de trabalho, de duração dada, produz sempre o mesmo valor, embora a produtividade do trabalho varie e com ela a quantidade dos produtos e, em consequência, o preço de cada mercadoria produzida. Se o valor produzido por um dia de trabalho de 12 horas for de 6 xelins, e se for maior ou menor a quantidade dos valores de uso por aumentar ou diminuir a produtividade do trabalho, desse valor de 6 xelins se repartirá por uma quantidade maior ou menor de mercadorias. (Karl Marx – O Capital – O Processo de Produção Capitalista – Livro 1 – Volume 2 – p. 596-597).

2. O valor da "força de trabalho e a mais-valia" variam em direções opostas. A mais-valia varia no mesmo sentido da produtividade do trabalho, e o valor da força de trabalho em sentido oposto. (Karl Marx – O Capital – O Processo de Produção Capitalista – Livro 1 – Volume 2 – p. 597).

O valor produzido pelo dia de trabalho de 12 horas é uma magnitude constante, digamos, 6 xelins. Essa grandeza constante é igual à soma da mais-valia com o valor da força de trabalho, o qual o trabalhador substitui por um equivalente. É claro que nenhuma das duas partes que compõem uma quantidade constante pode aumentar, sem que a outra diminua. O valor da força de trabalho não pode elevar-se de 3 para 4 xelins, sem que a mais-valia caia de 3 para 2, e a mais-valia não pode aumentar de 3 para 4, sem que o valor da força de trabalho caia de 3 para 2. Nessas condições, portanto, não é possível nenhuma modificação na magnitude absoluta, seja no valor da força de trabalho, seja na mais-valia, sem a variação simultânea de suas magnitudes relativas. Não é possível que elas, simultaneamente, aumentem ou diminuam. (Karl Marx – O Capital – O Processo de Produção Capitalista – Livro 1 – Volume 2 – p. 597).

Além disso, o valor da força de trabalho não pode diminuir e, em consequência, aumentar a mais-valia, sem que se eleve a produtividade do trabalho. No exemplo acima, o valor da força de trabalho não pode cair de 3 para 2 xelins, sem que o aumento da produtividade do trabalho permita a produção em 4 horas da mesma quantidade de meios de subsistência, que antes exigiam 6 horas para sua produção. Por outro lado, o valor da força de trabalho não pode elevar-se de 3 para 4 xelins, se não cair a produtividade do trabalho, exigindo 8 horas para a produção da mesma quantidade de meios de subsistência, que se conseguia antes com 6 horas. Daí se conclui que o acréscimo da produtividade do trabalho faz cair o valor da força de trabalho e subir a mais-valia, enquanto o decréscimo da produtividade eleva o valor da força de trabalho e faz cair a mais-valia. (Karl Marx – O Capital – O Processo de Produção Capitalista – Livro 1 – Volume 2 – p. 597).

Ao utilizarmos as atuais técnicas de determinação de custos numa empresa industrial, podemos verificar que os efeitos da produtividade sobre os custos variáveis da mão de obra dos operários empregados diretamente na produção são diretamente proporcionais ao aumento ou à diminuição da produção. Se a produtividade aumenta, com os mesmos salários, o lucro será aumentado; ao contrário, se a produtividade diminuir, com os mesmos salários, o lucro será menor – isso acontece em decorrência do resultado do custo de mão de obra dividido pelo total produzido em determinado período; aumentando o custo da mão de obra por produto, cai o lucro; diminuindo o custo da mão de obra por produto, aumenta o lucro.

Ao formular esta lei, Ricardo deixou de lado uma circunstância: embora a variação da magnitude da mais-valia ou do trabalho excedente ocasione uma variação oposta na magnitude do valor da força de trabalho ou do trabalho necessário, não se segue daí que variem elas na mesma proporção. Elas aumentam ou diminuem da mesma grandeza. Mas, a proporção em que cada parte do valor produzido ou da jornada de trabalho aumenta ou diminui depende da posição em que cada uma se encontrava antes da variação da produtividade do trabalho. Se o valor da força de trabalho era de 4 xelins ou era de 8 horas o tempo de trabalho necessário, e se a mais-valia era de 2 xelins ou de 4 horas de trabalho excedente, ao cair o valor da força de trabalho para 3 xelins ou o trabalho necessário para 6 horas, em virtude de aumento da produtividade do trabalho, eleva-se para 3 xelins a mais-valia ou para 6 horas o trabalho excedente. A mesma magnitude de 2 horas ou de 1 xelim se tira de um lado e se acrescenta ao outro. Mas, enquanto a força de trabalho cai de 4 para 3 xelins, ou 25%, o acréscimo na mais-valia se eleva de 2 para 3 xelins, ou 50%. Segue-se daí que o acréscimo ou decréscimo relativos da mais-valia, em virtude de dada variação da produtividade do trabalho, será tanto maior quanto menor, e tanto menor quanto maior a parte da jornada de trabalho que representava antes a mais-valia. (Karl Marx – O Capital – O Processo de Produção Capitalista – Livro 1 – Volume 2 – p. 597-598).

3. Acréscimo ou decréscimo da mais-valia é sempre consequência e não causa do correspondente decréscimo ou acréscimo do valor da força de trabalho. (Karl Marx – O Capital – O Processo de Produção Capitalista – Livro 1 – Volume 2 – p. 598).

Sendo constante a jornada de trabalho, objetivando-se numa magnitude de valor constante, a cada variação na magnitude da mais-valia corresponde uma variação oposta na magnitude do valor da força de trabalho, e o valor da força de trabalho só pode variar em virtude de uma variação na produtividade do trabalho. Nessas condições, é claro que cada variação na magnitude da mais--valia decorre de uma variação oposta na magnitude do valor da força de trabalho. (Karl Marx – O Capital – O Processo de Produção Capitalista – Livro 1 – Volume 2 – p. 598-599).

A dimensão da queda do valor da força de trabalho, cujo limite mínimo no exemplo acima é 3 xelins, depende das forças relativas da pressão do capital e da resistência dos trabalhadores. (Karl Marx – O Capital – O Processo de Produção Capitalista – Livro 1 – Volume 2 – p. 599).

O valor da força de trabalho é determinado pelo valor de dada quantidade de meios de subsistência. O que muda com a produtividade do trabalho é o valor desses meios de subsistência e não sua quantidade. (Karl Marx – O Capital – O Processo de Produção Capitalista – Livro 1 – Volume 2 – p. 599).

A taxa de lucro é a relação entre a mais-valia e o capital global desembolsado; enquanto a taxa da mais-valia é a relação entre a mais-valia e a parte variável desse capital. (grifo meu) (Karl Marx – O Capital – O Processo de Produção Capitalista – Livro 1 – Volume 2 – p. 600).

Sendo o capital de 500 libras, dividido em duas parcelas: uma destinada a matérias-primas, instrumental de trabalho etc., no montante de trabalho etc., no valor de 400 libras, e outra de salários, de 100 libras. Então temos:

- a taxa da mais-valia será: $m/v = 100/100 = 100\%$;

- a taxa de lucro será: $m/c = 100/500 = 20\%$.

(Karl Marx – O Capital – O Processo de Produção Capitalista – Livro 1 – Volume 2 – p. 600).

Contudo, a taxa de lucro pode depender de circunstâncias que não tem nenhuma influência na taxa da mais-valia. (Karl Marx – O Capital – O Processo de Produção Capitalista – Livro 1 – Volume 2 – p. 600).

2 Duração e Produtividade do Trabalho, Constantes; Intensidade do Trabalho, Variável

O aumento da intensidade do trabalho pressupõe maior dispêndio de trabalho no mesmo espaço de tempo. A jornada de trabalho de maior intensidade corporifica-se, por isso, em mais produtos do que a jornada de menor intensidade mas da mesma duração. A jornada cuja duração não se altera fornece mais produtos, se aumenta a produtividade. (Karl Marx – O Capital – O Processo de Produção Capitalista – Livro 1 – Volume 2 – p. 601).

Pondo-se de lado exceções transitórias, uma variação da produtividade do trabalho só ocasiona uma variação na magnitude do valor da força de trabalho e por conseguinte na magnitude da mais-valia, quando os produtos das indústrias atingidas são artigos habitualmente consumidos pelos trabalhadores. (Karl Marx – O Capital – O Processo de Produção Capitalista – Livro 1 – Volume 2 – p. 601).

Caso a intensidade do trabalho se elevar simultânea e igualmente em todos os ramos industriais, o novo grau mais elevado de intensidade tornar-se-á o grau normal da sociedade e não será mais comutado como se fosse uma grandeza extensiva. Mas mesmo nessa hipótese, os graus médios de intensidade de trabalho das diversas nações continuariam sendo diferentes e transpareciam de trabalhos nacionais. A jornada mais intensa de uma nação seria representada por uma expressão monetária superior à da jornada de trabalho menos intensa de outra. (Karl Marx – O Capital – O Processo de Produção Capitalista – Livro 1 – Volume 2 – p. 602).

3 Produtividade e Intensidade do Trabalho, Constantes; Duração do Trabalho, Variável

A jornada de trabalho pode variar em dois sentidos; pode ser reduzida ou prolongada:

1. Redução da jornada de trabalho nas condições dadas, isto é, inalteradas a produtividade e a intensidade do trabalho, deixa inalterados o valor da força de trabalho e, em consequência, o tempo de trabalho necessário. Diminui o trabalho excedente e a mais- valia. Com a magnitude absoluta desta, reduz-se a magnitude do valor da força de trabalho. Só diminuindo o preço desta, abaixo do seu valor, poderia o capitalista evitar a redução da mais-valia. (Karl Marx – O Capital – O Processo de Produção Capitalista – Livro 1 – Volume 2 – p. 602).

Todos os argumentos usuais contra a redução da jornada de trabalho pressupõem que o fenômeno se passa nas condições aqui estabelecidas, quando na realidade **a variação da produtividade e a da intensidade do trabalho precedem ou seguem imediatamente à redução da jornada de trabalho**. (grifo meu) (Karl Marx – O Capital – O Processo de Produção Capitalista – Livro 1 – Volume 2 – p. 603).

2. Prolongamento da jornada de trabalho. Admitamos que o tempo de trabalho necessário seja de 6 horas e o valor da força de trabalho, de 3 xelins; o trabalho excedente, de 6 horas, e a mais valia 3 xelins; o dia de trabalho dure 12 horas e produza um valor de 6 xelins. Se o dia de trabalho for prolongado de 2 horas e o preço da força de trabalho permanecer inalterado, a mais-valia aumentará relativa e absolutamente. Embora a magnitude absoluta do valor da força de trabalho permaneça inalterada, esse valor diminuirá relativamente. Aqui, a variação da magnitude relativa do valor da força de trabalho resulta de uma variação da magnitude absoluta da mais-valia. (Karl Marx – O Capital – O Processo de Produção Capitalista – Livro 1 – Volume 2 – p. 603).

Uma vez que o valor criado em que se representa a jornada de trabalho, aumenta com o prolongamento deste, o preço da força de trabalho e a mais-valia podem elevar-se simultaneamente com acréscimos iguais ou desiguais. Esse aumento simultâneo é, portanto, possível em dois casos, quando se prolonga realmente a jornada de trabalho e quando se aumenta a intensidade do trabalho sem prolongar sua duração. (Karl Marx – O Capital – O Processo de Produção Capitalista – Livro 1 – Volume 2 – p. 603).

4 A Duração, a Produtividade e a Intensidade do Trabalho Variam Simultaneamente

Nessas condições, é evidente que é possível grande número de combinações. Dois fatores podem variar e um permanecer constante ou todos os três podem variar simultaneamente. Podem variar em proporção igual ou desigual, no mesmo sentido ou em sentido oposto: suas variações podem, por conseguinte, compensar-se parcial ou totalmente. (Karl Marx – O Capital – O Processo de Produção Capitalista – Livro 1 – Volume 2 – p. 604).

1. **Decréscimo da produtividade do trabalho com prolongamento simultâneo da jornada de trabalho; declínio da fertilidade do solo, com consequente declínio de produtividade e encarecimento de produtos da terra.** (grifo meu) (Karl Marx – O Capital – O Processo de Produção Capitalista – Livro 1 – Volume 2 – p. 604).

No período de 1799 a 1815, os preços ascendentes dos gêneros na Inglaterra provocaram um aumento nominal de salários, embora estes caíssem realmente, traduzidos em gêneros. Daí, West e Ricardo concluíram que a diminuição da produtividade do trabalho agrícola tinha causado uma redução na taxa da mais-valia. E fizeram da suposição desse fato, que só existia em suas fantasias, o ponto de partida de importantes análises sobre as relações quantitativas entre salários, lucro e renda da terra. Mas, graças à elevação da intensidade do trabalho e ao prolongamento forçado da jornada de trabalho, a mais-valia aumentou, então, absoluta e relativamente. (Karl Marx – O Capital – O Processo de Produção Capitalista – Livro 1 – Volume 2 – p. 605).

Foi o período em que o prolongamento, sem limites, da jornada de trabalho, conquistara direitos de cidadania, período que se caracterizara especialmente pelo incremento acelerado do capital, de um lado, e pelo pauperismo, do outro. (grifo meu) (Karl Marx – O Capital – O Processo de Produção Capitalista – Livro 1 – Volume 2 – p. 605-606).

2. **Aumento da intensidade e da produtividade do trabalho, com redução simultânea de sua duração:** (Karl Marx – O Capital – O Processo de Produção Capitalista – Livro 1 – Volume 2 – p. 606).

Atuam na mesma direção o aumento da produtividade e o da intensidade do trabalho. Ambos aumentam a quantidade produzida num dado espaço de tempo. Ambos reduzem, portanto, a parte da jornada que o trabalhador precisa para produzir seus meios de subsistência ou o equivalente deles. O limite mínimo absoluto da jornada de trabalho é constituído por essa parte necessária, mas compressível. Se toda jornada de trabalho se reduzisse a essa parte, desapareceria o trabalho excedente, o que é impossível no regime do capital. A eliminação da forma capitalista de produção permite limitar a jornada de trabalho ao trabalho necessário. Todavia, não se alterando as demais circunstâncias, seria ampliado o trabalho necessário, por dois motivos: as condições de vida do trabalhador seriam mais ricas e maiores suas exigências. Uma parte do atual trabalho excedente seria considerada trabalho necessário, para constituir um fundo social de reserva e de acumulação. (Karl Marx – O Capital – O Processo de Produção Capitalista – Livro 1 – Volume 2 – p. 606).

Quanto mais cresce a produtividade do trabalho, tanto mais pode reduzir-se a jornada de trabalho, e quanto mais se reduz a jornada, tanto mais pode aumentar a intensidade do trabalho. Do ponto de vista social, a produtividade do trabalho aumenta com sua economia. Esta implica em economizar meios de produção e em evitar todo trabalho inútil. O modo capitalista de produção, ao mesmo tempo que impõe economia em cada negócio particular, produz, com seu sistema anárquico de concorrência, o desperdício mais desmedido dos meios de produção e das forças de trabalho da sociedade, além de criar inúmeras funções para ele indispensáveis, mas em si mesmas supérfluas. (Karl Marx – O Capital – O Processo de Produção Capitalista – Livro 1 – Volume 2 – p. 606-607).

Dadas a intensidade e a produtividade do trabalho, o tempo que a sociedade tem de empregar na produção material será tanto menor, e, em consequência, tanto maior o tempo conquistado para a atividade livre, espiritual e social dos indivíduos, quanto mais equitativamente se distribua o trabalho entre todos os membros aptos da sociedade, e quanto menos uma camada social possa furtar-se à necessidade natural do trabalho, transferindo-a para outra classe. Então, a redução da jornada de trabalho encontra seu último limite na generalização do trabalho. Na sociedade capitalista, consegue-se tempo livre para uma classe, transformando a vida inteira das massas em tempo de trabalho. (Karl Marx – O Capital – O Processo de Produção Capitalista – Livro 1 – Volume 2 – p. 607).

Diversas Fórmulas da Taxa de Mais-Valia

I.   **m / v = mais-valia / capital variável = mais-valia / valor da força de trabalho (ft);**

% mais-valia = trabalho excedente / trabalho necessário;

Essas fórmulas que se substituem entre si obedecem a uma conceituação rigorosa. Encontramo-las implícitas na economia política clássica que, entretanto, não chegou a elaborá-las conscientemente. Entretanto, nela encontramos as fórmulas seguintes: (grifo meu) (Karl Marx – O Capital – O Processo de Produção Capitalista – Livro 1 – Volume 2 – p. 608-609).

II. **Trabalho excedente/jornada de trabalho = mais-valia/valor do produto = produto excedente/produto total;** (grifo meu) (Karl Marx – O Capital – O Processo de Produção Capitalista – Livro 1 – Volume 2 – p. 609).

A mesma proporção é aqui expressa alternativamente sob a forma de uma relação entre quantidades de trabalho, entre valores nos quais elas se realizam, ou entre produtos nos quais existem esses valores. Pressupõe-se naturalmente, que valor do produto compreende apenas o valor criado pela jornada de trabalho, excluindo-se a parte constante do valor do produto. (Karl Marx – O Capital – O Processo de Produção Capitalista – Livro 1 – Volume 2 – p. 609).

A fórmula em (II) expressa-se erroneamente o grau de exploração de trabalho ou a taxa de mais--valia. (Karl Marx – O Capital – O Processo de Produção Capitalista – Livro 1 – Volume 2 – p. 609).

Admitamos uma jornada de 12 horas e os demais pressupostos de nosso exemplo anterior (seis horas de trabalho excedente). O verdadeiro grau de exploração do trabalho ficaria expresso nas seguintes proporções, totalizando 100%: (grifo meu) (Karl Marx – O Capital – O Processo de Produção Capitalista – Livro 1 – Volume 2 – p. 609).

6 hs trab. excedente / 6 hs trab. necessário = mais-valia 3 xelins / capital variável 3 xelins = 100%.

Entretanto, segundo a fórmula em (II), temos:

% mais-valia = 6 horas de trabalho excedente / jornada de trabalho de 12 horas = 50%

% mais-valia = mais valia de 3 xelins / valor criado de 6 xelins = 50%

As duas últimas fórmulas expressam, na realidade, a proporção em que a jornada de trabalho ou o valor que produziu se divide entre o capitalista e o trabalhador. Se forem válidas como expressões diretas da valorização do capital, teríamos de aceitar essa falsa lei: o trabalho excedente ou a mais-valia nunca pode atingir 100%. Uma vez que o trabalho excedente é sempre uma fração da jornada de trabalho ou que a mais-valia é sempre uma fração do valor produzido, o trabalho excedente tem de ser sempre menor que o dia de trabalho ou a mais-valia menor que o valor produzido. Para o trabalho excedente absorver toda a jornada de trabalho, o trabalho necessário teria de ser reduzido a zero. (Karl Marx – O Capital – O Processo de Produção Capitalista – Livro 1 – Volume 2 – p. 609-610).

A proporção: trabalho excedente / jornada de trabalho = mais-valia / valor produzido, nunca pode ser 100%. (Karl Marx – O Capital – O Processo de Produção Capitalista – Livro 1 – Volume 2 – p. 610-611).

Contudo, pode atingir esse nível a taxa de mais-valia ou o verdadeiro grau de exploração do trabalho. (Karl Marx – O Capital – O Processo de Produção Capitalista – Livro 1 – Volume 2 – p. 610-611).

III. m/ft = trabalho excedente/trabalho necessário

O Capitalista paga o valor da força de trabalho, ou seu preço que coincide ou não com o valor, e recebe em troca o direito de dispor diretamente da força viva de trabalho. Usufrui a força de trabalho em dois períodos. Num período, o trabalhador produz apenas um valor que é igual ao valor de sua força de trabalho, um equivalente, portanto. O capitalista recebe assim um produto de preço igual ao que ele pagou pela força de trabalho. É como se tivesse comprado o produto pronto no mercado. Mas, no período de trabalho excedente, a força de trabalho que o capitalista utiliza produz para ele um valor que não lhe custa nenhuma contrapartida. Explora gratuitamente a força de trabalho. Nesse sentido, pode-se chamar trabalho excedente de trabalho não pago. (grifo meu) (Karl Marx – O Capital – O Processo de Produção Capitalista – Livro 1 – Volume 2 – p. 612-613).

Capital, por isso, não é apenas comando sobre trabalho, como dizia A. Smith. É essencialmente comando sobre trabalho não pago. Toda mais-valia, qualquer que seja a forma na qual se cristalize, a de lucro, juros, renda etc., é por sua substância, materialização de trabalho não pago. O segredo da auto expansão ou valorização do capital se reduz ao seu poder de dispor de uma quantidade determinada de trabalho alheio não pago. (Karl Marx – O Capital – O Processo de Produção Capitalista – Livro 1 – Volume 2 – p. 613).

O SALÁRIO

1 Transformação do Valor ou do Preço da Força de Trabalho em Salário

Na superfície da sociedade burguesa, o salário do trabalhador aparece como preço do trabalho; determinada quantidade de dinheiro com que se paga determinada quantidade de trabalho. Nela se fala do valor do trabalho e chama-se sua expressão monetária de preço necessário ou natural. Fala-se também dos preços de mercado do trabalho, isto é, dos preços que oscilam abaixo e acima do preço necessário. (Karl Marx – O Capital – O Processo de Produção Capitalista – Livro 1 – Volume 2 – p. 617).

Na expressão "valor do trabalho", a ideia de valor não só se desvanece inteiramente, mas também se converte no oposto dela. É uma expressão imaginária, como, por exemplo, valor da terra. Todas as ciências, exceto a economia política, reconhecem que as coisas apresentam frequentemente uma aparência oposta à sua essência. (Karl Marx – O Capital – O Processo de Produção Capitalista – Livro 1 – Volume 2 – p. 619-620).

Sem o necessário espírito crítico, a economia política clássica tomou de empréstimo à vida quotidiana a categoria "preço do trabalho", para formular depois a questão: como se determina esse preço? Logo reconheceu que as mudanças na relação entre a oferta e a procura só servem para explicar as mudanças no preço do trabalho ou de qualquer outra mercadoria, isto é, a flutuação dos preços do mercado acima ou abaixo de certa magnitude. Se a oferta e a procura se equilibram, não se alterando as demais condições, cessa a oscilação dos preços. Mas, então a oferta e a procura não explicam mais nada. O preço do trabalho, quando oferta e procura se equilibram, é seu preço natural determinado independentemente da relação entre oferta e procura. A questão é justamente saber como esse preço é determinado. (Karl Marx – O Capital – O Processo de Produção Capitalista – Livro 1 – Volume 2 – p. 620).

Tomou-se também um período longo de oscilações dos preços de mercado (um ano) e verificou-se que elas se cancelavam reciprocamente, tendendo para uma média, para uma magnitude constante. Essa magnitude tinha naturalmente de ser determinada de modo diverso das oscilações que dela se desviam e se compensam. (Karl Marx – O Capital – O Processo de Produção Capitalista – Livro 1 – Volume 2 – p. 620-621).

Esse preço que predomina sobre os preços eventuais do mercado e os regula, "o preço necessário" (fisiocratas) ou o "preço natural" do trabalho (A. Smith) só poderia ser como ocorre com as demais mercadorias, o valor do trabalho expresso em dinheiro. Desse modo, acreditava a economia política, chega-se ao valor do trabalho através dos preços eventuais. Esse valor, como o de qualquer outra mercadoria, era determinado pelos custos de produção. Mas, que são custos de produção... do trabalhador, isto é, custos para produzir ou reproduzir o próprio trabalhador? (Karl Marx – O Capital – O Processo de Produção Capitalista – Livro 1 – Volume 2 – p. 621).

A economia política ficou girando em torno dos custos de produção do trabalho como tal, sem chegar a nenhum resultado, e inconscientemente deixou essa pergunta ser suplantada pela questão anterior. O que ela, portanto, chama de valor do trabalho é na realidade o valor da força de trabalho, a qual existe na pessoa do trabalhador e difere da sua função, o trabalho, do mesmo modo que uma máquina se distingue de suas operações. (Karl Marx – O Capital – O Processo de Produção Capitalista – Livro 1 – Volume 2 – p. 621).

Como o valor e os preços da força de trabalho assumem a forma transmutada de salário? (grifo meu) (Karl Marx – O Capital – O Processo de Produção Capitalista – Livro 1 – Volume 2 – p. 621).

O valor diário da força de trabalho é calculado tomando-se por base certa duração de vida do trabalhador, à qual corresponde certa duração da jornada de trabalho. Admitamos que a jornada de trabalho vigente seja de 12 horas e o valor diário da força de trabalho, de 3 xelins, expressão monetária de um valor em que se representam 6 horas de trabalho. Se o trabalhador recebe 3 xelins, percebe o valor de sua força de trabalho que funciona durante 12 horas. Se formos considerar o valor diário da força de trabalho, o valor do trabalho de um dia, chegaremos à fórmula: 12 horas de trabalho tem um valor de 3 xelins. Assim, o valor da força de trabalho determina o valor do trabalho ou, exprimindo monetariamente, seu preço necessário. Mas, se o preço da força de trabalho se desvia de seu valor, do mesmo modo o preço do trabalho se desvia de seu pretenso valor. (Karl Marx – O Capital – O Processo de Produção Capitalista – Livro 1 – Volume 2 – p. 621-622).

No exemplo acima, o valor da força de trabalho que opera durante 12 horas é de 3 xelins, valor para cuja reprodução precisa ela de 6 horas. Mas, o valor que ela cria é de 6 xelins, pois funciona realmente durante 12 horas, e o valor que produz não depende de seu próprio valor, mas do tempo que dura seu funcionamento. Desse modo chega-se, à primeira vista, ao resultado absurdo de que o trabalho, que cria um valor de 6 xelins, possui um valor de 3 xelins. Dessa forma, a jornada de 12 horas tem 6 horas não pagas. (Karl Marx – O Capital – O Processo de Produção Capitalista – Livro 1 – Volume 2 – p. 622).

Na escravatura, a parte da jornada de trabalho em que o escravo apenas compensa o valor de seus próprios meios de subsistência, trabalhando na realidade para si mesmo, aparece como trabalho destinado a seu dono. Todo o seu trabalho tem a aparência de trabalho não pago. No trabalho assalariado, ao contrário, mesmo trabalho excedente ou não remunerado parece pago. No primeiro caso, a relação de propriedade oculta o trabalho do escravo para si mesmo; no segundo, a relação monetária dissimula o trabalho gratuito do assalariado. Nessa forma aparente que torna invisível a verdadeira relação e ostenta o oposto dela, repousam todas as noções jurídicas do assalariado e do capitalista, todas as mistificações do modo capitalista de produção, todas as suas ilusões de liberdade, todos os embustes apologéticos da economia vulgar. (Karl Marx – O Capital – O Processo de Produção Capitalista – Livro 1 – Volume 2 – p. 622-623).

A troca entre capital e trabalho apresenta-se de início, à percepção, como absolutamente igual à compra e venda das outras mercadorias. (Karl Marx – O Capital – O Processo de Produção Capitalista – Livro 1 – Volume 2 – p. 623).

Além disso, sendo valor de troca e valor de uso, magnitudes intrinsecamente incomensuráveis, a expressão "valor do trabalho", "preço do trabalho", não parece ser mais irracional do que a expressão "valor do algodão", "preço do algodão". (Karl Marx – O Capital – O Processo de Produção Capitalista – Livro 1 – Volume 2 – p. 623).

Acresce que o trabalhador é pago, depois de ter fornecido seu trabalho. Em sua função de meio de pagamento, o dinheiro realiza subsequentemente o valor ou o preço do artigo fornecido e, no caso considerado, o valor ou o preço do trabalho fornecido. Finalmente, o valor de uso que o trabalhador fornece ao capitalista, não é, na realidade, sua força de trabalho, mas a função dela, determinado trabalho útil, como de qualquer profissão. (Karl Marx – O Capital – O Processo de Produção Capitalista – Livro 1 – Volume 2 – p. 623).

O capitalista quer receber o máximo possível de trabalho, pelo mínimo possível de dinheiro. Praticamente interessa-lhe apenas a diferença entre o preço da força de trabalho e o valor que cria ao funcionar. Mas, ele procura comprar todas as mercadorias o mais barato possível e supõe sempre que a origem de seu lucro está simplesmente no seu truque de comprar abaixo e vender acima do valor. Por isso, nunca chega a ver que, se existisse realmente valor do trabalho e se ele pagasse realmente esse valor, não existiria nenhum capital e seu dinheiro não se transformaria em capital. (Karl Marx – O Capital – O Processo de Produção Capitalista – Livro 1 – Volume 2 – p. 624).

No sistema de escravatura, a vantagem ou desvantagem da força de trabalho superior ou inferior à média, cabe ao dono de escravos; no sistema assalariado, cabe ao próprio trabalhador que vende a força de trabalho, a qual, no regime de escravidão, é vendida por terceira pessoa. (Karl Marx – O Capital – O Processo de Produção Capitalista – Livro 1 – Volume 2 – p. 625).

A forma aparente, "valor e preço do trabalho", ou salário, em contraste com a relação essencial que ela dissimula o "valor e o preço da força de trabalho", podemos aplicar o que é válido para todas as formas aparente e seu fundo oculto. As primeiras aparecem direta e espontaneamente como formas correntes de pensamento; o segundo só é descoberto pela ciência. A economia política clássica avizinhou-se da essência do fenômeno, sem, entretanto, formulá-la conscientemente. E isto não lhe é possível enquanto não de despojar de sua pele burguesa. (Karl Marx – O Capital – O Processo de Produção Capitalista – Livro 1 – Volume 2 – p. 625).

2 O Salário por Tempo

Cabe observar que as leis expostas, relativas à variação de magnitude do preço da força de trabalho e da mais-valia, se transformam em lei do salário por meio de simples mudança de forma. Do mesmo modo, a diferença entre valor de troca da força de trabalho e a soma dos meios de subsistência em que se transforma esse valor se patenteia agora como diferença entre salário nominal e salário real. (Karl Marx – O Capital – O Processo de Produção Capitalista – Livro 1 – Volume 2 – p. 626-627).

Conforme for a duração da jornada de trabalho, Isto é, a quantidade de trabalho diariamente fornecida pelo trabalhador, o mesmo salário por dia, por semana etc., pode representar preços bem diferentes do trabalho, somas de dinheiro bem diferentes para a mesma quantidade de trabalho. Acha-se o preço médio do trabalho, dividindo-se o valor diário médio da força de trabalho pelo número de horas da jornada média de trabalho. Se o valor diário da força de trabalho for 3 xelins, o valor produzido por 6 horas de trabalho, e se a jornada de trabalho for de 12 horas, o preço de 1 hora de trabalho será (3 xelins/12 = 3 pence). O preço da hora de trabalho assim obtido serve de unidade de medida para o preço do trabalho. (Karl Marx – O Capital – O Processo de Produção Capitalista – Livro 1 – Volume 2 – p. 627).

Seque-se daí que o salário por dia, por semana etc. pode permanecer o mesmo embora o preço do trabalho caia continuamente. (Karl Marx – O Capital – O Processo de Produção Capitalista – Livro 1 – Volume 2 – p. 627).

Dada a quantidade de trabalho por dia, por semana etc., o salário por dia ou por semana depende do preço do trabalho, o qual varia por sua vez, seja com o valor da força de trabalho, seja com os desvios do preço dela em relação ao valor. Mas, dado o preço do trabalho, o salário por dia ou por semana depende da quantidade do trabalho diário ou semanal. (Karl Marx – O Capital – O Processo de Produção Capitalista – Livro 1 – Volume 2 – p. 629).

O preço do trabalho é a soma que se paga por dada quantidade de trabalho (Sir Edward West, Price of Corn and Wages of Labour, Londres, 1826, p. 67) (Karl Marx – O Capital – O Processo de Produção Capitalista – Livro 1 – Volume 2 – p. 627).

West é o autor da obra anônima: *Essay on the Apllications of Capital to Land*. By a Fellow of Univ. College of. Oxford. Londres, 1815. É uma obra marcante na história da economia política. (Karl Marx – O Capital – O Processo de Produção Capitalista – Livro 1 – Volume 2 – p. 621).

Os salários dependem do preço do trabalho e da quantidade de trabalho realizada... Quanto à questão principal: Como é determinado o preço do trabalho? West se descarta dela com meras banalidades. (West, l. c., p. 67, 68 e 112) (Karl Marx – O Capital – O Processo de Produção Capitalista – Livro 1 – Volume 2 – p. 628).

Os donos das manufaturas sabem que há diferentes meios de diminuir ou de elevar o preço do trabalho, independentemente de qualquer alteração em seu montante nominal. Em sua obra, *Three Lectures on the Rate of Wages*, Londres, 1830, N. W. Senior utiliza a obra de West, sem citá-la – diz ele: "O trabalhador está interessado fundamentalmente no montante de seu salário". Ah, assim o trabalhador está fundamentalmente interessado no que recebe, no montante nominal do salário e não no que ele dá, a quantidade de trabalho. (Karl Marx – O Capital – O Processo de Produção Capitalista – Livro 1 – Volume 2 – p. 629).

O efeito desse subemprego anormal difere totalmente do oriundo de uma redução geral, legalmente compulsória, da jornada de trabalho. Tanto pode ocorrer numa jornada de trabalho de 15 horas quanto de 6 horas, independentemente, portanto, da duração absoluta da jornada. No primeiro caso, o preço normal do trabalho é calculado na base de uma jornada média de 15 horas. No segundo, na base de uma jornada média de 6 horas. O efeito, por isso, é o mesmo. (Karl Marx – O Capital – O Processo de Produção Capitalista – Livro 1 – Volume 2 – p. 629).

É de se admirar que onde a jornada de trabalho é longa, os salários são baixos (*Rep. Of. Insp. Of. Fact., 31st Oct.* 1863). A jornada que proporciona um salário de fome é, em regra, demasiadamente longa (*Public Health, Sixth REp.* 1863) (Karl Marx – O Capital – O Processo de Produção Capitalista – Livro 1 – Volume 2 – p. 632).

Na Inglaterra, os operários que fazem pregos a mão, em virtude do baixo preço do trabalho, tem de trabalhar 15 horas por dia, para conseguir seu miserável salário semanal. "São muitas e muitas horas do dia; e durante todo o tempo tem de trabalhar duramente, para obter 11 pence ou 1 xelin, e deles se descontam 2 ½ a 3 pence por desgaste de ferramentas, combustível e desperdício de ferro (*Child. Empl. Comm. III*). Trabalhando com o mesmo horário, as mulheres ganham por semana 5 xelins. (Karl Marx – O Capital – O Processo de Produção Capitalista – Livro 1 – Volume 2 – p. 632-633).

Caso um trabalhador fabril se recusasse a trabalhar o número costumeiro e excessivo de horas, "seria logo substituído por alguém que aceitaria qualquer horário, e desse modo ficaria sem emprego (*Reports of Insp. 31st Oct.* 1848, depoimento...). Se um homem faz o trabalho de dois... subirá em geral a taxa de lucro..., pois essa oferta adicional de trabalho reduzirá seu preço. (Senior, l. c., p. 15) (Karl Marx – O Capital – O Processo de Produção Capitalista – Livro 1 – Volume 2 – p. 633).

Se o salário por hora fosse fixado de modo que o capitalista não se obrigasse a pagar o salário de um dia ou de uma semana, mas apenas as horas de trabalho em que lhe apraz ocupar o trabalhador, poderá ele empregá-lo por espaço de tempo inferior ao que serviu originalmente de base para calcular o salário por hora ou a unidade de medida do preço do trabalho. (Karl Marx – O Capital – O Processo de Produção Capitalista – Livro 1 – Volume 2 – p. 630).

O capitalista pode extrair do trabalhador determinada quantidade de trabalho excedente sem lhe proporcionar o tempo de trabalho necessário à própria manutenção. Pode destruir toda regularidade da ocupação e fazer alternarem-se, de acordo com sua comodidade, arbítrio e interesse momentâneo, o mais monstruoso trabalho excessivo com a desocupação relativa ou absoluta. Pode, sob o pretexto de pagar o "preço normal do trabalho", prolongar anormalmente a jornada de trabalho sem qualquer compensação correspondente para o trabalhador. Daí a revolta perfeitamente racional, em 1860, dos trabalhadores de Londres, empregados no ramo de construção, contra a tentativa dos capitalistas de impor-lhes esse sistema de salário por hora. A limitação legal da jornada de trabalho pôs fim a esse abuso, embora sem naturalmente impedir o subemprego decorrente da concorrência da maquinaria, das mudanças na qualidade dos trabalhadores empregados, das crises parciais e gerais. (Karl Marx – O Capital – O Processo de Produção Capitalista – Livro 1 – Volume 2 – p. 630).

Faz tempo, ouvi uma reportagem sobre o conflito entre um industrial do ramo de sucos de laranja do Sul do Brasil. Dizia o industrial ao repórter sobre o pagamento vil, por caixa de laranjas, aos produtores rurais, da seguinte forma: "Pago conforme a oferta. Se ela é grande, diminuo o preço e todos me vendem pelo preço que pago ou perderão a safra". Pois, depois da reportagem, os produtores se uniram e não venderam ao industrial; venderam nas ruas, jogaram laranja fora, ou deixaram apodrecerem nos pomares. Se houvesse cooperação entre o industrial e os produtores, além de planejamento desses para não inundar o mercado do produto e diversificarem a produção em safras de outros produtos, talvez o mercado se equilibrasse e não haveria perdas de ambas as partes.

Parece que a história da exploração dos trabalhadores sempre os assombra – é só se desorganizarem, se dividirem, e os burgueses, com apoio da mídia e justiça, preparam o terreno fértil para que os poderes legislativos fiquem cheios de representantes do povo contrários a ele próprio e às conquistas da classe trabalhadora; e quando ela perde direitos, toda a sociedade perde.

Nos dias atuais, estamos vendo no Brasil a reforma trabalhista sendo imposta pelos congressistas e o Executivo, no governo de Temer, representando retrocessos e perda de direitos. O que pensam esses senhores sobre o mercado interno, sobre a arrecadação de impostos, sobre os investimentos em infraestrutura, ciência e tecnologia, sobre a segurança e soberania nacional?

Quando o mercado interno encolhe, os reflexos são sentidos com o declínio dos investimentos, da produção nacional, da arrecadação de impostos e do bem-estar coletivo.

Ao elevar-se o salário por dia ou por semana, o preço do trabalho pode permanecer nominalmente constante e, apesar disso, cair abaixo de seu nível normal. É o que ocorre toda vez que o dia de trabalho é prolongado além de sua duração normal, permanecendo constante o preço do trabalho ou da hora de trabalho. Quando o denominador da fração (valor diário da força de trabalho / jornada de trabalho) aumenta, o numerador aumenta mais rapidamente ainda. O valor da força de trabalho, o qual depende do desgaste dela, aumenta com a duração do funcionamento dessa força, e em proporção mais rápida do que o acréscimo da duração desse funcionamento. Em muitos ramos industriais, onde predomina o salário por tempo, sem limitação legal da jornada, introduziu-se espontaneamente o costume de só se considerar normal a jornada de trabalho que não ultrapassa determinado ponto e contém, por exemplo, 10 horas. (Karl Marx – O Capital – O Processo de Produção Capitalista – Livro 1 – Volume 2 – p. 630-631).

O inspetor de fábrica A. Redgrave ilustra, em sua pesquisa, em um período de 20 anos, de 1839 a 1859, de acordo com o qual o salário subiu nas fábricas submetidas à lei das 10 horas, e desceu nas fábricas onde se trabalhava de 14 a 15 horas por dia, que quanto mais longa a jornada de trabalho num ramo industrial, tanto mais baixo é o salário. (Karl Marx – O Capital – O Processo de Produção Capitalista – Livro 1 – Volume 2 – p. 632).

A lei segundo a qual "dado preço do trabalho, o salário diário ou semanal, depende da quantidade de trabalho fornecido" tem por primeira consequência que, quanto mais baixo o preço do trabalho, tanto maior tem de ser a quantidade de trabalho ou tanto mais longa a jornada, a fim de que o trabalhador chegue a assegurar-se de um miserável salário médio. O baixo preço do trabalho incentiva o prolongamento do tempo de trabalho. Reciprocamente, o prolongamento do tempo de trabalho produz queda no preço do trabalho e, em consequência, no salário diário ou semanal. (Karl Marx – O Capital – O Processo de Produção Capitalista – Livro 1 – Volume 2 – p. 632-633).

As mesmas circunstâncias que capacitam o capitalista a prolongar a jornada de maneira permanente, capacitam-no, de início, e compelem-no, por fim, a diminuir também nominalmente o preço do trabalho, até que o preço total do número aumentado de horas se reduza e, consequentemente, o salário diário ou semanal. A propósito, basta referir-nos a duas circunstâncias. Se um homem realiza a tarefa de 1 ½ ou 2 homens, aumenta o afluxo de trabalho, embora permaneça constante a oferta de forças de trabalho que se encontram no mercado. A concorrência que se cria, assim, entre os trabalhadores capacita o capitalista a reduzir o preço do trabalho, ao mesmo tempo que o preço reduzido do trabalho, reciprocamente, capacita-o a distender ainda mais o tempo de trabalho. Mas, essa disposição sobre quantidade anormal de trabalho não pago, ultrapassando o nível social médio, torna-se instrumento de concorrência entre os próprios capitalistas. Uma parte do preço da mercadoria é constituída pelo preço do trabalho. A parte não paga, correspondente à redução do preço do trabalho, pode não ser computada no preço da mercadoria. Este é o primeiro passo a que leva à concorrência. O segundo, a que ela força o capitalista, é o de deduzir também do preço de venda da mercadoria, pelo menos, parte da mais-valia anormal produzida pelo prolongamento da jornada. Desse modo, se estabelece de início e pouco a pouco se generaliza e se fixa um preço de venda para a mercadoria, anormalmente baixo, que passa então a servir de base permanente para um salário miserável com prolongamento excessivo do tempo de trabalho, efeitos estes que tinham sido primitivamente a causa da redução de preço. (Karl Marx – O Capital – O Processo de Produção Capitalista – Livro 1 – Volume 2 – p. 633-634).

A seguir, uma passagem do que diziam os capitalistas à época:

> Em Birmingham, a concorrência entre os patrões é tão grande que muitos, em sua função de empregadores, são obrigados a fazer coisas de que se envergonhariam noutras circunstâncias; apesar disso, não se faz mais dinheiro e o público é quem leva vantagem. (*Child. Empl. Comm*, III. Rep. depoimento, p. 66, n.22) (Karl Marx – O Capital – O Processo de Produção Capitalista – Livro 1 – Volume 2 – p. 634).

O capitalista não sabe que o preço normal do trabalho também envolve uma quantidade determinada de trabalho não pago e que justamente esse trabalho não pago é a fonte normal de seu lucro. Não existe para ele a categoria do tempo de trabalho excedente, pois este está incluído na jornada normal que ele acredita pagar com o salário diário. O que existe para ele é o tempo extraordinário, o prolongamento da jornada de trabalho além do limite correspondente ao preço usual do trabalho. Diante de seu concorrente, que vende abaixo do preço, até reclama pagamento extra para esse trabalho extraordinário. (Karl Marx – O Capital – O Processo de Produção Capitalista – Livro 1 – Volume 2 – p. 635).

3 O Salário por Peça

Não passa de uma forma a que se converte o salário por tempo, do mesmo modo que o salário por tempo é a forma a que se converte o valor ou o preço de força de trabalho. (Karl Marx – O Capital – O Processo de Produção Capitalista – Livro 1 – Volume 2 – p. 636).

O salário por peça dá, à primeira vista, a impressão de que o valor de uso vendido pelo trabalhador não é a função de sua força de trabalho, o trabalho vivo, mas o trabalho já materializado no produto, e de que o preço desse trabalho não é determinado, como no salário por tempo, pela fração (valor diário da força de trabalho / jornada de trabalho de determinado número de horas), mas pela capacidade de produção do trabalhador. (Karl Marx – O Capital – O Processo de Produção Capitalista – Livro 1 – Volume 2 – p. 636).

Os que acreditam nessa aparência terão sua fé logo de início fortemente abalada pela circunstância de existirem simultaneamente as duas formas de salário nos mesmos ramos de atividade. (Karl Marx – O Capital – O Processo de Produção Capitalista – Livro 1 – Volume 2 – p. 637).

> Os tipógrafos de Londres trabalham em regra pelo sistema de salário por peça, exceção entre eles o salário por tempo. No interior, ocorre o contrário com os tipógrafos; o salário por tempo é a regra e o salário por peça, a exceção. Os carpinteiros de navios do porto de Londres recebem salário por peça, os outros portos ingleses, por tempo. (Dunning, 1860, p. 22).

Em Londres, nas mesmas selarias, muitas vezes pelo mesmo trabalho se paga aos trabalhadores franceses salário por peça e aos ingleses, salário por tempo. Nas fábricas propriamente ditas, em que predomina o salário por peça, certos tipos de trabalho não se ajustam a essa forma de salário e são por isso pagos por tempo. (Karl Marx – O Capital – O Processo de Produção Capitalista – Livro 1 – Volume 2 – p. 637).

A forma de salário por peça é tão irracional quanto a de salário por tempo. O salário por peça, na realidade, não expressa diretamente nenhuma relação de valor. Não se trata de medir o valor da peça pelo tempo de trabalho nela corporificado, mas, ao contrário, o tempo despendido pelo trabalhador pelo número das peças que produziu. No salário por tempo, o trabalho se mede diretamente por sua duração; no salário por peça, pela quantidade de produtos em que o trabalho se materializa num dado espaço de tempo. O preço do tempo de trabalho continua determinado pela equação: (valor da jornada de trabalho = valor diário, da força de trabalho); Salário por peça é, portanto, apenas uma forma modificada do salário por tempo. (Karl Marx – O Capital – O Processo de Produção Capitalista – Livro 1 – Volume 2 – p. 638-639).

Nas grandes alfaiatarias de Londres, chama-se certa peça de trabalho, por exemplo, um colete etc., de uma hora, meia hora etc., a 6 pence por hora. Sabe-se pela prática qual é o produto médio de 1 hora. (Karl Marx – O Capital – O Processo de Produção Capitalista – Livro 1 – Volume 2 – p. 639).

Sendo a qualidade e a intensidade do trabalho controladas pela forma de salário, torna-se em grande parte desnecessário o trabalho de inspeção. (Karl Marx – O Capital – O Processo de Produção Capitalista – Livro 1 – Volume 2 – p. 639).

> O salário pode ser medido de dois modos: ou pela duração ou pelo produto do trabalho. (Abregé élémentaire dês príncipes de L'Écon. Pol, Paris 1796). O autor dessa obra anônima é G. Garnier.

No regime de salário por tempo, prevalece, com poucas exceções, salário igual para as mesmas funções, e, no regime de salário por peça, em que se mede o preço do tempo de trabalho por determinada quantidade de produto, o salário diário ou semanal varia com as diferenças individuais dos trabalhadores, de modo que, num determinado espaço de tempo, um produz o mínimo, outro a média e terceiro mais do que a média. Surgem grandes diferenças quanto à receita obtida, conforme a habilidade, a força, a energia, a persistência de cada trabalhador individual. Naturalmente, isto em nada altera a relação geral entre capital e trabalho assalariado. Primeiro, na oficina em seu conjunto, se compensam as diferenças individuais, de modo que ela fornece num determinado espaço de tempo, o produto médio, e o salário global pago corresponderá ao salário médio do ramo. Segundo, a proporção entre salário e mais-valia permanece inalterada, uma vez que ao salário individual de cada trabalhador corresponde a massa de mais-valia por ele fornecida. Mas, a maior margem de ação proporcionada pelo salário por peça influi no sentido de desenvolver, de um lado, a individualidade dos trabalhadores e com ela o sentimento de liberdade, a independência e o autocontrole, e, do outro, a concorrência e a emulação (competição) entre eles. (Karl Marx – O Capital – O Processo de Produção Capitalista – Livro 1 – Volume 2 – p. 641).

> Todos os que trabalham a salário por peça... tiram vantagem transgredindo os limites legais do trabalho. Essa disposição de trabalhar horas extraordinárias se encontra especialmente nas mulheres que trabalham como teceloas ou dobadeiras. (*Rep. Of. Insp. Of Fact.*, 30th April, 1858). (Karl Marx – O Capital – O Processo de Produção Capitalista – Livro 1 – Volume 2 – p. 641).

> Esse sistema de salário por peça, tão vantajoso para o capitalista... Incentiva fortemente o jovem oleiro a trabalhar excessivamente, durante 4 ou 5 anos em que é pago por peça, mas a baixo salário. Esta é uma das principais causas da degeneração física dos oleiros (*Child. Empl. Comm*. I. Rep.). (Karl Marx – O Capital – O Processo de Produção Capitalista – Livro 1 – Volume 2 – p. 641).

Por isso, o salário por peça tende a baixar o nível médio dos salários, elevando salários individuais. (Karl Marx – O Capital – O Processo de Produção Capitalista – Livro 1 – Volume 2 – p. 642).

Do exposto, evidencia-se que o salário por peça é a forma de salário mais adequada ao modo capitalista de produção. Embora não seja uma forma nova, pois figurava oficialmente, ao lado do salário por tempo, nos Estatutos do Trabalho ingleses e franceses do século XIV, sua aplicação só adquire maior amplitude no período manufatureiro propriamente dito. Na fase juvenil e tempestuosa da grande indústria, notadamente de 1797 a 1815, serve de meio para prolongar a jornada de trabalho e para rebaixar o salário. (Karl Marx – O Capital – O Processo de Produção Capitalista – Livro 1 – Volume 2 – p. 642-643).

Na tecelagem, por exemplo, o salário por peça caiu tanto que, apesar da grande prolongação da jornada, o salário por dia baixou a um nível nunca atingido. (Karl Marx – O Capital – O Processo de Produção Capitalista – Livro 1 – Volume 2 – p. 643).

Os fatos relacionados com o salário por peça, objeto na época de publicação do Parlamento, motivaram a seguinte declaração de Malthus: (Karl Marx – O Capital – O Processo de Produção Capitalista – Livro 1 – Volume 2 – p. 644).

> Confesso que vejo com desgosto estender-se cada vez mais o uso do salário por peça. Trabalho realmente duro, durante 12 ou 14 horas por dia ou por tempo mais longo, é demais para qualquer ser humano. (Malthus, Inquiry into the Nature, Londres, 1815).

Em outras palavras, o salário por peça é rebaixado na mesma proporção em que aumenta o número das peças produzidas no mesmo tempo, diminuindo, portanto, o tempo de trabalho empregado em cada peça. Essa variação do salário por peça, embora puramente nominal, provoca lutas constantes entre capitalista e trabalhador. (Karl Marx – O Capital – O Processo de Produção Capitalista – Livro 1 – Volume 2 – p. 645).

4 Diversidade entre os Salários das Nações

Quando se comparam os salários das diferentes nações devem, portanto, ser levados em conta todos os fatores que determinam a variação da magnitude do valor da força de trabalho como o preço e a extensão das necessidades elementares da existência humana, naturais e historicamente desenvolvidas, os custos de formação do trabalhador, o papel desempenhado pelo trabalho das mulheres e das crianças, a produtividade do trabalho, sua duração e sua intensidade. (Karl Marx – O Capital – O Processo de Produção Capitalista – Livro 1 – Volume 2 – p. 648).

A intensidade média do trabalho varia de país para país, menor neste, maior naquele. Essas médias nacionais formam, portanto, uma gradação cuja unidade de medida é a intensidade média do trabalho universal. Comparado com o trabalho nacional menos intenso, o mais intenso produz, portanto, no mesmo tempo, mais valor que se expressa em mais dinheiro. (Karl Marx – O Capital – O Processo de Produção Capitalista – Livro 1 – Volume 2 – p. 648).

Num país, a intensidade e a produtividade do trabalho nacional se elevam acima do nível internacional na medida em que nele está desenvolvida a produção capitalista. Por isso, a diferente quantidade de mercadorias da mesma espécie, em diferentes países, no mesmo espaço de tempo, tem valores internacionais desiguais que, através dos preços, se exprimem em diferentes somas de dinheiro. Em consequência, o valor relativo do dinheiro será menor no país onde a produção capitalista é mais desenvolvida – e o trabalho, portanto, mais intenso – do que naquele em que é menos desenvolvida. Infere-se daí que o salário nominal, o equivalente da força de trabalho expresso em dinheiro, será mais alto no primeiro país que no segundo; o que não significa que isto seja verdadeiro para o salário real, isto é, para os meios de subsistência postos à disposição do trabalhador. (Karl Marx – O Capital – O Processo de Produção Capitalista – Livro 1 – Volume 2 – p. 648-649).

Mas, além dessa diferença relativa no valor do dinheiro, em diferentes países, verifica-se, frequentemente, que o salário por dia, por semana etc., no primeiro país, é mais alto do que no segundo, enquanto o preço relativo do trabalho, isto é, o preço do trabalho em relação à mais-valia, ou ao valor do produto, é menos elevado no primeiro país do que no segundo. (Karl Marx – O Capital – O Processo de Produção Capitalista – Livro 1 – Volume 2 – p. 649).

J. W. Cowell, membro da comissão de inquérito sobre as fábricas de 1833, após cuidadosa investigação nas fiações, concluiu que "Os salários na Inglaterra são para o capitalista, virtualmente mais baixo; e, para os operários, mais altos do que no Continente Europeu". (Karl Marx – O Capital – O Processo de Produção Capitalista – Livro 1 – Volume 2 – p. 649-650).

Em polêmica com A. Smith, observa James Anderson: (Karl Marx – O Capital – O Processo de Produção Capitalista – Livro 1 – Volume 2 – p. 649).

> Cabe também observar que, se o preço aparente do trabalho é usualmente mais baixo nos países pobres, onde a produção da terra e os cereais em geral são mais baratos, o preço real é neles, em regra, mais alto do que nos outros países. Não é o salário que se dá ao trabalhador diariamente que constitui o preço real do trabalho, embora seja o preço aparente. O preço real é o que custa realmente ao empregador certa quantidade de trabalho realizado; sob esse ângulo, o trabalho em quase todos os casos, é mais barato nos países ricos do que nos países pobres, embora o preço dos cereais e de outros meios de subsistência seja mais barato nestes do que naqueles... O trabalho a preço por dia é mais barato na Escócia do que na Inglaterra... O trabalho apreçado por peça é geralmente

mais barato na Inglaterra. (James Anderson, Observations on the means of exciting, a spirit of National Industry etc., Edinburgo, 1777).

Os salários baixos produzem trabalho caro. "O trabalho na Irlanda é mais caro do que na Inglaterra... porque lá os salários são mais baixos (Commission on Railwys, Minutes, 1867).

Alexander Redgrave, inspetor de fábrica na Inglaterra, em seu relatório de 31/10/1866, demonstra, por meio de estatísticas comparativas, que o trabalho no Continente Europeu, apesar dos salários mais baixos e da duração bem mais longa, são mais caros do que os ingleses em relação ao produto. Um diretor inglês de uma fiação de algodão em Oldenburg declara que o trabalho lá dura de 5 ½ da manhã às 8 da noite, inclusive aos sábados, e que os trabalhadores, nesse horário, com supervisores ingleses, não produzem tanto quanto os operários ingleses em 10 horas, e com supervisores alemães muito menos. (Karl Marx – O Capital – O Processo de Produção Capitalista – Livro 1 – Volume 2 – p. 659).

O salário é muito mais baixo que na Inglaterra, caindo em muitos casos a 50%, mas o número de trabalhadores em relação à maquinaria é muito maior na proporção de 5 para 3 em diversas seções. (Karl Marx – O Capital – O Processo de Produção Capitalista – Livro 1 – Volume 2 – p. 659).

Países	Nº Médio de Fusos	
	Por Fábrica	Por Trabalhador
Inglaterra	12.600	74
Suíça	8.000	55
Áustria	7.000	49
Saxônia	4.500	50
Bélgica	4.000	50
França	1.500	14
Rússia	-	28
Prússia	1.500	37
Baviera	-	46
Estados Alemães menores	-	55

(grifo meu) (Karl Marx – O Capital – O Processo de Produção Capitalista – Livro 1 – Volume 2 – p. 651).

Esta comparação, diz Redgrave, está apresentada de maneira desfavorável à Grã-Bretanha, onde existe grande número de fábricas nas quais a fiação funciona em conjunto com a tecelagem mecanizada, não tendo sido deduzidos os tecelões nos cálculos feitos. As fábricas estrangeiras na sua maioria são apenas fiação. Se fosse possível comparar estritamente igual com igual, apresentaria muitas fiações de algodão em meu distrito, nas quais um supervisor e dois auxiliares tomam conta de máquinas de fiar (mules) com 2.200 fusos, produzindo por dia 220 libras de fio, com o comprimento de 400 milhas inglesas (Reports of Insp. Of Fact., 31st Oct. 1866).

Em um dos seus primeiros estudos econômicos, H. Carey procura provar que os diferentes salários nacionais guardam entre si a mesma relação que existe entre os diferentes graus de produtividade das jornadas de trabalho nacionais, para extrair dessa relação internacional a conclusão de que o salário geralmente sobe e desce de acordo com a produtividade do trabalho. Toda a nossa análise da produção da mais-valia provaria o absurdo dessa conclusão, que continuaria absurda mesmo que Carey tivesse demonstrado suas premissas, em vez de, à sua moda, amontoar confusa e profusamente, sem qualquer espírito crítico, material estatístico colhido a esmo. O melhor é que ele não afirma sucederem as coisas na realidade como deveriam suceder de acordo com sua teoria. Segundo ele, a intervenção do Estado falsificou as relações econômicas naturais. Por isso, é necessário calcular os salários nacionais como se coubesse ao trabalhador a parte deles que vai para o Estado sob a forma de impostos. Não deveria Carey, prosseguindo, em suas meditações, propor a si mesmo o problema de saber se esses custos do Estado não são frutos naturais do desenvolvimento capitalista? O tema é adequado para ele, pois proclama as relações da produção capitalista leis eternas da natureza e da razão, cujo funcionamento livre e harmonioso só é perturbado pela intervenção do Estado. Mas, a seguir, descobre que a influência diabólica da Inglaterra no mercado mundial, influência que, a seu parecer, não decorre das leis naturais da produção capitalista, torna necessária a intervenção do Estado, isto é, a proteção daquelas leis da natureza e da razão pelo Estado ou, por outra, o sistema protecionista. Ele descobre ainda que os teoremas de Ricardo e de outros em que se formulam as oposições e contradições, socialmente existentes, não constituem ideias resultantes do movimento econômico real, mas ao contrário, os aspectos opostos existentes na produção capitalista da Inglaterra e de outros países são o resultado das teorias de Ricardo e de outros! Descobre por fim, que é o comércio quem destrói as belezas e harmonias inatas do modo capitalista de produção. (Karl Marx – O Capital – O Processo de Produção Capitalista – Livro 1 – Volume 2 – p. 652-653).

Segundo Marx, o único mal da produção capitalista é o próprio capital. (Karl Marx – O Capital – O Processo de Produção Capitalista – Livro 1 – Volume 2 – p. 653).

ACUMULAÇÃO DE CAPITAL

A conversão de uma soma de dinheiro em meios de produção e força de trabalho é o primeiro passo dado por uma quantidade de valor que vai exercer a função de capital. Essa conversão ocorre no mercado, na esfera da circulação. O segundo passo, o processo de produção, consiste em transformar os meios de produção em mercadoria cujo valor ultrapassa o dos seus elementos componentes, contendo, portanto, o capital que foi desembolsado, acrescido de uma mais-valia. A seguir, essas mercadorias têm, por sua vez, de ser lançadas na esfera da circulação. Importa vendê-las, realizar seu valor em dinheiro, e converter de novo esse dinheiro em capital, repetindo continuamente as mesmas operações. Esse movimento circular que se realiza sempre através das mesmas fases sucessivas constitui a circulação do capital. (Karl Marx – O Capital – O Processo de Produção Capitalista – Livro 1 – Volume 2 – p. 657).

A primeira condição da acumulação é o capitalista conseguir suas mercadorias e reconverter a maior parte do dinheiro por elas recebido em capital. (Karl Marx – O Capital – O Processo de Produção Capitalista – Livro 1 – Volume 2 – p. 657-658).

O capitalista que produz a mais-valia, isto é, que extrai diretamente dos trabalhadores trabalho não pago, materializando-o em mercadorias, é quem primeiro se apropria dessa mais-valia, mas não é o último proprietário dela. Tem de dividi-la com capitalistas, que exercem outras funções no conjunto da produção social, com os proprietários de terras etc. A mais-valia se fragmenta assim, em diversas partes. Suas frações cabem a diferentes categorias de pessoas e recebem por isso formas diversas. Independentes entre si, como lucro, juros, ganho comercial, renda da terra etc. (Karl Marx – O Capital – O Processo de Produção Capitalista – Livro 1 – Volume 2 – p. 658).

Quando ocorre de fato a acumulação, é porque o capitalista conseguiu vender a mercadoria produzida e reconverter o dinheiro recebido em capital. Qualquer que seja a proporção da mais-valia que o produtor capitalista conserve para si mesmo ou ceda a outrem, é sempre ele quem dela primeiro se apropria. Nossos pressupostos para o estudo da acumulação constituem, portanto, pressupostos do processo real da acumulação. (Karl Marx – O Capital – O Processo de Produção Capitalista – Livro 1 – Volume 2 – p. 658).

1 Reprodução Simples

Uma sociedade não pode parar de consumir nem de produzir. Por isso, todo processo social de produção encarado em suas conexões constantes e no fluxo contínuo de sua renovação, é, ao mesmo tempo, processo de reprodução. (grifo meu) (Karl Marx – O Capital – O Processo de Produção Capitalista – Livro 1 – Volume 2 – p. 659).

Nenhuma sociedade pode produzir continuamente, isto é, reproduzir, sem reconverter, de maneira constante, parte de seus produtos em meios de produção ou elementos da produção nova. Permanecendo invariáveis as demais condições, só pode reproduzir ou manter sua riqueza no mesmo nível, substituindo, durante o ano, por exemplo, os meios de produção consumidos, isto é, instrumental de trabalho, matérias-primas e substâncias acessórias, por quantidade igual de artigos da mesma espécie, separados da produção anual e incorporados ao processo de produção que continua. (Karl Marx – O Capital – O Processo de Produção Capitalista – Livro 1 – Volume 2 – p. 659-660).

Caso a produção tenha a forma capitalista, também a terá a reprodução. No modo capitalista de produção, o processo de trabalho é apenas um meio de criar valor; analogamente, a reprodução é apenas um meio de reproduzir o valor antecipado como capital, isto é, como valor que se expande. Uma pessoa só assume a feição econômica de capitalista quando seu dinheiro funciona continuamente como capital. (Karl Marx – O Capital – O Processo de Produção Capitalista – Livro 1 – Volume 2 – p. 660).

Como acréscimo periódico ao valor do capital, ou fruto periódico do capital em movimento, a mais-valia toma a forma de um rendimento que tem sua origem no capital. (Karl Marx – O Capital – O Processo de Produção Capitalista – Livro 1 – Volume 2 – p. 660).

O processo de produção se inicia com a compra da força de trabalho por determinado tempo e esse começo se renova sempre que se extingue o prazo estipulado, tendo decorrido assim determinado período de produção, semana, mês etc. Mas, o trabalhador só é pago depois de ter empregado sua força de trabalho e depois de se terem materializado nas mercadorias o valor dessa força e a mais-valia. Assim, produziu ele a mais-valia, provisoriamente considerada o fundo de consumo do capitalista, além de produzir o fundo para seu próprio pagamento, o capital variável, antes de este chegar às suas mãos sob a forma de salário. E só terá emprego enquanto reproduzir continuamente esse capital variável. (Karl Marx – O Capital – O Processo de Produção Capitalista – Livro 1 – Volume 2 – p. 660-661).

O que vai para o trabalhador sob a forma de salário é uma parte do produto por ele constantemente reproduzido. Na verdade, o capitalista paga-lhe em dinheiro, mas esse dinheiro não é mais do que a forma a que se converte o produto do trabalho, ou mais precisamente, uma parte dele. A ilusão gerada pela forma dinheiro desaparece logo que se consideram a classe capitalista e a classe trabalhadora e não o capitalista e o trabalhador isoladamente. A classe capitalista dá constantemente à classe trabalhadora, sob a forma de dinheiro, letras que a habilitam a receber parte do produto que produziu e do qual aquela se apoderou. Mas, o trabalhador devolve continuamente essas letras à classe capitalista, para receber a parte do produto dele mesmo, que lhe é atribuída. (Karl Marx – O Capital – O Processo de Produção Capitalista – Livro 1 – Volume 2 – p. 661).

Sendo a mais-valia, anualmente produzida por um capital de 1000 libras esterlinas, de 200 libras esterlinas, e se toda a mais-valia for consumida durante um ano, é claro que após a repetição do mesmo processo durante cinco anos, a soma da mais-valia consumida = 5 x 200 ou igual ao valor do capital primitivamente desembolsado, de 1000 libras. Quando alguém consome todo o seu patrimônio assumindo dívidas no mesmo valor desse patrimônio, é claro que este passa a representar apenas o valor global de suas dívidas. Do mesmo modo, quando o capitalista consumiu o equivalente do capital que desembolsou, o valor desse capital representa apenas a soma global da mais-valia de que se apoderou gratuitamente. (Karl Marx – O Capital – O Processo de Produção Capitalista – Livro 1 – Volume 2 – p. 663).

A separação entre o produto do trabalho e o próprio trabalho, entre as condições objetivas do trabalho e a força subjetiva do trabalho, é, portanto, o fundamento efetivo, o ponto de partida do processo de produção capitalista. (Karl Marx – O Capital – O Processo de Produção Capitalista – Livro 1 – Volume 2 – p. 664).

Mas, o que no início é apenas ponto de partida torna-se, em virtude da mera continuidade do processo da reprodução simples, o resultado peculiar constantemente renovado e perpetuado da produção capitalista. O capitalista produz o trabalhador sob a forma de trabalhador assalariado. Essa reprodução constante, essa perpetuação do trabalhador é a condição necessária da produção capitalista. (Karl Marx – O Capital – O Processo de Produção Capitalista – Livro 1 – Volume 2 – p. 664).

O trabalhador realiza dois tipos de consumo. Na produção consome meios de produção com seu trabalho e transforma-os em produtos de valor maior que o desembolsado pelo capital. Este é o consumo produtivo. Ele é, ao mesmo tempo, consumo de sua força de trabalho pelo capitalista que a comprou. Por outro lado, o trabalhador emprega o dinheiro pago para a compra da força de trabalho em meios de subsistência; este é seu consumo individual. **O consumo produtivo e o individual do trabalhador são, portanto, totalmente diversos. No primeiro, opera como força motriz do capital e pertence ao capitalista; no segundo, pertence a si mesmo e realiza funções vitais fora do processo de produção. O resultado de um é a vida do capitalista, e o do outro é a vida do próprio trabalhador.** (grifo meu) (Karl Marx – O Capital – O Processo de Produção Capitalista – Livro 1 – Volume 2 – p. 665).

O capital que fornece, em troca da força de trabalho, se converte em meios de subsistência, cujo consumo serve para reproduzir músculos, nervos, ossos e cérebro do trabalhador existente e para gerar novos trabalhadores. Dentro dos limites do absolutamente necessário, o consumo individual da classe trabalhadora, portanto, transforma os meios de subsistência, proporcionados pelo capital, em troca de força de trabalho, em nova força de trabalho explorável pelo capital. (Karl Marx – O Capital – O Processo de Produção Capitalista – Livro 1 – Volume 2 – p. 666).

A conservação, a reprodução da classe trabalhadora, constitui condição necessária e permanente da reprodução do capital. (Karl Marx – O Capital – O Processo de Produção Capitalista – Livro 1 – Volume 2 – p. 666).

Do ponto de vista social, portanto, a classe trabalhadora, mesmo quando não está diretamente empenhada no processo de trabalho, é um acessório do capital do mesmo modo que o instrumental inanimado de trabalho. Dentro de certos limites, mesmo seu consumo individual não passa de um elemento do processo de reprodução do capital. O consumo individual assegura a conservação e reprodução dos trabalhadores e, destruindo os meios de subsistência, o contínuo reaparecimento dos trabalhadores no mercado de trabalho. (Karl Marx – O Capital – O Processo de Produção Capitalista – Livro 1 – Volume 2 – p. 667).

A reprodução da classe trabalhadora envolve, ao mesmo tempo, a transferência e a acumulação da habilidade, de uma geração para outra. O capitalista considera a existência de uma classe trabalhadora dotada de habilidade entre as condições de produção que lhe pertencem; vê nela a existência real de seu capital variável. É o que se comprova quando uma crise lhe traz a ameaça de perdê-la. Com a guerra civil americana e a crise de algodão que a acompanhou, foi lançada à rua, conforme é notório, a maioria dos trabalhadores têxteis de Lancashire etc. Do seio da própria classe trabalhadora e de outras camadas sociais, levantou-se o clamor pela proteção do Estado e por uma subscrição nacional voluntária, a fim de possibilitar a emigração (saída do país) dos trabalhadores supérfluos para as colônias inglesas ou para os EUA. (Karl Marx – O Capital – O Processo de Produção Capitalista – Livro 1 – Volume 2 – p. 667-668).

O Times publicou, em 24/03/1863, uma carta de Edmund Potter, ex-presidente da Câmara de Comércio de Manchester. Na Câmara dos Comuns, sua carta foi considerada "o manifesto dos

fabricantes", manifestando o direito de propriedade do capital sobre a força de trabalho. (grifo meu) (Karl Marx – O Capital – O Processo de Produção Capitalista – Livro 1 – Volume 2 – p. 668).

> Pode-se dizer aos trabalhadores de algodão que são demais no mercado... que seu número deve ser talvez reduzido de um terço, quando se estabeleceria uma procura sadia para os dois terços restantes... A opinião pública clama pela emigração [...]. O patrão não pode ver com boa vontade uma remoção de sua força de trabalho; pode considerá-la um erro e uma injustiça... Se a emigração é apoiada com recursos oficiais, tem o patrão o direito de ser ouvido e talvez de protestar. (Karl Marx – O Capital – O Processo de Produção Capitalista – Livro 1 – Volume 2 – p. 668).

Não é mais o acaso que leva o trabalhador e o capitalista a se encontrarem no mercado, como vendedor e comprador. É o próprio processo que continuamente lança o primeiro como vendedor de sua força de trabalho no mercado e transforma seu produto em meio que o segundo utiliza para comprá-lo. Na realidade, o trabalhador pertence ao capital antes de vender-se ao capitalista. Sua servidão econômica se concretiza e se dissimula, ao mesmo tempo, pela venda periódica de si mesmo, pela sua troca de patrões e pelas oscilações do preço do trabalho no mercado. (Karl Marx – O Capital – O Processo de Produção Capitalista – Livro 1 – Volume 2 – p. 672-673).

> O capital pressupõe o trabalho assalariado, e o trabalho assalariado pressupõe o capital. Eles se condicionam e se reproduzem reciprocamente. Numa fábrica têxtil algodoeira, produz o trabalhador apenas artigos de algodão? Não, ele produz capital. Produz valores que servem de novo para comandar seu trabalho e para criar, através deles mesmos, novos valores (Karl Marx, Lohnarbeit und Kapital, Em Neue Rheinische, 7 abril de 1849).

> Os artigos publicados sob esse título tirei-os das palestras que fiz sobre o tema em 1847, na Associação dos trabalhadores alemães, em Bruxelas, e cuja impressão foi interrompida pela revolução de fevereiro. (Karl Marx – O Capital – O Processo de Produção Capitalista – Livro 1 – Volume 2 – p. 673).

TRANSFORMAÇÃO DA MAIS-VALIA EM CAPITAL

1 A Reprodução Ampliada. Transmutação do Direito de Propriedade da Produção Mercantil em Direito de Propriedade Capitalista

Aplicação de mais-valia como capital, ou conversão de mais-valia em capital, é o que se chama de acumulação de capital. (Karl Marx – O Capital – O Processo de Produção Capitalista – Livro 1 – Volume 2 – p. 674).

Sem fazer milagres, só se pode transformar em capital as coisas que são aplicáveis no processo de trabalho, isto é, meios de produção, e coisas das quais os trabalhadores precisam para manter-se, isto é, meios de subsistência. Em consequência, parte do trabalho anual excedente tem de ser transformado para produzir meios adicionais de produção e de subsistência acima da quantidade necessária para substituir o capital adiantado. (Karl Marx – O Capital – O Processo de Produção Capitalista – Livro 1 – Volume 2 – p. 676).

Para fazer esses elementos materiais funcionarem realmente como capital, a classe capitalista precisa apenas de um acréscimo de trabalho. Não sendo possível aumentar extensiva ou intensivamente a exploração dos trabalhadores já empregados, tem de ser utilizadas forças de trabalho adicionais. O mecanismo da produção capitalista já resolveu esse problema, reproduzindo a classe trabalhadora como classe que depende de salário e à qual este ordinariamente assegura não só a conservação, mas a multiplicação. (Karl Marx – O Capital – O Processo de Produção Capitalista – Livro 1 – Volume 2 – p. 676).

Por mais que o modo capitalista de apropriar-se do trabalho alheio pareça chocar-se com as primitivas leis da produção mercantil, ele não surge da transgressão delas, mas, ao contrário, de sua aplicação. Isto pode ser mais uma vez esclarecido, através de um pequeno retrospecto sobre a sequência de fases, cujo resultado final é a acumulação capitalista. (Karl Marx – O Capital – O Processo de Produção Capitalista – Livro 1 – Volume 2 – p. 679-680).

O valor de um produto inclui, primeiro, o valor dos meios de produção consumidos. O valor do novo produto abrange, ainda, o equivalente ao valor da força de trabalho e uma mais-valia. Abrange esta porque a força de trabalho vendida, por determinado espaço de tempo, dia, semana etc., possui menos valor do que aquele que é criado nesse tempo com seu emprego. Mas, o trabalhador recebeu em pagamento o valor de troca de sua força de trabalho, alienando por isso seu valor de uso, o que sucede em qualquer compra e venda. (Karl Marx – O Capital – O Processo de Produção Capitalista – Livro 1 – Volume 2 – p. 680).

A lei da troca pressupõe igualdade apenas para os valores de troca das mercadorias que se intercambiam. Pressupõe mesmo, diversidade entre seus valores de uso, e nada tem a ver com o emprego dela, que só começa depois de concluído o negócio. (Karl Marx – O Capital – O Processo de Produção Capitalista – Livro 1 – Volume 2 – p. 680).

A primeira transformação do dinheiro em capital realiza-se, portanto, na mais perfeita concordância com as leis econômicas da produção de mercadorias e com o direito de propriedade que delas decorre. Apesar disso, essa transformação tem por consequência:

- que o produto pertence ao capitalista e não ao trabalhador;

- que o valor desse produto abrange, além do valor do capital adiantado, uma mais- valia que ao trabalhador custou trabalho e ao capitalista nada, a qual, entretanto, se torna propriedade legítima do capitalista;

- que o trabalhador reproduziu sua força de trabalho e pode vendê-la novamente se achar um comprador. (Karl Marx – O Capital – O Processo de Produção Capitalista – Livro 1 – Volume 2 – p. 680-681).

A reprodução simples é apenas a repetição periódica dessa primeira transformação; o dinheiro se transforma continuadamente em capital. A lei não é violada; ao contrário, ela tem a oportunidade de operar permanentemente. (Karl Marx – O Capital – O Processo de Produção Capitalista – Livro 1 – Volume 2 – p. 681).

Na verdade, a coisa muda inteiramente de aspecto quando observamos a produção capitalista no fluxo ininterrupto de sua renovação, e em lugar do capitalista isolado e do trabalhador isolado, consideramos a totalidade dos capitalistas, a classe capitalista e, diante dela, a classe trabalhadora. (Karl Marx – O Capital – O Processo de Produção Capitalista – Livro 1 – Volume 2 – p. 682).

No fluxo da produção, todo capital originalmente adiantado se torna uma grandeza evanescente (efêmera), em face do capital diretamente acumulado, isto é, da mais-valia ou do produto excedente que se converte em capital, seja nas mãos de quem produziu a mais valia ou em mãos alheias. A economia política apresenta, por isso, o capital como "riqueza acumulada" (mais-valia ou renda transformadas), que se emprega para produzir nova mais- valia, e o capitalista como "o possuidor do produto excedente". (grifo meu) (Karl Marx – O Capital – O Processo de Produção Capitalista – Livro 1 – Volume 2 – p. 683-684).

> Capital, formado com os juros compostos sobre cada porção do capital poupado, cresce tanto que toda a riqueza do mundo da qual deriva renda, é constituída, há muito tempo, pelos juros que incidem sobre o capital (Economist, de Londres, de 19/07/1851). (Karl Marx – O Capital – O Processo de Produção Capitalista – Livro 1 – Volume 2 – p. 684).

> Nenhum economista hodierno pode identificar economizar com entesourar. Excluída essa identificação simplista que não leva a nenhum resultado, só se pode imaginar, do ponto de vista da riqueza nacional, o emprego da palavra economizar, relacionando-a com o modo de aplicação do que foi economizado, o qual se caracteriza por uma distinção entre as diferentes espécies de trabalho mantidas por essa aplicação (Malthus, l. c., p. 38 e 39).(Karl Marx – O Capital – O Processo de Produção Capitalista – Livro 1 – Volume 2 – p. 684-685).

2 Concepção Errônea da Economia Política sobre a Reprodução Ampliada

As mercadorias que o capitalista compra, para seu consumo, com uma parte da "Mais- Valia", não lhe servem evidentemente de meios de produção e de criação de valor; também não é trabalho produtivo o que ele compra para satisfazer suas necessidades naturais e sociais. Ao comprar essas mercadorias e esse tipo de trabalho, consome ou despende a mais-valia como renda, em vez de transformá-la em capital. A concepção da velha nobreza consistia em consumir o que existe, segundo a acertada expressão de Hegel e notadamente em ostentar luxo pessoal. Para a economia burguesa, ao contrário, é da maior importância proclamar a acumulação de capital como o primeiro dever de cidadania e pregar incansavelmente que não se pode acumular consumindo-se toda a renda e que se deve gastar boa parte dela no emprego de trabalhadores adicionais, cujo rendimento é superior ao custo. Além disso, os economistas burgueses tinham de combater o preconceito popular que confunde a produção capitalista com entesouramento e imagina, por isso, que riqueza acumulada é riqueza que escapa à destruição, permanecendo em sua forma natural e deixando de ser consumida, ou riqueza que é retirada da circulação. A retirada do dinheiro da circulação impediria totalmente sua expansão como capital, e a acumulação de mercadorias com fins de entesouramento não passaria de uma loucura. As mercadorias se acumulam em grandes proporções quando a circulação paralisa ou há superprodução. Impressiona a imaginação popular o quadro dos bens armazenados pelos ricos para consumo gradativo e a formação de estoques, que ocorre em todos os modos de produção e que examinaremos quando fizermos a análise do processo de circulação. (Karl Marx – O Capital – O Processo de Produção Capitalista – Livro 1 – Volume 2 – p. 684-685).

A economia clássica está certa quando põe em destaque que o consumo do produto excedente por trabalhadores produtivos, e não por trabalhadores improdutivos, é elemento característico do processo de acumulação. Mas seu erro começa justamente aí. Foi A. Smith quem lançou em moda a ideia de que a acumulação é apenas consumo do produto excedente por trabalhadores produtivos, ou seja, de que a capitalização da mais-valia é apenas a transformação desta em força de trabalho. (Karl Marx – O Capital – O Processo de Produção Capitalista – Livro 1 – Volume 2 – p. 685).

De Ricardo, (l. c., p. 163):

> Devemos compreender que todos os produtos de um país são consumidos; porém, faz diferença maior do que se pode pensar saber se foram consumidos por aqueles que reproduzem outro valor, ou por aqueles que não o reproduzem. Quando dizemos que renda é economizada e adicionada ao capital, queremos dizer que a parte da renda da qual se afirma ter sido adicionada ao capital é consumida por trabalhadores produtivos e não por trabalhadores improdutivos. Não há erro maior que o de supor que o capital aumenta por não ser consumido. (Karl Marx – O Capital – O Processo de Produção Capitalista – Livro 1 – Volume 2 – p. 685).

Não há erro maior que esse que Ricardo e todos os economistas posteriores repetem, de acordo com A. Smith, que "a parte da renda que se diz ter sido adicionada ao capital é consumida por trabalhadores produtivos". (Karl Marx – O Capital – O Processo de Produção Capitalista – Livro 1 – Volume 2 – p. 686).

De acordo com essa concepção, toda mais-valia que se transforma em capital, converte-se em capital variável. Mas, bem ao contrário, ela se reparte, como o valor primitivamente adiantado, em capital constante e capital variável, em meios de produção e em força de trabalho. Força de trabalho é a forma em que o capital variável existe dentro do processo de produção. Nesse processo, ela é consumida pelo capitalista. Por sua vez, ela consome, com sua função, o trabalho, os meios de produção. Ao mesmo tempo, o dinheiro pago para comprar a força de trabalho se transforma em meios de subsistência que são consumidos não pelo trabalho produtivo, mas pelo trabalhador produtivo. Através de uma análise fundamentalmente errada, chega A. Smith ao absurdo resultado de que, embora cada capital individual se divida em parte constante e parte variável, o capital social acaba sendo apenas capital variável ou é despendido apenas para pagar salários. (Karl Marx – O Capital – O Processo de Produção Capitalista – Livro 1 – Volume 2 – p. 686).

Os movimentos dos capitais e das rendas pessoais se cruzam, se misturam e se perdem numa troca geral de posições, na circulação da riqueza social, o que confunde a percepção e cria para o investigador problemas difíceis de resolver. O grande mérito dos fisiocratas foi ter feito pela primeira vez, em seu Quadro Econômico, a tentativa de retratar a produção anual de acordo com a feição em que se manifesta através da circulação. (Karl Marx – O Capital – O Processo de Produção Capitalista – Livro 1 – Volume 2 – p. 687).

É compreensível que a economia política, no interesse da classe capitalista, tenha procurado tirar todo proveito possível da doutrina de A. Smith, segundo a qual, toda a parte do produto excedente, que se transforma em capital, é consumida pela classe trabalhadora. (Karl Marx – O Capital – O Processo de Produção Capitalista – Livro 1 – Volume 2 – p. 687).

3 Divisão da Mais-Valia em Capital e Renda. Teoria da Abstinência

O capitalista só possui um valor perante a história e o direito histórico à existência, enquanto funciona personificando o capital. Sua própria necessidade transitória, nessas condições, está ligada à necessidade transitória do modo capitalista de produção. Mas, ao personificar o capital, o que o impele não são os valores de uso de sua fruição e sim o valor de troca e sua ampliação. (Karl Marx – O Capital – O Processo de Produção Capitalista – Livro 1 – Volume 2 – p. 688).

O capitalista é respeitável apenas quando personifica o capital. Nessa função, partilha com o entesourador a paixão da riqueza pela riqueza. Mas, o que neste é mania individual, é naquele uma resultante do mecanismo social. O desenvolvimento da produção capitalista torna necessária a elevação contínua do capital empregado num empreendimento industrial, e a concorrência impõe a cada capitalista as leis imanentes do modo capitalista de produção, como leis coercitivas externas. Compele-o a expandir continuamente seu capital, para conservá-lo e só pode expandi-lo por meio da acumulação progressiva. (Karl Marx – O Capital – O Processo de Produção Capitalista – Livro 1 – Volume 2 – p. 688).

Com o desenvolvimento do modo capitalista de produção, da acumulação e da riqueza, deixa o capitalista de ser mera encarnação do capital. Sente compaixão por si mesmo e atinge um nível de educação que o leva a sorrir do apego à ascese (alta virtude), considerando-o preconceito do entesourador arcaico. Enquanto o capitalista clássico condena o consumo individual como pecado contra sua função e atentado contra a acumulação, o capitalista moderno é capaz de considerar a acumulação uma renúncia ao impulso de fruir a vida – "em seu peito, coitadinho, moram duas almas que lutam por separar-se!". (Karl Marx – O Capital – O Processo de Produção Capitalista – Livro 1 – Volume 2 – p. 689-690).

Lutero demonstra que a ambição de dominar é um dos fatores do impulso para enriquecer-se. Os pagãos puderam, à luz da razão, concluir que um usurário é um ladrão quatro vezes e um assassino. Mas, nós cristãos os temos em tão honrosa conta que quase os adoramos por causa de seu dinheiro... Quem extrai, rouba e furta o alimento de outro é moralmente um homicida como o que mata uma pessoa de fome ou a arruína totalmente. E é o que faz o usurário. Entretanto, senta-se tranquilamente em sua cadeira, quando, com justiça, deveria estar suspenso na forca e ser devorado por tantos corvos, quantos fossem os florins por ele roubados, desde que tivesse carne suficiente que tão inumeráveis corvos pudessem perfurá-la e reparti-la entre si. Hoje em dia, enforcamos os pequenos ladrões [...]. Não há sobre a terra maior inimigo do ser humano, depois do demônio, do que um avarento, um usurário, pois quer ser Deus, dominando todos os homens... (Paródia a palavras de Fausto, de Goethe). (Karl Marx – O Capital – O Processo de Produção Capitalista – Livro 1 – Volume 2 – p. 689-690).

Nos primórdios históricos do modo capitalista de produção dominam o impulso para enriquecer e a avareza como paixões absolutas. Mas, o progresso da produção capitalista não cria apenas um mundo de fruições. Com a especulação e com o crédito, abre milhares de fontes de enriquecimento rápido. O Capitalista se enriquece não como o entesourador, na proporção do seu trabalho pessoal e do que deixa de gastar consigo mesmo, mas na medida em que suga força de trabalho alheia e impõe ao trabalhador a renúncia à fruição da vida. (Karl Marx – O Capital – O Processo de Produção Capitalista – Livro 1 – Volume 2 – p. 690).

A indústria de Manchester, lê-se num trabalho do Dr. Alkin, publicado em 1795, pode ser dividida em quatro períodos. No primeiro, os fabricantes eram forçados a trabalhar duro para se manterem. No segundo período começaram a adquirir pequenas fortunas, mas trabalhavam tão duramente quanto antes... No terceiro período começou o luxo, e ampliaram os negócios enviando viajantes a cavalo para obter encomendas em todas as praças do Reino. É provável que, antes de 1690, existissem poucos capitais ou mesmo nenhum, na faixa de 3.000 a 4.000 libras esterlinas, obtidos através da indústria. (Karl Marx – O Capital – O Processo de Produção Capitalista – Livro 1 – Volume 2 – p. 690-691).

Antes de aparecer a maquinaria, o consumo individual dos manufatores à noite, nas tabernas, onde se reuniam, nunca ultrapassava de 6 pence para um copo de ponche e 1 pêni por um pedaço de fumo de rolo. Só em 1758, o que marcou época, viu-se uma pessoa realmente engajada na indústria possuir uma carruagem própria. O quarto período, o último terço do século XVIII, caracteriza-se por gastos e por grande luxo, alimentados pela expansão dos negócios. Que diria o bom doutor Alkin se ressuscitasse hoje em Manchester? (Karl Marx – O Capital – O Processo de Produção Capitalista – Livro 1 – Volume 2 – p. 691).

Acumulai, acumulai! Este é o mandamento principal. A indústria fornece o material que a poupança acumula. Poupai, portanto, poupai, transformai a maior quantidade possível da mais-valia ou do produto excedente em capital. Acumulação pela acumulação, produção pela produção é a fórmula com que a economia clássica expressou a vocação histórica do período burguês. Em nenhum momento ela se iludiu a si mesma a respeito das dores que causa o nascimento da riqueza, mas, de que adianta lamentar em face da necessidade histórica? Se, para a economia clássica, o operário é apenas máquina para produzir mais valia, o capitalista, para ela, não passa de máquina para transformar essa mais-valia em capital excedente. Ela considera a função histórica do capitalista com uma seriedade amarga. Para imunizar o coração dele do conflito nefasto entre o impulso de gozar e o de enriquecer-se, defendeu Malthus, no começo da década dos vinte, do século XIX, uma divisão de trabalho que atribui ao capitalista realmente engajado na produção a tarefa de acumular, e aos outros participantes da mais-valia, a aristocracia rural, os dignitários do estado e da igreja etc., a tarefa de gastar. É da maior importância, diz ele, manter separadas a paixão de gastar e a de acumular. (Karl Marx – O Capital – O Processo de Produção Capitalista – Livro 1 – Volume 2 – p. 691-692).

J B. Say diz:

> As poupanças dos ricos são feitas às custas dos pobres. O proletário romano vivia quase inteiramente às custas da sociedade... Poder-se-ia quase dizer que a sociedade moderna vive às custas dos proletários, da parte que lhes toma ao pagar seu trabalho (Sismondi, Études etc.). (Karl Marx – O Capital – O Processo de Produção Capitalista – Livro 1 – Volume 2 – p. 692).

> A procura acrescida de trabalho pelo trabalhador nada mais significa do que a disposição deste de tomar para si mesmo parte menor de seu próprio produto, deixando a parte maior para seu empregador; e quando se diz que assim se diminui o consumo dos trabalhadores, provocando abarrotamento do mercado, superprodução, só posso responder que essa superabundância é sinônima de lucros elevados. (L. c., p. 59). (Karl Marx – O Capital – O Processo de Produção Capitalista – Livro 1 – Volume 2 – p. 693).

Esse douto debate sobre o modo como distribuir entre o capitalista industrial e o proprietário ocioso das terras etc., o esbulho feito ao trabalhador, da maneira mais vantajosa para a acumulação, silenciou em face da revolução de julho. Pouco depois, ecoou a revolta do proletariado urbano em Lyon e o proletariado rural da Inglaterra começou a atear fogo nas propriedades agrícolas. Justamente um ano antes de inventar em Manchester a doutrina de que o lucro do capital, inclusive os juros, é produto da última hora de trabalho, a décima segunda. Nassau W. Senior anunciara ao mundo outra descoberta sua. Substituo, disse ele solenemente, a palavra capital, como instrumento de produção, pela palavra abstinência. Esta é a maior das descobertas da economia vulgar. Quanto mais progride a sociedade, mais necessária é a abstinência, mas, por certo, da parte daqueles que exercem a indústria de se apropriar da indústria alheia e do produto desta. Se o trigo não é consumido, mas semeado, é por causa da abstinência do capitalista. Se o vinho é guardado até acabar de fermentar, é por causa da abstinência do capitalista. O capitalista se despoja a si mesmo, quando empresta ao trabalhador meios de produção, isto é, quando lhes aumenta o valor como capital, incorporando-lhes força de trabalho, em vez de repastar-se comendo as máquinas a vapor, algodão, ferrovias, adubos, animais de tração etc. ou, segundo a concepção infantil da economia vulgar, dissipar seu valor em luxo e em artigos de consumo. (Karl Marx – O Capital – O Processo de Produção Capitalista – Livro 1 – Volume 2 – p. 693-694).

As distintas classes de renda que mais contribuem para o progresso do capital nacional variam segundo os diversos estádios de desenvolvimento das nações e são por isso, totalmente diferentes conforme a diversidade dos níveis de progresso dos países [...]. Lucro [...] fonte de acumulação sem importância, em relação a salários e renda das terras, nos estádios anteriores da sociedade... Quando há um progresso considerável e efetivo nas forças da indústria nacional... aumenta a importância relativa do lucro como fonte de acumulação. (Richard Jones, Textbook etc.) (Karl Marx – O Capital – O Processo de Produção Capitalista – Livro 1 – Volume 2 – p. 695).

4 Circunstâncias que determinam o Montante da Acumulação, independentemente da Divisão Proporcional da Mais-Valia em Capital e Renda; Grau de Exploração da Força de Trabalho; Produtividade do Trabalho; Diferença crescente entre Capital Empregado e Consumido; Grandeza do Capital Adiantado

Ao tratar da produção da mais-valia, temos pressuposto sempre que o salário tem um valor pelo menos igual ao da força de trabalho. A redução compulsória do salário abaixo desse valor, entretanto, desempenha na prática papel demasiadamente importante para não nos determos por um momento em sua análise. Dentro de certos limites, essa redução transforma efetivamente o fundo de consumo necessário à manutenção do trabalhador em fundo de acumulação do capital. (Karl Marx – O Capital – O Processo de Produção Capitalista – Livro 1 – Volume 2 – p. 697).

Diz Ricardo:

Em diversos estágios da sociedade, a acumulação do capital ou dos meios de empregar trabalho (de explorá-lo), é mais ou menos rápida e, em todos os casos, tem de depender das forças produtivas do trabalho. As forças produtivas do trabalho são, em geral, maiores onde há abundância de terras férteis. Comentando essa passagem, diz outro economista: Se as forças produtivas do trabalho significam exiguidade de cota-parte de todo produto, que cabe àqueles que o produziram com seu trabalho manual, então a sentença é tautológica (viciada), pois a parte restante é o fundo que o dono pode utilizar para acumular capital, se assim lhe apraz. Mas, não é em regra o que ocorre nas regiões de terra mais férteis (Observations on Certain verbal disputes [...]. (J. St. Mill, Essays on some unsetted Questions of Polit. Economy, Londres, 1844). (Karl Marx – O Capital – O Processo de Produção Capitalista – Livro 1 – Volume 2 – p. 696-697).

Os salários, diz J. St. Mill, não tem nenhuma força produtiva; são o preço de uma força produtiva. Os salários que acompanham o trabalho, como os preços que acompanham as máquinas, não contribuem para produzir mercadorias. Se se pudesse obter trabalho sem comprá-lo, os salários seriam supérfluos. (Londres, 1844). (Karl Marx – O Capital – O Processo de Produção Capitalista – Livro 1 – Volume 2 – p. 697).

É com o salário que o mercado consumidor dinamiza a produção e fortalece a economia. Sem salário, para quem haverá de destinar a produção nacional?

Caso os trabalhadores pudessem viver do ar, não se poderia comprá-los por nenhum preço. Seu custo nulo é, portanto, um limite no sentido matemático, sempre inatingível, embora seja possível uma aproximação dele cada vez maior. É tendência constante do capital levar o custo do trabalho a aproximar-se dessa posição niilista. Um escritor do século XVIII por mim citado, autor de *Ano Essay on Trade and Commerce*, trai as aspirações mais íntimas e secretas do capital inglês, ao declarar que é tarefa vital da Inglaterra rebaixar o salário do trabalhador inglês ao nível do salário do trabalhador francês e do holandês. Entre outras coisas, diz ele ingenuamente: (Karl Marx – O Capital – O Processo de Produção Capitalista – Livro 1 – Volume 2 – p. 697).

> Caso nossos pobres (expressão usada para designar trabalhadores) queiram viver luxuosamente [...] seu trabalho tem de ser por certo mais caro [...]. Basta observar a enorme quantidade de coisas supérfluas consumidas pelos trabalhadores de nossas manufaturas, como aguardente, gim, chá, açúcar, frutas estrangeiras, cerveja forte, linhos estampados, rapé, fumo etc. (Karl Marx – O Capital – O Processo de Produção Capitalista – Livro 1 – Volume 2 – p. 698).

Cita o trabalho de um fabricante de Northamptonshire, que, elevando os olhos ao céu, lamenta: (Karl Marx – O Capital – O Processo de Produção Capitalista – Livro 1 – Volume 2 – p. 693).

> O trabalho na França é um terço mais barato que na Inglaterra, pois os franceses pobres trabalham duro, vestem-se da maneira mais simples e alimentam-se frugalmente, consumindo principalmente pão, frutas, ervas, raízes e peixe seco. É raro comerem peixe, e quando o trigo está caro, consomem muito pouco pão. Só bebem água ou bebidas fracas, de modo que gastam muito pouco dinheiro [...]. É difícil implantar esse estado de coisas; mas não é inexequível uma vez que vigora na França e na Holanda. (L. c. p. 70 e 71, nota 3ª ed.).

Duas décadas mais tarde, um farsante americano, o ianque Benjamin Thompson, elevado à nobiliarquia, transformado em Conde de Rumford, sustentou a mesma diretriz filantrópica com grande contentamento de Deus e dos homens. Seus "Essays" são um livro com receitas culinárias de toda espécie, tendo em vista substituir os alimentos normais, caros do trabalhador, por sucedâneos. (Karl Marx – O Capital – O Processo de Produção Capitalista – Livro 1 – Volume 2 – p. 698).

Com o progresso da produção capitalista, a falsificação das mercadorias tornou desnecessárias as receitas ideais de Thompson. (Karl Marx – O Capital – O Processo de Produção Capitalista – Livro 1 – Volume 2 – p. 699).

Nos fins do século XVIII e durante as primeiras décadas do século XIX, os arrendatários e senhores das terras da Inglaterra impuseram o salário absolutamente mínimo, pagando aos jornaleiros salário abaixo do mínimo, e o restante sob a forma de ajuda paroquial. Esses Dogberries exerciam um humor sádico, ao fixar a tarifa de salário legal. (Karl Marx – O Capital – O Processo de Produção Capitalista – Livro 1 – Volume 2 – p. 699).

Quando, em 1795, os senhores rurais fizeram os salários para Speenhamland, tinham almoçado ao meio-dia, mas evidentemente pensaram que os trabalhadores não tinham necessidade disso [...] Decidiram que o salário semanal por homem seria de 3 xelins, se o pão com o peso de 8 libras e 11 onças custasse 1 xelim; o salário se elevaria regularmente até que o pão custasse 1 xelim e 5 pence. Se esse preço fosse ultrapassado, o salário sofreria uma diminuição proporcional, e quando o preço do pão chegasse a 2 xelins, a alimentação do trabalhador seria reduzida em 1/5. (Karl Marx – O Capital – O Processo de Produção Capitalista – Livro 1 – Volume 2 – p. 700).

No Comitê de inquérito da Câmara dos Lordes, em 1814, fez-se, a um certo A. Bennettt, grande arrendatário, magistrado, administrador de asilo e regulador de salários agrícolas, a seguinte pergunta: (Karl Marx – O Capital – O Processo de Produção Capitalista – Livro 1 – Volume 2 – p. 700).

Vigora alguma proporção entre o valor do trabalho diário e ajuda paroquial dada ao trabalhador?

Resposta: Sim. A remuneração semanal para cada família é completada, de modo que ela receba o preço do pão com o peso de 8 libras e 11 onças e 3 pence por cabeça [...]. Pressupomos que essa quantidade de pão é suficiente para manter toda pessoa da família durante a semana; os 3 pence são para roupas; e quando a paróquia resolve fornecer as roupas, esses 3 pence são descontados. Essa prática vigora não só na parte ocidental de Wiltshire, mas, acredito, em todo o país. Desse modo, exclama um escritor burguês daquela época, "os arrendatários degradaram uma classe respeitável de seus conterrâneos, forçando-os a recorrer à ajuda paroquial [...]. Os arrendatários aumentaram seus próprios ganhos, ao mesmo tempo que impediam os trabalhadores de acumularem o estritamente indispensável. (Ch. H. Parry, l. c. p. 77-69).

O desenvolvimento da força produtiva do trabalho atua também sobre o capital original, o capital que já se encontra engajado no processo de produção. Uma parte do capital constante, em funcionamento, consiste de instrumental de trabalho, como maquinaria etc., que, só em períodos relativamente longos, se consomem e em consequência se reproduzem ou são substituídos por novos exemplares da mesma espécie. Mas, todo ano morre uma parte desse instrumental, ou chega ao fim sua função produtiva. Se a produtividade do trabalho aumenta ou nos estabelecimentos que produzem esses instrumentos de trabalho, ela se desenvolve continuamente com o progresso ininterrupto da ciência e da técnica, das máquinas, das ferramentas, dos aparelhos etc., mais eficazes e, considerando sua eficiência, mais baratos, substituem os velhos. O capital antigo se reproduz em forma mais produtiva, além de haver contínuas alterações de pormenor nos instrumentos de trabalho em uso. A outra parte do capital constante, matérias-primas, materiais e acessórios, é constantemente reproduzida em menos de um ano; e, na sua maior parte, anualmente, os que provêm da agricultura. Toda introdução de melhores métodos etc. atua, portanto, quase simultaneamente sobre o capital adicional e sobre o capital que já se encontra em funcionamento. Cada progresso da química multiplica o número dos materiais úteis e as aplicações dos já conhecidos, ampliando, com o crescimento do capital, seu campo de aplicação. Além disso, ensina como lançar de volta no ciclo do processo de reprodução os resíduos dos processos de produção e de consumo, criando sem prévio dispêndio de capital, nova matéria explorável pelo capital. Do mesmo modo que a exploração incrementada das riquezas naturais, por meio apenas de maior tensão da força de trabalho, constituem a ciência e a técnica uma potência para expandir o capital independentemente da magnitude dada do capital em funcionamento. Ambas atuam, ao mesmo tempo, sobre a parte do capital original que esteja sendo renovada. O capital incorpora gratuitamente em sua nova forma o progresso social que se realizou sem qualquer interferência de sua forma antiga. (Karl Marx – O Capital – O Processo de Produção Capitalista – Livro 1 – Volume 2 – p. 703).

O trabalho transfere ao produto o valor dos meios de produção por ele consumidos. Demais, o valor e a quantidade dos meios de produção mobilizados, por dada quantidade de trabalho, aumentam na medida em que este se torna mais produtivo. Se, portanto, a mesma quantidade de trabalho acrescenta a seus produtos sempre a mesma soma de valor novo, aumenta, todavia, o valor do capital antigo que o trabalho simultaneamente lhes transfere com sua maior produtividade. (Karl Marx – O Capital – O Processo de Produção Capitalista – Livro 1 – Volume 2 – p. 704).

Em 1.782, expõe F. Engels: "toda a colheita de lã dos três anos anteriores, na Inglaterra, ficara sem beneficiamento por falta de trabalhadores e assim teria continuado se não fosse a ajuda da nova maquinaria inventada que a fiou". (Karl Marx – O Capital – O Processo de Produção Capitalista – Livro 1 – Volume 2 – p. 704).

O trabalho que se materializa sob a forma de maquinaria não fez surgir do chão, novos homens, mas permitiu a um número pequeno de trabalhadores, com acréscimo relativamente reduzido de trabalho, consumir produtivamente a lã, acrescentar-lhe novo valor, e conservar seu valor antigo sob a forma de fio etc. Com o aumento da eficácia, do volume e do valor dos seus meios de produção, com a acumulação, portanto, que acompanha o desenvolvimento de sua força produtiva, conserva e eterniza o trabalho um valor constantemente crescente do capital em forma sempre nova. Essa força natural do trabalho assume a aparência de propriedade do capital a que se incorpora, de força do capital para conservar-se; do mesmo modo que as forças produtivas do trabalho social parecem ser propriedades do capital e o exercício contínuo da função capitalista de apropriar-se do trabalho excedente, aparenta ser constante a auto expansão do capital. Todas as forças do trabalho aparecem como forças do capital, do mesmo modo que todas as formas de valor da mercadoria se mascaram em formas de dinheiro. (Karl Marx – O Capital – O Processo de Produção Capitalista – Livro 1 – Volume 2 – p. 705-706).

Com o crescimento do capital, aumenta a diferença entre o capital empregado e o consumido. Em outras palavras, aumentam o valor e o volume do instrumental de trabalho, como construções, maquinaria, tubulações de drenagem, animais de tração, aparelhos de toda espécie que funcionam em períodos mais ou menos longos, em processos de produção que se repetem ininterruptamente, ou que servem para alcançar determinados efeitos úteis; mas ao mesmo tempo, esse instrumental só se desgasta aos poucos, pendendo seu valor gradualmente, transferindo-o gradualmente ao produto. Na proporção em que esse instrumental de trabalho serve para elaborar produtos sem lhes transferir valor em que, portanto, é aplicado globalmente e consumido apenas parcialmente, realiza o mesmo serviço gratuito das forças naturais (água, o vapor, o ar, a eletricidade etc.). Esse serviço gratuito do trabalho anterior, quando utilizado e verificado pelo trabalho vivo, aumenta com a escala crescente da acumulação. (Karl Marx – O Capital – O Processo de Produção Capitalista – Livro 1 – Volume 2 – p. 706).

5 O Pretenso Fundo do Trabalho

Uma vez que pressupomos os limites da produção capitalista ou uma estrutura espontânea do processo social de produção, pusemos de lado qualquer combinação mais racional, realizável, de maneira direta e planejada, entre os meios de produção e as forças de trabalho existentes. A economia clássica costumava considerar o capital social magnitude fixa, com grau fixo de eficiência. Mas, esse preconceito só se solidificou em dogma com o arquifilisteu Jeremias Bentham, o oráculo, no século XIX, da inteligência burguesa vulgar, insípido, pedante e loquaz. Bentham era entre os filósofos o que Martin Tupper era entre os poetas. Ambos só poderiam ter nascido na Inglaterra. Com seu dogma, tornam-se inteiramente ininteligíveis os fenômenos mais corriqueiros do processo de produção como as expansões e contrações súbitas, a própria acumulação. Esse dogma foi explorado pelo próprio Bentham, por Malthus, James Mill, Mac Culloch e outros, para fins apologéticos (argumentos de defesa de discurso escrito ou falado), notadamente para representar como magnitude fixa uma parte do capital, o capital variável ou capital conversível em força de trabalho. (Karl Marx – O Capital – O Processo de Produção Capitalista – Livro 1 – Volume 2 – p. 708-709).

A existência material do capital variável, isto é, a massa de meios de subsistência que ele representa para o trabalhador se tornou mitologicamente uma fração separada da riqueza social, fixada por leis naturais e imutáveis, o pretenso fundo do trabalho. Para mobilizar a parte da riqueza social que deve funcionar como capital constante ou, materialmente falando, como meios de produção, é necessária determinada quantidade de trabalho vivo. Essa quantidade é dada tecnologicamente. Mas, o número de trabalhadores necessários para se obter essa quantidade de trabalho varia com o grau de exploração da força de trabalho individual. Varia também o preço dessa força de trabalho, sendo fixado apenas seu limite mínimo que é, entretanto, muito elástico. (Karl Marx – O Capital – O Processo de Produção Capitalista – Livro 1 – Volume 2 – p. 709).

Os fatos em que se apoia o dogma são esses: de um lado, o trabalhador não tem voz quando se trata de dividir a riqueza social em meios de fruição dos que não trabalham e em meios de produção; por outro lado, só em casos excepcionais favoráveis, pode ele aumentar o pretenso fundo do trabalho às custas da renda dos ricos. (Karl Marx – O Capital – O Processo de Produção Capitalista – Livro 1 – Volume 2 – p. 709).

Considerar natural e social a rígida limitação capitalista ao fundo do trabalho leva a uma tautologia (pensamento repetitivo) absurda, conforme se percebe nas seguintes palavras do professo Fawcett: (Karl Marx – O Capital – O Processo de Produção Capitalista – Livro 1 – Volume 2 – p. 710).

> O capital circulante de um país é seu fundo de salários. Por isso, para calcular o salário médio que cada trabalhador recebe, temos simplesmente de dividir esse capital pelo número de membros da população trabalhadora. (Karl Marx – O Capital – O Processo de Produção Capitalista – Livro 1 – Volume 2 – p. 709).

Temos assim de somar primeiro os salários individuais realmente pagos, e afirmaremos então que essa soma é o fundo do trabalho imposto por Deus e pela natureza. Depois dividiremos essa soma pelo número dos trabalhadores para saber quanto pode caber em média a cada trabalhador. Que artimanha singular! Não impede Fawcett de dizer no mesmo fôlego: (Karl Marx – O Capital – O Processo de Produção Capitalista – Livro 1 – Volume 2 – p. 710).

A riqueza global acumulada anualmente na Inglaterra se divide em duas partes. Uma se aplica na Inglaterra para manter nossa própria indústria. A outra é exportada para outros países... A parte aplicada em nossa indústria não constitui porção importante da riqueza anualmente acumulada neste país. (Fawcett, l. c., p. 123 e 122) (Karl Marx – O Capital – O Processo de Produção Capitalista – Livro 1 – Volume 2 – p. 709).

A maior parte do produto excedente que acresce todo ano, extraída do trabalhador inglês, sem equivalente, não é capitalizada na Inglaterra, mas em países estrangeiros. Com o capital adicional assim exportado, vai também para o exterior uma parte desse fundo do trabalho, invenção de Deus e de Bentham. (Karl Marx – O Capital – O Processo de Produção Capitalista – Livro 1 – Volume 2 – p. 710-711).

Poder-se-ia dizer que a Inglaterra exporta anualmente não só capital, mas também os trabalhadores que emigram. Mas, não se fala no texto do pecúlio dos emigrantes que em grande parte não são trabalhadores. Uma grande porção é constituída de filhos dos arrendatários. O capital adicional inglês que se manda anualmente para o exterior, com o fim de obter juros, representa da acumulação anual uma proporção muitíssimo maior do que a que existe entre a emigração anual e o acréscimo anual da população. (Karl Marx – O Capital – O Processo de Produção Capitalista – Livro 1 – Volume 2 – p. 711).

A LEI GERAL DA ACUMULAÇÃO CAPITALISTA

1 Não se Alterando a Composição do Capital, a Procura da Força de Trabalho Aumenta com a Acumulação

Os fatores mais importantes para este estudo são a composição do capital e as modificações que experimenta no curso do processo de acumulação. (Karl Marx – O Capital – O Processo de Produção Capitalista – Livro 1 – Volume 2 – p. 712).

A composição do capital tem de ser apreciada sob dois aspectos: (Karl Marx – O Capital – O Processo de Produção Capitalista – Livro 1 – Volume 2 – p. 712-713).

- do ponto de vista do valor, é determinada pela proporção em que o capital se divide em constante, o valor dos meios de produção, e variável, o valor da força de trabalho, a soma global dos salários;

- do ponto de vista da matéria, que funciona no processo de produção, todo capital se decompõe em meios de produção e força de trabalho viva; essa composição é determinada pela relação entre a massa dos meios de produção empregados e a quantidade de trabalho necessária para eles serem empregados.

A composição do capital segundo o valor é composição orgânica do capital. A falar simplesmente de composição do capital, estaremos sempre nos referindo à sua composição orgânica. (Karl Marx – O Capital – O Processo de Produção Capitalista – Livro 1 – Volume 2 – p. 713).

Os numerosos capitais empregados num determinado ramo industrial diferem mais ou menos entre si pela sua composição. A média de suas composições individuais dá-nos a composição do capital global desse ramo de produção. Por fim, a média geral das composições médias de todos os ramos de produção nos dá a composição do capital social de um país. (Karl Marx – O Capital – O Processo de Produção Capitalista – Livro 1 – Volume 2 – p. 713).

O capital produz anualmente mais-valia, parte da qual se agrega todo ano ao capital original. Esse acréscimo aumenta todo ano com o crescimento do capital que já está em funcionamento. Além disso, a escala da acumulação pode ser ampliada, alterando-se apenas a repartição da mais-valia ou do produto excedente em capital e renda, se houver um incentivo especial ao impulso de enriquecimento, como, por exemplo, quando surgem novos mercados, novas esferas de aplicação do capital em virtude de desenvolvimento de novas necessidades sociais etc. Esses fatores podem fazer as necessidades de acumulação do capital ultrapassar o crescimento da força de trabalho ou do número de trabalhadores, a procura de trabalhadores ser maior que a oferta, ocasionando assim a elevação dos salários. É o que teria de ocorrer se não se alterasse a suposição que fizemos acima. Sendo empregados, em cada ano, mais trabalhadores que no ano precedente, ter-se-á de chegar mais cedo ou mais tarde ao ponto em que as necessidades da acumulação superam a oferta ordinária de trabalho, subindo em consequência os salários. (Karl Marx – O Capital – O Processo de Produção Capitalista – Livro 1 – Volume 2 – p. 714).

A força de trabalho tem de incorporar-se continuamente ao capital como meio de expandi-lo, não pode livrar-se dele. Sua escravização ao capital se dissimula apenas com a mudança dos capitalistas a que se vende, e sua reprodução constitui, na realidade, um fator de reprodução do próprio capital. Acumular capital é, portanto, aumentar o proletariado. (Karl Marx – O Capital – O Processo de Produção Capitalista – Livro 1 – Volume 2 – p. 714).

A economia clássica compreendeu muito bem essa proposição, chegando A. Smith, Ricardo e outros, a identificar erroneamente a acumulação com o consumo de toda a parte capitalizada do produto excedente pelos trabalhadores produtivos, ou com a conversão dela em assalariados suplementares. (Karl Marx – O Capital – O Processo de Produção Capitalista – Livro 1 – Volume 2 – p. 714).

Já em 1696 dizia John Bellers:

> Se alguém tivesse 100 mil acres de terra, o mesmo número de libras esterlinas e outro tanto de gado, que seria essa pessoa rica, sem o trabalhador, senão um trabalhador? Uma vez que os trabalhadores fazem os ricos, quanto mais trabalhadores, maior seria a riqueza [...]. O trabalho do pobre é a mina do rico. (Karl Marx – O Capital – O Processo de Produção Capitalista – Livro 1 – Volume 2 – p. 715).

No começo do século XVIII, Bernard de Mandeville se expressa no mesmo sentido:

> Nos países onde a propriedade está bem protegida, é mais fácil viver sem dinheiro do que sem os pobres, pois quem faria o trabalho? [...]. Se não deve deixar os pobres morrerem de fome, não se lhes deve dar coisa alguma que lhes permita economizarem. Se esporadicamente um indivíduo, à custa de trabalho e de privações, se eleva acima das condições em que nasceu, ninguém lhe deve criar obstáculos: é inegável que para todo indivíduo, para toda família, o mais sábio é praticar a frugalidade; mas é interesse de todas as nações ricas que a maior parte dos pobres nunca fique desocupada e que, ao mesmo tempo, gaste sempre tudo o que ganhe [...]. Os que ganham sua vida com o trabalho quotidiano só tem como estímulo, para prestar seus serviços, suas necessidades. Por isso é prudente mitigá-las, mas seria loucura curá-las. A única coisa que pode tornar ativo o trabalhador é um salário moderado. Um salário demasiadamente pequeno, segundo o temperamento do trabalhador, deprime-o ou desespera-o; um demasiadamente grande torna-o insolente e preguiçoso [...]. Numa nação livre onde se proíbe a escravatura, a riqueza mais segura é constituída por um grande número de pobres laboriosos. Constituem fonte inesgotável para o recrutamento da marinha e do exército. Sem eles nada se poderia fruir nem poderiam ser explorados os produtos de um país'. **Para tornar feliz a sociedade e para que o povo viva contente, mesmo em condições miseráveis, é necessário que a maioria permaneça ignorante e pobre. O saber aumenta e multiplica nossos desejos, e quanto menos um homem deseje mais fácil é satisfazer suas necessidades.** (The Fable of the Bees, 5ª ed., Londres, 1728) (grifo meu) (Karl Marx – O Capital – O Processo de Produção Capitalista – Livro 1 – Volume 2 – p. 715).

Esse argumento é seguido até hoje pela burguesia. Só ela pode educar-se nas melhores escolas e ter oportunidades aos melhores salários, independentemente da capacidade de seus pupilos. Quando as classes menos favorecidas começam a ter oportunidades de lhes tomar o lugar, é hora de arrochar.

Talvez seja por isso que, no Brasil, as elites sempre investiram pouco em educação. Parece que descobriram essa fantástica artimanha de iludir os pobres desde a Antiguidade.

Gênesis, 3, 20 a 23:

> E Deus prosseguiu, dizendo: "Eis que o homem se tem tornado como um de nós, sabendo o que é bem e o que é mal, e agora, a fim de que não estenda a sua mão e tome realmente também do fruto da árvore da vida e coma, e viva por tempo indefinido" Deus o pôs para fora do jardim do Éden.

Assim, os ricos e detentores do poder descobriram que era melhor não conceder o conhecimento aos pobres, permitindo apenas aos seus filhos o conhecimento da escrita, para que eles exerçam o poder divino de exercerem o poder sobre o povo e torná-lo instrumentos de seus poderes.

Contudo, Deus não concedeu o dom do conhecimento apenas aos ricos e poderosos, mas também aos pobres.

> O que Mandeville, homem honrado e lúcido, ainda não entendia é que o mecanismo do próprio processo de acumulação aumenta com o capital a quantidade dos pobres laboriosos, isto é, dos assalariados, que transformam sua força de trabalho em força de valorização crescente do capital que está sempre se expandindo. Com isso, eternizam necessariamente sua relação de dependência para com seu próprio produto, personificado no capitalista. (Karl Marx – O Capital – O Processo de Produção Capitalista – Livro 1 – Volume 2 – p. 716).

Acerca dessa dependência, observa Sr. F. Eden em sua obra *The State of the Poor, an History of the Labouring Classes in England*:

> Nossa zona exige trabalho para satisfazer as necessidades e por isso pelo menos uma parte da sociedade tem de trabalhar sem descanso... Alguns que não trabalham dispõem, contudo, dos produtos da atividade alheia. Mas estão isentos do trabalho em virtude apenas da civilização e da ordem; são criaturas das instituições burguesas. Estas instituições reconheceram que pessoas podem adquirir propriedade por vários outros meios além do trabalho. Pessoas independentes por sua fortuna devem sua posição superior não a habilidades superiores que possuam, mas quase inteiramente... ao trabalho dos outros. Não é a posse de terra ou de dinheiro, mas o comando sobre o trabalho, o que distingue os ricos dos pobres... O que convém aos pobres não é uma situação servil e abjeta, mas uma relação de dependência cômoda e liberal, e o que é necessário às pessoas de posses é uma influência e autoridade suficientes sobre aqueles que para elas trabalham... Essa relação de dependência é indispensável, como sabem os que conhecem a natureza humana, para o conforto dos próprios trabalhadores. (Eden, l. c., v I, cap I, p. 1 e 2). (Karl Marx – O Capital – O Processo de Produção Capitalista – Livro 1 – Volume 2 – p. 716).

Nas condições de acumulação até agora admitidas, as mais favoráveis aos trabalhadores, sua relação de dependência para com o capital se reveste de formas suportáveis ou, conforme diz Eden, "Cômodas e liberais". Essa submissão, em vez de mais intensa, se torna mais extensa, ao crescer o capital, que amplia seu campo de exploração e de domínio com as próprias dimensões e com o número de seus vassalos. Estes recebem, sob a forma de meios de pagamento, uma porção importante do seu próprio produto excedente que se expande e se transforma em quantidade cada vez maior de capital adicional. (Karl Marx – O Capital – O Processo de Produção Capitalista – Livro 1 – Volume 2 – p. 717).

O objetivo do comprador é aumentar seu capital, produzir mercadorias que contêm mais trabalho do que ele paga e cuja venda realiza também a parte do valor obtida gratuitamente. Produzir mais-valia é a lei absoluta desse modo de produção. A força de trabalho só é vendável quando conserva os meios de produção como capital, reproduz seu próprio valor como capital e proporciona, com o trabalho não pago, uma fonte de capital adicional. (Karl Marx – O Capital – O Processo de Produção Capitalista – Livro 1 – Volume 2 – p. 719).

O salário pressupõe sempre, por sua natureza, fornecimento de determinada quantidade de trabalho não pago por parte do trabalhador. Pondo de lado a elevação de salário associada a menor preço de trabalho etc., um acréscimo salarial significa, na melhor hipótese, apenas redução quantitativa do trabalho gratuito que o trabalhador tem de realizar. Essa redução nunca pode chegar ao ponto de ameaçar a existência do próprio sistema. Deixando-se de lado os violentos conflitos em torno da taxa do salário – e Adam Smith já demonstrou que, nesses conflitos, o patrão, de modo geral, é sempre o patrão – uma elevação do preço do trabalho, oriundo da acumulação do capital, leva à seguinte alternativa: ou o preço do trabalho continua a elevar-se, por não perturbar essa alta o progresso da acumulação, e, nesse caso nada há de surpreendente, tendo em vista que os capitais aumentam com maior velocidade; ou a acumulação retarda-se em virtude da elevação do preço do trabalho. A acumulação diminui, mas esse decréscimo faz desaparecer a própria causa que o originou. O mecanismo da produção capitalista remove os obstáculos que ele mesmo cria temporariamente. O preço do trabalho volta de novo a um nível que corresponda às necessidades de expansão do capital, seja esse superior, igual ou inferior ao que era considerado normal, antes da elevação dos salários. É o aumento do capital que torna a força de trabalho explorável. É a diminuição do capital que torna superabundante a força de trabalho explorável ou excessivo o seu preço. (Karl Marx – O Capital – O Processo de Produção Capitalista – Livro 1 – Volume 2 – p. 720-721).

Nas crises, a queda geral dos preços das mercadorias aparece como elevação do valor relativo do dinheiro; nos períodos de prosperidade, a elevação geral desses preços é vista como queda do valor relativo do dinheiro. Daí a escola da Currency concluir que circula dinheiro demais, quando os preços são altos; e de menos quando são baixos. A ignorância e completo desconhecimento dos fatos, por parte dos defensores dessa teoria, encontram sua parelha (iguais) nos economistas que interpretam esses fenômenos da acumulação, afirmando que ora há trabalhadores de menos e ora há trabalhadores de mais. (Karl Marx – O Capital – O Processo de Produção Capitalista – Livro 1 – Volume 2 – p. 721).

A elevação do preço do trabalho fica, portanto, confinada em limites que mantêm intactos os fundamentos do sistema capitalista e asseguram sua reprodução em escala crescente. (Karl Marx – O Capital – O Processo de Produção Capitalista – Livro 1 – Volume 2 – p. 722).

A lei da acumulação capitalista, na realidade, só significa que sua natureza exclui todo decréscimo do grau de exploração do trabalho ou toda elevação do preço do trabalho que possam comprometer seriamente a reprodução contínua da relação capitalista e sua reprodução em escala sempre ampliada. E tem de ser assim num modo de produção em que o trabalhador existe para as necessidades de expansão dos valores existentes ao invés da riqueza material existir para as necessidades de desenvolvimento do trabalhador. (Karl Marx – O Capital – O Processo de Produção Capitalista – Livro 1 – Volume 2 – p. 722).

2 Decréscimo Relativo da Parte Variável do Capital com o Progresso da Acumulação e da Concentração que a Acompanha

De acordo com os próprios economistas, não é a magnitude da riqueza social existente nem a grandeza do capital já adquirido que levam a uma elevação dos salários, mas apenas o crescimento continuado da acumulação e a velocidade desse crescimento (A. Smith). Observamos até agora uma determinada fase desse processo, aquela em que se dá acréscimo do capital sem se alterar a composição técnica do capital. Mas, o processo ultrapassa essa fase. (Karl Marx – O Capital – O Processo de Produção Capitalista – Livro 1 – Volume 2 – p. 722).

Dados os fundamentos gerais do sistema capitalista, chega-se sempre, no curso da acumulação, a um ponto em que o desenvolvimento da produtividade do trabalho social se torna a mais poderosa alavanca da acumulação. (Karl Marx – O Capital – O Processo de Produção Capitalista – Livro 1 – Volume 2 – p. 722-723).

> A mesma causa, diz A. Smith, "que eleva os salários, isto é, o aumento do capital, tende a aumentar as forças produtivas do trabalho e a capacitar menor quantidade de trabalho a fornecer maior quantidade de produto. (Karl Marx – O Capital – O Processo de Produção Capitalista – Livro 1 – Volume 2 – p. 723).

A massa dos meios de produção que transforma, aumenta com a produtividade de seu trabalho. Esses meios de produção desempenham duplo papel: incremento de uns é consequência; o de outros, condição da produtividade crescente do trabalho. Assim, por exemplo, com a divisão manufatureira do trabalho e o emprego das máquinas, transforma-se no mesmo tempo mais material, e por isso quantidade maior, portanto, de matérias-primas e de materiais acessórios entram no processo de trabalho. Isto é consequência da produtividade crescente do trabalho. Por outro lado, a massa da maquinaria empregada, das bestas de carga, dos adubos minerais, das tubulações de drenagem etc. constitui condição para a produtividade crescente do trabalho. Mas, condição ou consequência, a grandeza crescente dos meios de produção, em relação à força de trabalho neles incorporada, expressa a produtividade crescente do trabalho. O aumento desta se patenteia, portanto, no decréscimo da quantidade de trabalho em relação à massa dos meios de produção que põe em movimento, ou na diminuição do fator subjetivo do processo de trabalho em relação aos seus fatores objetivos. (Karl Marx – O Capital – O Processo de Produção Capitalista – Livro 1 – Volume 2 – p. 723).

Essa mudança na composição técnica do capital, o aumento da massa nos meios de produção, comparada com a massa da força de trabalho que os vivifica, reflete-se na composição do valor do capital com o aumento da parte constante às custas da parte variável. Se, por exemplo, originalmente se despende 50% em meios de produção e 50% em força de trabalho, mais tarde, com o desenvolvimento da produtividade do trabalho, a percentagem poderá ser de 80% para os meios de produção e de 20% para a força de trabalho e assim por diante. Esta lei do aumento crescente do capital constante em relação ao variável se confirma a cada passo, conforme já vimos, pela análise comparativa dos preços das mercadorias, não importando que se tomem diferentes épocas econômicas de um país ou diferentes nações na mesma época. Com a produtividade crescente do trabalho não só aumenta o volume dos meios de produção que ele consome, mas cai o valor desses meios de produção em comparação com seu volume. Seu valor aumenta em termos absolutos, não só em proporção com seu volume. O aumento da diferença entre capital constante e variável é, por isso, muito menor do que o aumento da diferença entre a massa dos meios de produção em que se converte o capital constante e a massa da força de trabalho em que se transforma o capital variável.

A primeira diferença cresce com a segunda, porém, em grau menor. (Karl Marx – O Capital – O Processo de Produção Capitalista – Livro 1 – Volume 2 – p. 723-724).

Mas se o progresso da cumulação reduz a magnitude relativa da parte variável do capital, não exclui, com isso, o aumento de sua magnitude absoluta. (Karl Marx – O Capital – O Processo de Produção Capitalista – Livro 1 – Volume 2 – p. 725).

Somente assumindo a forma capitalista, pode a produção de mercadorias tornar-se produção em grande escala. Certa acumulação de capital em mãos de produtores particulares de mercadorias constitui condição preliminar do modo de produção especificamente capitalista. Por isso, temos de admiti-la na transição do artesanato para a exploração capitalista. (Karl Marx – O Capital – O Processo de Produção Capitalista – Livro 1 – Volume 2 – p. 725).

A conversão contínua da mais-valia em capital se patenteia na magnitude crescente do capital que entra no processo de produção e se torna base da produção em escala ampliada, dos métodos que a acompanham para elevar a força produtiva do trabalho e acelerar a produção de mais-valia. Se certo grau de acumulação do capital se revela condição do modo de produção especificamente capitalista, este reagindo causa acumulação acelerada do capital. Com a acumulação do capital desenvolve-se o modo de produção especificamente capitalista e com o modo de produção especificamente capitalista a acumulação do capital. Esses dois fatores, na proporção conjugada dos impulsos que se dão mutuamente, modificam a composição técnica do capital, e, desse modo, a parte variável se torna cada vez menor em relação à constante. (Karl Marx – O Capital – O Processo de Produção Capitalista – Livro 1 – Volume 2 – p. 726).

Todo capital individual é uma concentração maior ou menor dos meios de produção com o comando correspondente sobre um exército maior ou menor de trabalhadores. Cada acumulação se torna meio de nova acumulação. (Karl Marx – O Capital – O Processo de Produção Capitalista – Livro 1 – Volume 2 – p. 726).

O crescimento do capital social realiza-se através do crescimento de muitos capitais individuais. Não se alterando as demais condições, os capitais individuais e com eles a concentração dos meios de produção aumentam, enquanto o capital social cresce. (Karl Marx – O Capital – O Processo de Produção Capitalista – Livro 1 – Volume 2 – p. 726).

A acumulação e a concentração que a acompanha estão dispersas em muitos pontos e, além disso, o aumento dos capitais em funcionamento é estorvado pela formação de novos e pela fragmentação de capitais existentes. Por isso, a acumulação aparece de um lado, através da concentração crescente dos meios de produção e do comando sobre o trabalho, e, do outro, através da repulsão recíproca de muitos capitais individuais. (Karl Marx – O Capital – O Processo de Produção Capitalista – Livro 1 – Volume 2 – p. 727).

A batalha da concorrência é conduzida por meio da redução dos preços das mercadorias. Não se alterando as demais circunstâncias, o barateamento das mercadorias depende da produtividade do trabalho, e este da escala da produção. Os capitais grandes esmagam os pequenos. Demais, lembramos que, com o desenvolvimento do modo de produção capitalista, aumenta a dimensão mínima do capital individual exigido para levar avante um negócio em condições normais. Os capitais pequenos lançam-se apenas de maneira esporádica ou incompleta. A concorrência acirra-se então na razão direta do número e na inversa da magnitude dos capitais que se rivalizam. Essa rivalidade aumenta a força do grande, proporcionando condições para o surgimento de uma força inteiramente nova, o crédito. (Karl Marx – O Capital – O Processo de Produção Capitalista – Livro 1 – Volume 2 – p. 727).

O crédito, de início, insinua-se furtivamente, como auxiliar modesto da acumulação e por meio de fios invisíveis leva para as mãos de capitalistas isolados ou associados, os meios financeiros dispersos, em proporções maiores ou menores, pela sociedade, para logo se tornar uma arma nova e terrível na luta da concorrência e transformar-se por fim num imenso mecanismo social de centralização dos capitais. (Karl Marx – O Capital – O Processo de Produção Capitalista – Livro 1 – Volume 2 – p. 727-728).

A concorrência e o crédito, as duas mais poderosas alavancas da centralização, desenvolvem-se na proporção em que se amplia a produção capitalista e a acumulação. Além disso, o progresso da acumulação aumenta a matéria que pode ser centralizada, isto é, os capitais individuais, enquanto a expansão da produção capitalista cria a necessidade social e os meios técnicos dessas gigantescas empresas industriais, cuja viabilidade depende de uma prévia centralização do capital. (Karl Marx – O Capital – O Processo de Produção Capitalista – Livro 1 – Volume 2 – p. 728).

A centralização permite mudar simplesmente a distribuição dos capitais já existentes, por alterar-se apenas o agrupamento quantitativo dos elementos componentes do capital social. O capital pode acumular-se numa só mão em proporções imensas, por ter escapado a muitas outras mãos que o detinham. Num dado ramo de atividades, a centralização terá alcançado seu limite extremo quando todos os capitais nele investidos se fundirem num único capital. (Karl Marx – O Capital – O Processo de Produção Capitalista – Livro 1 – Volume 2 – p. 728).

A centralização completa a tarefa da acumulação, capacitando o capitalista industrial a ampliar a escala de suas operações. (Karl Marx – O Capital – O Processo de Produção Capitalista – Livro 1 – Volume 2 – p. 728).

O aumento do tamanho dos estabelecimentos individuais constitui, por toda parte, o ponto de partida para uma organização mais vasta do trabalho cooperativo que utilizam, para mais amplo desenvolvimento de suas forças materiais, isto é, para a transformação progressiva de processos de produção isolados e rotineiros em processos de produção socialmente combinados e cientificamente organizados. (Karl Marx – O Capital – O Processo de Produção Capitalista – Livro 1 – Volume 2 – p. 729).

O mundo ainda estaria sem estradas de ferro, se tivesse de esperar que a acumulação capacitasse alguns capitalistas isolados para a construção de uma ferrovia. A centralização, entretanto, por meio da organização de sociedades anônimas, cria num instante as condições para uma tarefa dessa ordem. Aumentando e acelerando os efeitos da acumulação, a centralização amplia e acelera, ao mesmo tempo, as transformações na composição técnica do capital, as quais aumentam a parte constante, às custas da parte variável, reduzindo assim a procura relativa de trabalho. (Karl Marx – O Capital – O Processo de Produção Capitalista – Livro 1 – Volume 2 – p. 729).

As massas de capital amalgamadas (combinadas, unidas), da noite para o dia, pela centralização, reproduzem-se e aumentam como as outras, mas com maior rapidez, de modo que se tornam novas alavancas poderosas da acumulação social. Ao falar hoje em dia do progresso da acumulação social, devemos considerar nela implícitos os efeitos da centralização. (Karl Marx – O Capital – O Processo de Produção Capitalista – Livro 1 – Volume 2 – p. 729).

Os capitais adicionais que se formam no curso da acumulação normal, servem preferentemente de veículo para explorar novos inventos e descobertas, para introduzir aperfeiçoamentos industriais em geral. Mas, também o capital velho chega, com o tempo, ao momento de renovar-se, de mudar de pele e de renascer com feição técnica aperfeiçoada, que reduz a quantidade de trabalho e põe em movimento maior quantidade de maquinaria e de matérias-primas. A redução absoluta da procura de trabalho que necessariamente daí decorre será evidentemente tanto maior, quanto mais tenha o movimento de centralização combinado os capitais que percorrem esse processo de renovação. (Karl Marx – O Capital – O Processo de Produção Capitalista – Livro 1 – Volume 2 – p. 729-730).

O capital adicional formado no curso da acumulação atrai, relativamente à sua grandeza, cada vez menos trabalhadores. E o velho capital periodicamente reproduzido com nova composição repele, cada vez mais, trabalhadores que antes empregava. (Karl Marx – O Capital – O Processo de Produção Capitalista – Livro 1 – Volume 2 – p. 730).

3 Produção Progressiva de uma Superpopulação Relativa ou de um Exército Industrial de Reserva

A acumulação do capital, vista de início como uma ampliação puramente quantitativa, realiza-se com contínua mudança qualitativa de sua composição, ocorrendo constante acréscimo de sua parte constante às custas da parte variável. (Karl Marx – O Capital – O Processo de Produção Capitalista – Livro 1 – Volume 2 – p. 730).

O modo de produção especificamente capitalista, o correspondente desenvolvimento da força produtiva do trabalho e a mudança consequente na composição orgânica do capital não acompanham apenas o progresso da acumulação ou o crescimento da riqueza social. Avançam com rapidez muito maior, porque a acumulação simples do capital ou o aumento absoluto do capital total é acompanhado pela centralização de seus elementos individuais, e a transformação técnica do capital adicional é seguida pela transformação técnica do capital primitivo. (Karl Marx – O Capital – O Processo de Produção Capitalista – Livro 1 – Volume 2 – p. 730).

A procura de trabalho cai progressivamente com o aumento do capital global, invés de crescer proporcionalmente com ele. Diminui em relação à grandeza do capital global e em progressão acelerada quando essa grandeza aumenta. Com o aumento do capital global, cresce também sua parte variável, ou a força de trabalho que nele se incorpora, mas em proporção cada vez menor. Essa redução relativa da parte variável do capital, acelerada com o aumento do capital global, e que é mais rápida do que este aumento, assume, por outro lado, a aparência de um crescimento absoluto da população trabalhadora muito mais rápido que o do capital variável ou dos meios de ocupação dessa população. Mas, a verdade é que a acumulação capitalista sempre produz, e na proporção da sua energia e de sua extensão, uma população trabalhadora que ultrapassa as necessidades médias da expansão do capital, tornando-se, desse modo, excedente. (Karl Marx – O Capital – O Processo de Produção Capitalista – Livro 1 – Volume 2 – p. 731).

Observando o capital social global, verificamos que ora o movimento de sua acumulação provoca mudanças periódicas, que influem em sua totalidade, ora causa mudanças simultâneas e diferentes nos diversos ramos de produção. (Karl Marx – O Capital – O Processo de Produção Capitalista – Livro 1 – Volume 2 – p. 731).

Em todos os ramos, o aumento do capital variável, ou seja, do número de trabalhadores empregados, está sempre associado a flutuações violentas e à formação transitória de superpopulação, pelo processo mais contundente de repulsão dos trabalhadores já empregados ou, pelo menos visível, porém não menos real, da absorção mais difícil da população trabalhadora adicional pelos canais costumeiros. Com a magnitude do capital social, já em funcionamento, e seu grau de crescimento, com a ampliação da escala de produção e da massa dos trabalhadores mobilizados, com o desenvolvimento da produtividade do trabalho, com o fluxo mais vasto e mais completo dos mananciais da riqueza, amplia-se a escala em que a atração maior dos trabalhadores pelo capital está ligada à maior repulsão deles. A população trabalhadora, ao produzir a acumulação do capital, produz, em proporções crescentes, os meios que fazem dela, relativamente, uma população supérflua, excedente. Esta é uma lei da população peculiar ao modo capitalista. (Karl Marx – O Capital – O Processo de Produção Capitalista – Livro 1 – Volume 2 – p. 732-733).

Discriminação dos Setores de Produção	Número de Empregados	
	1851	1861
Agricultura (inclusive proprietários, arrendatários, hortelãos, pastores etc.)	2.011.447	1.924.110
Fiação de lã	102.714	79.242
Fábricas de Seda	111.940	101.678
Indústria de tecidos estampados	12.098	12.556
Fabricação de Chapéus	15.957	13.814
Produção de malte	10.566	10.677
Fabricação de Velas (melhoria de infraestrutura, com a iluminação a gás)	4.949	4.686
Confecção de pentes	2.038	1.478
Serradores (aumento do segmento de serras mecânicas)	30.552	31.647
Confecção de pregos	29.940	26.130
Minas de Zinco e cobre	31.360	32.041
Fiação e tecelagem de algodão	371.777	456.646
Mineração de Carvão	183.389	246.613

Censo da Inglaterra e País de Gales. Desde 1851, o aumento dos trabalhadores é em regra maior nos ramos onde não se aplicou maquinaria com sucesso. (Census of England and Wales, for 1861, vol. III, Londres, 1863) (grifo meu – quadro feito pelos dados disponíveis no Census) (Karl Marx – O Capital – O Processo de Produção Capitalista – Livro 1 – Volume 2 – p. 732).

Grandes massas humanas têm de estar disponíveis para serem lançadas nos pontos decisivos, sem prejudicar a escala de produção nos outros ramos. A superpopulação fornece-as. O curso característico da indústria moderna, um ciclo decenal, com a intercorrência de movimentos oscilatórios menores, constituído de fases de atividade média de produção a todo vapor, de crise e de estagnação, baseia-se na formação contínua, na maior ou menor absorção e na reconstituição do exército industrial de reserva (a população excedente). As alternativas do ciclo industrial recrutam a população excedente e se tornam os mais poderosos agentes de sua reprodução. (Karl Marx – O Capital – O Processo de Produção Capitalista – Livro 1 – Volume 2 – p. 734).

Esse curso peculiar da indústria moderna, que não encontramos em nenhuma época anterior da humanidade, era impossível no período infantil da produção capitalista. Só muito lentamente se alterava a composição do capital. Por isso, à sua acumulação correspondia antes, de modo geral, o crescimento proporcional da procura de trabalho. A expansão súbita e intermitente da escala de produção é condição para sua contração súbita; esta provoca novamente aquela, mas aquela é impossível sem material humano disponível, sem aumento dos trabalhadores independentemente do crescimento absoluto da população. Esse aumento é criado pelo simples processo de liberar continuamente parte dos trabalhadores, com métodos que diminuem o número dos empregados em relação à produção aumentada. Toda a forma do movimento da indústria moderna nasce, portanto, da transformação constante de uma parte da população trabalhadora em desempregados ou parcialmente empregados. A superficialidade da economia política evidencia-se, entre outras coisas, na circunstância de ela considerar causas do ciclo industrial a expansão e a contração do crédito, simples sintoma das alternativas do ciclo industrial. Os corpos celestes lançados num determinado movimento, repetem-no sempre, e do mesmo modo se comporta a produção social uma vez projetada nesse movimento de expansão e contração alternadas. A própria economia política compreende que a produção de uma população excedente, em relação às necessidades médias de expansão do capital, é condição vital para a indústria moderna. (Karl Marx – O Capital – O Processo de Produção Capitalista – Livro 1 – Volume 2 – p. 734-735).

H. Merivale, ex-professor de economia política em Oxford, mais tarde funcionário do Ministério das Colônias da Inglaterra: (Karl Marx – O Capital – O Processo de Produção Capitalista – Livro 1 – Volume 2 – p. 735).

> Admitamos que por ocasião de uma crise, a nação decida fazer o esforço de libertar-se pela emigração de várias centenas de milhares de braços excedentes. Qual seria a consequência? A de haver carência quando se reanimasse a procura de trabalho. Por mais rápida que seja a reprodução de seres humanos, é necessário sempre o intervalo de uma geração para substituir trabalhadores adultos. Ora, os lucros de nossos fabricantes dependem principalmente da possibilidade de explorar o momento favorável em que a procura é intensa, para se compensarem dos períodos de estagnação. Só o comando sobre maquinaria e trabalho manual assegura-lhes essa possibilidade. É necessário que eles tenham à mão, braços disponíveis; que estejam capacitados a intensificar ou a abrandar suas atividades, segundo a situação do mercado. Do contrário, não poderão manter na luta da concorrência a preponderância em que se baseia a riqueza do país. (H. Marivale, Lectures on Colonization and Colonies, Londres, 1841 e 1842). (Karl Marx – O Capital – O Processo de Produção Capitalista – Livro 1 – Volume 2 – p. 735-736).

Depois de ter demonstrado que a produção contínua de uma superpopulação relativa de trabalhadores é uma necessidade de acumulação capitalista, a economia política, essa velha solteirona, põe na boca do príncipe dos seus sonhos, o capitalista, as seguintes palavras dirigidas aos trabalhadores excedentes, lançados à rua pelo capital adicional que eles mesmos criaram: (Karl Marx – O Capital – O Processo de Produção Capitalista – Livro 1 – Volume 2 – p. 737).

> Nós fabricantes, fazemos por vós o que podemos, ao aumentar o capital de que precisais para viver; a vós cabe fazer o resto, adaptando vosso número aos meios de subsistência. (H. Martineau, The Manchester Stike, 1832, p. 101).

Não basta à produção capitalista a quantidade de força de trabalho disponível, fornecida pelo incremento natural da população. Para funcionar à sua vontade, ela precisa de um exército industrial de reserva que não dependa desse limite natural. (grifo meu) (Karl Marx – O Capital – O Processo de Produção Capitalista – Livro 1 – Volume 2 – p. 737).

Permanecendo o mesmo o número dos trabalhadores empregados ou até diminuindo, o capital variável aumenta se o trabalhador individual fornece mais trabalho, aumentando assim seu salário, embora permaneça o mesmo o preço do trabalho, ou até caia, desde que essa queda seja mais lenta que o incremento da quantidade de trabalho. O acréscimo do capital variável é então índice de mais trabalho, mas não de mais trabalhadores empregados. Cada capitalista tem absoluto interesse de extrair determinada quantidade de trabalho de menor número de trabalhadores, desde que o custo salarial de maior número seja igual ou até menor. Com maior número, aumenta o dispêndio de capital constante em relação à quantidade de trabalho mobilizado; se o número é menor, esse dispêndio crescerá muito mais lentamente. (Karl Marx – O Capital – O Processo de Produção Capitalista – Livro 1 – Volume 2 – p. 737).

Com o progresso da acumulação, vemos que: (grifo meu) (Karl Marx – O Capital – O Processo de Produção Capitalista – Livro 1 – Volume 2 – p. 738).

- um capital variável maior põe em movimento maior quantidade de trabalho sem recrutar mais trabalhadores;
- um capital variável da mesma magnitude põe mais trabalho em ação, utilizando a mesma quantidade de força de trabalho e, finalmente, mobiliza maior quantidade de forças de trabalho inferiores, expulsando as de nível superior.

Por isso, a produção de uma superpopulação relativa ou a liberação de trabalhadores avança mais rapidamente do que a transformação técnica do processo de produção, acelerada com o progresso da acumulação, do que o correspondente decréscimo proporcional do capital variável em relação ao constante. (Karl Marx – O Capital – O Processo de Produção Capitalista – Livro 1 – Volume 2 – p. 738).

O capital, à medida que cresce a produtividade do trabalho, aumenta sua obtenção de trabalho mais rapidamente que sua procura de trabalhadores. O trabalho excessivo da parte empregada da classe trabalhadora engrossa as fileiras de seu exército de reserva, enquanto inversamente a forte pressão que este exerce sobre aquela, através da concorrência, compele-a ao trabalho excessivo e a sujeitar-se às exigências do capital. A condenação de uma parte da classe trabalhadora à ociosidade forçada, em virtude do trabalho excessivo da outra parte, torna-se fonte de enriquecimento individual dos capitalistas e acelera, ao mesmo tempo, a produção do exército industrial de reserva numa escala correspondente ao progresso da acumulação social. (Karl Marx – O Capital – O Processo de Produção Capitalista – Livro 1 – Volume 2 – p. 738-739).

Em seu conjunto, os movimentos gerais dos salários se regulam exclusivamente pela expansão e contração do exército industrial de reserva, correspondentes às mudanças periódicas do ciclo industrial. Não são, portanto, determinados pelas variações do número absoluto da população trabalhadora, mas pela proporção variável em que a classe trabalhadora se divide em exército da ativa e exército da reserva, pelo acréscimo e decréscimo da magnitude relativa da superpopulação, e pela extensão em que ora é absorvida, ora é liberada. (Karl Marx – O Capital – O Processo de Produção Capitalista – Livro 1 – Volume 2 – p. 739).

Os salários sobem em virtude da acumulação do capital. Os salários mais elevados incentivam o aumento mais rápido da população trabalhadora e esse aumento prossegue até que o mercado de trabalho se abarrote, ficando o capital insuficiente em relação à oferta de trabalhadores. Caem então os salários e aparece o reverso da medalha. Com a baixa dos salários é dizimada progressivamente a população trabalhadora de modo que o capital se torna de novo excessivo em relação a ela; ou, conforme explicam outros, a baixa dos salários e o acréscimo correspondente de exploração do trabalhador aceleram de novo a acumulação, enquanto os salários reduzidos contêm o crescimento da classe trabalhadora. Depois reaparece a situação em que a oferta de trabalho é menor do que a procura, o salário sobe, assim por diante. Como é belo esse modo de mover-se a produção capitalista desenvolvida! Antes de manifestar-se qualquer incremento positivo da população realmente apta para o trabalho, em virtude da elevação dos salários, passaria muitas vezes o prazo em que se teria de desfechar a campanha industrial, travar e decidir a batalha. (Karl Marx – O Capital – O Processo de Produção Capitalista – Livro 1 – Volume 2 – p. 740).

Entre 1849 e 1859 ocorreu, em conjunto com uma queda nos preços do trigo, uma elevação nos salários praticamente insignificante, nos distritos agrícolas ingleses. Em Wiltshire, o salário semanal subiu de 7 para 8 xelins, em Dorsetshire de 7 ou 8 para 9 xelins etc. Foi o resultado do êxodo extraordinário da superpopulação agrícola, em consequência do recrutamento para a guerra, da grande expansão que houve na construção de vias férreas, fábricas, na exploração de minas etc. (Karl Marx – O Capital – O Processo de Produção Capitalista – Livro 1 – Volume 2 – p. 740).

Os patrões começaram logo a berrar e o jornal "Economist de Londres" falou com a maior seriedade sobre uma alta geral e substancial, referindo-se a esses salários de fome. E que fizeram os patrões agrícolas? Introduziram mais maquinaria e num instante os trabalhadores ficaram supérfluos numa proporção conveniente aos patrões. Inverteu-se mais capital na agricultura e de forma mais produtiva. Com isso, a procura de trabalho diminuiu tanto relativa quanto absolutamente. (Karl Marx – O Capital – O Processo de Produção Capitalista – Livro 1 – Volume 2 – p. 741).

O salário mais alto atrai parte maior da população trabalhadora para o ramo favorecido, até que este fique saturado e o salário volte ao nível médio ou caia abaixo dele, se a afluência de trabalhadores é demasiadamente forte. Então, cessa a imigração de trabalhadores para o ramo em questão, e mais, impõe-se a emigração. O economista político acredita ter captado a essência do fenômeno, ao ver que o acréscimo de salário provoca um acréscimo absoluto de trabalhadores e o acréscimo absoluto de trabalhadores, um decréscimo de salário. Mas o que se vê realmente são apenas as oscilações locais do mercado de trabalho, de um ramo particular de produção; são apenas fenômenos de repartição da população trabalhadora nos diversos ramos em que se aplica o capital, de acordo com suas necessidades variáveis. (Karl Marx – O Capital – O Processo de Produção Capitalista – Livro 1 – Volume 2 – p. 741).

Durante os períodos de estagnação e de prosperidade média, o exército industrial de reserva pressiona sobre o exército dos trabalhadores em ação, e durante o período de superprodução e paroxismo, modera as exigências dos trabalhadores. A superpopulação relativa está sempre presente nos movimentos da oferta e da procura de trabalho. Ela mantém o funcionamento desta lei dentro de limites condizentes com os propósitos de exploração e de domínio do capital. É oportuno relembrar uma das façanhas da apologética (defesa persistente de uma teoria, de uma ideia) econômica. Quando se introduz maquinaria nova ou se amplia a velha, parte do capital variável se transforma em constante. O economista apologético desfigura essa operação, que imobiliza capital e por isso despede trabalhadores, afirmando que ela libera capital para os trabalhadores. Só agora podemos avaliar em toda a extensão o cinismo dessa apologética. Ficam sem emprego não só os trabalhadores diretamente expulsos pela máquina, mas também seus sucessores e o contingente adicional que seria regularmente absorvido com a expansão ordinária do negócio em sua base antiga. (grifo meu) (Karl Marx – O Capital – O Processo de Produção Capitalista – Livro 1 – Volume 2 – p. 741-742).

O mecanismo da produção capitalista opera de maneira que o incremento absoluto do capital não seja acompanhado por uma elevação correspondente da procura geral de trabalho. E o apologista chama a isto de compensação pela miséria, pelos sofrimentos e pela possível morte dos trabalhadores desempregados durante o período de transição que os joga no exército industrial de reserva. A procura de trabalho não se identifica com o crescimento do capital, nem a oferta de trabalho com o crescimento da classe trabalhadora. Não há aí duas forças independentes, uma influindo sobre a outra. É um jogo com dados viciados. O capital age, ao mesmo tempo, dos dois lados. Se sua acumulação aumenta a procura de trabalho, aumenta também a oferta de trabalhadores, liberando-os, ao mesmo tempo que a pressão dos desempregados compele os empregados a fornecerem mais trabalho, tornando até certo ponto independente a obtenção, a oferta de trabalho da oferta de trabalhadores. (Karl Marx – O Capital – O Processo de Produção Capitalista – Livro 1 – Volume 2 – p. 742-743).

Quando os trabalhadores descobrem que, quanto mais trabalham, mais produzem riquezas para os outros; quanto mais cresce a força produtiva de seu trabalho, mais precária se torna sua função de meio de expandir o capital; quando veem que a intensidade da concorrência entre eles mesmos depende totalmente da pressão da superpopulação relativa; quando, por isso, procuram organizar uma ação conjunta dos empregados e desempregados através dos sindicatos etc., para destruir ou enfraquecer as consequências ruinosas daquela lei natural da produção capitalista sobre sua classe; então protestam em altos brados o capital e seu defensor (o economista político), contra a violação da eterna e, por assim dizer, sacrossanta lei da oferta e da procura. Todo entendimento entre empregados e desempregados perturba o funcionamento puro dessa lei. Mas, quando circunstâncias adversas, nas colônias, por exemplo, impedem a formação do exército industrial de reserva e, por isso, a subordinação absoluta da classe trabalhadora à classe capitalista, o capital, de mãos dadas com seu escudeiro apregoador de lugares-comuns, rebela-se contra a lei sacrossanta da "oferta e da procura" e procura corrigi-la através de providências coercitivas. (grifo meu) (Karl Marx – O Capital – O Processo de Produção Capitalista – Livro 1 – Volume 2 – p. 743).

4 Formas de Existência da Superpopulação Relativa. A Lei Geral da Acumulação Capitalista

A superpopulação relativa existe sob os mais variados matizes. Todo trabalhador dela faz parte durante o tempo em que está desempregado ou parcialmente empregado. As fases alternadas do ciclo industrial fazem-na aparecer ora em forma aguda nas crises, ora em forma crônica, nos períodos de paralisação. Mas, além dessas formas principais que se reproduzem periodicamente, assume continuamente as três formas seguintes: flutuante, latente e estagnada. (Karl Marx – O Capital – O Processo de Produção Capitalista – Livro 1 – Volume 2 – p. 743).

Nos centros da indústria moderna, fábricas, manufaturas, usinas siderúrgicas e minas etc., os trabalhadores são ora repelidos, ora atraídos em quantidade maior, de modo que, no seu conjunto, aumenta o número dos empregados, embora em proporção que decresce com o aumento da escala da produção. Aí a superpopulação assume a forma flutuante. (Karl Marx – O Capital – O Processo de Produção Capitalista – Livro 1 – Volume 2 – p. 743-744).

Tanto nas fábricas propriamente ditas, quanto em todas as grandes oficinas que já utilizam maquinaria ou que funcionam apenas na base da moderna divisão do trabalho, são empregados em massa, meninos e rapazes até atingirem a idade adulta. Chegando a esse termo, só um número muito reduzido pode continuar empregado nos mesmos ramos de atividade, sendo a maioria ordinariamente despedida. Esses que são despedidos tornam-se elementos da superpopulação flutuante que aumenta ao crescer a indústria. Parte deles emigra e na realidade apenas segue o capital em sua emigração. Em consequência, a população feminina cresce mais rapidamente do que a masculina, conforme se verifica na Inglaterra. É uma contradição do próprio movimento do capital que o incremento natural da massa de trabalhadores não sature suas necessidades de acumulação e, apesar disso, as ultrapassem. (Karl Marx – O Capital – O Processo de Produção Capitalista – Livro 1 – Volume 2 – p. 744).

O "Capital" precisa de maiores quantidades de trabalhadores jovens e de menor número de adultos. (grifo meu) (Karl Marx – O Capital – O Processo de Produção Capitalista – Livro 1 – Volume 2 – p. 744).

É por isso que, atualmente, muitos congressistas, apoiados por seus investidores diretos de campanha, fazem grande lobby para reduzir a idade penal – a grande maioria a ser afetada será a classe mais pobre, devido a suas más condições de formação, de oportunidades de melhor condição de vida e de educação inclusiva. Será uma porta aberta para outras leis contra o menor e a favor da burguesia capitalista.

Esses congressistas nunca propõem aumento de verbas para educação integral e melhoria de condições de vida dos pais de crianças pobres. E o que mais me assombra é que, entre muitos pobres, há ainda muitos que, nas eleições, votam a favor dos ricos, a favor do capital, da burguesia, fazendo perpetuar suas condições de pobreza.

Existe outra contradição ainda mais chocante: as queixas contra a falta de braços, quando muitos milhares estão desempregados, porque a divisão do trabalho os acorrentou a determinado ramo industrial. Além disso, o consumo da força de trabalho pelo capital é tão intenso que o trabalhador de mediana idade já está em regra bastante alquebrado. Vai para as fileiras dos supérfluos ou é rebaixado de categoria. Encontramos a menor duração de vida justamente entre os trabalhadores da grande indústria. (Karl Marx – O Capital – O Processo de Produção Capitalista – Livro 1 – Volume 2 – p. 744).

> Doutor Lee, da saúde pública de Manchester, verificou que a duração média da vida, naquela cidade, na classe abastada, era de 38 anos e na classe trabalhadora apenas de 17 anos. Em Liverpool, ela é de 35 anos para a primeira e 15 para a segunda. Infere-se daí que a classe privilegiada goza da vantagem de viver duas vezes mais que seus concidadãos menos favorecidos. (Discurso em Conferência Sanitária, Birmingham, jan 1875, pronunciado por J. Chamberlain, ex-prefeito da cidade). (Karl Marx – O Capital – O Processo de Produção Capitalista – Livro 1 – Volume 2 – p. 745).

> No último semestre de 1866, em Londres, foram despedidos 80 a 90 mil trabalhadores; entretanto, no relatório sobre as fábricas, referente ao mesmo semestre, lia-se: Parece que não é de nenhum modo acertado dizer que a procura gera a oferta no exato momento em que dela precisa. Isto não ocorreu com o trabalho, pois muita maquinaria teve de ficar parada o ano passado, por falta de braços. No censo de 1861, na Inglaterra e País de Gales, 781 cidades continham 10,96 milhões de habitantes, enquanto a população das aldeias e das paróquias rurais era apenas de 9,10 milhões... Em 1851 figuravam no censo 580 cidades cuja população era quase igual à das zonas rurais. Mas, enquanto a população do campo aumentou nos últimos 10 anos, em apenas meio milhão, a das 580 cidades cresceu de 1,55 milhão. O acréscimo de população nas paróquias rurais é de 6,5% e nas cidades, de 17, 3%. A diferença na taxa de crescimento decorre da emigração do campo para a cidade. Três quartos do crescimento global da população pertencem às cidades. (Census, v. III, p. 11 e 12) (Karl Marx – O Capital – O Processo de Produção Capitalista – Livro 1 – Volume 2 – p. 745).

Nessas circunstâncias, o crescimento absoluto dessa parte do proletariado exige que seus elementos aumentem com velocidade maior que aquela em que são consumidos. Rápida substituição, portanto, das gerações de trabalhadores (a mesma lei não se aplica às outras classes da população). Esta necessidade social é satisfeita por meio de casamentos prematuros, consequência necessária das condições em que vivem os trabalhadores da grande indústria e pelos prêmios que a exploração das crianças proporciona à sua procriação. (Karl Marx – O Capital – O Processo de Produção Capitalista – Livro 1 – Volume 2 – p. 745).

Quando a produção capitalista se apodera da agricultura ou nela vai penetrando, diminui, à medida que se acumula o capital que nela funciona, a procura absoluta da população trabalhadora rural. Dá-se uma repulsão de trabalhadores que não é contrabalançada por maior atração, como ocorre na indústria não-agrícola. Por isso, parte da população rural encontra-se sempre na iminência de transferir-se para as fileiras do proletariado urbano ou da manufatura e na espreita de circunstâncias favoráveis a essa transferência (manufatura que significa todas as indústrias não agrícolas). Está fluindo sempre esse manancial da superpopulação relativa. Mas, seu fluxo constante para as cidades pressupõe no próprio campo uma população supérflua sempre latente, cuja dimensão só se torna visível quando, em situações excepcionais se abrem todas as comportas dos canais de drenagem. Por isso, o trabalhador rural é rebaixado ao nível mínimo de salário e está sempre com um pé no pântano do pauperismo. (Karl Marx – O Capital – O Processo de Produção Capitalista – Livro 1 – Volume 2 – p. 745-746).

A terceira categoria de superpopulação relativa, a estagnada, constitui parte do exército de trabalhadores em ação, mas com ocupação totalmente irregular. Ela proporciona ao capital reservatório inesgotável de força de trabalho disponível. Sua condição de vida se situa abaixo do nível médio normal da classe trabalhadora e justamente isso torna-a base ampla de ramos especiais de exploração do capital. São continuamente recrutados para suas fileiras os que se tornam supérfluos na grande indústria e na agricultura e notadamente nos ramos de atividade em decadência, nos quais o artesanato é destruído pela manufatura ou esta pela indústria mecânica. A superpopulação estagnada se amplia à medida que o incremento e a energia da acumulação aumentam o número dos trabalhadores supérfluos. (Karl Marx – O Capital – O Processo de Produção Capitalista – Livro 1 – Volume 2 – p. 746).

Na realidade, a quantidade de nascimentos e óbitos e o tamanho absoluto das famílias estão na razão inversa do nível de salário e, portanto, da quantidade de meios de subsistência de que dispõem as diversas categorias de trabalhadores. Esta lei da sociedade capitalista não se encontra entre selvagens, nem entre colonos civilizados. Lembra a reprodução em massa de espécies animais cujos indivíduos são débeis e constantemente perseguidos. (Karl Marx – O Capital – O Processo de Produção Capitalista – Livro 1 – Volume 2 – p. 746).

Finalmente, o mais profundo sedimento da superpopulação relativa vegeta no inferno da indigência, do pauperismo. Pondo de lado os vagabundos, os criminosos, as prostitutas, o rebotalho do proletariado em suma, essa camada social consiste de três categorias:

- primeiro, os aptos para o trabalho;

- segundo, os órfãos e filhos de indigentes, que irão engrossar o exército industrial de reserva e são recrutados rapidamente e em massa para o exército ativo dos trabalhadores em tempos de grande prosperidade, como em 1860;

- terceiro, os degradados, desmoralizados, incapazes de trabalhar são notadamente os indivíduos que sucumbem em virtude de sua incapacidade de adaptação, decorrente da divisão do trabalho; os que ultrapassam a idade normal de um trabalhador, e as vítimas da indústria, os mutilados, enfermos, viúvas etc., cujo número aumenta com as máquinas perigosas, as minas, as fábricas de produtos químicos etc. (grifo meu) (Karl Marx – O Capital – O Processo de Produção Capitalista – Livro 1 – Volume 2 – p. 746-747).

O pauperismo constitui o asilo dos inválidos do exército ativo dos trabalhadores e o peso morto do exército industrial de reserva. Sua produção e sua necessidade se compreendem na produção e na necessidade da superpopulação relativa, e ambos constituem condição de existência da produção capitalista e do desenvolvimento da riqueza. O pauperismo faz parte das despesas extras da produção capitalista, mas o capital arranja sempre um meio de transferi-las para a classe de trabalhadores e para a classe média inferior. (grifo meu) (Karl Marx – O Capital – O Processo de Produção Capitalista – Livro 1 – Volume 2 – p. 747).

Quanto maior a riqueza social, o capital em função, a dimensão e energia de seu crescimento e, consequentemente, a magnitude absoluta do proletariado e da força produtiva de seu trabalho, tanto maior o exército industrial de reserva. (Karl Marx – O Capital – O Processo de Produção Capitalista – Livro 1 – Volume 2 – p. 747).

A força de trabalho disponível é ampliada pelas mesmas causas que aumentam a força expansiva do capital. A magnitude relativa do exército industrial de reserva cresce, portanto, com as potências da riqueza, mas quanto maior esse exército de reserva em relação ao exército ativo, tanto maior a massa da superpopulação consolidada, cuja miséria está na razão inversa do suplício de seu trabalho. E, ainda, quanto maiores essa camada de lázaros da classe trabalhadora e o exército industrial de reserva, tanto maior, usando-se a terminologia oficial, o pauperismo. Esta é a lei geral, absoluta, da acumulação capitalista. (grifo meu) (Karl Marx – O Capital – O Processo de Produção Capitalista – Livro 1 – Volume 2 – p. 747).

Patenteia-se a insanidade da sabedoria do economista que prega aos trabalhadores adaptarem seu número às necessidades de expansão do capital. O mecanismo de produção capitalista e da acumulação adapta continuamente esse número a essas necessidades. O começo desse ajustamento é a criação de uma superpopulação relativa ou de um exército industrial de reserva, e o fim a miséria de camadas cada vez maiores do exército ativo e o peso morto do pauperismo. (Karl Marx – O Capital – O Processo de Produção Capitalista – Livro 1 – Volume 2 – p. 748).

Quanto maior a produtividade do trabalho, tanto maior a pressão dos trabalhadores sobre os meios de emprego; tanto mais precária, portanto, sua condição de existência, a saber, a venda da própria força para aumentar a riqueza alheia ou a expansão do capital. O crescimento dos meios de produção e da produtividade do trabalho, mais rápido que o crescimento da população produtiva, se expressa, de maneira inversa, na sociedade capitalista. Nesta, a população trabalhadora aumenta sempre mais rapidamente do que as condições em que o capital pode empregar os acréscimos dessa população para expandir-se. (Karl Marx – O Capital – O Processo de Produção Capitalista – Livro 1 – Volume 2 – p. 748).

Na medida em que se acumula o capital tem de piorar a situação do trabalhador, suba ou desça sua remuneração. A lei que mantém a superpopulação relativa ou o exército industrial de reserva no nível adequado ao incremento e à energia da acumulação, acorrenta o trabalhador ao capital mais firmemente do que os grilhões de Vulcano acorrentavam Prometeu ao Cáucaso. Determina uma acumulação de miséria correspondente à acumulação de capital. Acumulação de riqueza num polo é, ao mesmo tempo, acumulação de miséria, de trabalho atormentante, de escravatura, ignorância, brutalização e degradação moral, no polo oposto, constituído pela classe cujo produto vira capital. (grifo meu) (Karl Marx – O Capital – O Processo de Produção Capitalista – Livro 1 – Volume 2 – p. 749).

Esse caráter antagônico da produção capitalista foi expresso sob diversas formas pelos economistas políticos, embora o misturassem com fenômenos até certo ponto análogos, mas diferentes na sua substância, de modos de produção pré-capitalistas. (Karl Marx – O Capital – O Processo de Produção Capitalista – Livro 1 – Volume 2 – p. 749).

O Monge Veneziano Ortes, um dos grandes economistas do século XVIII, via no antagonismo da produção capitalista uma lei natural geral da riqueza social: (Karl Marx – O Capital – O Processo de Produção Capitalista – Livro 1 – Volume 2 – p. 749).

Numa nação, os bens e os males econômicos mantêm-se sempre em equilíbrio: a abundância de bens para uns corresponde sempre à falta deles para outros. Grande riqueza para alguns significa privação absoluta para outros. A riqueza de uma nação está em correspondência com sua população, e sua miséria em correspondência com sua riqueza. A diligência de uns leva outros à ociosidade. Os pobres trabalhadores e os ociosos são consequência necessária dos ricos e dos trabalhadores. (G. lle LibriOrtes, Della Econ. Nazionalle sei 1774). (Karl Marx – O Capital – O Processo de Produção Capitalista – Livro 1 – Volume 2 – p. 749).

Sobre o caráter antagônico da produção capitalista:

Cada dia se torna mais claro que as condições de produção em que se move a burguesia não tem caráter unitário, simples, mas dúplice; que, nas mesmas condições em que se produz a riqueza, produz-se também a miséria; que, nas mesmas condições em que se processam o desenvolvimento das forças produtivas, desenvolve-se também uma força repressiva; que essas condições só geram a riqueza burguesa, isto é, a riqueza da classe burguesa, com a destruição continuada da riqueza de membros que integram essa classe e com a formação de um proletariado cada vez maior (Karl Marx, *Misere de La Philosophie*). (Karl Marx – O Capital – O Processo de Produção Capitalista – Livro 1 – Volume 2 – p. 749).

Dez anos depois de Ortes, o pastor anglicano Townsend louvava, grotescamente, a pobreza como condição necessária para a riqueza. (Karl Marx – O Capital – O Processo de Produção Capitalista – Livro 1 – Volume 2 – p. 750).

O trabalho obtido por meio de coação legal exige grande dose de aborrecimentos, violência e barulho, enquanto a fome pressiona pacífica, silenciosa e incessantemente e, sendo o motivo mais natural para a diligência e para o trabalho, leva a que se façam os maiores esforços.

Tudo o que importa é tornar a fome permanente na classe trabalhadora e isto, segundo Townsend, é função do princípio da população, que vigora especialmente entre os pobres. (Karl Marx – O Capital – O Processo de Produção Capitalista – Livro 1 – Volume 2 – p. 750).

Parece uma lei natural que os pobres até certo ponto sejam imprevidentes (tão imprevidentes que venham ao mundo sem que lhes assegurem antes um berço de ouro), "o que proporciona a existência de indivíduos para exercerem os ofícios mais servis, mais sórdidos e mais ignóbeis da comunidade. O cabedal de felicidade humana é ampliado, quando os mais delicados ficam isentos do trabalho servil e podem realizar sua vocação superior sem interrupções [...]. A lei de assistência aos pobres tende a destruir a harmonia e a beleza, a simetria e a ordem desse sistema que Deus e a natureza criaram no mundo. (Rev. Mr. J. Townsend, 1786) (Karl Marx – O Capital – O Processo de Produção Capitalista – Livro 1 – Volume 2 – p. 750).

Diz Storch, de maneira sórdida:

> O progresso da riqueza social gera aquela classe útil da sociedade... ela executa as tarefas mais enfadonhas, mais sórdidas e repugnantes, em suma, se sobrecarrega com tudo o que a vida oferece de desagradável e de servil, proporcionando assim às outras classes lazer, alegria espiritual e aquela dignidade convencional de caráter. (Storch, l. c. t. III, p. 233) (Karl Marx – O Capital – O Processo de Produção Capitalista – Livro 1 – Volume 2 – p. 751).

Storch pergunta a si mesmo qual seria a vantagem real dessa civilização capitalista com sua miséria e degradação das massas, comparada com a barbárie. Só encontra uma resposta: a segurança. (Karl Marx – O Capital – O Processo de Produção Capitalista – Livro 1 – Volume 2 – p. 751).

Sismondi, por sua vez, observa:

> Com o progresso da indústria e da ciência, todo trabalhador pode produzir diariamente muito mais do que precisa para seu consumo. Mas, embora seu trabalho produza riqueza, esta torná-lo-ia menos apto para o trabalho, se lhe fosse permitido consumi-la. Segundo ele os seres humanos ociosos renunciariam provavelmente a todos os requintes das artes, a todas as comodidades criadas pela indústria, se tivessem de obtê-los por meio de um trabalho constante como o que recai sobre os ombros do trabalhador... Os esforços estão hoje dissociados de sua recompensa, e o homem que repousa não é o que trabalha; e se alguém pode repousar é porque outro trabalha... A multiplicação sem fim das forças produtivas do trabalho não pode ter outro resultado que o de aumentar o luxo e as comodidades dos ricos ociosos. (Sismond, l. c., t. I, p. 79, 90 e 85) (Karl Marx – O Capital – O Processo de Produção Capitalista – Livro 1 – Volume 2 – p. 751).

Finalmente Destutt de Tracy, o fleumático doutrinador burguês, diz abertamente: (Karl Marx – O Capital – O Processo de Produção Capitalista – Livro 1 – Volume 2 – p. 751).

> Nas nações pobres o povo vive a seu gosto, e, nas ricas, vive geralmente na pobreza ou na indigência. (Destutt, de Tracy, l. c., p. 231 Les nations pauvres...)

5 Ilustração da Lei Geral da Acumulação Capitalista

a) Inglaterra de 1846 a 1866

Nenhum período da sociedade moderna é tão adequado para o estudo da acumulação capitalista do que o constituído pelos últimos 20 anos. Houve nesse período um crescimento acelerado da riqueza. O melhor exemplo desse progresso oferece-nos a Inglaterra, que se destaca das demais nações por vários motivos: ocupa a posição mais importante no mercado mundial; é o único país em que se desenvolveu plenamente a produção capitalista e onde, finalmente, a implantação do milênio livre-cambista em 1846 redundou na destruição do último refúgio da economia vulgar. (Karl Marx – O Capital – O Processo de Produção Capitalista – Livro 1 – Volume 2 – p. 752).

Embora o crescimento absoluto da população inglesa tenha sido muito grande na segunda metade do século, seu incremento proporcional, ou a taxa de crescimento, veio caindo progressivamente, conforme se verifica na tabela abaixo, extraída do censo oficial. (Karl Marx – O Capital – O Processo de Produção Capitalista – Livro 1 – Volume 2 – p. 752).

Taxa anual de crescimento demográfico na Inglaterra e País de Gales – Censo Oficial

Anos	% de crescimento demográfico	Anos	% de crescimento demográfico
1811/1821	1,533	1841/1851	1,216
1821/1831	1,446	1851/1861	1,141
1831/1841	1,326		

O aumento dos lucros tributáveis (excluem-se os arrendatários e outras categorias) na Grã-Bretanha, de 1853 a 1864, foi de 50,47%, enquanto o da população, no mesmo período, foi de cerca de 12%. O acréscimo das rendas tributáveis da terra (inclusive casas, ferrovias, minas, pesca etc.) elevou-se de 1853 a 1864, a 38%, destacando-se nesse aumento os seguintes itens: (Karl Marx – O Capital – O Processo de Produção Capitalista – Livro 1 – Volume 2 – p. 753).

Discriminação	% de aumento do rendimento anual no período de 1853 a 1864
Casas	38,60
Pedreiras	84,76
Minas	68,85
Fundições	39,92
Pesca	57,37
Usinas de Gás	126,02
Ferrovias	83,29

A concentração e a centralização acompanhavam acumulação do capital. As estatísticas agrícolas foram fornecidas espontaneamente por dez condados, não havendo, nesse domínio, estatísticas oficiais para a Inglaterra, embora a Irlanda as possuísse. Segundo os levantamentos dos condados, de 1851 a 1861, os arrendamentos com menos de 100 acres diminuíram de 31.583 para 26.567, havendo a fusão de 5.016 em empresas agrícolas maiores. De 1815 a 1825, nenhum Imposto de Transmissão Causa Mortis incidiu sobre fortuna mobiliária superior a 1 milhão de libras esterlinas; de 1825 a 1855, essa incidência ocorreu 8 vezes, e de 1855 a junho de 1859, 4 vezes num período de 4 anos e meio. (Karl Marx – O Capital – O Processo de Produção Capitalista – Livro 1 – Volume 2 – p. 754).

No Reino Unido tinha em funcionamento, em 1854, 8.054 milhas de estradas de ferro, com o capital realizado de 286.068.794 libras; em 1864, a extensão das ferrovias aumentou para 12.789 milhas, e o capital realizado para 425.719.613 libras. A exportação e a importação do Reino Unido atingiram globalmente, em 1854, o valor de 268.210.145 libras, e em 1865, 489.923.285 libras esterlinas. (grifo meu – quadro meu, com dados históricos) (Karl Marx – O Capital – O Processo de Produção Capitalista – Livro 1 – Volume 2 – p. 755).

Anos – Reino Unido	Evolução das Exportações em Libras Esterlinas
1847	58.842.377
1849	63.596.052
1856	115.826.948
1860	135.842.817
1865	165.862.402
1866	188.917.563

Por esses dados compreende-se o grito de triunfo do diretor-geral do registro civil do povo britânico:

> Embora a população aumentasse rapidamente, não cresceu no mesmo ritmo do progresso da indústria e da riqueza. (Census, l. c., p. 11) (Karl Marx – O Capital – O Processo de Produção Capitalista – Livro 1 – Volume 2 – p. 756).

Declaração de Gladstone na Câmara dos Comuns, em 13/02/1843: (Karl Marx – O Capital – O Processo de Produção Capitalista – Livro 1 – Volume 2 – p. 756).

> Uma das características mais melancólicas da situação social do país é que há um decréscimo no poder de consumo do povo, um aumento de privações e miséria para a classe trabalhadora, e, ao mesmo tempo, acumulação constante de riqueza nas classes superiores e incremento contínuo de capital.

Discurso de Gladstone na Câmara dos Comuns, em 16/04/1863: (Karl Marx – O Capital – O Processo de Produção Capitalista – Livro 1 – Volume 2 – p. 756).

> De 1842 a 1852, a renda tributável do país aumentou de 6%... Nos 8 anos que vão de 1853 a 1861, esse aumento, tomando-se por base 1853, foi de 20%. O que aconteceu é tão surpreendente que é quase inacreditável... Esse aumento embriagador de riqueza e poder... ficou totalmente limitado às classes possuidoras... mas, tem de beneficiar indiretamente a população trabalhadora, pois barateia os artigos de consumo geral. Enquanto os ricos

ficaram mais ricos, os pobres ficaram menos pobres. De qualquer modo, não ouso afirmar que tenham diminuído os extremos da pobreza.

Segundo Marx:

Se os extremos da pobreza não diminuíram, então aumentaram, por terem aumentado os extremos da riqueza. Quanto ao barateamento dos meios de subsistência, a estatística oficial, os dados, por exemplo, do Asilo dos Órfãos de Londres, mostram encarecimento de 20% para a média do triênio de 1860 a 1862, comparado com o triênio de 1851 a 1853. No triênio de 1863 a 1865, aumentaram progressivamente os preços da carne, manteiga, leite, açúcar, sal, carvão e outros artigos de primeira necessidade. O discurso de Gladstone, sobre orçamento, de 07/04/1864, é um "ditirambo pindárico" (canto poético do grego Píndaro) à produção da mais-valia e à felicidade do povo moderada pela pobreza. (Karl Marx – O Capital – O Processo de Produção Capitalista – Livro 1 – Volume 2 – p. 757).

Trecho do discurso de Gladstone na Câmara dos Comuns, em 16/04/1863:

Em noventa por cento dos casos, a vida humana não passa de uma luta para existir.

Professor H Fawcett: (Karl Marx – O Capital – O Processo de Produção Capitalista – Livro 1 – Volume 2 – p. 758).

Naturalmente não nego que os salários monetários tenham subido com o aumento do capital nas últimas décadas, mas essa vantagem aparente se perde em grande parte, porque os meios de subsistência se tornam cada vez mais caros... Os ricos ficam rapidamente mais ricos, enquanto não se percebe nenhum acréscimo no conforto da classe trabalhadora... Os trabalhadores se tornam quase escravos dos vendeiros, com os quais se endividam. (H. Fawcett, l. c. p. 67-82) (Karl Marx – O Capital – O Processo de Produção Capitalista – Livro 1 – Volume 2 – p. 758).

A fim de esclarecer plenamente as leis da acumulação, é necessário examinar a situação do trabalhador fora da fábrica, suas condições de alimentação e de habitação. Os limites deste livro levam-nos a tratar, antes de tudo, a parte mais mal paga do proletariado industrial e dos trabalhadores agrícolas, ou seja, a maioria da classe trabalhadora. (Karl Marx – O Capital – O Processo de Produção Capitalista – Livro 1 – Volume 2 – p. 758-759).

O censo de indigentes na Inglaterra: (grifo meu - quadro elaborado através de dados históricos) (Karl Marx – O Capital – O Processo de Produção Capitalista – Livro 1 – Volume 2 – p. 759).

Anos	Nº de Indigentes	Exportações em Libras Esterlinas
1847		58.842.377
1849		63.896.052
1855	851.369	
1856	877.767	115.826.948
1860		135.842.817
1863 – Crise algodoeira	1.079.382	
1864 – Crise algodoeira	1.014.978	
1865	971.433	165.862.402

A crise de 1866, que atingiu Londres mais severamente, gerou nesse centro do mercado mundial, mais populoso que o reino da Escócia, um acréscimo de 19,5% no número de indigentes em 1866, em relação ao nível de 1865, e de 24,4% em relação a 1864. (Karl Marx – O Capital – O Processo de Produção Capitalista – Livro 1 – Volume 2 – p. 759).

A análise estatística dos indigentes põe em evidência dois pontos: primeiro, o aumento e a diminuição da massa de indigentes refletem as mudanças periódicas do ciclo industrial; segundo, a estatística oficial vai deixando de registrar a verdadeira extensão do pauperismo, à medida que se desenvolve, com a acumulação do capital, a luta de classes e, em consequência, tomam os trabalhadores consciência de sua própria dignidade. Os tratamentos bárbaros infligidos aos indigentes, contra os quais clamou a imprensa inglesa (Times; Pall Malll Gazette; etc.) nos dois últimos anos, vem de velha data. Em 1844, F. Engels verificou as mesmas atrocidades seguidas dos mesmos clamores passageiros e hipócritas de uma literatura de sensação. Mas, o terrível acréscimo de óbitos por fome em Londres, na última década, demonstra incontestavelmente o horror crescente dos trabalhadores pela escravatura do asilo de trabalho para os pobres, a casa de trabalho (*workhouse*), ou penitenciária da miséria. (Karl Marx – O Capital – O Processo de Produção Capitalista – Livro 1 – Volume 2 – p. 759).

b) As Camadas Miseravelmente Pagas do Proletariado Industrial Inglês

Na crise algodoeira de 1862, o doutor Smith foi encarregado pelo Conselho Privado de investigar as condições alimentares dos infelizes trabalhadores do ramo têxtil algodoeiro em Lancashire e Cheshire. (Karl Marx – O Capital – O Processo de Produção Capitalista – Livro 1 – Volume 2 – p. 760).

Em 1863, o Conselho Privado mandou fazer uma pesquisa sobre a situação de penúria da parte mais malnutrida da classe trabalhadora inglesa. Doutor Simon, médico-chefe do Conselho Privado, escolheu para essa tarefa o mencionado doutor Smith. As pesquisas deste estenderam-se, de um lado, aos trabalhadores agrícolas, e, do outro, aos tecelões de seda, às costureiras, aos luveiros que trabalham com pelica, tecelões de meias, tecelões de luvas e sapateiros. Excluindo-se trabalhadores agrícolas e tecelões de meias, todas as demais categorias são exclusivamente urbanas. Uma das normas da investigação foi a de escolher em cada categoria as famílias mais sadias e em situação relativamente melhor. (Karl Marx – O Capital – O Processo de Produção Capitalista – Livro 1 – Volume 2 – p. 760).

O resultado geral foi o seguinte: (Karl Marx – O Capital – O Processo de Produção Capitalista – Livro 1 – Volume 2 – p. 760-761).

> Apenas numa das categorias investigadas dos trabalhadores urbanos, o suprimento de azoto ultrapassou um pouco o padrão mínimo necessário para evitar doenças de subnutrição; em duas categorias observou-se carência no suprimento, tanto de azoto quanto de carbono, e numa delas carência muito grave. Das famílias dos trabalhadores agrícolas investigadas, mais de 1/5 tinha alimentação com teor de carbono inferior ao indispensável, mais de 1/3, alimentação com teor de azoto inferior ao indispensável. Em três condados, Berkshire, Oxfordshire e Somersetshire, verificou-se carência de azoto na dieta média local (Public Health Sixth Report etc., for 1863; Londres, 1864).

Entre os trabalhadores agrícolas mais malnutridos figuravam os da Inglaterra, a parte mais rica do Reino Unido. A subnutrição, entre os trabalhadores, incidia principalmente sobre as mulheres e as crianças, pois o homem tem de comer para executar seu trabalho. Penúria ainda maior assolava as categorias investigadas de trabalhadores urbanos. Estão tão mal alimentados que tem de haver entre eles muitos casos de privações cruéis e ruinosa para a saúde ("espírito de renúncia do capitalista" a pagar a seus trabalhadores o que estes precisam apenas para vegetar). (Karl Marx – O Capital – O Processo de Produção Capitalista – Livro 1 – Volume 2 – p. 761).

Em seu relatório sobre as condições sanitárias em geral, diz o doutor Simon a respeito da situação alimentar: (Karl Marx – O Capital – O Processo de Produção Capitalista – Livro 1 – Volume 2 – p. 763-764).

> Todo aquele que está familiarizado com a clínica de indigentes ou com as enfermarias e clínicas dos hospitais pode confirmar que são numerosos os casos em que a dieta deficiente produz ou agrava doenças... Mas, temos de acrescentar a isto um conjunto muito importante de condições sanitárias... Devemos lembrar que a privação de alimentos é difícil de suportar e que em regra uma dieta carente só ocorre depois de ter havido muitas privações anteriores. Muito antes de a insuficiência alimentar ter importância do ponto de vista da higiene, muito antes de o fisiólogo pensar em contar os grãos de azoto e carbono que marcam a diferença entre a vida e a morte pela fome, o lar já terá sido despojado de todo o conforto material. O vestuário e o aquecimento terão se tornado ainda mais escassos do que os alimentos. Não haverá mais proteção contra as inclemências do tempo, os aposentos terão ficado tão reduzidos que produzirão ou agravarão doenças; quase nada mais restará dos utensílios e móveis de casa; a limpeza se terá tornado extremamente custosa e difícil. E se se procura mantê-la, por um sentimento de dignidade, esse esforço representará novos tormentos de fome. O lar terá de se instalar onde o teto for mais barato, em bairros onde a fiscalização sanitária é menos eficaz, onde há maior deficiência de esgotos, de limpeza, maiores imundícies, onde a água é escassa e da pior qualidade, e nas cidades onde há maior carência de luz e de ar.

São estes os perigos sanitários a que se expõe inevitavelmente a pobreza quando esta se acompanha da míngua de alimentos. Se a soma desses perigos representa um tremendo fardo para a vida, a simples falta de alimentos é em si mesma horrenda... Estas reflexões são dolorosas principalmente quando verificamos que a pobreza de que se trata não é a pobreza merecida dos ociosos. É a pobreza de trabalhadores. Além disso, com relação aos trabalhadores urbanos, o trabalho com que compram sua escassa alimentação é em regra excessivamente prolongado... Visto numa escala bem ampla, esse sustento nominal pelo trabalho não passa de um rodeio mais ou menos curto para se cair no pauperismo. (L. c., p. 14-15).

Só conhecendo as leis econômicas conseguimos descobrir a conexão íntima entre os tormentos da fome das camadas trabalhadoras mais laboriosas e a dilapidação dos ricos, grosseira ou refinada, baseada na acumulação capitalista. Já a situação habitacional é fácil de entender. Qualquer observador desprevenido percebe que, quanto maior a centralização dos meios de produção, tanto maior o amontoamento correspondente de trabalhadores no mesmo espaço e, portanto, quanto mais rápida a acumulação capitalista, tanto mais miseráveis as habitações dos trabalhadores. (Karl Marx – O Capital – O Processo de Produção Capitalista – Livro 1 – Volume 2 – p. 764).

Os melhoramentos urbanos que acompanham o progresso da riqueza, a demolição de quarteirões mal construídos, a construção de palácios para bancos, lojas etc., o alargamento das ruas para o tráfego comercial e para as carruagens de luxo, o estabelecimento de linhas para bondes etc. – desalojam evidentemente os pobres, expulsando-os para refúgios cada vez piores e mais abarrotados de gente. Além disso, todo mundo sabe que a carestia do espaço para morar está na razão inversa da qualidade da habitação e que os especuladores imobiliários exploram as minas da miséria com menos despesas e mais lucros que os obtidos em qualquer tempo com a lavra das minas de Potosi. (Karl Marx – O Capital – O Processo de Produção Capitalista – Livro 1 – Volume 2 – p. 764).

O caráter antagônico da acumulação capitalista, e consequentemente das relações capitalistas de propriedade, tornam-se aqui tão palpáveis e até os relatórios oficiais ingleses sobre esse assunto estão cheios de investidas heterodoxas à propriedade e a seus direitos. Com o desenvolvimento da indústria, da acumulação do capital, com o crescimento e o embelezamento das cidades, os males cresceram de tal modo que o simples medo das doenças contagiosas, que não poupam nem a respeitabilidade burguesa, motivou a promulgação pelo Parlamento de nada menos que 10 leis relativas à fiscalização sanitária, e a classe rica aterrada em algumas cidades, com Liverpool, Glasgow etc. resolveu intervir por meio das municipalidades. Apesar disso, exclama o doutor Simon, em seu relatório de 1865: "Falando de modo geral, pode-se dizer que os males na Inglaterra não estão controlados". Por ordem do Conselho Privado realizou-se, em 1864, pesquisa sobre as condições de habitação dos trabalhadores agrícolas e, em 1865, sobre as dos trabalhadores mais pobres das cidades. (grifo meu) (Karl Marx – O Capital – O Processo de Produção Capitalista – Livro 1 – Volume 2 – p. 764-765).

Mesmo a parte da classe trabalhadora em melhor situação, juntamente com os pequenos vendeiros e outros elementos da classe média inferior, sofre em Londres cada vez mais a maldição das condições vis de habitação, à medida que prosseguem os melhoramentos e a demolição de velhas casas e velhas ruas, à medida que aumentam as fábricas e o afluxo humano na metrópole e se elevam os aluguéis ao elevar-se a renda fundiária urbana. "Os aluguéis subiram tanto que poucos trabalhadores podem pagar mais de uma peça" (Reporto of the Officer of Health of St. Martin's in the Fields, 1865). (Karl Marx – O Capital – O Processo de Produção Capitalista – Livro 1 – Volume 2 – p. 766).

É difícil encontrar uma casa em Londres que não esteja cercada por um sem-número de corretores. O preço da terra em Londres é sempre mais elevado em relação à renda anual, pois todo comprador especula com a possibilidade de se desfazer da propriedade mais cedo ou mais tarde por um preço de expropriação fixado por um júri ou de ganhar uma valorização extraordinária com a proximidade de qualquer grande empreendimento. Em consequência disso há um comércio regular de compras de contratos de locação, prestes a expirar. (Karl Marx – O Capital – O Processo de Produção Capitalista – Livro 1 – Volume 2 – p. 766).

> Dos que traficam neste negócio não se pode esperar outra coisa, a não ser extrair o máximo possível dos inquilinos e entregar a casa na pior condição possível aos seus sucessores. (Public Health, Eighth Report, Londres, 1865) (Karl Marx – O Capital – O Processo de Produção Capitalista – Livro 1 – Volume 2 – p. 767).

Os aluguéis são semanais e esses senhores não correm nenhum risco, em virtude da construção de linhas férreas dentro da cidade. (Karl Marx – O Capital – O Processo de Produção Capitalista – Livro 1 – Volume 2 – p. 767).

> Viu-se recentemente na parte oriental de Londres, famílias vagando num sábado à noite, por terem sido expulsas de suas casas, com seus poucos pertences às costas, sem outro lugar para ir que o asilo dos pobres. (l. c., p, 88) (Karl Marx – O Capital – O Processo de Produção Capitalista – Livro 1 – Volume 2 – p. 767).

Os asilos já estão superlotados e os melhoramentos urbanos já aprovados pelo Parlamento apenas começaram. Quando os trabalhadores são expulsos de suas velhas casas por serem demolidas, não abandonam sua paróquia, ou se instalam no máximo nos seus limites ou na mais próxima. (Karl Marx – O Capital – O Processo de Produção Capitalista – Livro 1 – Volume 2 – p. 767).

> Procuram naturalmente morar o mais perto possível do local de trabalho. O resultado é que a família, em vez de dois, tem de alugar apenas um quarto. Mesmo pagando um aluguel maior, a habitação é pior do que a ruim de onde foi expulsa. A metade dos trabalhadores da orla marítima já precisa andar duas milhas para chegar ao local de trabalho. (Karl Marx – O Capital – O Processo de Produção Capitalista – Livro 1 – Volume 2 – p. 767).

Essa orla marítima, cuja rua principal causa no estrangeiro uma impressão imponente da riqueza de Londres, pode servir de exemplo do amontoamento de seres humanos na capital da Inglaterra. Numa paróquia de Londres, a Saúde Pública contou 581 pessoas por acre, embora incluísse no cálculo metade da largura do Tâmisa. É claro que toda providência de fiscalização sanitária que desaloja os trabalhadores das casas demolidas por inabitáveis, como é o caso de Londres, serve apenas para lançá-los noutro bairro onde a aglomeração ainda é maior. (Karl Marx – O Capital – O Processo de Produção Capitalista – Livro 1 – Volume 2 – p. 767).

Discurso do Dr. Hunter, a seguir: (Karl Marx – O Capital – O Processo de Produção Capitalista – Livro 1 – Volume 2 – p. 768).

> Temos de liquidar totalmente esses processos absurdos, ou então temos de despertar a compaixão pública para o que sem exagero podemos chamar de dever nacional, o de dar teto para pessoas que, por não disporem de capital, não podem construí-lo para si mesmas, embora possam recompensar a quem esteja em condições de fazer isso, por meio de pagamentos periódicos. (L.c., p. 89).

O proprietário de terras, de casas, o homem de negócios, quando expropriados pelos melhoramentos, como estradas de ferro, abertura de ruas etc., não recebem apenas indenização plena e completa. De acordo com a lei humana e divina, tem ainda de serem consolados por sua renúncia forçada, mediante um lucro considerável. Mas, o trabalhador, com mulher e filhos e seus pertences, é lançado à rua, e se acorrem em massa para os bairros onde a municipalidade zela pela ordem, é perseguido pela polícia sanitária. (Karl Marx – O Capital – O Processo de Produção Capitalista – Livro 1 – Volume 2 – p. 768).

No começo do século XIX, não se considerando Londres, não havia na Inglaterra nenhuma cidade com 100.000 habitantes. Só cinco tinham mais de 50.000. Agora existem 28 cidades com mais de 50.000 habitantes. (Karl Marx – O Capital – O Processo de Produção Capitalista – Livro 1 – Volume 2 – p. 768).

> O resultado dessa mudança foi enorme acréscimo da população urbana e a transformação das velhas cidades pequenas, de ruas estreitas, em centros onde se constrói desordenadamente, bloqueando a ventilação. Não sendo mais agradáveis para os ricos, estes abandonam-nas indo morar nas redondezas mais aprazíveis. Os trabalhadores passam então a ocupar as casas abandonadas pelos ricos, na razão de uma família por quarto, à qual ainda se agregam às vezes sublocatários. Assim, uma população é empilhada em casas que não lhe eram destinadas, totalmente inadequadas para ela. O ambiente em que passa a viver é realmente degradante para os adultos e pernicioso para as crianças. (L.c., p. 56).

> (Karl Marx – O Capital – O Processo de Produção Capitalista – Livro 1 – Volume 2 – p. 768).

Quanto mais rápido se acumula o capital numa cidade industrial ou comercial, tanto mais rápido é o afluxo do "material humano" explorável e tanto mais miseráveis as habitações improvisadas dos trabalhadores. Ocupa o segundo lugar nesse inferno habitacional, vindo depois de Londres, Newcastle-upon-Tyne, centro de um distrito carbonífero e de mineração cada vez mais produtivo. Em 1865, a cidade estava superlotada como nunca esteve antes. Era difícil encontrar um quarto para alugar. (Karl Marx – O Capital – O Processo de Produção Capitalista – Livro 1 – Volume 2 – p. 769).

Discurso do Doutor Embleton, do Hospital de Febres Infecciosas: (Karl Marx – O Capital – O Processo de Produção Capitalista – Livro 1 – Volume 2 – p. 769).

> Sem qualquer sombra de dúvida, a persistência e a propagação do tifo tem sua causa na excessiva aglomeração de seres humanos, na sujeira observada nas habitações. As casas onde em regra vivem os trabalhadores situam-se em becos e pátios confinados. São verdadeiros modelos de carência e de insalubridade com relação a luz, ar, espaço e limpeza, uma vergonha para qualquer país civilizado. Os homens, mulheres e crianças dormem aí amontoados. Os homens ocupam as camas, num fluxo ininterrupto, em dois turnos, o da noite e o do dia, de modo que elas quase não chegam a esfriar. As casas estão mal providas de água e de latrinas; sujas, sem ventilação e pestilentas. (l. c., p. 149).

O aluguel semanal desses cubículos varia de 8 pence a 3 xelins. (Karl Marx – O Capital – O Processo de Produção Capitalista – Livro 1 – Volume 2 – p. 769).

Exemplo de lista organizada pelo agente de uma companhia de seguros de Bradford:

Rua	Qtde. de Quartos	Qtde. de Pessoas
Vuncan Street, n. 122	01	16
Lumley Street, n. 13	01	11
North Street, n. 18	01	16
Wymer Street, n. 19	01	08 adultos
Jowett Street, n. 56	01	12
George Street, n. 150	01	03 famílias
Marshall Street, n. 28	01	10
George Street, n. 128	01	18
Salt Pie Street	02	26
Porões		
Regent Square	01	08
Acre Street	01	07
Robert's Court, n. 33	01	07
Black Pratt Street	Oficina de latoeiro	07
Ebenezer Etreet, n. 27	01	06

(Grifo meu - elaboração da tabela com dados históricos. L.c., p. 111). (Karl Marx – O Capital – O Processo de Produção Capitalista – Livro 1 – Volume 2 – p. 770).

No domínio da miséria habitacional, Bristol ocupa o terceiro lugar: "Em Bristol, a mais rica cidade da Europa, encontramos a maior pobreza e a mais completa miséria doméstica". (L.c., p. 50) (Karl Marx – O Capital – O Processo de Produção Capitalista – Livro 1 – Volume 2 – p. 771).

c) A População Nômade

A população rural constitui a infantaria ligeira do capital que a lança ora num setor ora noutro, de acordo com suas necessidades. Quando não está em marcha, acampa. O trabalho nômade é empregado em diversas atividades de construção e de drenagem, na produção de tijolos, para queimar cal, na construção de ferrovias etc. É uma coluna pestilencial que se desloca levando para as cidades em cujas proximidades se instalam, varíola, tifo, cólera, escarlatina etc. Quando os empreendimentos envolvem muito dispêndio de capital, como ferrovias etc., o próprio empresário fornece em regra, a seu exército, barracos de madeira ou construções semelhantes, verdadeiras aldeias improvisadas, sem qualquer preocupação de ordem sanitária, fora do controle das autoridades locais, e altamente rendosas para o empreiteiro que explora duplamente os trabalhadores, como soldados da indústria e como locatários. O locatário do barraco de madeira, trabalhador em terraplenagem etc., tem de pagar por semana 2, 3, 4 xelins, conforme tenha o barraco 1, 2 ou 3 cubículos. (Karl Marx – O Capital – O Processo de Produção Capitalista – Livro 1 – Volume 2 – p. 772).

Denúncia do doutor Simon, presidente do Comitê de Fiscalização Sanitária da paróquia de Sevenoaks, ao Ministro do Interior Sir George Gray, em 1864: (Karl Marx – O Capital – O Processo de Produção Capitalista – Livro 1 – Volume 2 – p. 772).

Até doze meses atrás, a varíola era totalmente desconhecida nesta paróquia. Pouco antes iniciaram-se os trabalhos de construção de uma via férrea entre Lewisham e Tunbridge. Realizando-se os trabalhos principais nas vizinhanças desta cidade, escolheram-na para localizar o depósito central de todo o empreendimento. Empregou-se aqui grande número de pessoas. Sendo impossível alojá-las em casas, o empreiteiro, Mr. Jay, fez construir barracos destinados à habitação dos trabalhadores, em diversos pontos ao longo do traçado da linha férrea. Esses barracos não têm nem ventilação nem fossa ou esgoto e, além disso, ficaram abarrotados, porque cada locatário foi obrigado a compartilhar seu barraco com outras pessoas, por mais numerosa que fosse sua própria família e embora a habitação só tivesse duas peças. Segundo o relatório médico que recebemos, esses pobres abrigados têm, em consequência disso, de sofrer todas as noites as torturas da sufocação, para evitar as emanações pestilenciais das águas estagnadas e imundas e das latrinas colocadas logo debaixo das janelas. Por fim, chegaram ao nosso Comitê queixas formuladas por um médico que teve oportunidade de visitar esses barracos. Falou sobre a situação deles nos termos mais severos e manifestou o receio das graves consequências que haveria, se não fossem tomadas certas providências sanitárias... A 9 de setembro, o doutor Kelson informou-me de novos casos de varíola nos mesmos barracos, descrevendo sua horrível situação. Para sua informação devo acrescentar que nossa paróquia possui uma casa de isolamento, o lazareto onde são cuidados os paroquianos que contraiam doenças infecciosas. Há muitos meses que o lazareto está continuamente superlotado de pacientes. Numa única família cinco crianças morreram de varíola ou de febre. De 1º de abril a 1º de setembro desse ano, ocorreram nada menos de dez óbitos por varíola, sendo quatro nos referidos barracos, o foco de infecção. É impossível dar o número dos atacados por doenças infecciosas, pois as famílias atingidas procuram manter o maior segredo possível em torno do assunto. (L.c., p.18).

Os operários que trabalham em carvão e em outras minas figuram nas categorias mais bem pagas do proletariado britânico. Em regra, o explorador da mina, proprietário ou arrendatário, constrói certo número de chalés para seus operários. Estes recebem moradia e carvão para seu consumo gratuitamente, quer dizer, parte do salário lhes é paga em carvão e aluguel. Os que não são alojados dentro desse sistema recebem em compensação 4 libras esterlinas por ano. Na construção dessas habitações vigora o princípio da renúncia do capitalista a todas as despesas em dinheiro que não sejam absolutamente inevitáveis. (Karl Marx – O Capital – O Processo de Produção Capitalista – Livro 1 – Volume 2 – p. 773-774).

> [...] Cumprindo as instruções recebidas, diz o doutor Stevens, visitei a maior parte das grandes aldeias mineiras de Durham Union... Com raras exceções, a verdade é que não encontrei nelas nenhuma preocupação de salvaguardar a saúde dos habitantes... Todos os trabalhadores das minas ficam durante 12 meses sujeitos ao arrendatário ou proprietário delas (servidão, relacionada com a antiga sujeição feudal). Quando dão vazão a seu descontentamento ou importunam de qualquer modo o supervisor, ficam com seus nomes marcados ou assinalados no caderno deles para serem despedidos logo que expire o prazo de sua sujeição anual... Parece-me que esse sistema de pagar com coisa ou utilidades parte do salário não poderia ser pior do que o que existem nesses distritos, tão densamente povoados. (L. c., p. 515 e 517) (Karl Marx – O Capital – O Processo de Produção Capitalista – Livro 1 – Volume 2 – p. 775).

Em conflito com a opinião pública ou mesmo com a polícia sanitária, o capital não tem a menor cerimônia em justificar as condições perigosas ou degradantes a que submete a atividade e o lar do trabalhador, alegando que isso é necessário para explorá-lo mais lucrativamente. É o que faz o capital quando renuncia a providências para proteger o trabalhador contra máquinas perigosas nas fábricas, as disposições para ventilar e proporcionar segurança nas minas etc. O mesmo ocorre com a habitação dos trabalhadores das minas. (Karl Marx – O Capital – O Processo de Produção Capitalista – Livro 1 – Volume 2 – p. 775).

> [...] O dono da terra, na sua qualidade de proprietário da mina, convida uma colônia industrial para trabalhar em seus domínios e depois, na qualidade de proprietário da superfície, torna impossível aos trabalhadores que ele reuniu encontrarem moradia adequada, indispensável à vida. **O arrendatário das minas não tem nenhum interesse em se opor a essa duplicidade, pois sabe que as consequências não recaem sobre ele, mas sobre os trabalhadores, que não possuem educação suficiente para fazer valer seus direitos à saúde** e que jamais fariam uma greve contra as habitações degradantes e contra o fornecimento das águas mais poluídas. (grifo meu) (L.c., p. 16) (Karl Marx – O Capital – O Processo de Produção Capitalista – Livro 1 – Volume 2 – p. 776).

d) Efeitos das Crises sobre a Parte Mais bem Remunerada da Classe Trabalhadora

O ano de 1857 trouxe uma das grandes crises com que se encerra todo ciclo industrial. A próxima recaiu em 1866. Já tendo sido antecipada nos distritos industriais propriamente ditos, com a crise algodoeira, que transferiu muito capital dos ramos costumeiros de investimentos para os grandes centros do mercado monetário; assumiu a crise, desta vez, um caráter predominantemente financeiro. Irrompeu em maio de 1866 com a bancarrota de um grande banco em Londres, cuja quebra levou de roldão numerosas sociedades financeiras fraudulentas. A construção naval foi um dos grandes ramos de atividade atingidos em Londres pela catástrofe. Os magnatas desse negócio, durante o surto febril dos negócios, produziram em demasia e, por cima, firmaram imensos contratos de fornecimento, especulando com o fluxo contínuo de crédito em abundância. Surgiu uma terrível reação que prosseguiu, em fins de março de 1867, atingindo outras indústrias de Londres. (Karl Marx – O Capital – O Processo de Produção Capitalista – Livro 1 – Volume 2 – p. 776-777).

Os trechos que seguem, do relato circunstanciado de um jornalista do *Mornig Star*, que, no começo de 1867 visitou os lugares mais atingidos pelo infortúnio, caracterizam a situação dos trabalhadores: (Karl Marx – O Capital – O Processo de Produção Capitalista – Livro 1 – Volume 2 – p. 777).

> Em Londres oriental, nos distritos de Poplar, Millwall, Greenwich, Deptford, Limehouse e Canning Town, há pelo menos 15.000 trabalhadores com as respectivas famílias num estado de extrema necessidade, encontrando-se entre eles 3.000 hábeis mecânicos. Seus recursos de reserva estão esgotados por se encontrarem desempregados há seis ou oito meses... Tive dificuldade de chegar ao portão do asilo de Poplar, pois se aglomerava em frente uma multidão faminta, à espera do vale de pão. Mas não tinha chegado ainda a hora da distribuição. O pátio do asilo é um imenso quadrado com um telheiro que corre em volta dos muros. Ao meio, grossas camadas de neve cobriam as pedras do pavimento. Havia pequenos espaços limitados por cerca de vime, perecendo currais de ovelhas, onde os homens trabalham quando o tempo está bom. No dia da minha visita, esses cercados estavam tão cobertos de neve que ninguém podia trabalhar neles. Os homens, entretanto, britavam pedras debaixo do telheiro. Cada um sentado numa pedra grande batia com pesado martelo sobre o granito coberto de geada, até britar um volume equivalente a cinco bushels. Concluía então seu dia de trabalho, recebendo 3 pence e um vale de pão. Noutra parte do pátio havia uma casa de madeira baixa e pequena. Ao abrir a porta, vimos lá dentro homens comprimidos ombro a ombro, a fim de se manterem aquecidos. Desfilavam estopa e competiam para ver qual deles poderia trabalhar mais com um mínimo de alimentação, pois a resistência era para eles ponto de honra. Só neste asilo recebiam socorro 7.000 trabalhadores, entre os quais muitas centenas recebiam, há 6 ou 8 meses, os mais altos salários pagos neste país por um trabalho qualificado... (Karl Marx – O Capital – O Processo de Produção Capitalista – Livro 1 – Volume 2 – p. 777-778).

Sobre a miséria que seguiu à crise de 1866, apresentamos a seguir alguns trechos de um jornal conservador. A parte oriental de Londres onde se passam os fatos narrados é onde se localiza a construção naval e ainda o trabalho a domicílio pago abaixo do nível mínimo. (Karl Marx – O Capital – O Processo de Produção Capitalista – Livro 1 – Volume 2 – p. 779).

Um terrível espetáculo desenrolou-se ontem numa parte da metrópole. Embora os milhares de desempregados da parte oriental não estivessem todos concentrados na sua parada com bandeiras negras, a torrente humana impressionava bastante. Considere-mos o que sofre essa população. Morreu de fome. Este é o fato simples e horripilante. São 40.000... Em nossa época, num bairro desta maravilhosa metrópole, bem junto da maior acumulação de riqueza que o mundo jamais viu, junto de tudo isso, 40.000 seres humanos morrendo de fome e não se encontra um meio de remediar isso. Esses milhares irrompem agora em outros bairros; sempre famintos, gritam sua dor em nossos ouvidos, clamam aos céus, falam-nos de suas miseráveis habitações, dizem-nos que é impossível para eles achar trabalho e inútil pedir esmolas. Os que contribuem localmente para a caixa dos pobres estão sendo levados às bordas do pauperismo, com as exigências das paróquias. (Standard, 5 de abril de 1867) (Karl Marx – O Capital – O Processo de Produção Capitalista – Livro 1 – Volume 2 – p. 779).

Sendo moda entre os capitalistas ingleses apresentar a Bélgica como o paraíso do trabalhador, por lá não haver limitações à liberdade de trabalho ou, o que é o mesmo, à liberdade do capital, impostas pelo despotismo das "Trade's Unions" e pelas leis fabris, é oportuno dizer aqui algumas palavras sobre a felicidade do trabalhador belga. Não há ninguém, por certo, mais familiarizado com os mistérios dessa felicidade que o falecido Ducpétiaux, inspetor-geral das prisões belgas e das instituições de beneficência e membro da Comissão Central da estatística belga. Vejamos sua obra *Budgets Économiques des Classes Ouvrières em Belgique*, Bruxelas, 1855. Entre outras coisas encontramos aí uma família trabalhadora belga normal, cujas receitas e despesas estão calculadas na base de dados exatos e cujas condições de alimentação são comparadas com as dos soldados, marinheiros e penitenciários. A família é constituída de pai, mãe e quatro filhos. Dessas seis pessoas, quatro podem trabalhar como assalariados durante o ano inteiro. Pressupõe-se que não há doentes, nem incapazes para o trabalho, nem despesas de ordem religiosa, moral e intelectual (salvo uma contribuição ínfima para o culto), nem participações em caixa econômica ou em caixas de aposen-tadoria, nem dispêndios com luxo ou outras despesas supérfluas. Mas, o pai e o filho mais velho fumam e aos domingos visitam a taverna, gastando semanalmente para esses fins 86 cêntimos. (Karl Marx – O Capital – O Processo de Produção Capitalista – Livro 1 – Volume 2 – p. 789-780).

Do levantamento geral dos dados relativos aos salários pagos aos trabalhadores das diversas profissões infere-se... que a média mais alta de salário diário é 1 franco e 56 cêntimos para homens, 89 cêntimos para mulheres, 56 cêntimos para os rapazes e 55 cêntimos para as moças. Nesta base, a receita anual da família atingiria no máximo 1.068 francos... No orçamento do mestiço que estamos considerando típico, incluímos todas as receitas possíveis. Mas, se atribuímos à mãe um salário, tiramo-la da administração da casa; quem cuidaria da casa e das crianças ainda tenras? Quem iria cozinhar, lavar e fazer remendos? Os trabalhadores estão todo dia diante desse dilema... Poucas famílias de trabalhadores podem ter a alimentação, não diríamos do marinheiro ou do soldado, mas do próprio penitenciário. Cada penitenciário, no período de 1847 a 1849, custou diariamente, em média, na Bélgica, 63 cêntimos, o que dá a favor dele uma diferença de 13 cêntimos em comparação com os custos diários de manutenção do trabalhador. Os gastos de administração e vigilância correspondem ao aluguel que o prisioneiro não paga... Como é possível então que grande número, poderíamos dizer a grande maioria dos trabalhadores, viva ainda com menos recursos? É que eles recorrem a expedientes dos quais só o trabalhador possui o segredo. Reduzem sua ração diária, comem pão de centeio e não de trigo, consomem menos carne ou nenhuma, o mesmo ocorrendo com manteiga e condimentos, instalam a família em um ou dois quartos onde os meninos e as meninas dormem juntos, muitas vezes sobre o mesmo saco de palha; economizam nos vestuários, na roupa branca, nos meios de limpeza; renunciam aos prazeres domingueiros e, em suma, aceitam as mais penosas privações. Chegados a esse limite extremo, o menor aumento nos preços dos meios de subsistência, uma parada de trabalho, uma doença basta para agravar a miséria do trabalhador e arruiná-lo totalmente. Acumulam-se então as dívidas, o crédito se esgota, o vestuário, os móveis mais necessários vão para o penhor e, por fim, a família pede sua inscrição na lista dos indigentes. (Ducpétiaux. l. c., p. 151-156) (Karl Marx – O Capital – O Processo de Produção Capitalista – Livro 1 – Volume 2 – p. 780-781).

De fato, nesse paraíso capitalista, a menor alteração nos preços dos meios de subsistência mais necessários faz variar o número de óbitos e de crimes... Há na Bélgica, segundo as estatísticas oficiais, 930.000 famílias, assim distribuídas – situação por volta de 1860: (grifo meu – tabela construída através de dados históricos do parágrafo) (Karl Marx – O Capital – O Processo de Produção Capitalista – Livro 1 – Volume 2 – p. 781-782).

Nº de Famílias	Nº de Pessoas	Condição Econômica	Direito a Voto
90.000	450.000	Ricas	Sim
390.000	1.950.000	Pequena burguesia proletarizando	Não
250.000	2.250.000	Trabalhadores	Não
200.000		Indigentes	Não

e) O Proletariado Agrícola Britânico

De acordo com os dados de Arthur Young, relativos ao trabalhador agrícola de 1771, a condição deste é miserável, comparada com a de seu predecessor nos fins do século XIV, "o qual vivia em abundância e podia acumular riqueza; para não falarmos do século XV, a idade de ouro do trabalhador inglês, na cidade e no campo". (Karl Marx – O Capital – O Processo de Produção Capitalista – Livro 1 – Volume 2 – p. 782).

Em substancioso trabalho de 1777 (*Reasons for the late Increase of the Poor-Rates, Londres*, 1777), lê-se: (Karl Marx – O Capital – O Processo de Produção Capitalista – Livro 1 – Volume 2 – p. 782).

O grande arrendatário quase se nivela ao gentleman, enquanto o pobre trabalhador agrícola é esmagado. Sua infeliz situação se evidencia fazendo-se uma comparação de suas condições de hoje com as de 40 anos atrás... O proprietário territorial e o arrendatário atuam em conjunto para oprimir o trabalhador.

Demonstra-se então pormenorizadamente que o salário real no país, de 1737 a 1777, caiu quase 25%. (Karl Marx – O Capital – O Processo de Produção Capitalista – Livro 1 – Volume 2 – p. 783).

A política moderna, diz também o doutor Richard Price, favorece as classes superiores; em consequência, mais cedo ou mais tarde, todo o Reino se comporá de senhores e mendigos, de grandes e de escravos" (De Dr. Richar Price, *Observations on Reversionary Pauments*, 6ª Ed., por W Morgan, Londres, 1803, v II, p. 158 e 159).

O preço nominal do trabalho diário é hoje não mais do que cerca de quatro vezes, ou, no máximo, cinco vezes mais alto que o vigorante no ano de 1514. Mas, de então para cá, o preço do trigo aumentou de sete vezes, o da carne e do vestuário, 15 vezes... (De Dr. Richar Price, *Observations on Reversionary Pauments*, 6ª Ed., por W Morgan, Londres, 1803, p. 159).

A lei de assistência aos pobres e sua administração eram as mesmas em 1795 e 1814. Essa lei funcionava da seguinte maneira: a paróquia completava, a título de esmola, o salário nominal, de modo que a soma recebida pelo trabalhador fosse suficiente para que ele apenas pudesse vegetar. (Karl Marx – O Capital – O Processo de Produção Capitalista – Livro 1 – Volume 2 – p. 784).

A proporção entre o salário pago pelo arrendatário e o deficit coberto pela paróquia revela duas coisas: primeiro, a queda do salário abaixo do mínimo; segundo, o grau em que o trabalhador agrícola é um composto de assalariado e indigente, ou o grau em que foi transformado em servo de sua paróquia. (Karl Marx – O Capital – O Processo de Produção Capitalista – Livro 1 – Volume 2 – p. 784).

Em 1795, em Northamptonshire, o salário médio semanal era de 7 xelins e 6 pence, o dispêndio global anual de uma família de 6 pessoas, 36 libras esterlinas, 12 xelins e 5 pence; sua receita total, 29 libras esterlinas e 18 xelins; o deficit coberto pela paróquia, 6 libras esterlinas, 14 xelins e 5 pence. No mesmo condado, em 1814, o salário semanal era de 12 xelins e 2 pence; a despesa global anual de uma família de 5 pessoas, 54 libras esterlinas, 18 xelins e 4 pence; sua receita total, 36 libras esterlinas e 2 xelins. O deficit coberto pela paróquia, 18 libras esterlinas, 6 xelins e 4 pence. (Karl Marx – O Capital – O Processo de Produção Capitalista – Livro 1 – Volume 2 – p. 784).

Em 1795, o deficit representava 25% do salário; em 1814, mais da metade. Nessas condições, é claro que o pequeno conforto que Eden viu na habitação do trabalhador agrícola, desapareceu em 1814. **De todos os animais mantidos pelo arrendatário, o trabalhador, o único falante, foi, desde então, o mais atormentado, o mais mal alimentado e o mais brutalmente tratado.** (grifo meu) (Karl Marx – O Capital – O Processo de Produção Capitalista – Livro 1 – Volume 2 – p. 784).

Essa situação prosseguiu tranquilamente até que: (Karl Marx – O Capital – O Processo de Produção Capitalista – Livro 1 – Volume 2 – p. 784).

> As revoltas de 1830 com as chamas do fogo ateado aos palheiros de trigo revelaram às classes dominantes a miséria e o descontentamento sombrio e sedicioso, latentes na Inglaterra agrícola e na Inglaterra Industrial. (S. sing, l. c., p. 62).

Na Câmara dos Comuns, Sadler batizou os trabalhadores agrícolas de "escravos brancos", e um bispo repetiu esse epíteto na Câmara dos Lordes. O mais importante economista político da época, E. G. Wakefield, disse: (Karl Marx – O Capital – O Processo de Produção Capitalista – Livro 1 – Volume 2 – p. 785).

> O trabalhador agrícola da Inglaterra meridional não é um homem livre, é um indigente. (England and America, Londres, 1833, v. l., p. 47).

A burguesia industrial bufava de raiva contra as denúncias, relativas às condições das fábricas, feitas pelo aristocrata das terras, contra a compaixão que esses fidalgos ociosos, corruptos e desalmados, simulavam sentir pelos sofrimentos dos trabalhadores das fábricas, e contra seu "Zelo velhaco" pela legislação fabril. Segundo um provérbio inglês, quando dois ladrões brigam, algo de útil acontece. Realmente, **a luta ruidosa e apaixonada entre as duas facções da classe dominante, para determinar qual delas explorava mais cinicamente o trabalhador, serviu para revelar o que havia de verdadeiro dos dois lados**. O conde de Shaftesbry, aliás Lord Ashleu, chefiava a campanha aristocrática e filantrópica contra a exploração fabril. Ele foi por isso, em 1844 e 1845, um tema predileto das revelações feitas pelo "Morning Cronicle" sobre as condições dos trabalhadores agrícolas. (grifo meu) (Karl Marx – O Capital – O Processo de Produção Capitalista – Livro 1 – Volume 2 – p. 785).

A abolição das leis aduaneiras sobre cereais deu um extraordinário impulso à agricultura inglesa. Marcam essa época: a drenagem das terras em grande escala; a introdução de aparelhagem mecânica para adubação; o novo tratamento da terra argilosa; o maior emprego de adubos minerais; a aplicação de máquina a vapor e de toda espécie de maquinaria; em suma, a cultura mais intensa. O presidente da Sociedade Real de Agricultura, Mr. Pusey, afirmou que os custos relativos da produção agrícola foram reduzidos quase à metade, com a introdução da nova maquinaria. Por outro lado, aumentou rapidamente o rendimento do solo. Maior dispêndio de capital por acre e, em consequência, concentração mais acelerada dos arrendamentos, constituíam condição básica do novo método. Ao mesmo tempo, a área cultivada, de 1846 a 1856, aumentou de 464.119 acres, não se levando em conta as grandes extensões dos condados orientais que se transformaram miraculosamente de locais de criação de coelhos e de pobres pastagens em férteis campos de trigo. O número dos trabalhadores agrícolas propriamente ditos, de ambos os sexos e de todas as idades, caiu de 1.241.269, em 1851, para 1.163.217, em 1861. O diretor-geral do registro civil observara, com razão, "que os arrendatários e os trabalhadores agrícolas, a partir de 1801, não aumentaram seu número na mesma proporção em que cresceu o produto agrícola". (Karl Marx – O Capital – O Processo de Produção Capitalista – Livro 1 – Volume 2 – p. 787-788).

O professor Rogers, entretanto, chegou à conclusão de que o trabalhador agrícola inglês não se considerando seu antepassado da segunda metade dos séculos XIV e XV, mas apenas seu antepassado do período de 1770 a 1780, piorou terrivelmente sua situação, de modo que "voltou a ser um servo" e um servo mais mal alimentado e mais malvestido. Doutor Julian Hunter, em seu relatório notável sobre as condições de habitação dos trabalhadores agrícolas, diz: (Karl Marx – O Capital – O Processo de Produção Capitalista – Livro 1 – Volume 2 – p. 788).

> O custo do "hind" (nome do trabalhador agrícola, que vem do tempo da servidão) é fiado de acordo com o mínimo que apenas lhe permita viver... Seu salário e teto não são calculados na base do lucro a ser extraído dele. O trabalhador agrícola é um zero nos cálculos do arrendatário... Seus meios de subsistência são sempre considerados uma quantidade fixa. Ele pode dizer com referência a qualquer redução de sua receita: nada tenho, nada me importa. Não tem medo do futuro, pois de nada dispõe além do absolutamente necessário à sua existência. Chegou ao ponto zero, o ponto de partida de todos os cálculos do arrendatário. Venha o que vier, não tem nenhuma participação nem na prosperidade nem na adversidade. (L. c., p. 134).

Em 1863, houve um inquérito oficial sobre as condições de alimentação e de trabalho dos criminosos condenados ao degredo ou a trabalhos forçados. Os resultados da investigação constam de dois volumosos livros azuis. (Karl Marx – O Capital – O Processo de Produção Capitalista – Livro 1 – Volume 2 – p. 789).

> Uma comparação cuidadosa, lê-se aí, "entre a dieta dos condenados às prisões na Inglaterra, de um lado, e a dieta dos pobres nos asilos e dos trabalhadores agrícolas livres, do outro, mostra que os primeiros são muito melhor alimentados do que qualquer elemento das duas outras categorias. (L. c., p. 77 "Memorandum by the Lord Chief Justice.) (Karl Marx – O Capital – O Processo de Produção Capitalista – Livro 1 – Volume 2 – p. 789).

> Além disso, a quantidade de trabalho exigida de um sentenciado a trabalhos forçados é quase a metade da que executa ordinariamente o trabalhador agrícola. (Report of the Commissioners... relating to Transportation and Penal Servitud, Londres, 1863) (Karl Marx – O Capital – O Processo de Produção Capitalista – Livro 1 – Volume 2 – p. 789).

Os criados e criadas que moram com os arrendatários alimentam-se bem. Seu número caiu de 288.277, em 1851, para 204.962, em 1861. (Karl Marx – O Capital – O Processo de Produção Capitalista – Livro 1 – Volume 2 – p. 791).

> Quaisquer que sejam as desvantagens do trabalho da mulher no campo", diz doutor Smith, "é de grande proveito para a família nas atuais circunstâncias, pois ela assim fornece recursos para aquisição de calçados e roupas, para o aluguel, possibilitando à família alimentar-se melhor. (L. c., p. 262) (Karl Marx – O Capital – O Processo de Produção Capitalista – Livro 1 – Volume 2 – p. 791).

Um dos resultados mais impressionantes dessa investigação é ter revelado que o trabalhador agrícola da Inglaterra é, de longe, o mais mal alimentado de todo o Reino Unido, conforme se verifica abaixo – consumo semanal de carbono e azoto do trabalhador agrícola médio (em grãos): (grifo meu – tabela feita através de dados do texto) (Karl Marx – O Capital – O Processo de Produção Capitalista – Livro 1 – Volume 2 – p. 791).

País	Carbono	Azoto
Inglaterra	40.673	1.594
País de Gales	48.354	2.031
Escócia	48.980	2.348
Irlanda	43.366	2.434

Já no começo do século XIX, verificara A. Young a melhor situação alimentar do Irlandês. A razão era simples, pois o arrendatário irlandês pobre é incomparavelmente mais humano do que o inglês rico. Com relação ao País de Gales, os dados acima não se aplicam à sua parte sudoeste. Todos os médicos dessa região afirmam que o acréscimo da taxa de mortalidade por tuberculose, escrófula etc., se tornou maior com a deterioração das condições físicas da população e todos atribuem essa deterioração à pobreza. O custo diário do trabalhador agrícola de lá é estimado em 5 pence e, em muitos distritos, o arrendatário (ele mesmo miserável) paga menos. Um pouco de carne salgada ou de toucinho, secos até ficarem com a dureza do mogno, dificilmente digeríveis, servia de condimento para grande quantidade de caldo ou papa de farinha e alho, constituindo o almoço quotidiano do trabalhador agrícola [...]. Nesse clima severo e úmido, o progresso da indústria teve para ele o efeito de substituir o pano solidamente tecido em casa pelos tecidos baratos de algodão, e as bebidas fortes, por um chá muito fraco [...]. Depois de se expor longas horas ao vento e à chuva, o lavrador volta à sua cabana, para sentar-se ao pé de um fogo de turfa ou de bolas formadas de barro e resíduos de carvão, o qual lança espessas nuvens de ácidos carbônico e sulfuroso. (Karl Marx – O Capital – O Processo de Produção Capitalista – Livro 1 – Volume 2 – p. 791-792).

Há senhores de terras que consideram um chiqueiro bastante bom para seus trabalhadores e suas famílias, e não hesitam em cobrar por sua locação o maior preço possível. (Public Health, Seventh Report, 1864, p. 9 a 14) (Karl Marx – O Capital – O Processo de Produção Capitalista – Livro 1 – Volume 2 – p. 796).

Com expressões tão uniformes que parecem estereotipadas, denunciam os relatórios que a propagação das epidemias nos distritos rurais têm por causa a superlotação das habitações, a qual torna inútil todo esforço de conter qualquer doença infecciosa que apareça. E ficou sempre demonstrado que, apesar das influências benéficas da vida no campo, a aglomeração nas habitações, além de acelerar a propagação das doenças contagiosas, concorreu para o aparecimento de doenças não contagiosas. E as pessoas que denunciaram esse estado de coisas não silenciaram com referência a outros males. (Public Health, Seventh Report, 1864, p. 9 a 14) (Karl Marx – O Capital – O Processo de Produção Capitalista – Livro 1 – Volume 2 – p. 797).

A emigração constante para as cidades, a contínua formação de uma população supérflua nos campos, resultante da concentração dos arrendamentos, da transformação de lavouras em pastagens, do emprego da maquinaria etc., e a ininterrupta evicção (expulsão) da população rural, com a destruição de suas choupanas, são acontecimentos que marcham juntos. (Karl Marx – O Capital – O Processo de Produção Capitalista – Livro 1 – Volume 2 – p. 804).

Quanto mais o distrito for assim esvaziado, tanto maior sua superpopulação relativa, tanto maior a pressão desta sobre os meios de emprego, tanto maior o excesso absoluto da população rural em relação às possibilidades de habitação, tanto maior, portanto, a superpopulação das aldeias e o amontoamento pestilento de seres humanos. O adensamento das aglomerações humanas nas aldeias e vilas, disseminadas pelo interior, corresponde ao brutal esvaziamento humano dos campos. (Karl Marx – O Capital – O Processo de Produção Capitalista – Livro 1 – Volume 2 – p. 804-805).

O pauperismo dos trabalhadores agrícolas decorre de se tornarem continuamente supérfluos, apesar de diminuir seu número e, ao mesmo tempo, aumentar a quantidade global de sua produção. Seu pauperismo eventual é pretexto para a evicção e a fonte principal das suas miseráveis condições de habitação, que quebram sua última resistência e fazem deles simples escravos dos proprietários e dos arrendatários, de modo que o mínimo de salário se torna para eles a lei natural. Por outro lado, apesar da constante superpopulação relativa do campo, está este, ao mesmo tempo, despovoado. A falta de braços é uma ocorrência local em zonas em que é rápido o afluxo humano na direção de cidades, minas, ferrovias etc., e uma ocorrência em todos os lugares, observada nas épocas de colheita, na primavera e no verão, nas numerosas ocasiões em que a cuidadosa e intensiva agricultura inglesa precisa de trabalhadores extras. Há sempre trabalhadores agrícolas de mais para as necessidades médias e de menos para as necessidades excepcionais ou temporárias da lavoura. Por isso, encontram-se nos documentos oficiais, queixas contraditórias dos mesmos lugares, apontando, ao mesmo tempo, falta e excesso de trabalhadores. **A falta sazonal ou local de trabalhadores não causa aumento de salário, mas força mulheres e crianças a irem trabalhar na lavoura e as crianças em idade cada vez menor. À medida que se estende o trabalho das mulheres e crianças, vai tornando supérfluo o trabalhador adulto, o que permite manter baixo seu salário. Na Inglaterra oriental encontramos um belo fruto desse círculo vicioso, o sistema dos bandos ambulantes de trabalhadores.** (grifo meu) (Karl Marx – O Capital – O Processo de Produção Capitalista – Livro 1 – Volume 2 – p. 805-806).

O sistema de bandos viceja quase exclusivamente nos condados de Lincoln, Huntingdon, Cambridge, Norfolk, Suffolk e Nottingham e esporadicamente nos condados vizinhos de Northampton., Bedford e Rutland. Loncolnshire, servir-nos-á de exemplo. Grande parte desse condado é de terra há pouco tempo pantanosa ou conquistada ao mar, como ocorreu em outros dos condados orientais citados. Foi maravilhosa a drenagem feita pela máquina a vapor. Onde havia antes pântanos e areia, vê-se hoje um mar exuberante de trigo numa terra que proporciona agora as mais altas rendas. O mesmo se pode dizer dos terrenos aluvionários, hoje conquistados para a agricultura, na ilha de Axholme e nas outras paróquias à margem do Trent. À medida que surgiam assim novas áreas agrícolas, não se construíam novas habitações. Ao contrário, as antigas eram demolidas, e os trabalhadores passavam a ser recrutados nas aldeias abertas ao longo das estradas que serpenteiam pelas encostas das colinas. (Karl Marx – O Capital – O Processo de Produção Capitalista – Livro 1 – Volume 2 – p. 806-807).

Já em 1846 cantava o poeta Pierre Dupont, em seus *Ouvriers*: (Karl Marx – O Capital – O Processo de Produção Capitalista – Livro 1 – Volume 2 – p. 806).

> Mal vestidos, morando em buracos,
>
> Sob tetos arruinados, em meio a escombros,
>
> Vivemos com as corujas e os ladrões,
>
> Amigos das sombras.

O lado sombrio do sistema de bandos: o trabalho excessivo das crianças e dos jovens, as longas marchas diárias que fazem para as fazendas, distantes 5, 6 ou 7 milhas, e, finalmente, a desmoralização do bando. Embora o chefe, chamado em alguns lugares de arrieiro, se arme de uma longa vara, não a aplica, e constituem exceção as queixas de tratamento brutal. É um imperador democrático, procurando exercer uma atração como a do caçador de ratos de Hamelin. Precisa de popularidade entre seus súditos e os seduz com os atrativos da vida de ciganos que promove. Licenciosidade grosseira, dissolução alegre e a mais obscena impudência dão asas ao bando. Em regra, faz os pagamentos numa taberna, e ao sair cambaleante, vai apoiado de cada lado por uma mulher robusta, à frente do bando, e as crianças e os jovens seguem-no fazendo a maior algazarra e entoando cantigas zombeteiras e obscenas. A ordem do dia, no caminho de regresso, é a pública incontinência sexual. É frequente meninas de 13 e 14 anos ficarem grávidas de rapazes da mesma idade. As aldeias abertas, que fornecem os contingentes do bando, viram Sodomas e Gomorras (Os bandos puseram a perder metade das moças de Ludford), e a taxa de nascimento de filhos ilegítimos atinge nelas o dobro da observada nas demais áreas do Reino Unido. Quanto aos filhos de mulheres casadas que se formaram nessa escola, se o ópio não os liquida, são os recrutas natos do bando. (Karl Marx – O Capital – O Processo de Produção Capitalista – Livro 1 – Volume 2 – p. 808).

O bando, em sua forma clássica, tal como o descrevemos, é o que chamam de bando público, comum ou ambulante. Há ainda os bandos particulares. Sua composição é a mesma do bando comum, mas tem menos pessoas, não sendo comandados por um chefe autônomo, mas por um velho criado para o qual o arrendatário não acha melhor ocupação. Desaparece o humor cigano, mas de acordo com o que dizem todas as testemunhas, pioram o pagamento e o tratamento das crianças. (Karl Marx – O Capital – O Processo de Produção Capitalista – Livro 1 – Volume 2 – p. 808-809).

O sistema de bandos, que tem crescido ultimamente nas últimas décadas, não existe evidentemente para aprazer a seu chefe. Existe para enriquecer os grandes arrendatários e indiretamente os proprietários das terras. (Karl Marx – O Capital – O Processo de Produção Capitalista – Livro 1 – Volume 2 – p. 809).

Os campos limpos de joio e a vegetação humana que se acumula em Lincolnshire etc., são os dois polos da produção capitalista que se contrapõem. (Karl Marx – O Capital – O Processo de Produção Capitalista – Livro 1 – Volume 2 – p. 809-810).

f) Irlanda

A população da Irlanda que, em 1841, era de 8.222.664 habitantes, caiu, em 1851, para 6.623.985 habitantes; em 1861, para 5.850.309; em 1866, para 5,5 milhões, quase o nível de 1801. A diminuição começou com o ano da fome de 1846, perdendo a Irlanda, em menos de 20 anos, mais de 5/16 de sua população. A emigração, de maio de 1851 a julho de 1865, foi de 1.591.487 pessoas; no quinquênio de 1861 a 1865, mais de meio milhão. O número de casas habitadas, de 1851 a 1861, caiu de 52.990. De 1851 a 1861, o número de arrendamentos de 15 a 30 acres, aumentou de 61.000, o de arrendamentos de mais de 30 acres, de 109.000. (Karl Marx – O Capital – O Processo de Produção Capitalista – Livro 1 – Volume 2 – p. 811).

O decréscimo da população, a grosso modo, foi naturalmente acompanhado de um decréscimo na produção. Para a investigação que temos em vista, basta observar o quinquênio de 1861 a 1865, quando emigrou mais de meio milhão de habitantes e a população absoluta diminuiu de mais de 1/3 de milhão. (Karl Marx – O Capital – O Processo de Produção Capitalista – Livro 1 – Volume 2 – p. 811).

A Inglaterra, país de produção capitalista desenvolvida e sobretudo industrial, esvair-se-ia mortalmente se sua população sofresse uma sangria igual à irlandesa. Mas, atualmente, a Irlanda não passa de um distrito agrícola da Inglaterra, dela separado por um amplo canal, fornecendo-lhe cereais, lã, gado, trabalhadores e soldados. (Karl Marx – O Capital – O Processo de Produção Capitalista – Livro 1 – Volume 2 – p. 817).

Em virtude do despovoamento, muita terra ficou sem cultivo, diminuiu muito a produção agrícola; apesar de ter sua área ampliada, a criação experimentou decréscimo absoluto em alguns de seus ramos e noutros; reduzido progresso entrecortado por retrocessos constantes. Se, ao diminuir a população, decresceu também a quantidade dos meios de produção aplicados na agricultura, aumentou, por outro lado, a quantidade de capital nela aplicado, porque parte dos meios de produção antes dispersos se converteu em capital. (Karl Marx – O Capital – O Processo de Produção Capitalista – Livro 1 – Volume 2 – p. 817).

Todo o capital da Irlanda aplicado fora da agricultura, na indústria e comércio, acumulou-se nas duas últimas décadas lentamente e com grandes e constantes flutuações. Mas, processou-se mais rapidamente a concentração dos componentes desse capital global. Por fim, por reduzido que fosse seu crescimento absoluto, aumentou bastante em relação à população decrescente. (Karl Marx – O Capital – O Processo de Produção Capitalista – Livro 1 – Volume 2 – p. 817-818).

Em 1846, na Irlanda, a epidemia de fome matou mais de um milhão de seres humanos, todos pobres. Não houve, por isso, o menor prejuízo à riqueza do país. O êxodo ocorrido nas duas décadas seguintes continua a aumentar e não fez desaparecer os meios de produção com a população que era eliminada, conforme se observou, por exemplo, na "Guerra dos Trinta Anos". O gênio irlandês inventou um novo método de transportar, como por encanto, um povo miserável a milhas de distância do cenário de sua miséria. Os emigrantes transplantados para os Estados Unidos enviam, todo ano, dinheiro para casa, a fim de financiar a viagem dos que ficaram na Irlanda. A multidão que emigra num ano, leva outra multidão no ano seguinte. A emigração nada custa à Irlanda, constituindo, ao contrário, um dos seus mais rendosos ramos de exportação. É um processo sistemático cujos efeitos não são passageiros, retirando, todo ano, mais gente do que a natalidade pode compensar, de modo que o número de habitantes diminui progressivamente. (Karl Marx – O Capital – O Processo de Produção Capitalista – Livro 1 – Volume 2 – p. 818).

A revolução agrícola, numa ação em grande escala, começou arrasando todas as choupanas das fazendas, como se obedecesse a um comando unificado. Muitos trabalhadores foram forçados a procurar refúgio nas aldeias e vilas. Aí foram lançados como refugos humanos em desvãos, buracos, porões e nas espeluncas dos piores quarteirões. Milhares de famílias irlandesas, que, segundo testemunham, mesmo os ingleses imbuídos de preconceitos nacionais, se destacam pelo grande apego ao lar, pela alegria despreocupada e pela pureza dos costumes domésticos, encontraram-se subitamente jogadas nos antros dos vícios. Os homens tinham então de procurar trabalho nas fazendas vizinhas, sendo contratados por dia, a forma mais precária de salário. (Karl Marx – O Capital – O Processo de Produção Capitalista – Livro 1 – Volume 2 – p. 822).

As consequências da transformação das terras de lavoura em pastagens, da aplicação da maquinaria, da economia mais severa do trabalho, em suma, da revolução agrícola, são ainda agravadas pelos proprietários de terra modelares, aqueles que, em vez de irem consumir suas rendas no exterior, concedem à mercê de residir em seus domínios na Irlanda. A fim de não tocar na Lei da oferta e da procura, esses senhores: (Karl Marx – O Capital – O Processo de Produção Capitalista – Livro 1 – Volume 2 – p. 822-823).

> Extraem todo o trabalho de que precisam de seus pequenos arrendatários, os quais são assim forçados a mourejar (trabalhar muito, sem descanso) para servir a seus patrões, a um salário em regra inferior ao do jornaleiro comum, sacrificando comodidades e sofrendo prejuízos decorrentes de serem constrangidos a abandonar, em ocasiões críticas, a semeadura ou a colheita de sua lavoura.

Na Inglaterra, país industrial, sua reserva industrial é recrutada nos campos. Na Irlanda, país agrícola, a reserva da agricultura é recrutada nas cidades, onde se refugiam os trabalhadores agrícolas enxotados. No primeiro país, os braços supérfluos da agricultura se convertem em trabalhadores de fábrica. No segundo, os que foram tangidos para as cidades, ao mesmo tempo em que pressionavam no sentido de rebaixar os salários urbanos, continuaram sendo trabalhadores agrícolas e voltam constantemente aos campos à procura de trabalho. (Karl Marx – O Capital – O Processo de Produção Capitalista – Livro 1 – Volume 2 – p. 823).

Os inspetores oficiais resumem a situação material do jornaleiro agrícola como segue: (Karl Marx – O Capital – O Processo de Produção Capitalista – Livro 1 – Volume 2 – p. 823).

> Embora vivam na mais extrema frugalidade, o salário mal chega para a alimentação da família e para o aluguel; necessitam de arranjar outras receitas para o vestuário... A atmosfera dessas habitações e outras privações a que estão sujeitos tornam essa classe presa fácil do tifo e da tuberculose.

Com a acumulação da renda das terras na Irlanda, cresce a acumulação de irlandeses na América. O irlandês enxotado pelas ovelhas e pelos bois, é o feniano (membro de organização irlandesa com o propósito de tornar a Irlanda livre da Inglaterra) que reaparece do outro lado do Atlântico. E diante da velha rainha dos mares ergue-se cada vez mais ameaçadora a jovem república gigante. (Karl Marx – O Capital – O Processo de Produção Capitalista – Livro 1 – Volume 2 – p. 827).

A CHAMADA ACUMULAÇÃO PRIMITIVA

1 O Segredo da Acumulação Primitiva

A acumulação do capital pressupõe a mais-valia, a mais-valia a produção capitalista, e esta a existência de grandes quantidades de capital e de força de trabalho nas mãos dos produtores de mercadorias. Todo esse movimento tem assim a aparência de um círculo vicioso do qual só poderemos escapar admitindo uma acumulação primitiva, anterior à acumulação capitalista, uma acumulação que não decorre do modo capitalista de produção, mas é seu ponto de partida. (Karl Marx – O Capital – O Processo de Produção Capitalista – Livro 1 – Volume 2 – p. 828).

Essa acumulação primitiva desempenha na economia política um papel análogo ao do pecado original na teologia. A lenda econômica explica-nos que a elite econômica foi acumulando riquezas e a população vadia ficou finalmente sem ter outra coisa para vender além da própria pele. Temos aí o pecado original da economia. Por causa dele, a grande massa é pobre e, apesar de se esfalfar, só tem para vender a própria força de trabalho, enquanto cresce continuamente a riqueza de poucos, embora tenham esses poucos parado de trabalhar há muito tempo. (Karl Marx – O Capital – O Processo de Produção Capitalista – Livro 1 – Volume 2 – p. 829).

Desde o início da humanidade, o direito e o trabalho são os únicos meios de enriquecimento, excetuando-se naturalmente o ano corrente. Na realidade, os métodos da acumulação primitiva nada têm de ternura. (Karl Marx – O Capital – O Processo de Produção Capitalista – Livro 1 – Volume 2 – p. 829).

Como os meios de produção e os de subsistência, dinheiro e mercadoria em si mesmos não são "capital". Tem de haver antes uma transformação que só pode ocorrer em determinadas circunstâncias. (Karl Marx – O Capital – O Processo de Produção Capitalista – Livro 1 – Volume 2 – p. 829).

Duas espécies bem diferentes de possuidores de mercadorias têm de se confrontar e entrar em contato: de um lado, o proprietário de dinheiro, de meios de produção e de meios de subsistência, empenhado em aumentar a soma de valores que possui, comprando a força de trabalho alheia; e, de outro, os trabalhadores livres, vendedores da própria força de trabalho e, portanto, de trabalho. Trabalhadores livres em dois sentidos, porque não são parte direta dos meios de produção, como escravos e servos, e porque não são donos dos meios de produção, como o camponês autônomo, estando assim livres e desembaraçados deles. Estabelecidos esses dois polos do mercado, ficam dadas as condições básicas da produção capitalista. O sistema capitalista pressupõe a dissociação entre os trabalhadores e a propriedade dos meios pelos quais realizam o trabalho. Quando a produção capitalista se torna independente, não se limita a manter essa dissociação, mas a reproduz em escala cada vez maior. O processo que cria o sistema capitalista consiste apenas no processo que retira ao trabalhador a propriedade de seus meios de trabalho, um processo que transforma em capital os meios sociais de subsistência e os de produção e converte em assalariados os produtores diretos. A chamada acumulação primitiva é apenas o processo histórico que dissocia o trabalhador dos meios de produção. É considerada primitiva porque constitui a pré-história do capital e do modo de produção capitalista. (Karl Marx – O Capital – O Processo de Produção Capitalista – Livro 1 – Volume 2 – p. 829-830).

A estrutura econômica da sociedade capitalista nasceu da estrutura econômica da sociedade feudal. A decomposição desta liberou elementos para a formação daquela. (Karl Marx – O Capital – O Processo de Produção Capitalista – Livro 1 – Volume 2 – p. 830).

O produtor direto, o trabalhador, só pode dispor de sua pessoa depois que deixou de estar vinculado à gleba e de ser escravo ou servo de outra pessoa. (Karl Marx – O Capital – O Processo de Produção Capitalista – Livro 1 – Volume 2 – p. 830).

Os capitalistas industriais, esses novos potentados, tiveram de remover os mestres das corporações e os senhores feudais, que possuíam o domínio dos mananciais das riquezas. Sob esse aspecto, representa-se sua ascensão como uma luta vitoriosa contra o poder feudal e de seus privilégios revoltantes, contra as corporações e os embaraços que elas criavam ao livre desenvolvimento da produção e à livre exploração do homem pelo homem. Todavia, os cavaleiros da indústria só conseguiram expulsar os cavaleiros da espada, explorando acontecimentos para os quais em nada tinham concorrido. Subiram por meios tão vis quanto os empregados, outrora pelo liberto romano, para se tornar senhor de seu "patronus". (Karl Marx – O Capital – O Processo de Produção Capitalista – Livro 1 – Volume 2 – p. 830-831).

> Na Itália, onde a produção capitalista desenvolveu mais cedo, ocorreu também mais cedo a dissolução das relações de servidão. O servo italiano foi emancipado sem ter chegado a assegurar-se, por prescrição, de qualquer direito à terra. Sua emancipação transformou-o imediatamente num proletário sem direitos, que já encontrava novos senhores à sua espera nas cidades que, em sua maioria, vinham dos tempos dos romanos. Quando a revolução no mercado mundial destruiu, nos fins do século XV, a supremacia comercial do norte da Itália, surgiu um movimento populacional em sentido inverso. Os trabalhadores das cidades foram enxotados para os campos, onde eram um impulso nunca visto à pequena agricultura de hortas e jardins. (Macaulay, Hist of England, 10ª ed, Londres, 1854) (Karl Marx – O Capital – O Processo de Produção Capitalista – Livro 1 – Volume 2 – p. 832).

> O Japão, com seu sistema puramente feudal de propriedade das terras e de pequenas empresas agrícolas desenvolvidas, oferecia um quadro muito mais fiel da Idade Média Europeia do que todos os nossos livros de história, dominados em sua maioria por preconceitos burgueses. (Karl Marx – O Capital – O Processo de Produção Capitalista – Livro 1 – Volume 2 – p. 833).

O Processo que produz o assalariado e o capitalista tem suas raízes na sujeição do trabalhador. O progresso consistiu numa metamorfose dessa sujeição, na transformação da exploração feudal em exploração capitalista. (Karl Marx – O Capital – O Processo de Produção Capitalista – Livro 1 – Volume 2 – p. 831).

Embora os prenúncios da produção capitalista já apareçam nos séculos XIV e XV, em algumas cidades mediterrâneas a era capitalista data do século XVI. Onde ela surge, a servidão já está abolida há muito tempo, e já estão em plena decadência as cidades soberanas que representaram o apogeu da Idade Média. (Karl Marx – O Capital – O Processo de Produção Capitalista – Livro 1 – Volume 2 – p. 831).

Marcam época, na história da acumulação primitiva, todas as transformações que servem de alavanca à classe capitalista em formação, sobretudo aqueles deslocamentos de grandes massas humanas, súbita e violentamente privadas de seus meios de subsistência e lançadas no mercado de trabalho como levas de proletários destituídos de direitos. A exploração do produtor rural, do camponês, que fica assim privado de suas terras, constitui a base de todo o processo. A história dessa expropriação assume coloridos diversos nos diferentes países, percorre várias fases em sequência diversa e em épocas históricas diferentes. (Karl Marx – O Capital – O Processo de Produção Capitalista – Livro 1 – Volume 2 – p. 831).

2 Expropriação dos Camponeses

Em todos os países da Europa, a produção feudal se caracterizava pela repartição da terra pelo maior número possível de camponeses. O poder do senhor feudal, como o dos soberanos, não dependeu da magnitude de suas rendas, mas do número de seus súditos, ou melhor, do número de camponeses estabelecidos em seus domínios. (Karl Marx – O Capital – O Processo de Produção Capitalista – Livro 1 – Volume 2 – p. 832-833).

Embora o solo Inglês, depois da conquista normanda, se repartisse em baronias gigantescas, havendo casos de uma só abranger 900 antigos senhorios anglo-saxônicos, estava ele coalhado de sítios dos camponeses, embora separados a espaços pelas grandes áreas senhoriais. Essas condições, com o florescimento das cidades, característico do século XV, propiciavam ao povo aquela riqueza que o chanceler Fortescue descreve com tanta eloquência em sua obra *Laudibus Legum Angliae*, mas excluíram a riqueza capitalista. (Karl Marx – O Capital – O Processo de Produção Capitalista – Livro 1 – Volume 2 – p. 833).

O prelúdio da revolução que criou a base do modo capitalista de produção ocorreu no último terço do século XV e nas primeiras décadas do século XVI. Com a dissolução das vassalagens feudais, é lançada ao mercado de trabalho uma massa de proletários, de indivíduos sem direitos, que por toda parte enchiam inutilmente os solares, conforme observa acertadamente Sir James Stuart. Embora o poder real, produto do desenvolvimento burguês, em seu esforço pela soberania absoluta, acelerasse pela força a dissolução das vassalagens, não foi de modo algum a causa única dela. Opondo-se arrogantemente ao Rei e ao Parlamento, o grande senhor feudal criou um proletariado incomparavelmente maior, usurpando as terras comuns e expulsando os camponeses das terras, os quais possuíam direitos sobre elas, baseados, como os do próprio senhor, nos mesmos institutos feudais. O florescimento da manufatura de lã, com a elevação consequente dos preços da lã, impulsionou diretamente essas violências na Inglaterra. A velha nobreza fora devorada pelas guerras feudais. A nova, era um produto do seu tempo, e, para ela, o dinheiro era o poder dos poderes. Sua preocupação, por isso, era transformar as terras de lavoura em pastagens. Em sua obra *Description of England. Prefixid to Holinshed's Chronicles*, descreve Harrison como a expropriação dos pequenos camponeses arruinou o país. Mas que importa isso aos nossos grandes usurpadores! (Karl Marx – O Capital – O Processo de Produção Capitalista – Livro 1 – Volume 2 – p. 833).

Uma comparação entre as obras dos chanceleres Fortescue e Thomas Morus revela o abismo que separava os séculos XV e XVI. A classe trabalhadora inglesa foi lançada, sem transições, da idade de ouro, na expressão acertada de Thornton, para a idade do ferro. (Karl Marx – O Capital – O Processo de Produção Capitalista – Livro 1 – Volume 2 – p. 834).

Em sua história de Henrique VII, diz Bacon: (Karl Marx – O Capital – O Processo de Produção Capitalista – Livro 1 – Volume 2 – p. 834).

Em 1489 aumentaram as queixas sobre a transformação de terras de lavoura em pastos para ovelhas etc., para os quais bastavam poucos pastores; e áreas arrendadas por tempo indeterminado, por ano ou vitaliciamente, das quais vivia grande parte dos lavradores independentes, transformaram-se em terras ocupadas pelo senhorio. Isso provocou decadência do povo e em consequência decadência de cidades, igrejas, queda de dízimos... Foi admirável a sabedoria do Rei e do Parlamento aplicada, nessa época... Adotaram medidas contra a usurpação das terras comuns, que provocava o despovoamento, e contra a expansão das pastagens, que produzia os mesmos efeitos.

Em 1489, a lei de Henrique VII proibia a demolição de todas as casas de camponeses às quais estivessem vinculados pelo menos 20 acres de terra. Renovou-a Henrique VIII, no ano 25 de seu reinado, com outra lei, onde se lê: (Karl Marx – O Capital – O Processo de Produção Capitalista – Livro 1 – Volume 2 – p. 834-835).

Muitos arrendamentos e grandes pastagens, especialmente de ovelhas, estão concentrados em poucas mãos; por isso, muito aumentou a renda da terra, decaindo a lavoura; casas e igrejas foram demolidas, e um número imenso de pessoas ficaram impedidas de prover seu próprio sustento e de suas famílias.

A lei determinava a reconstituição das culturas e, de suas instalações, fixava a relação entre área de lavoura e área de pastagem etc. Lei de 1533 deplora haver proprietários possuindo 24.000 ovelhas e limitou-a o número destas a 2.000 por proprietário. As queixas populares e as leis que, a partir de Henrique VII, durante 150 anos, se destinavam a coibir a expropriação dos pequenos arrendatários e dos camponeses, não atingiram a nenhum resultado prático. (Karl Marx – O Capital – O Processo de Produção Capitalista – Livro 1 – Volume 2 – p. 835).

Bacon, sem o saber, revelou-nos o segredo dessa ineficácia, em seus *Essays, Civil and Moral*: (Karl Marx – O Capital – O Processo de Produção Capitalista – Livro 1 – Volume 2 – p. 835).

A lei de Henrique VII, diz ele, era profunda e digna de admiração, ao criar lavouras e casas de lavradores, de determinado padrão, isto é, ao garantir aos lavradores área que lhes permitiam colocarem no mundo súditos com recursos suficientes e não sujeitos à condição servil, pondo assim o arado em mãos de proprietários e não de mercenários. (Utopia, tradução de Robinson, ed. Arber, Londres, 1869).

Mas o sistema capitalista exigia, ao contrário, a subordinação servil da massa popular, sua transformação em mercenários e a conversão de seu instrumental de trabalho em capital. (Karl Marx – O Capital – O Processo de Produção Capitalista – Livro 1 – Volume 2 – p. 836).

O processo violento de expropriação do povo recebeu um terrível impulso no século XVI, com a Reforma e o imenso saque dos bens da Igreja que a acompanhou. À época da reforma, a Igreja Católica era proprietária feudal de grande parte do solo inglês. A supressão dos conventos etc. enxotou os habitantes de suas terras, os quais passaram a engrossar o proletariado. Os bens eclesiásticos foram amplamente doados a vorazes favoritos da Corte ou vendidos a preço ridículo a especuladores, agricultores ou burgueses, que expulsaram em massa os velhos moradores hereditários e fundiram seus sítios. O direito legalmente explícito dos lavradores empobrecidos e uma parte dos dízimos da Igreja, fora confiscado tacitamente. "Pauper ubique jacet" (pobreza em todo lugar) exclamou a rainha Elizabeth após uma viagem através da Inglaterra. No ano 43 de seu reinado foi o governo, por fim, compelido a reconhecer oficialmente o pauperismo, introduzindo o imposto de assistência aos pobres. (Karl Marx – O Capital – O Processo de Produção Capitalista – Livro 1 – Volume 2 – p. 836-837).

Tornou-se definitiva a lei n.4, do ano16, do reinado de Carlos I, e só veio a ser modificada em 1834, quando foram adotadas prescrições mais severas. Mas, a Reforma ainda teve outros efeitos mais poderosos. A propriedade da Igreja constituía o baluarte religioso das antigas relações de propriedade. Ao cair aquela, estas não poderiam mais se manter. (Karl Marx – O Capital – O Processo de Produção Capitalista – Livro 1 – Volume 2 – p. 837-838).

Ainda nas últimas décadas do século XVII, a yeomanry, uma classe de camponeses independentes, era mais numerosa que a dos arrendatários. Constituíra a principal força de Cromwell e, segundo reconhece o próprio Macaulay, contrastava vantajosamente com os fidalgotes beberrões e seus lacaios, os párocos de aldeia, que tinham de arranjar casamentos para as criadas preferidas desses gentis homens. A essa época, os trabalhadores rurais ainda eram coproprietários das terras comuns. Por volta de 1750 desaparecera a yeomanry e, nas últimas décadas do século XVIII, os vestígios que ainda restavam da propriedade comunal dos lavradores. (Karl Marx – O Capital – O Processo de Produção Capitalista – Livro 1 – Volume 2 – p. 838-839).

Com a restauração dos Stuarts, os proprietários das terras, utilizando processos legais, levaram a cabo uma usurpação como a que se efetivou depois no continente, mas sem qualquer formalidade jurídica. Aboliram as disposições feudais relativas ao solo. Transferiram para o Estado deveres que estavam vinculado à propriedade do solo, indenizaram o estado com tributos incidentes sobre os camponeses e sobre o resto do povo, submeteram ao regime da moderna propriedade privada os bens em relação aos quais possuíam apenas título feudal, e impuseram, por fim, aquelas leis de domicílio que, com as variações impostas pelas circunstâncias, tinham sobre os lavradores ingleses os mesmos efeitos que o edito do tártaro Boris Godunow sobre os camponeses russos. (Karl Marx – O Capital – O Processo de Produção Capitalista – Livro 1 – Volume 2 – p. 839).

A gloriosa revolução trouxe ao poder, com Guilherme III de Orange, os proprietários da mais-valia, nobres e capitalistas. Inauguraram a nova era em que expandiram em escala colossal os roubos às terras do estado, até então praticados em dimensões mais modestas. Essas terras foram presenteadas, vendidas a preços irrisórios, ou simplesmente roubadas mediante anexação direta às propriedades particulares. Tudo isso ocorreu sem qualquer observância da etiqueta legal. Essa usurpação das terras da coroa e saque aos bens da Igreja, quando os detentores destes bens saqueados não os perderam na revolução republicana, constituem a origem dos grandes domínios atuais da oligarquia inglesa. Os capitalistas burgueses favoreceram a usurpação, entre outros motivos, para transformar a terra em mero artigo de comércio, ampliar a área da grande exploração agrícola, aumentar o suprimento dos proletários sem direitos, enxotados das terras etc. Além disso, a nova aristocracia das terras era a aliada natural da nova bancocracia, da alta finança que acabara de romper a casca do ovo e da burguesia manufatureira que dependia então da proteção aduaneira. (Karl Marx – O Capital – O Processo de Produção Capitalista – Livro 1 – Volume 2 – p. 839-840).

O século XVIII não reconhecia ainda, na mesma extensão que o XIX, a identidade entre riqueza nacional e pobreza do povo. (Karl Marx – O Capital – O Processo de Produção Capitalista – Livro 1 – Volume 2 – p. 841).

A usurpação das terras comuns e a revolução agrícola que a acompanhou agravaram de tal modo a situação do trabalhador agrícola que, segundo o próprio Eden, seu salário, entre 1765 e 1780, começou a cair abaixo do mínimo e a ser complementado pela assistência oficial aos indigentes. Seu salário, diz ele, bastava apenas para as necessidades absolutamente indispensáveis. (Karl Marx – O Capital – O Processo de Produção Capitalista – Livro 1 – Volume 2 – p. 843-844).

A serenidade estoica (austero, impassível) com que o economista político presenciou as violações mais cínicas do sagrado direito de propriedade e as violências mais contundentes contra as pessoas, desde que necessárias para estabelecer as bases do modo capitalista de produção, encontramos configurada, por exemplo, no conservador e filantropo Sir F. M. Eden. Toda a série de rapinas, horrores e tormentos do povo, que acompanharam as expropriações violentas do último terço do século XV aos fins do século XVIII serviram apenas para levá-lo a essa reconfortante reflexão final: (Karl Marx – O Capital – O Processo de Produção Capitalista – Livro 1 – Volume 2 – p. 844).

> A proporção adequada entre as terras de lavoura e as de pastagem tinha de ser estabelecida. Ainda no decurso do século XIV e na maior parte do século XV, havia 1 acre de pastagem para 2, 3 e até 4 acres de terras de lavouras. Em meados do século XVI a proporção mudou, havendo 2 acres de pastagem para 2 de terras de lavoura; mais tarde, 2 acres de pastagem para 1 de terra de lavoura, até que finalmente se fixou a justa proporção de 3 acres para 1.

No século XIX perdeu-se naturalmente a lembrança da conexão que existia entre agricultura e terra comunal. Para não falar de tempos mais próximos, perguntaríamos que indenização recebeu a população dos campos quando, entre 1810 e 1831, foi espoliada em 3.511.770 acres de terras comuns, com os quais, através do Parlamento, os landlords presentearam os landlords? (Karl Marx – O Capital – O Processo de Produção Capitalista – Livro 1 – Volume 2 – p. 845).

O Último grande processo de expropriação dos camponeses é finalmente a chamada limpeza das propriedades, a qual consiste em varrer destas os seres humanos. Todos os métodos ingleses até anteriormente, ao descrever as condições modernas em que não há mais camponeses independentes para enxotar, a limpeza prossegue para demolir as choupanas, de modo que os trabalhadores agrícolas não encontraram mais na terra que lavravam o espaço necessário para sua própria habitação. Mas a "limpeza das propriedades", no seu verdadeiro sentido, vamos encontrar mesmo na região dileta da literatura novelesca moderna, a Escócia serrana. A operação lá se destaca pelo caráter sistemático, pela magnitude da escala em que se executa de um só golpe (na Irlanda, houve proprietários que demoliram várias aldeias ao mesmo tempo; na Escócia, houve casos de áreas do tamanho de ducados alemães), e, finalmente, pela forma peculiar da propriedade que era usurpada. (Karl Marx – O Capital – O Processo de Produção Capitalista – Livro 1 – Volume 2 – p. 845).

No século XVIII, foi proibida a emigração dos gaélicos expulsos de suas terras, a fim de tangê-los compulsoriamente para Glasgow e para outras cidades industriais. Para ilustrar o método dominante do século XIX basta citar as "limpezas" levadas a cabo pela duquesa de Sutherland. Economicamente instruída, resolveu, ao assumir a direção de seus domínios, empreender uma cura radical, transformando em pastagem de ovelhas todo o condado cuja população já fora reduzida antes, por processos semelhantes, a 15.000 habitantes. De 1814 a 1820, esses 15.000 habitantes, cerca de 3.000 famílias, foram sistematicamente enxotados e expulsos. Todas as suas aldeias foram destruídas e reduzidas a cinzas, todas as suas lavouras convertidas em pastagens. Soldados britânicos intervieram para executar a expulsão e entraram em choque com os nativos. Assim, apossou-se dessa fidalguia de 794.000 acres de terra que pertencia ao clã, desde tempos imemoriais. (Karl Marx – O Capital – O Processo de Produção Capitalista – Livro 1 – Volume 2 – p. 846-847).

Em 1825, os 15.000 aborígines (habitantes originários da terra) gaélicos estavam substituídos por 131.000 ovelhas. Os que foram lançados na orla marítima procuraram viver de pesca. Transformaram-se em anfíbios e, na expressão de um escritor inglês, viviam uma meia vida constituída de duas partes, uma em água e outra em terra. (Karl Marx – O Capital – O Processo de Produção Capitalista – Livro 1 – Volume 2 – p. 847).

Mas a brava gente gaélica devia pagar ainda mais caro pela idolatria que seu romantismo serrano votava aos "grandes homens" do clã. O cheiro de peixe chegou ao nariz dos grandes homens. Farejaram algo lucrativo atrás dele e arrendaram a orla marítima aos grandes mercadores de peixe de Londres. Os gaélicos foram enxotados pela segunda vez. (Karl Marx – O Capital – O Processo de Produção Capitalista – Livro 1 – Volume 2 – p. 847-848).

Nas terras altas da Escócia, diz Somers, em 1848: (Karl Marx – O Capital – O Processo de Produção Capitalista – Livro 1 – Volume 2 – p. 848).

[...] a transformação de suas terras em pastagens [...] expulsou os gaélicos para terras estéreis. Agora, a caça começa a substituir a ovelha e, por isso, eles são empurrados para uma miséria mais trituante... Essas florestas de caça e o povo não podem coexistir. Esse movimento entre os proprietários das terras altas decorre, nuns, de moda, de mania aristocrática, de vã paixão pela caça etc., e, noutros, do interesse do lucro que auferem no negócio de caça. Em muitos casos, é incomparavelmente mais lucrativo utilizar uma área nas montanhas para caça do que reservá-la para pastagem de ovelhas... O entusiasta que procura um campo de caça só tem um limite para a sua oferta, o tamanho de sua bolsa [...] Roubam ao povo uma liberdade atrás da outra... E a opressão cresce diariamente. Expulsar e dispersar gente é um princípio inabalável dos proprietários, que o consideram uma necessidade agrícola igual à de extirpar as árvores e os arbustos nas florestas virgens da América e da Austrália; e a operação segue sua marcha tranquila como se fosse um negócio regular. (Robert Somers, Letters from the Highlands, Londres, 1848).

O roubo dos bens da Igreja, a alienação fraudulenta dos domínios do Estado, a ladroeira das terras comuns e a transformação da propriedade feudal e do clã em propriedade privada moderna, levada a cabo com terrorismo implacável, figuram entre os métodos idílicos da cumulação primitiva. Conquistaram o campo para a agricultura capitalista, incorporaram as terras ao capital e proporcionaram à indústria das cidades a oferta necessária de proletários sem direitos. (Karl Marx – O Capital – O Processo de Produção Capitalista – Livro 1 – Volume 2 – p. 850).

3 Legislação Sanguinária contra os Expropriados, a partir do Século XV. Leis para rebaixar os Salários

Os que foram expulsos de suas terras com a dissolução das vassalagens feudais e com a expropriação intermitente e violenta, esse proletariado sem direitos, não podiam ser absorvidos pela manufatura nascente com a mesma rapidez com que se tornavam disponíveis. Bruscamente arrancados das suas condições habituais de existência, não podiam enquadrar-se, da noite para o dia, na disciplina exigida pela nova situação. Muitos se transformaram em mendigos, ladrões, vagabundos, em parte por inclinação, mas na maioria dos casos por força das circunstâncias. **Daí ter surgido em toda a Europa Ocidental, no fim do século XV e no decurso do XVI uma legislação sanguinária contra a vadiagem. Os ancestrais da classe trabalhadora atual foram punidos inicialmente por se transformarem em vagabundos e indigentes, transformação que lhes era imposta. A legislação os tratava como pessoas que escolhem propositalmente o caminho do crime, como se dependesse da vontade deles prosseguirem trabalhando nas velhas condições que não mais existiam.** (grifo meu) (Karl Marx – O Capital – O Processo de Produção Capitalista – Livro 1 – Volume 2 – p. 851).

Essa legislação começou na Inglaterra, no reinado de Henrique VII. (Karl Marx – O Capital – O Processo de Produção Capitalista – Livro 1 – Volume 2 – p. 851).

Henrique VIII, lei de 1530, século XVI – Mendigos velhos e incapacitados para trabalhar tem direito a uma licença para pedir esmolas. Os vagabundos sadios serão flagelados e encarcerados. Serão amarrados atrás de um carro e açoitados até que o sangue lhes corra pelo corpo; em seguida prestarão juramento de voltar à sua terra natal ou ao lugar onde moraram nos últimos 3 anos, para se porem a trabalhar. Que ironia cruel! Essa lei é modificada, com acréscimos ainda mais inexoráveis, no ano 27 do reinado de Henrique VIII. Na primeira reincidência de vagabundagem, além da pena de flagelação, metade da orelha será cortada; na segunda, o culpado será enforcado como criminoso irrecuperável e inimigo da comunidade. (Karl Marx – O Capital – O Processo de Produção Capitalista – Livro 1 – Volume 2 – p. 852).

Eduardo VI – Uma lei do primeiro ano de seu governo, 1547, estabeleceu que, se alguém se recusa a trabalhar, será condenado como escravo da pessoa que o tenha denunciado como vadio. O dono deve alimentar seu escravo com pão e água, bebidas fracas e restos de carne, conforme achar conveniente. Tem o direito de forçá-lo a executar qualquer trabalho, por mais repugnante que seja, flagelando-o e pondo-o a ferros. Se o escravo dcsaparecer por duas semanas, será condenado à escravatura por toda a vida e será marcado a ferro, na testa e nas costas, com a letra S; se escapa pela terceira vez será enforcado como traidor. (Karl Marx – O Capital – O Processo de Produção Capitalista – Livro 1 – Volume 2 – p. 852).

Essa espécie de escravos de paróquia subsistiu por muito tempo, chegando até ao século XIX, sob o nome de rondantes (*roudsmen*) (Karl Marx – O Capital – O Processo de Produção Capitalista – Livro 1 – Volume 2 – p. 852).

Elizabeth, 1572 – Mendigos sem licença e com mais de 14 anos serão flagelados severamente e terão suas orelhas marcadas a ferro, se ninguém quiser tomá-los a serviço por 2 anos; em caso de reincidência, se tem mais de 18 anos, serão enforcados, se ninguém quiser tomá-los a serviço por 2 anos; na terceira vez serão enforcados, sem mercê, como traidores. Leis análogas, a n. 13 do ano 18 do reinado de Elizabeth, e a do ano de 1597. (Karl Marx – O Capital – O Processo de Produção Capitalista – Livro 1 – Volume 2 – p. 853).

Jaime I – Quem perambula e mendigue será declarado vadio e vagabundo. Os juízes de paz, em suas sessões, estão autorizados a mandar açoitá-lo e encarcerá-lo por 6 meses, na primeira vez e por 2 anos, na segunda. Na prisão, receberão tantas vezes tantas chicotadas quantas os juízes de paz acharem adequadas [...]. (Karl Marx – O Capital – O Processo de Produção Capitalista – Livro 1 – Volume 2 – p. 853).

Essas prescrições legais subsistiram até ao começo da segunda década do século XVIII, quando foram revogadas pela lei n. 23 do ano 12 do reinado de Ana. (Karl Marx – O Capital – O Processo de Produção Capitalista – Livro 1 – Volume 2 – p. 854).

Houve leis análogas na França. Nos meados do século XVII, estabeleceu-se em Paris um reino dos vagabundos. Ainda no início do reinado de Luiz XVI, pela ordenança de 13 de julho de 1777, todo homem válido de 16 a 60 anos, sem meios de existência e sem exercer uma profissão, devia ser mandado para as galés. Eram de natureza semelhante o edito de Carlos V, de outubro de 1537, para os Países Baixos, o primeiro edito dos Estados e Cidades de Holanda, de 19 de março de 1614, e o das Províncias Unidas, de 25 de junho de 1649 etc. (Karl Marx – O Capital – O Processo de Produção Capitalista – Livro 1 – Volume 2 – p. 854).

Assim, a população rural, expropriada e expulsa de suas terras, compelida à vagabundagem, foi enquadrada na disciplina exigida pelo sistema de trabalho assalariado, por meio de um grotesco terrorismo legalizado, que empregava o açoite, o ferro em brasa e a tortura. (Karl Marx – O Capital – O Processo de Produção Capitalista – Livro 1 – Volume 2 – p. 854).

Não basta que haja, de um lado, condições de trabalho sob a forma de capital, e, do outro, seres humanos que nada tem para vender além de sua força de trabalho. Tampouco basta forçá-los a se venderem livremente. Ao progredir a produção capitalista, desenvolveu-se uma classe trabalhadora que por educação, tradição e costume aceitou as exigências daquele modo de produção como leis naturais evidentes. A organização do processo de produção capitalista, em seu pleno desenvolvimento, quebrou toda resistência; a produção contínua de uma superpopulação relativa manteve a lei da oferta e da procura de trabalho e, portanto, o salário, em harmonia com as necessidades de expansão do capital; e a coação surda das relações econômicas consolida o domínio do capitalista sobre o trabalhador. Ainda se empregara a violência direta, à margem das leis econômicas, mas doravante apenas em caráter excepcional. Para a marcha ordinária das coisas bastou deixar o trabalhador entregue às leis naturais da produção, isto é, à sua dependência do capital, a qual decorre das próprias condições de produção, e é assegurada e perpetuada por essas condições. Mas, as coisas corriam de modo diverso durante a gênese histórica da produção capitalista. A burguesia nascente precisava e empregava a força do Estado para regular o salário, isto é, comprimi-lo dentro dos limites convenientes à produção da mais-valia, para prolongar a jornada de trabalho e para manter o próprio trabalhador num grau adequado de dependência. Temos aí um fator fundamental da chamada acumulação primitiva. (Karl Marx – O Capital – O Processo de Produção Capitalista – Livro 1 – Volume 2 – p. 854-855).

A classe dos assalariados que surgiu na segunda metade do século XIV, constituía então, e ainda no século seguinte, apenas fração diminuta do povo, com sua posição protegida no campo pela economia camponesa independente e, na cidade, pela organização corporativa. Na cidade e no campo, patrões e trabalhadores estavam próximos socialmente. A subordinação do capital ao trabalho era apenas formal, isto é, o próprio modo de produção não possuía ainda caráter especificamente capitalista. A parte variável do capital predominava muito sobre a constante. Por isso, a procura de trabalho assalariado crescia rápida com toda acumulação, e era seguida lentamente pela oferta. Grande parte do produto nacional, a qual se transforma mais tarde em fundo de acumulação do capital, ainda alimentava então o fundo de consumo do trabalhador. (Karl Marx – O Capital – O Processo de Produção Capitalista – Livro 1 – Volume 2 – p. 855).

Na Inglaterra, começou pelo "Estatuto dos Trabalhadores" de Eduardo III, de 1349, a legislação sobre trabalho assalariado, a qual desde a origem visou explorar o trabalhador e prosseguiu sempre hostil a ele. Na França, esse estatuto encontrou seu correspondente na ordenança de 1350, publicada em nome do rei João. A legislação inglesa e a Francesa seguiram os mesmos rumos e eram idênticas em seu conteúdo. (Karl Marx – O Capital – O Processo de Produção Capitalista – Livro 1 – Volume 2 – p. 855).

O Estatuto dos Trabalhadores foi aprovado em virtude das queixas crescentes da Câmara dos Comuns. (Karl Marx – O Capital – O Processo de Produção Capitalista – Livro 1 – Volume 2 – p. 855).

Foi estabelecida uma tarifa legal de salários para a cidade e para o campo, para trabalho por peça e por dia. Os trabalhadores rurais deviam alugar-se por ano, os da cidade no mercado livre. Proibiu-se, sob pena de prisão, pagar salários acima dos legais, e quem os recebesse era punido mais severamente do que quem os pagasse. Assim, o Estatuto dos Aprendizes de Elizabeth, nas seções 18 e 19, impunha 10 dias de cadeia a quem pagasse salários acima dos legais, e 21 dias a quem os recebesse. (Karl Marx – O Capital – O Processo de Produção Capitalista – Livro 1 – Volume 2 – p. 856).

Foram declarados nulos, de pleno direito todas as combinações, contratos, juramentos etc. pelos quais pedreiros e carpinteiros estabelecessem normas comuns obrigatórias para o exercício de suas profissões. A coligação de trabalhadores foi considerada crime grave, desde o século XIV até 1825, ano em que foram abolidas as leis contra a coligação ou associação dos trabalhadores. **O espírito do Estatuto dos Trabalhadores de 1349 e de seus rebentos posteriores se patenteia na circunstância de o Estado ditar um máximo para os salários, mas nunca um mínimo**. (grifo meu) (Karl Marx – O Capital – O Processo de Produção Capitalista – Livro 1 – Volume 2 – p. 856).

Conforme sabemos, piorou muito a situação do trabalhador no século XVIII. Subiu muito o salário em dinheiro, mas não proporcionalmente à depreciação deste e à correspondente elevação dos preços das mercadorias. O salário real, portanto, caiu. Não obstante, continuaram em vigor as leis destinadas a rebaixá-lo, com as punições de cortar orelhas e de ferretear, aplicadas àqueles que ninguém queira tomar a seu serviço. Jorge II submeteu todas as manufaturas às leis contra a coligação de trabalhadores. (Karl Marx – O Capital – O Processo de Produção Capitalista – Livro 1 – Volume 2 – p. 856).

Em 1813, foram abolidas, finalmente, as leis que regulavam os salários. Eram uma anomalia ridícula, uma vez que o capitalista passara a decretar, nas fábricas, sua legislação particular e recorria à taxa de assistência aos pobres para reduzir o salário do trabalhador agrícola ao mínimo indispensável. As disposições dos Estatutos dos Trabalhadores, que continuavam até o período deste trabalho, relativas a contratos entre patrões e assalariados, a aviso prévio e matérias análogas, e que, por quebra contratual, permitiam ação criminal contra o trabalhador em falta, e apenas uma ação civil contra o patrão que violava o contrato. (Karl Marx – O Capital – O Processo de Produção Capitalista – Livro 1 – Volume 2 – p. 858).

As leis cruéis contra as coligações dos trabalhadores foram abolidas em 1825 ante a atitude ameaçadora do proletariado. Mas, apenas em parte. Alguns belos resíduos dos velhos estatutos só desapareceram em 1859. Finalmente, a lei do Parlamento, de 29 de junho de 1871, pretendeu eliminar os últimos vestígios dessa legislação de classe com o reconhecimento legal das Trades Unions. Mas uma lei do Parlamento da mesma data, restabeleceu na realidade a situação anterior sob nova forma. Com essa escamoteação parlamentar, os meios que podiam ser utilizados pelos trabalhadores, em caso de greve ou *lockout*, foram subtraídos ao domínio do direito comum e colocados sob uma legislação penal de exceção, que eram interpretadas pelos próprios fabricantes, na sua qualidade de juízes de paz. (Karl Marx – O Capital – O Processo de Produção Capitalista – Livro 1 – Volume 2 – p. 858).

O grande Partido Liberal, que chegou ao poder devido aos votos do proletariado, permitiu aos juízes ingleses, eternos serviçais das classes dominantes, desenterrarem as leis arcaicas sobre conspirações e aplicá-las às coligações dos trabalhadores. De má vontade, o Parlamento inglês revogou as leis contra as greves e as Trades Unions, depois de ter, durante 5 séculos, com cínico egoísmo, sustentando a posição de uma permanente Trades Unions dos capitalistas contra os trabalhadores. (grifo meu) (Karl Marx – O Capital – O Processo de Produção Capitalista – Livro 1 – Volume 2 – p. 858).

Logo no começo da tormenta revolucionária da burguesia francesa, teve-se a audácia de abolir o direito de associação dos trabalhadores que acabara de ser conquistado. Com o decreto de 14 de junho de 1791, declarou toda coligação dos trabalhadores um atentado à liberdade e à declaração dos direitos do homem, a ser punido com a multa de 500 francos e a privação dos direitos de cidadania por 1 ano. **Essa lei que, por meio da coação policial, comprimia a competição entre o capital e o trabalho dentro de limites convenientes ao capital, sobreviveu a revoluções e a mudanças de dinastias.** Mesmo o regime do terror deixou-a intacta. Só recentemente (à época desses escritos), foi essa norma proibitiva excluída do código penal. (grifo meu) (Karl Marx – O Capital – O Processo de Produção Capitalista – Livro 1 – Volume 2 – p. 858-859).

4 Gênese do Arrendatário Capitalista

A expropriação da população rural criou imediatamente apenas grandes proprietários de terras. Quanto à origem do arrendatário, podemos por assim dizer senti-la com o tato, pois evolveu (desenvolveu-se) lentamente através de muitos séculos. Os próprios servos, do mesmo modo que os pequenos proprietários livres, tinham a posse da terra a títulos os mais diversos e por isso emanciparam-se sob as condições econômicas mais diversas. (Karl Marx – O Capital – O Processo de Produção Capitalista – Livro 1 – Volume 2 – p. 860).

Na Inglaterra, o ponto de partida das transformações que culminam com o aparecimento da figura do arrendatário capitalista, seu germe mais primitivo, é o bailiff, ainda servo. Sua posição é análoga à do *villicus* da velha Roma, embora com uma esfera menor de atribuições. Durante a segunda metade do século XIV, é substituído por um colono a quem o landlord fornece sementes, gado e instrumentos agrícolas. Sua situação não é muito diferente da do camponês. Apenas explora mais trabalho assalariado. Logo se torna parceiro, um tipo que se parece mais com o verdadeiro arrendatário. O parceiro fornecia uma parte do capital, o landlord a outra. Ambos dividiam o produto total em proporção contratualmente estabelecida. Essa forma desapareceu rapidamente na Inglaterra, para dar lugar ao arrendatário propriamente dito, que procura expandir seu próprio capital empregando trabalhadores assalariados e entrega ao landlord uma parte do produto excedente, em dinheiro ou em produtos, como renda da terra. (Karl Marx – O Capital – O Processo de Produção Capitalista – Livro 1 – Volume 2 – p. 860).

No século XV, enquanto o camponês independente e, ao seu lado, o trabalhador do campo, trabalhando para si mesmo e por salário se enriqueceram com seu labor, a situação do arrendatário e sua escala de produção permanecem num nível monotonamente modesto. Mas, a revolução agrícola do último terço daquele século, que prosseguiu por todo o século XVI, com exceção de suas últimas décadas, enriqueceu o arrendatário com a mesma rapidez com que empobreceu a população rural. A usurpação das pastagens comuns etc., permitiu-lhe aumentar muito seu gado quase sem despesas, ao mesmo tempo que o gado lhe fornecia maior quantidade de adubos para o cultivo da terra. (Karl Marx – O Capital – O Processo de Produção Capitalista – Livro 1 – Volume 2 – p. 860).

No século XVI, intervém ainda outro fator de decisiva importância. Os contratos de arrendamento da época tinham prazo muito longo, muitas vezes 99 anos. A depreciação contínua dos metais preciosos e em consequência do dinheiro, trouxe ao arrendatário pomos dourados. Rebaixou os salários, independentemente de todas aquelas circunstâncias que já foram examinadas. O montante de redução real dos salários serviu então para acrescer os lucros dos arrendatários. A elevação contínua dos preços do trigo, da lã, da carne, enfim de todos os produtos agrícolas, dilatou o capital monetário do arrendatário, sem qualquer intervenção de sua parte, enquanto a renda que tinha de pagar ao dono da terra estava fixada pelo valor monetário antigo. Assim, a classe capitalista enriqueceu-se às custas dos assalariados e dos landlord. Não admira, portanto, que a Inglaterra possuísse, nos fins do século XVI, uma classe de capitalistas arrendatários ricos, em face das condições da época. (Karl Marx – O Capital – O Processo de Produção Capitalista – Livro 1 – Volume 2 – p. 861).

5 Repercussões da Revolução Agrícola na Indústria. Formação do Mercado Interno para o Capital Industrial

A expropriação e a expulsão da população rural, renovadas, intermitentes, proporcionaram à indústria urbana, massas sempre novas de proletários inteiramente desligados da esfera corporativa. Em sua história do comércio, o velho A. Anderson vê nesse fato uma intervenção direta da Providência. (Karl Marx – O Capital – O Processo de Produção Capitalista – Livro 1 – Volume 2 – p. 862).

O escasseamento dos camponeses independentes, que mantinham sua própria cultura, correspondia ao adensamento do proletariado industrial, do mesmo modo que, segundo Geoffrou Saint-Hilaire, a condensação da matéria num ponto explica sua rarefação noutro. Apesar da diminuição de seus cultivadores, o solo proporcionava a mesma quantidade de produção ou maior, porque a revolução no regime de propriedade territorial corria paralela com a melhoria dos métodos de cultura, com maior cooperação, concentração dos meios de produção etc. e porque os assalariados tinham de trabalhar mais intensivamente, dispondo de uma área cada vez menor em que podiam trabalhar para si mesmos. Parte dos habitantes rurais se tornaram disponíveis e se desvincularam dos meios de subsistência com que se abasteciam. Esses meios se transformaram então em elemento material do capital variável. Os camponeses expulsos das lavouras tiveram de comprar o valor desses meios, sob a forma de salário, a seu novo senhor, o capitalista industrial. O que sucedeu com os meios de subsistência, ocorreu com as matérias-primas que a agricultura indígena forneceu à indústria. Elas se transformaram em elemento do capital constante. (Karl Marx – O Capital – O Processo de Produção Capitalista – Livro 1 – Volume 2 – p. 863).

Antes, o trabalho extra, despendido na fiação do linho, se concretizava em rendimento extra de inúmeras famílias camponesas e, no tempo de Frederico II, também em impostos para o rei da Prússia. Agora, se concretizou em lucro de alguns capitalistas. Os fusos e teares, antes espalhados pelos campos, estão agora reunidos em algumas grandes casernas de trabalho, o mesmo ocorrendo com os trabalhadores e a matéria-prima. Os fusos, os teares e as matérias-primas se transformaram de meios de existência independente de fiandeiros e tecelões em meios de comandá-los e de extrair deles trabalho não pago. As grandes manufaturas e os grandes arrendamentos não mostravam à primeira vista que eram uma soma de numerosos centros diminutos de produção, tendo sido formados pela expropriação de muitos produtores pequenos e independentes. Mas a observação imparcial não se deixa enganar. Ao tempo de Mirabeau, o leão revolucionário, as manufaturas ainda eram chamadas de *manufactures réunies*, oficinas reunidas como as terras que foram expropriadas. (Karl Marx – O Capital – O Processo de Produção Capitalista – Livro 1 – Volume 2 – p. 863-864).

A expropriação e a expulsão de uma parte da população rural, liberou os trabalhadores, seus meios de subsistência e seus meios de trabalho, em benefício do capitalista industrial; além disso, criou o mercado interno. (Karl Marx – O Capital – O Processo de Produção Capitalista – Livro 1 – Volume 2 – p. 865).

Na realidade, os acontecimentos que transformaram os pequenos lavradores em assalariados e seus meios de subsistência e meios de trabalho em elementos materiais do capital, criaram, ao mesmo tempo, para este o mercado interno. Antes, a família camponesa produzia e elaborava os meios de subsistência e matérias-primas, que eram, na sua maior parte, consumidos por ela mesma. Esses meios de subsistência e matérias-primas transformaram-se agora em mercadorias; o arrendatário vende-as no mercado gerado pelas manufaturas, fios, tecido de linho, panos grosseiros de lã – coisas cujas matérias-primas estavam ao alcance de toda família camponesa, fiadas e tecidas por esta, para o próprio consumo – são agora artigos de manufatura que encontram seu mercado exatamente nos distritos rurais. A numerosa clientela, antes extremamente fragmentada, dependente de uma quantidade imensa de pequenos produtores que trabalhavam por sua própria conta, concentrou-se agora num vasto mercado, abastecido pelo capital industrial. Assim, à expropriação dos camponeses que trabalhavam antes por conta própria e ao divórcio entre eles e seus meios de produção correspondem a ruína da indústria doméstica rural e o processo de dissociação entre a manufatura e a agricultura. E só a destruição da indústria doméstica rural pode proporcionar ao mercado interno de um país a extensão e a solidez exigidas pelo modo capitalista de produção. (Karl Marx – O Capital – O Processo de Produção Capitalista – Livro 1 – Volume 2 – p. 865).

Todavia, o período manufatureiro propriamente dito não chegou a realizar uma transformação radical. A manufatura só se apodera da produção nacional de maneira muito fragmentária, encontrando sua base principal nos ofícios urbanos e na indústria doméstica rural. Quando destruiu uma forma dessa indústria doméstica, num ramo específico, em determinados lugares, a manufatura provocou seu renascimento em outros, pois precisava dela dentro de certos limites, para a preparação de matérias-primas. (Karl Marx – O Capital – O Processo de Produção Capitalista – Livro 1 – Volume 2 – p. 865-866).

Só a indústria moderna, com as máquinas, proporciona a base sólida da agricultura capitalista, expropria radicalmente a imensa maioria dos habitantes do campo e consuma a dissociação entre agricultura e indústria doméstica rural cujas raízes a fiação e a tecelagem são extirpadas. Por isso, só ela consegue se apoderar do mercado interno por inteiro para o capital industrial. (Karl Marx – O Capital – O Processo de Produção Capitalista – Livro 1 – Volume 2 – p. 866).

6 Gênese do Capitalista Industrial

A gênese do capitalista industrial não se processou de maneira gradativa como a do arrendatário. Sem dúvida, certo número de mestres de corporações, número maior de artesãos independentes e, ainda, os assalariados se transformaram em capitalistas rudimentares e, através da exploração progressivamente mais ampliada do trabalho assalariado e da correspondente acumulação, chegaram a assumir realmente a figura do capitalista. A marcha lenta do período infantil do capitalismo não se coadunava com as necessidades do novo mercado mundial criado pelas grandes descobertas dos fins do século XV. A Idade Média fornecera duas formas de capital que amadureceram nas mais diferentes formações econômico-sociais e foram as que emergiram como capital antes de despontar a era capitalista, a saber: o capital usurário e o capital mercantil. (Karl Marx – O Capital – O Processo de Produção Capitalista – Livro 1 – Volume 2 – p. 867).

> De *The Natural and Artificial Rights of Property Contrasted* – Londres, cujo autor é Th. Hodgskin:
>
> Atualmente, toda a riqueza da sociedade vai para as mãos do capitalista [...] ele paga a renda da terra ao proprietário, o salário ao trabalhador, os tributos ao coletor de impostos e de dízimos e guarda para si mesmo grande parte do produto anual do trabalho, na realidade a parte maior que aumenta cada dia... O poder do capitalista sobre toda a riqueza do país significa uma revolução completa no direito de propriedade, mas, por que lei ou por que série de leis foi ela efetivada?

Revoluções não se fazem com leis. (Karl Marx – O Capital – O Processo de Produção Capitalista – Livro 1 – Volume 2 – p. 868).

O capital dinheiro formado por meio da usura e do comércio era impedido de se transformar em capital industrial pelo sistema feudal no campo e pela organização corporativa na cidade. Esses entraves caíram com a dissolução das vassalagens feudais, com a expropriação e a expulsão parcial das populações rurais. As novas manufaturas instalaram-se nos portos marítimos ligados ao comércio de exportação ou em pontos do interior do país fora do controle do velho sistema urbano e da organização corporativa. Verificou-se, então, na Inglaterra, uma luta exasperada entre as cidades corporativas e esses novos centros manufatureiros. (Karl Marx – O Capital – O Processo de Produção Capitalista – Livro 1 – Volume 2 – p. 868).

As descobertas de ouro e de prata na América, o extermínio, a escravização das populações indígenas, forçadas a trabalhar no interior das minas, o início da conquista e pilhagem das Índias Orientais e a transformação da África num vasto campo de caçada lucrativa são os acontecimentos que marcam os alvores da era da produção capitalista. Esses processos idílicos (parte dos sonhos da burguesia) são fatores fundamentais da acumulação primitiva. Logo segue a guerra comercial entre as nações europeias, tendo o mundo por palco. Inicia-se com a revolução dos Países Baixos contra a Espanha, assume enormes dimensões com a guerra antijacobina (inimigos da raça judaica) da Inglaterra, prossegue com a guerra do ópio contra a china etc. (Karl Marx – O Capital – O Processo de Produção Capitalista – Livro 1 – Volume 2 – p. 868).

Os diferentes meios propulsores da acumulação primitiva se repartem numa ordem mais ou menos cronológica por diferentes países, principalmente Espanha, Portugal, Holanda, França e Inglaterra. Na Inglaterra, nos fins do século XVII, são coordenados através de vários sistemas: o colonial, o das dívidas públicas, o moderno regime tributário e o protecionismo. Esses métodos se baseiam em parte na violência mais brutal, como é o caso do sistema colonial. Mas, todos eles utilizavam o poder do Estado, a força concentrada e organizada da sociedade para ativar artificialmente o processo de transformação do modo feudal de produção, no modo capitalista, abreviando assim as etapas de transição. (Karl Marx – O Capital – O Processo de Produção Capitalista – Livro 1 – Volume 2 – p. 868-869).

A propósito do sistema colonial cristão, diz W. Howitt, que se especializou em cristianismo: (Karl Marx – O Capital – O Processo de Produção Capitalista – Livro 1 – Volume 2 – p. 869).

> As barbaridades e as implacáveis atrocidades praticadas pelas chamadas nações cristãs, em todas as regiões do mundo e contra todos os povos que elas conseguem submeter, não encontra paralelo em nenhum período da história universal, em nenhuma raça, por mais feroz, ignorante, cruel e cínica que se tenha revelado. (Willlian Howitt, Colonization and Christianity, Londres, 1838).

A história da colonização holandesa, e a Holanda foi a nação capitalista modelar do século XVII, desenrola aos nossos olhos um quadro insuperável de traições, corrupções, massacres e vilezas. Caracteriza bem essa colonização o sistema de roubo de seres humanos em Célebes, a fim de prover Java com escravos. Os raptores eram treinados para essa profissão. O raptor, o intérprete e o vendedor eram os agentes principais desse comércio, sendo os príncipes nativos os principais vendedores. Os meninos raptados eram escondidos nas cadeias secretas de Célebes até que estivessem na idade de serem expedidos para os navios de escravos. Diz um relatório oficial: (Karl Marx – O Capital – O Processo de Produção Capitalista – Livro 1 – Volume 2 – p. 869-870).

Só a cidade de Macassar, por exemplo, está cheia de prisões secretas, uma mais horrenda que a outra, entulhadas de miseráveis, vítimas da cupidez e da tirania, postos a ferros, violentamente arrancados de suas famílias.

Para se apoderar de Malaca, os holandeses subornaram o governador português que, em 1641, os deixou entrar na cidade. Correram logo à sua casa, assassinaram-no, a fim de se absterem de lhe pagar a soma do suborno, de 21.875 libras esterlinas. Onde punham o pé vinham a devastação e despovoamento. (Karl Marx – O Capital – O Processo de Produção Capitalista – Livro 1 – Volume 2 – p. 870).

A companhia Inglesa das Índias Orientais, como se sabe, obteve, além do poder político na Índia, do monopólio exclusivo do comércio de chá, do comércio chinês em geral, e do transporte de mercadorias da Europa e para a Europa. Mas, a navegação costeira da Índia e entre as ilhas, o comércio do interior da Índia se tornaram monopólio dos altos funcionários da companhia. Os monopólios de sal, ópio, bétel e de outras mercadorias eram minas inesgotáveis de enriquecimento. Os próprios funcionários fixavam os preços e esfolavam a seu bel-prazer os infelizes hindus. Grandes fortunas brotavam num dia como cogumelos; processava-se a acumulação primitiva sem ser necessário desembolsar um centavo. (Karl Marx – O Capital – O Processo de Produção Capitalista – Livro 1 – Volume 2 – p. 870).

Entre 1769 e 1770, os ingleses fabricaram na Índia uma epidemia de fome, açambarcando todo o arroz e retardando depois sua venda, de modo a obter preços fabulosos. (Karl Marx – O Capital – O Processo de Produção Capitalista – Livro 1 – Volume 2 – p. 871).

O tratamento que se dava aos nativos era naturalmente mais terrível nas plantações destinadas apenas ao comércio de exportação, como as das Índias Ocidentais, e nos países ricos e densamente povoados, entregues à matança e à pilhagem, como México e Índias Orientais. Todavia, mesmo nas colônias propriamente ditas, não se desmentia o espírito cristão da acumulação primitiva. Aqueles protestantes virtuosos e austeros, os puritanos da Nova Inglaterra, estabeleceram em 1703, por deliberação de sua assembleia, prêmio de 40 libras esterlinas para cada escalpo de pele-vermelha ou para cada pele-vermelha feito prisioneiro; em 1720, um prêmio de 100 libras para cada escalpo; em 1744, depois de Massachusetts-Bay ter declarado certa tribo em rebelião, os seguintes preços: 100 libras de nova cunhagem por escalpo masculino, de 12 anos ou mais; 10 libras por homem capturado e 50 libras por mulher ou criança capturada; por escalpo de mulheres ou de crianças 50 libras! Algumas décadas mais tarde, o sistema colonial descarregou sua ferocidade sobre os descendentes desses piedosos colonizadores, os Pilgrim Fathers. Instigados e pagos pelos ingleses, os índios empenhavam-se em matá-los com seus machados de guerra. O Parlamento inglês considerou o cão policial e o escalpo "meios que Deus e a natureza puseram em suas mãos". (Karl Marx – O Capital – O Processo de Produção Capitalista – Livro 1 – Volume 2 – p. 871).

As sociedades dotadas de monopólio, de que já falava Lutero, eram poderosas alavancas de concentração do capital. As colônias asseguravam mercado às manufaturas em expansão e, graças ao monopólio, uma acumulação acelerada. As riquezas apressadas fora da Europa pela pilhagem, escravização e massacre refluíam para a metrópole onde se transformavam em capital. (Karl Marx – O Capital – O Processo de Produção Capitalista – Livro 1 – Volume 2 – p. 871).

A supremacia industrial traz a supremacia comercial. No período manufatureiro, ao contrário, é a supremacia comercial que proporciona o predomínio industrial. (Karl Marx – O Capital – O Processo de Produção Capitalista – Livro 1 – Volume 2 – p. 872).

O sistema de crédito público, isto é, da dívida pública, cujas origens já vamos encontrar na Idade Média, em Gênova e Veneza, apoderou-se de toda a Europa durante o período manufatureiro. Impulsionava o sistema colonial com seu comércio marítimo e suas guerras comerciais. (Karl Marx – O Capital – O Processo de Produção Capitalista – Livro 1 – Volume 2 – p. 872).

O regime de dívida pública implantou-se primeiro na Holanda. A dívida do Estado, a venda deste, seja ele despótico, constitucional ou republicano, imprime sua marca à era capitalista. A única parte da chamada riqueza nacional que é realmente objeto da posse coletiva dos povos modernos é a dívida pública. Por isso, a doutrina moderna revela coerência perfeita ao sustentar que uma nação é tanto mais rica quanto mais está endividada. O crédito público torna-se o credo do capital. E o pecado contra o Espírito Santo, para o qual não há perdão, é substituído pelo de não ter fé na dívida pública. (Karl Marx – O Capital – O Processo de Produção Capitalista – Livro 1 – Volume 2 – p. 872).

A dívida pública converte-se numa das alavancas mais poderosa da acumulação primitiva. Como uma varinha de condão, ela dota o dinheiro de capacidade criadora, transformando-o assim em capital, sem ser necessário que seu dono se exponha aos aborrecimentos e riscos inseparáveis das aplicações industriais e mesmo usurárias. Os credores do estado nada dão na realidade, pois a soma emprestada converte-se em títulos de dívida pública facilmente transferíveis, que continuam a funcionar em suas mãos como se fossem dinheiro. A dívida pública criou uma classe de capitalistas ociosos, enriqueceu, de improviso, os agentes financeiros que servem de intermediários entre o governo e a nação. As parcelas de sua emissão adquiridas pelos arrematantes de impostos, comerciantes e fabricantes particulares lhes proporcionavam o serviço de um capital caído do céu. Mas, além de tudo isso, a dívida pública fez prosperar as sociedades anônimas, o comércio com os títulos negociáveis de toda espécie, a agiotagem, em suma, o jogo de bolsa e a moderna bancocracia. (Karl Marx – O Capital – O Processo de Produção Capitalista – Livro 1 – Volume 2 – p. 873).

Desde sua origem, os grandes bancos ornados com títulos nacionais não passavam de sociedades de especuladores particulares que cooperavam com os governos e, graças aos privilégios recebidos, ficavam em condições de adiantar-lhes dinheiro. Por isso, a acumulação da dívida pública tem sua mensuração mais infalível nas altas sucessivas das ações desses bancos, que se desenvolvem plenamente a partir da fundação do Banco da Inglaterra, em 1694. (Karl Marx – O Capital – O Processo de Produção Capitalista – Livro 1 – Volume 2 – p. 873).

O Banco da Inglaterra começou emprestando seu dinheiro ao governo a juros de 8%; ao mesmo tempo, foi autorizado pelo Parlamento a cunhar moedas utilizando o capital emprestado ao governo. Passou então a emprestar o mesmo capital ao público sob a forma de bilhetes de banco, tendo sido autorizado a utilizar esses bilhetes para descontar letras, emprestar com garantia de mercadorias e comprar metais preciosos. Não passou muito tempo para o banco fazer empréstimos ao Estado nessa moeda fiduciária que fabricava e para pagar com ela, por conta do Estado, os juros da dívida pública. Não bastava que o banco recebesse muito mais do que dava. Ainda recebendo, continuava credor eterno da nação até o último centavo adiantado. Progressivamente tornou-se o guardião inevitável dos tesouros metálicos do país e o centro de gravitação de todo o crédito comercial. Na Inglaterra, quando deixaram de queimar feiticeiras, começaram a enforcar falsificadores de bilhetes de banco. Os documentos da época, notadamente os escritos de Bolingbroke, põem em evidência a impressão causada sobre seus contemporâneos por essa fauna, que aparece subitamente, de bancocratas, agentes financeiros, *rentiers*, corretores, agiotas e lobos de bolsa. (Karl Marx – O Capital – O Processo de Produção Capitalista – Livro 1 – Volume 2 – p. 873).

Com a dívida pública nasceu um sistema internacional de crédito, que frequentemente dissimulava uma das fontes da acumulação primitiva neste ou naquele país. Assim, as vilezas do sistema veneziano de rapina constituíram uma das bases ocultas dos abundantes capitais da Holanda, a quem Veneza decadente emprestou grandes somas de dinheiro. O mesmo aconteceu entre a Holanda e a Inglaterra. Já no começo do século XVIII, as manufaturas da Holanda tinham sido bastante ultrapassadas, e a Holanda cessara de ser a nação dominante no comércio e na indústria. De 1701 a 1776, um de seus negócios principais foi, por isso, emprestar enormes capitais, especialmente a seu concorrente mais poderoso, a Inglaterra. Fenômeno análogo sucede hoje entre Inglaterra e Estados Unidos. **Muito capital que aparece hoje nos Estados Unidos, sem certidão de nascimento, era ontem, na Inglaterra, sangue infantil capitalizado**. (grifo meu) (Karl Marx – O Capital – O Processo de Produção Capitalista – Livro 1 – Volume 2 – p. 874).

Apoiando-se a dívida pública na receita pública, que tem de cobrir os juros e demais pagamentos anuais, tornou-se o moderno sistema tributário o complemento indispensável do sistema de empréstimos nacionais. Os empréstimos capacitam o governo a enfrentar despesas extraordinárias, sem recorrer imediatamente ao contribuinte, mas acabam levando o governo a aumentar posteriormente os impostos. Por outro lado, o aumento de impostos, causado pela acumulação de dívidas sucessivamente contraídas, força o governo a tomar novos empréstimos sempre que aparecem novas despesas extraordinárias. O regime fiscal moderno encontra seu eixo nos impostos que recaem sobre os meios de subsistência mais necessários, encarecendo-os, portanto, e traz em si mesmo o germe da progressão automática. A tributação excessiva não é um incidente: é um princípio. Na Holanda onde se implantou esse regime pela primeira vez, o grande patriota de Witt louvou-o em suas máximas, proclamando-o o melhor sistema para manter o assalariado submisso, frugal, ativo e... sobrecarregado de trabalho. Mas não é a influência destruidora que exerce sobre a situação dos trabalhadores o que mais importa ao estudo do tema que estamos considerando, e sim a violência com que expropria o camponês, o artesão, enfim todos os componentes da classe média inferior. Sobre o assunto não há duas opiniões, nem mesmo entre os economistas burgueses. Sua eficácia expropriante é ainda fortalecida pelo sistema protecionista, que constitui uma de suas partes integrantes. (Karl Marx – O Capital – O Processo de Produção Capitalista – Livro 1 – Volume 2 – p. 874).

O grande papel que a dívida pública e o correspondente regime fiscal desempenham na capitalização da riqueza e na expropriação das massas levou muitos escritores, como Cobbett, Doubledau e outros, a procurarem erradamente neles a causa fundamental da miséria dos povos modernos. (Karl Marx – O Capital – O Processo de Produção Capitalista – Livro 1 – Volume 2 – p. 875).

O sistema protecionista era um meio artificial de fabricar fabricantes, de expropriar trabalhadores independentes, de capitalizar meios de produção e meios de subsistência, de encurtar a transição do velho modo de produção para o moderno. Esse invento criou uma grande disputa entre os estados europeus, que, uma vez colocados a serviço dos fabricantes de mais-valia, não se limitaram a espoliar seu próprio povo, indiretamente através de impostos aduaneiros e diretamente através de prêmios à exportação etc. Nos países secundários, deles dependentes, extirparam violentamente toda indústria, como foi o caso, por exemplo, da manufatura de lã irlandesa, eliminada pela Inglaterra. No continente europeu o processo foi muito mais simplificado, de acordo com o modelo de Colbert. Aí o capital primitivo do industrial flui em parte diretamente do erário. (Karl Marx – O Capital – O Processo de Produção Capitalista – Livro 1 – Volume 2 – p. 875).

O sistema colonial, a dívida pública, os impostos pesados, o protecionismo, as guerras comerciais etc., esses rebentos do período manufatureiro, desenvolvem-se extraordinariamente no período infantil da indústria moderna. Festeja-se o nascimento desta com o grande rapto herodiano de crianças. As fábricas, como a marinha real, recrutam seus contingentes à força. Embora indiferente aos horrores da expropriação da gente do campo, desde o último terço do século XV, até sua época, fins do século XVIII, embora se sentisse feliz, considerando esse processo necessário para estabelecer a agricultura capitalista e a correta proporção entre terras de lavoura e da pastagem, Sir F. M. Eden já não utiliza o mesmo raciocínio econômico relativamente à necessidade do roubo e da escravização das crianças para transformar a exploração manufatureira em exploração industrial e estabelecer, assim, a correta proporção entre capital e força de trabalho. Diz ele: (Karl Marx – O Capital – O Processo de Produção Capitalista – Livro 1 – Volume 2 – p. 875-876).

> É uma questão que provavelmente merece a consideração do público, a de saber se pode aumentar a soma de felicidade nacional e individual, uma manufatura que, para funcionar com sucesso, precisa arrancar pobres crianças de choupanas e de asilo, empregá-las em turmas que se revezam durante a maior parte da noite, roubando-lhes o repouso indispensável e, além disso, ter de juntar pessoas de sexo, idade e inclinações diferentes, de tal maneira que o convívio com os maus exemplos impele-as necessariamente à depravação e à libertinagem. (Eden, l. c., v II, cap I, p. 421) (Karl Marx – O Capital – O Processo de Produção Capitalista – Livro 1 – Volume 2 – p. 876).

> Em muitos distritos industriais, especialmente Lancashire, empregavam-se torturas de dilacerar o coração, contra essas crianças inofensivas e desamparadas, consignadas ao dono da fábrica. Esgotadas por excesso de trabalho, até à morte... eram açoitadas, postas a ferro e torturadas com esquisitos requintes de perversidade; em muitos casos ficavam à míngua de alimentos até parecerem os ossos, sendo obrigadas a trabalhar a chicote... Sim, em alguns casos as crianças foram impelidas ao suicídio!... Os lucros dos fabricantes eram enormes, mas isto apenas aguçava-lhes a voracidade lupina. Começaram então a prática do trabalho noturno, revezando, sem solução de continuidade, a turma do dia pela da noite; o grupo noturno acabara de deixar, e vice-versa. Todo mundo diz em Lancashire que as camas nunca esfriam. (Jonh Fielden, l. c., p. 5-6) (Karl Marx – O Capital – O Processo de Produção Capitalista – Livro 1 – Volume 2 – p. 876-877).

Com o desenvolvimento da produção capitalista, durante o período manufatureiro, perdeu a opinião pública europeia o que lhe restara de pudor e de consciência. (Karl Marx – O Capital – O Processo de Produção Capitalista – Livro 1 – Volume 2 – p. 877).

A indústria algodoeira têxtil, ao introduzir a escravidão infantil na Inglaterra impulsionava, ao mesmo tempo, a transformação da escravatura negra dos Estados Unidos que, antes, era mais ou menos patriarcal, num sistema de exploração mercantil. De fato, a escravidão dissimulada dos assalariados da Europa precisava fundamentar-se na escravatura, sem rebuços, no Novo Mundo. (Karl Marx – O Capital – O Processo de Produção Capitalista – Livro 1 – Volume 2 – p. 878).

Com tão imenso custo, estabeleceram-se as eternas leis naturais do modo capitalista de produção, completou-se o processo de dissociação entre trabalhadores e suas condições de trabalho; os meios sociais de produção e de subsistência se transformaram em capital, num polo, e, no polo oposto, a massa da população se converteu em assalariados livres, em pobres que trabalham, essa obra-prima da indústria moderna. Se o dinheiro, segundo Augier, vem ao mundo com uma mancha natural de sangue numa de suas faces, o capital, ao surgir, escorrem-lhes sangue e sujeira por todos os poros, da cabeça aos pés. (Karl Marx – O Capital – O Processo de Produção Capitalista – Livro 1 – Volume 2 – p. 878-879).

7 Tendência Histórica da Acumulação Capitalista

Quando não é transformação direta de escravos e servos em assalariados, mera mudança de forma, significa apenas a expropriação dos produtores diretos, isto é, a dissolução da propriedade privada baseada no trabalho pessoal, próprio. (Karl Marx – O Capital – O Processo de Produção Capitalista – Livro 1 – Volume 2 – p. 879).

A propriedade privada, antítese da propriedade coletiva, social, só existe quando o instrumental e as outras condições externas do trabalho pertencem a particulares. Assume caráter diferente conforme esses particulares sejam trabalhadores ou não. (Karl Marx – O Capital – O Processo de Produção Capitalista – Livro 1 – Volume 2 – p. 879).

A propriedade privada do trabalhador sobre os meios de produção serve de base à pequena indústria, e esta é uma condição necessária para desenvolver-se a produção social e a livre individualidade do trabalhador. (Karl Marx – O Capital – O Processo de Produção Capitalista – Livro 1 – Volume 2 – p. 879-880).

Desintegrada a velha sociedade, de alto a baixo, por esse processo de transformação, convertidos os trabalhadores em proletários e suas condições de trabalho em capital, posto o modo capitalista de produção a andar com seus próprios pés, passa a desdobrar-se outra etapa em que prosseguem, sob nova forma, a socialização do trabalho, a conversão do solo e de outros meios de produção em meios de produção coletivamente empregados, em comum, e, consequentemente, a expropriação dos proprietários particulares. O que tem de ser expropriado agora não é mais aquele trabalhador independente e sim o capitalista que explora muitos trabalhadores. (Karl Marx – O Capital – O Processo de Produção Capitalista – Livro 1 – Volume 2 – p. 881).

Essa expropriação se opera pela ação das leis imanentes à própria produção capitalista, pela centralização dos capitais. Cada capitalista elimina muitos outros capitalistas. Ao lado dessa centralização ou da expropriação de muitos capitalistas por poucos (monopólios, oligopólios), desenvolve-se, cada vez mais, a forma cooperativa do processo de trabalho, a aplicação consciente da ciência ao progresso tecnológico, a exploração planejada do solo, a transformação dos meios de trabalho em meios que só podem ser utilizados em comum, o emprego econômico de todos os meios de produção manejados pelo trabalho combinado, social, o envolvimento de todos os povos na rede do mercado mundial, e, com isso, o caráter

internacional do regime capitalista. (grifo meu) (Karl Marx – O Capital – O Processo de Produção Capitalista – Livro 1 – Volume 2 – p. 881).

À medida que diminui o número dos magnatas capitalistas que usurpam e monopolizam todas as vantagens desse processo de transformação, aumentam a miséria, a opressão, a escravização, a degradação, a exploração; mas, cresce também a revolta da classe trabalhadora, cada vez mais numerosa, disciplinada, unida e organizada pelo mecanismo do próprio processo capitalista de produção. O monopólio do capital passa a entravar o modo de produção que floresceu com ele e sob ele. A centralização dos meios de produção e a socialização do trabalho alcançam um ponto em que se tornam incompatíveis com o envoltório capitalista. O invólucro rompe-se. Soa a hora final da propriedade particular capitalista. Os expropriadores são expropriados. (Karl Marx – O Capital – O Processo de Produção Capitalista – Livro 1 – Volume 2 – p. 881).

O modo capitalista de apropriar-se dos bens, decorrente do modo capitalista de produção, ou seja, a propriedade privada capitalista é a primeira negação da propriedade privada individual baseada no trabalho próprio. Mas, a produção capitalista gera sua própria negação, com a fatalidade de um processo natural. É a negação da negação. Esta segunda negação não restabelece a propriedade privada, mas a propriedade individual, tendo por fundamento a conquista da era capitalista, a cooperação e a posse comum do solo e dos meios de produção gerados pelo próprio trabalho. (Karl Marx – O Capital – O Processo de Produção Capitalista – Livro 1 – Volume 2 – p. 8881-882).

A transformação da propriedade particular esparsa, baseada no trabalho próprio dos indivíduos, em propriedade privada capitalista, constitui naturalmente um processo muito mais longo, mais duro e mais difícil que a transformação em propriedade social da propriedade capitalista que efetivamente já se baseia sobre um modo coletivo de produção. Antes, houve a expropriação da massa do povo por poucos usurpadores, hoje, trata-se da expropriação de poucos usurpadores pela massa do povo. (Karl Marx – O Capital – O Processo de Produção Capitalista – Livro 1 – Volume 2 – p. 882).

O progresso industrial – e a burguesia é o portador inconsciente e passivo desse progresso – transmuta a separação dos trabalhadores pela concorrência na sua unificação revolucionária através da associação. Ao desenvolver-se a grande indústria, a burguesia sente que lhe foge aos pés o fundamento da produção capitalista, em virtude do qual se apropria dos produtos. Ela produz, antes de tudo, seus próprios coveiros. Sua ruína e o triunfo do proletariado são igualmente inevitáveis... Entre todas as classes que hoje se confrontam com a burguesia, a única realmente revolucionária é o proletariado. As outras decaem e desaparecem com a expansão da grande indústria, enquanto o proletariado é, deste confronto, o produto mais autêntico. Todos os setores da classe média, o pequeno industrial, o pequeno comerciante, o artesão, o camponês, combatem a burguesia para assegurar sua existência como classe média em face da extinção que os ameaça... São reacionários, pois procuram fazer andar para trás a roda da história. (Karl Marx e F. Engels, Manifesto do Partido Comunista, Londres, 1848). (Karl Marx – O Capital – O Processo de Produção Capitalista – Livro 1 – Volume 2 – p. 882).

TEORIA MODERNA DA COLONIZAÇÃO

A economia política confunde duas espécies muito diferentes de propriedade: a que se baseia sobre o trabalho do próprio produto e, a sua antítese direta, a que se fundamenta na exploração do trabalho alheio. Esquece que está só, cresce sobre o túmulo daquela. (Karl Marx – O Capital – O Processo de Produção Capitalista – Livro 1 – Volume 2 – p. 883).

Na Europa Ocidental, o berço da economia política, o processo da acumulação primitiva está mais ou menos concluído. Aí o regime capitalista ou apoderou-se diretamente de toda a produção nacional, ou, onde as condições econômicas estão menos desenvolvidas, controla pelo menos indiretamente aquelas camadas da sociedade que, embora submetidas ao antigo modo de produção, continuam a existir ao lado dele, em decadência contínua. Nesse mundo do capital, pronto e acabado, o economista político aplica as concepções de direito e de propriedade do mundo pré-capitalista, com tanto mais zelo e unção tanto maior, quanto mais alto ululam os fatos contra sua ideologia. Nas colônias, a coisa é diferente. Nelas, o regime capitalista esbarra no obstáculo do produtor que, possuindo suas próprias condições de trabalho, enriquece com seu trabalho a si mesmo e não ao capitalista. A contradição entre esses dois sistemas econômicos diametralmente opostos se patenteia, na prática, na luta que se trava entre eles. Quando o capitalista se apoia no poder da mãe-pátria, procura afastar do caminho, pela força, o modo de produzir os bens e de apropriar-se deles, baseado no trabalho próprio. O mesmo interesse que, na mãe-pátria, induz o sicofanta do capital, o economista político, a identificar teoricamente o modo capitalista de produção com o modo oposto, leva-o, nas colônias, a confessar tudo e a proclamar bem alto o antagonismo entre os dois modos de produção. Demonstra, então, como o desenvolvimento da força produtiva social do trabalho, a cooperação, a divisão do trabalho, a aplicação da maquinaria em grande escala etc. são impossíveis sem a expropriação dos trabalhadores e a correspondente conversão de seus meios de produção em capital. No interesse da chamada riqueza nacional, procura meios artificiais que estabeleçam a pobreza do povo. Sua armadura apologética passa a esfarelar-se como frágil e seca folhagem. (Karl Marx – O Capital – O Processo de Produção Capitalista – Livro 1 – Volume 2 – p. 883-884).

Grande mérito de E. G. Wakefield é ter descoberto não algo novo sobre as colônias, mas a verdade, nas colônias, sobre as relações capitalistas na mãe-pátria. O sistema protecionista em suas origens tinha em mira fabricar capitalistas na mãe-pátria, e a teoria da colonização de Wakefield, que a Inglaterra procurou por algum tempo pôr em prática através de leis, têm por objetivo fabricar assalariados nas colônias ("colonização sistemática") (Karl Marx – O Capital – O Processo de Produção Capitalista – Livro 1 – Volume 2 – p. 884).

De início, descobriu Wakefield, nas colônias, que a propriedade de dinheiro, de meios de subsistência, de máquinas e de outros meios de produção não transformam um homem em capitalista, se lhe falta o complemento, o trabalhador assalariado, o outro homem que é forçado a vender-se a si mesmo voluntariamente. Descobriu que o capital não é uma coisa, mas uma relação social entre pessoas, efetivada através de coisas. (Karl Marx – O Capital – O Processo de Produção Capitalista – Livro 1 – Volume 2 – p. 885).

Para melhor compreensão de outras descobertas de Wakefield, duas observações prévias: sabemos que não constituem capital, meios de produção e de subsistência, de propriedade do produtor direto; só se tornam capital em condições nas quais sirvam também de meios para explorar e dominar o trabalhador. (Karl Marx – O Capital – O Processo de Produção Capitalista – Livro 1 – Volume 2 – p. 885).

Mas, na cabeça do economista político, a alma capitalista que se encarna nesses meios está tão intimamente unida à sua substância material que ele os batiza, em todas as circunstâncias, com o nome de capital, mesmo quando são a antítese direta deste. É o que faz Wakefield. Chama de divisão igual ou capital a dispersão dos meios de produção como propriedade individual de muitos trabalhadores independentes entre si, trabalhando cada um por sua própria conta. (Karl Marx – O Capital – O Processo de Produção Capitalista – Livro 1 – Volume 2 – p. 885).

Quando o trabalhador, portanto, pode acumular para si mesmo, o que pode fazer quando é o proprietário de seus meios de produção, é impossível a acumulação capitalista e o modo de produção capitalista; falta para isso a imprescindível classe dos assalariados. Como se realizou, então, na velha Europa, a expropriação do trabalhador de suas condições de trabalho, estabelecendo-se a coexistência entre capital e trabalho assalariado? Por meio de um contrato social de uma espécie muito peculiar. (Karl Marx – O Capital – O Processo de Produção Capitalista – Livro 1 – Volume 2 – p. 886).

> A humanidade [...] adotou um método simples para incentivar a acumulação do capital, a qual desde os tempos de Adão já se prefigurava em seu espírito como o fim último e único de sua existência; "ela se dividiu em proprietários de capital e proprietários de trabalho [...] Essa divisão resultou de um entendimento voluntário, de uma combinação. (l.c., p. 18) (Karl Marx – O Capital – O Processo de Produção Capitalista – Livro 1 – Volume 2 – p. 886).

Em suma, a massa da humanidade expropriou-se a si mesma, imolando-se "à acumulação do capital". Deveríamos, então, acreditar que esse instinto de abnegação fanática encontraria o campo livre para expandir-se, sobretudo nas colônias, únicas regiões onde encontramos pessoas e coisas em condições que tornariam possível a transferência desse contrato social do reino do sonho para o da colonização espontânea pelo seu oposto, a "colonização sistemática". (Karl Marx – O Capital – O Processo de Produção Capitalista – Livro 1 – Volume 2 – p. 886).

Não possuindo a humanidade trabalhadora esse instinto de expropriar-se a si mesma, em holocausto ao capital, a única base natural da riqueza colonial, mesmo segundo Wakefield, é a escravatura. Sua colonização sistemática é mero expediente, pois no caso estão em jogo indivíduos livres e não escravos. (Karl Marx – O Capital – O Processo de Produção Capitalista – Livro 1 – Volume 2 – p. 887).

Uma colônia livre se caracteriza por serem comuns grandes extensões de seus territórios, podendo cada colonizador transformar um pedaço de terra em sua propriedade privada e meio individual de produção, sem impedir o que vem depois de fazer a mesma coisa. Este é o segredo tanto do florescimento das colônias quanto do mal que as devora, sua resistência à colonização do capital. (Karl Marx – O Capital – O Processo de Produção Capitalista – Livro 1 – Volume 2 – p. 887).

> Onde a terra é muito barata e todos os indivíduos são livres, onde cada um pode obter à vontade um pedaço de terra, o trabalho é muito caro relativamente à participação do trabalhador no produto e, além disso, é difícil conseguir trabalho combinado, qualquer que seja o preço por ele oferecido. (l.c., v I, p. 247) (Karl Marx – O Capital – O Processo de Produção Capitalista – Livro 1 – Volume 2 – p. 887-888).

Nas colônias, não havendo ainda a dissociação entre o trabalhador e suas condições de trabalho, inclusive a raiz destas, a terra, ou ocorrendo ela apenas esporadicamente ou em escala limitada, também não há a separação entre agricultura e indústria, nem se verifica a destruição da indústria doméstica rural. Donde viria então o mercado interno para o capital? (Karl Marx – O Capital – O Processo de Produção Capitalista – Livro 1 – Volume 2 – p. 888).

> Nenhuma parte da população da América é exclusivamente agrícola, excetuados os escravos e seus empregadores que combinam o capital e o trabalho em grandes empreendimentos. Americanos livres, que cultivam diretamente a terra, exercem ao mesmo tempo muitas outras ocupações. Parte dos móveis e instrumentos que utilizam é feita por eles mesmos. Frequentemente, constroem as próprias casas e levam ao mercado, qualquer que seja a distância, o produto de sua indústria. São fiandeiros e tecelões, fabricam sabão e velas, sapatos e roupas para o próprio uso. Na América, a agricultura constitui muitas vezes negócio secundário de um ferreiro, de um moleiro ou de um vendeiro. (L.c., p. 21 e 22) (Karl Marx – O Capital – O Processo de Produção Capitalista – Livro 1 – Volume 2 – p. 888).

No meio dessa gente esquisita, que é que resta para o "abnegado" capitalista? (Karl Marx – O Capital – O Processo de Produção Capitalista – Livro 1 – Volume 2 – p. 888).

A grande beleza da produção capitalista reside não só em reproduzir constantemente o assalariado como assalariado, mas também em produzir uma superpopulação relativa de assalariados, isto é, em relação à acumulação de capital. Assim, a lei da oferta e da procura de trabalho fica mantida nos trilhos certos, a oscilação salarial, confinada dentro dos limites convenientes às exploração capitalista, e, finalmente, garantida a imprescindível dependência social do trabalhador para com o capitalista, uma relação de dependência absoluta, que o economista político em casa, na mãe-pátria, pode metamorfosear em relação contratual entre comprador e vendedor, entre dois possuidores igualmente independentes de mercadorias, o detentor da mercadoria capital e o detentor da mercadoria trabalho. (Karl Marx – O Capital – O Processo de Produção Capitalista – Livro 1 – Volume 2 – p. 888-889).

A lei da oferta e da procura não funciona nas colônias de acordo com o esquema capitalista. O assalariado de hoje é o camponês ou artesão independente de amanhã, trabalhando por conta própria. Desaparece do mercado de trabalho, mas não para recolher-se ao asilo de indiferentes. Essa transformação constante dos assalariados em produtores independentes, que trabalham para si mesmos, e não para o capital; e que enriquecem a si mesmos, e não o capitalista, repercutia de maneira absolutamente desvantajosa sobre a situação do mercado de trabalho. Além de ficar num nível independentemente baixo o grau de exploração do assalariado, este perde com a relação de dependência o sentimento de dependência para com o abnegado capitalista. Em virtude dos salários altos, diz Merivale: (Karl Marx – O Capital – O Processo de Produção Capitalista – Livro 1 – Volume 2 – p. 889).

> Existe nas colônias um premente desejo de obter trabalho mais barato e mais submisso; reclama-se uma classe à qual o capitalista possa ditar as condições em vez de aceitar aquelas que lhe são impostas... Nos velhos países civilizados, o trabalhador, embora livre, subordina-se por uma lei natural ao capitalista; nas colônias, essa dependência tem de ser criada por meios artificiais.

Quais são as consequências, segundo Wakefield, dessa anomalia das colônias? Um "bárbaro sistema de dispersão" de produtores e da riqueza nacional. A dispersão dos meios de produção entre inumeráveis proprietários, que trabalham por conta própria, impede a concentração capitalista e elimina, assim, toda possibilidade de trabalho combinado. Todo empreendimento de grande envergadura, que se estenda por vários anos e exija apreciável dispêndio de capital fixo, tropeça em obstáculos que impedem sua execução. Na Europa, o capital não hesita um instante, pois a classe trabalhadora constitui seu acessório vivo, com elementos em excesso sempre à sua disposição. Nos países coloniais é diferente. Wakefield conta-nos um caso comovente. Esteve com alguns capitalistas do Canadá e do Estado de Nova York onde as levas de imigrantes muitas vezes encalham, formando um sedimento de trabalhadores "supérfluos". (Karl Marx – O Capital – O Processo de Produção Capitalista – Livro 1 – Volume 2 – p. 891).

> Nosso capital, suspira um dos personagens do melodrama. Nosso capital estava pronto para muitas operações que exigem prazo muito longo para sua execução; mas podíamos começar essas operações com trabalhadores que, sabíamos, logo nos dariam as costas? Se tivéssemos, então, a certeza de contar com o trabalho continuado desses imigrantes, imediatamente e com satisfação os teríamos contratado, e a alto preço. Aliás, para contratá-los não era empecilho a certeza de perdê-los; bastava-nos saber que contávamos com novo suprimento de trabalhadores, segundo nossas necessidades. (L.c., p. 191 e 192) (Karl Marx – O Capital – O Processo de Produção Capitalista – Livro 1 – Volume 2 – p. 891).

Como curar a doença anticapitalista que grassa nas colônias? Se, de um golpe, se transformassem todas as terras de propriedade comum em terras de propriedade privada, destruir-se-ia o mal pela raiz, mas as colônias seriam também destruídas. O artifício proposto para resolver o caso mata dois coelhos com uma só cajadada. O governo fixaria para as terras virgens um preço artificial, independente da lei da oferta e da procura. O imigrante teria de trabalhar longo tempo como assalariado até obter dinheiro suficiente para comprar terra e transformar-se num lavrador independente. Assim constitui-se, com a venda de terrenos a um preço relativamente proibitivo para o assalariado, um fundo extorquido do salário, com a violação da lei sagrada da oferta e da procura. **O governo utilizaria esse fundo à medida que crescesse, para importar pobres da Europa e assim manter cheio para os senhores capitalistas o mercado de trabalho. Esse é o**

grande segredo da "colonização sistemática". (grifo meu) (Karl Marx – O Capital – O Processo de Produção Capitalista – Livro 1 – Volume 2 – p. 893).

> Segundo o plano, exclama jubiloso Wakefield, a oferta de trabalho tem de ser constante e regular. Primeiro, não sendo nenhum trabalhador capaz de adquirir terra, antes de trabalhar por dinheiro, todos os imigrantes que trabalhem, durante algum tempo, por salário e em combinação, produziriam capital, habilitando seu empregador a contratar mais trabalhadores. Segundo, todo trabalhador que deixar de trabalhar por salário e se tornar proprietário de terra, ao comprá-la, fornecerá recursos para trazer novos trabalhadores para a colônia" (Wakefield, l. c., v II, p. 192) (Karl Marx – O Capital – O Processo de Produção Capitalista – Livro 1 – Volume 2 – p. 892-893).

O preço da terra imposto pelo estado deve naturalmente ser suficiente, isto é, tão alto que impeça os trabalhadores de se tornarem agricultores independentes até chegarem outros que tomem seu lugar no mercado de trabalho. Esse preço suficiente da terra não passa de um eufemismo para designar o dinheiro do resgate que o trabalhador paga ao capitalista, pela permissão de abandonar o mercado de trabalho e ir cultivar a terra. Primeiro, o trabalhador tem de criar o capital para o capitalista, a fim de que este possa explorar mais trabalhadores, e, em seguida, tem de colocar no mercado de trabalho um substituto que o governo faz vir de além-mar, às suas custas, para servir a seu ex-patrão. (Karl Marx – O Capital – O Processo de Produção Capitalista – Livro 1 – Volume 2 – p. 893).

O fluxo da imigração foi simplesmente desviado para os Estados Unidos. Entrementes, o progresso da produção capitalista na Europa, acompanhado de pressão governamental crescente, tornou supérflua a receita de Wakefield. As enormes e contínuas levas humanas, impelidas todos os anos para a América, deixaram um sedimento estacionário no Leste dos Estados Unidos; a onda imigratória oriunda da Europa lança aí no mercado de trabalho mais gente do que a que podia ser absorvida que pela onda emigratória. Daí, os emigrantes partem em busca do Oeste Americano. (Karl Marx – O Capital – O Processo de Produção Capitalista – Livro 1 – Volume 2 – p. 893).

A Guerra Civil Americana acarretou uma dívida pública gigantesca. Com esta vieram a pressão tributária e a mais vil aristocracia financeira, entrega parte enorme das terras de domínio público às sociedades de especulação para explorarem estradas de ferro, minas etc.; em suma, a mais rápida centralização do capital. A grande República deixou de ser a terra prometida dos trabalhadores imigrantes. A produção capitalista avançou lá a passos de gigante, embora o rebaixamento de salários e a dependência do assalariado não tenham de modo nenhum atingido os níveis normais europeus. (Karl Marx – O Capital – O Processo de Produção Capitalista – Livro 1 – Volume 2 – p. 893-894).

Foi denunciada pelo próprio Wakefield a vergonhosa prodigalidade do governo inglês, a de malbaratar, em favor de aristocratas e capitalistas, as terras incultas destinadas à colonização. Foi sobretudo na Austrália que esse malbarato – juntamente com as levas humanas atraídas pela descoberta do ouro e com a concorrência que a importação das mercadorias inglesas faz ao mais ínfimo artesão – produziu uma satisfatória superpopulação relativa de trabalhadores, a tal ponto que a mala postal está sempre trazendo notícias funestas relativas ao abarrotamento do mercado de trabalho. E mais: lá, em vários lugares, a prostituição medra tão exuberantemente quanto no

Haymarket de Londres. (Karl Marx – O Capital – O Processo de Produção Capitalista – Livro 1 – Volume 2 – p. 894).

A economia política do Velho Mundo descobriu no Novo, o grande segredo e proclamou: O modo capitalista de produção e de acumulação e, portanto, a propriedade privada capitalista, exigem como condição existencial, o aniquilamento da propriedade privada, baseada no trabalho próprio, isto é, a expropriação do trabalhador. (Karl Marx – O Capital – O Processo de Produção Capitalista – Livro 1 – Volume 2 – p. 894).

CRÍTICA À ECONOMIA POLÍTICA

Livro II – Volume III

O PROCESSO DE CIRCULAÇÃO DO CAPITAL

Introdução

Por Carlos Nelson Coutinho – *Economia e Filosofia (1ª aba da capa do Livro 2):*

> Publicado em 1885, neste segundo livro, de acordo com a dialética, produção e consumo são apenas determinações diversas de uma mesma realidade, de uma mesma totalidade concreta: o sistema capitalista em seu conjunto.
>
> Quando, numa carta a Engels, Marx chamava o seu livro de um "todo artístico", não fazia uma simples metáfora: expressava aquela profunda unidade sistemática de conceitos que reproduz, no plano do pensamento, a unidade do próprio real na riqueza explicitada e concreta de todas as suas determinações. Não apenas na passagem da produção à circulação, mas ao longo de todo *O Capital*, observamos este processo de explicitação da própria realidade, em suas concatenações mais íntimas e necessárias, e não uma soma de opiniões arbitrárias e subjetivas.
>
> Mas a Odisseia (série de acontecimentos) do capital que Marx nos apresenta, através de um itinerário marcado pela produção e pela reprodução incessante de suas várias determinações, é a Odisseia da própria humanidade.
>
> Capital, mais-valia, renda fundiária, sobretrabalho, reprodução simples e ampliada, todos os conceitos marxianos são determinações objetivas que expressam o itinerário dos próprios homens, suas relações histórico concretas, o modo pelo qual dominam a natureza e criam sua história efetiva de acordo com leis necessárias. Por isso, *O Capital* não é apenas uma análise positiva da realidade econômica capitalista, mas também o fundamento de uma ontologia materialista e dialética do ser social, a base de uma teoria filosófica capaz de indicar as categorias mais universais da realidade.

As Metamorfoses do Capital e o Ciclo Delas

O Ciclo do Capital-Dinheiro

O processo cíclico do capital realiza-se em três estágios: (Karl Marx – O Capital – O Processo de Circulação do Capital – Livro 2 – Volume 3 – p. 27).

1. O capitalista aparece como comprador no mercado de mercadorias e no mercado de trabalho. Seu dinheiro converte-se em mercadoria ou efetua o ato de circulação: (D – M);

2. Consumo produtivo das mercadorias compradas pelo capitalista que funciona como produtor capitalista de mercadorias. Seu capital percorre o processo de produção. Neste estágio, o valor atribuído à mercadoria supera o dos elementos que concorreram para sua produção;

3. O capitalista volta ao mercado como vendedor de sua mercadoria, convertendo-a em dinheiro, isto é, efetua o ato de circulação (M – D).

A fórmula do ciclo do capital dinheiro é, portanto:

(D – M) ... p. (Produção) ... (M'– D') ou (produto acrescido de mais-valia).

1 Primeiro Estágio: (D – M)

(D – M), representa a conversão de um montante de dinheiro, do capitalista, numa soma de mercadorias – o vendedor recebe o dinheiro e o comprador recebe a mercadoria. (Karl Marx – O Capital – O Processo de Circulação do Capital – Livro 2 – Volume 3 – p. 28).

As mercadorias classificam-se em meios de produção e força de trabalho, em fatores objetivos e fatores pessoais da produção de mercadorias. A especificação desses fatores tem naturalmente de corresponder ao tipo de artigo a produzir. (Karl Marx – O Capital – O Processo de Circulação do Capital – Livro 2 – Volume 3 – p. 28).

Sendo a força de trabalho (F) e os meios de produção (Mp), a mercadoria em transformação figura como: (M = F + Mp) (grifo meu) (Karl Marx – O Capital – O Processo de Circulação do Capital – Livro 2 – Volume 3 – p. 28).

Assim, (D – M), decompõe-se em: (grifo meu) (Karl Marx – O Capital – O Processo de Circulação do Capital – Livro 2 – Volume 3 – p. 29).

D – [F (compra de força de trabalho) + Mp (compra de meios de produção)];

D (Dinheiro) – F (Força de Trabalho) = > F – D (compra de força de trabalho);

F – D => M (dinheiro nas mãos do trabalhador para converter em mercadoria para subsistência do trabalhador).

O preço da força de trabalho vendida pelo seu detentor, como mercadoria, é pago sob a forma de salário, isto é, como o preço de uma soma de trabalho que contém trabalho excedente. Desse modo, sendo F = \$5, \$3 e o produto necessitar 5 horas de trabalho, mas figurar no contrato de trabalho o preço ou salário de 10 horas, o tamanho dos meios de produção será equivalente às 10 horas, e o capitalista desejará produzir 2 mercadorias utilizando apenas um único fator de produção. (grifo meu) (Karl Marx – O Capital – O Processo de Circulação do Capital – Livro 2 – Volume 3 – p. 29).

Esta relação é determinada, antes de tudo, pela soma do trabalho excedente a ser despendido por um número fixo de trabalhadores. (Karl Marx – O Capital – O Processo de Circulação do Capital – Livro 2 – Volume 3 – p. 29).

O volume dos meios de produção tem de ser suficiente para absorver a massa de trabalho que os transforma em produto. Se não houver meios de produção bastante, não se poderá empregar o trabalho excedente de que dispõe o comprador; de nada serve seu direito de dispor. E os meios de produção que excederem o trabalho disponível, não serão objeto de trabalho, não se transformarão em produto. (Karl Marx – O Capital – O Processo de Circulação do Capital – Livro 2 – Volume 3 – p. 30).

Efetuada a operação:

a) D – M – F (Força de Trabalho)

b) D – M – Mp (capital fixo + capital circulante)

Sendo Capital Fixo – máquinas e equipamentos, construções, animais etc.; e Capital Circulante – materiais, matérias-primas e auxiliares, produtos semiacabados etc.

Em (D – M – F; D – M – Mp), o comprador não passa a contar apenas com os meios de produção e a força de trabalho, necessários para produzir um artigo útil, pois tem a possibilidade de mobilizar força de trabalho ou de empregar trabalho em quantidade maior que a necessária para substituir o valor da força de trabalho, ao mesmo tempo em que dispõe dos meios de produção exigidos para corporificar ou materializar essa quantidade maior de trabalho. (Karl Marx – O Capital – O Processo de Circulação do Capital – Livro 2 – Volume 3 – p. 30).

Enfim, dispõe de fatores para produzir artigos de valor superior ao dos elementos que concorrem para sua produção, isto é, para produzir uma massa de mercadorias que contém mais-valia. O valor adiantado sob a forma dinheiro encontra-se agora na forma natural em que pode ser materializado em valor que rende mais-valia. Em outras palavras, o valor encontra-se na situação ou na forma de capital produtivo, o capital capaz de produzir valor e mais-valia. (grifo meu) (Karl Marx – O Capital – O Processo de Circulação do Capital – Livro 2 – Volume 3 – p. 30).

Assim, p. (Produção) = (F + Mp) = D (que se converteu em F e Mp) (D) tem o mesmo valor de (P), embora com modo de existência diverso, a saber, o valor-capital em dinheiro ou sob a forma dinheiro, o de capital dinheiro. (grifo meu) (Karl Marx – O Capital – O Processo de Circulação do Capital – Livro 2 – Volume 3 – p. 30).

Essa ocorrência é conversão de capital dinheiro em capital produtivo. O dinheiro aparece como o primeiro representante do valor-capital e, por isso, o capital dinheiro como a forma em que o capital é adiantado. (Karl Marx – O Capital – O Processo de Circulação do Capital – Livro 2 – Volume 3 – p. 31).

Quando os meios de produção não se encontram prontos no mercado, mas têm ainda de ser encomendados, o dinheiro também funciona, em (D – Mp), como meio de pagamento. Esse poder não decorre de ser o capital dinheiro, capital, mas de ser dinheiro. Do dinheiro que executa o papel de capital dinheiro, uma parte, para completar a circulação, passa a desempenhar uma função em que desaparece seu caráter de capital e permanece seu caráter de dinheiro. A circulação do capital dinheiro (D), compra meios de produção e força de trabalho. Do lado do capitalista (D – F) é compra de força de trabalho; do lado do trabalhador, do detentor da força de trabalho, é venda da força de trabalho em forma de salário. (Karl Marx – O Capital – O Processo de Circulação do Capital – Livro 2 – Volume 3 – p. 31).

Tal é o primeiro estágio da circulação ou a primeira metamorfose da mercadoria. O dinheiro recebido em forma de salário é gasto pelo trabalhador pouco a pouco numa soma de mercadorias que satisfazem suas necessidades, os artigos de consumo. O dinheiro se patenteia simples meio transitório de circulação, mero intermediário da troca de mercadoria contra mercadoria. (Karl Marx – O Capital – O Processo de Circulação do Capital – Livro 2 – Volume 3 – p. 32).

Não importa ao dinheiro a espécie de mercadoria em que se converte. Ele é a forma equivalente geral de todas as mercadorias que com os preços indicam que representam idealmente determinada soma de dinheiro e esperam sua transformação em dinheiro. Ao serem trocadas por dinheiro, recebem a forma em que são transformáveis em valores de uso para seus possuidores. Quando o possuidor da força de trabalho leva-a ao mercado como mercadoria e a vende de acordo com a forma com que se paga trabalho, configurada no salário, essa compra e venda em nada se distingue da compra e venda de qualquer outra mercadoria. O característico não é que a mercadoria "força de trabalho" seja comprável e sim que ela apareça como mercadoria. (Karl Marx – O Capital – O Processo de Circulação do Capital – Livro 2 – Volume 3 – p. 33).

Por meio de (D – M), transformação do capital dinheiro em capital produtivo, efetua o capitalista a combinação dos fatores materiais e dos fatores pessoais da produção, desde que esses fatores consistam em mercadorias. (Karl Marx – O Capital – O Processo de Circulação do Capital – Livro 2 – Volume 3 – p. 33).

A relação de capital apenas surge durante o processo de produção porque ela já existe no ato de circulação, nas condições econômicas fundamentalmente diversas em que se defrontam comprador e vendedor, em sua relação de classe. Não é o dinheiro que, por sua natureza, estabelece essa relação; é antes a existência dessa relação que pode transmutar uma simples função monetária numa função de capital. (Karl Marx – O Capital – O Processo de Circulação do Capital – Livro 2 – Volume 3 – p. 35).

A compra e venda de escravos é também, na sua forma, compra e venda de mercadorias. Mas, se não existe a escravatura, o dinheiro não pode desempenhar essa função. Reciprocamente, o dinheiro nas mãos do comprador não basta para possibilitar a escravatura. (Karl Marx – O Capital – O Processo de Circulação do Capital – Livro 2 – Volume 3 – p. 35).

A venda da própria força de trabalho, sob a forma de venda do próprio trabalho, ou seja, de salário, aparece não mais como fenômeno isolado, mas como norma socialmente dominante da produção de mercadorias e o capital dinheiro desempenha, em escala social, a função aqui observada de (D – M), sendo M = (F + Mp). (Karl Marx – O Capital – O Processo de Circulação do Capital – Livro 2 – Volume 3 – p. 35).

A realidade subjacente à operação (D – M) é a distribuição; não a distribuição no sentido usual, relativa aos bens de consumo, mas a dos elementos da própria produção, dos quais os fatores objetivos se concentram de um lado e, do outro, a força de trabalho deles isolada. (Karl Marx – O Capital – O Processo de Circulação do Capital – Livro 2 – Volume 3 – p. 36).

Os meios de produção, a parte objetiva do capital produtivo, já devem antes defrontar o trabalhador como tais, como capital para que a operação (D – F) possa tornar-se um ato social de caráter geral. (Karl Marx – O Capital – O Processo de Circulação do Capital – Livro 2 – Volume 3 – p. 36).

Para o capital poder formar-se e apoderar-se da produção, é necessário certo nível de desenvolvimento do comércio, portanto da circulação e da produção de mercadorias; pois, os artigos não podem entrar como mercadorias na circulação, se não forem produzidos para a venda como mercadorias. Mas, a produção de mercadorias só se torna o sistema normal, dominante, na base da produção capitalista. (Karl Marx – O Capital – O Processo de Circulação do Capital – Livro 2 – Volume 3 – p. 36).

Os proprietários de terra russos que, em virtude da chamada emancipação dos camponeses, exploram agora seus domínios com assalariados que substituíram os servos sujeitos a trabalhos forçados, formulam duas queixas:

1. Refere-se à escassez de capital dinheiro. Para movimentar a produção em base capitalista, é mister que capital sob a forma de dinheiro esteja sempre presente justamente para pagar os salários;

2. Mesmo com dinheiro, não se acharão forças de trabalho disponíveis para comprar em quantidade suficiente e no momento oportuno, enquanto o camponês russo, que dispõe ainda da propriedade comunal da aldeia não for totalmente dissociados de seus meios de produção; não for, portanto, um trabalhador livre em toda a extensão da palavra. Mas, a existência desse trabalhador livre em escala social é condição imprescindível para que (D – M), transformação de dinheiro em mercadoria, possa configurar-se em transformação de capital dinheiro em capital produtivo. (Karl Marx – O Capital – O Processo de Circulação do Capital – Livro 2 – Volume 3 – p. 36-37).

É evidente que a fórmula do ciclo do capital dinheiro, (D – M ... p. ... M' – D') é a forma natural do ciclo do capital apenas na base da produção capitalista já desenvolvida, pois ela tem por pressuposto a existência da classe assalariada em escala social. (Karl Marx – O Capital – O Processo de Circulação do Capital – Livro 2 – Volume 3 – p. 37).

Como vimos, a produção capitalista não produz apenas mercadoria e mais-valia; ela reproduz, em amplitude cada vez maior, a classe dos assalariados e transforma a imensa maioria dos produtores diretos em assalariados. A representação desse ciclo, tendo por condição primordial de seu curso a existência permanente da classe assalariada, já pressupõe por isso o capital sob a forma de capital produtivo e, portanto, a forma do ciclo do capital produtivo. (Karl Marx – O Capital – O Processo de Circulação do Capital – Livro 2 – Volume 3 – p. 37).

2 Segundo Estágio: (D – M')

O ciclo do capital até agora observado começa com o ato de circulação (D – M), na compra. (Karl Marx – O Capital – O Processo de Circulação do Capital – Livro 2 – Volume 3 – p. 37).

A circulação tem, portanto, de completar-se com a metamorfose oposta (M – D), transformação de mercadoria em dinheiro, na venda. (Karl Marx – O Capital – O Processo de Circulação do Capital – Livro 2 – Volume 3 – p. 37).

Ao transformar-se o capital dinheiro em capital produtivo, o valor-capital assume uma forma natural em que não pode continuar a circular, mas tem de destinar-se ao consumo, ao consumo produtivo. O uso da força de trabalho, o trabalho, só pode concretizar-se no processo de trabalho. O resultado do primeiro estágio é, portanto, a entrada no segundo, o estágio produtivo do capital. (Karl Marx – O Capital – O Processo de Circulação do Capital – Livro 2 – Volume 3 – p. 37-38).

O movimento configura-se em (D – M – F; D – M – Mp, ... P), onde os pontos significam que o capital teve a circulação interrompida, mas prossegue em seu processo cíclico, passando da esfera da circulação de mercadorias para a esfera de produção. O primeiro estágio, transformação do capital dinheiro em capital produtivo, aparece portanto como a fase precursora e introdutória do segundo, o estágio de funcionamento do capital produtivo. (grifo meu) (Karl Marx – O Capital – O Processo de Circulação do Capital – Livro 2 – Volume 3 – p. 38).

O ato (D – M – F; D – M – Mp) supõe que o indivíduo que vai realizá-lo dispõe de valores não simplesmente numa forma de uso qualquer, mas na forma dinheiro; que ele é possuidor de dinheiro. O ato, porém, consiste precisamente na cessão do dinheiro e o indivíduo só pode continuar sendo possuidor de dinheiro, se o próprio ato de cessão implicar a volta do dinheiro às suas mãos. O dinheiro só volta às suas mãos com a venda de mercadorias. O ato por isso pressupõe que ele seja produtor de mercadorias. (Karl Marx – O Capital – O Processo de Circulação do Capital – Livro 2 – Volume 3 – p. 38).

Em (D – F), o assalariado vive apenas da venda da força de trabalho. É mister que os pagamentos ao trabalhador se efetuem em prazos bem curtos, a fim de que possa renovar as compras necessárias a seu sustento, através da operação (F – D – M) ou (M – D – M). Perante ele tem o capitalista, portanto, de desempenhar constantemente o papel de capitalista de dinheiro, e seu capital a função de capital dinheiro. (Karl Marx – O Capital – O Processo de Circulação do Capital – Livro 2 – Volume 3 – p. 38).

Quando a produção por meio de trabalho assalariado se torna geral, a produção de mercadorias tem de ser a forma geral da produção. (Karl Marx – O Capital – O Processo de Circulação do Capital – Livro 2 – Volume 3 – p. 38).

Em (D – Mp), desenvolve-se na mesma escala de (D – F); na mesma amplitude, separa-se a produção dos meios de produção daquela da mercadoria de que são os meios de produção. Provêm de ramos de produção autônomos, inteiramente separados desse produtor, e penetram em seu ramo de produção como mercadorias, tendo de ser comprados. As condições objetivas da produção de mercadorias se oferecem a ele, em proporção cada vez maior, como produtos de outros produtores de mercadorias, como mercadorias. Na mesma amplitude tem o capitalista de apresentar-se como capitalista de dinheiro, isto é, aumenta a escala em que seu capital tem de funcionar como capital dinheiro. (Karl Marx – O Capital – O Processo de Circulação do Capital – Livro 2 – Volume 3 – p. 39).

As mesmas circunstâncias que produzem a condição fundamental da produção capitalista, a existência de uma classe assalariada, exigem a transição de toda a produção de mercadorias para a produção capitalista de mercadorias. (Karl Marx – O Capital – O Processo de Circulação do Capital – Livro 2 – Volume 3 – p. 39).

Em virtude dos papéis diversos que desempenham, durante o processo de produção, na formação do valor e, portanto, na produção de mais-valia, os meios de produção e a força de trabalho, enquanto formas de existência do valor-capital adiantado, se distinguem como capital constante e capital variável. Como partes diferentes do capital produtivo distinguem-se ainda porque os primeiros, em mãos do capitalista, continuam sendo seu capital mesmo fora do processo de produção, quando a força de trabalho apenas dentro desse processo se torna a forma de existência de um capital individual. Se a força de trabalho só é mercadoria em poder de seu vendedor, o assalariado, ela só se torna capital em mãos de seu comprador, o capitalista, a quem cabe transitoriamente utilizá-la. A força de trabalho humana não é por natureza capital, nem tampouco os meios de produção. Só adquirem esse caráter social específico em determinadas condições, historicamente desenvolvidas, também indispensáveis para se imprimir aos metais preciosos o caráter de dinheiro ou ao dinheiro o caráter de capital dinheiro. (Karl Marx – O Capital – O Processo de Circulação do Capital – Livro 2 – Volume 3 – p. 40).

O trabalho excedente da força de trabalho é o trabalho gratuito para o capital e constitui, por isso, a mais-valia do capitalista, um valor que não lhe causa nenhum equivalente. O produto, portanto, não é apenas mercadoria e sim mercadoria enriquecida de mais-valia. Seu valor é = p. (capital produtivo) + m (mais-valia que o capital produtivo produziu). (Karl Marx – O Capital – O Processo de Circulação do Capital – Livro 2 – Volume 3 – p. 41).

3 Terceiro Estágio: (M' – D')

A mercadoria torna-se capital mercadoria por ser a forma de existência funcional do valor-capital já acrescido de m (mais-valia), forma que deriva diretamente do próprio processo de produção. Se a produção de mercadorias fosse empreendida, em toda a amplitude social, segundo o modo capitalista, toda mercadoria seria de nascença elemento de um capital mercadoria, consistisse ela em ferro fundido ou rendas de Bruxelas, ácido sulfúrico ou cigarros. O problema de saber que espécies de mercadorias, por sua natureza, estão destinadas a desempenhar o papel de capital e quais as que devem ser apenas mercadorias é um dos inefáveis tormentos com que se martiriza a economia escolástica. (Karl Marx – O Capital – O Processo de Circulação do Capital – Livro 2 – Volume 3 – p. 41).

Seja a mercadoria do capitalista 10.000 libras-peso de fio de algodão. Se no processo de fiação foram consumidos meios de produção no valor de 372 libras esterlinas e criado um novo valor de 128 libras, tem o fio um valor de 500 libras esterlinas, quantia que expressa seu preço. (grifo meu) (Karl Marx – O Capital – O Processo de Circulação do Capital – Livro 2 – Volume 3 – p. 41).

Admitamos que esse preço se realize com a venda (M – D). (Karl Marx – O Capital – O Processo de Circulação do Capital – Livro 2 – Volume 3 – p. 42).

Que é que faz que essa simples ocorrência de circulação de mercadoria seja, ao mesmo tempo, função de capital? Nenhuma mudança que nela se opere, nem com relação à natureza da utilidade da mercadoria, pois como objeto de uso passa às mãos do comprador, nem com relação a seu valor, pois este não experimenta nenhuma variação de magnitude, mas apenas de forma. Existia antes em fio, existe agora em dinheiro. (Karl Marx – O Capital – O Processo de Circulação do Capital – Livro 2 – Volume 3 – p. 42).

Sobressai assim uma diferença essencial entre o primeiro estágio (D – M) e o último, (M – D). Naquele, o dinheiro adiantado funciona como capital porque através da circulação se converte em mercadorias de valor de uso específico; neste, a mercadoria só pode funcionar como capital, se o processo de produção já lhe imprimiu esse caráter antes de ela entrar em circulação. (Karl Marx – O Capital – O Processo de Circulação do Capital – Livro 2 – Volume 3 – p. 42).

Durante o processo de fiação, os fiandeiros criaram um valor em fio de 128 libras esterlinas. Dessa quantia, digamos 50 (Cv) libras esterlinas constituem mero equivalente da despesa feita pelo capitalista em força de trabalho. Assim, supõe ser de 156% (78/50) o grau de exploração da força de trabalho – taxa de mais-valia (m/Cv). (grifo meu) (Karl Marx – O Capital – O Processo de Circulação do Capital – Livro 2 – Volume 3 – p. 42).

O valor das 10.000 libras-peso de fio, contém o valor do capital produtivo consumido (P), do qual a parte constante é igual a 372 libras esterlinas; a parte variável igual a 50 libras esterlinas; e sua soma total igual (Cp = 372 (Mp) + 50 (Cv) = 422 libras esterlinas), correspondente

ao total do capital produtivo. (grifo meu) (Karl Marx – O Capital – O Processo de Circulação do Capital – Livro 2 – Volume 3 – p. 42).

Total em libras do produto corresponde a:

(10.000 libras-peso/500 libras-peso) x [(Cp + m) = (422 + 78) libras] = 20 x 500 = 10.000 libras. (grifo meu) (Karl Marx – O Capital – O Processo de Circulação do Capital – Livro 2 – Volume 3 – p. 42).

As 10.000 libras-peso de fio são portadoras de valor-capital valorizado, enriquecido de mais-valia, como produto do processo capitalista de produção. (Karl Marx – O Capital – O Processo de Circulação do Capital – Livro 2 – Volume 3 – p. 43).

M' expressa uma relação de valor, a relação que o valor do produto mercadoria tem com o valor do capital despendido em sua produção, portanto a composição de seu próprio valor, constituído de valor-capital e mais-valia. As 10.000 libras-peso de fio só são capital mercadoria (M'), enquanto forma transmutada do capital produtivo (P), portanto, numa conexão que, à primeira vista, só existe no ciclo desse capital individual, ou para o capitalista que produziu o fio com seu capital. (Karl Marx – O Capital – O Processo de Circulação do Capital – Livro 2 – Volume 3 – p. 43).

A função de M' é então a de todo produto-mercadoria: converter-se em dinheiro, ser vendido, percorrer a fase de circulação (M – D). Enquanto o capital ora valorizado conserva a forma de capital mercadoria, permanece no mercado, paralisa-se o processo de produção. (Karl Marx – O Capital – O Processo de Circulação do Capital – Livro 2 – Volume 3 – p. 43).

A massa de mercadorias (M'), representando o capital valorizado, tem de passar, completamente, pela metamorfose (M' – D'). A quantidade vendida é aqui fator essencial. (Karl Marx – O Capital – O Processo de Circulação do Capital – Livro 2 – Volume 3 – p. 44).

Cada unidade representa apenas parte integrante da massa global de mercadorias. O valor de 500 libras existe em 10.000 libras-peso pelo valor de 372 libras esterlinas, só terá reposto o valor de seu capital constante, o valor dos meios de produção consumidos; se vende apenas 8.440 (20x 422) libras-peso, só terá reembolsado o valor do capital total adiantado. Tem de vender por mais, para obter mais-valia, e tem de vender todas as 10.000 libras-peso de fio, para realizar toda a mais-valia de (20 x 78) libras esterlinas, ou seja, 1.560 libras-peso de fio. As 500 libras esterlinas em dinheiro que recebe é apenas um valor igual ao da mercadoria vendida; sua transação, na esfera da circulação, se reduz à simples fórmula (M – D). (Karl Marx – O Capital – O Processo de Circulação do Capital – Livro 2 – Volume 3 – p. 44).

M' = Mp + Ft + m (= 372 libras esterlinas de mercadoria + 50 libras esterlinas de força de trabalho + 78 libras esterlinas de mais-valia) = 500 libras esterlinas. (Karl Marx – O Capital – O Processo de Circulação do Capital – Livro 2 – Volume 3 – p. 44).

A massa de mercadorias só é capital mercadoria, por ser produto desse processo, por ser portadora do valor-capital acrescido de mais-valia. Ao efetuar-se a operação (M' – D') realiza-se o valor – capital adiantado e a mais-valia. A realização de ambos se dá através da série de vendas ou da venda única que aliena a massa global de mercadorias, expressa em (M' – D'). Só no processo de produção vem a mais-valia. (Karl Marx – O Capital – O Processo de Circulação do Capital – Livro 2 – Volume 3 – p. 45).

O que para a mais-valia é conversão da forma mercadoria em forma dinheiro, é para o valor-capital retorno ou reversão à primitiva forma dinheiro. (Karl Marx – O Capital – O Processo de Circulação do Capital – Livro 2 – Volume 3 – p. 46).

Importa fazer agora duas observações:

a.   A volta final do valor-capital à sua primitiva forma dinheiro é uma função do capital mercadoria;

b.   Essa função abrange a primeira mudança de forma da mais-valia, isto é, de sua forma primitiva de mercadoria para a forma dinheiro. A forma dinheiro desempenha aqui duplo papel: ela é a forma a que regride um valor originalmente adiantado em dinheiro, portanto, volta à forma de valor que iniciou o processo; e, ao mesmo tempo, é a primeira forma transmutada de um valor que penetrou originalmente na circulação sob a forma de mercadoria. (Karl Marx – O Capital – O Processo de Circulação do Capital – Livro 2 – Volume 3 – p. 47).

Ao fim do processo, o valor-capital encontra-se novamente na mesma forma em que nele entrou, podendo reiniciá-lo como capital dinheiro e novamente percorrê-lo. Justamente porque a forma inicial e a final, o que muda não é a forma, mas a magnitude do valor adiantado. (Karl Marx – O Capital – O Processo de Circulação do Capital – Livro 2 – Volume 3 – p. 47).

No dinheiro se apagam todas as diferenças das mercadorias, justamente porque ele é a forma equivalente comum delas todas. (Karl Marx – O Capital – O Processo de Circulação do Capital – Livro 2 – Volume 3 – p. 49).

4 O Ciclo Visto Globalmente

Nos estágios de circulação, o valor-capital assume duas formas: a de capital dinheiro e a de capital mercadoria; no estágio de produção, a forma de capital produtivo. (Karl Marx – O Capital – O Processo de Circulação do Capital – Livro 2 – Volume 3 – p. 53).

Capital dinheiro, capital mercadoria, capital produtivo designam aqui, portanto, não espécies autônomas de capital, cujas funções estejam ligadas ao conteúdo de ramos de atividade, igualmente autônomos e separados uns dos outros, mas apenas formas específicas de funcionamento do capital industrial, que as assume sucessivamente. (Karl Marx – O Capital – O Processo de Circulação do Capital – Livro 2 – Volume 3 – p. 53-54).

O ciclo do capital só decorre normalmente, quando suas diferentes fases se sucedem de maneira contínua. Se o capital não se move na primeira fase (D – M), o capital dinheiro se congelará em tesouro; se isso ocorre na fase de produção, os meios de produção não serão empregados e a força de trabalho ficará desocupada; se, na fase final (M' – D'), não houver circulação, as mercadorias invendáveis acumuladas obstruirão o fluxo da circulação. (Karl Marx – O Capital – O Processo de Circulação do Capital – Livro 2 – Volume 3 – p. 54).

O capital dinheiro e o capital mercadoria, quando funcionam como veículo de um ramo específico, ao lado do capital industrial, não são mais do que modos de existência que a divisão social do trabalho tornou autônomos e especializados, das diferentes formas de funcionamento que o capital industrial ora assume, ora abandona, na esfera da circulação. (Karl Marx – O Capital – O Processo de Circulação do Capital – Livro 2 – Volume 3 – p. 57).

Todo capital individual constitui em suas duas fases de circulação (D – M) e (M' – D'), um agente da circulação geral das mercadorias, na qual funciona ou se encadeia como dinheiro ou mercadoria, participando assim da série geral de metamorfoses do mundo das mercadorias. (Karl Marx – O Capital – O Processo de Circulação do Capital – Livro 2 – Volume 3 – p. 57).

Comparando (D – M... p. ... M' – D'), uma das formas do processo cíclico do capital, com as outras formas, veremos que ela se destaca pelo que segue: (Karl Marx – O Capital – O Processo de Circulação do Capital – Livro 2 – Volume 3 – p. 57-59).

1. Aparece como ciclo do capital dinheiro, porque o capital industrial sob sua forma dinheiro, como capital dinheiro, constitui o ponto de partida e o de retorno de todo o processo. A própria fórmula indica que o dinheiro aqui não é despendido como dinheiro, mas apenas adiantado; é portanto capital sob a forma dinheiro, capital dinheiro. [Todas as nações capitalistas são periodicamente por isso acometidas de um desvario, o de procurar fazer dinheiro sem recorrer ao processo de produção – F. E];

2. O estágio de produção, a função de (P), constitui nesse processo cíclico a interrupção das duas fases da circulação (D – M... M' – D'), que serve de meio para que se efetue a circulação simples (D – M – D'). Na forma do próprio processo cíclico, o processo de produção manifesta formal e expressamente o que é no modo de produção capitalista: mero meio de acrescer o valor adiantado, sendo portanto o enriquecimento como tal, fim absoluto da produção;

3. Começando por (D – M) a série das fases, o segundo elo da circulação é (M' – D'); portanto, o ponto de partida é (D), o capital dinheiro a valorizar, e o ponto de chegada (D'), o capital dinheiro valorizado (D + d), em que (D) figura como capital realizado junto a seu rebento (d). A fórmula (D... D') se caracteriza por constituir o valor-capital o ponto de partida e o valor-capital acrescido o ponto de chegada, revelando-se o adiantamento do valor-capital, meio, e o valor-capital acrescido, fim de toda a operação; além disso, por expressar essa relação sob a forma dinheiro, a forma valor autônoma, apresentando-se por isso o capital dinheiro como dinheiro que gera dinheiro. Produzir, na forma resplandecente do dinheiro, mais-valia com o valor é o alfa e ômega do processo;

4. Uma vez que (D'), o capital dinheiro realizado como resultado de (M' – D'), a fase que completa e conclui (D – M) encontra-se absolutamente na mesma forma em que iniciou seu primeiro ciclo, pode agora, tal como dele saiu, recomeçar o mesmo ciclo como capital dinheiro aumentado (acumulado): (D' = D + d); e na forma (D... D') nada indica que, ao repetir-se o ciclo, a circulação de (d) se separe da de (D). Em sua figura isolada o ciclo do capital dinheiro expressa, por isso, apenas o processo de valorização e o de acumulação.

O processo cíclico do capital é, portanto, unidade de circulação e produção, ou seja, abrange ambas. (Karl Marx – O Capital – O Processo de Circulação do Capital – Livro 2 – Volume 3 – p. 60).

Assim, o processo de produção capitalista pressupõe-se, é condição primordial, se não dentro, pelo menos fora do primeiro ciclo do capital dinheiro de um capital industrial novamente investido; a existência ininterrupta desse processo de produção supõe a renovação contínua do ciclo (P... P). O pressuposto da produção capitalista já se evidencia no primeiro estágio (D – M – F; D – M – Mp) que supõe a existência da classe trabalhadora assalariada; e o que é o primeiro estágio (D – M) para o comprador dos meios de produção, é (M' – D') para o vendedor e M' supõe o capital-mercadoria, a própria mercadoria que resulta do processo de produção e por conseguinte a função do capital produtivo. (Karl Marx – O Capital – O Processo de Circulação do Capital – Livro 2 – Volume 3 – p. 63).

O CICLO DO CAPITAL PRODUTIVO

Este ciclo significa o funcionamento periodicamente renovado do capital produtivo, portanto a reprodução, ou seja, seu processo de produção como processo de reprodução com referência à mais-valia: não só a produção, mas a reprodução periódica de mais-valia; função do capital industrial em sua forma produtiva, não como função que se exerce uma única vez, mas como função que periodicamente se repete, de modo que o reinício já se supõe o ponto de partida. Parte de (M') pode ser diretamente utilizada como meio de produção no mesmo processo de trabalho de que saiu como mercadoria; desse modo seu valor ao invés de converter-se em dinheiro, real ou simbólico, apenas adquire expressão autônoma na forma de dinheiro de conta. (Karl Marx – O Capital – O Processo de Circulação do Capital – Livro 2 – Volume 3 – p. 64).

Neste ciclo, duas coisas saltam logo à vista: (Karl Marx – O Capital – O Processo de Circulação do Capital – Livro 2 – Volume 3 – p. 65).

1. Na primeira forma (D...D'), a função de p. (processo de produção), interrompe a circulação do capital dinheiro e aparece apenas como etapa intermediária entre ambas as fases (D – M) e (M' – D'); aqui, todo o processo de circulação do capital industrial, todo o seu movimento na fase de circulação, constitui apenas interrupção e portanto o elo intermediário entre o capital produtivo que como primeiro termo inicia o ciclo e como o último o encerra na mesma forma, isto é, na forma de recomeçá-lo. A circulação propriamente dita só aparece como elemento que serve de meio à reprodução periodicamente renovada e portanto contínua:

2. No ciclo do capital dinheiro, a circulação global tem forma oposta à que assume aqui. Lá ela é: (D – M – D), não se determinando o valor; aqui ela é, pondo de lado a determinação do valor, (M – D – M), isto é, a forma da circulação simples de mercadorias.

1 Reprodução Simples

O ponto de partida dessa circulação é o capital mercadoria (M' = M + u). Na primeira forma do ciclo observou-se a função do capital mercadoria (M' – D'). Ali, porém, constituía a segunda fase da circulação que fora interrompida e a fase final de todo o ciclo. Aqui representa a segunda fase do ciclo, mas a primeira fase da circulação. Terminando o primeiro ciclo com (D') e podendo (D'), no mesmo modo que o primitivo (D), reiniciar o ciclo seguinte como capital dinheiro, não era, de início, necessário verificar se (D) e d (mais-valia), continuavam seu curso em conjunto ou separados. (Karl Marx – O Capital – O Processo de Circulação do Capital – Livro 2 – Volume 3 – p. 65).

A circulação de (M) e de (u), do valor-capital e da mais-valia, se biparte após a transformação de M' em D'. Daí resulta o seguinte: (Karl Marx – O Capital – O Processo de Circulação do Capital – Livro 2 – Volume 3 – p. 68).

a.   Quando o capital mercadoria se realiza por meio de (M' – D' = M' – (D +d)'), pode cindir--se o movimento do valor-capital e da mais-valia, movimento que em (M' – D') ainda é comum e veiculado pela mesma massa de mercadoria, ao assumirem ambos forma autônomas como soma de dinheiro;

b.   Se ocorre essa dissociação, sendo d (mais-valia) gasto como renda do capitalista, prosseguindo D, como forma funcional do valor-capital, pode o primeiro ato (M' – D') ser representado por (M – D – M), pela forma geral da circulação simples de mercadorias. Em Londres, por exemplo, no ramo de construção que opera, na sua maior parte, a crédito, recebe o empresário adiantamentos segundo o estágio em que se encontra a construção da casa. A casa não existe em nenhum dos estágios, e se objetiva, em cada um deles, apenas parte de uma casa futura, fração ideal do todo;

c.   Se o movimento do valor-capital e da mais-valia, comum em (M e D), não se biparte ou só biparte parcialmente, de modo que parte da mais-valia não é gasta como renda, alterar-se-á o valor-capital dentro de seu próprio ciclo, antes de concluí-lo portanto.

O ciclo do capital pode ser visto, portanto, como parte da circulação geral e como criador de elos de um ciclo autônomo. (Karl Marx – O Capital – O Processo de Circulação do Capital – Livro 2 – Volume 3 – p. 70).

O dinheiro que se adianta ao trabalhador é apenas forma equivalente transmutada de uma parte do valor-mercadoria por ele produzido. Por esse motivo, o ato (D – M), quando se refere a (D – F), não é apenas substituição de mercadoria sob a forma dinheiro por mercadoria sob a forma de valor de uso, mas envolve outros elementos independentes da circulação geral de mercadorias como tal. (Karl Marx – O Capital – O Processo de Circulação do Capital – Livro 2 – Volume 3 – p. 71).

Ao consumar-se a operação (D – M – F; D – M – Mp) (D) volta a transformar-se em capital produtivo, no processo de produção (P), e o ciclo recomeça. (Karl Marx – O Capital – O Processo de Circulação do Capital – Livro 2 – Volume 3 – p. 75).

A transformação de capital dinheiro em capital produtivo é compra de mercadorias para produzir mercadorias. O consumo só entra no ciclo do próprio capital quando é produtivo; tem por condição que se produza mais-valia por meio das mercadorias assim consumidas. Uma substituição de mercadoria por mercadoria, subordinada à produção de mais-valia, é algo totalmente diverso da troca de produtos em que o dinheiro serve apenas de intermediário. (Karl Marx – O Capital – O Processo de Circulação do Capital – Livro 2 – Volume 3 – p. 75-76).

A existência contínua da classe trabalhadora, porém, é necessária à classe capitalista, e assim é necessário também o consumo do trabalhador por meio de (D – M) (Karl Marx – O Capital – O Processo de Circulação do Capital – Livro 2 – Volume 3 – p. 76).

Para continuar o ciclo do valor-capital e para a mais-valia ser consumida pelo capitalista, o ato (M' – D') supõe apenas que (M') se converte em dinheiro. Vende-se naturalmente porque o artigo (M') é um valor de uso adequado, portanto, a um consumo qualquer, produtivo ou individual. (Karl Marx – O Capital – O Processo de Circulação do Capital – Livro 2 – Volume 3 – p. 76).

Pode aumentar a produção da mais-valia e, com ela, o consumo individual do capitalista; encontrar-se em pleno progresso todo o processo de reprodução, e, apesar disso, grande parte das mercadorias ter entrado na esfera da circulação apenas na aparência, continuando na realidade armazenada nas mãos dos revendedores sem ser vendida, retida, portanto, no mercado. Uma remessa de mercadoria sucede a outra, para se verificar no fim que a remessa anterior apenas aparentemente foi absorvida pelo consumo. Os capitais mercadorias disputam entre si um lugar no mercado. (Karl Marx – O Capital – O Processo de Circulação do Capital – Livro 2 – Volume 3 – p. 77).

Vencidos os prazos de pagamento das mercadorias anteriores, os retardatários, para vender, vendem abaixo do preço. (grifo meu) (Karl Marx – O Capital – O Processo de Circulação do Capital – Livro 2 – Volume 3 – p. 77).

Quem detém as mercadorias invendáveis tem de se declarar insolvente ou vendê-las a qualquer preço, para pagá-las. Essa venda nada tem a ver com a verdadeira situação da procura. Está relacionada apenas com a procura de meios de pagamento, com a necessidade absoluta de converter mercadoria em dinheiro. (grifo meu) (Karl Marx – O Capital – O Processo de Circulação do Capital – Livro 2 – Volume 3 – p. 77).

Nesse momento, se todo o mercado tem de vender a preços mais baratos para pagar mercadorias anteriores, estala-se então a crise. Torna-se visível não na queda imediata da procura de mercadorias de consumo, da procura relacionada com o consumo individual, e sim na diminuição da troca entre os capitais, do processo de reprodução do capital. (grifo meu). Karl Marx – O Capital – O Processo de Circulação do Capital – Livro 2 – Volume 3 – p. 77).

Todo dinheiro retirado da circulação está sob a forma de tesouro. A forma tesouro do dinheiro torna-se aqui, portanto, função do capital dinheiro, do mesmo modo que, em (D – M), se torna função do capital dinheiro a função do dinheiro de meio de compra e a de meio de pagamento, exatamente porque o valor-capital existe aqui sob a forma dinheiro, sendo a condição de dinheiro um estado imposto pela engrenagem do ciclo do capital industrial num de seus estágios. (Karl Marx – O Capital – O Processo de Circulação do Capital – Livro 2 – Volume 3 – p. 78).

A permanência do capital dinheiro em seu estado monetário patenteia-se resultado do movimento interrompido, seja essa interrupção adequada ou não, voluntária ou não, favorável ou contrária ao funcionamento do capital. (Karl Marx – O Capital – O Processo de Circulação do Capital – Livro 2 – Volume 3 – p. 78).

2 Acumulação e Reprodução em Escala Ampliada

As proporções em que se pode ampliar o processo de produção não são arbitrárias, mas tecnicamente prescritas. Mesmo que seja destinada à capitalização, muitas vezes a mais-valia realizada só após a repetição de diversos ciclos, pode atingir o nível em que pode funcionar realmente como capital adicional ou entrar no ciclo do valor-capital em marcha. (Karl Marx – O Capital – O Processo de Circulação do Capital – Livro 2 – Volume 3 – p. 79).

A mais-valia petrifica-se, portanto, em tesouro e constitui sob essa forma capital dinheiro latente (oculto, dissimulado, escondido). Latente porque não pode funcionar como capital enquanto se conserva sob a forma dinheiro. O entesouramento se revela fator implícito no processo de acumulação capitalista, a ele ligado, mas dele essencialmente diverso. Na realidade, não se amplia o próprio processo de reprodução ao formar-se capital dinheiro latente. Ao contrário, forma-se aí capital latente porque o produtor capitalista não pode ampliar imediatamente a escala de sua produção. (Karl Marx – O Capital – O Processo de Circulação do Capital – Livro 2 – Volume 3 – p. 79).

Comparando (P...P') com (D...D'), o primeiro ciclo, verificamos que não tem a mesma significação. (Karl Marx – O Capital – O Processo de Circulação do Capital – Livro 2 – Volume 3 – p. 81).

(D...D'), considerado em si mesmo, como ciclo à parte, expressa apenas (D). O capital dinheiro (ou o capital industrial em seu ciclo de capital dinheiro) é dinheiro que gera dinheiro, valor que gera valor, e que produz mais-valia. (Karl Marx – O Capital – O Processo de Circulação do Capital – Livro 2 – Volume 3 – p. 81).

No ciclo de (P), ao contrário, o processo de produzir mais-valia já está concluído, ao fim do primeiro estágio, do processo de produção, e após o decurso do segundo estágio (M' – D'), o primeiro da circulação, o "valor-capital + mais-valia" passam a existir no capital realizado (D'), que, no primeiro ciclo, aparecia como último termo. (Karl Marx – O Capital – O Processo de Circulação do Capital – Livro 2 – Volume 3 – p. 81).

(P...P') expressa todo o movimento, não havendo diferença de valor entre os dois extremos, nele figurando do mesmo modo que em (D...D') o acréscimo do valor antecipado, a produção da mais-valia; a única diferença é que, em (D...D'; M'...D') aparece como último estágio e, em (P...P), aparece como o segundo estágio do ciclo e o primeiro da circulação. (Karl Marx – O Capital – O Processo de Circulação do Capital – Livro 2 – Volume 3 – p. 81).

Em (P...P'), P' expressa não a produção de mais-valia e sim a capitalização da mais-valia produzida, a acumulação de capital portanto, consistindo por isso (P'), em relação a (P), o valor-capital primitivo acrescido do valor do capital que, em virtude de seu movimento, se acumulou. (Karl Marx – O Capital – O Processo de Circulação do Capital – Livro 2 – Volume 3 – p. 81).

3 Acumulação de Dinheiro

Depende de circunstâncias que não estão subordinadas à mera existência de **d** (a mais-valia convertida em dinheiro), a possibilidade de d juntar-se imediatamente ao valor-capital em operação, e assim entrar no processo cíclico, com o capital (D), constituindo parcela da magnitude de (D'). (Karl Marx – O Capital – O Processo de Circulação do Capital – Livro 2 – Volume 3 – p. 83).

Quando o que está em jogo é servir (d) de capital dinheiro num segundo negócio independente do primeiro, é evidente que só pode ser aplicado quando atinge a grandeza mínima exigida pelo novo negócio. (Karl Marx – O Capital – O Processo de Circulação do Capital – Livro 2 – Volume 3 – p. 83).

Quando o problema é empregá-lo para expandir o negócio primitivo, as relações existentes entre os fatores materiais de (P) e seus valores exigem também que (d) possua determinada grandeza mínima. Todos os meios de produção que operam no negócio têm, entre si, não só uma relação qualitativa, mas também quantitativa, uma proporcionalidade. Essas relações materiais e os valores correspondentes dos fatores que entram no capital produtivo determinam a dimensão mínima que (d) tem de possuir, a fim de poder transformar-se em meios de produção e força de trabalho adicionais, ou apenas nos primeiros, acrescendo ao capital produtivo. (Karl Marx – O Capital – O Processo de Circulação do Capital – Livro 2 – Volume 3 – p. 83-84).

Assim, o industrial de fiação não pode aumentar o número de seus fusos, sem adquirir simultaneamente as correspondentes cardas e demais aparelhos complementares de fiação, para não falarmos no dispêndio maior com algodão e salários, exigido por essa expansão do negócio. Para efetuá-la já tem a mais-valia de atingir uma soma regular. Enquanto (d) não atinge esse montante mínimo, é mister que o ciclo do capital se repita várias vezes até que a soma dos (d) sucessivamente produzidos possa funcionar, com (D), isto é, em (D' – M' – F; D' – M' – Mp). (Karl Marx – O Capital – O Processo de Circulação do Capital – Livro 2 – Volume 3 – p. 84).

Pequenas modificações, por exemplo, na maquinaria de fiação, tornando-a mais produtiva, exigem maior dispêndio em material de fiação, ampliação da maquinaria complementar etc. Durante certo tempo acumula-se (d) e sua acumulação não é função dele, mas resulta de repetir-se (P...P). A função que lhe é própria é a de permanecer em estado de dinheiro, até que aumente bastante em virtude dos ciclos de valorização repetidos, em virtude de causa externa portanto, a fim de alcançar a grandeza mínima exigida por sua função ativa, grandeza sem a qual não pode realmente entrar na função do capital dinheiro (D) como capital dinheiro, constituindo a parte que se acumulou com o movimento de (D). (Karl Marx – O Capital – O Processo de Circulação do Capital – Livro 2 – Volume 3 – p. 84).

A mais-valia realizada em dinheiro desempenha então funções específicas de capital fora do ciclo do capital industrial donde se originou; funções que nada têm a ver com esse ciclo considerado em si mesmo e, além disso, supõem funções de capital que ainda não foram estudadas, distintas das funções do capital industrial. (Karl Marx – O Capital – O Processo de Circulação do Capital – Livro 2 – Volume 3 – p. 85).

4 Fundo de Reserva

Na forma que acabamos de observar, o tesouro que representa a mais-valia é fundo de acumulação de dinheiro, a forma dinheiro que a acumulação de capital possui transitoriamente, e, sob esse aspecto, condição da acumulação de capital. Esse fundo de acumulação pode desempenhar também funções acessórias; por exemplo, entrar no processo cíclico do capital, sem que este possua a forma (D...D'), sem que se amplie portanto a reprodução capitalista. Se o processo (M' – D') demora além do normal, se o capital mercadoria anormalmente custa a converter-se à forma dinheiro, ou, se tendo havido essa conversão, o preço, por exemplo, dos meios de produção nos quais o capital dinheiro tem de converter-se, subiram além do nível em que se encontravam no começo do ciclo, pode o tesouro que funciona como fundo de acumulação ser empregado a fim de repor total ou parcialmente o capital dinheiro. **O fundo de acumulação de dinheiro serve assim de fundo de reserva, a fim de eliminar as perturbações do ciclo.** (grifo meu) (Karl Marx – O Capital – O Processo de Circulação do Capital – Livro 2 – Volume 3 – p. 85-86).

O ciclo do capital produtivo é a forma sob a qual a economia clássica observa o processo cíclico do capital industrial. (Karl Marx – O Capital – O Processo de Circulação do Capital – Livro 2 – Volume 3 – p. 87).

O CICLO DO CAPITAL MERCADORIA

A fórmula geral do ciclo do capital mercadoria é: (M' – D' – M... P... M'). (Karl Marx – O Capital – O Processo de Circulação do Capital – Livro 2 – Volume 3 – p. 88).

(M') patenteia-se produto e pressuposto de ambos os ciclos anteriores, pois a operação (D – M) de um capital implica na operação (M' – D') de outro, pelo menos na medida em que parte dos meios de produção é mercadoria produzida por outros capitais individuais que efetuam seu ciclo. Em nosso caso, carvão é capital mercadoria do explorador da mina, máquinas, do construtor de máquinas etc. Se ocorre reprodução em escala ampliada, o (M') final será maior que o inicial e por isso chamá-lo-emos aqui de (M''). (Karl Marx – O Capital – O Processo de Circulação do Capital – Livro 2 – Volume 3 – p. 88).

Supõe-se o consumo individual ato social, e de modo nenhum ato do capitalista individual, exceto quando necessário à existência do capitalista individual. (Karl Marx – O Capital – O Processo de Circulação do Capital – Livro 2 – Volume 3 – p. 95).

Só depois do capital mercadoria converter-se em dinheiro, biparte-se esse movimento em movimento de capital e movimento de renda (a consumir) (Karl Marx – O Capital – O Processo de Circulação do Capital – Livro 2 – Volume 3 – p. 95).

Esta forma do ciclo do capital compreende a distribuição de todo o produto social e a distribuição particular do produto do ponto de vista de cada capital mercadoria individual, em fundo de consumo individual e em fundo de reprodução. (Karl Marx – O Capital – O Processo de Circulação do Capital – Livro 2 – Volume 3 – p. 95).

Dominando o modo de produção capitalista e na base dele, toda mercadoria tem de ser capital mercadoria nas mãos do vendedor. (Karl Marx – O Capital – O Processo de Circulação do Capital – Livro 2 – Volume 3 – p. 97).

Uma vez que em (M'...M''), o produto todo (o valor total) é o ponto de partida, é claro que (excetuado o comércio exterior) só pode ocorrer reprodução em escala ampliada – supondo-se invariável a produtividade – se na parte do produto excedente a ser capitalizada se contêm os elementos materiais do capital produtivo adicional; é mister, portanto, que, se a produção de um ano serve de condição à do ano seguinte, ou se isto ocorre simultaneamente dentro do ano, com o processo de reprodução simples, se produza logo produto excedente sob a forma que o capacite a funcionar como capital adicional. O incremento da produtividade só pode aumentar o capital materialmente, sem acrescer seu valor, mas, com isso, proporciona material adicional para a valorização. (Karl Marx – O Capital – O Processo de Circulação do Capital – Livro 2 – Volume 3 – p. 101).

AS TRÊS FIGURAS DO PROCESSO CÍCLICO

Sendo C o processo total da circulação, as três figuras passam a apresentar-se da seguinte forma:

I (D – M... P... M' – D') é incremento do valor como objetivo determinante, motivo propulsor;

II (P...C...P) começa com P, o próprio processo de produzir valor excedente;

III C...P (M') o ciclo começa com o valor acrescido e termina com o valor novamente acrescido, mesmo quando se repete o movimento na mesma escala.

(Karl Marx – O Capital – O Processo de Circulação do Capital – Livro 2 – Volume 3 – p. 102).

Sinteticamente, todas as condições prévias do processo se mostram resultado dele, por ele mesmo produzidas. Cada elemento aparece como ponto donde se parte, por onde se passa e para onde se volta. O processo total se apresenta como unidade do processo de produção e do processo de circulação; o processo de produção serve de meio para o processo de circulação e vice-versa. (Karl Marx – O Capital – O Processo de Circulação do Capital – Livro 2 – Volume 3 – p. 102).

Os três ciclos, as formas de reprodução das três figuras do capital, efetuam-se continuamente um ao lado do outro. (Karl Marx – O Capital – O Processo de Circulação do Capital – Livro 2 – Volume 3 – p103).

O processo cíclico do capital é interrupção contínua, abandono de um estágio para entrar no próximo; rejeição de uma forma, passando a existir noutra; cada um desses estágios é condição do outro e, ao mesmo tempo, o exclui. (Karl Marx – O Capital – O Processo de Circulação do Capital – Livro 2 – Volume 3 – p. 104).

Mas, o cunho característico da produção capitalista é a continuidade, determinada pela base técnica dessa produção, embora nem sempre seja alcançável incondicionalmente. (Karl Marx – O Capital – O Processo de Circulação do Capital – Livro 2 – Volume 3 – p. 104-105).

O verdadeiro ciclo do capital industrial em sua continuidade é por isso, além de unidade do processo de circulação e do processo de produção, unidade de todos os seus três ciclos. (Karl Marx – O Capital – O Processo de Circulação do Capital – Livro 2 – Volume 3 – p. 105).

Se uma parte estaca em (M' – D'), se a mercadoria é invendável, interrompe-se o ciclo desta parte, não se efetivando sua substituição pelos respectivos meios de produção; as partes seguintes que surgem no processo de produção como (M') são impedidas pela que as precede, de mudar de função. Se isto se prolonga bastante, restringir-se-á a produção e todo o processo se deterá. Quando para a sequência, a sucessão, desorganiza-se a justaposição, e todo esforço num estágio causa maior ou menor paralisação em todo o ciclo da parte do capital estorvada e ainda do capital individual por inteiro. (Karl Marx – O Capital – O Processo de Circulação do Capital – Livro 2 – Volume 3 – p. 106).

O processo global é, de fato, a unidade dos três ciclos, que são as formas diferentes em que se expressa a continuidade do processo. (Karl Marx – O Capital – O Processo de Circulação do Capital – Livro 2 – Volume 3 – p. 106).

O capital global da sociedade possui sempre essa continuidade e seu processo possui sempre a unidade dos três ciclos. (Karl Marx – O Capital – O Processo de Circulação do Capital – Livro 2 – Volume 3 – p. 107).

Experimentando o capital social uma revolução no valor, pode um capital individual sucumbir e desaparecer por não preencher as condições dessa revolução. Quanto mais agudas e mais frequentes as revoluções do valor, tanto mais o movimento automático do valor como ente autônomo, operando com a força de um fenômeno elementar da natureza, se impõe em confronto com as previsões e os cálculos do capitalista individual, tanto mais o curso da produção normal se subordina à especulação anormal, tanto maior o perigo para a existência dos capitais individuais. Essas revoluções periódicas confirmam, portanto, o que se quer que elas desmintam; a existência independente que o valor como capital adquire e, com seu movimento, mantém e exacerba. (Karl Marx – O Capital – O Processo de Circulação do Capital – Livro 2 – Volume 3 – p. 108).

De passagem cabe observar: havendo mudança no valor dos elementos da produção, configura-se uma diferença entre a forma (D...D') e as formas (P... P) e (M'... M'). (Karl Marx – O Capital – O Processo de Circulação do Capital – Livro 2 – Volume 3 – p. 110).

Elevando-se o valor dos elementos de produção das mercadorias, ou seja, dos elementos do capital produtivo, será necessário mais capital dinheiro para começar um negócio de tamanho determinado. (Karl Marx – O Capital – O Processo de Circulação do Capital – Livro 2 – Volume 3 – p. 110).

Os ciclos (P... P) e (M'... M'') equiparam-se a (D... D'), quando o movimento de (P') e (M') é, ao mesmo tempo, acumulação, convertendo-se o dinheiro adicional (d) em capital dinheiro. Fora isso, a maneira como são influenciados pela variação do valor dos elementos do capital produtivo não é a mesma que se observa em (D... D'); estamos abstraindo da repercussão dessa variação de valor sobre as partes componentes do capital que se encontram no processo de produção. (Karl Marx – O Capital – O Processo de Circulação do Capital – Livro 2 – Volume 3 – p. 110).

Caindo o valor (ou os preços), são possíveis três casos: (Karl Marx – O Capital – O Processo de Circulação do Capital – Livro 2 – Volume 3 – p. 110-111).

- o processo de reprodução prossegue na mesma escala, parte do capital dinheiro anterior, liberta-se, amontoa-se capital dinheiro sem ter havido acumulação real (produção em escala ampliada) ou a transformação, que a prepara e acompanha, de d (mais-valia) em fundo de acumulação;

- ou o processo de reprodução se efetua em escala maior do que teria sido possível, caso as proporções técnicas o permitam;

- ou se fazem maiores estoques de matérias-primas etc.

Temos o contrário, se subir o valor dos elementos destinados a refazer o capital mercadoria: (Karl Marx – O Capital – O Processo de Circulação do Capital – Livro 2 – Volume 3 – p. 111).

- a reprodução não se dá mais em sua dimensão normal (trabalha-se, por exemplo, menos tempo);

- é necessário capital dinheiro adicional a fim de prossegui-la em sua dimensão anterior;

- o fundo de acumulação em dinheiro, se existe, serve total ou parcialmente, não para ampliar o processo de reprodução e sim para mantê-lo na escala antiga; neste caso, compromete-se também capital dinheiro, mas esse capital dinheiro adicional não vem de fora, do mercado de dinheiro, e sim dos recursos do próprio capitalista industrial.

Certas circunstâncias podem trazer modificações a (P ... P'; M'... M'). Se nosso fabricante de fios, por exemplo, tem grande estoque de algodão (grande parte portanto do capital produtivo sob a forma de algodão armazenado), parte de seu capital produtivo será depreciado com a queda dos preços do algodão; se estes sobem aumenta o valor dessa parte do capital produtivo. Por outro lado, se imobilizou grande montante sob a forma de capital mercadoria, de fio por exemplo, desvaloriza-se, com a queda do algodão, parte de seu capital mercadoria e portanto do capital em geral que se encontra no ciclo. Com a elevação dos preços do algodão dá-se o contrário. (Karl Marx – O Capital – O Processo de Circulação do Capital – Livro 2 – Volume 3 – p. 111).

Finalmente, no processo (M' – D – M – F) e (M' – D – M – Mp), se a variação do valor dos elementos de (M) ocorre depois da realização do capital mercadoria, depois de (M' – D), a repercussão sobre o capital será a observada no primeiro caso, isto é, dar-se-á no segundo ato da circulação (D – M – F; D – M – Mp). Mas se essa variação ocorre antes da queda ou subida do preço do algodão, não se alterando as demais circunstâncias, provoca queda ou alta correspondente no preço do fio. O efeito sobre os diversos capitais, empregados no mesmo ramo de produção pode ser diferente segundo as circunstâncias diferentes em que se encontrem. A liberação e o comprometimento do capital dinheiro podem decorrer também das diversidades da duração do processo de circulação e, portanto, da velocidade da circulação. (Karl Marx – O Capital – O Processo de Circulação do Capital – Livro 2 – Volume 3 – p. 111-112).

Quando o modo de produção capitalista já está desenvolvido e se torna predominante, acontece que, na etapa da circulação (D – M – F) e (D – M – Mp), grande parte das mercadorias que constituem (Mp), os meios de produção, é capital mercadoria estrangeiro em funcionamento. (Karl Marx – O Capital – O Processo de Circulação do Capital – Livro 2 – Volume 3 – p. 112).

Do ponto de vista do vendedor, ocorre, portanto, em (M' – D'), transformação do capital-mercadoria em capital-dinheiro. Mas, isto não tem validade absoluta. Ao contrário, o capital industrial, em seu processo de circulação, funciona como dinheiro, ou como mercadoria, e seu ciclo entrecruza-se, seja como capital-dinheiro, seja como capital-mercadoria, com a circulação de mercadorias dos mais diversos modos sociais de produção, desde que sejam, ao mesmo tempo, produção de mercadorias. (Karl Marx – O Capital – O Processo de Circulação do Capital – Livro 2 – Volume 3 – p. 112).

Não importa que a mercadoria seja produto da produção baseada na escravatura, ou de camponeses (chineses, indianos), ou de comunas (índias orientais holandesas), ou do Estado (como antigamente na Rússia, no tempo da servidão), ou de povos caçadores semi selvagens etc.; as mercadorias e dinheiro dessas procedências se confrontam com o dinheiro e as mercadorias em que se configura o capital industrial, e entram tanto no seu ciclo quanto no da mais-valia contida no capital mercadoria, quando ela é gasta como renda; penetram, portanto, nos dois ramos de circulação do capital mercadoria. (Karl Marx – O Capital – O Processo de Circulação do Capital – Livro 2 – Volume 3 – p. 112).

É indiferente o caráter do processo de produção donde provêm; funcionam no mercado como mercadorias e como tais entram no ciclo do capital industrial e na circulação da mais-valia por ele trazida. É a universalidade da origem das mercadorias, a existência do mercado como mercado mundial, que distingue o processo de circulação do capital industrial. O que se diz das mercadorias estrangeiras aplica-se também ao dinheiro estrangeiro; perante o dinheiro estrangeiro, o capital mercadoria funciona apenas como mercadoria, e o dinheiro, apenas como dinheiro; o dinheiro funciona então como dinheiro universal. (Karl Marx – O Capital – O Processo de Circulação do Capital – Livro 2 – Volume 3 – p. 112).

São oportunas agora duas observações: (Karl Marx – O Capital – O Processo de Circulação do Capital – Livro 2 – Volume 3 – p. 112-113)

1. As mercadorias (Mp), após concluído o ato (D – Mp), cessam de ser mercadorias e se tornam um dos modos de existência do capital industrial, sua forma funcional (P), o capital produtivo. Assim, apaga-se a origem delas, e passam a serem apenas formas de existência de capital industrial, a ele se incorporando. Mas, para repô-las, continua sendo necessário reproduzi-las e, sob esse aspecto, o modo capitalista de produção depende de modos de produção situados fora de seu estágio de desenvolvimento. A tendência da produção capitalista, entretanto, é transformar, sempre que possa, toda produção em produção de mercadorias, e seu principal instrumento para isto é trazê-la para seu processo de circulação. A produção capitalista de mercadorias é a própria produção de mercadorias quando atinge certo desenvolvimento. A intervenção do capital industrial promove por toda a parte essa transformação e com ela a transformação de todos os produtores diretos em trabalhadores assalariados;

2. As mercadorias que entram no processo de circulação do capital industrial (incluindo os meios de subsistência em que o capital variável, depois de pago ao trabalhador, se converte, a fim de se reproduzir a força de trabalho), seja qual for sua origem a forma social do processo de produção donde provêm, já se confrontam com o capital industrial sob a forma de capital mercadoria, sob a forma de capital comercial ou mercantil, que, por sua natureza, abrange mercadorias de todos os modos de produção.

O modo capitalista de produção supõe produção em grande escala e necessariamente venda em grande escala; venda, portanto, ao comerciante e não ao consumidor isolado. Quando o consumidor é consumidor produtivo, capitalista industrial, fornecendo o capital industrial de um ramo de produção meios de produção a outro ramo, há venda direta (sob a forma de encomendas etc.) de um capitalista industrial a muitos outros. Como vendedor direto, o capitalista é seu próprio comerciante, o que ele é também quando vende a comerciante. (Karl Marx – O Capital – O Processo de Circulação do Capital – Livro 2 – Volume 3 – p. 113).

O comércio de mercadorias como função do capital mercantil é condição do desenvolvimento da produção capitalista e com ela se desenvolve cada vez mais. Por isso, ocasionalmente, o pressupomos para ilustrar certos aspectos do processo capitalista de circulação; mas na análise geral deste, admitimos venda direta sem interferência do comerciante, a qual dissimula diversos aspectos do movimento. (Karl Marx – O Capital – O Processo de Circulação do Capital – Livro 2 – Volume 3 – p. 113).

O mesmo valor-capital exige para sua circulação tanto menos dinheiro quanto mais o dinheiro funcione como meio de pagamento, quanto mais, ao ser substituído um capital mercadoria por seus meios de produção, se paguem simples saldo, e quanto mais curtos sejam os prazos de pagamento, por exemplo, os relativos aos salários. Demais, permanecendo invariáveis a velocidade da circulação e todas as demais circunstâncias, a quantidade de dinheiro que tem de funcionar como capital dinheiro é determinada pelo preço total das mercadorias, ou, dados a quantidade e os valores das mercadorias, pelo valor do próprio dinheiro. (Karl Marx – O Capital – O Processo de Circulação do Capital – Livro 2 – Volume 3 – p. 115).

Mas, as leis da circulação geral das mercadorias só são válidas quando o processo de circulação do capital forma uma série de ocorrências da circulação simples, e perdem validade quando estas constituem etapas funcionalmente determinadas do ciclo dos capitais individuais. (Karl Marx – O Capital – O Processo de Circulação do Capital – Livro 2 – Volume 3 – p. 115).

Os simples entrelaçamentos das metamorfoses da circulação das mercadorias, comuns às ocorrências da circulação do capital, não esclarecem, seja com relação ao capital ou à mais-valia, como se substituem reciprocamente no processo de circulação dos diversos elementos do capital social global, do qual os capitais individuais são apenas partes componentes que funcionam independentemente. (Karl Marx – O Capital – O Processo de Circulação do Capital – Livro 2 – Volume 3 – p. 117).

Uma das particularidades mais evidentes do processo cíclico do capital industrial e, portanto, da produção capitalista: os elementos constitutivos do capital produtivo provêm do mercado de mercadorias onde são continuamente renovados, tendo de ser vendidos como mercadorias e o produto do processo de trabalho sai dele como mercadoria, tendo de ser vendido continuamente como mercadoria. Compare-se, por exemplo, o moderno arrendatário das terras baixas da Escócia com um camponês continental à moda antiga. O primeiro vende todo o seu produto e por isso tem de repor os elementos dele, mesmo as sementes, por meio do mercado; o segundo consome diretamente a maior parte de seu produto, compra e vende o mínimo possível e faz suas ferramentas, suas roupas etc., com seu próprio trabalho. (Karl Marx – O Capital – O Processo de Circulação do Capital – Livro 2 – Volume 3 – p. 117-118).

Temos, então, três formas características do movimento da produção social, como a seguir (Karl Marx – O Capital – O Processo de Circulação do Capital – Livro 2 – Volume 3 – p. 118):

- A chamada economia de crédito é apenas forma da economia monetária, enquanto ambas as denominações expressam funções ou modos de troca entre os próprios produtores. Na produção capitalista desenvolvida, a economia monetária aparece apenas como base da economia de crédito. Economia monetária e economia de crédito correspondem simplesmente a estágios diferentes de desenvolvimento da produção capitalista, e não são formas autônomas diversas de troca a contrapor à economia natural. Com a mesma razão, a elas poder-se-iam opor, como equiparáveis, as formas extremamente diversas da economia natural;

- Uma vez que nas categorias da economia monetária e da economia de crédito não se destaca a economia, o processo de produção, como característica marcante, mas o modo de circulação correspondente à economia, estabelecido entre os diferentes agentes da produção ou os produtores, deveria o mesmo critério ter sido seguido no tocante à primeira categoria. Em vez de economia natural, economia de escambo, portanto. A economia natural inteiramente fechada, por exemplo, a do estado inca, não cai em nenhuma dessas categorias de circulação econômica;

- A economia monetária é comum a toda produção de mercadorias, e o produto aparece como mercadoria nos mais diversos organismos de produção social. O que caracterizaria a produção capitalista seria apenas a extensão em que o produto é fabricado como artigo de comércio, como mercadoria, em que seus elementos constitutivos têm de entrar, como artigos de comércio, mercadorias, na economia donde ele provém.

Na realidade, a produção capitalista é a produção de mercadorias como forma geral da produção, o que ela é cada vez mais à medida que se desenvolve. Mas isto só acontece porque o trabalho aparece como mercadoria, porque o trabalhador vende o trabalho, o funcionamento de sua força de trabalho, e, conforme admitimos, pelo valor determinado pelo custo de reprodução dessa força. Na medida em que o trabalho se torna trabalho assalariado, o produtor se torna capitalista industrial; por isso, a produção capitalista e a produção de mercadorias só aparece em toda a sua extensão, quando o produtor agrícola direto é trabalhador assalariado. Na relação entre capitalista e assalariado, a relação monetária passa a ser relação entre comprador e vendedor, relação imanente à própria produção. Esta relação repousa fundamentalmente sobre o caráter social da produção e não sobre o modo de troca; este decorre daquele. A concepção burguesa, ao colocar os negócios em primeiro plano, não vê no caráter do modo de produção a base do correspondente modo de troca ou circulação sustentando o oposto. (Karl Marx – O Capital – O Processo de Circulação do Capital – Livro 2 – Volume 3 – p. 118-119).

Sob a forma dinheiro, o capitalista lança menos valor na circulação do que dela retira, e sob a forma mercadoria lança na circulação mais valor que dela retira. Enquanto personifica apenas o capital, funcionando como capitalista industrial, sua oferta de valor mercadoria é sempre maior que sua procura. O capitalista tem realmente "de vender mais caro do que comprou", mas só consegue isso porque através do processo de produção capitalista transforma a mercadoria mais barata, de menor valor que adquiriu em mercadoria de maior valor, mais cara. Vende mais caro não por vender sua mercadoria acima do valor, mas por estar o valor de sua mercadoria acima do valor global dos elementos de sua produção. (Karl Marx – O Capital – O Processo de Circulação do Capital – Livro 2 – Volume 3 – p. 119).

A taxa à qual o capitalista valoriza seu capital é tanto maior quanto maior for a diferença entre sua oferta e sua procura, isto é, quanto maior o excedente do valor mercadoria que fornece sobre o valor mercadoria que adquire. Seu objetivo não é a coincidência, mas a maior disparidade possível entre ambas, a maior superioridade possível da oferta sobre a procura. (Karl Marx – O Capital – O Processo de Circulação do Capital – Livro 2 – Volume 3 – p. 119).

Isto se aplica tanto ao capitalista isolado quanto à classe capitalista. (Karl Marx – O Capital – O Processo de Circulação do Capital – Livro 2 – Volume 3 – p. 119).

Enquanto o trabalhador converte, em regra, seu salário em meios de subsistência, na maior parte meios de subsistência necessários, a procura de força de trabalho pelo capitalista é indiretamente procura de artigos que entram no consumo da classe trabalhadora. (Karl Marx – O Capital – O Processo de Circulação do Capital – Livro 2 – Volume 3 – p. 120).

Embora a procura da força de trabalho pelo capitalista e indiretamente a dos meios de subsistência necessários, se torne, com o progresso da produção, cada vez menor do que sua procura de meios de produção, não se deve esquecer que sua procura (Mp) é em média sempre menor que seu capital. Sua procura de meios de produção tem, portanto, de possuir menor valor que o produto mercadoria do capitalista fornecedor desses meios que opere com igual capital e nas mesmas condições. O problema não se altera, se, em vez de um, houver muitos capitalistas fornecedores. (Karl Marx – O Capital – O Processo de Circulação do Capital – Livro 2 – Volume 3 – p. 120).

O capitalista tem de constituir um capital de reserva para enfrentar as oscilações de preços e poder aproveitar-se das conjunturas favoráveis de compra e venda; tem ainda de acumular capital, a fim de ampliar a produção e incorporar os progressos técnicos a seu organismo produtivo. (Karl Marx – O Capital – O Processo de Circulação do Capital – Livro 2 – Volume 3 – p. 122).

A fim de acumular capital, tem ele, antes de tudo, de subtrair da circulação parte de mais-valia, nela convertida em dinheiro, entesourando-a, até que atinja as dimensões necessárias para expandir o velho negócio ou iniciar outro, sendo remunerado pelo capital em conta-corrente – e ainda utiliza-se do crédito para pagar a prazo, enquanto rende seu capital. O entesouramento, enquanto prossegue, não aumenta a procura do capitalista; o dinheiro se imobiliza; não retira do mercado nenhum equivalente em mercadoria pelo equivalente em dinheiro subtraído do mercado por mercadoria fornecida. (Karl Marx – O Capital – O Processo de Circulação do Capital – Livro 2 – Volume 3 – p. 123).

O TEMPO DE CIRCULAÇÃO

O capital movimenta-se na esfera da produção e nas duas fases da esfera da circulação de acordo com determinada sequência. O tempo que permanece na esfera da produção constitui o tempo de produção (Tp) e o que permanece na esfera da circulação, o tempo de circulação (Tc). O tempo global (Tt = Tp + Tc) em que descreve seu ciclo é, por isso, igual à soma do tempo de produção e do tempo de circulação. (grifo meu) (Karl Marx – O Capital – O Processo de Circulação do Capital – Livro 2 – Volume 3 – p. 124).

Convém lembrar que parte do capital constante se configura em meios de produção, como máquinas, edifícios etc., os quais, até o fim de sua existência, servem nos mesmos processos de trabalho ininterruptamente repetidos. (Karl Marx – O Capital – O Processo de Circulação do Capital – Livro 2 – Volume 3 – p. 124).

A interrupção periódica do processo de trabalho, durante qualquer hora, das 24 horas do dia, impede a função desses meios de trabalho, mas não sua permanência no local de produção a que pertencem, na hora em que estão e na hora em que não estão funcionando. Demais, o capitalista precisa ter determinado estoque de matérias-primas e substâncias auxiliares, a fim de poder realizar o processo de produção em escala previamente estabelecida, durante períodos mais ou menos longos, sem depender das flutuações cotidianas do mercado. (Karl Marx – O Capital – O Processo de Circulação do Capital – Livro 2 – Volume 3 – p. 124-125).

O tempo de produção é maior que o tempo de trabalho. A diferença entre ambos é o excesso do tempo de produção sobre o tempo de trabalho. Esse excesso decorre de o capital produtivo encontrar-se em estado latente (oculto) na esfera da produção, sem funcionar no processo de produção, ou em virtude de funcionar no processo de produção, sem estar no processo de trabalho. (Karl Marx – O Capital – O Processo de Circulação do Capital – Livro 2 – Volume 3 – p. 125).

A parte do capital produtivo latente, mantida disponível como condição do processo de produção, conforme acontece com o algodão, o carvão etc., na fábrica de fiação, não gera produto nem forma valor. É capital parado embora essa pausa constitua condição do fluxo ininterrupto do processo de produção. Os edifícios, aparelhos etc., necessários para guardar os estoques produtivos (capital latente) são condições do processo de produção e constituem por isso partes componentes do capital produtivo adiantado. (Karl Marx – O Capital – O Processo de Circulação do Capital – Livro 2 – Volume 3 – p. 126).

As interrupções normais de todo o processo de produção e, portanto, os intervalos em que não funciona o capital produtivo não produzem valor nem mais-valia. Daí o empenho capitalista de fazer trabalhar também à noite. As interrupções do tempo de trabalho, pelas quais têm de passar o objeto de trabalho durante o processo de produção, não geram valor nem mais-valia; mas, beneficiam o produto, constituem parte de sua vida, um processo que tem de percorrer. (Karl Marx – O Capital – O Processo de Circulação do Capital – Livro 2 – Volume 3 – p. 126).

Finalmente, o valor do capital constante que continua no processo de produção, embora interrompido o processo de trabalho, reaparece no resultado do processo de produção. O trabalho transfere sempre ao produto o valor dos meios de produção, desde que os consuma de maneira realmente adequada como meios de produção. Não importa que o trabalho, para obter esse efeito útil, tenha de atuar continuamente com os meios de trabalho sobre o objeto de trabalho, ou que precise apenas dar o primeiro impulso, colocando os meios de produção em condições nas quais, sem mais intervenção do trabalho, recebam por si mesmos, em virtude de processos naturais, a modificação desejada. (Karl Marx – O Capital – O Processo de Circulação do Capital – Livro 2 – Volume 3 – p. 126-127).

Qualquer que seja a razão por que o tempo de produção excede o tempo de trabalho, em nenhum caso os meios de produção absorvem trabalho, nem trabalho excedente portanto. Não há, por isso, acréscimo de valor do capital produtivo, enquanto se encontra na parte de seu tempo de produção que excede o tempo de trabalho, por mais necessárias que sejam essas pausas para a consecução do processo de produzir mais-valia. Evidentemente, a produtividade e o acréscimo de valor de dado capital produtivo em dado espaço de tempo serão tanto maiores quanto mais coincidam o tempo de produção e o de trabalho. Daí a tendência da produção capitalista de reduzir ao máximo possível o excesso do tempo de produção sobre o tempo de trabalho. Embora o tempo de produção do capital possa discordar de seu tempo de trabalho, abrange-o sempre, e essa diferença é condição do processo de produção. O tempo de produção é, portanto, o tempo em que o capital produz valores de uso e acresce seu próprio valor, funcionando como capital produtivo, embora inclua tempo em que se encontra em estado latente ou produz sem gerar mais-valia. (Karl Marx – O Capital – O Processo de Circulação do Capital – Livro 2 – Volume 3 – p. 127).

A transformação da mercadoria em dinheiro é, ao mesmo tempo, realização da mais-valia incorporada à mercadoria, e a transformação do dinheiro em mercadoria é, ao mesmo tempo, conversão ou reversão do valor-capital à figura de seus elementos de produção. Apesar dessa simultaneidade, esses processos, enquanto processos de circulação, são processos da simples metamorfose das mercadorias. (Karl Marx – O Capital – O Processo de Circulação do Capital – Livro 2 – Volume 3 – p. 127-128).

Quanto mais são ideais as metamorfoses da circulação do capital, isto é, quanto mais se torna o tempo de circulação igual a zero, ou mais se aproxima de zero, tanto mais funciona o capital, tanto maiores se tornam sua produtividade e produção de mais-valia. Se o capitalista, por exemplo, trabalha por encomenda, sendo pago ao entregar o produto e o pagamento feito com os meios de produção que utiliza, aproximar-se-á de zero o tempo de circulação. (Karl Marx – O Capital – O Processo de Circulação do Capital – Livro 2 – Volume 3 – p. 128).

O tempo de circulação do capital limita o tempo de produção e, portanto, o processo de produzir mais-valia. Restringe-o proporcionalmente à própria duração. Esta pode variar, limitando, nos graus mais diversos, o período de produção do capital. A economia política vê a aparência, isto é, o efeito do tempo de circulação sobre o processo do capital de produzir mais-valia. Considera positivo esse efeito negativo que, na razão inversa, tem consequências positivas. Aferra-se ainda mais a essa aparência porque ela parece demonstrar que o capital possui um manancial místico para se valorizar e que lhe aflui da esfera da circulação, independentemente de seu processo de produção e por conseguinte da exploração do trabalho. (Karl Marx – O Capital – O Processo de Circulação do Capital – Livro 2 – Volume 3 – p. 128).

Separados no tempo, (M – D) e (D – M) podem estar também separados no espaço, sendo diversas as localizações geográficas do mercado de compra e a do mercado de venda. Nas fábricas, por exemplo, comprador e vendedor são frequentemente pessoas distintas. A circulação é tão necessária à produção de mercadorias quanto a própria produção, e os agentes de circulação, portanto, tão necessários quanto os agentes de produção. O processo de reprodução abrange ambas as funções do capital, exigindo que por elas se torne responsável o capitalista ou assalariados agentes do capitalista. (Karl Marx – O Capital – O Processo de Circulação do Capital – Livro 2 – Volume 3 – p. 129-130).

Os agentes da produção têm de pagar os agentes da circulação. Os capitalistas que compram e vendem entre si, com esse ato, não criam produtos nem valor, e isto em nada se altera caso a amplitude de seus negócios os capacite e os force a transferir a outros essa função. Em vários negócios, o comprador e o vendedor são pagos com certa percentagem sobre o lucro. De nada vale dizer que são pagos pelos consumidores. Os consumidores só podem pagar se, como agentes da produção, produzem para si mesmos um equivalente em mercadorias, ou se retiram um equivalente dos agentes de produção, em virtude de um título jurídico (associados, por exemplo), ou em razão de serviços pessoais. (Karl Marx – O Capital – O Processo de Circulação do Capital – Livro 2 – Volume 3 – p. 130).

Em condições normais (D – M) é ato necessário para se aumentar o valor expresso em (D), mas não é realização de mais-valia; vem antes e não depois da produção. (Karl Marx – O Capital – O Processo de Circulação do Capital – Livro 2 – Volume 3 – p. 130).

A forma de existência das mercadorias, sua vida como valores de uso, traçam determinados limites à circulação do capital mercadoria (M' – D'). Por natureza, elas são perecíveis. Se, de acordo com sua destinação, não forem objeto de consumo individual ou produtivo, em outras palavras, se não forem vendidas a tempo, estragar-se-ão e perderão com seu valor de uso a propriedade de serem portadoras do valor de troca. Perde-se o valor-capital nelas contido junto com o correspondente acréscimo de mais-valia. Os valores de uso só continuam a ser veículos do valor-capital que se eterniza e acresce, enquanto continuamente se renovam, se reproduzem e são repostos por novos valores de uso da mesma espécie ou de espécie diferente. Mas, a condição que continuamente se renova de sua reprodução é sua venda sob a forma acabada de mercadoria, portanto, sua entrada na esfera do consumo produtivo ou individual. O valor de troca só se conserva renovando continuamente seu corpo. Os valores de uso de diferentes mercadorias se deterioram mais ou menos rapidamente; pode decorrer intervalo maior ou menor entre sua produção e seu consumo; podem, portanto, sem perecer, como capital mercadoria, demorar mais ou menos tempo na fase de circulação (M – D), aguentar mais ou menos tempo na circulação como mercadorias. Quanto mais perecível uma mercadoria, tanto mais rapidamente tem de ser vendida e consumida após a produção, tanto menos pode afastar-se do local de produção, tanto menor será a área em que circula, tanto mais local o caráter do mercado de venda. Quanto mais perecível uma mercadoria, tanto mais estreito o limite que antepõe ao tempo de sua circulação, tanto menos se presta a ser objeto da produção capitalista. Ela só se adapta nos lugares populosos ou na medida em que o desenvolvimento dos meios de transportes encurta as distâncias. A produção de um artigo, concentrada em poucas mãos e em área populosa, pode proporcionar mercado relativamente grande para mercadorias desse gênero, como acontece, por exemplo, com as grandes cervejarias, leiterias etc. (Karl Marx – O Capital – O Processo de Circulação do Capital – Livro 2 – Volume 3 – p. 130-131).

OS CUSTOS DE CIRCULAÇÃO

1 Custos Estritos de Circulação

a) Tempo gasto em Compra e Venda

As transformações do capital, de mercadoria em dinheiro e de dinheiro em mercadoria, são também negócios do capitalista, atos de compra e de venda. O tempo em que se efetuam essas transformações são subjetivamente, do ponto de vista do capitalista, tempo de venda e tempo de compra, quando funciona no mercado como vendedor e comprador. O tempo de circulação do capital constitui parte de seu tempo de reprodução, e do mesmo modo o tempo em que o capitalista compra e vende, vagueia pelo mercado, representa parte do tempo em que funciona como capital personificado. (Karl Marx – O Capital – O Processo de Circulação do Capital – Livro 2 – Volume 3 – p. 132).

Quando os detentores de mercadorias não são capitalistas, mas produtores diretos autônomos, desconta-se do tempo de trabalho o tempo gasto na compra e venda, e na Antiguidade e na Idade Média procuravam eles transferir essas operações para os dias de festa. (Karl Marx – O Capital – O Processo de Circulação do Capital – Livro 2 – Volume 3 – p. 133-134).

As dimensões que o comércio assume nas mãos dos capitalistas não podem evidentemente transformar em fonte de valor esse trabalho que não cria valor, mas apenas possibilita mudança de forma do valor. O milagre dessa transubstanciação não poderia tampouco operar-se por meio de uma transposição, isto é, se os capitalistas industriais em vez de efetuarem diretamente aquele "trabalho de combustão", tornassem-no tarefa exclusiva de terceiras pessoas por eles pagas. (Karl Marx – O Capital – O Processo de Circulação do Capital – Livro 2 – Volume 3 – p. 134).

Para o capitalista, que faz outros trabalharem para ele, compra e venda constituem função fundamental. Apropriando-se do produto de muitos em ampla escala social, tem de vender na mesma escala e em seguida reconverter o dinheiro nos elementos da produção. Como sempre, o tempo empregado na compra e venda não cria valor. O funcionamento do capital mercantil dá origem a uma ilusão. Mas, sem entrar em pormenores, fica desde já evidente: se uma função, em si mesma improdutiva, embora necessária à reprodução, se transforma, com a divisão do trabalho, de uma tarefa acessória de muitos em tarefa exclusiva, especializada de poucos, não muda ela, com isso, de caráter. (Karl Marx – O Capital – O Processo de Circulação do Capital – Livro 2 – Volume 3 – p. 134).

De Quesnay, *Analyse Du Tableau Economique, em Daire, Physiocrates*, parte I, Paris, 1846, p. 71: (Karl Marx – O Capital – O Processo de Circulação do Capital – Livro 2 – Volume 3 – p. 134).

Os custos do comércio, embora necessários, representam necessariamente gravame.

Segundo Quesnay, o lucro resultante da concorrência entre os comerciantes, a qual os força "a reduzirem sua compensação ou seu ganho, não passa rigorosamente falando de uma perda a que escaparam o vendedor de primeira mão e o comprador consumidor. Ora, uma perda que se evita nos custos do comércio não é produto real, nem acréscimo de riqueza obtido pelo comércio, considere-se esse comércio independentemente dos custos de transportes, em si mesmo, como simples troca, ou em conjunto com os custos de transportes".

Os custos do comércio são pagos pelos vendedores dos produtos; estes disporiam de todo o preço que os compradores pagam, se não houvesse as despesas intermediárias". Os proprietários das terras e os produtores "pagam salários"; os comerciantes são "assalariados". (Quesnay, *Dialogues sur le Commerce et sur lês Travaux dês Artisans*, em Daire...).

Os custos de circulação representados pelo agente comercial reduzem-se de um quinto, de dez para oito horas. A sociedade não paga equivalente por um quinto do trabalho do tempo de circulação. Se é o capitalista quem paga ao agente, diminuem, por não serem pagas as duas horas, os custos de circulação de seu capital, os quais constituem redução de sua receita. Para ele é um ganho positivo, pois decresce um elemento negativo para a valorização de seu capital. Quando pequenos produtores autônomos de mercadorias despendem parte de seu próprio tempo em compra e venda, esse dispêndio só poderá ser ou tempo gasto nos intervalos de sua função produtiva ou interrupção de seu tempo de produção. (Karl Marx – O Capital – O Processo de Circulação do Capital – Livro 2 – Volume 3 – p. 135-136).

De qualquer modo, o tempo assim empregado é um custo de circulação, o qual nada acrescenta aos valores trocados. É o custo necessário para convertê-los da forma mercadoria à forma dinheiro. (Karl Marx – O Capital – O Processo de Circulação do Capital – Livro 2 – Volume 3 – p. 136).

b) Contabilidade

Além do tempo empregado em compra e venda, existe o despendido na contabilidade que absorve ainda trabalho materializado em penas, tinta, papel, móveis, custos de escritório. Gasta-se, portanto, força de trabalho, além de meios de trabalho. O que se dá aqui é o mesmo que observamos com referência ao tempo consumido em compra e venda. (Karl Marx – O Capital – O Processo de Circulação do Capital – Livro 2 – Volume 3 – p. 136-137).

Na Idade Média, só nos mosteiros encontramos a contabilidade agrícola.

Nas mais antigas comunidades indianas existe um contador para a agricultura. A contabilidade é aí função autônoma e exclusiva de um funcionário da comunidade. Com o contador da comunidade indiana se dá a mesma coisa que se observa "mutatis mutandis" com o contador capitalista. (Karl Marx – O Capital – O Processo de Circulação do Capital – Livro 2 – Volume 3 – p. 137).

A divisão do trabalho, ao tornar autônoma uma função, não faz dela criadora de produto e de valor, se já não o era antes de tornar-se independente. O capitalista que emprega capital em nova empresa tem de despender parte dele na compra de um contador etc. e nos materiais da contabilidade. Se seu capital já está em funcionamento, comprometido com o processo contínuo de reprodução, terá ele de reconverter constantemente parte do produto mercadoria, depois de reduzido à forma dinheiro em contador, caixeiros etc. Essa parte do capital é subtraída ao processo de produção e entra nos custos de circulação, nas deduções que se fazem ao produto global. (Karl Marx – O Capital – O Processo de Circulação do Capital – Livro 2 – Volume 3 – p. 138).

Os custos da contabilidade, porém, reduzem-se com a concentração da produção e quanto mais ela se torna contabilidade social. (Karl Marx – O Capital – O Processo de Circulação do Capital – Livro 2 – Volume 3 – p. 138).

c) Dinheiro

Seja mercadoria ou não, um produto é sempre figura material da riqueza, valor de uso, destinado ao consumo individual ou produtivo. Como mercadoria seu valor existe idealmente no preço que em nada altera a configuração efetiva de sua utilidade. A circunstância de certas mercadorias, como ouro e prata, funcionarem como dinheiro e, nessa qualidade, viverem no processo de circulação (até na condição de tesouro, reserva etc.) é simples decorrência da forma social estabelecida do processo de produção, que no caso é o processo de produção de mercadorias. Quando domina a produção capitalista, a mercadoria se torna a figura geral do produto, é de mercadorias a maior parte da produção, cresce, portanto, a massa de mercadorias, a parte da riqueza social que funciona como mercadoria. Por isso, tendo a mercadoria de assumir a forma dinheiro, também cresce a quantidade de ouro e de prata que serve de meio de circulação, de meio de pagamento, de reserva etc. (Karl Marx – O Capital – O Processo de Circulação do Capital – Livro 2 – Volume 3 – p. 139).

Ouro e prata, enquanto mercadorias dinheiro constituem para a sociedade custos de circulação oriundos apenas da forma social da produção. São custos improdutivos da produção de mercadorias, que crescem com o desenvolvimento da produção de mercadorias e especialmente da produção capitalista. É parte da riqueza social, que tem de ser sacrificada ao processo de circulação. (Karl Marx – O Capital – O Processo de Circulação do Capital – Livro 2 – Volume 3 – p. 139).

> O dinheiro que circula num país é certa porção do capital do país, totalmente retirada de finalidades produtivas, a fim de facilitar ou aumentar a produtividade do resto; certa porção da riqueza é por isso necessária tanto para tornar o ouro meio de circulação, quanto para construir uma máquina destinada a facilitar qualquer outra produção. (Economist, vol V, p. 520) (Karl Marx – O Capital – O Processo de Circulação do Capital – Livro 2 – Volume 3 – p. 139).

2 Custos de Conservação

Os custos de circulação decorrentes de simples mudança de forma do valor, da circulação idealmente considerada, não entram no valor das mercadorias. As partes do capital neles despendidas constituem, se temos em vista o capitalista, meras deduções do capital produtivamente empregado. (Karl Marx – O Capital – O Processo de Circulação do Capital – Livro 2 – Volume 3 – p. 140).

Custos que encarecem a mercadoria sem acrescer-lhe valor de uso, e que, para a sociedade pertencem, portanto, aos custos improdutivos (embora necessários) da produção, podem constituir para o capitalista individual fonte de enriquecimento. Esses custos de circulação não deixam de ter caráter improdutivo por se repartirem uniformemente através do acréscimo que sobrepõem ao preço da mercadoria. As companhias de seguros, por exemplo, repartem as perdas dos capitalistas individuais pela classe capitalista. Isto, porém, não impede que as perdas assim compensadas continuem sendo perdas do ponto de vista do capital global da sociedade. (Karl Marx – O Capital – O Processo de Circulação do Capital – Livro 2 – Volume 3 – p. 140).

a) Formação de Estoques em Geral

Para o valor-capital em movimento – que se transformou em produto mercadoria e tem de vender-se ou reconverter-se em dinheiro, que funciona, portanto, no mercado como capital mercadoria – formar estoque é uma permanência inconveniente e involuntária no mercado. Quanto mais rápida a venda, tanto melhor corre o processo de reprodução. A estada em (M' – D') impede a mudança real de matéria que tem de ocorrer no ciclo do capital, e o funcionamento ulterior do capital produtivo. Por outro lado, para (D – M), a existência permanente da mercadoria no mercado se patenteia condição da continuidade do processo de reprodução e do emprego de capitais novos ou adicionais. (Karl Marx – O Capital – O Processo de Circulação do Capital – Livro 2 – Volume 3 – p. 141).

A permanência do capital mercadoria no mercado como mercadoria disponível exige construções, lojas, depósitos, armazéns, dispêndio, portanto, de capital constante; demais, pagamento de força de trabalho para armazenar as mercadorias nos depósitos. Além disso, as mercadorias se deterioram e estão expostas à ação de elementos prejudiciais. Para protegê-las é mister despender capital adicional em meios de trabalho, ou seja, em forma materializada, e em força de trabalho. (Karl Marx – O Capital – O Processo de Circulação do Capital – Livro 2 – Volume 3 – p. 141).

Corbert calculou, em 1841, os custos de armazenamento de trigo, num período de nove meses, em ½% para perda em quantidade, 3% para juros sobre o preço do trigo, 2% para aluguel do depósito, 1% para serviços de conservação e transporte, ½% para o trabalho de entrega, ao todo 7% ao preço de 50 xelins. (Th. Corbet, An Inquiry into the Causes and Modes of the Wealth of Individuals etc., Londres, 1841) (Karl Marx – O Capital – O Processo de Circulação do Capital – Livro 2 – Volume 3 – p. 141).

Segundo os depoimentos de comerciantes de Liverpool perante a comissão de transportes ferroviários, os custos estritos de armazenamento de cereais, em 1865, importavam, por mês, em 2 pence por quarter ou 9-10 pence por tonelada. (Royal Commission on Railways, 1867, Evidence, p. 19) (Karl Marx – O Capital – O Processo de Circulação do Capital – Livro 2 – Volume 3 – p. 141-142).

A existência do capital na forma de capital mercadoria, de mercadoria em estoque, ocasiona custos que, não pertencendo à esfera da produção, figuram entre os custos de circulação. (Karl Marx – O Capital – O Processo de Circulação do Capital – Livro 2 – Volume 3 – p. 142).

Segundo a fabulosa ideia de A. Smith, a formação de estoques é fenômeno peculiar da produção capitalista. Economistas posteriores, Lalor, por exemplo, afirmam ao contrário, que ela decresce com o desenvolvimento da produção capitalista. Sismondi considera-a até aspecto negativo dessa produção. (Karl Marx – O Capital – O Processo de Circulação do Capital – Livro 2 – Volume 3 – p. 143).

Na realidade, os estoques existem sob três formas: a de capital produtivo, a de fundo de consumo individual e a de mercadorias em estoque ou de capital mercadoria. O estoque numa forma diminui, quando aumenta na outra, embora possa aumentar de maneira absoluta nas três formas ao mesmo tempo. (grifo meu) (Karl Marx – O Capital – O Processo de Circulação do Capital – Livro 2 – Volume 3 – p. 143).

A. Smith confunde a forma do estoque com o próprio estoque e acredita que a sociedade até nossa época vivia do dia a dia ou se entregava às eventualidades do dia seguinte. Estoque sob a forma de capital produtivo existe na forma de meios de produção que já se encontram no processo de produção ou, pelo menos, nas mãos do produtor, de maneira latente no processo de produção. Com o desenvolvimento da produtividade do trabalho, com o desenvolvimento, portanto, do modo capitalista de produção (que tem contribuído para o desenvolvimento da força produtiva do trabalho mais que todos os outros modos anteriores de produção), a quantidade dos meios de produção (construções, máquinas etc.) incorporados ao processo de uma vez por todas sob a forma de meios de trabalho, e nele funcionando reiterada e ininterruptamente em período mais ou menos longo, cresce de maneira contínua e que esse crescimento é condição prévia e, ao mesmo tempo, resultado do desenvolvimento da produtividade social do trabalho. (Karl Marx – O Capital – O Processo de Circulação do Capital – Livro 2 – Volume 3 – p. 143-144).

A formação de estoques não decorre, conforme A. Smith imagina, da transformação do produto em mercadoria e da provisão de consumo em estoque de mercadorias; ao contrário, essa mudança de forma causa as mais violentas crises na economia dos produtores, quando se passa da produção destinada às suas necessidades próprias para a produção de mercadorias. Na Índia, por exemplo, conservou-se até recentemente "o hábito de armazenar trigo em grandes quantidades, razão por que não era fácil obtê-lo nos anos de abundância (Return. Bengel and Orissa Famine. H. of C. 1867, I, PP. 230/231, n. 74) (Karl Marx – O Capital – O Processo de Circulação do Capital – Livro 2 – Volume 3 – p. 144).

A procura de algodão, juta etc., subitamente aumentada pela guerra civil americana levou muitas partes da Índia a reduzir a rizicultura, elevar os preços do arroz e vender as velhas reservas de arroz que eram mantidas pelos produtores. Além disso, houve no período de 1864-1866 uma exportação extraordinária de arroz para a Austrália, Madagascar etc. Daí o caráter agudo da epidemia de fome de 1866, a qual só no distrito de Orissa ceifou a vida de um milhão de seres humanos. (IB., PP. 174, 175, 213, 214 e III: Paper relating to the Famine in Behar, PP. 32/33, onde entre as causas da epidemia de fome se destaca o esgotamento do velho estoque) (Karl Marx – O Capital – O Processo de Circulação do Capital – Livro 2 – Volume 3 – p. 144).

Com a escala de produção e o incremento da produtividade do trabalho por meio da cooperação, divisão, maquinaria etc., cresce a quantidade de matéria-prima, de matérias auxiliares etc. que entram no processo diário de reprodução. Esses elementos têm de estar disponíveis no local de produção. O volume do estoque existente sob a forma de capital produtivo cresce, portanto, em termos absolutos. Para o processo ser contínuo, seja qual for o prazo em que se possa renovar esse estoque, tem de estar disponível no local de produção quantidade de matéria-prima maior do que a consumida, por exemplo, diária ou semanalmente. A fluidez do processo exige que suas condições não dependam de possível interrupção de compras diárias nem tampouco da venda diária ou semanal da mercadoria produzida; com essa dependência, só irregularmente haveria a reversão aos elementos de produção. Está claro que o capital produtivo pode, com amplitude diversa, estar latente ou constituir estoque. (Karl Marx – O Capital – O Processo de Circulação do Capital – Livro 2 – Volume 3 – p. 144-145).

Quanto menos a fábrica de fiação depender da venda imediata do fio para renovar seus estoques de algodão, carvão etc., e quanto mais desenvolvido for o sistema de crédito, quanto menor for essa dependência imediata, tanto menor pode ser a magnitude relativa desse estoque, a fim de assegurar uma produção contínua de fio em escala determinada, independente das incertezas da venda do fio. (Karl Marx – O Capital – O Processo de Circulação do Capital – Livro 2 – Volume 3 – p. 146).

Muitas matérias-primas, produtos semiacabados etc. precisam de períodos longos para sua produção, e isto é notadamente verdadeiro para todas as matérias-primas fornecidas pela agricultura. Para não se interromper o processo de produção, é necessário determinado estoque suficiente para todo o período em que o novo produto não possa repor o velho. Se esse estoque diminui nas mãos do capitalista industrial, necessariamente terá de aumentar nas mãos do comerciante sob a forma de estoque de mercadorias. O desenvolvimento dos meios de transporte, por exemplo, permite levar rapidamente a Manchester o algodão armazenado no porto de importação em Liverpool, de modo que o fabricante pode renovar, segundo suas necessidades, em quantidades relativamente pequenas, seu estoque de algodão. Mas em consequência, há aumentos correspondentes de estoque de mercadorias nas mãos dos comerciantes de Liverpool – Há simples mudança de estoque, o que "Lalor" e outros não mencionaram. E do ponto de vista do capital social, continua sob a forma de estoque a mesma quantidade de produção. Para um só país, diminui com o desenvolvimento dos meios de transporte, a quantidade que tem de estar disponível, por exemplo, anualmente. (Karl Marx – O Capital – O Processo de Circulação do Capital – Livro 2 – Volume 3 – p. 146).

b) Estoque de Mercadorias Propriamente Dito

No regime de produção capitalista, a mercadoria se torna a forma geral do produto, e tanto mais quanto mais se desenvolve esse regime em amplitude e profundidade. Parte incomparavelmente maior (mesmo para igual volume de produção) do produto existe como mercadoria, em confronto com os modos anteriores de produção e com a produção capitalista menos desenvolvida. Toda mercadoria e, por conseguinte, todo capital mercadoria, que nada mais é que mercadoria, embora como forma de existência do valor-capital, quando não passa imediatamente da esfera da produção para o consumo produtivo ou individual, encontrando-se portanto no intervalo em que permanece no mercado, constitui um elemento do estoque de mercadorias. Por isso, mesmo que não se altere o volume da produção, cresce por si mesmo o estoque de mercadorias com a produção capitalista. Se aumenta a magnitude relativa do estoque de mercadorias, em relação ao produto global da sociedade, e, ao mesmo tempo, a magnitude absoluta, é porque, com a produção capitalista, cresce a massa do produto global. (Karl Marx – O Capital – O Processo de Circulação do Capital – Livro 2 – Volume 3 – p. 147).

Finalmente, a maior parte da sociedade se transforma em assalariados, pessoas que vivem sem dispor de reservas, recebem seu salário por semana e o gastam diariamente, tendo de encontrar em estoque os meios de subsistência. Qualquer que seja a quantidade que se escoe dos elementos desse estoque, parte deles tem de estar permanentemente armazenada, a fim de que o estoque possa continuar sempre fluindo. (Karl Marx – O Capital – O Processo de Circulação do Capital – Livro 2 – Volume 3 – p. 147-148).

Tudo isto decorre da forma de produção e da forma de transformação nela implícita, pela qual tem de passar o produto no processo de circulação. (Karl Marx – O Capital – O Processo de Circulação do Capital – Livro 2 – Volume 3 – p. 148).

Qualquer que seja a forma social do estoque de produtos, sua conservação exige custos: construções, recipientes etc. onde se guardam os produtos; certa quantidade, variável segundo a natureza do produto, de meios de produção e de trabalho que tem de ser gastos para evitar a deterioração. Quanto maior a concentração social dos estoques, tanto menores são esses custos relativamente. Esses dispêndios representam sempre parte do trabalho social, materializado ou vivo e, na forma capitalista, dispêndios de capital que não entram na criação do produto, mas constituem deduções deste. São gastos acessórios mas necessários da riqueza social. São custos de manutenção do produto social, não importando que a existência do produto social em estoque de mercadorias decorra apenas da forma social da produção, portanto da forma mercadoria e da sua necessária transformação, ou que consideremos o estoque de produtos comum a todas as sociedades, embora este não tenha sempre a forma de estoque de mercadorias, essa forma de estoque de produtos ligada ao processo de circulação. (Karl Marx – O Capital – O Processo de Circulação do Capital – Livro 2 – Volume 3 – p. 148).

Quando o capitalista transforma seu capital adiantado sob a forma de meios de produção e de força de trabalho, em produtos, em determinada quantidade de mercadoria pronta e acabada para ser vendida, e esta permanece invendável, armazenada, não se paralisa apenas, nesse período, o processo de valorização de seu capital. As despesas exigidas para manter esse estoque, em construções, trabalho adicional etc., constituem perda positiva. (Karl Marx – O Capital – O Processo de Circulação do Capital – Livro 2 – Volume 3 – p. 148).

Em nada altera as condições de existência da mercadoria que seu produtor seja produtor efetivo ou produtor capitalista que aparece como se fosse o efetivo. Ele tem de transformar as coisas produzidas em dinheiro. Os gastos que tem com a demora delas na forma mercadoria constituem seus riscos individuais que não interessam ao comprador da mercadoria. Este não lhe paga o tempo de circulação de sua mercadoria. (Karl Marx – O Capital – O Processo de Circulação do Capital – Livro 2 – Volume 3 – p. 149).

Enquanto a formação de estoques é parada na circulação, os custos da mercadoria daí decorrentes não acrescentam valor. Por outro lado, não pode haver estoque sem pausa na esfera da circulação, sem detenção mais ou menos longa do capital em sua forma mercadoria; não há, portanto, estoque sem parada da circulação, do mesmo modo que dinheiro não pode circular sem formação de reservas de dinheiro. Sem estoques de mercadoria, portanto, não há circulação de mercadorias. (Karl Marx – O Capital – O Processo de Circulação do Capital – Livro 2 – Volume 3 – p. 149).

A formação involuntária de estoques decorre ou é idêntica a uma parada na circulação, a qual não depende do conhecimento do produtor e se antepõe a seus projetos. A formação voluntária de estoques decorre, por exemplo, do fato de o vendedor procurar sempre desfazer-se o mais rápido possível de sua mercadoria, ter seu produto sempre à venda como mercadoria. Se o subtrai à venda, passa o produto a constituir elemento potencial e não efetivo do estoque de mercadorias. (Karl Marx – O Capital – O Processo de Circulação do Capital – Livro 2 – Volume 3 – p. 149).

O estoque de mercadorias tem de atingir um volume em que possa atender à dimensão da procura, em determinado período. Além disso, conta-se com a expansão constante do círculo dos compradores. A fim de atender à procura, no período de um dia, por exemplo, tem uma parte das mercadorias que estão no mercado de permanecer sob a forma mercadoria, enquanto a outra flui, se transforma em dinheiro. A parte estagnada, enquanto a outra flui, reduz-se continuamente, como o próprio estoque até ser, por fim, inteiramente vendida. A imobilização da mercadoria, no caso, é considerada condição necessária da venda. Por outro lado, o estoque tem de ser renovado continuamente, pois se desfaz de maneira ininterrupta. Essa renovação só pode provir, em última instância, da produção, de um fornecimento de mercadorias. Não importa sua origem, que elas venham ou não do estrangeiro. A renovação depende do tempo que as mercadorias precisam para sua reprodução. O estoque tem de ser suficiente durante esse tempo. Altera a aparência da coisa, mas não a coisa, a circunstância de o estoque não permanecer nas mãos do produtor primitivo, e passar por depósitos diversos, do grande comerciante até o retalhista. (Karl Marx – O Capital – O Processo de Circulação do Capital – Livro 2 – Volume 3 – p. 150).

Do ponto de vista social, parte do capital está sempre sob a forma de estoque de mercadorias, enquanto a mercadoria não tenha entrado no consumo produtivo ou individual. (Karl Marx – O Capital – O Processo de Circulação do Capital – Livro 2 – Volume 3 – p. 150).

Essa formação de estoques assegura a permanência e a continuidade do processo de circulação e, por consequência, do processo de reprodução que abrange o processo de circulação. (Karl Marx – O Capital – O Processo de Circulação do Capital – Livro 2 – Volume 3 – p. 150).

Para a mercadoria, seja ela considerada isoladamente ou como parte do capital social, não traz nenhuma alteração que os custos da formação de estoque recaiam em seu produtor ou numa série de intermediários. (Karl Marx – O Capital – O Processo de Circulação do Capital – Livro 2 – Volume 3 – p. 151).

Enquanto o estoque de mercadorias é apenas a forma mercadoria do estoque que, se não existisse como estoque de mercadorias, existiria em dada escala da produção social como estoque produtivo (fundo latente de produção) ou como fundo de consumo (reserva de meios de consumo) – os custos exigidos pela manutenção do estoque, os custos de formação de estoques, isto é, o trabalho vivo ou materializado, aí aplicados, são apenas custos, transpostos da conservação do fundo social de produção ou do fundo social de consumo. (Karl Marx – O Capital – O Processo de Circulação do Capital – Livro 2 – Volume 3 – p. 151).

Ao elevar-se o valor das mercadorias em virtude desses custos, rateiam-se eles pelas diferentes mercadorias, pois diferem para as diferentes espécies de mercadorias. Como dantes, os custos de formação de estoques continuam sendo reduções da riqueza social, embora desta sejam condição de existência. (Karl Marx – O Capital – O Processo de Circulação do Capital – Livro 2 – Volume 3 – p. 151).

O estoque de mercadorias só é normal enquanto for apenas condição da circulação de mercadorias e forma necessariamente surgida nessa circulação, enquanto essa estagnação aparente for, portanto, forma de giro, do mesmo modo que a formação de reservas de dinheiro é condição da circulação de dinheiro. (Karl Marx – O Capital – O Processo de Circulação do Capital – Livro 2 – Volume 3 – p. 151).

O estoque de mercadorias não é condição da venda ininterrupta, mas consequência da impossibilidade de vender as mercadorias. Prosseguem os mesmos custos, mas, decorrendo-os agora apenas da forma, isto é, da necessidade de converter as mercadorias em dinheiro, e da dificuldade dessa metamorfose não entram no valor da mercadoria, mas representam descontos, perda de valor na realização do valor. Uma vez que, do ponto de vista da forma, não se distinguem a forma normal e a anormal de estoque, sendo ambas paradas da circulação, podem os dois fenômenos ser confundidos e iludir o próprio agente da produção, tanto mais que para ele o processo de circulação de seu capital pode fluir, enquanto fica paralisado o processo de circulação de suas mercadorias que passaram às mãos do comerciante. Aumentando-se a produção e o consumo, não se alterando as demais circunstâncias, aumenta também o estoque de mercadorias. Renova-se e é absorvido com velocidade correspondente, mas seu volume é maior. O acréscimo do estoque de mercadorias decorrente de paralisar-se a circulação pode ser erroneamente tomado por sintoma de que se ampliou o processo de reprodução e, sobretudo, o desenvolvimento do sistema de crédito permite que se disfarce o movimento real. (Karl Marx – O Capital – O Processo de Circulação do Capital – Livro 2 – Volume 3 – p. 151-152).

Os custos de estocagem abrangem: (Karl Marx – O Capital – O Processo de Circulação do Capital – Livro 2 – Volume 3 – p. 152).

1. redução quantitativa na massa do produto;

2. deterioração da qualidade;

3. trabalho materializado e vivo, exigidos pela conservação do estoque.

c) Custos de Transporte

A lei geral é: todos os custos de circulação que decorrem apenas da mudança de forma da mercadoria não acrescentam a este valor. São apenas custos para realizar o valor, para fazê-lo passar de uma forma para outra. (Karl Marx – O Capital – O Processo de Circulação do Capital – Livro 2 – Volume 3 – p. 152).

O capital despendido nesses custos (inclusive o trabalho que ele comanda) pertence aos custos improdutivos necessários da produção capitalista. Seu reembolso tem de provir do produto excedente e constitui, para a classe capitalista em seu conjunto, um desconto na mais-valia ou no produto excedente, do mesmo modo que, para o trabalhador, é tempo perdido o que utiliza na compra de meios de subsistência. (Karl Marx – O Capital – O Processo de Circulação do Capital – Livro 2 – Volume 3 – p. 152).

No ciclo do capital e na metamorfose das mercadorias nele incluída realiza-se o intercâmbio de matérias do trabalho social. (Karl Marx – O Capital – O Processo de Circulação do Capital – Livro 2 – Volume 3 – p. 152).

Embora a indústria de transporte se apresente no regime de produção capitalista como causa de custos de circulação, esse fenômeno particular em nada altera a substância da coisa. (Karl Marx – O Capital – O Processo de Circulação do Capital – Livro 2 – Volume 3 – p. 153).

O transporte não aumenta a quantidade dos produtos. Se eventualmente altera as qualidades naturais destes, essa alteração não é efeito útil almejado, e sim mal inevitável. (Karl Marx – O Capital – O Processo de Circulação do Capital – Livro 2 – Volume 3 – p. 153).

É lei geral da produção de mercadorias: a produtividade do trabalho e o valor que ele cria estão em relação inversa. Esta lei se aplica à indústria de transporte como a qualquer outra. Quanto menor a quantidade de trabalho materializado e vivo que o transporte da mercadoria exige para determinada distância, tanto maior a produtividade do trabalho, e vice-versa. (Karl Marx – O Capital – O Processo de Circulação do Capital – Livro 2 – Volume 3 – p. 153-154).

A magnitude absoluta de valor que o transporte acrescenta às mercadorias, não se alterando as demais circunstâncias, está na razão inversa da produtividade da indústria de transporte e na direta das distâncias a percorrer. (Karl Marx – O Capital – O Processo de Circulação do Capital – Livro 2 – Volume 3 – p. 154).

A proporção de valor que os custos de transporte, não variando as demais circunstâncias, acrescem ao preço da mercadoria, está na razão direta do volume e do peso dela. Variam, entretanto, numerosas circunstâncias. Variam, por exemplo, as medidas de precaução exigidas pelo transporte, o correspondente dispêndio de trabalho e de meios de trabalho, de acordo com a relativa fragilidade do artigo, a facilidade com que se deteriora ou explode. (Karl Marx – O Capital – O Processo de Circulação do Capital – Livro 2 – Volume 3 – p. 154).

> O vidro que valia antes 11 libras esterlinas por caixa, vale agora, em virtude do progresso industrial, e da isenção de imposto, apenas 2 libras esterlinas, mas, os custos de transporte continuam os mesmos, e até aumentaram os fretes por canal...

De (Ricardo, *Principles of Political Economy*, 3ª Ed., Londres, 1821, PP. 309, 310) Royal Commission on Railways, p. 31, nº 630):

> Say, citado por Ricardo, considera-se uma benemerência do comércio encarecer os produtos ou elevar seu valor com os custos de transporte. Diz ele: "O comércio permite-nos ir buscar mercadoria nos lugares onde existe e transportá-la para os lugares onde é consumida. Dá-nos, portanto, os meios de acrescentar ao valor de uma mercadoria toda a diferença entre os preços correntes nos diversos lugares". A isso objeta Ricardo: "Muito bem, mas donde procede esse valor adicional? Da adição, feita aos custos de produção das despesas de transporte e do lucro sobre o capital adiantado pelo comerciante. A razão por que a mercadoria tem mais valor é a mesma por que qualquer outra mercadoria vale mais, a saber: mais trabalho foi empregado em sua produção e em seu transporte

antes de ser comprada pelo consumidor. É um erro considerar isso um dos benefícios proporcionados pelo comércio. (Karl Marx – O Capital – O Processo de Circulação do Capital – Livro 2 – Volume 3 – p. 154).

A proporção que os custos de transporte representam no valor de um artigo está na razão inversa desse valor, mas isto constitui, para os magnatas das ferrovias, motivo especial para gravar um artigo na razão direta de seu valor. As queixas dos industriais e comerciantes a esse respeito se repetem, a cada passo, nos depoimentos inseridos no relatório citado. (Karl Marx – O Capital – O Processo de Circulação do Capital – Livro 2 – Volume 3 – p. 155).

O modo capitalista de produção diminui os custos de transporte para cada mercadoria com o desenvolvimento dos meios de transporte e de comunicação, com a concentração do transporte. Aumenta a parte do trabalho social vivo e materializado, aplicada no transporte de mercadorias, primeiro transformando a grande maioria dos produtos em mercadorias e segundo substituindo mercados locais por mercados longínquos. (Karl Marx – O Capital – O Processo de Circulação do Capital – Livro 2 – Volume 3 – p. 155).

A movimentação das mercadorias, a circulação efetiva das mercadorias no espaço, identifica-se com o transporte delas. A indústria de transporte constitui ramo autônomo da produção e por consequência esfera particular de emprego do capital produtivo. Singulariza-se por aparecer como continuação de um processo de produção dentro do processo de circulação e para o processo de circulação. (Karl Marx – O Capital – O Processo de Circulação do Capital – Livro 2 – Volume 3 – p. 155).

A ROTAÇÃO DO CAPITAL

1 Tempo de Rotação e Número de Rotações

O tempo em que determinado capital faz uma circulação completa é igual à soma de seu tempo de circulação propriamente dito e de seu tempo de produção. É o período em que o valor-capital se move, a partir do momento em que é adiantado sob determinada forma até o momento em que volta à mesma forma. (Karl Marx – O Capital – O Processo de Circulação do Capital – Livro 2 – Volume 3 – p. 159).

O objetivo determinante da produção capitalista é sempre o acréscimo do valor adiantado, em sua forma autônoma, a forma dinheiro, ou na forma mercadoria, possuindo então a forma valor autonomia apenas ideal no preço das mercadorias adiantadas. Em ambos os casos, o valor-capital percorre, durante seu ciclo, formas de existência diversas. Sua identidade está registrada nos livros do capitalista ou se verifica sob a forma de dinheiro de conta. (Karl Marx – O Capital – O Processo de Circulação do Capital – Livro 2 – Volume 3 – p. 159).

A forma (D...D') e a forma (P...P') supõem que o valor adiantado funcionou como valor-capital tendo um acréscimo de mais-valia, e que voltou à forma em que iniciou o processo depois de percorrê-lo. (Karl Marx – O Capital – O Processo de Circulação do Capital – Livro 2 – Volume 3 – p. 159-160).

Consideremos as diferenças entre as formas:

I) (D ... D');

II) (P ... P);e

III) (M ... M').

Em (I), regressa-se a (D' = D + d). Se o processo se renova na mesma escala, (D) volta a ser o ponto de partida e (d) não entra no processo, mas indica que (D) se valorizou como capital produzindo a mais-valia (d), embora depois a afastasse de si. (Karl Marx – O Capital – O Processo de Circulação do Capital – Livro 2 – Volume 3 – p. 160).

Do mesmo modo, na forma (II), o valor-capital adiantado sob a forma dos elementos de produção (P) constitui o ponto de partida. Havendo acumulação, (P) inicia o processo como valor-capital acrescido. Mas o valor-capital, embora maior que antes, recomeça sob a forma inicial. (Karl Marx – O Capital – O Processo de Circulação do Capital – Livro 2 – Volume 3 – p. 160).

Na forma (III), o valor-capital não começa como valor adiantado e sim como valor acrescido de mais-valia, como riqueza global sob a forma de mercadorias, da qual o valor-capital adiantado é apenas uma parte. (Karl Marx – O Capital – O Processo de Circulação do Capital – Livro 2 – Volume 3 – p. 160).

Devemos ater-nos ao ciclo (I) quando se trata fundamentalmente da influência da rotação sobre a criação de mais-valia; ao ciclo (II), quando se trata dessa influência sobre a formação de produto. (Karl Marx – O Capital – O Processo de Circulação do Capital – Livro 2 – Volume 3 – p. 161).

Quando todo o valor-capital empregado por um capitalista individual num ramo de produção qualquer conclui o movimento cíclico, volta a encontrar-se em sua forma inicial e pode repetir o mesmo processo. Tem de repeti-lo, se o propósito é perpetuar e expandir o valor como valor-capital. Cada ciclo constitui na vida do capital apenas uma etapa que se renova constantemente, um período portanto. No fim do período (D...D'), o capital reaparece como capital dinheiro, que percorre novamente a série de transformações em que está implícito seu processo de reprodução ou de valorização. Chama-se rotação do capital o seu ciclo definido como processo periódico e não como acontecimento isolado. Sua duração é determinada pela soma do tempo de produção e do tempo de circulação do capital. (Karl Marx – O Capital – O Processo de Circulação do Capital – Livro 2 – Volume 3 – p. 161-162).

O dia de trabalho constitui a unidade natural de medida do funcionamento da força de trabalho; o ano representa a unidade natural de medida das rotações do capital em movimento. Essa unidade de medida tem seu fundamento natural na circunstância de serem anuais os produtos agrícolas mais importantes da zona temperada, o berço da produção capitalista. (Karl Marx – O Capital – O Processo de Circulação do Capital – Livro 2 – Volume 3 – p. 162).

Para o capitalista, o tempo de rotação de seu capital é o período durante o qual tem de adiantar o capital para valorizá-lo e recuperá-lo na sua figura primitiva. (Karl Marx – O Capital – O Processo de Circulação do Capital – Livro 2 – Volume 3 – p. 163).

CAPITAL FIXO E CAPITAL CIRCULANTE

1 As Diferenças de Forma

Parte do capital constante conserva, em face dos produtos para cuja formação concorre, a forma de uso determinada em que entra no processo de produção. Executa, por isso, as mesmas funções em processos de trabalho sempre repetidos, durante períodos mais ou menos longos, como por exemplo, os edifícios, máquinas, em suma com tudo o que chamamos de meio de trabalho. Essa parte do capital constante cede valor ao produto na proporção em que perde com seu valor de uso, o valor de troca. (Karl Marx – O Capital – O Processo de Circulação do Capital – Livro 2 – Volume 3 – p. 164).

A característica dessa parte do capital constante, os meios de trabalho propriamente ditos, é portanto, parte do Capital adiantada sob a forma de capital constante e consiste em meios de produção que funcionam como fatores do processo de trabalho enquanto perdura a forma autônoma de uso com que nele entraram. Os meios de trabalho, entretanto, não abandonam a esfera da produção depois de nela ter entrado. Nela os prende sua função. Parte do valor-capital adiantado se fixa nessa forma determinada pela função dos meios de trabalho no processo. Enquanto o meio de trabalho for eficaz, enquanto não tiver de ser substituído por novo exemplar da mesma espécie, haverá nele valor-capital constante, enquanto outra pare do valor primitivamente nele fixado se transfere ao produto e por isso circula como elemento do estoque de mercadorias. Quanto mais tempo dura o meio de trabalho, quanto mais demora seu desgaste, tanto mais tempo permanece fixado nessa forma de uso valor-capital constante. Qualquer que seja sua durabilidade, a proporção em que transfere valor está na razão inversa do tempo global de seu funcionamento. (Karl Marx – O Capital – O Processo de Circulação do Capital – Livro 2 – Volume 3 – p. 165).

Durante todo o período de seu funcionamento, encontra-se uma fração de seu valor nele fixada, independentemente das mercadorias que ajuda a produzir. Essa peculiaridade dá a essa parte do capital constante a forma de capital fixo. Em contraposição, os demais elementos materiais do capital, adiantados no processo de produção, constituem o capital circulante. (Karl Marx – O Capital – O Processo de Circulação do Capital – Livro 2 – Volume 3 – p. 166).

Os meios de trabalho propriamente ditos, os veículos materiais do capital fixo, são consumidos apenas produtivamente e não podem entrar no consumo individual, pois não entram no produto, no valor de uso que ajudam a produzir; pelo contrário, mantêm perante este sua figura autônoma até completar seu desgaste. (Karl Marx – O Capital – O Processo de Circulação do Capital – Livro 2 – Volume 3 – p. 166).

O que faz de um produto capital fixo é a sua função de meio de trabalho no processo de produção. (Karl Marx – O Capital – O Processo de Circulação do Capital – Livro 2 – Volume 3 – p. 167).

Igualadas todas as demais circunstâncias, o grau de fixidez do valor-capital depende da durabilidade do meio de trabalho. Dessa durabilidade, portanto, depende a magnitude da diferença entre o valor-capital fixado nos meios de trabalho e o valor que estes transferem ao produto nos processos de trabalho repetidos. Quanto mais lenta essa transferência, tanto maior o capital fixado, tanto maior a diferença entre o capital aplicado e o capital consumido no processo de produção. Ao desaparecer essa diferença, o meio de trabalho se exaure e perde o valor, ao perder o valor de uso. Deixa de ser veículo de valor. (Karl Marx – O Capital – O Processo de Circulação do Capital – Livro 2 – Volume 3 – p. 167-168)

A diferença entre meio de trabalho reflete-se, de nova forma, na diferença entre capital fixo e capital circulante. O gado utilizado para carga é capital fixo; o gado de engorda é matéria-prima, que, por fim, entra na circulação como produto, não sendo portanto capital fixo e sim circulante. (Karl Marx – O Capital – O Processo de Circulação do Capital – Livro 2 – Volume 3 – p. 169).

Todo capital, ao funcionar como capital produtivo está fixado ao processo de produção. A condição de estar fixado por tempo mais ou menos longo, segundo a natureza do processo de produção ou o efeito útil almejado, não determina a diferença entre capital fixo e capital circulante. (Karl Marx – O Capital – O Processo de Circulação do Capital – Livro 2 – Volume 3 – p. 169).

Não é a imobilidade que, num caso, lhe dá o caráter de capital fixo, nem a mobilidade, no outro, lhe tira esse caráter. Mas, a circunstância de haver meios de trabalho localmente fixados, radicados, presos ao solo, confere a essa parte do capital fixo papel peculiar na economia das nações. (Karl Marx – O Capital – O Processo de Circulação do Capital – Livro 2 – Volume 3 – p. 170).

A parte do valor do capital produtivo, desembolsada em força de trabalho, passa integralmente, portanto, para o produto, realiza com ele as duas metamorfoses pertencentes à esfera da circulação e, com essa renovação constante, permanece sempre incorporada ao processo de produção. Esses elementos do capital produtivo – as partes do valor dele desembolsadas em força de trabalho e em meios de produção que não constituem capital fixo – em virtude do caráter comum de sua rotação, se opõem, como capital circulante ou de giro, ao capital fixo. (Karl Marx – O Capital – O Processo de Circulação do Capital – Livro 2 – Volume 3 – p. 172).

O Valor do capital circulante em força de trabalho e em meios de produção é adiantado pelo tempo necessário para fabricar o produto, segundo a escala de produção, dada pela magnitude do capital fixo. Esse valor entra por inteiro no produto, e, com a venda do produto volta da circulação em sua totalidade, podendo ser novamente adiantado. (Karl Marx – O Capital – O Processo de Circulação do Capital – Livro 2 – Volume 3 – p. 173-174).

Além do próprio valor, a força de trabalho acrescenta incessantemente ao produto mais-valia, encarnação de trabalho não pago. A mais-valia, portanto, é posta também em circulação pelo produto acabado e convertida em dinheiro como os demais elementos do valor do produto. (Karl Marx – O Capital – O Processo de Circulação do Capital – Livro 2 – Volume 3 – p. 174).

Do exposto, resulta:

a.	A diferença na conceituação das formas capital fixo e capital circulante decorre de diferença que se verifica na rotação do capital produtivo, isto é, do valor-capital que funciona no processo de produção. Essa diversidade de rotação decorre da maneira diversa como se transporta para o produto o valor dos diferentes elementos do capital produtivo, e não da diversidade do papel que esses elementos desempenham na formação do valor dos produtos nem do procedimento que os caracteriza no processo de produzir mais-valia. Só o capital produtivo, portanto, pode cindir-se em capital fixo e capital circulante. Essa oposição não existe para os dois outros modos de existência do capital industrial, o capital mercadoria e o capital dinheiro, nem mesmo se contrapomos amos ao capital produtivo. O capital dinheiro e o capital mercadoria por mais que funcionem como capital e por mais fluente que seja sua circulação, só podem se tornar capital circulante em oposição ao fixo, depois de transformados em elementos circulantes do capital produtivo; (Karl Marx – O Capital – O Processo de Circulação do Capital – Livro 2 – Volume 3 – p. 174-175).

b.   *A rotação dos elementos fixos do capital e, por conseguinte, o tempo necessário a essa rotação, compreende várias rotações dos elementos circulantes. Enquanto o capital fixo realiza uma rotação, o circulante realiza várias. Um elemento do valor do capital produtivo só adquire a forma de capital fixo, se o meio de produção em que existe não é inteiramente consumido no espaço de tempo em que o produto é fabricado e expelido como mercadoria do processo de produção;* (Karl Marx – O Capital – O Processo de Circulação do Capital – Livro 2 – Volume 3 – p. 175).

c.   A parte do valor do capital produtivo empregada em capital fixo é adiantada toda de uma vez, por todo o tempo em que funcionam aqueles meios de produção que compõem o capital fixo. Esse valor é lançado de uma vez na circulação pelo capitalista; mas, só é retirado da circulação, pouco a pouco, progressivamente, com a realização das partes do valor as quais o capital fixo, gradualmente, acrescenta às mercadorias; (Karl Marx – O Capital – O Processo de Circulação do Capital – Livro 2 – Volume 3 – p. 175).

d.   *Para que o processo de produção seja contínuo, nele se fixam os elementos do capital circulante de maneira tão constante quanto os elementos do capital fixo. Mas, aqueles elementos são continuamente renovados em espécie (os meios de produção por novos da mesma espécie, a força de trabalho por compras sucessivas), e estes não são substituídos, nem é renovada sua compra, enquanto perduram funcionando. Encontram-se continuamente matérias-primas e matérias auxiliares no processo de produção, mas sempre novos exemplares da mesma espécie, enquanto os antigos já foram consumidos na fabricação do produto. Não cessa de haver também força de trabalho no processo de produção, mas apenas em virtude de compras continuamente renovadas e muitas vezes com substituição das pessoas. Entretanto, os mesmos edifícios, as mesmas máquinas etc. continuam a funcionar durante rotações renovadas do capital circulante nos mesmos processos repetidos de produção.* (Karl Marx – O Capital – O Processo de Circulação do Capital – Livro 2 – Volume 3 – p. 176).

2 Capital Fixo: Componentes, Reposição, Consertos e Acumulação

No mesmo investimento são diferentes, para os diversos elementos do capital fixo, a duração da existência e consequentemente o tempo de rotação. (Karl Marx – O Capital – O Processo de Circulação do Capital – Livro 2 – Volume 3 – p. 176).

Como em toda a indústria moderna, o desgaste moral desempenha aqui seu papel: a mesma quantidade de vagões e locomotivas que custava 40.000 libras esterlinas, pode ser comprada, 10 anos depois, por 30.000. Temos, assim, de computar, para esse material, uma depreciação de 25% sobre o preço do mercado, mesmo quando não haja depreciação do valor de uso. (Lardner Railway Economy) (Karl Marx – O Capital – O Processo de Circulação do Capital – Livro 2 – Volume 3 – p. 178).

Pontes tubulares não serão mais renovadas em sua forma atual (pois hoje há melhores formas para esse gênero de pontes). Na forma em que eram construídas não permitem os reparos normais, a retirada e a substituição de peças. (W. B. Adams, Roads and Rails, Londres 1862) (Karl Marx – O Capital – O Processo de Circulação do Capital – Livro 2 – Volume 3 – p. 178).

Os meios de trabalho são, de ordinário, continuamente revolucionados pelo progresso da indústria. Por isso, não se repõem na forma antiga e sim na forma nova. De um lado, a massa de capital fixo aplicada em determinada forma material que tem de perdurar determinado espaço de tempo constitui razão para que seja apenas gradual a introdução de novas máquinas etc., erigindo-se em empecilho ao emprego rápido e generalizado dos meios de trabalho aperfeiçoados. Por outro lado, notadamente quando se trata de transformações decisivas, a luta da concorrência força que se substituam por novos os antigos meios de trabalho, antes de chegarem ao fim de sua vida. São sobretudo catástrofes, crises que obrigam as empresas a renovar antecipadamente maquinaria e instalações em grande escala social. (Karl Marx – O Capital – O Processo de Circulação do Capital – Livro 2 – Volume 3 – p. 178).

O desgaste (excetuado o moral) é a parte de valor que, com o uso, o capital fixo cede pouco a pouco ao produto, na medida em que perde, em média, valor de uso. (Karl Marx – O Capital – O Processo de Circulação do Capital – Livro 2 – Volume 3 – p. 178).

Outros elementos do capital fixo admitem renovação periódica ou parcelada. Mas, importa distinguir, então, entre reposição periódica ou parcial e expansão progressiva da indústria. (Karl Marx – O Capital – O Processo de Circulação do Capital – Livro 2 – Volume 3 – p. 179).

O capital fixo compõe-se, em parte, de elementos da mesma espécie, mas de duração diversa, sendo renovados pouco a pouco em intervalos diferentes. É o que se dá com os trilhos das estações, substituídos com mais frequência que os dos outros trechos da via férrea. O mesmo se pode dizer dos dormentes, que, segundo Lardener, nas ferrovias belgas, na década dos cinquenta, foram substituídos na base de 8% ao ano, correspondendo a uma reposição total em 12 anos. (Karl Marx – O Capital – O Processo de Circulação do Capital – Livro 2 – Volume 3 – p. 179).

O que torna esse capital, capital fixo, distinguindo-o do capital circulante, é o desembolso feito de uma vez e sua reprodução física realizada apenas por partes. (Karl Marx – O Capital – O Processo de Circulação do Capital – Livro 2 – Volume 3 – p. 179).

Ao expandir-se gradualmente a indústria na produção capitalista, desperdiçam-se muitos meios, fazem-se muitas construções adicionais inadequadas, às vezes em prejuízo da força de trabalho, pois falta um plano social, e a ação depende das circunstâncias, dos meios etc., infinitamente diversos, de que dispõe o capitalista isolado para desempenhar seu papel. Daí resulta grande desperdício das forças produtivas. (Karl Marx – O Capital – O Processo de Circulação do Capital – Livro 2 – Volume 3 – p. 180).

O capital fixo ocasiona gastos especiais de conservação. Parte da conservação resulta do próprio processo de trabalho; o capital fixo deteriora-se quando não funciona no processo de trabalho. Por isso, expressamente a lei inglesa considera dano o fato de as terras arrendadas não serem cultivadas de conformidade com os usos locais (W. A. Holdsworth, Barrister at Law, The Law of Landlord and Tenant, Londres 1857). Essa conservação decorrente do funcionamento no processo de trabalho é uma dádiva natural do trabalho vivo. E a força conservadora do trabalho tem dupla natureza. Conserva o valor dos materiais do trabalho transferindo-o ao produto, e conserva o valor dos meios de trabalho, quando não o transfere ao produto, pois sua ação no processo de produção concorre para manter o valor de uso desses meios. (Karl Marx – O Capital – O Processo de Circulação do Capital – Livro 2 – Volume 3 – p. 180-181).

Além disso, o capital fixo exige dispêndio positivo de trabalho para sua manutenção. A maquinaria necessita de limpeza periódica. Trata-se de trabalho adicional indispensável para que se mantenha em funcionamento; de proteção apenas contra a ação deteriorante de elementos inseparáveis do processo de produção, de manutenção da maquinaria, portanto, em condições de funcionar. (Karl Marx – O Capital – O Processo de Circulação do Capital – Livro 2 – Volume 3 – p. 181).

Os consertos propriamente ditos ou remendos exigem dispêndios de capital e de trabalho que não estão contidos no capital primitivamente adiantado, e por isso nem sempre podem ser indenizados e cobertos pela reposição gradual do valor do capital fixo. (Karl Marx – O Capital – O Processo de Circulação do Capital – Livro 2 – Volume 3 – p. 182).

As deteriorações a que estão sujeitas as partes da maquinaria são, pela natureza mesma da coisa, fortuitas, e o mesmo, portanto, se pode dizer dos consertos que elas exigem. Quanto mais ultrapassa uma máquina seu período médio de vida, tanto mais terá acumulado o desgaste normal, tanto mais o material que a compõe se terá gasto e enfraquecido e tanto mais numerosos e importantes serão os trabalhos de reparação necessários para manter a máquina em funcionamento até o fim de seu tempo médio de vida. Apesar de seu caráter fortuito, os trabalhos de conserto repartem-se em quantidades desiguais pelos diferentes períodos de vida do capital fixo. (Karl Marx – O Capital – O Processo de Circulação do Capital – Livro 2 – Volume 3 – p. 182-183).

Embora grande parte do dinheiro destinado a repor o desgaste do capital fixo se reconverta anualmente ou em períodos mais curtos à forma física desse capital, necessita cada capitalista, apesar disso, de um fundo de amortização para a parte do capital fixo que, só após o decurso de anos e de uma vez, terá de reproduzir-se e ser inteiramente reposta. Parte importante do capital fixo exclui por sua natureza a reprodução fracionária. (Karl Marx – O Capital – O Processo de Circulação do Capital – Livro 2 – Volume 3 – p. 189).

Para formar o fundo de amortização, o valor do capital fixo reflui a seu ponto de partida na proporção em que se efetua o desgaste; parte do dinheiro que circula entesoura-se novamente, por tempo mais ou menos longo, nas mãos do mesmo capitalista, cujo tesouro se converterá em meio de circulação e dele se afastará por ocasião da compra do capital fixo. É uma repartição, sempre variável, do tesouro que existe na sociedade, que ora funciona como meio de circulação e ora volta a destacar-se como tesouro, da massa do dinheiro circulante. (Karl Marx – O Capital – O Processo de Circulação do Capital – Livro 2 – Volume 3 – p. 190).

O PERÍODO DE TRABALHO

Para magnitude igual dos capitais, a diferença na duração do ato de produção tem de gerar diferença na velocidade da rotação, nos prazos portanto durante os quais se adianta determinado capital. (Karl Marx – O Capital – O Processo de Circulação do Capital – Livro 2 – Volume 3 – p. 242).

Quando falamos de período de trabalho, entendemos o número das jornadas de trabalho conexas, necessárias em determinado ramo industrial, para fornecer um produto acabado. Neste caso, o produto de cada jornada é apenas produto parcial que vai sendo elaborado dia a dia e que só no final de período mais ou menos longo adquire sua figura conclusa, a de um valor de uso pronto e acabado. (Karl Marx – O Capital – O Processo de Circulação do Capital – Livro 2 – Volume 3 – p. 243).

Durante o período de trabalho acumulam-se camadas sucessivas do valor que o capital fixo diariamente transfere ao produto até que fique pronto. E aí se evidencia ao mesmo tempo, em sua importância prática, a diferença entre capital fixo e capital circulante. O capital fixo é aplicado no processo de produção por prazo longo e não precisa ser renovado antes de transcorrer esse prazo que pode ser de vários anos. (Karl Marx – O Capital – O Processo de Circulação do Capital – Livro 2 – Volume 3 – p. 244).

A força de trabalho comprada na semana é gasta durante a semana, materializando-se no produto. Tem de ser paga no fim da semana. E, no chão da produção da locomotiva, repete-se semanalmente durante os três meses esse emprego de capital em força de trabalho sem que o desembolso de uma semana capacite o capitalista a custear a compra do trabalho na semana seguinte. Novo capital adicional tem de ser desembolsado semanalmente a fim de pagar força de trabalho e, pondo-se o crédito totalmente de lado, é mister que o capitalista seja capaz de custear os salários no período de três meses, embora os pague em doses semanais. (Karl Marx – O Capital – O Processo de Circulação do Capital – Livro 2 – Volume 3 – p. 244-245).

Os depoimentos prestados por um construtor perante a comissão dos bancos de 1857 informam-nos da revolução na indústria de construção operada em Londres pela produção capitalista: "Quando jovem, as casas eram construídas em regra por encomenda e seu importe pago parceladamente ao construtor durante a construção, na medida em que a obra atingia determinadas etapas. Pouco se construía para especular, o que os construtores geralmente só faziam para manter seus trabalhadores regularmente ocupados e tê-los juntos à mão. Tudo mudou nos últimos quarenta anos. Muito pouco se constrói hoje por encomenda. Quem precisa de uma casa nova escolhe-a entre as construídas para especular ou entre as que se encontram ainda em construção. O empresário não trabalha mais para o cliente, mas para o mercado, e, do mesmo modo que qualquer outro industrial, tem de possuir mercadoria pronta para vender... Nenhum construtor pode hoje ir para a frente se não construir para especular e em grande escala...". (Extraído do Report from The Sect Committee on Bank Acts, Parte I, 1857, depoimentos...) (Karl Marx – O Capital – O Processo de Circulação do Capital – Livro 2 – Volume 3 – p. 247-248).

A execução de obras de grande escala e de período de trabalho bastante longo só passa a ser atribuição integral da produção capitalista, quando já é bem considerável a concentração do capital, quando o desenvolvimento do sistema de crédito proporciona ao capitalista o cômodo expediente

CÍCERO DE PAULO MONTEIRO LOBATO

de adiantar e, portanto, de arriscar, em vez do seu, o capital alheio. É evidente que a circunstância de o capital adiantado na produção pertencer ou não a seu empregador não tem a menor influência na velocidade e no tempo da rotação. (Karl Marx – O Capital – O Processo de Circulação do Capital – Livro 2 – Volume 3 – p. 248).

A redução do período de trabalho está, portanto, ligada ao aumento do capital adiantado no período que se reduz: na medida em que encurta o prazo de adiantamento, cresce o montante do capital a ser adiantado. Pondo-se de lado a totalidade do capital social, importa saber aqui até que ponto os meios de produção e os meios de subsistência ou a disposição deles estão dispersos ou reunidos nas mãos de capitalistas, até onde já foi, portanto, a concentração dos capitais. Na medida em que o crédito propicia, acelera e aumenta a concentração de capital sob um só comando, concorre para reduzir o período de trabalho e, por conseguinte, o tempo de rotação. (Karl Marx – O Capital – O Processo de Circulação do Capital – Livro 2 – Volume 3 – p. 249).

Quanto mais dinheiro disponível nas mãos do empresário de construção, mais mão de obra será contratada, mais insumos serão gastos em curto espaço de tempo, diminuindo o tempo de construção.

Nos ramos de produção em que o período de trabalho, contínuo ou interrompido, é prescrito por determinadas condições naturais, não pode ocorrer redução pelos meios acima indicados. (Karl Marx – O Capital – O Processo de Circulação do Capital – Livro 2 – Volume 3 – p. 249).

A demora do reembolso tem efeitos diversos nas duas formas de capital. O capital fixo continua a operar, seja qual for o tempo do reembolso. O capital circulante, ao contrário, torna-se incapaz de funcionar se retarda o reembolso, se fica imobilizado sob a forma de produto encalhado ou inacabado, ainda invendável, e não há capital adicional para repô-lo em sua forma física. (Karl Marx – O Capital – O Processo de Circulação do Capital – Livro 2 – Volume 3 – p. 250).

A CIRCULAÇÃO DA MAIS-VALIA

A acumulação, a transformação de mais-valia em capital, substancialmente é processo de reprodução em escala ampliada; amplia-se a escala com o acréscimo de novas fábricas às antigas, extensivamente, ou com o aumento intensivo da exploração industrial existente. (Karl Marx – O Capital – O Processo de Circulação do Capital – Livro 2 – Volume 3 – p. 341).

A ampliação da escala pode dar-se em doses pequenas, empregando-se parte da mais-valia em melhorias que simplesmente aumentam a produtividade do trabalho aplicado ou ainda permitem explorá-lo mais intensivamente. Quando a jornada de trabalho não está subordinada a limites legais, basta um dispêndio complementar de capital circulante para ampliar a escala da produção sem aumentar o capital fixo cujo uso diário é apenas prolongado, reduzindo-se proporcionalmente o período de rotação. Em conjunturas favoráveis, a mais-valia capitalizada pode permitir especulações em matérias-primas, operações, em suma, para as quais não bastaria o capital primitivamente adiantado. (Karl Marx – O Capital – O Processo de Circulação do Capital – Livro 2 – Volume 3 – p. 342).

Nas indústrias onde número maior dos períodos de rotação acarreta realização mais frequente da mais-valia durante o ano, haverá evidentemente períodos em que não cabe prolongar a jornada de trabalho nem introduzir melhorias miúdas; por outro lado, só dentro de certos limites, mais ou menos estreitos, é possível a expansão de todo o negócio em escala proporcional, envolvendo os próprios estabelecimentos e suas instalações, com a construção de edifícios, por exemplo, ou aumentando o fundo do trabalho, como na agricultura. Para isso, é necessário capital adicional que só pode ser obtido através da acumulação da mais-valia durante vários anos. (Karl Marx – O Capital – O Processo de Circulação do Capital – Livro 2 – Volume 3 – p. 342).

Ao lado da acumulação real ou transformação da mais-valia em capital produtivo, ocorre, portanto, acumulação de dinheiro, amontoamento de parte da mais-valia como capital dinheiro latente que só mais tarde, depois de atingir certo montante, deverá funcionar como capital ativo complementar. (Karl Marx – O Capital – O Processo de Circulação do Capital – Livro 2 – Volume 3 – p. 342).

Assim se comportam as coisas do ponto de vista do capitalista isolado. Mas, o desenvolvimento da produção capitalista traz consigo o do sistema de crédito. O capital dinheiro que o capitalista ainda não pode aplicar no próprio negócio, aplicam-no outros que por isso lhe pagam juros. Para ele tem a função de capital dinheiro no sentido específico do termo, de uma espécie de capital desligado do capital produtivo. Mas, opera como capital em outras mãos. É claro que com a realização mais frequente da mais-valia e com a escala crescente em que é produzida, aumenta a proporção em que se lança no mercado financeiro novo capital dinheiro ou dinheiro como capital, sendo aí pelo menos em grande parte reabsorvido em produção ampliada. (Karl Marx – O Capital – O Processo de Circulação do Capital – Livro 2 – Volume 3 – p. 342).

A forma de tesouro é a mais simples em que se pode apresentar esse capital dinheiro latente adicional. É possível que esse tesouro seja ouro ou prata, adicionais, diretamente obtidos ou ainda indiretamente, através do intercâmbio com os países que produzem metais preciosos. E só desse modo aumenta de maneira absoluta o tesouro em dinheiro de um país. Entretanto, é possível, o que se dá na maioria dos casos, que esse tesouro não passe de dinheiro retirado da circulação interna e que assume a forma de tesouro nas mãos de certos capitalistas. Além disso, pode ser que esse capital dinheiro latente exista apenas em símbolos do valor ou em meras dívidas ativas (títulos jurídicos) dos capitalistas contra terceiros, legalmente comprovadas por documentos. Em todos esses casos, qualquer que seja a forma de existência desse capital dinheiro suplementar, como capital em potência, representa ele direitos, mantidos em reserva pelo capitalista, sobre a futura produção anual suplementar da sociedade. (Karl Marx – O Capital – O Processo de Circulação do Capital – Livro 2 – Volume 3 – p. 343).

Da obra de William Thompson, *Inquiry into the Principles of the Distribution of Weath*, Londres, 1850 – primeira edição em 1824 –, Marx descreve:

Quanto à magnitude, a massa da riqueza realmente acumulada... é sobretudo insignificante em relação às forças produtivas da sociedade a que pertence, qualquer que seja o nível de civilização, e também em relação ao consumo efetivo dessa sociedade durante uns poucos anos; tão insignificante que importa que a atenção principal dos legisladores e dos especialistas em economia política se dirija não para a mera riqueza acumulada que fere os olhos, como até agora, mas para as forças produtivas e seu livre desenvolvimento futuro. A maior parte da chamada riqueza acumulada é puramente nominal, não consistindo em coisas materiais navios, casas, manufaturas de algodão, melhoramentos do solo, e sim em títulos jurídicos, em direitos às futuras forças produtivas anuais da sociedade, títulos produzidos e eternizados pelos expedientes ou instituições da insegurança [...]. A utilização daquelas coisas (acumulações de objetos físicos ou riqueza real) como simples meio que serve a seus possuidores para se apropriarem da riqueza a ser criada pelas forças produtivas futuras da sociedade, essa utilização escaparia de suas mãos pouco a pouco, sem violência, em virtude das leis naturais; com o apoio do trabalho cooperativo, isto ocorreria dentro de poucos anos. (Karl Marx – O Capital – O Processo de Circulação do Capital – Livro 2 – Volume 3 – p. 343).

Poucos consideram e a maioria nem conjetura quão ínfima é a relação, seja do ponto de vista da massa ou da eficácia, entre as acumulações reais da sociedade e as forças produtivas humanas, e mesmo entre essas acumulações e o consumo usual de uma única geração durante somente poucos anos... A riqueza anualmente consumida desaparece ao ser utilizada; mas, móveis, máquinas, edifícios – a parte da riqueza que só se consome lentamente – ficam diante de nossos olhos, desde a infância à velhice, monumentos duradouros que são do esforço humano. Em virtude da posse dessa parte fixa, curável, lentamente consumida, da riqueza pública – o solo e as matérias-primas a trabalhar, o instrumental com que se trabalha, as casas que abrigam durante o trabalho – em virtude dessa posse, os proprietários dessas coisas comandam em seu próprio interesse as forças produtivas anuais de todos os trabalhadores realmente produtivos da sociedade, por menos importantes que sejam essas coisas, em relação aos produtos desse trabalho, que sempre se renovam. É de 20 milhões a população da Grã-Bretanha e da Irlanda, e o consumo médio por indivíduo, considerando-se homens, mulheres e crianças, é provavelmente de cerca de 20 libras esterlinas, o que dá uma riqueza global em torno de 400 milhões de libras esterlinas, o produto anualmente consumido do trabalho. O montante de todo o capital acumulado nesses países não ultrapassa, segundo estimativa, 1.200 milhões, ou seja, o triplo do produto anual do trabalho, o que dividido igualmente por todos dá 60 libras esterlinas de capital per capita. Aqui a relação é mais importante que a exatidão maior ou menor na avaliação dos dados absolutos. Os juros desse capital global bastariam para sustentar toda a população em seu atual nível de vida por dois meses do ano mais ou menos [...]. E para manter e eternizar no estado atual de repartição forçada essa massa, gigantesca na aparência, do capital existente, ou antes o comando e monopólio que proporciona sobre os produtos do trabalho anual, procura-se perpetuar todo o monstruoso mecanismo, os vícios, os crimes e sofrimentos da insegurança. Nada é possível acumular, sem satisfazer antes as necessidades inevitáveis, e o grande fluxo das inclinações humanas corre em busca do gozo; daí a soma relativamente insignificante da riqueza real da sociedade num momento dado. Há um ciclo eterno de produção e consumo. Quase desaparece nessa massa imensa da produção e consumo anuais o que realmente se acumula; entretanto, a atenção principal se dirige não para aquela massa de força produtiva, mas para o monte da acumulação. Mas, esse monte é confiscado por alguns poucos e transformado no instrumento que lhes serve para se apropriarem dos produtos do trabalho da grande massa, renovados sem cessar todos os anos. Daí a importância decisiva que tal instrumento tem para esses poucos [...]. Cerca de 1/3 do produto nacional anual se retira agora dos produtores a título de encargos públicos e é consumido improdutivamente por pessoas que em troca não dão equivalente algum, isto é, nada que o produtor considere como tal [...]. Pasmada olha a multidão as massas de riqueza acumuladas, sobretudo quando se concentram em poucas mãos. Mas, as massas anualmente produzidas, como as ondas eternas e incontáveis de uma poderosa corrente rolam e se perdem no oceano esquecido do consumo. E esse consumo eterno condiciona todos os gozos e ainda a existência de toda a espécie humana [...]. A acumulação real é de importância absolutamente secundária, importância devida quase toda à influência que exerce na repartição do produto anual [...] Quase todos os demais sistemas consideram a força produtiva referindo-a ou subordinando-a à acumulação e à perpetuação do modo vigente de repartição. Ao mesmo tempo que se conserva esse modo de repartição, não se dá a menor importância à miséria que sempre se renova ou ao bem-estar de toda a espécie humana. Chama-se de segurança eternizar as consequências da força, da fraude e do azar, e é para manter essa refalsada segurança que se sacrificam implacavelmente todas as forças produtivas da espécie humana. (Karl Marx – O Capital – O Processo de Circulação do Capital – Livro 2 – Volume 3 – p. 342-345).

Abstraindo das perturbações que entravam a reprodução em dada escala, só encontramos dois casos normais de reprodução: reprodução em escala simples; e capitalização de mais-valia, a acumulação. (Karl Marx – O Capital – O Processo de Circulação do Capital – Livro 2 – Volume 3 – p. 345).

1 Reprodução Simples

Na reprodução simples, a mais-valia produzida e realizada periodicamente numa ou em várias rotações por ano é consumida de maneira individual, isto é, improdutiva, pelos proprietários dela, os capitalistas. (Karl Marx – O Capital – O Processo de Circulação do Capital – Livro 2 – Volume 3 – p. 345).

A circunstância de o valor do produto compor-se de mais-valia, do valor nele reproduzido do capital variável e do capital constante nele consumido em nada altera a quantidade nem o valor do produto global que constantemente entra na circulação como capital mercadoria e dela é constantemente retirada para ser objeto de consumo produtivo ou individual, isto é, para servir de meio de produção ou de meio de consumo. Pondo-se de lado o capital constante, essa composição só importa à repartição do produto anual entre trabalhadores e capitalistas. (Karl Marx – O Capital – O Processo de Circulação do Capital – Livro 2 – Volume 3 – p. 346).

Segundo as leis relativas à circulação simples das mercadorias, a massa do dinheiro metal existente no país deve ser suficiente não só para fazer circular as mercadorias, mas também para atender às flutuações no curso do dinheiro, decorrentes das variações na velocidade da circulação, das mudanças nos preços das mercadorias e das diferentes e variáveis proporções em que o dinheiro serve de meio de pagamento ou de meio de circulação propriamente dito. Muda constantemente a proporção em que a massa existente de dinheiro se reparte em tesouro e em dinheiro corrente, mas a massa do dinheiro é sempre igual à soma do dinheiro que existe como tesouro e do que existe como dinheiro corrente. Essa massa de dinheiro é um tesouro social, acumulado progressivamente. É mister repor anualmente, como qualquer outro produto, a parte desse tesouro consumida pelo desgaste. Isto acontece através da troca direta ou indireta de parte do produto anual do país pelo produto dos países fornecedores de ouro e prata. Por isso, a fim de reduzir o problema à expressão mais simples e mais clara temos de supor que a produção de ouro e de prata sucede dentro do próprio país, constituindo parte da produção social global de cada país. (Karl Marx – O Capital – O Processo de Circulação do Capital – Livro 2 – Volume 3 – p. 346).

Os capitalistas que exploram a produção de ouro e prata e que os produzem, de acordo com a hipótese da reprodução simples, dentro dos limites estritos do desgaste médio anual de ouro e prata e do consumo médio anual daí resultante, lançam sua mais-valia – que segundo nossa suposição consomem anualmente sem capitalizar qualquer parte dela – diretamente na circulação sob a forma dinheiro, para eles a forma natural e não, como nos outros ramos, a forma convertida do produto. (Karl Marx – O Capital – O Processo de Circulação do Capital – Livro 2 – Volume 3 – p. 347).

E o mesmo se dá com os salários, a forma dinheiro em que se adianta o capital variável. Não são repostos pela venda do produto, por sua transformação em dinheiro, mas por um produto cuja forma natural já é a forma dinheiro. (Karl Marx – O Capital – O Processo de Circulação do Capital – Livro 2 – Volume 3 – p. 347).

Finalmente, o mesmo se dá com a parte do produto, com a fração de metal precioso igual ao valor do capital constante periodicamente consumido, seja o circulante ou o fixo, absorvidos durante o ano. (Karl Marx – O Capital – O Processo de Circulação do Capital – Livro 2 – Volume 3 – p. 347).

Nenhuma das leis relativas à quantidade do dinheiro em curso na circulação das mercadorias é modificada pelo caráter capitalista do processo de produção. (Karl Marx – O Capital – O Processo de Circulação do Capital – Livro 2 – Volume 3 – p. 353).

Ao dizer-se, portanto, que o capital circulante da sociedade a adiantar sob a forma dinheiro importa em 500 libras esterlinas, já se levou em conta que esta soma se adianta simultaneamente, mas que ela movimenta capital produtivo superior a 500 libras esterlinas, pois serve alternativamente de fundo monetário a capitais produtivos diferentes. Essa explicação supõe a existência do dinheiro, em vez de elucidá-la. (Karl Marx – O Capital – O Processo de Circulação do Capital – Livro 2 – Volume 3 – p. 353).

Afirmar que os capitalistas podem elevar os preços dos artigos de luxo, por diminuir a correspondente procura seria aplicação extremamente original da lei da oferta e da procura. Enquanto os compradores que saem do mercado não são compensados por compradores que entram, enquanto os trabalhadores não substituem os capitalistas, caem os preços dos artigos de luxo em virtude da redução da procura; e na medida em que ocorre essa substituição, a procura dos trabalhadores não concorre para elevar os preços dos meios de subsistência necessários, pois os trabalhadores não podem despender em meios de subsistência necessários a parte do acréscimo de salário que gastam em artigos de luxo. Em consequência, retira-se capital da produção desses artigos até que a oferta se reduza a um nível correspondente ao diferente papel que eles passam a ter no processo social de produção. Com a produção diminuída, esses artigos voltam a seus preços normais, desde que não haja outras alterações no valor. (Karl Marx – O Capital – O Processo de Circulação do Capital – Livro 2 – Volume 3 – p. 362).

Todas as objeções dos capitalistas e de seus sicofantas (mentirosos, caluniadores) econômicos não passam de intimidação. (Karl Marx – O Capital – O Processo de Circulação do Capital – Livro 2 – Volume 3 – p. 362).

Servem de pretexto a essa intimidação três espécies de fatos: (Karl Marx – O Capital – O Processo de Circulação do Capital – Livro 2 – Volume 3 – p. 362-363).

a.   Segundo lei geral da circulação do dinheiro, aumenta a massa do dinheiro circulante quando, não se alterando as demais circunstâncias, sobe a soma dos preços das mercadorias circulantes, seja essa alta para a mesma massa de mercadorias ou para massa maior. Os salários sobem quando se elevam os preços dos meios de subsistência necessários. A alta dos salários é efeito e não causa da elevação dos preços das mercadorias;

b.   Uma alta parcial ou local dos salários, isto é, apenas em determinados ramos de produção, pode redundar em elevação local dos preços dos produtos desses ramos. Mas, isto mesmo depende de muitas circunstâncias: é mister, por exemplo, que os salários não tenham sido anormalmente comprimidos e que a taxa de lucros portanto não tenha sido anormalmente elevada;

c.   Elevação geral dos salários faz subir os preços das mercadorias produzidas nos ramos industriais em que predomina o capital variável, mas em compensação baixa naqueles em que predomina o capital constante ou o capital fixo.

Com a rotação acelerada, circula mais rapidamente a parte do dinheiro utilizada para realizar a mais-valia. (Karl Marx – O Capital – O Processo de Circulação do Capital – Livro 2 – Volume 3 – p. 364).

A circulação do dinheiro é mais rápida quando se efetua maior massa de transações com a mesma massa de dinheiro. Isto pode ocorrer sem que se alterem os períodos de reprodução do capital, desde que mudem as técnicas relativas ao curso do dinheiro. Demais, pode-se aumentar a massa de transações em que corre dinheiro, sem haver movimento real de mercadorias. E ainda pode desaparecer totalmente a movimentação de dinheiro. Por exemplo, quando o agricultor é dono das terras que cultiva, não há movimento de dinheiro entre arrendatário e proprietário; quando o capitalista industrial é dono do capital, não existe movimento de dinheiro entre ele e o prestamista. (Karl Marx – O Capital – O Processo de Circulação do Capital – Livro 2 – Volume 3 – p. 365).

O modo de produção capitalista, tendo por base o trabalho assalariado, a remuneração do trabalhador em dinheiro e em geral a transformação dos pagamentos com produtos ou serviços em pagamentos em dinheiro, só pode desenvolver-se com maior amplitude e profundidade no país em que exista massa de dinheiro suficiente para a circulação e para o entesouramento que esta determina (fundos de reserva etc.). É uma condição estabelecida pela história, mas daí não se deve concluir que a produção capitalista só começa depois de se constituir massa suficiente de dinheiro entesourado. Ela se desenvolve simultaneamente com o desenvolvimento de suas condições, e uma delas é suprimento suficiente de metais preciosos. Por isso, o maior suprimento de metais preciosos a partir do século XVI constitui fator essencial da história do desenvolvimento da produção capitalista. (Karl Marx – O Capital – O Processo de Circulação do Capital – Livro 2 – Volume 3 – p. 365).

2 Acumulação e Reprodução Ampliada

Quando a acumulação se processa na forma de reprodução em escala ampliada, é claro que não oferece problema novo com referência à circulação do dinheiro. (Karl Marx – O Capital – O Processo de Circulação do Capital – Livro 2 – Volume 3 – p. 366).

O capital dinheiro adicional exigido para o funcionamento do capital produtivo crescente é fornecido pela parte da mais-valia realizada que os capitalistas lançam na circulação como capital dinheiro e não como a forma dinheiro da renda que serve a seu consumo. O dinheiro já está nas mãos dos capitalistas. Difere apenas sua aplicação. (Karl Marx – O Capital – O Processo de Circulação do Capital – Livro 2 – Volume 3 – p. 366).

Mas, em virtude do capital produtivo adicional, lança-se na circulação, como produto dele, massa adicional de mercadorias. Com essa massa adicional de mercadorias lança-se, ao mesmo tempo, na circulação parte do dinheiro adicional necessário para realizá-las, o que sucede até o ponto em que o valor dessa massa de mercadorias não ultrapassa o valor do capital produtivo consumido em sua produção. Essa massa de dinheiro adicional foi adiantada como capital dinheiro adicional e por isso reflui para o capitalista com a rotação do capital. (Karl Marx – O Capital – O Processo de Circulação do Capital – Livro 2 – Volume 3 – p. 366).

A soma dos preços da massa de mercadorias em circulação aumenta não porque se tenham elevado os preços, mas porque a massa que circula agora é maior que a que circulava anteriormente, sem ter havido a compensação da queda dos preços. O dinheiro adicional exigido para fazer circular essa massa de mercadorias maior, de valor mais elevado, tem de ser obtido ou poupando-se mais a massa de dinheiro em curso, seja através da compensação dos pagamentos etc., seja com meios que acelerem o curso das mesmas peças de dinheiro, ou transformando-se dinheiro entesourado em circulante. Esta transformação implica que capital dinheiro ocioso passe a desempenhar a função de meio de compra ou de pagamento, que capital dinheiro que está funcionando com fundo de reserva, enquanto desempenha para seu possuidor o papel de fundo de reserva, circule ativamente para a sociedade, exercendo, portanto, dupla função, e ainda, que se utilizem os fundos de "reserva de moeda" estagnados. (Karl Marx – O Capital – O Processo de Circulação do Capital – Livro 2 – Volume 3 – p. 366-367).

O total da força de trabalho e dos meios de produção social, empregados na produção anual de ouro e prata como instrumentos da circulação, constitui pesada parcela dos custos improdutivos mas necessários da produção capitalista e de todo modo de produção baseado na produção de mercadorias. Por isso deixa de ser socialmente utilizado total correspondente de meios possíveis, adicionais de produção e consumo que significam riqueza efetiva. Para a mesma escala de produção ou para dados grau de sua expansão, a produtividade do trabalho social aumenta na medida em que diminuem os custos dessa dispendiosa maquinaria de circulação. Na medida em que tem esse efeito os expedientes que se desenvolvem com o sistema de crédito, aumentam eles diretamente a riqueza capitalista, seja porque grande parte do processo social de produção e de trabalho se efetua sem qualquer intervenção de dinheiro real, seja porque acresce a capacidade operacional da massa de dinheiro que efetivamente funciona. (Karl Marx – O Capital – O Processo de Circulação do Capital – Livro 2 – Volume 3 – p. 367-368).

Fica assim resolvida a insulsa (monótona) questão de saber se a produção capitalista seria possível em sua amplitude atual sem o sistema de crédito, com circulação puramente metálica. Evidentemente que não. Ela ficaria limitada pelo volume da produção dos metais preciosos. Entretanto, não tem cabimento formular ideias místicas sobre a força produtiva do crédito, por tornar disponível ou movimentar capital dinheiro. (Karl Marx – O Capital – O Processo de Circulação do Capital – Livro 2 – Volume 3 – p. 368).

Observando o que se passa na realidade, vemos que o capital dinheiro latente, acumulado para emprego posterior, abrange: (Karl Marx – O Capital – O Processo de Circulação do Capital – Livro 2 – Volume 3 – p. 370).

- Depósitos bancários, ficando de fato nas mãos do banco uma soma relativamente ínfima de dinheiro. Amontoa-se capital dinheiro apenas nominalmente. O que se amontoa realmente são créditos que só podem converter-se em dinheiro, porque se estabelece equilíbrio entre as retiradas e os depósitos. O que fica no banco como dinheiro é sempre soma relativamente pequena;

- Títulos da dívida pública, os quais de modo nenhum são "Capital", mas simples créditos sobre o produto anual da nação;

- Ações, ressalvados os casos de logro, constituem elas títulos de propriedade sobre capital efetivo pertencente a uma sociedade e representam direito sobre a mais-valia que daí anualmente flui.

Em todos esses casos não se amontoa dinheiro: o que aparece de um lado como capital dinheiro amontoado se apresenta, do outro, como contínuo dispêndio efetivo de dinheiro. Não importa que o dinheiro seja empregado pelo próprio dono ou por outros, dele devedores. (Karl Marx – O Capital – O Processo de Circulação do Capital – Livro 2 – Volume 3 – p. 370-371).

No regime de produção capitalista, o entesouramento como tal nunca constitui fim, mas resulta de retardamento da circulação – assumindo massas de dinheiro a forma tesouro em quantidade maior que a de costume – ou decorre das acumulações condicionadas pela rotação, ou finalmente da formação de capital dinheiro, provisoriamente em forma latente, destinado a funcionar como capital produtivo. Se, portanto, se retira da circulação parte da mais-valia realizada em dinheiro, para ser acumulada como tesouro, ao mesmo tempo, se transforma constantemente outra parte da mais-valia em capital produtivo. Excetuada a repartição do metal precioso adicional pela classe capitalista, a acumulação sob a forma dinheiro, a amontoação de dinheiro, nunca se dá simultaneamente em todos os pontos. (Karl Marx – O Capital – O Processo de Circulação do Capital – Livro 2 – Volume 3 – p. 371).

A parte do produto anual que representa a mais-valia sob a forma de mercadoria está subordinada às mesmas regras válidas para a outra parte do produto anual. Para sua circulação é necessária certa soma de dinheiro. Essa soma pertence à classe capitalista do mesmo modo que o volume de mercadorias anualmente produzido que representa a mais-valia. A própria classe capitalista lança-a originalmente na circulação. Através da própria circulação, sua distribuição se renova constantemente entre os capitalistas. Conforme geralmente se dá com a circulação da moeda, parte dessa massa encalha em pontos que variam sem cessar, enquanto outra parte circula constantemente. (Karl Marx – O Capital – O Processo de Circulação do Capital – Livro 2 – Volume 3 – p. 371).

A REPRODUÇÃO E A CIRCULAÇÃO DE TODO O CAPITAL SOCIAL

Introdução

1 Matéria a Investigar

O processo imediato de produção do capital é seu processo de trabalho e de valorização. Tem por resultado o produto mercadoria e por motivo determinante a produção de mais-valia. (Karl Marx – O Capital – O Processo de Circulação do Capital – Livro 2 – Volume 3 – p. 375).

O processo de reprodução do capital abrange esse processo imediato de produção e ainda as duas fases do processo de circulação propriamente dito, ou seja, todo o ciclo que, como processo periódico – a renovar-se constantemente em determinados períodos – constitui a rotação do capital. (Karl Marx – O Capital – O Processo de Circulação do Capital – Livro 2 – Volume 3 – p. 375).

O processo de produção constantemente renovado é por sua vez a condição das metamorfoses porque está passando continuamente o capital na esfera da circulação, aparecendo ora como capital dinheiro ora como capital mercadoria. (Karl Marx – O Capital – O Processo de Circulação do Capital – Livro 2 – Volume 3 – p. 376).

Mas, cada capital separadamente não é mais do que fração autônoma, dotada por assim dizer de vida individual, mas componente do conjunto do capital social, do mesmo modo que cada capitalista isolado é apenas elemento individual da classe capitalista. O movimento do capital social consiste na totalidade dos movimentos de suas frações dotadas de autonomia, na totalidade das rotações dos capitais individuais. A metamorfose de cada mercadoria é elemento da série de metamorfoses do mundo das mercadorias, da circulação das mercadorias, e do mesmo modo a metamorfose do capital individual, sua rotação, constitui elemento do ciclo do capital social. (Karl Marx – O Capital – O Processo de Circulação do Capital – Livro 2 – Volume 3 – p. 376).

Este processo global abrange o consumo produtivo com as mutações de forma que o possibilitam, e ainda o consumo individual com as mutações de forma ou trocas que o asseguram. Compreende a transformação do capital variável em força de trabalho e portanto a incorporação da força de trabalho no processo capitalista de produção. Aí, o trabalhador aparece como vendedor de sua mercadoria, a força de trabalho, e o capitalista como comprador dela. Mas, na venda das mercadorias inclui-se a compra delas pela classe trabalhadora, portanto o consumo individual por esta realizado. Aí a classe trabalhadora aparece como compradora e a capitalista como vendedora de mercadorias aos trabalhadores. (Karl Marx – O Capital – O Processo de Circulação do Capital – Livro 2 – Volume 3 – p. 376).

A circulação do capital mercadoria inclui a da mais-valia, portanto as compras e vendas por meio das quais os capitalistas efetuam seu consumo individual, o consumo da mais-valia. (Karl Marx – O Capital – O Processo de Circulação do Capital – Livro 2 – Volume 3 – p. 376).

O ciclo dos capitais individuais dentro do conjunto do capital social, em sua totalidade, abrange portanto não só a circulação do capital, mas também a circulação geral das mercadorias. Esta, na origem, só pode constituir-se de dois elementos: (Karl Marx – O Capital – O Processo de Circulação do Capital – Livro 2 – Volume 3 – p. 376-377).

1. o próprio ciclo do capital; e

2. o ciclo das mercadorias que entram no consumo individual, portanto as mercadorias nas quais o trabalhador gasta seu salário e o capitalista sua mais-valia ou parte dela. Sem dúvida, o ciclo do capital abrange também a circulação da mais-valia quando esta consiste em parte do capital mercadoria, e ainda, a transformação do capital variável em força de trabalho, o pagamento de salários.

2 O Papel do Capital Dinheiro

Quando observamos a rotação do capital individual, vimos o capital dinheiro sob dois aspectos: (Karl Marx – O Capital – O Processo de Circulação do Capital – Livro 2 – Volume 3 – p. 378-379).

1. Constitui a forma na qual aparece em cena cada capital individual, iniciando seu processo como capital. Patenteia-se, portanto, o primeiro motor, dando impulso a todo o processo;

2. A duração do período de rotação e a proporção entre seus dois componentes, o período de trabalho e o período de circulação, fazem variar do valor-capital adiantado a porção que tem de ser permanentemente adiantada e renovada sob a forma dinheiro, em relação ao capital produtivo que põe em movimento, isto é, em relação à escala a ser ininterruptamente mantida. Mas, qualquer que seja essa relação, a parte do valor-capital em movimento, que pode funcionar continuamente como capital produtivo, está em todas as circunstâncias limitada pela parte de valor-capital adiantado que tem de existir sempre sob a forma dinheiro ao lado do capital produtivo. Estamos referindo-nos apenas à rotação normal, média abstrata. Estamos abstraindo do capital dinheiro adicional empregado para compensar as interrupções da circulação.

As matérias naturais empregadas produtivamente que não constituem elemento do valor do capital – terra, mar, minerais, florestas etc. – são exploradas mais extensiva ou intensivamente, com a aplicação de maior esforço do mesmo número de forças de trabalho, sem haver acréscimo do capital dinheiro. Aumentam assim os elementos reais do capital produtivo, sem ser necessário acrescer o capital dinheiro. Se esse acréscimo é necessário para a compra de matérias acessórias adicionais, o capital dinheiro em que se configura o valor-capital adiantado não aumenta proporcionalmente à ampliação da eficácia do capital produtivo, não lhe guardando, portanto, exata correspondência. (Karl Marx – O Capital – O Processo de Circulação do Capital – Livro 2 – Volume 3 – p. 380).

A quantidade de capital dinheiro necessária para pôr em movimento o capital produtivo varia com a magnitude do período de rotação. Vimos também que a divisão do período de rotação em tempo de trabalho e tempo de circulação determina acréscimo, na forma de dinheiro, do capital latente ou em reserva. (Karl Marx – O Capital – O Processo de Circulação do Capital – Livro 2 – Volume 3 – p. 382).

Quando o período de rotação é determinado pela duração do período de trabalho, é por ser determinado, não se alterando as demais circunstâncias, pela natureza material e não pelo caráter social específico do processo de produção. (Karl Marx – O Capital – O Processo de Circulação do Capital – Livro 2 – Volume 3 – p. 382).

Reprodução Simples

1 Formulação do Problema

Os capitais individuais constituem apenas frações cujo movimento, embora singular, é parte integrante do movimento do capital social. Se observamos o produto mercadoria que a sociedade fornece durante o ano, veremos como o processo de reprodução do capital social se efetua, que caracteres distinguem esse processo do processo de reprodução de um capital individual e que caracteres a ambos são comuns. O produto anual abrange as partes do produto social que repõem capital, ou seja, a reprodução social, e as partes que cabem ao fundo constituído de mercadorias consumidas por trabalhadores e capitalistas: consumo produtivo e consumo individual. A reprodução compreende a da classe capitalista e da classe trabalhadora (a conservação delas), por conseguinte também a do caráter capitalista da totalidade do processo de produção. (Karl Marx – O Capital – O Processo de Circulação do Capital – Livro 2 – Volume 3 – p. 419-420).

O processo global de produção inclui tanto o processo de consumo que se efetua por intermédio da circulação, quanto o processo de reprodução do próprio capital. (Karl Marx – O Capital – O Processo de Circulação do Capital – Livro 2 – Volume 3 – p. 420).

Os elementos de produção, enquanto consistem em coisas, constituem parte do capital social do mesmo modo que o produto individual acabado que se troca e é substituído por eles. Por outro lado, o movimento da parte do produto mercadoria social, consumida pelo trabalhador, ao despender o salário, e pelo capitalista, ao despender a mais-valia, constitui não só elemento integrante do movimento do produto global, mas também se entrelaça com o movimento dos capitais individuais, e para explicar sua ocorrência não basta simplesmente pressupô-la. (Karl Marx – O Capital – O Processo de Circulação do Capital – Livro 2 – Volume 3 – p. 420).

A questão que se levanta imediatamente é a seguinte: como se repõe em valor o capital consumido na produção, por fração do produto anual, e como o processo dessa reposição se entrelaça com o consumo da mais-valia pelos capitalistas e do salário pelo trabalhador? (Karl Marx – O Capital – O Processo de Circulação do Capital – Livro 2 – Volume 3 – p. 421).

Quanto às revoluções (transformações bruscas) no valor, enquanto se repartem de maneira geral e uniforme, em nada modificam as proporções entre os componentes do produto anual global. Quando se distribuem de maneira parcial e desigual, representam perturbações que só podem ser entendidas como tais se as consideramos desvios de relações de valor constantes; além disso, estabelecido que parte do valor do produto anual repõe capital constante, e outra capital variável, uma revolução seja no valor do capital constante, seja no do variável em nada alteraria essa lei; modificaria apenas a magnitude relativa das duas frações de valor consideradas, pois outros valores teriam tomado o lugar dos valores primitivos. (Karl Marx – O Capital – O Processo de Circulação do Capital – Livro 2 – Volume 3 – p. 421).

A reversão a capital de parte do valor dos produtos, a transferência de outra parte para o consumo individual da classe capitalista e da classe trabalhadora constituem movimento dentro do próprio valor dos produtos em que resultou a totalidade do capital; e esse movimento é uma reposição tanto de valor quanto de matérias, sendo assim condicionado pelas relações recíprocas entre os componentes do valor do produto social e ainda pelo valor de uso desses componentes, por sua configuração material. (Karl Marx – O Capital – O Processo de Circulação do Capital – Livro 2 – Volume 3 – p. 422).

Um capital social de valor dado, fornece neste, como no ano anterior, a mesma massa de valores mercadorias e satisfaz a mesma quantidade de necessidades, embora possam variar as formas das mercadorias no processo de reprodução. Entretanto, desde que haja acumulação, a reprodução simples dela constitui uma parte; pode portanto ser analisada em si mesma e é fator real da acumulação. Pode diminuir o valor do produto anual, e ficar a mesma a massa dos valores de uso; pode o valor ficar o mesmo, e diminuir a massa dos valores de uso; podem a soma dos valores e a soma dos valores de uso reproduzidos diminuir simultaneamente. (Karl Marx – O Capital – O Processo de Circulação do Capital – Livro 2 – Volume 3 – p. 422).

2 As Duas Secções (Seções, divisões, cortes) da Produção Social

O produto global, ou seja, toda a produção da sociedade se divide em duas grandes seções: (Karl Marx – O Capital – O Processo de Circulação do Capital – Livro 2 – Volume 3 – p. 422-423).

I Meios de produção, mercadorias que, por sua forma, devem, ou pelo menos, podem entrar no consumo produtivo;

II Meios de consumo, mercadorias que, por sua forma, entram no consumo individual da classe capitalista e da classe trabalhadora.

Todo o capital aplicado em cada um desses dois ramos constitui uma grande seção particular do capital social. (Karl Marx – O Capital – O Processo de Circulação do Capital – Livro 2 – Volume 3 – p. 423).

Em cada seção, o capital se divide em dois componentes: (Karl Marx – O Capital – O Processo de Circulação do Capital – Livro 2 – Volume 3 – p. 423).

1. Capital Variável, isto é, o valor da força de trabalho social empregada nesse ramo da produção, por conseguinte à soma dos salários pagos. Materialmente consiste na própria força de trabalho em ação, isto é, no trabalho vivo, posto em movimento por esse valor capital;

2. Capital Constante, isto é, o valor de todos os meios de produção empregados na produção do ramo. Estes meios se dividem por sua vez em capital fixo (máquinas, instrumentos de trabalho, construções e instalações, animais de trabalho etc.; e em capital constante circulante (materiais de produção, como matérias-primas e matérias auxiliares, produtos semiacabados etc.).

O valor da totalidadc do produto anual de cada seção, como o de cada mercadoria isolada, se reduz a (Cc + Cv + m). (grifo meu) (Karl Marx – O Capital – O Processo de Circulação do Capital – Livro 2 – Volume 3 – p. 423).

Os materiais de produção se consomem por inteiro, e por isso seu valor se transfere por inteiro ao produto. Mas, só parte do capital fixo empregado é inteiramente consumida, e assim transferido ao produto o valor dela. (Karl Marx – O Capital – O Processo de Circulação do Capital – Livro 2 – Volume 3 – p. 423).

Para nossa pesquisa sobre a reprodução simples tomaremos por base o esquema abaixo em que C = Cc, e V = Cv, m = taxa mais-valia, e suporemos ser a taxa m/Cv = 100%, ou seja, m = v: (Karl Marx – O Capital – O Processo de Circulação do Capital – Livro 2 – Volume 3 – p. 424-425).

I) Produção de meios de produção:

Capital 4000c + 1000v = 5000

Produto mercadoria anual (meios de produção)

4000c + 1000v + 1000m = 6000

II) Produção de meios de consumo:

Capital 2000c + 500v = 2500

Produto mercadoria anual (meios de consumo)

2000c + 500v + 500m = 3000

III) Produto mercadoria total anual:

I) 6000 meios de produção

II) 3000 meios de consumo

IV) Valor Global anual (meio de produção e de consumo) = 9000, donde se exclui o capital fixo que prossegue funcionando em sua forma natural, de acordo com suposição estabelecida.

A reprodução simples, por definição, tem como finalidade o consumo, embora a obtenção de mais--valia se patenteie o motivo propulsor dos capitalistas individuais; a mais-valia, porém, qualquer que seja sua magnitude proporcional, deve ter aqui por função única e definitiva servir ao consumo individual dos capitalistas. (Karl Marx – O Capital – O Processo de Circulação do Capital – Livro 2 – Volume 3 – p. 439).

Enquanto a reprodução simples é parte e a parte mais importante de toda reprodução anual em escala ampliada, fica o objetivo de consumir associado e em oposição ao motivo de enriquecer pura e simplesmente. A coisa se apresenta confusa na realidade, porque os participantes (*partners*) do esbulho (usurpação, furto), da mais-valia do capitalista, surgem independentes deste como consumidores. (Karl Marx – O Capital – O Processo de Circulação do Capital – Livro 2 – Volume 3 – p. 440).

3 A Circulação Monetária como Veículo das Trocas

O capital variável adiantado na forma de dinheiro, não retorna diretamente nessa forma, mas de maneira indireta, através de um rodeio. (Karl Marx – O Capital – O Processo de Circulação do Capital – Livro 2 – Volume 3 – p. 442).

O capital dinheiro transformado em capital variável, portanto o dinheiro adiantado em salário, desempenha papel fundamental na própria circulação monetária, pois, nas condições precárias em que vive, a classe trabalhadora não pode fornecer créditos longos aos capitalistas industriais, sendo mister adiantar capital variável em dinheiro, por prazos curtos, uma semana etc., ao mesmo tempo, numa infinidade de pontos localmente diversos da sociedade. Esse adiantamento se repete em intervalos relativamente rápidos (quanto mais curtos esses intervalos, tanto menor relativamente pode ser a soma global de dinheiro de uma vez lançada por esse canal na circulação), quaisquer que sejam os diferentes períodos de rotação dos capitais nos diversos ramos de indústrias. Em todo país de produção capitalista, o capital dinheiro assim adiantado constitui parte relativamente decisiva da circulação global, e cresce em importância porque o mesmo dinheiro, antes de voltar ao ponto de partida, percorre os mais variados canais e serve de meio de circulação para inúmeros outros negócios. (Karl Marx – O Capital – O Processo de Circulação do Capital – Livro 2 – Volume 3 – p. 443).

Quando um capitalista gasta dinheiro em meios de consumo, esse dinheiro está para ele perdido, desapareceu. O dinheiro só pode retornar-lhe, se o retira da circulação trocando-o por mercadorias, utilizando portanto seu capital mercadoria. A conversão em dinheiro de cada mercadoria isolada é, ao mesmo tempo, portanto transformação em dinheiro de certa quantidade da mais-valia que está encerrada em todo o produto mercadoria. (Karl Marx – O Capital – O Processo de Circulação do Capital – Livro 2 – Volume 3 – p. 449).

Considerando-se toda a classe capitalista, a tese de ela mesma ter de lançar na circulação o dinheiro para realizar sua mais-valia (e para fazer circular seu capital, constante e variável) não parece paradoxal e, ademais, constitui condição necessária do mecanismo inteiro, pois só temos aqui duas classes: a classe trabalhadora que só dispõe da força de trabalho, e a classe capitalista que tem o monopólio dos meios de produção sociais e do dinheiro. Seria paradoxal, se a classe trabalhadora, em primeira instância, adiantasse de seus próprios recursos, o dinheiro necessário para realizar a mais-valia encerrada nas mercadorias. O capitalista individual faz esse adiantamento, mas sempre agindo como comprador: despende dinheiro na aquisição de meios de consumo ou adianta dinheiro na aquisição de elementos de seu capital produtivo, sejam eles força de trabalho ou meios de produção. Só cede dinheiro em troca de um equivalente. Só adianta dinheiro à circulação da maneira como adianta mercadoria. Age como ponto de partida da circulação de ambos. (Karl Marx – O Capital – O Processo de Circulação do Capital – Livro 2 – Volume 3 – p. 450).

Duas circunstâncias obscurecem o que realmente se passa: (Karl Marx – O Capital – O Processo de Circulação do Capital – Livro 2 – Volume 3 – p. 450-451).

1. No processo de circulação do capital industrial aparecem o capital mercantil (sua forma é sempre dinheiro, pois o comerciante como tal não cria produto nem mercadorias) e o capital dinheiro, manipulados por uma espécie particular de capitalistas;

2. Repartição da mais-valia, que necessariamente vai em primeiro lugar para as mãos do capitalista industrial, por diversas categorias cujos representantes aparecem ao lado do capitalista industrial: o proprietário das terras (renda fundiária), o usurário (juros), o governo e seus funcionários, os rentiers etc. Para o capitalista industrial, esses cavalheiros são compradores e nessa qualidade convertem as mercadorias por ele produzidas em dinheiro; figuram também entre os que lançam "dinheiro" na circulação, e o capitalista industrial o recebe deles.

Com isso ninguém se lembra donde lhes vem originalmente o dinheiro e donde lhes continua sempre vindo.

4 O Capital Constante nas Duas Seções

Todos os elementos materiais da reprodução têm de constituir em sua forma natural partes desse mesmo produto. Só é possível repor, com a produção global, a parte constante do capital consumida, se toda a parte constante do capital, a qual reaparece no produto, se apresentar na forma natural de novos meios de produção que possam efetivamente exercer a função de capital constate. Pressuposta a reprodução simples, o valor da parte do produto constituída de meios de produção tem de ser portanto igual ao valor da parte constante do capital social. Do ponto de vista individual, o capitalista produz, do valor de seu produto, apenas o capital variável e a mais-valia, acrescentados por novo trabalho, enquanto o valor da parte constante do capital é transferido ao produto pela natureza concreta desse novo trabalho. (Karl Marx – O Capital – O Processo de Circulação do Capital – Livro 2 – Volume 3 – p. 462).

Do ponto de vista social, a fração da jornada de trabalho social que produz meios de produção, acrescentando-lhes valor novo e transferindo-lhes o valor dos meios de produção consumidos em sua produção, nada mais faz que produzir novo capital constante, destinado a repor o capital constante consumido sob a forma dos antigos meios de produção, tanto na seção (I) quanto na (II). Apenas cria produto que se destina à esfera do consumo produtivo. Por conseguinte, todo o valor desse produto é apenas valor que pode funcionar de novo como capital constante, permitir reaquisição de capital constante em sua forma natural, e que, por isso, do ponto de vista social, não se reduz a capital variável nem a mais-valia. Por outro lado, a parte da jornada de trabalho social que produz meios de consumo nada produz do capital social de reposição. Só gera produtos que por sua forma natural se destinam a realizar o valor do capital variável e a mais-valia de (I) e (II). (Karl Marx – O Capital – O Processo de Circulação do Capital – Livro 2 – Volume 3 – p. 462-463).

5 Capital e Renda: Capital Variável e Salários

O capital variável começa a existir nas mãos do capitalista como capital dinheiro; tem a função de capital dinheiro quando serve para comprar força de trabalho. Enquanto permanece em suas mãos na forma dinheiro nada mais é que determinado valor existente nessa forma, portanto magnitude constante e não variável. É apenas capital variável em potencial, justamente por sua capacidade de transformar-se em força de trabalho. Só se torna capital variável efetivo depois de despojar-se da forma dinheiro, depois de transformar-se em força de trabalho, passando esta a exercer a função de componente do capital produtivo no processo capitalista. (Karl Marx – O Capital – O Processo de Circulação do Capital – Livro 2 – Volume 3 – p. 469).

Assim, o dinheiro que inicialmente estava nas mãos do capitalista como a forma dinheiro do capital variável, passa agora a funcionar nas mãos do trabalhador como a forma dinheiro do salário que se converte em meios de subsistência; portanto, como a forma dinheiro da renda que o trabalhador obtém com a venda sempre renovada de sua força de trabalho. (Karl Marx – O Capital – O Processo de Circulação do Capital – Livro 2 – Volume 3 – p. 469).

O dinheiro do comprador, no caso o capitalista, vai de suas mãos para as mãos do vendedor, no caso o vendedor da força de trabalho, o trabalhador. Não é o capital variável que exerce duas funções, a de capital para o capitalista e a de renda para o trabalhador, mas o mesmo dinheiro que inicialmente existe nas mãos do capitalista como forma dinheiro do capital variável, como capital variável em potencial portanto, e que, depois de o capitalista convertê-lo em força de trabalho, passa a ser, nas mãos do trabalhador, o equivalente da força de trabalho vendida. A circunstância de o mesmo dinheiro ter nas mãos do vendedor aplicação diferente da que lhe deu o comprador é fenômeno inerente a toda compra e venda de mercadoria. (Karl Marx – O Capital – O Processo de Circulação do Capital – Livro 2 – Volume 3 – p. 469).

CRÍTICA À ECONOMIA POLÍTICA

Livro III – Volume IV

INTRODUÇÃO

Está bem claro, neste livro, a preocupação de Marx e Engels em demonstrar que o aumento da produtividade está diretamente ligado ao aumento de novas máquinas, a equipamentos e um sistema de distribuição mais eficazes e ao papel fundamental do crédito no sistema; que isso somente se consegue por meio de investimentos de capitais em novos métodos de produção; que, à medida que as invenções vão sendo utilizadas no aumento da produtividade, a indústria emprega menos a mão de obra de indivíduos; que o progresso das novas indústrias com os novos equipamentos mais modernos e mais produtivos não foi suficiente para diminuir a miséria da população, concentrando-se nas mãos dos industriais o capital disponível na economia à época; que os governantes e legisladores – com frequência, representados pelos próprios industriais –, em conluio com os industriais, sempre retardam a melhoria das condições de vida da população, em proveito da acumulação de capitais nas mãos de poucos industriais e da burguesia.

Em toda a história da humanidade, sempre convivemos com situações de bem-estar coletivo caótico. Foram poucos os governantes que tiveram visão de humanismo coletivo, para dirimir as condições precárias dos trabalhadores, incentivando e assegurando benefícios como moradia, educação e melhores condições sanitárias. A maioria deles permitia que os indivíduos se submetessem às mais degradantes condições de trabalho, de higiene e de sobrevivência.

Em qualquer governo, em qualquer época, deveria e deve ser prioritária a redução das desigualdades entre os cidadãos, mediante políticas públicas voltadas para o bem-estar coletivo. Num país, socialista ou capitalista, o bem-estar social não deve pertencer apenas a uma minoria, mas a todos os seus cidadãos, sem diferenças de classe, de etnia, de religião e de comportamentos.

O PROCESSO GLOBAL
DE PRODUÇÃO CAPITALISTA

A Transformação da Mais-Valia em Lucro e da Taxa de Mais-Valia em Taxa de Lucro

1 Preço de Custo e Lucro

O que nos cabe neste livro é descobrir e descrever as formas concretas oriundas do processo de movimento do capital, considerando-se esse processo como um todo. Em seu movimento real, os capitais se enfrentam nessas formas concretas: no processo imediato de produção e no processo de circulação não passam de fases ou estados particulares. (Karl Marx – O Capital – O Processo Global de Produção Capitalista – Livro 3 – Volume 4 – p. 29-30).

O valor de toda mercadoria (M) da produção capitalista se expressa na fórmula: (grifo meu) (Karl Marx – O Capital – O Processo Global de Produção Capitalista – Livro 3 – Volume 4 – p. 30).

$$M = Cc + Cv + m \text{ (mais-valia)}$$

Sendo (K = Cc +Cv) o preço de custo, a fórmula (M = Cc + Cv + m) se transfigura em (M = K + m), isto é, o preço de custo + mais-valia. (grifo meu) (Karl Marx – O Capital – O Processo Global de Produção Capitalista – Livro 3 – Volume 4 – p. 30).

O capital todo entra materialmente no processo efetivo de trabalho, embora, apenas parte dele, no processo de valorização. Seria precisamente esta a razão por que só parcialmente contribui para formar o preço de custo e totalmente para formar a mais-valia. Seja como for, sobressai o resultado: a mais-valia brota simultaneamente de todas as partes do capital aplicado. (Karl Marx – O Capital – O Processo Global de Produção Capitalista – Livro 3 – Volume 4 – p. 39).

Sintetiza bem esse raciocínio a expressão simples e brutal de Malthus: (Karl Marx – O Capital – O Processo Global de Produção Capitalista – Livro 3 – Volume 4 – p. 39).

O capitalista espera obter o mesmo lucro de todas as partes do capital que adianta.

Como fruto imaginário de todo o capital adiantado, a mais-valia toma a forma transfigurada de lucro. (Karl Marx – O Capital – O Processo Global de Produção Capitalista – Livro 3 – Volume 4 – p. 39).

Sendo L o lucro, a fórmula (M = Cc + Cv+ m = K + m) se transforma na fórmula (M = K + L). Ou seja, (M = preço de custo + lucro) (Karl Marx – O Capital – O Processo Global de Produção Capitalista – Livro 3 – Volume 4 – p. 39).

O lucro, tal como o vemos agora, é portanto o mesmo que a mais-valia, em forma dissimulada, que deriva necessariamente do modo capitalista de produção. (Karl Marx – O Capital – O Processo Global de Produção Capitalista – Livro 3 – Volume 4 – p. 39).

2 A Taxa de Lucro

A fórmula geral do capital é (D – M – D'); lança-se uma soma de valor na circulação, para retirar dela soma maior. (Karl Marx – O Capital – O Processo Global de Produção Capitalista – Livro 3 – Volume 4 – p. 44).

O processo que gera essa soma maior é a produção capitalista; o processo que a realiza em dinheiro é a circulação do capital. Ao capitalista interessa efetivamente não o produto concretamente considerado, mas o valor excedente do produto acima do valor do capital consumido para produzi-lo. (Karl Marx – O Capital – O Processo Global de Produção Capitalista – Livro 3 – Volume 4 – p. 44).

O capitalista adianta todo o capital sem se preocupar com os papéis diversos que seus componentes desempenham na produção da mais-valia. Adianta igualmente esses componentes, não só para reproduzir o capital adiantado, mas também para produzir, acima dele, um valor excedente. (Karl Marx – O Capital – O Processo Global de Produção Capitalista – Livro 3 – Volume 4 – p. 44).

A mais-valia ou o lucro consiste justamente no excedente do valor-mercadoria sobre o preço de custo, isto é, no excedente da totalidade de trabalho contida na mercadoria sobre a soma de trabalho pago nela contida. A mais-valia, qualquer que seja sua origem, é, por conseguinte, um excedente sobre todo o capital adiantado. A relação entre esse excedente e a totalidade do capital expressa-se pela fração $[m/C = m/(Cc+Cv)]$, diversa da taxa de mais-valia ($m' = m/Cv$). (Karl Marx – O Capital – O Processo Global de Produção Capitalista – Livro 3 – Volume 4 – p. 46).

A razão que existe entre a mais-valia e o capital variável é a taxa de mais-valia, e a que existe entre a mais-valia e a totalidade do capital é a taxa de lucro (m/Ct). (Karl Marx – O Capital – O Processo Global de Produção Capitalista – Livro 3 – Volume 4 – p. 44).

A taxa de lucro difere quantitativamente da taxa de mais-valia, embora mais-valia e lucro sejam de fato idênticos e quantitativamente iguais; entretanto, o lucro é forma transfigurada da mais-valia, desta dissimulando e apagando a origem e o segredo da existência. A mais-valia aparece sob a forma de lucro, e é mister a análise para dissociá-la dessa forma. (Karl Marx – O Capital – O Processo Global de Produção Capitalista – Livro 3 – Volume 4 – p. 51).

3 Relação entre a Taxa de Lucro e a de Mais-Valia

O capital total (Ct) se reparte em capital constante (Cc) e capital variável (Cv) e produz mais-valia (m). (Karl Marx – O Capital – O Processo Global de Produção Capitalista – Livro 3 – Volume 4 – p. 54).

A relação entre a mais-valia (m) e o capital variável (Cv), m/Cv, denomina-se taxa de mais-valia (m'). Temos, assim: (grifo meu) (Karl Marx – O Capital – O Processo Global de Produção Capitalista – Livro 3 – Volume 4 – p. 54).

I ($m' = m/Cv$)

Daí resulta que $m = (Cv \times m')$, ou seja, a mais-valia é igual ao produto do capital variável Cv pela taxa de mais-valia. (grifo meu) (Karl Marx – O Capital – O Processo Global de Produção Capitalista – Livro 3 – Volume 4 – p. 54).

Referida ao capital total e não ao capital variável, a mais-valia chama-se lucro (L), e a relação entre ela e o capital total Ct, isto é (m/Ct), é a taxa de lucro (L'). Assim, temos: (grifo meu).

II m = (Ct x L')

Desse modo, temos: (grifo meu).

$$\text{I) m = (Cv x m'); II) m = (Ct x L')}$$

Substituindo, temos que: (grifo meu)

III) (L'/m' = Cv/Ct) ou (Cv x m' = Ct x L')

Assim, a **taxa de lucro (L')** está para a **taxa de mais-valia (m')**, assim como o capital variável (Cv) está para todo o capital (Ct). (grifo meu) (Karl Marx – O Capital – O Processo Global de Produção Capitalista – Livro 3 – Volume 4 – p. 54).

De (III), temos: (grifo meu)

IV) (L' = m' x Cv/Ct)

Dessa proporção segue-se que a taxa de lucro (L') é sempre menor que a (m'), a taxa de mais-valia, pois (Cv), é sempre menor que (Ct = Cc + Cv). A única exceção seria o caso praticamente impossível em que Cv = Ct, em que o Capitalista não adiantasse qualquer capital constante ou meio de produção, mas tão somente salário. (Karl Marx – O Capital – O Processo Global de Produção Capitalista – Livro 3 – Volume 4 – p. 54).

Em nossa investigação cabe considerar ainda uma série de outros fatores que exercem influência determinante na magnitude de Cc, Cv e m (mais-valia), e que serão objeto do exame a seguir: (Karl Marx – O Capital – O Processo Global de Produção Capitalista – Livro 3 – Volume 4 – p. 54 e 55).

a.   O Valor do dinheiro: sempre constante;

b.   A Rotação: a fórmula **[L' = m' x (Cv/Ct)]** só é rigorosamente correta para um período de rotação do capital variável, mas podemos torná-la exata, substituindo **(m')**, pela taxa anual de mais-valia, **(m' x n)**, sendo **(n)** o número de rotações do capital variável durante um ano;

c.   A Produtividade do Trabalho: Pode influir diretamente na taxa de lucro, pelo menos de um capital individual, se esse capital individual trabalha com produtividade superior à social média, fabrica seus produtos com valor menor que o médio social das mesmas mercadorias, realizando assim um lucro extraordinário. As transformações ocorrentes nos fatores (Cc) (Cv) e (m) implicam do mesmo modo modificações na produtividade do trabalho.

O mesmo se pode dizer dos três fatores restantes: (Karl Marx – O Capital – O Processo Global de Produção Capitalista – Livro 3 – Volume 4 – p. 55).

d.   duração da jornada de trabalho;

e.   intensidade do trabalho; e

f.   salário.

As transformações ocorrentes em (Cv) e (m) estão igualmente ligadas a alterações na magnitude desses três fatores determinantes. Enquanto a elevação do salário reduz a mais-valia, aumentam-na o prolongamento da jornada e o acréscimo da intensidade do trabalho. (grifo meu) (Karl Marx – O Capital – O Processo Global de Produção Capitalista – Livro 3 – Volume 4 – p. 55-56).

Modificações na jornada de trabalho, na intensidade do trabalho e no salário redundam necessariamente em modificações simultâneas em (Cv) e (m) e na relação entre eles. (grifo meu) (Karl Marx – O Capital – O Processo Global de Produção Capitalista – Livro 3 – Volume 4 – p. 56).

3.1 Fatores que Determinam a Taxa de Lucro

A taxa de lucro (L') é assim determinada por dois fatores principais: a taxa de mais-valia e a composição do valor do capital. Os efeitos dos dois fatores podem ser resumidos logo adiante, e a composição pode ser expressa percentualmente, pois aqui não importa saber de qual das duas partes do capital provém a modificação. (Karl Marx – O Capital – O Processo Global de Produção Capitalista – Livro 3 – Volume 4 – p. 76).

As taxas de lucro de dois capitais ou de um mesmo capital em duas situações sucessivas diferentes são iguais: (Karl Marx – O Capital – O Processo Global de Produção Capitalista – Livro 3 – Volume 4 – p. 76-77).

a.   quando iguais a composição percentual dos capitais e a taxa de mais-valia;

b.   quando, diferindo a composição percentual dos capitais e a taxa de mais-valia, são iguais os produtos das taxas de mais-valia pelas partes variáveis calculadas percentualmente (m' e Cv), isto é, as massas de mais-valia **(m = m' x Cv)** expressas em percentagem do capital inteiro.

São desiguais as taxas de lucro: (Karl Marx – O Capital – O Processo Global de Produção Capitalista – Livro 3 – Volume 4 – p. 77).

a.   quando, invariável a composição percentual, diferem as taxas de mais-valia a que elas são proporcionais;

b.   quando é a mesma a taxa de mais-valia e diferente a composição percentual, hipótese em que são proporcionais às partes variáveis dos capitais;

c.   quando, diferindo a taxa de mais-valia e a composição percentual, são proporcionais aos produtos (m' x Cv), isto é, às massas de mais-valia calculadas em percentagem do capital total.

4 A Rotação e a Taxa de Lucro

O principal meio para diminuir o tempo de produção é aumentar a produtividade do trabalho, o que se chama geralmente progresso industrial. E em consequência, sobe necessariamente a taxa de lucro, a não ser que a totalidade do capital investido aumente consideravelmente com o emprego de maquinaria custosa e reduza a taxa de lucro a calcular sobre todo o capital. É sem dúvida o que sucede com muitos dos recentes progressos da metalurgia e da indústria química. Os novos processos de produzir ferro e aço, descobertos por Bessemer, Siemens, Gilchrist-Thomas e outros reduziram a um mínimo, com custos relativamente pequenos, o tempo exigido pelos métodos anteriores extremamente demorados. (grifo meu) (Karl Marx – O Capital – O Processo Global de Produção Capitalista – Livro 3 – Volume 4 – p. 79).

O principal meio de abreviar o tempo de circulação é o progresso dos transportes e comunicações. Nesse domínio operou-se durante os cinquenta anos uma revolução com que só se pode comparar a revolução industrial da segunda metade do século anterior. Em 1847 o tempo de circulação de mercadoria remetida à Ásia Oriental era pelo menos de doze meses, o que hoje pode ser reduzido aproximadamente ao mesmo número de semanas. Abreviou--se na mesma medida o tempo de rotação de todo o comércio mundial, e aumentou mais de duas ou três vezes a capacidade de operar dos capitais nele empregados, influenciando fortemente a taxa de lucro. (grifo meu) (Karl Marx – O Capital – O Processo Global de Produção Capitalista – Livro 3 – Volume 4 – p. 79-80).

O efeito direto que a redução do tempo de rotação tem sobre a produção de mais-valia e portanto sobre o lucro consiste na maior eficácia que ela dá à parte variável do capital. (Karl Marx – O Capital – O Processo Global de Produção Capitalista – Livro 3 – Volume 4 – p. 80).

5 Economia no Emprego de Capital Constante

5.1 Generalidades

O acréscimo da mais-valia absoluta ou o prolongamento do trabalho excedente e, por conseguinte, da jornada, sem que se altere o capital variável, empregando-se portanto o mesmo número de trabalhadores com o mesmo salário nominal faz cair o valor do capital constante em relação ao capital todo e ao capital variável, e assim subir a taxa de lucro, ainda que não se considere o incremento da quantidade de mais-valia e da taxa de mais-valia, possivelmente em ascensão. (Karl Marx – O Capital – O Processo Global de Produção Capitalista – Livro 3 – Volume 4 – p. 86).

O prolongamento da jornada aumenta o lucro; ao mesmo quando pago o tempo extraordinário, e, até certo ponto, mesmo quando pago mais caro que as horas normais de trabalho. Por isso, no sistema industrial moderno, a necessidade cada vez maior de aumentar o capital fixo era poderoso incentivo no sentido de levar os capitalistas ávidos de lucro a prolongar a jornada. (Karl Marx – O Capital – O Processo Global de Produção Capitalista – Livro 3 – Volume 4 – p. 87).

> As despesas gerais numa fábrica quase não se alteram se a jornada se prolonga de dez para doze horas" (Rep. Fact., outubro de 1862) (Karl Marx – O Capital – O Processo Global de Produção Capitalista – Livro 3 – Volume 4 – p. 87).

> Em todas as fábricas configura-se em edifícios, máquinas, montante muito alto de capital fixo, e, por isso, o lucro é tanto maior quanto maior o número de horas em que se possa manter operando essa maquinaria (Rep. of. Insp. Of Fact, 31/10/1858) (Karl Marx – O Capital – O Processo Global de Produção Capitalista – Livro 3 – Volume 4 – p. 87).

Impostos e taxas, seguro contra fogo, salários de diversos funcionários graduados, depreciação da maquinaria e diversas outras despesas de uma fábrica prosseguem inalteradas com maior ou menor jornada de trabalho; na medida em que a produção decresce, elas aumentam relativamente ao lucro. (Rep. Fact., outubro de 1862) (Karl Marx – O Capital – O Processo Global de Produção Capitalista – Livro 3 – Volume 4 – p. 88).

Caso os trabalhadores tenham de mourejar 18 horas em vez de 12, a semana fica com mais três dias, uma semana valerá uma e meia, e dois anos, três. Se não se paga o tempo extraordinário, os trabalhadores darão gratuitamente, além do tempo normal do trabalho excedente, uma semana em cada três e um em cada três anos. (Karl Marx – O Capital – O Processo Global de Produção Capitalista – Livro 3 – Volume 4 – p. 88).

Quando o capital constante entra na produção de mercadorias, deixa-se de lado o valor de troca e considera-se apenas o valor de uso. O volume de trabalho que a fibra do linho pode absorver ao ser fiada não depende do valor mas da quantidade dela, e corresponde a dado nível da produtividade do trabalho, isto é, a dado grau de desenvolvimento técnico. A ajuda que uma máquina pode dar, por exemplo, a três trabalhadores, não depende do valor mas do valor de uso dela como máquina. Num nível de desenvolvimento técnico, uma máquina de baixa eficácia pode ser dispendiosa e, noutro, uma grande eficácia, barata. (Karl Marx – O Capital – O Processo Global de Produção Capitalista – Livro 3 – Volume 4 – p. 90).

Ao empregar o Capital Constante na produção vamos ver as economias oriundas da redução do tempo de circulação, do desenvolvimento dos meios de transportes e comunicações, e da melhoria contínua da maquinaria que proporciona: (Karl Marx – O Capital – O Processo Global de Produção Capitalista – Livro 3 – Volume 4 – p. 90-91).

a.   mudança da matéria com que é feita, por exemplo, ferro em vez de madeira;

b.   barateamento resultante do progresso na fabricação de máquinas em geral, de modo que o valor da parte fixa do capital constante, embora cresça constantemente com o desenvolvimento do trabalho em grande escala, está longe de acompanhar o ritmo desse desenvolvimento;

c.   aperfeiçoamentos especiais que permitem à maquinaria já existente operar mais barato e mais eficazmente;

d.   redução dos resíduos com o emprego de melhores máquinas.

Tudo que diminui o desgaste da maquinaria e do capital fixo em geral, num dado período de produção, além de baixar o preço da mercadoria isolada, pois toda mercadoria reproduz no preço a parte alíquota do desgaste sobre ela incidente, reduz o desembolso alíquota de capital referente a esse período. A maior durabilidade das máquinas implica redução correspondente no preço delas. (Karl Marx – O Capital – O Processo Global de Produção Capitalista – Livro 3 – Volume 4 – p. 91).

O desenvolvimento da produtividade do trabalho num ramo de produção, por exemplo, o de ferro, de carvão, máquinas, construção etc., patenteia-se condição para que se reduza o valor e portanto os custos dos meios de produção noutros ramos industriais, por exemplo, a indústria têxtil ou a agricultura. (Karl Marx – O Capital – O Processo Global de Produção Capitalista – Livro 3 – Volume 4 – p. 91).

O desenvolvimento da produtividade do trabalho no setor externo – o setor que lhe fornece meios de produção – que faz diminuir relativamente o valor do capital constante por ele empregado e, em consequência, subir a taxa de lucro. (Karl Marx – O Capital – O Processo Global de Produção Capitalista – Livro 3 – Volume 4 – p. 91).

Os mesmos edifícios, instalações de aquecimento e iluminação etc. custam, para um grande volume de produção, proporcionalmente, menos do que para um pequeno volume. O valor delas, embora suba em termos absolutos, cai em relação à expansão crescente da produção e à magnitude do capital variável ou à massa da força de trabalho posta em movimento. A economia que um capital faz na própria esfera de produção consiste, antes de mais nada e diretamente, em economia de trabalho, isto é, com o menor custo possível, num dado nível de produção. (Karl Marx – O Capital – O Processo Global de Produção Capitalista – Livro 3 – Volume 4 – p. 92).

A relação entre a mais-valia e todo o capital – e é isto que determina a taxa de lucro – depende nessas condições, apenas do valor do capital constante, nada tendo a ver com o valor de uso dele. (Karl Marx – O Capital – O Processo Global de Produção Capitalista – Livro 3 – Volume 4 – p. 94).

O modo capitalista de produção impulsiona, de um lado, o desenvolvimento das forças produtivas do trabalho social, e, do outro, a economia no emprego do capital constante. (Karl Marx – O Capital – O Processo Global de Produção Capitalista – Livro 3 – Volume 4 – p. 96).

Mas não vigoram apenas a alienação e a indiferença do trabalhador, o portador do trabalho vivo, relativamente ao emprego econômico, isto é, racional e parcimonioso de suas condições de trabalho. De acordo com suas contradições e antagonismos, prossegue o sistema capitalista considerando o desperdício da vida e da saúde dos trabalhadores, o aviltamento de suas condições de existência, como economias no emprego do capital constante e, portanto, meio de elevar a taxa de lucro. (Karl Marx – O Capital – O Processo Global de Produção Capitalista – Livro 3 – Volume 4 – p. 96).

Passando o trabalhador a maior parte da vida no processo de produção, as condições desse processo constituem em grande parte aquelas em que se desenvolvem suas atividades, condições de sua vida, e economizá-las é método de elevar a taxa de lucro; exatamente como vimos antes, o trabalho excessivo, a transformação do trabalhador numa besta de trabalho, constitui método de acelerar a valorização do capital, a produção de mais-valia. (Karl Marx – O Capital – O Processo Global de Produção Capitalista – Livro 3 – Volume 4 – p. 97).

O capital tem a tendência a reduzir ao necessário o trabalho vivo diretamente empregado, a encurtar sempre o trabalho requerido para fabricar um produto, explorando as forças produtivas sociais do trabalho e, portanto, a economizar o mais possível o trabalho vivo diretamente aplicado. E, acresce outra tendência que é a de empregar o trabalho, reduzido à medida necessária, nas condições mais econômicas, isto é, a de restringir o valor do capital constante aplicado ao mínimo possível. O valor das mercadorias é determinado pelo necessário tempo de trabalho e não por qualquer outro tempo de trabalho nelas contido. Determina-o, primeiro, o capital, que, ao mesmo tempo, abrevia continuamente o tempo de trabalho socialmente necessário para produzir a mercadoria. Assim, o preço da mercadoria reduz-se ao mínimo, ao restringir-se ao mínimo cada camada de trabalho requerida para produzi-la. (Karl Marx – O Capital – O Processo Global de Produção Capitalista – Livro 3 – Volume 4 – p. 97-98).

É mister fazer distinções quanto às economias no emprego do capital constante. Se aumenta a quantidade e com ela o valor total do capital empregado, temos de início concentração simplesmente de mais capital numa só mão. Mas, é justamente essa quantidade maior aplicada por um só – à qual corresponde um número absoluto maior e relativo menor de trabalhadores utilizados – que permite economizar capital constante. Considerando-se o capitalista isolado, aumenta a dimensão do desembolso necessário de capital, especialmente de capital fixo; mas decresce o valor relativo da quantidade das matérias que são transformadas e do trabalho explorado. (Karl Marx – O Capital – O Processo Global de Produção Capitalista – Livro 3 – Volume 4 – p. 98).

5.2 Parcimônia (não investir, economia) nas Condições de Trabalho, às custas do Trabalhador

Nas Minas de Carvão, negligenciam-se os investimentos mais necessários. (Karl Marx – O Capital – O Processo Global de Produção Capitalista – Livro 3 – Volume 4 – p. 99).

A concorrência reinante entre os proprietários das minas de carvão leva-os a só fazerem os investimentos estritamente necessários para vencer as dificuldades materiais mais ostensivas. É a concorrência entre os trabalhadores das minas; de ordinário, excessiva em número, leva-os prazerosamente a exporem-se a consideráveis perigos e às influências mais nocivas por um salário ligeiramente maior que o dos jornaleiros agrícolas vizinhos, pois o trabalho das minas lhes permite lucrar empregando os filhos. Essa dupla concorrência é o bastante para induzir a exploração de grande parte das minas, com os mais precários sistemas de drenagem e ventilação; frequentes vezes, nelas se encontram poços mal construídos, fracas vigas de sustentação, maquinistas incapazes, galerias e carris mal projetados e construídos. Consequência de tudo isto: destruição de vidas, mutilações e doenças que, se forem estatisticamente apuradas, nos darão um quadro horripilante. (First report on Children's employment in mines and collieries etc., 21/04/1829)

Por volta de 1860, nas minas de carvão inglesas, 15 homens pereciam em média por semana. Na década de 1852-1861, em acidentes, morreram ao todo, nessas minas, 8.466, segundo o *relatório Coal mines accidents*, de 06/02/1862. Mas o número está muito aquém da realidade, conforme diz o próprio relatório, pois nos anos iniciais, quando os inspetores começavam a atuar e sua circunscrição era demasiadamente extensa, grande número de acidentes e mortes no trabalho mineiro deixaram de ser registrados. Revela a tendência natural da exploração capitalista a circunstância de ter diminuído muito o número de acidentes depois de se estabelecer a inspeção, embora a mortandade ainda seja muito grande, insuficiente o número e parcos os poderes dos inspetores. (Karl Marx – O Capital – O Processo Global de Produção Capitalista – Livro 3 – Volume 4 – p. 99).

A produção capitalista, mais do que qualquer outro modo de produção, esbanja seres humanos, desperdiça carne e sangue, dilapida nervos e cérebro. (Karl Marx – O Capital – O Processo Global de Produção Capitalista – Livro 3 – Volume 4 – p. 99).

Expressiva a esse respeito é a questão levantada pelo inspetor de fábrica R. Baker: (Karl Marx – O Capital – O Processo Global de Produção Capitalista – Livro 3 – Volume 4 – p. 100).

Releva meditar seriamente nesta questão: qual a melhor maneira de evitar esse sacrifício da vida dos menores, causado pelo trabalho congregado em massa (Rep. Fact., outubro de 1863).

Nas Fábricas, de todas as medidas relacionadas com a segurança, comodidade e saúde dos trabalhadores, derivam em grande parte, os mortos e feridos dos verdadeiros comunicados de batalha do exército industrial. A carência de espaço e de ventilação etc., tem a mesma influência mortífera. (Karl Marx – O Capital – O Processo Global de Produção Capitalista – Livro 3 – Volume 4 – p. 100).

Ainda em outubro de 1855 queixava-se Leonard Horner da resistência de muitos fabricantes contra as normas legais relativas aos dispositivos de proteção nas árvores horizontais, embora o perigo existente se tenha confirmado continuamente com acidentes, frequentes vezes mortais, e o dispositivo de proteção não fosse dispendioso nem perturbasse de maneira alguma o funcionamento das máquinas (Rep. Fact., outubro de 1855) (Karl Marx – O Capital – O Processo Global de Produção Capitalista – Livro 3 – Volume 4 – p. 100).

Para resistir à legislação fabril, os fabricantes organizaram na época uma associação, a chamada 'National Association for the Amendment of the Gactory Laws', em Manchester, a qual em março de 1855 levantou, mediante contribuições de 2 xelins por cavalo-vapor, quantia superior a 50.000 libras, para pagar as despesas de processo dos membros denunciados à justiça pelos inspetores de fábricas e para litigar por conta própria. (Karl Marx – O Capital – O Processo Global de Produção Capitalista – Livro 3 – Volume 4 – p. 100-101).

O inspetor de fábrica para a Escócia, Sir John Kincaid, fala de uma empresa em Glasgow que, com o ferro velho da fábrica, proveu toda a sua maquinaria com dispositivos de proteção que lhe custaram 9 libras e 1 xelim. Se tivesse entrado para aquela associação, teria de pagar uma contribuição de 11 libras esterlinas por seus 110 cavalos-vapor, mais do que custara todo o dispositivo de proteção. (Karl Marx – O Capital – O Processo Global de Produção Capitalista – Livro 3 – Volume 4 – p. 101).

A National Association fora fundada em 1854 expressamente para combater a lei que prescrevia esses dispositivos de proteção. Os fabricantes, em todo o período de 1844-54, não fizeram caso dela. Quando, por ordem de Palmerston, os inspetores avisaram aos fabricantes de que a lei era para valer, fundaram estes imediatamente a Associação, que passou a ter, entre os seus mais eminentes associados, muitos que eram juízes de paz, obrigados pela própria função judiciária a aplicar a lei. (Karl Marx – O Capital – O Processo Global de Produção Capitalista – Livro 3 – Volume 4 – p. 101).

Os fabricantes perseguiram e caluniaram de todos os modos o chefe da inspeção das fábricas, Leonard Horner. (Karl Marx – O Capital – O Processo Global de Produção Capitalista – Livro 3 – Volume 4 – p. 101).

Os fabricantes não descansaram até conseguirem um julgamento da Corte Criminal (Court of Quenn's Bench), estabelecendo a interpretação de que a lei de 1844 não prescrevia dispositivos de proteção para árvores horizontais instaladas a mais de 7 pés acima do chão. Finalmente, em 1856, graças ao tartufo Wilson-Patten obtiveram do Parlamento uma lei que, nas circunstâncias, podia satisfazê-los. (Karl Marx – O Capital – O Processo Global de Produção Capitalista – Livro 3 – Volume 4 – p. 101).

A lei efetivamente retirava ao trabalhador qualquer proteção específica, e nos casos de indenização por acidentes ocasionados por máquinas remetia-os à justiça comum (pura ironia, visto o custo da justiça na Inglaterra), ao mesmo tempo que, em virtude de uma disposição extremamente sutil relativa à perícia judicial necessária, quase impossibilitava que o fabricante perdesse o processo. Daí resultou aumento rápido dos acidentes. No semestre de maio a outubro de 1858, o inspetor Baker verificou terem os acidentes acrescido de 21% em relação apenas ao semestre anterior. É de parecer que 36,7% dos acidentes podiam ser evitados. Entretanto, em 1858/59 diminuiu expressivamente, em relação a 1845/46, o número de acidentes, isto é, por volta de 29%, enquanto o número de trabalhadores nas indústrias submetidas à inspeção aumentava de 20%. Mas como se explica essa ocorrência? Dentro dos limites em que o problema está esclarecido até 1865, a explicação está principalmente em que se introduziram novas máquinas, já antecipadamente providas de dispositivos de proteção, conformando-se o fabricante em utilizá-las por não lhe acarretarem custo suplementar. Além disso, alguns trabalhadores conseguiram ganhar judicialmente vultosas indenizações, e com as sentenças confirmadas na instância suprema. (Rep. Fact., 30/04/1861 e abril de 1862) (grifo meu) (Karl Marx – O Capital – O Processo Global de Produção Capitalista – Livro 3 – Volume 4 – p. 101-102).

Tomamos contato assim com as economias nos meios de proteger a vida e os membros dos trabalhadores (entre os quais numerosas crianças) contra os perigos que os ameaçam por trabalharem com máquinas. (Karl Marx – O Capital – O Processo Global de Produção Capitalista – Livro 3 – Volume 4 – p. 102).

Dr. Simon estabelece e com abundantes dados estatísticos demonstra a seguinte regra: (Karl Marx – O Capital – O Processo Global de Produção Capitalista – Livro 3 – Volume 4 – p. 103).

> Não se alterando as demais condições, a taxa de mortalidade correspondente a doenças pulmonares, verificada numa área, eleva-se na proporção em que a população é constrangida a trabalhar coletivamente em recintos fechados". A causa é a má ventilação, "e provavelmente não há em toda a Inglaterra uma única exceção à regra de que, em todo distrito que possui indústria de vulto explorada em recintos fechados, a mortalidade elevada dos trabalhadores basta para enegrecer a estatística de mortalidade de todo o distrito com o número excessivo de doenças pulmonares.

Vejam a estatística de mortalidade nas indústrias exploradas em locais fechados e visitados pelo departamento de saúde pública em 1860/61: (Karl Marx – O Capital – O Processo Global de Produção Capitalista – Livro 3 – Volume 4 – p. 103).

- homens entre 15 e 55 anos: 100 óbitos por tuberculose e outras doenças pulmonares, nos distritos rurais ingleses;
- homens entre 15 e 55 anos: 163 óbitos por tuberculose em Coventry;

167 em Blackburn e Skipton;

168 em Congleton e Bradford;

171 em Leicester;

182 em Leek;

184 em Macclesfield;

190 em Bolton;

192 em Nottingham;

193 em Rochdale;

198 em Derby;

203 em Salford e Ashton-under-Lyne;

218 em Leeds;

220 em Preston; e

263 em Manchester.

Nas áreas da indústria de seda, em que aumenta a participação dos homens no trabalho das fábricas, se acentua também sua mortalidade. A taxa de mortalidade por tuberculose etc., para ambos os sexos, desvenda, diz o relatório: (Karl Marx – O Capital – O Processo Global de Produção Capitalista – Livro 3 – Volume 4 – p. 103-104).

as cruéis condições sanitárias em que opera grande parte da nossa indústria de seda.

E foi para essa indústria de seda que os fabricantes exigiram e em parte conseguiram que lhes fosse permitido prolongar excepcionalmente a jornada de trabalho de menores com menos de 13 anos, alegando as excepcionais condições benignas em que ela se processava: (Karl Marx – O Capital – O Processo Global de Produção Capitalista – Livro 3 – Volume 4 – p. 104).

Distrito	Indústria Principal	Óbitos por doenças pulmonares entre 15 e 25 anos, por 100.000 indivíduos	
		Homens	Mulheres
Berkhampstead	Entrançamento de palha	219	578
Leighton Buzzard		309	554
Newport Pagnell	Fabricação de rendas	301	617
Towcester		239	577
Yeovil	Luvarias	280	400
Leek	Indústria de seda	437	856
Congleton		566	790
Macclesfield		593	890
Zonas Rurais Salubres	Agricultura	331	333

Nenhuma das indústrias investigadas à época apresenta, por certo, imagem pior que a transmitida por Dr. Smith, a propósito das alfaiatarias [...]. As oficinas, diz ele, diferem muito do ponto de vista sanitário; mas, todas elas estão superlotadas, mal ventiladas, sendo altamente malsãs [...]. Os compartimentos já são necessariamente quentes, e quando se acende o gás, nos dias de nevoeiro ou nas tardes de inverno, o calor sobe a até mesmo 33º C; em consequência, ficam todos suando muito e o vapor se condensa nas vidraças – a água passa então a escorrer ou a gotejar da claraboia; os trabalhadores são forçados a manter abertas algumas janelas, embora por isso invariavelmente se resfriem. Assim descreve a situação de 16 das mais importantes oficinas da extremidade oriental de Londres, o maior espaço cúbico que a um trabalhador cabe nesses compartimentos mal ventilados é de 270 pés cúbicos. O menor é de 105, sendo a média geral de 156 por pessoa. Numa oficina circunda por uma galeria e que só tem claraboia, trabalham de 92 até mais de 100 pessoas, com muitos bicos de gás acesos. Bem junto, as privadas, e o espaço não ultrapassa 150 pés cúbicos por pessoa.

Noutra oficina, parecendo um canil, situada num pátio iluminado apenas por cima, e que só podia ser ventilada por uma pequena trapeira, trabalham 5 ou 6 pessoas, com um espaço de 112 pés cúbicos para cada uma... Nessas abjetas oficinas, descritas por Dr. Smith, os alfaiates trabalham de ordinário 12 a 13 horas por dia. (Karl Marx – O Capital – O Processo Global de Produção Capitalista – Livro 3 – Volume 4 – p. 104-105).

Nº de Pessoas empregadas	Atividade	Localização	Taxa de mortalidade para cada 100.000 indivíduos – conforme idade		
			25 – 35	35 – 45	45 – 55
958.265	Agricultura	Inglaterra e Gales	743	805	1.145
22.301 homens	Alfaiates	Londres	958	1.262	2.093
12.377 mulheres					
13.803	Tipógrafos e impressores	Londres	894	1.747	2.367

(Karl Marx – O Capital – O Processo Global de Produção Capitalista – Livro 3 – Volume 4 – p. 105).

A respeito de uma oficina de classe inferior, que funcionava por conta de um intermediário, observa Dr. Ord.: (Karl Marx – O Capital – O Processo Global de Produção Capitalista – Livro 3 – Volume 4 – p. 107).

Um quarto com 1.280 pés cúbicos; presentes 14 pessoas; espaço para cada uma, 91,5 pés cúbicos. As trabalhadoras com o aspecto de esgotamento e decadência física. Ganhavam, segundo informação que obtive, 7 a 15 xelins por semana, mais o chá [...]. Jornada de trabalho de 8 às 20 horas. Era mal ventilado o pequeno quarto onde se comprimiam essas 14 pessoas. Havia duas janelas que podiam ser abertas e uma chaminé que estava entupida; não existia a mais leve sombra de uma instalação qualquer para ventilação.

O mesmo relatório observa a respeito do trabalho excessivo das modistas: (grifo meu) (Karl Marx – O Capital – O Processo Global de Produção Capitalista – Livro 3 – Volume 4 – p. 107).

O trabalho em excesso de jovens mulheres nas refinadas casas de modas, durante uns 4 meses do ano, predomina na extensão monstruosa que, em muitas ocasiões, momentaneamente surpreende o público e causa-lhe repugnância. Durante esses meses, de ordinário trabalha-se diariamente nas oficinas 14 horas inteiras e, com as encomendas urgentes acumuladas, até 17 a 18 horas, dias seguidos. Nas outras estações do ano é provável que se trabalhe, nas oficinas, 10 a 14 horas; quando trabalham em casa, as costureiras de ordinário empregam em seu serviço 12 ou 13 horas. **É menor o tempo gasto nas oficinas coletivas, nas confecções de mantôs, colarinhos etc., inclusive o trabalho com a máquina de costura, não ultrapassando em regra 10 a 12 horas; mas, diz Dr. Ord., em certas épocas, as horas regulares de trabalho em certas oficinas, podem ser prolongadas consideravelmente com pagamento à parte das horas extraordinárias, e noutras o trabalho é levado para casa, onde é concluído após a jornada regular de trabalho: tanto um tipo de trabalho extraordinário quanto o outro é muitas vezes imposto.**

Em nota na mesma página observa John Simon: (Karl Marx – O Capital – O Processo Global de Produção Capitalista – Livro 3 – Volume 4 – p. 108).

O secretário da sociedade de Pesquisas das Epidemias (Epidemiological Society), Mr. Radeliffe, examinou em muitas ocasiões as modistas das casas de primeira categoria, tendo verificado que, em cada 20 que diziam estar com perfeita saúde, só uma estava sã. As demais apresentavam graus diversos de esgotamento físico e nervoso, e numerosas perturbações orgânicas daí decorrentes. E aponta as causas em primeiro lugar, a longa jornada de trabalho, que avalia em 12 horas, pelo menos, nas estações calmas; em segundo, superlotação e má ventilação dos locais de trabalho, ar poluído pelas chamas de gás, alimentação insuficiente ou ruim, ausência de consideração pelo conforto em casa.

O diretor do Conselho de Saúde da Inglaterra conclui que: (Karl Marx – O Capital – O Processo Global de Produção Capitalista – Livro 3 – Volume 4 – p. 108-109).

é praticamente impossível aos trabalhadores sustentarem o que, na teoria, é seu direito primordial no tocante à saúde: o direito de ter seu trabalho coletivo, livre de todas as condições insalubres desnecessárias, no que dependam elas do empregador e às custas dele, qualquer que seja a tarefa para a qual os mobilize. E, enquanto os próprios trabalhadores não forem capazes de compelir a que se lhes aplique essa justiça sanitária, não poderão esperar qualquer ajuda eficaz dos funcionários encarregados de aplicar as leis relativas à higiene.

5.3 Economia em Produção e Transmissão de Energia em Edifícios

Em seu relatório de outubro de 1852 cita L. Horner carta do famoso engenheiro James Nasmyth de Patricroft, inventor do martelo-pilão, na qual entre outras coisas se lê: (Karl Marx – O Capital – O Processo Global de Produção Capitalista – Livro 3 – Volume 4 – p. 108-110).

O público sabe muito pouco a respeito do aumento enorme de força motriz, obtido com as modificações de sistema e aperfeiçoamentos... Se, por exemplo, com modificação apropriada pudermos levar uma máquina a vapor – que fornece 40 cavalos de força para 200 pés por minuto – a fazer 400 pés por minuto com pressão e vácuo inalterados, teremos exatamente o dobro da força. E, sendo os mesmos nos dois casos a pressão e o vácuo, com a velocidade acrescida não aumenta substancialmente o esforço das diversas partes da máquina nem o perigo de acidentes, portanto. Toda a diferença se reduz a que mais vapor consumiremos proporcionalmente, ou quase, à aceleração do êmbolo; além disso, haverá desgaste ligeiramente maior dos mancais ou das superfícies de atrito, de pouco interesse prático [...]. Mas para obter mais força de uma máquina, acelerando o movimento do êmbolo, temos de queimar quantidade maior de carvão debaixo da caldeira ou empregar caldeira com maior capacidade de vaporização, enfim, produzir mais vapor. É o que se deu, instalando-se caldeiras com capacidade maior de produzir vapor nas velhas máquinas "aceleradas"; estas passaram, em muitos casos, a ter um acréscimo de 100% no rendimento. Por volta de 1842 começou a despertar atenção a produção extraordinariamente barata de energia pelas máquinas a vapor, empregadas nas minas de Cornualha; a concorrência na fiação de algodão forçava os fabricantes a procurarem a principal fonte de lucro em "economias"; a notável diferença no consumo de carvão por hora e cavalo-vapor, apresentada por aquelas máquinas, e o funcionamento extremamente econômico das máquinas Woolf de dois cilindros trouxeram para o primeiro plano, em nossa zona, a economia de combustível.

Não seria fácil formar uma ideia exata do acréscimo de rendimento de máquinas a vapor idênticas, a que se aplicassem alguns desses melhoramentos ou todos. Mas, estou certo de que, para o mesmo peso de máquina a vapor, obtemos em média, pelo menos, 50% mais de serviço ou trabalho, e que em muitos casos a mesma máquina a vapor que fornecia 50 cavalos-vapor ao tempo da velocidade limitada de 220 pés por minuto, produz hoje mais de 100. Os resultados extremamente econômicos, que se obtêm aplicando as pressões altas das máquinas com condensador, e o rendimento crescente exigido das velhas máquinas para a expansão dos negócios levaram nos últimos três anos à introdução das caldeiras tubulares, que por sua vez reduziram consideravelmente os custos da produção de vapor. (Rep. Fact., outubro de 1852.

O que se disse das máquinas que produzem energia estende-se às que a transmitem e às máquinas operadoras. (Karl Marx – O Capital – O Processo Global de Produção Capitalista – Livro 3 – Volume 4 – p. 111).

A rapidez com que se desenvolvera, nestes últimos anos, os aperfeiçoamentos das máquinas têm capacitado os fabricantes a aumentar a produção sem o emprego de força motriz adicional. O emprego mais econômico do trabalho tornou-se necessário com a redução da jornada de trabalho e na maioria das fábricas bem administradas procura-se sempre aumentar a produção com menores custos. Graças à gentileza de um industrial muito inteligente do meu distrito obtive uma relação que dá o número e idade dos trabalhadores ocupados em sua fábrica, as máquinas empregadas e os salários pagos desde 1840 até hoje. Em outubro de 1840, sua firma empregava 600 trabalhadores, dos quais 200 com menos de 13 anos; em outubro de 1852, apenas 350, dos quais 60 com menos de 13 anos. Nesses dois anos, funcionava quase o mesmo número de máquinas, e era o mesmo o montante de salários. (Relatórios de Redgrave em Rep. Fac., outubro de 1852) (Karl Marx – O Capital – O Processo Global de Produção Capitalista – Livro 3 – Volume 4 – p. 111).

5.4 Aproveitamento dos Resíduos da Produção

Com o modo capitalista de produção, desenvolve-se o aproveitamento dos resíduos da produção e do consumo. À primeira categoria pertencem os da indústria e agricultura, e à segunda os resultantes do metabolismo natural do homem e a forma em que remanescem os objetos de consumo após o uso. São resíduos da produção, os subprodutos que, na indústria química, se perdem na produção em pequena escala; as limalhas que, na fabricação de máquinas, se desperdiçam e voltam à produção siderúrgica como matéria-prima etc. Resíduos do consumo são as matérias naturalmente excretadas pelos seres humanos, os restos de vestuário sob a forma de trapos etc. Os resíduos do consumo são da maior importância para a agricultura. Quanto à aplicação deles há um colossal desperdício na economia capitalista; em Londres, por exemplo, o melhor que se sabe fazer com os excrementos de 4 ½ milhões de habitantes é utilizá-los, com enorme dispêndio, para infectar o Tâmisa. (Karl Marx – O Capital – O Processo Global de Produção Capitalista – Livro 3 – Volume 4 – p. 112).

O encarecimento das matérias-primas incentiva naturalmente que se aproveitem os resíduos. (Karl Marx – O Capital – O Processo Global de Produção Capitalista – Livro 3 – Volume 4 – p. 112).

De modo geral são condições desse aproveitamento: o volume atingido por esses resíduos, o que supõe trabalho em grande escala; aperfeiçoamento da maquinaria, possibilitando matérias antes inaproveitáveis se transformarem em elementos utilizáveis pela nova produção; progresso da ciência – especialmente da química – que descobre as propriedades úteis desses resíduos. Há por certo grande economia desse gênero na pequena agricultura, de caráter hortícola, praticada, por exemplo, na Lombardia, na China Meridional e Japão. Mas, nesse sistema obtém-se em geral a produtividade da agricultura com grande desperdício de forças humanas, subtraídas às outras esferas da produção. (Karl Marx – O Capital – O Processo Global de Produção Capitalista – Livro 3 – Volume 4 – p. 113).

Os resíduos desempenham papel importante em quase toda indústria. Assim, segundo o relatório fabril de 1863, um dos principais motivos por que, na Inglaterra e em muitas partes da Irlanda, os arrendatários só raramente e com pouco interesse cultivam o linho, é o que se poderia evitar com o emprego de melhor maquinaria. (Karl Marx – O Capital – O Processo Global de Produção Capitalista – Livro 3 – Volume 4 – p. 113).

O grande volume de resíduos... na preparação do linho nas pequenas fábricas que o estomentam (limpam, depuram), movidas a água... Os resíduos do algodão são proporcionalmente pequenos, mas os do linho, muito grandes. Tratamento apropriado na maceração e na limpeza mecânica pode reduzir apreciavelmente essa desvantagem... Na

Irlanda, o linho é muito mal estomentado, de modo que se perdem 28 a 30%. (Karl Marx – O Capital – O Processo Global de Produção Capitalista – Livro 3 – Volume 4 – p. 113).

Perde-se tanta estopa que o inspetor de fábrica diz: (Karl Marx – O Capital – O Processo Global de Produção Capitalista – Livro 3 – Volume 4 – p. 113).

Soube de algumas fábricas que extraem o linho, que os estomentadores muitas vezes levam para casa os resíduos, a fim de usá-los no fogão, como combustível, apesar de seu grande valor.

A indústria química fornece o exemplo mais contundente de aproveitamento dos resíduos. Além de empregar os próprios resíduos, encontrado para eles novas aplicações, utiliza os das mais diversas indústrias, e transforma, por exemplo, o alcatrão gaseificado em anilinas – corantes como a alizarina – e recentemente em medicamentos. (Karl Marx – O Capital – O Processo Global de Produção Capitalista – Livro 3 – Volume 4 – p. 114).

Essa economia obtida com o aproveitamento dos resíduos, distingue-se da economia nos desperdícios, que se faz reduzindo ao mínimo os resíduos da produção e aproveitando imediatamente, ao máximo, todas as matérias-primas e auxiliares que entram na produção. (Karl Marx – O Capital – O Processo Global de Produção Capitalista – Livro 3 – Volume 4 – p. 114).

A economia nos desperdícios depende, em parte, da qualidade das máquinas empregadas. Quanto mais precisas e mais bem polidas as partes das máquinas, mais se economiza em óleo, sabão etc. Isto quanto às matérias auxiliares. Em parte e é mais importante, depende da qualidade das máquinas e instrumentos empregados, a porção que se transforma em resíduo, da matéria-prima. Essa porção depende finalmente da qualidade da própria matéria-prima, fator por sua vez determinado pelo desenvolvimento da indústria extrativa e da agricultura, que produzem a matéria-prima (do progresso na cultura do solo, propriamente), e pela melhoria dos processos que ela percorre antes de entrar na fábrica. (Karl Marx – O Capital – O Processo Global de Produção Capitalista – Livro 3 – Volume 4 – p. 114-115).

Parmentier demonstrou que, a partir de época não muito distante, do tempo de Luís XIV por exemplo, a arte de moer o trigo aperfeiçoou-se notavelmente na França, podendo os moinhos novos, com a mesma quantidade de trigo, produzir até metade mais de pão que os velhos. Inicialmente, Paris, calculava-se o consumo anual de trigo por habitante em 4 setiers, depois 3, finalmente em 2, mas hoje em dia é apenas de 1 1/3, ou sejam 342 libras-peso aproximadamente [...] Em Perche, onde vivi muito tempo, moinhos feitos grosseiramente, com mós de granito e rochas vulcânicas, foram reconstruídos segundo as regras da mecânica que tanto progrediu nos últimos trinta anos. Foram providos com as boas mós de La Ferté; sendo o trigo moído duas vezes, deu-se ao peneiro movimento circular, e a farinha produzida, para a mesma quantidade de trigo, aumentou de 1/6. Assim encontro facilmente a explicação para a enorme desproporção entre o consumo diário de trigo dos romanos e o nosso; a razão está inteiramente nas deficiências dos processos de moagem e de panificação... (Dureau de la Malle, Écon. Pol. des romais,

Paris, 1840) (Karl Marx – O Capital – O Processo Global de Produção Capitalista – Livro 3 – Volume 4 – p. 100).

5.5 Economias por meio de Invenções

As economias na utilização do capital fixo são, como dissemos, consequências do emprego em grande escala das condições de trabalho, de servirem estas de condições para o trabalho diretamente coletivo, socializado, para a cooperação imediata dentro do processo de produção. Primeiro, é isto que permite o emprego das invenções químicas e mecânicas, sem aumentar o preço da mercadoria, constituindo *conditio sine qua non*. Segundo, só na produção em grande escala são possíveis as economias oriundas do consumo produtivo coletivo. Finalmente, é a experiência do trabalhador coletivo que descobre e mostra onde e como economizar, como pôr em prática da maneira mais simples as descobertas já feitas, quais as dificuldades práticas a vencer etc. Na aplicação, no emprego da teoria ao processo de produção. (Karl Marx – O Capital – O Processo Global de Produção Capitalista – Livro 3 – Volume 4 – p. 115-116).

O trabalho coletivo supõe a cooperação imediata dos indivíduos. (Karl Marx – O Capital – O Processo Global de Produção Capitalista – Livro 3 – Volume 4 – p. 116).

O que dissemos comprova-se também com o que frequentemente se observa: (Karl Marx – O Capital – O Processo Global de Produção Capitalista – Livro 3 – Volume 4 – p. 116).

a. a enorme diferença entre o custo de fabricação do protótipo de uma máquina e o de sua reprodução (a respeito ver Ure e Babbage);

b. os custos muito maiores com que funciona um estabelecimento industrial baseado em invenções novas, comparados com os dos estabelecimentos posteriores surgidos sobre a ruína, sobre a caveira dele. Isto vai ao ponto de os primeiros empresários em regra falirem e só prosperarem os posteriores, a cujas mãos chegam mais baratos os edifícios, maquinaria etc. Por isso, em regra, são os mais inertes e os mais abomináveis capitalistas financeiros, quem tiram o lucro maior do trabalho universal do espírito humano e de sua aplicação social através do trabalho coletivo.

São notórias as condições de exploração atuais por parte da burguesia rentista, preocupada especialmente no aumento de seus ganhos financeiros, sem se importar com as condições de investimento na coletividade e a melhoria do bem-estar social.

No Brasil, a União, os Estados e os municípios são presas fáceis da especulação financeira dos bancos nacionais e internacionais, ávidos de lucro fácil na rolagem de dívidas e incentivadores das perturbações institucionais, sociais e econômicas que nos levam a trilhar por caminhos que nos distanciam cada vez mais das economias desenvolvidas – em verdade, as economias sul e latino-americanas são pressionadas a ser economias primárias para propiciar o contínuo desenvolvimento dos mais ricos.

Governos progressistas em países subdesenvolvidos são alvos fáceis dos abutres internacionais em conluio com as burguesias locais, não permitindo sua expansão econômica e seu desenvolvimento tecnológico, pois concorreriam com as economias desenvolvidas.

EFEITOS DA VARIAÇÃO DOS PREÇOS

$$(m = L' \times Ct)$$

1 Flutuações nos Preços das Matérias-Primas: Efeitos Diretos na Taxa de Lucro

Mantendo-se o pressuposto de que não varia a taxa de mais-valia, não se alterando as demais circunstâncias, a taxa de lucro varia em sentido contrário à modificação do preço das matérias-primas. (Karl Marx – O Capital – O Processo Global de Produção Capitalista – Livro 3 – Volume 4 – p. 117).

Compreende-se a grande importância, para a indústria, da abolição ou redução das tarifas aduaneiras incidentes sobre as matérias-primas: tornar sua entrada o mais possível livre, já era doutrina fundamental do sistema protecionista mais racionalmente desenvolvido. Este era, além da abolição das tarifas incidentes sobre o trigo, desígnio fundamental dos livre-cambistas ingleses, que procuravam sobretudo suprimir as tarifas que pesavam sobre o algodão. (Karl Marx – O Capital – O Processo Global de Produção Capitalista – Livro 3 – Volume 4 – p. 120).

> Grandes fabricantes, meticulosos e afeitos aos cálculos, disseram que 10 horas de trabalho diário bastariam sem dúvida, se fossem abolidas as tarifas aduaneiras incidentes sobre o trigo. (Rep. Fact., outubro de 1848) (Karl Marx – O Capital – O Processo Global de Produção Capitalista – Livro 3 – Volume 4 – p. 120).

Então, pela anotação anteriormente referida, é de longa data que os donos do capital esperam não pagar impostos e estão sempre a reclamar da falta de segurança, de infraestrutura... Na verdade, quem sempre paga imposto é o consumidor final. Só que, ao se permitir que os impostos sejam recolhidos pelos empresários, eles não conformam em mexer no caixa e fazer o recolhimento.

A estrutura brasileira de cobrança de impostos é falha. Aqui deveria ser implantado um sistema único de cobrança de impostos sobre o consumo, fazendo com que, no ato do pagamento do produto, pelo consumidor, automaticamente, seja separada e recolhida eletronicamente a parte da União, dos Estados e dos municípios, não se permitindo que os empresários se apropriem dos recursos em seus caixas.

> Aboliram-se os direitos aduaneiros incidentes sobre o trigo e, além disso, os que recaíam sobre o algodão e outras matérias-primas; mas, assim que se atingiram esses desígnios, a oposição dos fabricantes contra o projeto de lei instituindo a jornada de 10 horas tornou-se mais violenta que em qualquer outra época. Apesar disso, a jornada de 10 horas nas fábricas logo se tornou lei e a primeira consequência foi a tentativa de redução geral dos salários. (Karl Marx – O Capital – O Processo Global de Produção Capitalista – Livro 3 – Volume 4 – p. 120-121).

O valor das matérias-primas e materiais auxiliares entra por inteiro e de uma vez no valor do produto em que foram consumidas, enquanto o valor dos elementos do capital fixo só entra aí na medida do desgaste, pouco a pouco, portanto. Segue-se daí que o preço do produto é influenciado pelo preço da matéria-prima em grau bem maior que pelo capital fixo, embora a taxa de lucro se determine pelo valor global do capital aplicado, não importando quanto dele foi ou não consumido. (Karl Marx – O Capital – O Processo Global de Produção Capitalista – Livro 3 – Volume 4 – p. 121).

Matérias-primas e materiais auxiliares têm constantemente de ser por inteiro repostas em cada venda do produto, e isto evidencia novamente a possibilidade de o acréscimo no preço da matéria-prima cercear ou estorvar todo o processo de reprodução, desde que o preço obtido com a venda da mercadoria não seja suficiente para repor todos os elementos dela, ou torne impossível prosseguir o processo em escala adequada à sua base técnica, de modo a empregar-se apenas em parte a maquinaria, ou esta não poder trabalhar inteira todo o tempo normal. (Karl Marx – O Capital – O Processo Global de Produção Capitalista – Livro 3 – Volume 4 – p. 122).

Finalmente, os custos decorrentes dos resíduos variam na razão direta das variações do preço da matéria-prima, subindo quando ele sobe e caindo quando ele cai. Veremos que há aí um limite. Contudo, em 1850 se dizia: (Karl Marx – O Capital – O Processo Global de Produção Capitalista – Livro 3 – Volume 4 – p. 122).

> Alguém sem prática de fiação dificilmente perceberia importante perda oriunda da elevação do preço da matéria-prima, a saber, a perda constituída pelos desperdícios. Informaram-me que, ao encarecer o algodão, o custo para a fiação, sobretudo a que emprega qualidades inferiores, aumenta em proporção maior que a indicada pelo acréscimo do preço. O desperdício para produzir fio grosseiro eleva-se bem a 15%; se dessa percentagem decorre perda de ½ pêni por libra-peso para o preço do algodão, por libra-peso, de 3 ½ pence, essa perda subirá a 1 pêni se esse preço elevar-se a 7 pence. (Rep. Fact., abril de 1850).

Mas, quando os preços do algodão, em virtude da Guerra Civil Americana, atingiram níveis que não se viam há quase 100 anos, mudou totalmente o relato da situação: (Karl Marx – O Capital – O Processo Global de Produção Capitalista – Livro 3 – Volume 4 – p. 123).

> O preço que se paga hoje pelo resíduo do algodão e o reaproveitamento do resíduo nas fábricas como matéria-prima compensam de certo modo a diferença na perda por desperdício, entre o algodão Índico e o Americano. Essa diferença é de cerca de 12 ½%. A perda de algodão índico na fabricação é de 25%, de maneira que o algodão custa à fiação realmente ¼ mais do que se pagou por ele. A perda do desperdício não era tão importante quando o algodão americano custa 5 ou 6 pence por libra-peso, pois não ultrapassava de ¾ do pêni; mas agora é muito importante, pois a libra-peso de algodão custa 2 xelins e a perda por desperdício se eleva a 3 pence. (Rp. Fact., outubro de 1863).

> Sem dúvida, o algodão americano que chegava à Europa nos últimos anos da Guerra Civil teve consideravelmente aumentada, com frequência, a percentagem de desperdício em relação à verificada anteriormente – F.E..

2 Capital: Alta e Baixa do Valor, Liberação e Absorção

Para compreender os fenômenos que vamos tratar é necessário, para seu pleno desenvolvimento, o reconhecimento do crédito e a concorrência no mercado mundial, que constitui a base do modo capitalista de produção e a atmosfera em que vive. (Karl Marx – O Capital – O Processo Global de Produção Capitalista – Livro 3 – Volume 4 – p. 123).

Por absorção de capital entendemos a circunstância de certas proporções determinadas do valor global do produto terem de reconverter-se de novo nos elementos do capital constante ou variável, a fim de que a produção prossiga na mesma escala. Por liberação de capital, a circunstância de parte do valor global do produto, até agora obrigatoriamente reconvertida em capital constante ou variável, tornar-se disponível e supérflua, se o objetivo for manter a produção dentro dos limites da escala anterior. Essa liberação ou absorção de capital difere da liberação ou absorção de renda. (Karl Marx – O Capital – O Processo Global de Produção Capitalista – Livro 3 – Volume 4 – p. 124).

Quanto mais reduzidos os estoques disponíveis na esfera da produção e no mercado – o que se dá, por exemplo, no fim do ano comercial, quando as matérias-primas são de novo fornecidas em massa, após a colheita, portanto, no caso de produtos agrícolas –, tanto mais claramente se revela o efeito causado por variação de preço das matérias-primas. (Karl Marx – O Capital – O Processo Global de Produção Capitalista – Livro 3 – Volume 4 – p. 126).

Quanto mais desenvolvida a produção capitalista e quanto mais poderosos, por isso, os meios de aumentar de maneira súbita e sustentada a parte do capital constante, constituída de maquinaria etc., tanto mais rápida a acumulação – sobretudo em épocas de prosperidade –, tanto maior a superprodução relativa de maquinaria e de outros itens do capital fixo e tanto mais frequente a subprodução das matérias-primas vegetais e animais, tanto mais acentuados a elevação dos preços descrita e o correspondente revés. Tanto mais se amiúdam portanto as convulsões provocadas por essa violenta flutuação dos preços de um dos principais elementos do processo de reprodução. (Karl Marx – O Capital – O Processo Global de Produção Capitalista – Livro 3 – Volume 4 – p. 133).

Esses altos preços se desmoronam porque sua elevação reduziu a procura, ampliou a produção das zonas fornecedoras, motivou o abastecimento oriundo de regiões mais afastadas que antes nada ou pouco forneciam, e assim conjugada com estas duas ocorrências faz a oferta de matérias-primas ultrapassar a procura. Os resultados desse desmoronamento podem portanto ser vistos de diferentes ângulos. O colapso dos preços das matérias-primas trava a reprodução delas, e assim o monopólio dos primeiros países fornecedores que produzem nas condições mais favoráveis, restabelece-se, talvez com certas limitações, mas restabelece-se. Com o empuxão dado, as matérias-primas passam a reproduzir-se em escala ampliada, notadamente nos países que mais ou menos monopolizam a produção delas. Mas, a base em que se efetua a produção industrial, em virtude da maquinaria ampliada etc., e que após algumas flutuações se torna a base normal, o novo ponto de partida, ficou sendo muito maior com os acontecimentos ocorridos no último ciclo de mudanças. Ao mesmo tempo, em parte das fontes secundárias de abastecimento, a reprodução recentemente acrescida volta a encontrar obstáculos consideráveis. Assim, nas estatísticas de exportação ressalta palpavelmente como, nos últimos 30 anos (até 1865), aumenta a produção algodoeira índica, quando escasseia a americana, para ter em seguida súbito retrocesso que persiste bastante. Nas épocas de alta das matérias-primas unem-se os capitalistas industriais, formam associações para regular a produção. É o que se deu em Manchester, em 1848, após a alta dos preços do algodão, e na Irlanda com a produção de linho. Desaparecido o impacto e voltando a reinar soberano o princípio geral da concorrência, "comprar no mercado mais barato" (aquelas associações visam favorecer a capacidade de produção das regiões fornecedoras apropriadas, abstraindo de preço imediato, momentâneo a que podem estas entregar a matéria-prima na ocasião), deixa-se ao "preço" a tarefa de regular a oferta. (Karl Marx – O Capital – O Processo Global de Produção Capitalista – Livro 3 – Volume 4 – p. 133-134).

Todo propósito de controlar de maneira comum, geral e previdente, a produção das matérias-primas, cede lugar à crença de que a procura e a oferta se governam reciprocamente. (grifo meu) (Karl Marx – O Capital – O Processo Global de Produção Capitalista – Livro 3 – Volume 4 – p. 134).

Aguçou-se em 1865 consideravelmente a concorrência no mercado mundial em virtude do desenvolvimento rápido da indústria em todos os países civilizados, em particular na América e na Alemanha. Hoje impõe-se cada vez mais à consciência dos capitalistas a circunstância de que as forças produtivas modernas, em crescimento veloz e gigantesco, ultrapassam cada dia mais o domínio das leis capitalistas relativas à troca de mercadorias, dentro dos quais deveriam mover-se. Isto se evidencia sobretudo em dois sintomas. Primeiro, na nova mania generalizada de barreiras aduaneiras, que as distingue do protecionismo antigo, especialmente porque protege, em regra, justamente artigos exportáveis. Segundo, nos cartéis (trustes) formados pelos fabricantes de ramos inteiros de produção, para regular a produção e em consequência os preços e lucros. É claro que esses experimentos só são exequíveis em atmosfera econômica relativamente favorável. A primeira tempestade os derrubará e provará que, embora se imponha regular a produção, por certo não cabe à classe capitalista executar essa tarefa. Até lá, esses cartéis só tem mesmo a incumbência de cuidar de que os pequenos, com mais rapidez que antes, sejam deglutidos pelos grandes. (F.E.) (Karl Marx – O Capital – O Processo Global de Produção Capitalista – Livro 3 – Volume 4 – p. 134-135).

Na história da produção quanto mais nos aproximamos da atualidade, tanto mais regular se revela, sobretudo nos ramos industriais decisivos, alternação sempre repetida entre encarecimento relativo e desvalorização posterior, dele decorrente, das matérias-primas tomadas à natureza orgânica. (Karl Marx – O Capital – O Processo Global de Produção Capitalista – Livro 3 – Volume 4 – p. 135).

A moral da história, que se pode extrair de outras observações sobre a agricultura, é que o sistema capitalista se opõe a uma agricultura racional ou que a agricultura racional é incompatível com o sistema capitalista (que entretanto favorece o desenvolvimento técnico dela) e precisa da ação do pequeno agricultor que vive do próprio trabalho, ou do controle dos produtores associados. (Karl Marx – O Capital – O Processo Global de Produção Capitalista – Livro 3 – Volume 4 – p. 136).

Dos Relatórios de fábrica Inglesas: (Karl Marx – O Capital – O Processo Global de Produção Capitalista – Livro 3 – Volume 4 – p. 136-137).

Os negócios melhoram, mas torna-se mais rápido o ciclo de tempos bons e reína com o aumento da maquinaria; e, ao acrescer por isso a procura de matérias-primas, ficam mais frequentes as flutuações na marcha dos negócios [...]. No momento recuperou-se a confiança perdida no pânico de 1857, e o próprio pânico parece inteiramente esquecido. A possibilidade de essa melhora persistir depende extremamente do preço das matérias-primas. Já se patenteiam prenúncios de que se atingiu em alguns casos o máximo além do qual a fabricação se torna cada vez menos lucrativa, até que cesse inteiramente de proporcionar lucro. Tomemos por exemplo os anos frutuosos para a fiação de lã, de 1849/50, e verificamos que o preço por libra-peso da lã cardada inglesa era de 13 pence, e o da australiana, de 14 a 17, e que, na década de 1841-50, o preço médio da lã inglesa jamais ultrapassou 14 pence, nem o da australiana, 17. Mas, no começo do infausto ano de 1857, a lã australiana era cotada a 23; em dezembro, quando o pânico era maior, caiu a 18, mas volta a subir no decurso de 1858, cotando-se ao preço atual de 21. Em 1857, a lã inglesa começou cotando-se a 20, elevou-se em abril e setembro a 21, caiu em janeiro de 1858, a 14, e desde então alçou-se a 17, ficando assim 3 pence por libra-peso acima da média da referida década [...]. No meu modo de ver, isso demonstra que se esqueceu terem sido semelhantes preços o motivo das falências de 1857, ou que a quantidade de lã produzida mal chega para a capacidade de fiar dos fusos existentes, ou que os preços dos tecidos experimentarão alta durável [...]. Mas, na minha experiência atual, verifiquei que o número dos fusos e teares e a velocidade em que operam aumentaram em tempo incrivelmente curto, e que nossa exportação de lã para a França continuou subindo na mesma proporção, enquanto no país e no exterior a média etária das ovelhas criadas se torna cada vez mais baixa, pois o rebanho se reproduz rápido e os criadores desejam transformá-lo em dinheiro com a maior celeridade possível. Por isso muitas vezes tenho me preocupado ao ver pessoas que, sem saber dessas coisas, arriscam o talento e o capital em empresas que têm o sucesso dependente do futuro de um produto que só pode aumentar de acordo com certas leis da natureza orgânica [...]. A situação da oferta e da procura de todas as matérias-primas [...]. parece explicar muitas flutuações na indústria algodoeira, a conjuntura do mercado de lã inglês no outono de 1857 e a crise comercial daí decorrente. (E. Baker em Rep. Fact., outubro de 1858).

Os anos de 1849 e 1850 constituem o período florescente da fiação de lã do distrito ocidental de Yorkshire. Nela se ocupavam em 1838, 29.246 pessoas; em 1843, 37.060; em 1845, 48.097; em 1850, 74.891. No mesmo distrito: em 1838, 2.768 teares mecânicos; em 1841, 11.458; em 1843, 16.870; em 1845, 19.121, e em 1850, 29.539 (Rep. Fact., outubro de 1850) (Karl Marx – O Capital – O Processo Global de Produção Capitalista – Livro 3 – Volume 4 – p. 137).

Esse florescimento da indústria de lã já começara a ficar suspeito em outubro de 1850. A respeito de Leeds e Bradford, diz o subinspetor Baker, no relatório de abril de 1851:(Karl Marx – O Capital – O Processo Global de Produção Capitalista – Livro 3 – Volume 4 – p. 137).

Há algum tempo que os negócios não vão bem. As fiações de lã de fibra longa perdem rapidamente os lucros de 1850, e a maioria das tecelagens não prospera satisfatoriamente. Creio que nunca se pararam tantas máquinas na indústria de lã como agora, e as fiações de linho despedem trabalhadores e suprimem funcionamento de máquinas. Hoje, os ciclos da indústria têxtil são na realidade extremamente incertos, e creio que em breve compreenderemos [...]. que não há proporcionalidade entre a capacidade de produção dos fusos, a quantidade de matéria-prima e o acréscimo dos rebanhos.

O mesmo se verifica na indústria têxtil algodoeira. O relatório de outubro de 1858 diz: (Karl Marx – O Capital – O Processo Global de Produção Capitalista – Livro 3 – Volume 4 – p. 137-138).

Está claro que não explicamos a crise da lã de 1857, como Baker, com a desproporção entre o preço da matéria-prima e o do produto manufaturado. Essa desproporção não passava de sintoma, tendo a crise caráter geral – F.E..

Desde que se fixou a duração da jornada de trabalho nas fábricas, reduziu-se a uma regra de três simples a determinação da quantidade de matéria-prima consumida, do volume de produção e do montante de salários em todas as indústrias têxteis [...]. (Karl Marx – O Capital – O Processo Global de Produção Capitalista – Livro 3 – Volume 4 – p. 138).

3 Ilustração Geral: A Crise Algodoeira de 1861 a 1865

Antecedentes Históricos – 1845 a 1860:

1845 – Período de prosperidade da indústria têxtil algodoeira. Preços muito baixos do algodão. Diz L. Horner: (Karl Marx – O Capital – O Processo Global de Produção Capitalista – Livro 3 – Volume 4 – p. 139).

Nos últimos oito anos nunca vi tão próspera época de negócios quanto a do verão e outono últimos. Sobretudo na fiação de algodão. Durante todo o semestre chegavam-me a cada semana notícias de novos investimentos de capital em fábricas: ora novas fábricas eram construídas, ora novos locatários apareciam para as poucas fábricas vazias, ora ampliavam-se fábricas em funcionamento, instalando-se máquinas a vapor mais possantes e maior número de máquinas operadoras. (Rep. Fact., outubro de 1845).

1846 – Começam as queixas: (Karl Marx – O Capital – O Processo Global de Produção Capitalista – Livro 3 – Volume 4 – p. 139).

Há muito tempo que ouço dos fabricantes do setor algodoeiro queixas generalizadas de depressão nos negócios [...]. Nas últimas seis semanas, diversas fábricas reduziram a jornada, passando a trabalhar ordinariamente 8 horas por dia em vez de 12, o que parece propagar-se...Acresceu muito o preço do algodão o que parece propagar-se [...]. Os preços das manufaturas em vez de elevarem-se [...]. estão mais baixos do que antes da alta do algodão. O grande aumento do número das fábricas do ramo algodoeiro nos últimos quatro anos teve por consequência necessária considerável acréscimo da procura de matéria-prima e da oferta de manufaturas; ambas as causas tinham de atuar conjuntamente para reduzir o lucro, desde que não variassem a oferta de matéria-prima e a procura das manufaturas; mas, o efeito delas foi ainda maior, pois ultimamente houve deficiência na oferta de algodão e diminuiu a procura das manufaturas em diversos mercados internos e externos (Rep. Fact., outubro de 1846).

A expansão da indústria nessa época e a posterior estagnação não se deram apenas nos distritos da indústria têxtil algodoeira. Em Bradford, área da lã penteada havia em 1836, 318 fábricas somente e, em 1846, 490. As fábricas existentes foram ainda consideravelmente ampliadas. Isto se estende especialmente às fiações de linho. (Karl Marx – O Capital – O Processo Global de Produção Capitalista – Livro 3 – Volume 4 – p. 139-140).

Nos últimos 10 anos, todas essas indústrias contribuíram mais ou menos para a congestão do mercado, a principal causa da paralisia atual dos negócios... A depressão é consequência natural de expansão tão rápida das fábricas e da maquinaria. (Re. Fact., outubro de 1846).

1847 – Em outubro, crise de dinheiro. Desconto a 8%. Antes, o fim catastrófico da especulação ferroviária e das fraudes com os saques sobre as praças das Índias Orientais. (Karl Marx – O Capital – O Processo Global de Produção Capitalista – Livro 3 – Volume 4 – p. 140-141).

Os relatórios oficiais revelam que a indústria algodoeira têxtil, nos últimos três anos, aumentou quase 27%. Por isso, o algodão, em números redondos, aumentou o preço por libra-peso de 4 para 6 pence, enquanto o fio, em virtude da oferta acrescida, tem preço ligeiramente acima do anterior. A indústria de lã começou a expandir-se em 1836; desde então, aumentou 40% em Yorkshire, e ainda mais na Escócia. Bem maior foi o incremento da indústria têxtil de lã de fibra longa. Para o mesmo período dão-lhe os cálculos, incremento superior a 74%. Por isso, é enorme o consumo de lã. Depois de 1839, a indústria de linho apresenta na Inglaterra um crescimento de quase 25%, na Escócia, 22%, e na Irlanda, de quase 90%; daí a consequência, sincronizada com más colheitas de linho, foi que a matéria-prima subiu 10 libras esterlinas por tonelada, enquanto o preço do fio caiu para 6 pence a meada. (Rep. Fact., outubro de 1847).

1849 – A partir dos últimos meses de 1848 reanimaram-se os negócios. (Karl Marx – O Capital – O Processo Global de Produção Capitalista – Livro 3 – Volume 4 – p. 141).

O preço da fibra de linho, tão baixo que, quase em todas as condições ulteriores possíveis, assegurava lucro razoável, induziu os fabricantes a prosseguirem nos negócios sem interrupções. No começo do ano, os fabricantes estiveram por algum tempo em intensa atividade [...] mas receio que as consignações de artigos de lã muitas vezes tomem o lugar da procura efetiva, e que períodos de prosperidade aparente, isto é, de ocupação plena, não coincidam sempre com os períodos de verdadeira procura. Durante alguns meses a indústria de lã de fibra longa esteve muito bem [...]. No começo do período mencionado houve baixa acentuada de lã; as fiações abasteceram-se a preços vantajosos e por certo em quantidades consideráveis. Lucraram com a alta dos preços de lã nas vendas da primavera, e conservaram essa vantagem, pois a procura de manufaturas se tornou considerável e premente. (Rep. Fact., abril de 1849).

Quando observamos as flutuações dos negócios, ocorrentes nos distritos industriais de três ou quatro anos para cá, temos de admitir, creio, que existem algures grande causa perturbadora [...]. Não constituirá novo elemento do problema a enorme produtividade da maquinaria aumentada. (Rep. Fact, abril de 1849).

Em novembro de 1848, em maio e no verão de 1849, até outubro, os negócios estavam cada vez mais prósperos. (Karl Marx – O Capital – O Processo Global de Produção Capitalista – Livro 3 – Volume 4 – p. 141-142).

Isto se aplica principalmente à fabricação de tecidos de lã de fibra longa, agrupada nas cercanias de Bradford e Halifax; esta indústria nunca alcançou, nem aproximadamente, a expansão que tem agora [...] Especulação com a matéria-prima e incerteza quanto à oferta provável causaram sempre excitação maior e flutuações mais frequentes na indústria têxtil algodoeira que em qualquer outra indústria. Os estoques de artigos mais grosseiros de algodão que se amontoam agora intranquilizam as pequenas fiações e as prejudicam, de modo que várias delas estão reduzindo a jornada de trabalho. (Rep. Fact., outubro de 1849).

1850, abril: os negócios continuam animados. Exceção: (Karl Marx – O Capital – O Processo Global de Produção Capitalista – Livro 3 – Volume 4 – p. 142).

Grande depressão em parte da indústria algodoeira em virtude da escassez de matéria-prima justamente para fios grossos e tecidos pesados [...]. Teme-se que a nova maquinaria instalada pela indústria de lã de fibra longa provocará reação análoga. Baker calcula que, neste ramo, só em 1849, o produto dos teares acresceu de 40% e o dos fusos de 25% a 30%, e que a expansão prossegue no mesmo ritmo. (Rep. Fact., abril de 1850).

1850, outubro: (Karl Marx – O Capital – O Processo Global de Produção Capitalista – Livro 3 – Volume 4 – p. 142).

O preço do algodão continua [...] a causar significativa depressão nesse setor industrial, especialmente para as mercadorias em que a matéria-prima constitui parte considerável dos custos de produção. O grande acréscimo de preço da seda crua ocasionou, com frequência, depressão no correspondente ramo industrial. (Rep. Fact., outubro de 1850).

1853, abril: grande prosperidade. (Karl Marx – O Capital – O Processo Global de Produção Capitalista – Livro 3 – Volume 4 – p. 142).

1853, outubro: depressão na indústria têxtil algodoeira. "Superprodução" (Rep. Fact., outubro de 1853) (Karl Marx – O Capital – O Processo Global de Produção Capitalista – Livro 3 – Volume 4 – p. 142-143).

1854, abril: (Karl Marx – O Capital – O Processo Global de Produção Capitalista – Livro 3 – Volume 4 – p. 143).

> A indústria de lã, embora não esteja próspera, teve todas as fábricas plenamente ocupadas; o mesmo se estende à indústria algodoeira têxtil. A indústria de lã de fibra longa, em todo o semestre anterior, esteve totalmente irregular [...]. Houve perturbações na indústria de linho por ficar reduzida a oferta das fibras de linho e cânhamo, oriundas da Rússia, em virtude da Guerra da Criméia. (Rep. Fact., abril de 1854).

1859: (Karl Marx – O Capital – O Processo Global de Produção Capitalista – Livro 3 – Volume 4 – p. 143).

> A indústria escocesa de linho ainda está deprimida... pois a matéria-prima é escassa e cara; a baixa qualidade da colheita anterior nos países bálticos, nossa principal fonte de abastecimento, exercerá efeito prejudicial sobre os negócios nessa área; em compensação, a juta, que progressivamente vai substituindo o linho em muitos artigos grosseiros, não é excepcionalmente cara nem escassa [...] cerca de metade das máquinas em Dundee fiam agora juta. (Rep. Fact., abril de 1859).
>
> Em virtude do alto preço da matéria-prima, a fiação de linho continua a não ser rentável, e enquanto todas as outras fábricas funcionam plenamente, temos diversos exemplos de parada de maquinaria de linho [...]. A fiação de juta [...] está em situação satisfatória, pois recentemente caiu a um nível mais razoável o preço da matéria-prima. (Rep. Fact., outubro de 1859).

1861-64: Guerra Civil Americana. A fome de algodão. O exemplo mais contundente do processo de produção interrompido por escassear e encarecer a matéria-prima. (Karl Marx – O Capital – O Processo Global de Produção Capitalista – Livro 3 – Volume 4 – p. 143).

1860, abril: (Karl Marx – O Capital – O Processo Global de Produção Capitalista – Livro 3 – Volume 4 – p. 143).

> No tocante à situação dos negócios, apraz-me poder comunicar-lhe que, apesar dos altos preços das matérias-primas, todas as indústrias têxteis, excetuada a de seda, estiveram em intensa atividade no decurso do último semestre [...]. Por meio de anúncios procuraram-se trabalhadores em algumas zonas da indústria têxtil algodoeira para onde ocorreram eles, vindo de Norfolk o de outros condados rurais [...]. Em todo ramo

industrial parece reinar grande escassez de matéria-prima. Apenas essa escassez que nos contém. Na indústria têxtil algodoeira nunca foi tão grande quanto agora o número de novas fábricas construídas, a ampliação das já existentes, e a procura de trabalhadores. Procura-se matéria-prima de todos os lados. (Rep. Fact., abril de 1860).

1860, outubro: (Karl Marx – O Capital – O Processo Global de Produção Capitalista – Livro 3 – Volume 4 – p. 144).

Foi boa a situação dos negócios nos distritos industriais têxteis de algodão, lã e linho; na Irlanda, há mais de um ano tem sido até muito boa e teria sido melhor não fora o alto preço da matéria-prima. As fiações de lã parecem esperar mais impacientes que antes pela abertura, com as ferrovias, das fontes de abastecimento da Índia, e pelo desenvolvimento correspondente de sua agricultura, a fim de obter por fim... oferta de linho adequada às próprias necessidades. (Rep. Fact., outubro de 1860).

1861, abril: (Karl Marx – O Capital – O Processo Global de Produção Capitalista – Livro 3 – Volume 4 – p. 144).

No momento, a situação dos negócios está deprimida... só poucas fábricas da indústria têxtil trabalham e com horas reduzidas, e muitas fábricas de seda estão em atividade parcial. A matéria-prima está cara. Em quase todo ramo têxtil, o preço está acima do adequado para a fabricação destinada à massa dos consumidores. (Rep. Fact., abril de 1861).

No começo de 1861, greve dos tecelões dos teares mecânicos em algumas zonas de Lancashire. Diversos fabricantes tinham anunciado rebaixa dos salários de 5 a 5 ½%; os trabalhadores sustentavam que os salários deviam ser mantidos, mas com jornada reduzida. A proposta não foi aceita, e a greve começou. Depois de um mês os trabalhadores tiveram de ceder. Ganharam então dois prêmios: (Karl Marx – O Capital – O Processo Global de Produção Capitalista – Livro 3 – Volume 4 – p. 146).

Além da rebaixa de salários com que, por fim, se conformaram os trabalhadores, as fábricas funcionam agora com jornada reduzida. (Rep. Fact., abril de 1861).

Em 1860 houve superprodução na indústria têxtil algodoeira; ainda se sentiam os efeitos dela no ano seguinte. (Karl Marx – O Capital – O Processo Global de Produção Capitalista – Livro 3 – Volume 4 – p. 144).

Foram necessários de dois a três anos para que o mercado mundial absorvesse a superprodução de 1860. (Rep. Fact., outubro de 1863).

A depressão dos mercados de manufaturas de lã na Ásia oriental, no início de 1860, teve repercussão correspondente nos negócios em Blackburn, onde em média funcionam 30.000 teares mecânicos para produzir tecidos destinados quase exclusivamente àquele mercado. Em consequência, já se restringira aí a procura de trabalho muitos meses antes de se tornarem perceptíveis os efeitos do bloqueio do algodão [...]. Por isso, muitos fabricantes tiveram a sorte de se salvar da ruína. Subiu a cotação dos estoques armazenados, e deixou de haver a apavorante baixa, de outro modo inevitável numa crise dessa natureza. (Rep. Fact., outubro de 1862).

1861, outubro: (Karl Marx – O Capital – O Processo Global de Produção Capitalista – Livro 3 – Volume 4 – p. 144-145).

Há algum tempo os negócios estão muito deprimidos [...] é de esperar-se que nos meses de inverno muitas fábricas reduzam consideravelmente a jornada de trabalho. Era o que já era de prever [...]. Mesmo não se levando em conta as causas que interromperam nossas habituais importações de algodão da América e nossas exportações para lá, seria necessário reduzir a jornada de trabalho no próximo inverno, em virtude do grande aumento da produção nos últimos três anos e das perturbações do mercado índico e chinês. (Rep. Fact., outubro de 1861).

1862, abril: (Karl Marx – O Capital – O Processo Global de Produção Capitalista – Livro 3 – Volume 4 – p. 146).

[...] aumentaram consideravelmente os sofrimentos dos trabalhadores; jamais na história da indústria suportaram-se sofrimentos tão abruptos e duros com resignação tão silenciosa e dignidade tão paciente. (Rep. Fact., abril de 1862).

O número relativo dos trabalhadores inteiramente desocupados no momento não parece ser muito maior que em 1848, quando reinava o costumeiro pânico, embora de intensidade bastante para levar os intranquilos fabricantes a coligir estatística sobre a indústria algodoeira têxtil, semelhante à que hoje se publica semanalmente... Em maio de 1848, em Manchester, de todos os trabalhadores do ramo têxtil algodoeiro, 15% estavam desocupados, 12% trabalhavam tempo parcial, e tempo integral, mais de 70%. Em 28 de maio de 1862 estavam desocupados 15%, trabalhavam tempo parcial 35%, e 49% tempo integral. Nos lugares vizinhos em Stockport, por exemplo, é maior o número relativo dos desocupados e o dos ocupados em tempo parcial, e menor o dos plenamente ocupados, pois fiam-se aí números mais grossos que em Manchester.

1862, outubro: (Karl Marx – O Capital – O Processo Global de Produção Capitalista – Livro 3 – Volume 4 – p. 146-147).

Segundo as últimas estatísticas oficiais no Reino Unido (em 1861), havia 2.887 fábricas têxteis de algodão, das quais 2.109 em meu distrito (Lancashire e Chesshire). Sabia que grande número das 2.109 fábricas de meu distrito eram pequenos estabelecimentos que só empregavam poucas pessoas. Mas fiquei surpreso ao descobrir como eram numerosos. Das fábricas, 392, ou 19%, eram movidas por menos de 10 cavalos-vapor, sendo a força motriz vapor ou água; 345, ou 16%, por 10 a 20 cavalos-vapor; 1372, por 20 ou mais [...]. Esses pequenos fabricantes em proporção muito grande – mais de 1/3 da totalidade – eram até pouco tempo trabalhadores; são pessoas que não tem capital à disposição [...]. O peso maior recairia portanto sobre os restantes dois terços – (Rep. Fact., abril de 1861).

1863, abril: (Karl Marx – O Capital – O Processo Global de Produção Capitalista – Livro 3 – Volume 4 – p. 147-148).

No de curso deste ano não se poderá empregar plenamente mais que a metade dos trabalhadores da indústria têxtil algodoeira" (Rep. Fact., abril de 1863).

É muito desvantajoso o emprego, que as fábricas hoje não podem evitar, do algodão das Índias Orientais, pois torna necessário reduzir-se muito a velocidade da maquinaria. Nos últimos anos fez-se tudo para acelerar essa velocidade, de modo que a mesma máquina desse rendimento maior. A velocidade reduzida tanto atinge o trabalhador quanto o fabricante, pois a maioria dos trabalhadores é paga por peça, os fiandeiros tanto por libra-peso de fio, os tecelões tanto por determinada quantidade tecida; e mesmo os trabalhadores remunerados por semana têm seu salário reduzido em virtude da produção diminuída. Segundo averiguei [...] e de acordo com dados que obtive a respeito, a remuneração dos trabalhadores da indústria têxtil algodoeira no curso deste ano [...] diminuiu em média de 20% e em alguns casos de 50%, calculando-se pelos níveis reinantes em 1861 ...

Os principais trabalhos empreendidos foram canalização, construção de estradas, calçamento de ruas, reservatórios de serviços de água etc. (Karl Marx – O Capital – O Processo Global de Produção Capitalista – Livro 3 – Volume 4 – p. 150).

Os salários eram miseráveis, mesmo quando se trabalhava tempo integral. Os trabalhadores da indústria têxtil algodoeira prontificaram-se a aceitar os trabalhos públicos, o de drenar, de construir estradas, britar pedras, calçar ruas, a que foram condenados para obter socorro (ajudava-se na realidade aos fabricantes) das autoridades locais. Toda a burguesia mantinha vigilância sobre os trabalhadores. Bastava que o trabalhador recusasse o pior salário de cão que lhe oferecessem para que o comitê de ajuda o eliminasse da lista de socorro. Era a época áurea dos senhores fabricantes: seus cérberos (guardas brutais), os comitês de ajuda, vigiavam os trabalhadores colocados diante do dilema de morrer de fome ou de trabalhar para os burgueses ao preço mais baixo possível. Ao mesmo tempo, em entendimento secreto com o governo, os fabricantes procuravam impedir a emigração, a fim de ter sempre disponível seu capital configurado na carne e no sangue dos trabalhadores e não perder o aluguel destes extorquidos. (Karl Marx – O Capital – O Processo Global de Produção Capitalista – Livro 3 – Volume 4 – p. 148-149).

Os comitês de ajuda eram muito severos neste ponto. Os trabalhadores a que se oferecesse trabalho eram cortados da lista e assim forçados a aceitá-lo. Quando o recusavam...

os motivos eram a remuneração apenas nominal e o caráter extremamente penoso do trabalho. (loc. cit.).

Sobre o assunto escreve o Sr. Henderson, presidente do comitê de Blackburn, ao inspetor de fábrica Redgrave: (Karl Marx – O Capital – O Processo Global de Produção Capitalista – Livro 3 – Volume 4 – p. 150).

> Em tudo que tenho experimentado nestes tempos do sofrimento e de miséria nada me impressionou mais ou me causou maior satisfação que ver a alegre disposição com que os trabalhadores desocupados deste distrito têm aceito o trabalho oferecido pelo conselho municipal de Blackburn, de acordo com a lei de obras públicas. Dificilmente se poderia imaginar contraste maior – o fiandeiro, antes trabalhador qualificado na fábrica, e hoje jornaleiro cavando uma vala de 14 ou 18 pés de profundidade.

Com isto lucravam duplamente os honestos burgueses: obtinham a juros excepcionalmente baixos dinheiro para os melhoramentos de suas cidades enegrecidas pelo fumo e lançadas ao desleixo, e pagavam aos trabalhadores salários muito abaixo dos níveis normais. (Karl Marx – O Capital – O Processo Global de Produção Capitalista – Livro 3 – Volume 4 – p. 150).

1864, abril: (Karl Marx – O Capital – O Processo Global de Produção Capitalista – Livro 3 – Volume 4 – p. 150-151).

> Ouvimos em certas ocasiões queixas sobre a escassez de trabalhadores, principalmente em certos ramos como tecelagem [...]. Mas atrás dessas queixas tanto está o salário baixo a que podem ficar limitados os trabalhadores, em virtude da má qualidade dos fios empregados, quanto alguma carência verdadeira da própria mão de obra nesse ramo especial. Mês passado houve numerosas divergências por salário entre certos fabricantes e os trabalhadores. Lamento que as greves tenham ocorrido com demasiada frequência [...]. Os fabricantes estão sentindo que a lei de obras públicas está criando uma concorrência para eles, e por isso o comitê local de Bacup sustou suas atividades, pois embora nem todas as fábricas estejam funcionando, revelou-se certa escassez de trabalhadores. (Rep. Fact., abril de 1864).

Sem dúvida, o tempo urgia para os fabricantes. Por causa da lei de obras públicas, a procura aumentou tanto que nas pedreiras de Bacup havia trabalhadores de fábrica ganhando 4 e 5 xelins por dia. E assim foram aos poucos se encerrando os trabalhos públicos – essa nova edição das oficinas nacionais de 1848, feita desta vez em benefício da burguesia. (Karl Marx – O Capital – O Processo Global de Produção Capitalista – Livro 3 – Volume 4 – p. 151).

Experimentos *in corpore vili* (Karl Marx – O Capital – O Processo Global de Produção Capitalista – Livro 3 – Volume 4 – p. 151).

> Embora tenha eu apresentado os salários fortemente reduzidos, [...], "a remuneração real dos trabalhadores nas diferentes fábricas, não se deduza daí que eles recebam a mesma importância todas as semanas. Seus salários estão sujeitos às maiores flutuações, em virtude das contínuas experiências que os fabricantes fazem com as diversas espécies e proporções de algodão e resíduos no mesmo estabelecimento fabril [...]".

É o que diz o inspetor Redgrave, fornecendo sobre salários dados extraídos da prática, dos quais basta ver os seguintes: (Karl Marx – O Capital – O Processo Global de Produção Capitalista – Livro 3 – Volume 4 – p. 151-152).

a.   tecelão, família de 6 pessoas, trabalhando 4 dias na semana, recebeu 6 xelins e 8 ½ pence;

b.   torcedor, 4 ½ dias por semana, 6 xelins;

c.   tecelão, família de 4, 5 dias por semana, 5 xelins e 1 pêni;

d.   torcedor de lã, família de 6, e dias por semana, 7 xelins e 10 pence;

e.   tecelão, família de 7, 3 dias, 5 xelins...

Em distrito onde se empregava algodão egípcio misturado com o das Índias Orientais: (Karl Marx – O Capital – O Processo Global de Produção Capitalista – Livro 3 – Volume 4 – p. 152-153).

> Em 1860, o salário médio dos fiandeiros que trabalhavam com a mule era de 18 a 25 xelins e agora é de 10 a 18. Isto decorre não só de ter piorado a qualidade do algodão, mas também de reduzir-se a velocidade da máquina, a fim de dar ao fio uma torção mais forte, pelo que em temos normais se fazia pagamento extra de acordo com a tarifa de salários. Embora possa haver casos em que o fabricante lucra empregando o algodão índico, verificamos que os trabalhadores ficam aí prejudicados, em face dos níveis de remuneração de 1861. Quando se estabelece o emprego de surat, os trabalhadores exigem a mesma remuneração de 1861; mas, isto feriria seriamente o lucro do fabricante, caso não exista compensação no preço, ou do algodão, ou da manufatura.

Aluguéis – Lemos sobre o assunto: (Karl Marx – O Capital – O Processo Global de Produção Capitalista – Livro 3 – Volume 4 – p. 153).

> Quando os trabalhadores moram em habitações que pertencem ao fabricante, os aluguéis são deduzidos com frequência do salário, mesmo quando trabalham tempo parcial. Apesar disso caiu o valor desses imóveis, e casinholas se conseguem 25% a 50% mais baratas hoje que antes; uma que se obtinha antes a 3 xelins e 6 pence por semana, aluga-se hoje por 2 xelins e 4 pence, e às vezes até por menos.

Emigração. Os fabricantes eram naturalmente contra a emigração dos trabalhadores, pois:(Karl Marx – O Capital – O Processo Global de Produção Capitalista – Livro 3 – Volume 4 – p. 153).

Esperando melhores tempos para a indústria algodoeira, queriam ter disponíveis os meios para explorar as fábricas nas condições mais vantajosas. Além disso, muitos fabricantes são proprietários das habitações onde moram os trabalhadores que empregam, e pelo menos, alguns deles, contam como absolutamente certo receber mais tarde parte dos aluguéis devidos que se acumularam.

Nivelamento, pela Concorrência, da Taxa Geral de Lucro. Preços e Valores de Mercado. Super Lucro

Em certos Ramos de Produção, o capital empregado tem composição que coincide com a composição do capital social médio ou dela se aproxima. (Karl Marx – O Capital – O Processo Global de Produção Capitalista – Livro 3 – Volume 4 – p. 196).

Nesses ramos, o preço de produção das mercadorias produzidas coincide mais ou menos com o valor delas expresso em dinheiro. Assim seria este, na falta de outro, o meio de atingir o limite matemático. A concorrência reparte o capital da sociedade entre os diferentes ramos de produção, de maneira tal que os preços de produção em cada ramo se constituem segundo o modelo dos preços de produção nos ramos de composição média, e daí ser válida para eles a fórmula: (grifo meu) (Karl Marx – O Capital – O Processo Global de Produção Capitalista – Livro 3 – Volume 4 – p. 196).

K (Preço de custo) + K x L' (Taxa média de lucro) = k x (1+L')

Essa taxa média de lucro nada mais é do que o lucro percentualmente calculado nos ramos de composição média, em que o lucro coincide portanto com a mais-valia. A taxa de lucro é assim a mesma em todos os ramos, sendo portanto nivelada por aquela dos ramos médios, em que comina a composição média do capital. Em consequência, a soma dos lucros de todos os ramos de produção deve ser igual à soma das mais-valias, e a soma dos preços de produção da totalidade do produto social, igual à soma dos valores. (Karl Marx – O Capital – O Processo Global de Produção Capitalista – Livro 3 – Volume 4 – p. 197).

Entre os ramos que mais se aproximam da média ocorre a mesma tendência à uniformização, no sentido de chegar ao centro, de natureza ideal, pois inexistente na realidade, isto é, a tendência a normalizar-se segundo o próprio centro. (Karl Marx – O Capital – O Processo Global de Produção Capitalista – Livro 3 – Volume 4 – p. 197).

Para os capitais de composição média ou quase média, de maneira total ou aproximada, coincide o preço de produção com o valor, e o lucro, com a mais-valia por eles produzida. (Karl Marx – O Capital – O Processo Global de Produção Capitalista – Livro 3 – Volume 4 – p. 197).

É claro que o lucro médio só pode ser a massa global de mais-valia repartida na proporção das magnitudes dos capitais em cada ramo de produção. (Karl Marx – O Capital – O Processo Global de Produção Capitalista – Livro 3 – Volume 4 – p. 198).

O preço global das mercadorias é apenas a soma dos preços das mercadorias particulares que constituem o produto do capital. (Karl Marx – O Capital – O Processo Global de Produção Capitalista – Livro 3 – Volume 4 – p. 199).

O que a concorrência leva a cabo num ramo é estabelecer valor e preço de mercado iguais, a partir dos valores individuais das mercadorias. Mas, é a concorrência dos capitais nos diferentes ramos que dá origem ao preço de produção que uniformiza neles as taxas de lucro. (Karl Marx – O Capital – O Processo Global de Produção Capitalista – Livro 3 – Volume 4 – p. 204).

Duas coisas são necessárias para que as mercadorias do mesmo ramo de produção, da mesma espécie e mais ou menos da mesma qualidade se vendam por seus valores: (Karl Marx – O Capital – O Processo Global de Produção Capitalista – Livro 3 – Volume 4 – p. 204-208).

a) Os diferentes valores individuais devem reduzir-se a um valor social único, o valor de mercado, sendo mister para isso concorrência entre os produtores das mercadorias da mesma espécie e a existência de mercado onde eles ofereçam conjuntamente suas mercadorias. Para que o preço de mercado de mercadorias idênticas, mas produzidas em condições individuais diversas, corresponda ao valor de mercado, dele não se desvie nem para cima nem para baixo, é necessário que a pressão exercida pelos diferentes vendedores seja bastante para lançar no mercado a quantidade de mercadorias exigida pelas necessidades sociais, ou seja, a quantidade que a sociedade é capaz de pagar ao valor de mercado. Se a massa de produtos ultrapassar essas necessidades, teriam as mercadorias de se vender abaixo do valor de mercado; e, ao contrário, acima desse valor, se a massa de produtos não for suficiente, vale dizer se a pressão da concorrência entre os vendedores não for bastante para compeli-los a levarem ao mercado essa massa de mercadorias. Se variar o valor de mercado, variarão também as condições em que pode ser vendida a massa global de mercadorias. (Karl Marx – O Capital – O Processo Global de Produção Capitalista – Livro 3 – Volume 4 – p. 204-205).

A necessidade social, isto é, o que rege o princípio da procura, depende essencialmente da relação existente entre as diversas classes e da posição delas na economia, notadamente, portanto, da relação da mais-valia global com o salário e da relação entre as diferentes porções em que a mais-valia se reparte (lucro, juros, renda fundiária, tributos etc.). E assim evidencia-se mais uma vez que nada absolutamente se pode explicar com a relação entre a oferta e a procura, antes de se conhecer a base sobre que opera essa relação. (Karl Marx – O Capital – O Processo Global de Produção Capitalista – Livro 3 – Volume 4 – p. 205).

Esta determinação do valor de mercado, vista de maneira abstrata, realiza-se no mercado real pela concorrência entre os compradores, desde que a procura seja bastante para absorver a massa de mercadorias ao valor assim fixado. (Karl Marx – O Capital – O Processo Global de Produção Capitalista – Livro 3 – Volume 4 – p. 209).

b) A mercadoria possui valor de uso, isto é, satisfaz uma necessidade social qualquer. Além de satisfazer uma necessidade, a massa de mercadorias a satisfaz em sua dimensão social. Se a quantidade é maior ou menor que a procura, o preço de mercado se desvia do valor de mercado. (Karl Marx – O Capital – O Processo Global de Produção Capitalista – Livro 3 – Volume 4 – p. 209).

b.1 Se a quantidade é de menos, regula o valor de mercado à mercadoria produzida nas piores condições; se é de mais, a produzida nas melhores. Um dos extremos regula o valor de mercado, embora se devesse esperar outro resultado segundo a mera relação entre os volumes produzidos nas diferentes condições. À medida que aumenta a diferença entre a procura e quantidade produzida, tende o preço de mercado a desviar-se mais do valor de mercado, para cima ou para baixo. Mas, pode decorrer de dupla causa a diferença entre a quantidade das mercadorias produzidas e a quantidade em que se vendem ao valor de mercado. (Karl Marx – O Capital – O Processo Global de Produção Capitalista – Livro 3 – Volume 4 – p. 209-210).

b.1.1 Primeira Causa: varia a própria quantidade produzida, para menos ou para mais, ocorrendo reprodução em escala diversa da que regulava dado valor de mercado. Neste caso, varia a oferta, embora a procura fique a mesma e por isso surja super ou subprodução relativas. (Karl Marx – O Capital – O Processo Global de Produção Capitalista – Livro 3 – Volume 4 – p. 210).

b.1.2 Segunda Causa: a reprodução, isto é, a oferta continua a mesma, mas a procura cai ou sobe, o que pode acontecer por diversas razões. Embora a grandeza absoluta da oferta permaneça a mesma, variou a magnitude relativa, tomando-se por medida a necessidade. O efeito é como o do primeiro caso, mas em sentido inverso. Se há uma variação bilateral que altere a proporção anterior entre os dois lados, o resultado final conduzirá necessariamente a um dos dois casos observados. (Karl Marx – O Capital – O Processo Global de Produção Capitalista – Livro 3 – Volume 4 – p. 210).

Parece que a conceituação geral da oferta e da procura leva a uma tautologia (vício de linguagem que consiste em repetir uma ideia usando palavras diferentes), e justamente aí está a dificuldade. A oferta pode ser considerada o produto que está no mercado ou nele pode ser oferecido. (Karl Marx – O Capital – O Processo Global de Produção Capitalista – Livro 3 – Volume 4 – p. 210).

A reprodução anual se exprime, antes de mais nada, em determinada quantidade, contada ou medida, conforme a massa de mercadorias seja discreta ou contínua; não se trata apenas de valores de uso que satisfazem necessidades humanas, mas também da quantidade, que se encontra no mercado, desses valores de uso. Além disso, essa massa de mercadorias tem determinado valor de mercado, que pode ser expresso num múltiplo do valor de mercado da mercadoria ou da medida da mercadoria, tomadas por unidades. Entre o volume das mercadorias que estão no mercado e o valor de mercado não existe relação necessária, pois há mercadorias com valor específico alto e outras com valor específico baixo, e desse modo dada soma de valor pode representar-se em quantidade muito grande de uma e em quantidade muito pequena de outra. Entre a quantidade dos artigos que estão no mercado e o valor de mercado só existe esta conexão: dada a produtividade do trabalho, a fabricação de terminada quantidade de artigos, em cada ramo particular de produção, exige determinada quantidade de tempo de trabalho social, embora essa proporção difira muito, de um ramo para outro, e não tenha qualquer relação, de causa e efeito, com a utilidade desses artigos ou a natureza particular de seus valores de uso. Se a sociedade quer satisfazer necessidades, produzindo um artigo para esse fim, tem ela de pagá-lo. (Karl Marx – O Capital – O Processo Global de Produção Capitalista – Livro 3 – Volume 4 – p. 210-211).

As mercadorias são compradas como meios de produção ou meios de subsistência, destinando-se ao consumo produtivo ou ao consumo individual, havendo as que servem aos dois fins. Existe portanto, a procura dos produtores e a dos consumidores. (Karl Marx – O Capital – O Processo Global de Produção Capitalista – Livro 3 – Volume 4 – p. 212).

Parece haver, do lado da procura, certo volume de terminada necessidade social, exigindo, para satisfazer-se determinada quantidade de um artigo no mercado. Mas, a determinação quantitativa dessa necessidade é de todo elástica e flutuante. Ela se fixa apenas na aparência. **Se os meios de subsistência fossem mais baratos ou os salários mais altos, os trabalhadores comprariam mais, e haveria maior necessidade social dessas espécies de mercadorias, e não precisamos falar dos indigentes etc., isto é, da procura que não dá para satisfazer as necessidades físicas mais elementares.** (grifo meu) (Karl Marx – O Capital – O Processo Global de Produção Capitalista – Livro 3 – Volume 4 – p. 213).

Situação secular ocorre no Brasil, pois ainda temos uma grande demanda reprimida, considerando que os salários são muito baixos e o nível de pobreza muito alto. Estamos indo de encontro, no Brasil e nos países latinos, a uma economia de quase 50% de miseráveis (indigentes) ou quase miseráveis; economia de subsistência (consumo do essencial para sobreviver; e, quando tem acesso a produtos duráveis, fazem-no por meio de financiamentos, com juros entre os mais altos do mundo) para 70% da população; 20% para uma economia de consumo precário de produtos de consumo durável; 10% de consumo igualado aos países desenvolvidos, de produtos de ponta tecnológica.

Os limites em que a necessidade de mercadorias configurada no mercado, a procura difere quantitativamente da necessidade social efetiva, naturalmente variam muito para as diversas mercadorias; trata-se da discrepância entre a quantidade procurada de mercadorias e a que seria procurada se fossem outros os preços ou as condições monetárias ou de vida dos compradores. (Karl Marx – O Capital – O Processo Global de Produção Capitalista – Livro 3 – Volume 4 – p. 213).

Procura e oferta coincidem quando estão em relação tal que a massa de mercadorias de determinado ramo pode ser vendida ao valor de mercado, nem por mais nem por menos. É a primeira coisa que ouvimos. A Segunda, quando as mercadorias são vendáveis ao valor de mercado e a procura e a oferta coincidem. (Karl Marx – O Capital – O Processo Global de Produção Capitalista – Livro 3 – Volume 4 – p. 214).

Quando procura e oferta coincidem, cessam de atuar, e justamente por isso vende-se a mercadoria pelo valor de mercado. Duas forças iguais em direções opostas se anulam e não se manifestam exteriormente. Os fenômenos ocorrentes, nessa hipótese, terão de explicar-se por outras causas e não pela interferência dessas duas forças. Quando procura e oferta se igualam reciprocamente, cessam de explicar qualquer coisa, não influenciam o valor de mercado e mais que nunca deixam na obscuridade esta questão: por que o valor de mercado se exprime nesta e não noutra soma de dinheiro? Evidentemente as leis internas efetivas da produção capitalista não podem ser explicadas pela interação da procura e da oferta (estamos pondo de lado análise mais profunda, que cabe aqui dessas duas forças motoras sociais). É que só se patenteia a realização dessas leis em toda a sua pureza, quando a oferta e a procura cessam de agir, isto é, coincidem. Todavia, essa coincidência nunca é real, a não ser por mera casualidade e o que não passa de casualidade é nulo do ponto de vista científico, devendo considerar-se inexistente. (Karl Marx – O Capital – O Processo Global de Produção Capitalista – Livro 3 – Volume 4 – p. 214).

A relação entre procura e oferta explica apenas os desvios que os preços de mercado têm dos valores de mercado e a tendência para eliminar esses desvios, isto é, para anular o efeito da relação entre procura e oferta (não nos cabe examinar aqui as mercadorias que constituem exceções, tendo preços sem possuir valor). Procura e oferta podem levar a cabo, de maneira muito diversa, à anulação do efeito resultante de sua desigualdade. A queda da procura e por consequência do preço de mercado pode ocasionar retirada de capital e assim diminuição da oferta. Mas, pode acontecer também que invenções, encurtando o tempo de trabalho necessário, rebaixem o valor de mercado, igualando-o ao preço de mercado. Inversamente, se a procura sobe, ultrapassando o preço o valor de mercado, pode ocorrer então que se encaminhe capital em demasia para esse ramo de produção e a produção se eleve tanto que o preço de mercado caia abaixo do valor de mercado; ou pode acontecer também elevação de preços que faça a procura recuar. (Karl Marx – O Capital – O Processo Global de Produção Capitalista – Livro 3 – Volume 4 – p. 215).

Caso a procura e oferta determinem o preço de mercado, este e – levando a análise mais longe – o valor de mercado determinam a procura e a oferta. Isto é patente para a procura, uma vez que ela se move em sentido oposto ao preço, aumenta quando ele diminui, e vice-versa. Mas, isto se estende à oferta: os preços dos meios de produção que entram nas mercadorias ofertadas determinam a procura desses meios de produção e por conseguinte a oferta dessas mercadorias, a qual implica a procura desses meios de produção. (Karl Marx – O Capital – O Processo Global de Produção Capitalista – Livro 3 – Volume 4 – p. 215).

A oferta e a procura determinam os preços, e os preços determinam a oferta e a procura. A produção determina o mercado, e o mercado a produção. (Karl Marx – O Capital – O Processo Global de Produção Capitalista – Livro 3 – Volume 4 – p. 216).

O valor de mercado explica as flutuações da oferta e da procura. (Karl Marx – O Capital – O Processo Global de Produção Capitalista – Livro 3 – Volume 4 – p. 217).

A concorrência, as flutuações dos preços de mercado, que correspondem às flutuações da relação entre oferta e procura, procuram sem cessar reduzir a essa medida a totalidade do trabalho aplicado em cada espécie de mercadoria. (Karl Marx – O Capital – O Processo Global de Produção Capitalista – Livro 3 – Volume 4 – p. 217).

A relação entre procura e oferta reflete, primeiro, a relação entre o valor de uso e valor de troca, entre mercadoria e dinheiro, entre comprador e vendedor, e, segundo, a relação entre produtor e consumidor, embora ambos possam estar representados por terceiros, os comerciantes. (Karl Marx – O Capital – O Processo Global de Produção Capitalista – Livro 3 – Volume 4 – p. 217).

A oferta é igual à soma dos vendedores ou produtores de determinada espécie de mercadoria, e a procura é igual à soma dos compradores ou consumidores, individuais, vendedores ou produtivos, da mesma espécie de mercadoria. (Karl Marx – O Capital – O Processo Global de Produção Capitalista – Livro 3 – Volume 4 – p. 218).

O dois conjuntos agem um sobre o outro como unidades, como agregados de forças. O indivíduo age aí como parte de uma força social, como átomo da massa, e é sob essa forma que a concorrência faz valer o caráter social da produção e do consumo. (Karl Marx – O Capital – O Processo Global de Produção Capitalista – Livro 3 – Volume 4 – p. 218).

> Todo indivíduo de um grupo, quando não pode ter mais que dada participação ou parte alíquota dos ganhos e haveres do todo, associa-se com os demais para aumentar os ganhos (é o que faz, quando o permite a relação entre a oferta e a procura): Isto é monopólio. Mas, todo indivíduo, quando pensa que pode de algum modo aumentar a soma absoluta da própria participação – embora daí resulte diminuição do montante global –, assim o fará muitas vezes: isto é concorrência. (An inquiry into those principles respecting the nature of demand etc., Londres, 1821) (Karl Marx – O Capital – O Processo Global de Produção Capitalista – Livro 3 – Volume 4 – p. 219).

Oferta e procura supõem a transformação do valor em valor de mercado, e na medida em que ocorrem em base capitalista, sendo as mercadorias produtos do capital, supõem processos de produção capitalistas, portanto relações bem mais complexas que a compra e venda simples de mercadorias. (Karl Marx – O Capital – O Processo Global de Produção Capitalista – Livro 3 – Volume 4 – p. 219-220).

Na produção capitalista, o objetivo é retirar da circulação, em troca da massa de valor nela lançada sob a forma de mercadoria, igual massa de valor sob outra forma – dinheiro ou outra mercadoria –, mas retirar dela, para o capital adiantado à produção a mesma mais-valia ou lucro que obtém qualquer outro capital de qualquer ramo, mas da mesma magnitude, ficando o lucro na proporção da magnitude; trata-se de vender as mercadorias que, pelo menos, proporcionem o lucro médio, ou seja, a preços de produção. Assim, o capital é uma força social que se torna consciente e de que participa cada capitalista na proporção de sua cota no capital global da sociedade. (Karl Marx – O Capital – O Processo Global de Produção Capitalista – Livro 3 – Volume 4 – p. 220).

Primeiro, o interesse precípuo da produção capitalista não é o valor de uso concreto, nem o caráter específico da mercadoria que produz. Em cada ramo de produção importa-lhe apenas produzir mais-valia, apossar-se de determinada quantidade de trabalho não-pago, encerrada no produto do trabalho. Também está na natureza do trabalho assalariado subordinado ao capital não se importar com o caráter específico do trabalho, nem com as necessidades de mudança ditadas pelo capital, nem com a circunstância inapelável de ser jogado de um ramo para outro. (Karl Marx – O Capital – O Processo Global de Produção Capitalista – Livro 3 – Volume 4 – p. 220).

Segundo, na realidade, tanto faz um como outro ramo de produção; cada um deles rende o mesmo lucro e deixaria de ter finalidade se a mercadoria que produz não satisfizesse uma necessidade social qualquer. (Karl Marx – O Capital – O Processo Global de Produção Capitalista – Livro 3 – Volume 4 – p. 220).

Cada ramo particular de emprego do capital e cada capitalista individual têm o mesmo interesse na produtividade do trabalho social empregado pela totalidade do capital, pois daí dependem duas coisas: (Karl Marx – O Capital – O Processo Global de Produção Capitalista – Livro 3 – Volume 4 – p. 223).

1. a massa dos valores de uso em que se expressam o lucro médio, duplamente importante por servir este de fundo de acumulação de novo capital e de fundo de renda a usufruir;

2. a magnitude do valor do capital total adiantado (constante e variável), a qual, dada a grandeza da mais-valia ou do lucro de toda a classe capitalista, determina a taxa de lucro, ou seja, o lucro relativo à determinada quantidade de capital. A produtividade particular do trabalho em determinado ramo ou em determinada empresa desse ramo interessa apenas aos capitalistas aí diretamente participantes e na medida em que capacita esse ramo especial em relação ao capital total, ou o capitalista individual em relação a esse ramo, a extrair um lucro extra.

OBSERVAÇÕES COMPLEMENTARES

1 Causas de Modificações no Preço de Produção

1. Muda a taxa geral de lucro:

Para haver essa mudança é mister que se modifique a taxa média de mais-valia ou, não variando essa taxa, a relação entre a soma de mais-valia obtida e a soma de todo o capital adiantado da sociedade. (Karl Marx – O Capital – O Processo Global de Produção Capitalista – Livro 3 – Volume 4 – p. 231).

Caso a modificação na taxa de mais-valia não decorra de decréscimo ou acréscimo no salário em relação ao nível normal, só pode ela se dar por ter baixado ou por ter subido o valor da força de trabalho; estas duas hipóteses são impossíveis se não se modificar a produtividade do trabalho que produz meios de subsistência, sem que varie portanto o valor das mercadorias que entram no consumo do trabalhador. (Karl Marx – O Capital – O Processo Global de Produção Capitalista – Livro 3 – Volume 4 – p. 231).

Pode variar também a relação entre a soma de mais-valia obtida e o capital total da sociedade adiantado. Uma vez que a mudança aí não provém da taxa de mais-valia, terá ela de vir da totalidade do capital, e mais precisamente da parte constante, cuja massa, do ponto de vista técnico, aumenta ou diminui em proporção à força de trabalho comprada pelo capital variável. E a magnitude do valor do capital constante acresce ou decresce com o acréscimo ou decréscimo da própria massa; também varia portanto na razão da magnitude do valor do capital variável. Se trabalho igual mobiliza mais capital constante, é que o trabalho se tornou mais produtivo, e vice-versa. Logo, se houver mudança na produtividade do trabalho, haverá necessariamente mudança no valor de certas mercadorias. (Karl Marx – O Capital – O Processo Global de Produção Capitalista – Livro 3 – Volume 4 – p. 231-232).

Caso varie o preço de produção de uma mercadoria em virtude de mudança na taxa geral de lucro, poderá o valor dela ter ficado invariável, mas terá ocorrido necessariamente mudança no valor de outras mercadorias. (Karl Marx – O Capital – O Processo Global de Produção Capitalista – Livro 3 – Volume 4 – p. 232).

2. Não se altera a taxa geral de lucro:

Então, o preço de produção de uma mercadoria só pode variar, por ter mudado o valor dela. Torna-se então necessário mais ou menos trabalho para reproduzi-la, seja por ter mudado a produtividade do trabalho que produz a mercadoria na forma final ou a do trabalho que produz mercadorias que entram na produção dela. Pode cair o preço de produção do algodão porque se produz mais barato a matéria-prima algodão ou porque o trabalho do fiandeiro, com melhores máquinas, se tornou mais produtivo. (Karl Marx – O Capital – O Processo Global de Produção Capitalista – Livro 3 – Volume 4 – p. 232).

LEI: TENDÊNCIA A CAIR DA TAXA DE LUCRO

1 Fatores Contrários à Lei

1.1 Aumento do Grau de Exploração do Trabalho

O grau de exploração do trabalho, a extração de trabalho excedente e de mais-valia, aumenta, antes de mais nada, pelo prolongamento da jornada e pela intensificação do trabalho. Esses dois assuntos foram extensamente tratados no livro primeiro, quando estudamos a produção da mais-valia absoluta e da relativa. Muitos fatores que intensificam o trabalho implicam aumento do capital constante em relação ao variável por conseguinte queda da taxa de lucro. É o que se dá quando um trabalhador tem o encargo de vigiar quantidade maior de máquinas. Neste caso, como na maioria dos processos empregados para produzir mais-valia relativa, as mesmas causas que provocam aumento da taxa de mais-valia podem implicar queda na massa de mais-valia, considerando-se magnitudes dadas de capital total aplicado. (Karl Marx – O Capital – O Processo Global de Produção Capitalista – Livro 3 – Volume 4 – p. 267).

A aceleração da velocidade das máquinas, os quais no mesmo espaço de tempo consomem quantidade maior de matérias-primas, e, quanto ao capital fixo, desgastam mais rapidamente as máquinas, sem alterar a relação entre o valor delas e o preço do trabalho que as põe em movimento, é outro meio de intensificação, assim como o prolongamento da jornada de trabalho inventado pela indústria moderna, fazendo aumentar a massa do trabalho excedente extraído, sem modificar essencialmente a relação entre a força de trabalho aplicada e o capital constante por ela posto em movimento, e na realidade fazendo este, a bendizer, diminuir relativamente. (Karl Marx – O Capital – O Processo Global de Produção Capitalista – Livro 3 – Volume 4 – p. 267).

Os meios de produzir mais-valia relativa reduzem-se, em suma, ao seguinte: (Karl Marx – O Capital – O Processo Global de Produção Capitalista – Livro 3 – Volume 4 – p. 267).

- converter a maior quantidade possível de dada massa de trabalho em mais-valia;
- empregar a menor quantidade possível de trabalho em relação ao capital adiantado.

Assim, as mesmas causas que permitem elevar-se o grau de exploração do trabalho, impedem que se explore com o mesmo capital global a mesma quantidade anterior de trabalho. O emprego em massa de mulheres e crianças, pois toda a família tem de fornecer quantidade de trabalho excedente maior que antes, mesmo quando a soma global dos salários que recebe aumenta, o que aliás não constitui a regra. (Karl Marx – O Capital – O Processo Global de Produção Capitalista – Livro 3 – Volume 4 – p. 267-268).

Então, o capital constante aplicado não aumenta em relação ao variável, considerado este como índice da força de trabalho empregada, mas aumenta a massa do produto em relação à força de trabalho aplicada. O mesmo se dá, quando a produtividade do trabalho se libera de barreiras, de limitações arbitrárias ou que se tornam perturbadoras no correr do tempo, de todos os entraves em geral, mas sem atingir por isso a relação entre capital variável e capital constante. (Karl Marx – O Capital – O Processo Global de Produção Capitalista – Livro 3 – Volume 4 – p. 268).

Do ponto de vista de todo o capital variável da sociedade, a mais-valia produzida é igual ao lucro produzido. (Karl Marx – O Capital – O Processo Global de Produção Capitalista – Livro 3 – Volume 4 – p. 269).

A elevação da taxa de mais-valia é um fator que concorre para determinar a massa de mais-valia e por conseguinte a taxa de lucro. Esse fator, embora não derrogue a lei geral, faz que ela opere mais como tendência, isto é, como lei cuja efetivação absoluta é detida, retardada, enfraquecida pela ação de circunstâncias opostas. (Karl Marx – O Capital – O Processo Global de Produção Capitalista – Livro 3 – Volume 4 – p. 269).

Caso toda a população seja empregada com taxa mais alta de mais-valia, aumentará a massa de mais-valia, embora a população continue a mesma. (Karl Marx – O Capital – O Processo Global de Produção Capitalista – Livro 3 – Volume 4 – p. 269).

A massa de mais-valia é igual à taxa multiplicada pelo número de trabalhadores; não se calcula a taxa em relação a todo o capital, mas apenas em relação ao capital variável. Na realidade faz-se o cálculo por jornada de trabalho. A taxa de lucro, ao contrário, dada a magnitude do valor-capital, não pode aumentar ou diminuir, sem que aumente ou diminua a massa de mais-valia. (Karl Marx – O Capital – O Processo Global de Produção Capitalista – Livro 3 – Volume 4 – p. 270).

1.2 Baixa de Preço dos Elementos do Capital Constante

Na fábrica moderna, por exemplo, a quantidade de algodão transformada por um fiandeiro europeu aumentou em proporção imensa, em comparação com a que ele transformava com a antiga roda de fiar. (Karl Marx – O Capital – O Processo Global de Produção Capitalista – Livro 3 – Volume 4 – p. 270).

O mesmo desenvolvimento que aumenta a quantidade de capital constante em relação ao variável, diminui o valor de seus elementos, em virtude da produtividade acrescida do trabalho, e por isso impede que o valor do capital constante, embora crescendo sem cessar, cresça na mesma proporção do volume material, isto é, do volume dos meios de produção postos em movimento pela mesma quantidade de força de trabalho. (Karl Marx – O Capital – O Processo Global de Produção Capitalista – Livro 3 – Volume 4 – p. 271).

1.3 Superpopulação Relativa

É inseparável da superpopulação relativa e acelera a sua formação, o desenvolvimento da produtividade do trabalho que se expressa no decréscimo da taxa de lucro. A superpopulação relativa se torna num país tanto mais palpável, quanto mais nele se desenvolve o modo capitalista de produção. (Karl Marx – O Capital – O Processo Global de Produção Capitalista – Livro 3 – Volume 4 – p. 271).

1.4 Comércio Exterior

O comércio exterior, ao baratear elementos do capital constante e meios de subsistência necessários em que se converte o capital variável, contribui para elevar a taxa de lucro, aumentando a taxa de mais-valia e reduzindo o valor do capital constante. De modo geral, atua nesse sentido, ao permitir que se amplie a escala de produção. Assim, acelera a acumulação mas faz o capital variável decrescer em relação ao constante e por conseguinte cair a taxa de lucro. (Karl Marx – O Capital – O Processo Global de Produção Capitalista – Livro 3 – Volume 4 – p. 272).

Na medida em que o trabalho do país mais adiantado se valoriza como trabalho de peso específico superior, aumenta a taxa de lucro, pois **trabalho que não é pago como de nível superior, como tal é vendido**. (grifo meu) (Karl Marx – O Capital – O Processo Global de Produção Capitalista – Livro 3 – Volume 4 – p. 273).

O comércio exterior aumenta internamente o modo capitalista de produção, reduzindo assim o capital variável relativamente ao constante, e gera por outro lado superprodução em relação ao mercado externo, produzindo por isso, com o correr do tempo, efeito em sentido contrário. (Karl Marx – O Capital – O Processo Global de Produção Capitalista – Livro 3 – Volume 4 – p. 274).

1.5 Aumento do Capital em Ações

Com o progresso da produção capitalista, que está aliado à acumulação acelerada, parte do capital é contabilizada e empregada apenas como capital que dá um rendimento, ou seja, um juro. Não no sentido de o capitalista que empresta capital contentar-se com o juro, enquanto o capitalista industrial embolsa o ganho de empresário. O sentido aqui é o de que esses capitais, embora aplicados em grandes empreendimentos produtivos, só fornecerem, após deduzidos todos os custos, juros grandes ou pequenos, os chamados dividendos. É o que se dá por exemplo com as estradas de ferro. Eles não entram no nivelamento da taxa geral de lucros, uma vez que fornecem taxa menor que a taxa média de lucro. Se entrassem, fariam esta cair muito mais. Do ponto de vista teórico, podemos incluí-las no cálculo e obter uma taxa de lucro menor que aquela que parece existir e realmente determina os capitalistas, pois é justamente naqueles empreendimentos que o capital constante é maior em relação ao variável. (Karl Marx – O Capital – O Processo Global de Produção Capitalista – Livro 3 – Volume 4 – p. 275-276).

AS CONTRADIÇÕES INTERNAS DA LEI

1 Generalidades

Taxa ascendente de mais-valia tende a corresponder a taxa cadente de lucro. A taxa de lucro só seria igual à taxa de mais-valia, se C = 0. Isto é, se o capital todo fosse empregado em salários. Taxa cadente de lucro só corresponde portanto a taxa decrescente de mais-valia, quando permanece invariável a relação entre o valor do capital constante e a quantidade da força de trabalho que o põe em movimento, ou quando esta tiver aumentado em relação ao valor do capital constante. (Karl Marx – O Capital – O Processo Global de Produção Capitalista – Livro 3 – Volume 4 – p. 277).

Queda da taxa de lucro e acumulação acelerada são apenas aspectos diferentes do mesmo processo, no sentido de que ambas expressam o desenvolvimento da produtividade. A acumulação acelera a queda da taxa de lucro, na medida em que acarreta a concentração dos trabalhos em grande escala e com isso composição mais alta do capital. A queda da taxa de lucro por sua vez acelera a concentração do capital e sua centralização, expropriando-se os capitalistas menores, tomando-se dos produtores diretos remanescentes o que ainda exista para expropriar. Assim, acelera-se a acumulação, em seu volume, embora sua taxa diminua com a queda da taxa de lucro. (Karl Marx – O Capital – O Processo Global de Produção Capitalista – Livro 3 – Volume 4 – p. 278).

Existindo os meios de produção necessários, isto é, acumulação bastante de capital, a criação de mais-valia só tem por limite a população trabalhadora e, se esta for dada, o grau de exploração do trabalho. O processo capitalista de produção consiste essencialmente na produção de mais-valia, configurada no produto excedente ou na parte alíquota das mercadorias produzidas, na qual está materializado trabalho não-pago. Nunca devemos esquecer que a produção dessa mais-valia é o objetivo imediato e o motivo determinante da produção capitalista. (Karl Marx – O Capital – O Processo Global de Produção Capitalista – Livro 3 – Volume 4 – p. 280).

Produz-se mais-valia quando se materializa em mercadorias a quantidade de trabalho excedente que se pode extorquir. À medida que o processo se desenvolve, expressando-se na taxa cadente de lucro, expande-se imensamente a massa da mais-valia assim produzida. **A taxa de lucro cai não por explorar menos o trabalhador, mas por empregar-se menos trabalho em relação ao capital aplicado.** (grifo meu) (Karl Marx – O Capital – O Processo Global de Produção Capitalista – Livro 3 – Volume 4 – p. 281).

2 Conflitam a Expansão da Produção e a Criação de Mais-Valia

O desenvolvimento da produtividade social do trabalho revela-se: (Karl Marx – O Capital – O Processo Global de Produção Capitalista – Livro 3 – Volume 4 – p. 284).

a.   na grandeza das forças produtivas já produzidas, no valor e no volume das condições de produção que regem a nova produção, e na magnitude absoluta do capital produtivo já acumulado;

b. na exiguidade (relativo a pequeno, ínfimo, exíguo) relativa da parte do capital desembolsada em salários, em relação ao capital total, isto é, na exiguidade relativa do trabalho vivo, exigido para reproduzir e valorizar dado capital, para produzir em massa, o que supõe, ao mesmo tempo, concentração do capital.

Quanto à força de trabalho empregada, o desenvolvimento da produtividade patenteia-se também sob dois aspectos: (Karl Marx – O Capital – O Processo Global de Produção Capitalista – Livro 3 – Volume 4 – p. 284).

a. no aumento do trabalho excedente, vale dizer, na redução do trabalho necessário para reproduzir a força de trabalho;

b. no decréscimo da quantidade de força de trabalho (nº de trabalhadores) em regra empregada para pôr em movimento dado capital.

Ambos os movimentos, além de correrem juntos, condicionam-se reciprocamente, sendo fenômenos em que se manifesta a mesma lei. Entretanto, são opostos os sentidos em que atuam sobre a taxa de lucro. (Karl Marx – O Capital – O Processo Global de Produção Capitalista – Livro 3 – Volume 4 – p. 284).

A massa global do lucro é igual à massa global da mais-valia. (Karl Marx – O Capital – O Processo Global de Produção Capitalista – Livro 3 – Volume 4 – p. 284).

L' (Lucro) = m (mais-valia) / Ct (Capital total adiantado).

Em sua totalidade, porém, a mais-valia é determinada, primeiro, pela sua taxa; segundo, pela massa do trabalho simultaneamente empregado a essa taxa, ou seja, pela magnitude do capital variável. Por um lado, aumenta um fator, a taxa de mais-valia; por outro, decresce (relativa ou absolutamente) o outro fator, o número de trabalhadores. O desenvolvimento da força produtiva, ao diminuir a parte paga do trabalho aplicado, aumenta a mais-valia, por aumentar-lhe a taxa; todavia, ao reduzir a massa global de trabalho aplicado por determinado capital, diminui o fator numérico por que se multiplica a taxa de mais-valia, para obter-se a massa de mais-valia. (Karl Marx – O Capital – O Processo Global de Produção Capitalista – Livro 3 – Volume 4 – p. 284 e 285).

Com o desenvolvimento do modo capitalista de produção, decresce, portanto, a taxa de lucro, enquanto sua massa aumenta com o montante crescente do capital aplicado. Dada a taxa, o montante absoluto de crescimento do capital depende de sua magnitude presente. Mas, dada essa magnitude, a proporção em que cresce, a taxa de seu crescimento depende da taxa de lucro. O acréscimo da produtividade só pode aumentar diretamente a magnitude do valor do capital se, elevando a taxa de lucro, aumentar a parte do valor do produto anual a qual se reconverte em capital. Tratando-se da produtividade do trabalho, isto só pode sobrevir se acrescer a mais-valia relativa ou se diminuir o valor do capital constante, portanto em virtude de baratearem as mercadorias que entram na reprodução da força de trabalho ou as que se tornam componentes do capital constante. Mas, ambas as consequências implicam depreciação do capital constante, e ambas vão juntas com o decréscimo do capital variável em relação ao constate. Ambas determinam a queda da taxa de lucro e ambas retardam essa queda. (Karl Marx – O Capital – O Processo Global de Produção Capitalista – Livro 3 – Volume 4 – p. 285).

De maneira indireta, o desenvolvimento da produtividade do trabalho contribui para aumentar o valor-capital existente, ampliando, para o mesmo valor de troca, o volume e a variedade dos valores de uso que constituem o substrato material, os elementos objetivos do capital, as coisas corpóreas em que consistem o capital constante e, indiretamente pelo menos, o variável. Com o mesmo capital e o mesmo trabalho criam-se mais coisas que se podem transformar em capital, qualquer que seja o valor de uso delas. Coisas que podem servir para absorver trabalho adicional, por conseguinte trabalho excedente adicional e assim constituir capital adicional. (Karl Marx – O Capital – O Processo Global de Produção Capitalista – Livro 3 – Volume 4 – p. 285-286).

Junto com os impulsos para aumentar realmente a população trabalhadora, oriundos do acréscimo da fração do produto global social, a qual desempenha a função de capital, atuam os elementos que geram superpopulação apenas relativa. (Karl Marx – O Capital – O Processo Global de Produção Capitalista – Livro 3 – Volume 4 – p. 286).

Ao mesmo tempo que baixa a taxa de lucro, aumenta a massa dos capitais, e com esse aumento vem depreciação do capital existente, a qual detém essa baixa e acelera a acumulação do valor-capital. (Karl Marx – O Capital – O Processo Global de Produção Capitalista – Livro 3 – Volume 4 – p. 286).

Ao desenvolver-se a produtividade, eleva-se a composição do capital, isto é, a parte variável decresce em relação à constante. (Karl Marx – O Capital – O Processo Global de Produção Capitalista – Livro 3 – Volume 4 – p. 286).

A depreciação periódica do capital existente, meio imanente ao modo capitalista de produção, de deter a queda da taxa de lucro e de acelerar acumulação do valor-capital pela formação de capital novo, perturba as condições dadas em que se efetua o processo de circulação e reprodução do capital, e assim é acompanhada de paradas súbitas e crises do processo de produção. (Karl Marx – O Capital – O Processo Global de Produção Capitalista – Livro 3 – Volume 4 – p. 287).

A diminuição do capital variável em relação ao constante, a qual vem com o desenvolvimento das forças produtivas, incentiva o crescimento da população trabalhadora, e, ao mesmo tempo, gera continuamente superpopulação artificial. A taxa cadente de lucro retarda a acumulação do capital, do ponto de vista do valor, acelerando-se a acumulação do valor de uso, enquanto esta por sua vez leva a acumulação, do ponto de vista do valor, a acelerar-se. (Karl Marx – O Capital – O Processo Global de Produção Capitalista – Livro 3 – Volume 4 – p. 287).

A produção capitalista procura sempre ultrapassar esses limites imanentes (permanentes, duráveis), mas ultrapassa-os apenas com meios que de novo lhe opõem esses mesmos limites, em escala mais potente. (Karl Marx – O Capital – O Processo Global de Produção Capitalista – Livro 3 – Volume 4 – p. 287).

A barreira efetiva da produção capitalista é o próprio capital. O capital e sua expansão se patenteiam em ponto de partida e meta móvel e fim da produção; a produção existe para o capital, em vez de os meios de produção serem apenas meios de acelerar continuamente o desenvolvimento do processo vital para a sociedade dos produtores. Os limites intransponíveis em que se podem mover a manutenção e a expansão do valor-capital, a qual se baseia na expropriação e no empobrecimento da grande massa dos produtores, colidem constantemente com os métodos de produção que o capital tem de empregar para atingir seu objetivo e que visam ao aumento ilimitado da produção, à produção como fim em si mesma, ao desenvolvimento incondicionado das forças produtivas sociais do trabalho. (Karl Marx – O Capital – O Processo Global de Produção Capitalista – Livro 3 – Volume 4 – p. 287-288).

3 Excesso de Capital e de População

Com a queda da taxa de lucro aumenta o mínimo de capital que tem de estar nas mãos de cada capitalista para o emprego produtivo de trabalho; o mínimo exigido para se explorar o trabalho em geral e ainda para que o tempo de trabalho aplicado seja o necessário para a produção das mercadorias, não ultrapassando a média do tempo de trabalho socialmente necessário para produzi-las. Ao mesmo tempo, aumenta a concentração, pois, além de certos limites, capital grande, com pequena taxa de lucro, acumula mais rapidamente que capital pequeno, com taxa elevada. A certo nível, essa concentração crescente de capital, por sua vez, acarreta nova queda da taxa de lucro. A massa dos pequenos capitais dispersos é assim empurrada para as peripécias da especulação, das manobras fraudulentas com crédito e ações, das crises. A chamada pletora (abundância) de capital é sempre e essencialmente a de capitais cujo montante não compensa a queda da taxa de lucro, ou a pletora que, sob a forma de crédito, põe esses capitais, incapazes de ação autônoma, à disposição dos condutores dos grandes negócios. Essa abundância de capitais nasce das mesmas circunstâncias que provocam superpopulação relativa, sendo portanto fenômeno que a completa, embora ambas estejam em polos opostos, de um lado capital desempregado e, do outro, população trabalhadora desempregada. (Karl Marx – O Capital – O Processo Global de Produção Capitalista – Livro 3 – Volume 4 – p. 288).

Superpopulação de capital, não de mercadorias isoladas, nada mais significa que superacumulação de capital. Para entender o que é essa superacumulação, basta supô-la em termos absolutos. Quando seria absoluta a superprodução de capital? Trata-se aqui de superprodução que não concerne apenas a este ou àquele, ou a alguns ramos importantes da produção, mas que seria absoluta em sua amplitude, abrangendo todos os domínios da produção. (Karl Marx – O Capital – O Processo Global de Produção Capitalista – Livro 3 – Volume 4 – p. 288-289).

O objetivo da produção capitalista é a valorização do capital, isto é, apropriar-se de trabalho excedente, produzir mais-valia, lucro. Se o capital, em relação à população trabalhadora, tivesse crescido em proporção tal que não se pudesse ampliar o tempo absoluto de trabalho que essa população fornece, nem distender o tempo relativo de trabalho excedente; se o capital, depois de acrescido, continuasse a produzir a mesma massa de mais-valia ou até menor, haveria então superprodução absoluta de capital, isto é, o capital acrescido (C + rC) não produziria mais lucro ou mesmo menos lucro que o capital C antes de ser aumentado de (rC). Nos dois casos haveria queda forte e brusca na taxa geral de lucro, por mudar a composição do capital. Essa mudança decorreria não do desenvolvimento da força produtiva e sim da elevação do valor monetário do capital variável e do correspondente decréscimo na proporção do trabalho excedente com o trabalho necessário. (grifo meu) (Karl Marx – O Capital – O Processo Global de Produção Capitalista – Livro 3 – Volume 4 – p. 289).

Na prática, uma parte do capital ficaria ociosa total ou parcialmente e a outra parte valorizar-se-ia à taxa mais baixa de lucro, em virtude da pressão do capital desocupado ou meio ocupado. Então não importaria que parte do capital adicional substituísse o antigo, e este passasse à posição de adicional. Continuaríamos a ter de um lado a antiga soma de capital e, do outro, a soma adicional. A queda da taxa de lucro iria agora de par com decréscimo absoluto da massa de lucro, pois, segundo pressupomos, a massa da força de trabalho aplicada não pode ser aumentada, nem elevada a taxa de mais-valia, nem portanto acrescida a massa de mais-valia. A massa de lucro teria de relacionar-se com o capital total maior. (Karl Marx – O Capital – O Processo Global de Produção Capitalista – Livro 3 – Volume 4 – p. 289-290).

Mas é claro que a depreciação efetiva do capital antigo não poderia ocorrer sem luta, que o capital adicional (rC) não poderia, sem combate, funcionar como capital. A taxa de lucro não cairia em virtude de competição decorrente da superprodução de capital. Ao contrário, justamente porque a baixa da taxa de lucro e a superprodução do capital provêm das mesmas circunstâncias, desencadear-se-ia agora a luta da concorrência. A parte de (rC) que estivesse nas mãos dos capitalistas veteranos em atividade poriam eles mais ou menos em ociosidade, a fim de não desvalorizar o próprio capital original e de manter a área ocupada por este capital no ramo da produção, ou eles a aplicariam, mesmo com perda momentânea, a fim de levar os novos e os concorrentes em geral a ficarem com o custo da ociosidade do capital adicional. (Karl Marx – O Capital – O Processo Global de Produção Capitalista – Livro 3 – Volume 4 – p. 290).

A parte (rC) que se encontrasse em novas mãos procuraria apoderar-se de área do capital antigo, o que conseguiria pondo na ociosidade parte do capital antigo, forçando-o a ceder-lhe lugar e a tomar mesmo a posição do capital adicional total ou parcialmente desocupado. (Karl Marx – O Capital – O Processo Global de Produção Capitalista – Livro 3 – Volume 4 – p. 290).

Parte do antigo capital teria de ficar ociosa no tocante à propriedade do capital, de funcionar e de valorizar-se como capital. Cabe à luta da concorrência decidir qual seria essa parte. Enquanto tudo vai bem, gera a concorrência, conforme se patenteou no caso do nivelamento da taxa geral de lucro, a irmandade prática da classe capitalista, que então reparte entre os membros na proporção da magnitude da cota empregada por cada um, o esbulho coletivamente efetuado. Mas, quando não se trata mais de repartir os lucros e sim as perdas, procura cada um reduzir ao máximo possível a parte que tem nelas, transferindo-a para os outros. As perdas são inevitáveis para a classe. Quanto cada um terá de suportar delas, até onde terá de nelas participar, é problema a ser resolvido pela força e pela astúcia, transformando-se a concorrência em luta entre os irmãos inimigos. Positiva-se então a contradição entre o interesse de cada capitalista e o da classe capitalista, do mesmo modo que antes, por meio da concorrência, se impunha a identidade desses interesses. (Karl Marx – O Capital – O Processo Global de Produção Capitalista – Livro 3 – Volume 4 – p. 290-291).

A destruição principal, e de caráter mais agudo, atingiria os valores-capital, o capital na medida em que configura a propriedade valor. A parte valor-capital na forma apenas de direitos a participações futuras na mais-valia, no lucro, na realidade meros títulos de crédito sobre a produção em diversas modalidades, logo se deprecia com a queda das receitas que servem de base para determiná-la. Parte do ouro e da prata em espécie fica ociosa, não funcionando como capital. Parte das mercadorias que estão no mercado só pode efetuar o processo de circulação e de reprodução com enorme contração de preços, portanto por meio de depreciação do capital que ela representa. Do mesmo modo depreciam-se mais ou menos os elementos do capital fixo. Acresce que relações de preços determinadas, de antemão estabelecidas, condicionam o processo de reprodução, e por isso a queda geral de preços estagna-o e desorganiza-o. Essa perturbação e essa estagnação paralisam a função de meio de pagamento, exercida pelo dinheiro, ligada ao desenvolvimento do capital e baseada sobre aquelas relações de preços pressupostas; interrompem em inúmeros pontos a cadeia das obrigações de pagamento em prazos determinados, e se agravam com o consequente desmoronamento do sistema de crédito que se desenvolve junto com o capital. Assim, redundam em crises violentas, agudas, em depreciações bruscas, brutais, em estagnação e perturbação física do processo de reprodução e por conseguinte em decréscimo real da reprodução. (Karl Marx – O Capital – O Processo Global de Produção Capitalista – Livro 3 – Volume 4 – p. 292).

A fase de prosperidade favorece os casamentos entre os trabalhadores e diminui a dizimação dos descendentes. Essa circunstância, por mais que implique aumento verdadeiro da população, não resulta em acréscimo da população efetivamente trabalhadora, mas opera na relação entre trabalhadores e capital como se tivesse aumentado o número de trabalhadores realmente empregados. A queda de preços e a luta da concorrência teriam incitado cada capitalista a reduzir o valor individual do respectivo produto global a nível inferior ao valor geral desse produto, com o emprego de novas máquinas, novos métodos aperfeiçoados de trabalho, novas combinações, isto é, a elevar a produtividade de dada quantidade de trabalho, a diminuir a proporção do capital variável com o constante e assim liberar, desempregar trabalhadores, em suma, gerar uma superpopulação artificial. Além disso, a própria depreciação do capital constante seria um fator que implicaria elevação da taxa de lucro. A massa do capital constante aplicado teria aumentado em relação ao variável, mas o valor dessa massa poderia ter caído. A estagnação sobrevinda à produção teria preparado expansão posterior da produção, dentro dos limites capitalistas. (Karl Marx – O Capital – O Processo Global de Produção Capitalista – Livro 3 – Volume 4 – p. 292-293).

Assim, ter-se-ia percorrido todo o ciclo. Parte do capital que se depreciara por paralisar-se a função, recuperaria o valor antigo. Demais, com as condições de produção e mercado ampliados, com produtividade acrescida, voltaria a repetir-se mesmo círculo vicioso. (Karl Marx – O Capital – O Processo Global de Produção Capitalista – Livro 3 – Volume 4 – p. 293).

Entretanto, mesmo na hipótese extrema, a superprodução absoluta de capital não é, de modo algum, superprodução absoluta de meios de produção. É uma superprodução de meios de produção apenas na medida em que estes funcionam como capital, estão subordinados ao objetivo de expandir o valor de produzir um valor adicional. (Karl Marx – O Capital – O Processo Global de Produção Capitalista – Livro 3 – Volume 4 – p. 293).

Superprodução de capital significa apenas superprodução de meios de produção, que podem funcionar como capital, isto é, sem empregados para explorar o trabalho, com dado grau de exploração, e a queda desse grau abaixo de dado ponto causa perturbações e estagnações no processo capitalista de produção, crises, destruição de capital. Não há conflito entre essa superprodução de capital e a maior ou menor superpopulação relativa que a acompanha. As circunstâncias que elevaram a produtividade do trabalho, aumentaram a massa dos produtos mercadorias, ampliaram os mercados, aceleraram a acumulação do capital, em volume e em valor, e reduziram a taxa de lucro, são as mesmas que geraram superpopulação relativa e constantemente a geram, uma superpopulação de trabalhadores que não é empregada pelo capital excedente por ser baixo o grau que possibilita a exploração do trabalho, ou, ao menos, por ser baixa a taxa de lucro que se obteria com esse grau de exploração. (Karl Marx – O Capital – O Processo Global de Produção Capitalista – Livro 3 – Volume 4 – p. 293-294).

Caso o capital seja remetido para o exterior, tal acontece não por impossibilidade absoluta de aplicá-lo no país. É que pode ser empregado no exterior com taxa mais alta de lucro. Mas, esse capital, de maneira absoluta, é capital excedente para a população trabalhadora ocupada e para o país de origem em geral. Existe como tal ao lado da superpopulação relativa, o que mostra que ambos coexistem e reciprocamente se condicionam. (Karl Marx – O Capital – O Processo Global de Produção Capitalista – Livro 3 – Volume 4 – p. 294).

Além disso, a queda, ligada à acumulação da taxa de lucro, leva necessariamente à luta da concorrência. A compensação da queda da taxa de lucro pela massa crescente de lucro só vigora para a totalidade do capital da sociedade e para os grandes capitalistas fortemente organizados. O novo capital adicional, operando autonomamente, não encontra essas condições compensatórias, tem antes de conquistá-las, e assim é a queda da taxa de lucro que provoca a luta da concorrência entre os capitais e não o contrário. Essa luta é, por certo, acompanhada de alta passageira dos salários e de nova baixa transitória daí decorrente, da taxa de lucro. O mesmo se verifica na superprodução de mercadorias, no abarrotamento de mercados. **O objetivo do capital não é satisfazer as necessidades, mas produzir lucro, alcançando essa finalidade por métodos que regulam o volume da produção pela escala da produção, e não o contrário.** Por isso, terá sempre de haver discrepância entre as dimensões limitadas do consumo em base capitalista e uma produção que procura constantemente ultrapassar o limite que lhe é imanente. Além disso, o capital consiste em mercadorias e a superprodução do capital implica portanto a de mercadorias. Admira por isso ver economistas que negam a superprodução de mercadorias admitir a de capital. Dizer que não há superprodução geral e sim desproporção entre os diversos ramos de produção equivale a afirmar que, na produção capitalista, a proporcionalidade entre os diferentes ramos de produção se revela processo constante oriundo da desproporcionalidade, impondo-se aos agentes da produção a conexão interna de toda a produção como lei cega e não como lei apreendida racional e coletivamente, por isso dominada e mediante a qual teriam eles submetido o processo de produção a seu controle comum. Com aquele postulado exige-se ainda que países onde não está desenvolvido o modo capitalista de produção, consumam e produzam em nível conveniente aos países de produção capitalista. É exato e correto afirmar que a superprodução é apenas relativa, e o modo capitalista de produção é por inteiro modo relativo de produção, com limites que não são absolutos, embora para ele, em relação à base em que assenta, sejam absolutos. Do contrário, como explicar que falte procura das mercadorias de que precisa a massa do povo, e que se tenha de buscar essa procura no exterior, em mercados longínquos, a fim de ser possível pagar aos trabalhadores do país a quantia regular para os meios de subsistência? É que nessa contextura especificamente capitalista, e nela apenas, o produto em excesso recebe forma que só permite ao possuidor pô-lo à disposição do consumo, depois de reconvertido para ele em capital. Dizer finalmente que basta os próprios capitalistas trocarem e consumirem as próprias mercadorias, é esquecer por inteiro o caráter da produção capitalista, e não ver que se trata de valorizar o capital e não de consumi-lo. (grifo meu) (Karl Marx – O Capital – O Processo Global de Produção Capitalista – Livro 3 – Volume 4 – p. 294-295).

Em suma, todas as objeções contra os fenômenos contundentes da superprodução resultam na afirmação de que os limites da produção capitalista não são limites da produção em geral e por isso não constituem limites desse modo específico de produção, o capitalista. Mas, a contradição do modo capitalista de produção consiste justamente na tendência para desenvolver, de maneira absoluta, as forças produtivas que colidem sempre com as condições específicas da produção, nas quais se move o capital e as únicas em que se pode mover. (Karl Marx – O Capital – O Processo Global de Produção Capitalista – Livro 3 – Volume 4 – p. 295).

Não se produzem meios de subsistência demais em relação à população existente. Pelo contrário, o que se produz é muito pouco para satisfazer, de maneira adequada e humana, a massa de população. (Karl Marx – O Capital – O Processo Global de Produção Capitalista – Livro 3 – Volume 4 – p. 295-296).

Não se produzem meios de produção em excesso para empregar a parte da população apta para o trabalho. Ao contrário: (Karl Marx – O Capital – O Processo Global de Produção Capitalista – Livro 3 – Volume 4 – p. 296).

a.   porção demasiada da população é produzida em condições de invalidez prática, e depende, pelas circunstâncias que a cercam, da exploração do trabalho alheio, ou de trabalhos que só podem passar por tais, num modo miserável de produção;

b.   não se produzem meios de produção suficientes, para toda a população apta ao trabalho funcionar nas condições mais produtivas, para reduzir-se portanto o tempo absoluto de trabalho com o volume e a eficácia do capital constante empregado durante a jornada.

Entretanto, os meios de trabalho e os meios de subsistência, periodicamente produzidos são demasiados para funcionarem, com determinada taxa de lucro, como meios de exploração dos trabalhadores. As mercadorias produzidas são demais para poderem realizar e reconverter em novo capital o valor nelas contido e as mais-valias aí incluída, nas condições de repartição e de consumo estabelecidas pela produção capitalista, vale dizer, para efetuarem esse processo sem as explosões que constantemente se repetem. (Karl Marx – O Capital – O Processo Global de Produção Capitalista – Livro 3 – Volume 4 – p. 296).

Não se produz riqueza demais. Mas a riqueza que se produz periodicamente é demais nas formas antagônicas do capitalismo. O limite da produção capitalista patenteia-se nos seguintes fatos: (Karl Marx – O Capital – O Processo Global de Produção Capitalista – Livro 3 – Volume 4 – p. 296-297).

1.   O desenvolvimento da produtividade do trabalho gera, com a queda da taxa de lucro, uma lei que em certo ponto se opõe frontalmente a esse desenvolvimento e por isso tem de ser constantemente superada por meio de crises;

2.   A obtenção de trabalho não-pago, a relação entre esse trabalho não-pago e o trabalho materializado em geral, ou, em termos capitalistas, o lucro e a relação entre esse lucro e o capital aplicado, por conseguinte, certo nível da taxa de lucro é o que determina a decisão de expandir ou restringir a produção, e não a relação entre a produção e as necessidades sociais, as necessidades de seres humanos socialmente desenvolvidos. Por isso, a produção já encontra limites em certo grau de expansão, embora se patenteie muito insuficiente, se considerarmos o segundo desígnio. Ela estagna no ponto exigido pela produção e realização de lucro e não pela satisfação das necessidades.

A taxa de lucro, isto é, o crescimento proporcional do capital é sobretudo importante para todas as novas aglomerações autônomas de capital. E logo que a formação de capital fosse exclusividade de alguns poucos grandes capitalistas amadurecidos, para os quais o montante de lucro compensasse a taxa, extinguir-se-ia definitivamente o fogo sagrado da produção. Esta ficaria inerte. A taxa de lucro é a força propulsora da produção capitalista, e só se produz o que se pode e quando se pode produzir com lucro. Daí mostrarem-se os economistas ingleses apreensivos com o decréscimo da taxa de lucro. Que a mera possibilidade desse decréscimo tenha inquietado Ricardo demonstrar justamente a profunda compreensão que tinha nas condições da produção capitalista. A importância de Ricardo reside precisamente naquilo em que é criticado, isto é, que abstrai dos seres humanos, ao estudar a produção capitalista, considerando apenas o desenvolvimento das forças produtivas, qualquer que seja o custo em sacrifícios humanos e em valores-capital. (Karl Marx – O Capital – O Processo Global de Produção Capitalista – Livro 3 – Volume 4 – p. 297).

O desenvolvimento das forças produtivas do trabalho social é a tarefa histórica do capital e o legitima. Exercendo justamente essa função, cria ele as condições materiais de forma superior de produção, sem que esteja consciente disso. O que procura Ricardo é a circunstância de o próprio desenvolvimento da produção ameaçar a taxa de lucro, o estimulante da produção capitalista e, ao mesmo tempo, condição e móvel da acumulação. E nele tudo gira em torno da relação quantitativa, mas há na realidade algo bem mais profundo que ele apenas pressente. Patenteia-se aí no plano puramente econômico, isto é, sob o prisma burguês, dentro das barreiras da compreensão capitalista, do ponto de vista da própria produção capitalista, a limitação, a relatividade deste modo de produção, seu caráter histórico, vinculado a determinada época de desenvolvimento limitado das condições materiais de produção. (Karl Marx – O Capital – O Processo Global de Produção Capitalista – Livro 3 – Volume 4 – p. 297-298).

4 Observações Complementares

O desenvolvimento da produtividade do trabalho é muito desigual nos diferentes ramos industriais, e não diverge somente quanto ao grau, mas frequentes vezes segue direções opostas. (Karl Marx – O Capital – O Processo Global de Produção Capitalista – Livro 3 – Volume 4 – p. 298).

A produtividade do trabalho está também vinculada às condições naturais cujo rendimento muitas vezes diminui na mesma proporção em que aumenta a produtividade, na medida em que esta depende de condições sociais. Daí movimentos opostos nos diferentes ramos, progresso nuns, regressão noutros. Basta pensar, por exemplo, na influência das estações, de que depende a quantidade da maior parte das matérias-primas, no esgotamento das florestas, das minas de carvão e de ferro etc. (Karl Marx – O Capital – O Processo Global de Produção Capitalista – Livro 3 – Volume 4 – p. 298).

A parte circulante do capital constante, matérias-primas etc., aumenta sempre a respectiva massa na proporção da produtividade do trabalho. O mesmo não ocorre com o capital fixo, os edifícios, a maquinaria, as instalações de iluminação, aquecimento etc. Com o aumento do tamanho, a máquina se torna absolutamente mais cara e relativamente mais barata. Se cinco trabalhadores produzem dez vezes mais mercadorias que antes, não se decuplica por isso o desembolso em capital fixo, e, embora o valor dessa parte do capital constante cresça com o desenvolvimento da produtividade, está bem longe de aumentar na mesma proporção. Já ressaltamos várias vezes a diferença entre estes dois aspectos da relação entre capital constante e capital variável: quando ela se expressa na queda da taxa de lucro e quando se manifesta, com o desenvolvimento da produtividade do trabalho, na mercadoria singular e no seu preço. (Karl Marx – O Capital – O Processo Global de Produção Capitalista – Livro 3 – Volume 4 – p. 298-299).

O valor da mercadoria é determinado pela totalidade do trabalho, pretérito e vivo, que absorve. A elevação da produtividade do trabalho consiste justamente em diminuir a participação do trabalho vivo e aumentar a do trabalho pretérito, de modo que se reduza a soma de trabalho encerrada na mercadoria, sendo a quantidade de que diminui o trabalho vivo maior do que aquela em que aumenta o trabalho pretérito. O trabalho futuro corporificado no valor de uma mercadoria consiste no desgaste de capital fixo e no capital constante circulante absorvido por inteiro pela mercadoria, as matérias-primas e as matérias auxiliares. A parte do valor oriunda das matérias-primas e das auxiliares tem de diminuir com o aumento da produtividade que, no tocante a essas matérias, se patenteia justamente na queda do valor delas. Quanto à parte fixa do capital constante é o oposto o que caracteriza a produtividade ascendente do trabalho: esta aumenta-a fortemente e por conseguinte eleva a parte do valor que pelo desgaste se transfere às mercadorias. Então, novo método de produção só aumenta realmente a produtividade, quando transfere a cada exemplar da mercadoria fração adicional de valor relativa a capital fixo menor que a fração de valor economizada com a diminuição de trabalho vivo – em suma, quando reduz o valor da mercadoria. (Karl Marx – O Capital – O Processo Global de Produção Capitalista – Livro 3 – Volume 4 – p. 299).

Essa diferença tem de existir, é evidente, mesmo quando, conforme ocorre em casos isolados, além da fração adicional correspondente ao capital fixo, entra no valor da mercadoria fração adicional relativa a acréscimo de quantidade ou de preço de matérias-primas ou auxiliares. Todos os acréscimos de valor têm de ser mais do que compensados pela redução de valor oriunda da diminuição do trabalho vivo. (Karl Marx – O Capital – O Processo Global de Produção Capitalista – Livro 3 – Volume 4 – p. 299).

Essa redução do trabalho total transposto para a mercadoria parece por conseguinte ser a característica essencial da produtividade acrescida do trabalho, não importa quais sejam as condições de produção. Essa redução serviria incondicionalmente para medir a produtividade do trabalho numa sociedade em que os produtores regulassem a produção segundo plano previamente estabelecido e mesmo na produção simples de mercadorias. (Karl Marx – O Capital – O Processo Global de Produção Capitalista – Livro 3 – Volume 4 – p. 300).

Apesar do decréscimo relativo do capital variável, empregado em salários, há o aumento do número absoluto de trabalhadores, o que não se dá em todos os ramos industriais, nem de maneira uniforme. Na agricultura, o decréscimo do trabalho vivo pode ser absoluto. (Karl Marx – O Capital – O Processo Global de Produção Capitalista – Livro 3 – Volume 4 – p. 302).

Demais, só no regime capitalista o número de trabalhadores tem de crescer de maneira absoluta, embora relativamente decresça. As forças de trabalho já se tornam supérfluas quando não é mais necessário empregá-las de 12 a 15 horas por dia. Um desenvolvimento das forças produtivas que diminuísse o número absoluto dos trabalhadores, isto é, capacitasse realmente a nação inteira a efetuar toda a produção em menor espaço de tempo, acarretaria revolução, pois tornaria marginal a maior parte da população. Mais uma vez revela-se o limite específico da produção capitalista, e vê-se que não é de maneira alguma forma absoluta do desenvolvimento das forças produtivas e da criação da riqueza, colidindo com este desenvolvimento, a partir de certo ponto. Percebe-se em parte esse conflito nas crises periódicas, oriundas da circunstância de ficar supérflua, no antigo tipo de atividade, ora esta, ora aquela fração da população trabalhadora. O limite do sistema está no tempo excedente dos trabalhadores. Não lhe interessa a sobra de tempo que a sociedade ganha. A produtividade só lhe importa quando aumenta o tempo de trabalho excedente da classe trabalhadora e não quando diminui apenas o tempo de trabalho da produção material. Assim, move-se a produção contraditoriamente. (Karl Marx – O Capital – O Processo Global de Produção Capitalista – Livro 3 – Volume 4 – p. 302).

Nenhum capitalista voluntariamente emprega processo novo de produção que diminua a taxa de lucro, por mais produtivo que seja ou por mais que aumente a taxa de mais-valia. Mas, todo processo novo desse gênero reduz o preço das mercadorias. Por isso, no início vende-as o capitalista acima do preço de produção, talvez acima do valor. Embolsa a diferença que existe entre seus custos de produção e o preço de mercado das mercadorias concorrentes produzidas a custos mais elevados. Pode fazê-lo, porque o tempo médio de trabalho socialmente exigido para produzir essas mercadorias é maior que o tempo de trabalho requerido pelo novo processo de produção. Seu processo de produção tem eficácia superior à média social. A concorrência porém generaliza-o e submete-o à lei geral. Há então queda da taxa de lucro, talvez primeiro nesse ramo, nivelando-o aos demais, queda que absolutamente não depende da vontade dos capitalistas. (grifo meu) (Karl Marx – O Capital – O Processo Global de Produção Capitalista – Livro 3 – Volume 4 – p. 303).

Cabe observar que essa lei vigora também nos ramos de produção cujo produto não entra direta nem indiretamente no consumo do trabalhador ou nas condições de produção de seus meios de subsistência. Ela se estende aos ramos de produção em que o barateamento das mercadorias não pode contribuir para aumentar a mais-valia relativa, nem para baratear força do trabalho. Quando o novo método de produção começa a difundir-se e por conseguinte se comprova de fato que essas mercadorias podem ser produzidas mais barato, têm os capitalistas, que operam nas condições antigas de produção, de vender seu produto abaixo do respectivo preço de produção, pois o valor de sua mercadoria caiu, o tempo de trabalho exigido para produzi-la está acima da média social. Em suma, eles têm de introduzir também o novo processo que reduz a proporção do capital variável com o constante. (Karl Marx – O Capital – O Processo Global de Produção Capitalista – Livro 3 – Volume 4 – p. 303-304).

Tudo o que leva o emprego da maquinaria a baratear o preço das mercadorias produzidas reduz-se sempre a decréscimo da quantidade de trabalho absorvida por cada unidade de mercadoria e a decréscimo da fração de desgaste da maquinaria, ou seja, do correspondente valor que entra em cada unidade. Quanto menos rápido esse desgaste, tanto maior a quantidade de mercadorias por que se reparte, tanto maior a quantidade de trabalho vivo que repõe até que chegue o momento da reprodução. Nos dois casos aumenta a quantidade e o valor do capital constante fixo em relação ao variável. (Karl Marx – O Capital – O Processo Global de Produção Capitalista – Livro 3 – Volume 4 – p. 304).

> Não se alterando as demais condições, o poder de uma nação, de economizar lucros, varia com a taxa de lucro, sendo maior quando eles são altos e menor, quando baixos; mas, quando decresce a taxa de lucro, as demais condições não continuam inalteradas... Baixa taxa de lucro coincide ordinariamente com ritmo de acumulação rápido, relativamente ao número de habitantes, como na Inglaterra... e taxa alta de lucro com taxa mais lenta de acumulação, relação ao número de habitantes. Exemplos: Polônia, Rússia, Índia etc. (Richard Jones, An Introductory Lecture on Pol. Enon., Londres, 1833) (Karl Marx – O Capital – O Processo Global de Produção Capitalista – Livro 3 – Volume 4 – p. 304).

Jones acentua acertadamente que, apesar da taxa cadente de lucro, aumentam as oportunidades e as possibilidades de acumular, em virtude das seguintes razões: (Karl Marx – O Capital – O Processo Global de Produção Capitalista – Livro 3 – Volume 4 – p. 304-305).

a.   superpopulação relativa crescente;

b.   com a produtividade ascendente do trabalho aumenta a massa de valores de uso configurada no mesmo valor de troca, ou seja, a massa dos elementos materiais do capital;

c.   é cada vez maior a diversificação dos ramos industriais;

d.   desenvolvem-se o sistema de crédito, as sociedades por ações etc. E em consequência fica fácil para o investidor transformar seu dinheiro em capital, sem precisar ser capitalista industrial;

e.   aumento das necessidades e da avidez de enriquecer;

f.   investimento de capital fixo em escala crescente.

Três fatos fundamentais marcam a produção capitalista: (Karl Marx – O Capital – O Processo Global de Produção Capitalista – Livro 3 – Volume 4 – p. 305).

1. Concentração dos meios de produção em poucas mãos e por isso não aparecem mais eles como propriedade dos trabalhadores imediatos, transformando-se, ao contrário, em potências sociais da produção, embora se apresentem como propriedade particular dos capitalistas. Estes são os síndicos da sociedade burguesa, mas embolsam todos os frutos da administração que exercem;

2. Organização do trabalho como trabalho social, por meio da cooperação, da divisão do trabalho e da união do trabalho com as ciências naturais;

3. Constituição do mercado mundial.

Nos dois primeiros fatos, o modo capitalista de produção suprime a propriedade privada e o trabalho privado, embora sob formas contraditórias. (Karl Marx – O Capital – O Processo Global de Produção Capitalista – Livro 3 – Volume 4 – p. 305).

No modo capitalista de produção, relativamente à população, desenvolve-se em demasia a produtividade, e, embora sem atingir a mesma proporção, aumentam os valores-capital de maneira mais rápida que a população. Os dois fatos colidem com a base e com as condições de valorização do capital que se expande. Daí as crises. (Karl Marx – O Capital – O Processo Global de Produção Capitalista – Livro 3 – Volume 4 – p. 305).

CRÍTICA À ECONOMIA POLÍTICA

Livro III – Volume V

CONVERSÃO DO CAPITAL MERCADORIA E DO CAPITAL DINHEIRO EM CAPITAL COMERCIAL E FINANCEIRO, COMO FORMAS DO CAPITAL MERCANTIL

O capital mercantil subdivide-se em duas formas ou variedades – Capital Comercial e Capital financeiro (Karl Marx – O Capital – O Processo Global de Produção Capitalista – Livro 3 – Volume 5 – p. 309).

1 Capital Comercial

Considerando todo o capital da sociedade, vemos parte dele constituída de mercadorias lançadas ao mercado para converter-se em dinheiro, e parte que está no mercado, configurada em dinheiro, para converter-se em mercadoria. (Karl Marx – O Capital – O Processo Global de Produção Capitalista – Livro 3 – Volume 5 – p. 309-310).

Quando essa função do capital que está no processo de circulação adquire autonomia como função particular de um capital particular, tornando-se função própria de determinada categoria de capitalistas, converte-se o capital mercadoria em capital comercial. (Karl Marx – O Capital – O Processo Global de Produção Capitalista – Livro 3 – Volume 5 – p. 310).

A existência do capital como capital mercadoria e a correspondente transformação por que passa na esfera da circulação no mercado, constituem fase do processo de reprodução do capital industrial e por conseguinte de todo o seu processo de reprodução; mas esse capital, nesta função de capital de circulação, se distingue de si mesmo como capital produtivo. Trata-se de duas formas de existência diferentes, distintas do mesmo capital. Parte encontra-se sempre no mercado nessa forma de existência de capital de circulação, em via de transformar-se. Assim, os elementos do capital mercadoria que se encontram no mercado estão sempre mudando, pois continuamente se retiram do mercado e a ele voltam como novo produto do processo de produção. (Karl Marx – O Capital – O Processo Global de Produção Capitalista – Livro 3 – Volume 5 – p. 310-311).

A parte do capital comercial que está constantemente no mercado se situa na esfera da circulação; e a outra parte corresponde às compras e vendas de mercadorias que se efetuam constantemente de maneira direta entre os próprios capitalistas industriais. (Karl Marx – O Capital – O Processo Global de Produção Capitalista – Livro 3 – Volume 5 – p. 311).

Na qualidade de capitalista, o comerciante aparece no mercado, antes de mais nada, representando certa soma de dinheiro, a qual adianta como capitalista, com o propósito de transformá-lo em X% a mais de dinheiro. (Karl Marx – O Capital – O Processo Global de Produção Capitalista – Livro 3 – Volume 5 – p. 311).

O capitalista ou comerciante não produz mercadorias, apenas negocia com elas, ou seja, propicia o movimento delas para mercadejar; tem antes de comprá-las, ser possuidor de capital dinheiro. (Karl Marx – O Capital – O Processo Global de Produção Capitalista – Livro 3 – Volume 5 – p. 311).

O capital comercial nada mais é do que o capital mercadoria que o produtor fornece e tem de passar por processo de transformação em dinheiro, de efetuar a função de capital mercadoria no mercado, com a diferença apenas de que essa função, em vez de ser operação acessória do produtor, surge como operação exclusiva de variedade especial de "**capitalistas comerciantes**", e adquire autonomia como negócio correspondente a um investimento específico. Para o comerciante, uma fase da metamorfose das mercadorias aparece como D – M – D', como evolução de uma espécie particular de capital. (grifo meu) (Karl Marx – O Capital – O Processo Global de Produção Capitalista – Livro 3 – Volume 5 – p. 313).

O capital comercial tem caráter autônomo devido: (Karl Marx – O Capital – O Processo Global de Produção Capitalista – Livro 3 – Volume 5 – p. 314-315).

1. à circunstância de o capital mercadoria efetuar nas mãos de um agente diverso dos produtos, sua conversão definitiva em dinheiro, portanto sua primeira metamorfose, a função que lhe cabe no mercado como capital mercadoria e que se efetiva por meio das operações do comerciante, das suas compras e vendas, de modo que essa atividade constitui negócio próprio, dissociado das demais funções do capital industrial. Essa autonomia é uma forma particular da divisão social do trabalho e desse modo parte da função a efetuar em fase especial do processo de reprodução do capital – a circulação – aparece como função exclusiva de uma agente específico, distinto do produtor; (Karl Marx – O Capital – O Processo Global de Produção Capitalista – Livro 3 – Volume 5 – p. 314-315).

2. ao fato do comerciante (agente autônomo), de acordo com sua condição, adiantar seu capital dinheiro próprio ou emprestado; o que para o capital industrial se representa simplesmente (M – D), ou mera venda, para o comerciante configura-se como (D – M – D'), compra e venda da mesma mercadoria e, portanto, retorno em capital dinheiro, que dele se afastara com a compra, por ter efetuado a venda e não o consumo da mercadoria. (Karl Marx – O Capital – O Processo Global de Produção Capitalista – Livro 3 – Volume 5 – p. 315).

O capital dinheiro propicia a metamorfose do capital mercadoria, em dinheiro, o que faz por meio de compra e venda contínuas de mercadorias. Efetua exclusivamente essa operação, que propicia o processo de circulação do capital industrial. Com essa função transforma ele seu dinheiro em capital dinheiro, submete (D) ao processo (D – M – D'), e assim converte o capital mercadoria em capital comercial. (Karl Marx – O Capital – O Processo Global de Produção Capitalista – Livro 3 – Volume 5 – p. 316).

Considerando-se o processo de reprodução de todo o capital da sociedade, o capital comercial, enquanto está na forma de capital mercadoria, evidentemente é apenas parte do capital industrial, a qual se encontra no mercado, em processo de transformação, existindo e funcionando como capital mercadoria. Assim, do ponto de vista da totalidade do processo de reprodução do capital, cabe examinar aqui unicamente o capital dinheiro adiantado pelo comerciante, destinado exclusivamente às operações de comprar e vender, só assumindo, por isso, as formas de capital mercadoria e de capital dinheiro e nunca a de capital produtivo, ficando sempre cativo da esfera da circulação do capital. (Karl Marx – O Capital – O Processo Global de Produção Capitalista – Livro 3 – Volume 5 – p. 317).

Ao capital mercantil, não ultrapassando as proporções necessárias, são plausíveis as seguintes suposições: (Karl Marx – O Capital – O Processo Global de Produção Capitalista – Livro 3 – Volume 5 – p. 318-319).

1. em virtude da divisão do trabalho, o capital que se ocupa exclusivamente com compra e venda é menor do que o que seria necessário para esse fim, se o próprio capitalista industrial tivesse de explorar toda a parte mercantil de seu negócio;

2. ocupando-se o comerciante exclusivamente com esse negócio, converte-se a mercadoria mais rapidamente em dinheiro, para o respectivo produtor; além disso, o próprio capital mercadoria efetua mais prontamente sua metamorfose do que o faria nas mãos do produtor;

3. considerando-se a totalidade do capital mercantil em relação ao capital industrial, uma rotação do capital mercantil pode representar não só as rotações de muitos capitais dum mesmo ramo de produção, mas também as rotações de uma série de capitais de diferentes ramos de produção – quando o comerciante, por exemplo, após vender linho, compra seda, possibilitando assim a rotação de capital de outro ramo de produção.

O mesmo capital mercantil pode, portanto, propiciar sucessivamente as diferentes rotações dos capitais empregados num ramo de produção, e desse modo sua rotação não se identifica com as rotações de um capital industrial isolado, não se limitando a substituir apenas a reserva monetária de que precisaria esse capitalista industrial isolado. A rotação do capital mercantil, num ramo de produção, está naturalmente delimitada pela produção total do ramo. Mas, não está jungida (limitada) aos limites da produção ou ao tempo de rotação de um capital desse ramo, na medida em que esse tempo de rotação é determinado pelo tempo de produção. (Karl Marx – O Capital – O Processo Global de Produção Capitalista – Livro 3 – Volume 5 – p. 319).

A rotação do mesmo capital mercantil pode propiciar também as rotações de capitais de diferentes ramos de produção. Ao servir em diferentes rotações, para converter em dinheiro sucessivamente, diferentes capitais mercadorias, comprando-os e vendendo-os, um depois do outro, efetua, como capital dinheiro, em relação ao capital mercadoria, a mesma função que o dinheiro, com seus movimentos, perfaz num período dado em relação às mercadorias. (Karl Marx – O Capital – O Processo Global de Produção Capitalista – Livro 3 – Volume 5 – p. 320).

A rotação do capital mercantil não se identifica com a rotação ou a reprodução isolada de um capital industrial de igual magnitude; é antes igual à soma das rotações de certo número de capitais, pertençam eles ao mesmo ramo de produção ou a ramos diferentes. (Karl Marx – O Capital – O Processo Global de Produção Capitalista – Livro 3 – Volume 5 – p. 320).

A velocidade da circulação do capital dinheiro adiantado pelo comerciante depende: (Karl Marx – O Capital – O Processo Global de Produção Capitalista – Livro 3 – Volume 5 – p. 320).

1. da velocidade com que se renova o processo de produção e se engrenam os diferentes processos de produção;

2. da rapidez do consumo.

O capital mercantil não está limitado a efetuar apenas a rotação acima observada, sendo o valor todo empregado para comprar mercadoria e em seguida vendê-la. Ao contrário, o comerciante faz as duas coisas ao mesmo tempo. Nessas circunstâncias, o capital se divide em duas partes: capital mercadoria e capital dinheiro. (Karl Marx – O Capital – O Processo Global de Produção Capitalista – Livro 3 – Volume 5 – p. 320).

O capital mercantil é capital que só funciona na esfera da circulação. No processo de circulação não se produz valor, nem mais-valia, portanto. A mesma quantidade de valor experimenta apenas mudanças de forma. Na realidade ocorre somente a metamorfose das mercadorias, a qual de per si nada tem com criação ou variação de valor. Na venda da mercadoria produzida realiza-se mais-valia, porque esta já existe naquela; por isso, no segundo ato, a reversão do capital dinheiro à mercadoria, o comprador não realiza mais-valia, e sim prepara a produção da mais-valia, trocando dinheiro por meios de produção e força de trabalho. Ao contrário, na medida em que custam tempo de circulação, essas metamorfoses impedem a criação de valor, e a mais-valia exprimir-se-á em taxa de lucro, variando na razão inversa da magnitude do tempo de circulação. Ao contribuir para ampliar o mercado e ao propiciar a divisão do trabalho entre os capitais, capacitando portanto o capital a operar em escala maior, favorece a produtividade do capital industrial e a respectiva acumulação. Ao encurtar o tempo de circulação, aumenta a proporção da mais-valia com o capital adiantado, portanto a taxa de lucro. Ao reter na esfera da circulação parte menor de capital na forma de capital dinheiro, aumenta a parte do capital diretamente aplicada na produção. (Karl Marx – O Capital – O Processo Global de Produção Capitalista – Livro 3 – Volume 5 – p. 323).

2 O Lucro Comercial

O capital comercial, despojado das funções heterogêneas com ele relacionados, como estocagem, expedição, transporte, classificação, fracionamento das mercadorias, e limitado a sua verdadeira função de comprar para vender, não cria valor nem mais-valia, mas propicia sua realização e por isso a troca real das mercadorias; sua transferência de uma mão para outra, o intercâmbio material da sociedade. Mas a fase da circulação do capital industrial, como a produção, constitui também fase do processo de reprodução e, por isso, o capital que funciona de maneira autônoma no processo de circulação tem de proporcionar, como o que opera nos diversos ramos de produção, o lucro médio anual. Se o capital mercantil fornecesse lucro médio percentual maior que o capital industrial, parte deste se converteria em capital mercantil; se fosse menor, haveria o processo oposto, ou seja, parte do capital mercantil transformar-se-ia em industrial. Nenhuma classe de capital tem mais facilidade que o capital mercantil para mudar de destino, de função. (Karl Marx – O Capital – O Processo Global de Produção Capitalista – Livro 3 – Volume 5 – p. 325).

Uma vez que o próprio capital mercantil não produz mais-valia, é claro que a mais-valia que lhe cabe, na forma de lucro médio, constitui parte da mais-valia produzida pela totalidade do capital produtivo. (Karl Marx – O Capital – O Processo Global de Produção Capitalista – Livro 3 – Volume 5 – p. 325).

Só na aparência, o lucro mercantil é mero acréscimo, elevação nominal do preço acima do valor das mercadorias. (Karl Marx – O Capital – O Processo Global de Produção Capitalista – Livro 3 – Volume 5 – p. 325).

É possível que se incorporem à mercadoria, depois da compra e antes da venda, custos adicionais como despesas de circulação, e é também possível que isso não ocorra. Havendo esses custos, é evidente que o excedente do preço de venda sobre o de compra não represente apenas lucro. (Karl Marx – O Capital – O Processo Global de Produção Capitalista – Livro 3 – Volume 5 – p. 326).

As mercadorias compradas pelo capitalista industrial, antes de serem lançadas ao mercado para venda, percorrem o processo de produção, onde se produz a parte de seu preço a realizar-se depois como lucro. Mas com o comerciante, as mercadorias só estão em seu poder, quando se encontram no processo de circulação. Ele apenas continua a efetuar a venda iniciada pelo capitalista produtivo, a realizar o preço da mercadoria, e não a faz passar por processo intermediário onde ela pudesse de novo sugar mais-valia. (Karl Marx – O Capital – O Processo Global de Produção Capitalista – Livro 3 – Volume 5 – p. 326).

Embora não contribua para produzir a mais-valia, o capital mercantil concorre para nivelá-la de acordo com o lucro médio. Por isso, na taxa geral de lucro já se considera a parte que cabe ao capital mercantil (descontada da mais-valia), ou seja, uma dedução do lucro do capital industrial. (Karl Marx – O Capital – O Processo Global de Produção Capitalista – Livro 3 – Volume 5 – p. 330).

Daí resulta que: (Karl Marx – O Capital – O Processo Global de Produção Capitalista – Livro 3 – Volume 5 – p. 330).

1. quanto maior o capital mercantil em relação ao capital industrial, tanto menor a taxa do lucro industrial, e vice-versa;

2. a taxa de lucro é sempre menor que a taxa da mais-valia real, isto é, exprime sempre o grau de exploração do trabalho de maneira remota.

No nivelamento complementar dos lucros oriundos da interferência do capital mercantil, patenteou-se que o capital dinheiro adiantado pelo comerciante não traz elemento adicional para o valor da mercadoria; que a majoração de preço por meio da qual o comerciante obtém lucro é apenas igual à fração do valor da mercadoria, não computada pelo capital produtivo no preço de produção. (Karl Marx – O Capital – O Processo Global de Produção Capitalista – Livro 3 – Volume 5 – p. 331).

Para o comerciante, os custos de circulação como expedição, transporte, armazenamento (**instalações**) etc. representam do lado do comerciante, além do capital dinheiro adiantado para comprar mercadorias, um capital adicional para adquirir e pagar esses meios de circulação. Esses custos entram como elemento adicional no preço de venda das mercadorias, integralmente quando consistem em capital circulante e, na medida do desgaste **de máquinas e instalações para o armazenamento**, quando consistem em capital fixo, e constituem valor nominal, mesmo quando não adicionam valor real à mercadoria, como se dá com os estritos custos comerciais de circulação. Circulante ou fixo, todo esse capital adicional concorre para formar a taxa geral de lucro. (Karl Marx – O Capital – O Processo Global de Produção Capitalista – Livro 3 – Volume 5 – p. 332).

Se o capitalista industrial, que é seu próprio comerciante, adianta capital adicional para comprar nova mercadoria, antes de se reconverter em dinheiro seu produto que está na circulação, e, além disso, desembolsa capital para pagamento de despesas de escritório e salários de empregados comerciais, para realizar o valor de seu capital mercadoria, ou seja, para o processo de circulação, constituem estes adiantamentos capital adicional, mas não produzem mais-valia. Têm de ser ressarcidos com recursos tirados do valor das mercadorias; parte do valor dessas mercadorias tem de cobrir esses custos de circulação mas, com isso, não se constitui mais-valia adicional. (grifo meu) (Karl Marx – O Capital – O Processo Global de Produção Capitalista – Livro 3 – Volume 5 – p. 335-336).

Na medida em que o capitalista comercial substitui o industrial, assumindo esses custos adicionais oriundos das operações de circulação, ocorre também essa redução da taxa de lucro, mas em grau menor e de outra maneira: o comerciante adianta mais capital do que seria necessário, se não houvesse esses custos de circulação, e o lucro sobre esse capital adicional aumenta a soma do lucro mercantil, e mais capital mercantil, portanto, se associa ao capital industrial para nivelar a taxa média de lucro, de modo que o lucro médio cai. (Karl Marx – O Capital – O Processo Global de Produção Capitalista – Livro 3 – Volume 5 – p. 336).

Importa agora saber o que se passa com os assalariados do comércio, empregados pelo capitalista mercantil, no caso, o comerciante. (Karl Marx – O Capital – O Processo Global de Produção Capitalista – Livro 3 – Volume 5 – p. 336).

Sob certo aspecto, o trabalhador comercial é um assalariado como qualquer outro: (Karl Marx – O Capital – O Processo Global de Produção Capitalista – Livro 3 – Volume 5 – p. 336-337).

1. o comerciante compra trabalho utilizando capital variável e não dinheiro que despende como renda; assim, não o adquire para serviço pessoal e sim para valorizar o capital adiantado nessa compra;

2. determina-se então o valor da força de trabalho e por conseguinte, o salário, como acontece com todos os demais assalariados, pelos custos de produção e reprodução dessa força de trabalho específica e não pelo produto de seu trabalho.

A relação que o capital mercantil estabelece com a mais-valia difere da que o capital industrial mantém com ela. O capital industrial produz a mais-valia apropriando-se diretamente de trabalho alheio não-pago. O capital mercantil apropria-se de parte dessa mais-valia, fazendo que essa parte se transfira do capital industrial para ele (capital mercantil) (Karl Marx – O Capital – O Processo Global de Produção Capitalista – Livro 3 – Volume 5 – p. 337-338).

Em virtude apenas de sua função de realizar os valores, opera o capital mercantil no processo de reprodução como capital e, por isso, como capital que funciona, retira algo da mais-valia produzida pelo capital em seu conjunto. Para o comerciante isolado, o montante do lucro depende do montante de capital que pode aplicar nesse processo, e poderá aplicar tanto mais capital em compra e venda, quanto maior o trabalho não-pago que extrai de seus empregados. O capitalista comercial em grande parte faz os empregados desempenhar a própria função que torna seu dinheiro capital. O trabalho não-pago desses empregados, embora não crie mais-valia, permite-lhe apropriar-se de mais-valia, o que para esse capital é a mesma coisa; esse trabalho não-pago é portanto fonte de lucro. De outro modo, a empresa comercial nunca poderia ser explorada em grande escala, nem de maneira capitalista. (Karl Marx – O Capital – O Processo Global de Produção Capitalista – Livro 3 – Volume 5 – p. 338).

Assim, se o trabalho não-pago do trabalhador cria diretamente mais-valia para o capital produtivo, o trabalho não-pago dos trabalhadores comerciais proporciona ao capital mercantil participação nessa mais-valia. Se o tempo de trabalho e o trabalho do próprio comerciante não criam valor, embora possibilitem participação em mais-valia já produzida, que sucede com o capital variável que ele desembolsa para adquirir força de trabalho comercial? (Karl Marx – O Capital – O Processo Global de Produção Capitalista – Livro 3 – Volume 5 – p. 338).

Assim, é mister investigar os seguintes pontos: (Karl Marx – O Capital – O Processo Global de Produção Capitalista – Livro 3 – Volume 5 – p. 338-339).

• o capital variável do comerciante;

• a lei do trabalho necessário na circulação;

• como o trabalho do comerciante mantém o valor do capital constante;

• o papel do capital mercantil no conjunto do processo de reprodução;

- a bifurcação em capital mercadoria e capital dinheiro, de um lado, e em capital comercial e capital financeiro, do outro.

A divisão do trabalho confinada na atividade comercial, onde as funções de contabilidade, de caixa, de correspondência, de compra, de venda, de viagem etc., se repartem por diferentes empregados, economiza tempo imenso de trabalho, de modo que, no comércio em grosso (atacado) o número de trabalhadores comerciais empregados está bem longe de manter proporção com a magnitude do negócio. É o que se dá, porque no comércio, muito mais do que na indústria, a mesma função exige a mesma quantidade de tempo de trabalho, seja executada em grande ou em pequena escala. Por isso, a concentração aparece historicamente mais cedo no comércio do que na indústria. E quanto aos desembolsos de capital constante, os escritórios pequenos custam muito mais que um grande; 100 armazéns pequenos, muito mais que um grande etc. Os custos de transporte, que entram como custos a adiantar na atividade comercial, aumentam com a fragmentação. O capitalista industrial teria de despender mais trabalho e de arcar com maiores custos de circulação na parte comercial de seu negócio. O mesmo capital mercantil, repartido por muitos comerciantes pequenos, exigiria, em virtude dessa fragmentação, muito mais trabalhadores para levar a cabo suas funções, e, além disso, seria necessário maior capital mercantil para fazer rotar o mesmo capital mercadoria. (Karl Marx – O Capital – O Processo Global de Produção Capitalista – Livro 3 – Volume 5 – p. 339-340).

O que o comerciante compra é trabalho comercial apenas, portanto trabalho necessário para que se efetuem as funções de circulação do capital mercantil, de modo a propiciar a conversão de mercadoria em dinheiro e a de dinheiro em mercadoria. É trabalho que realiza, mas não cria valores. E só na medida em que um capital leva a cabo essas funções, funciona esse capital como capital mercantil e concorre para regular a taxa geral de lucro, isto é, retira seus dividendos do lucro global. O capital mercantil recupera o capital variável adiantado pelo comerciante e, além disso, recebe o lucro relativo a esse capital adiantado. (Karl Marx – O Capital – O Processo Global de Produção Capitalista – Livro 3 – Volume 5 – p. 342-343).

Isso resulta de fazer que lhe paguem o trabalho por meio do qual funciona como capital mercantil e ainda que lhe paguem **um percentual de lucro**, por funcionar como capital, ou seja, por executar o trabalho que lhe é pago no lucro obtido como capital em operação. (grifo meu) (Karl Marx – O Capital – O Processo Global de Produção Capitalista – Livro 3 – Volume 5 – p. 343).

Uma vez que o capital mercantil nada mais é que forma, que se tornou autônoma, de parte do capital industrial enquadrada no processo de circulação, todas as questões a ele referentes terão de ser resolvidas, encarando-se o problema, antes de mais nada, na forma em que os fenômenos peculiares do capital mercantil ainda não se patenteiam independentes, e que estão em ligação direta com o capital industrial, como sua ramificação. (Karl Marx – O Capital – O Processo Global de Produção Capitalista – Livro 3 – Volume 5 – p. 343).

Instalado no escritório e não na oficina, funciona o capital mercantil, sem cessar, no processo de circulação. E cabe investigar o problema suscitado pelo capital adiantado pelo comerciante, no escritório do próprio capitalista industrial. (Karl Marx – O Capital – O Processo Global de Produção Capitalista – Livro 3 – Volume 5 – p. 343).

Antes de mais nada, esse escritório é minúsculo comparado com a fábrica propriamente. Demais, é claro que, ao crescer a escala da produção, aumentam as operações comerciais a efetuar constantemente para que circule o capital industrial, tenha-se em mira vender o produto que se representa no capital mercadoria, ou reconverter o dinheiro recebido em meios de produção e contabilizar tudo – cabem aí cálculo dos preços, contabilidade, serviço de caixa, correspondências. (Karl Marx – O Capital – O Processo Global de Produção Capitalista – Livro 3 – Volume 5 – p. 343-344).

Quanto maior a escala da produção, tanto maiores as operações comerciais do capital industrial e por conseguinte o trabalho e demais custos de circulação, destinados a realizar o valor e a mais-valia. (Karl Marx – O Capital – O Processo Global de Produção Capitalista – Livro 3 – Volume 5 – p. 344).

O capitalista industrial procura reduzir ao mínimo esses custos de circulação, como faz com seus desembolsos de capital constante. Por conseguinte, o tratamento que o capital industrial dá aos assalariados comerciais não é o mesmo que dispensa aos trabalhadores produtivos. Quanto mais destes empregar, desde que não se alterem as demais condições, tanto maior o volume de produção e tanto maior a mais-valia ou lucro. Quanto maior a escala de produção, tanto maior o valor e, por conseguinte, a mais-valia a realizar; quanto maior portanto, o capital mercadoria produzido, tanto mais aumentarão os custos de escritório em termos absolutos, embora não relativos, motivando uma espécie de divisão de trabalho. O lucro é condição primordial desses desembolsos conforme evidencia, entre outras, a circunstância de, ao crescer o salário comercial, ser parte dele paga mediante participação percentual no lucro. Trabalho que consiste apenas nas operações intermediárias de calcular os valores, de realizá-los, de reconverter o dinheiro realizado em meios de produção, e cuja dimensão depende da magnitude dos valores produzidos e a realizar, é trabalho que por seu conteúdo não é causa, como o trabalho diretamente produtivo, mas consequência dos montantes e das massas correspondentes a esses valores. Isto se estende aos demais custos de circulação. Para medir, pesar, empacotar, transportar determinada quantidade de mercadorias, deve ela existir antes; o volume do trabalho de empacotar, transportar etc., depende da massa das mercadorias, objeto dessas atividades, e o inverso não é verdadeiro. (Karl Marx – O Capital – O Processo Global de Produção Capitalista – Livro 3 – Volume 5 – p. 344-345).

O trabalhador comercial não produz mais-valia diretamente. Mas, o preço de seu trabalho é determinado pelo valor da força de trabalho, pelo que custa produzi-la portanto, enquanto o exercício dessa força, expresso em esforço, dispêndio de energia e em desgaste, conforme acontece com os demais assalariados, não está limitado pelo valor dela. Por conseguinte, não há relação necessária entre o salário e o montante de lucro que esse trabalhador ajuda o capitalista a realizar. São magnitudes diversas o que custa e o que proporciona ao capitalista. É produtivo, para o capitalista, não por criar mais-valia diretamente, mas por concorrer para diminuir os custos de realização da mais-valia, efetuando trabalho em parte não-pago. (Karl Marx – O Capital – O Processo Global de Produção Capitalista – Livro 3 – Volume 5 – p. 345).

Com o progresso do modo capitalista de produção, o salário do trabalhador comercial tende a cair, mesmo em relação ao trabalho médio. Uma das causas é a divisão do trabalho no escritório: daí resulta um desenvolvimento apenas unilateral das aptidões de trabalho, em parte gratuito para o capitalista, pois o trabalhador torna-se competente exercendo a própria função, e tanto mais rapidamente quanto mais unilateral for a divisão do trabalho. Outra causa é a circunstância de a preparação, os conhecimentos de comércio e de línguas etc., se difundirem com o progresso da ciência e da vulgarização científica, mais rápida, mais facilmente, de maneira geral e mais barato, quanto mais o modo capitalista de produção imprime aos métodos de ensino etc., um sentido prático. A generalização da instrução pública permite recrutar esses assalariados de camadas sociais, antes à margem dessa possibilidade, e que estavam habituadas a nível de vida mais baixo. Aumenta o afluxo desses trabalhadores e em consequência a competição entre eles. Por isso, ressalvadas algumas exceções, a força de trabalho dessa gente deprecia-se com o progresso da produção capitalista; o salário cai, enquanto aumenta a capacidade de trabalho. O capitalista aumenta o número desses trabalhadores, quando se trata de realizar quantidade maior de valor e de lucro. O acréscimo desse trabalho é sempre consequência e jamais causa da mais-valia. (Karl Marx – O Capital – O Processo Global de Produção Capitalista – Livro 3 – Volume 5 – p. 345-346).

> Esse prognóstico a respeito do proletariado comercial, feito em 1865, vem se confirmando desde então, e disso têm experiência direta as centenas de comerciários alemães que, experimentados em todas as operações comerciais e dominando três a quatro línguas, oferecem em vão seus serviços, na City de Londres, ao preço de 25 xelins por semana – muito abaixo do salário de um ajustador qualificado... (Os custos de circulação – F.E) (Karl Marx – O Capital – O Processo Global de Produção Capitalista – Livro 3 – Volume 5 – p. 323).

As funções comerciais e os custos de circulação só adquirem autonomia com o capital mercantil. O aspecto que o capital industrial apresenta na circulação revela-se na sua existência de capital mercadoria e ainda no escritório da fábrica. Mas, torna-se autônomo com o capital mercantil. Deste, a única fábrica é o escritório. A parte do capital aplicada na forma de custos de circulação é bem maior para o comerciante por atacado do que para o industrial, pois, excetuadas as agências que os industriais mantêm junto às fábricas, a parte do capital a qual assim deveria ser empregada por toda a classe dos capitalistas industriais está concentrada nas mãos de poucos comerciantes que, ao encarregar-se das funções de circulação, cuidam também dos custos de circulação daí resultantes. (Karl Marx – O Capital – O Processo Global de Produção Capitalista – Livro 3 – Volume 5 – p. 346).

Para o capital industrial, os custos de circulação se revelam e são custos necessários mas não produtivos; para o comerciante revelam-se fonte de lucro, que está na proporção da magnitude deles. O desembolso a fazer nesses custos de circulação é portanto investimento produtivo para o capital mercantil. Pela mesma razão o trabalho comercial que compra é, para ele, diretamente produtivo. (Karl Marx – O Capital – O Processo Global de Produção Capitalista – Livro 3 – Volume 5 – p. 346-347).

A ROTAÇÃO DO
CAPITAL MERCANTIL – OS PREÇOS

A rotação do capital industrial conjuga o tempo de produção e o tempo de circulação e por isso abrange todo o processo de produção. A rotação do capital mercantil, ao contrário, sendo apenas o movimento, com caráter autônomo, do capital mercadoria, representa exclusivamente a primeira fase da metamorfose da mercadoria (M – D), quando reverte a si mesmo um capital particular; para o comerciante, a rotação do capital mercantil é constituída de (D – M) e (M – D). O comerciante compra, converte seu dinheiro em mercadoria, depois vende, reconverte essa mercadoria em dinheiro, e prossegue repetindo essas operações. (Karl Marx – O Capital – O Processo Global de Produção Capitalista – Livro 3 – Volume 5 – p. 348).

As rotações de dado capital mercantil ostentam aqui analogia com a repetição dos movimentos do dinheiro como simples meio de circulação. O mesmo capital dinheiro do comerciante, de $100 por exemplo, se rota 10 vezes, realiza um capital mercadoria global de valor 10 vezes maior, igual a $1000. Entretanto, no curso do dinheiro, como meio de circulação, é a mesma moeda que corre por diferentes mãos, que efetua repetidas vezes a mesma função, e assim a velocidade da circulação substitui a massa das moedas circulantes. Para o comerciante é o mesmo capital dinheiro ($100), quaisquer que sejam as moedas que o formem, o mesmo valor dinheiro, com que, dentro do limite da magnitude, compra e vende, sem cessar, capital mercadoria, e que por isso reflui continuamente às mesmas mãos com (D + x%D), ou seja, ao ponto de partida como valor acrescido de mais-valia. Esse movimento fica assim caracterizado como rotação de capital. Sempre retira da circulação mais dinheiro do que nela põe. Demais, é claro que, ao acelerar-se a rotação do capital mercantil, circula mais rapidamente a mesma quantidade de dinheiro. (Karl Marx – O Capital – O Processo Global de Produção Capitalista – Livro 3 – Volume 5 – p. 349).

A rotação repetida do capital comercial nada expressa além da repetição de compras e vendas, enquanto a rotação repetida do capital industrial exprime a periodicidade e a renovação de todo o processo de reprodução (que abrange também o processo de consumo). Para o capital mercantil, isto constitui apenas condição externa: para haver rotação rápida do capital mercantil, é mister que incessantemente o capital industrial lance na circulação e dela retire mercadorias. Se a reprodução é lenta, sê-lo-á também a rotação do capital mercantil. (Karl Marx – O Capital – O Processo Global de Produção Capitalista – Livro 3 – Volume 5 – p. 349-350).

O capital mercantil, antes de mais nada, abrevia a fase (M – D) para o capital produtivo (pode ocorrer no mundo comercial onde um comerciante costuma vender a outro a mesma mercadoria, espécie de circulação que pode florescer muito nas fases de especulação). Depois, com o moderno sistema de crédito, o capital mercantil dispõe de grande parte do capital dinheiro global da sociedade, podendo repetir as compras, antes de ter vendido definitivamente o que já comprou, e assim é possível que o comerciante venda diretamente ao consumidor final ou que entre ambos medeiem outros comerciantes. (Karl Marx – O Capital – O Processo Global de Produção Capitalista – Livro 3 – Volume 5 – p. 350).

Com a grande elasticidade do processo de reprodução, que pode sempre ultrapassar todo limite que surja, o comerciante não encontra na produção empecilho ou apenas barreira muito elástica. Além de (M – D) e (D – M) se separarem, o que decorre da natureza da mercadoria, gera-se aí uma procura fictícia. Apesar do caráter autônomo que possui, o movimento do capital mercantil nada mais é que o movimento do capital industrial na esfera da circulação. Mas, em virtude dessa autonomia, o capital mercantil move-se até certo ponto sem depender dos limites do processo de reprodução e por isso leva este a transpor os próprios limites. A dependência interna e a autonomia externa fazem o capital mercantil chegar a um ponto em que surge uma crise para restaurar a coesão interior. (Karl Marx – O Capital – O Processo Global de Produção Capitalista – Livro 3 – Volume 5 – p. 350).

Daí o fenômeno de as crises não começarem pela venda a retalho, ligada ao consumo direto, mas no comércio por atacado e nos bancos que põem à disposição desse comércio o capital dinheiro da sociedade. (Karl Marx – O Capital – O Processo Global de Produção Capitalista – Livro 3 – Volume 5 – p. 351).

O fabricante pode efetivamente vender ao exportador, este ao estrangeiro; o importador traspassar as matérias-primas ao fabricante, e, este, seu produto ao comerciante por atacado etc. Mas, algures, num ponto invisível, há mercadoria que não foi vendida; às vezes, acumulam-se progressivamente, além do normal, os estoques de todos os produtores e intermediários. Exatamente nessa ocasião costuma o consumo atingir o máximo, seja porque uma empresa industrial provoca o funcionamento de uma série de outras, seja porque os trabalhadores por elas ocupados em situação de pleno emprego têm mais para gastar que usualmente. Os dispêndios dos capitalistas aumentam com seus rendimentos. (Karl Marx – O Capital – O Processo Global de Produção Capitalista – Livro 3 – Volume 5 – p. 351).

A crise aparece quando os reembolsos dos comerciantes que vendem em mercados distantes (ou têm estoques acumulados no mercado interno) se tornam tão lentos e escassos que os bancos reclamam pagamento ou as letras correspondentes às mercadorias compradas vencem antes de estas serem revendidas. Começam então as vendas forçadas, destinadas a obter dinheiro para pagar. E aí sobrevém o craque que de súbito encerra a prosperidade aparente. (Karl Marx – O Capital – O Processo Global de Produção Capitalista – Livro 3 – Volume 5 – p. 351).

A rotação do capital mercantil tem caráter extrínseco e vazio, que mais ressalta quando ela é o meio que propicia as rotações simultâneas ou sucessivas de capitais produtivos bem diversos. (Karl Marx – O Capital – O Processo Global de Produção Capitalista – Livro 3 – Volume 5 – p. 351).

E a rotação do capital mercantil pode não só propiciar as rotações de capitais industriais diversos, mas também servir de meio à efetuação da fase oposta da metamorfose do capital mercadoria. É o que se dá, por exemplo, quando o comerciante compra linho do fabricante e vende-o à branquearia. (Karl Marx – O Capital – O Processo Global de Produção Capitalista – Livro 3 – Volume 5 – p. 352).

A variação do preço de produção nada terá que ver com a taxa de lucro, mas influirá muito e de maneira decisiva na magnitude da fração alíquota – que se converte em lucro mercantil – do preço de venda de cada quilo de **determinado produto**, ou seja, na magnitude do que o comerciante acrescenta ao preço de determinada quantidade de mercadoria (produto). Se diminui o preço de produção de uma mercadoria, decresce a soma que o comerciante adianta, correspondente ao preço, para comprar determinada quantidade dela, e, por isso, dada a taxa de lucro, reduz-se o montante de lucro obtido com essa quantidade... nada mais tolo que a noção corrente de que o comerciante pode a seu bel-prazer vender muita mercadoria com pequeno lucro ou pouca mercadoria com grande lucro, por unidade. (grifo meu) (Karl Marx – O Capital – O Processo Global de Produção Capitalista – Livro 3 – Volume 5 – p. 352-353).

O que sustenta essa concepção vulgar que deriva, como todas as noções falsas sobre lucro etc., da visão puramente comercial e do preconceito mercantil, são entre outras as seguintes circunstâncias: (grifo meu) (Karl Marx – O Capital – O Processo Global de Produção Capitalista – Livro 3 – Volume 5 – p. 353-354).

1. fenômenos da concorrência, mas que concernem apenas à repartição do lucro mercantil entre os comerciantes, singularmente considerados, e pelos quais se divide a totalidade do capital mercantil; um comerciante, por exemplo, para expulsar competidores do mercado, vende mais barato;

2. um economista do calibre do prof. Roscher pode ainda imaginar em Leipzig que razões de "bom senso e humanidade" fizeram variar os preços de venda e que essa variação não resultou de se ter transformado o próprio modo de produção;

3. **ao caírem os preços de produção por elevar-se a produtividade do trabalho, e assim baixarem os preços de venda, sobe com frequência a procura mais rapidamente que a oferta, repercutindo nos preços de mercado de modo que os preços de venda proporcionam mais que o lucro médio;**

4. **um comerciante pode diminuir o preço de venda (o que será sempre redução do lucro usual que acrescenta ao preço), a fim de acelerar a rotação de um capital maior.** Todos os casos concernem simplesmente à concorrência entre os próprios comerciantes.

A magnitude absoluta de mais-valia encerrada em cada mercadoria depende, em primeiro lugar, da produtividade do trabalho, e, em segundo, da repartição do trabalho em pago e não-pago. (Karl Marx – O Capital – O Processo Global de Produção Capitalista – Livro 3 – Volume 5 – p. 355).

Para o preço comercial de venda, o preço de produção é um dado extrínseco. (Karl Marx – O Capital – O Processo Global de Produção Capitalista – Livro 3 – Volume 5 – p. 355).

Outrora, o nível elevado dos preços comerciais era devido: (Karl Marx – O Capital – O Processo Global de Produção Capitalista – Livro 3 – Volume 5 – p. 355).

1. aos altos preços de produção, isto é, à baixa produtividade do trabalho;

2. à falta de taxa geral de lucro, apoderando-se o capital mercantil de cota de mais-valia bem maior do que a que lhe caberia, se houvesse mobilidade geral dos capitais.

Considerada sob esses dois aspectos, a cessação desse estado de coisas decorreu do desenvolvimento do modo capitalista de produção. (Karl Marx – O Capital – O Processo Global de Produção Capitalista – Livro 3 – Volume 5 – p. 355).

Para o capital industrial, a rotação expressa a periodicidade da reprodução, e dela depende portanto a massa de mercadorias lançadas no mercado, em determinado espaço de tempo. Além disso, o tempo de circulação constitui barreira, na verdade elástica, que limita até certo ponto a formação de valor e de mais-valia, em virtude da influência que tem no tamanho do processo de produção. Assim, a rotação tem efeito não positivo, mas restritivo, no montante da mais-valia anualmente produzida e portanto na formação da taxa geral de lucro. Quanto maior o número de rotações da totalidade do capital industrial, tanto maior o montante de lucro, o montante de mais-valia anualmente produzida, e, portanto, não se alterando as demais condições, a taxa de lucro. (Karl Marx – O Capital – O Processo Global de Produção Capitalista – Livro 3 – Volume 5 – p. 355-356).

Para o capital mercantil, ao contrário, a taxa média de lucro é grandeza dada. Não contribui ele diretamente para criar o lucro ou mais-valia e só concorre para formar a taxa geral de lucro, na medida em que, de acordo com a parte, que representa, do capital total, retira seus dividendos do montante de lucro produzido pelo capital industrial. Para o capital mercantil, a taxa de lucro é grandeza dada, determinada, de um lado, pelo montante de lucro que o capital industrial obtém, e, de outro, pela magnitude relativa da totalidade do capital mercantil, por sua relação quantitativa com a soma do capital adiantado no processo de produção e no processo de circulação. (Karl Marx – O Capital – O Processo Global de Produção Capitalista – Livro 3 – Volume 5 – p. 356).

Por certo, o número de rotações tem influência decisiva na sua relação com a totalidade do capital ou na magnitude relativa do capital mercantil requerido pela circulação, pois é claro que a grandeza absoluta do capital mercantil necessário está na razão inversa da velocidade de rotação desse capital; entretanto, sua magnitude relativa ou a cota que representa da totalidade do capital depende da magnitude absoluta, desde que não se alterem as demais condições. (Karl Marx – O Capital – O Processo Global de Produção Capitalista – Livro 3 – Volume 5 – p. 356).

Nos modos de produção de outrora, embora o capital mercantil fosse maior em relação ao capital mercadoria, cuja rotação possibilitava: (Karl Marx – O Capital – O Processo Global de Produção Capitalista – Livro 3 – Volume 5 – p. 357-358).

1. era menor, em termos absolutos, pois fração relativamente menor do produto total era produzida como mercadoria, tinha de entrar na circulação como capital mercadoria e caía nas mãos dos comerciantes; menor, porque era menor o capital mercadoria. Entretanto, ao mesmo tempo, era relativamente maior, em confronto com o volume de mercadorias cuja rotação propicia, por ser mais lenta a rotação dele; por ser maior que na produção capitalista, o preço desse volume de mercadorias – e por conseguinte o correspondente capital mercantil a adiantar –, em virtude da menor produtividade do trabalho, configurando-se, por isso, o mesmo valor em menor volume de mercadorias;

2. no sistema capitalista produz-se volume maior de mercadorias e, ademais, a mesma massa produzida, por exemplo da mercadoria x, representa volume maior de mercadorias, isto é, porção cada vez maior dela vai para o comércio. Em consequência, não só aumenta a massa de capital mercantil, mas também cresce todo capital empregado na circulação, digamos em transporte marítimo, em ferrovias etc.;

3. o capital mercantil inativo, ou ativo em parte, aumenta com o progresso do modo capitalista de produção, com a facilidade de penetrar no comércio a varejo, com a especulação e com o excesso de capital disponível.

O número de rotações do capital mercantil nos diferentes ramos de comércio tem influência direta nos preços comerciais das mercadorias. O acréscimo mercantil do preço, a fração alíquota do lucro mercantil relativo a dado capital, a qual se adiciona ao preço de produção, varia na razão inversa do número de rotações ou da velocidade de rotação dos capitais mercantis nos diferentes ramos de comércio. Se um capital mercantil efetua 5 rotações por ano, sobrecarregará o capital mercadoria de igual valor com 1/5 do acréscimo que outro capital mercantil, efetuando apenas uma rotação, fará num capital mercadoria de igual valor. (Karl Marx – O Capital – O Processo Global de Produção Capitalista – Livro 3 – Volume 5 – p. 357-358).

A influência do tempo médio de rotação dos capitais, segundo os ramos de comércio, sobre os preços de venda, reduz-se ao seguinte: proporcionalmente à velocidade de rotação, a mesma massa de lucro se reparte de maneira diversa por volumes de mercadorias do mesmo valor. Assim, por exemplo, ela adiciona ao preço da mercadoria 15/5% = 3%, para cinco rotações por ano, e 15%, para uma rotação apenas. (Karl Marx – O Capital – O Processo Global de Produção Capitalista – Livro 3 – Volume 5 – p. 359).

A mesma percentagem de lucro comercial nos diferentes ramos de negócios aumenta, na proporção dos respectivos tempos de rotação, os preços de venda das mercadorias, de quantidade percentual bem diversa, calculada sobre o valor dessas mercadorias. (Karl Marx – O Capital – O Processo Global de Produção Capitalista – Livro 3 – Volume 5 – p. 359).

Para o capital industrial, ao contrário, o tempo de rotação não influi de maneira alguma na magnitude do valor de cada mercadoria produzida, embora atue sobre o montante dos valores e mais-valias produzidos por dado capital num tempo determinado, em virtude da influência que tem na massa de trabalho explorado. Isto por certo se dissimula e aparenta outro aspecto, quando se atenta para os preços de produção, mas apenas porque os preços de produção das diferentes mercadorias se desviam dos valores delas, de acordo com leis que já foram anteriormente apresentadas. Se consideramos o processo global de produção, o volume de mercadorias produzidas por todo o capital industrial, veremos imediatamente confirmada a lei geral. (Karl Marx – O Capital – O Processo Global de Produção Capitalista – Livro 3 – Volume 5 – p. 359).

É evidente que essa lei das rotações do capital mercantil em cada ramo – e estamos abstraindo da variação das rotações, ora mais rápida, ora mais lenta, compensando-se reciprocamente – só é válida para a média das rotações que o capital mercantil empregado nesse ramo efetua. O número de rotações do capital (A) que opera no mesmo ramo de (B) pode ser maior ou menor que a média, e nesse caso será superior ou inferior ao dos demais capitais. Isto em nada altera a rotação da totalidade do capital mercantil empregado no ramo. Mas, é de importância decisiva para cada comerciante, do atacado ou do varejo. (Karl Marx – O Capital – O Processo Global de Produção Capitalista – Livro 3 – Volume 5 – p. 361).

Obterá então um lucro extra, se está em situação análoga à do capitalista industrial que produz em condições mais favoráveis que as que constituem a média. Se forçado pela concorrência, poderá vender mais barato que seus companheiros, sem que o lucro fique abaixo da média. Se pode comprar as condições que possibilitam rotação mais rápida, por exemplo, a localização dos pontos de venda, poderá pagar uma renda extra para obtê-la, convertendo parte do lucro extra em renda fundiária. (Karl Marx – O Capital – O Processo Global de Produção Capitalista – Livro 3 – Volume 5 – p. 362).

O CAPITAL FINANCEIRO

O dinheiro efetua movimentos puramente técnicos no processo de circulação do capital industrial e do capital comercial. Esses movimentos – ao se tornarem função autônoma de uma capital particular que os executa, como operações peculiares, e nada mais faz além disso – transformam esse capital em capital financeiro. (Karl Marx – O Capital – O Processo Global de Produção Capitalista – Livro 3 – Volume 5 – p. 363).

Parte do capital industrial, e do capital comercial, na forma dinheiro, existiria sempre não só como capital dinheiro em geral, mas como capital dinheiro empregado apenas nessas funções técnicas. Da totalidade do capital destaca-se e se torna autônoma determinada parte, na forma de capital dinheiro em geral, mas como capital dinheiro empenhado apenas nessas funções técnicas. Da totalidade do capital destaca-se e se torna autônoma determinada parte, na forma de capital dinheiro, tendo a função capitalista de efetuar com exclusividade essas operações para toda a classe dos capitalistas industriais e comerciais. (Karl Marx – O Capital – O Processo Global de Produção Capitalista – Livro 3 – Volume 5 – p. 363).

Que o dinheiro exerça a função de meio de circulação ou de meio de pagamento, depende da forma de troca das mercadorias. Em ambos os casos, o capitalista tem de lidar incessantemente com dinheiro, pagando muitas pessoas ou recebendo-o de muitas pessoas. Essa tarefa puramente técnica de pagar e de receber dinheiro constitui de per si trabalho que, ao servir o dinheiro de meio de pagamento, exige balanços de contas, operações de compensação. Esse trabalho representa custo por categoria especial de agentes ou capitalistas que o efetuam para toda a classe capitalista. (Karl Marx – O Capital – O Processo Global de Produção Capitalista – Livro 3 – Volume 5 – p. 364).

Parte determinada do capital tem de existir constantemente como tesouro, como capital dinheiro potencial: reserva de meios de compra, reserva de meios de pagamento, capital vadio na forma dinheiro à espera de aplicação; e, nessa forma, parte do capital reflui sem cessar. Além dos recebimentos, pagamentos e contabilidade, torna-se então necessária a guarda do tesouro, o que por sua vez é uma operação particular. (Karl Marx – O Capital – O Processo Global de Produção Capitalista – Livro 3 – Volume 5 – p. 365).

A divisão do trabalho faz que essas operações técnicas, condicionadas pelas funções do capital, sejam tanto quanto possível executadas para toda a classe capitalista por uma categoria de agentes ou capitalistas como funções exclusivas, ficando concentradas em suas mãos. Há aí a divisão do trabalho em duplo sentido, como acontece com o capital mercantil. Aquelas funções se tornam negócio especializado concernente ao mecanismo financeiro de toda a classe, concentram-se, são exercidas em grande escala; ocorre então nova divisão do trabalho nesse negócio especializado, por se repartir em diversos ramos independentes entre si e por se aperfeiçoarem as condições de trabalho desses ramos. Pagamentos, recebimentos de dinheiro, operações de compensação, escrituração de contas-correntes, guarda de dinheiro etc., todas essas operações técnicas, separadas dos atos que as tornam necessárias, transforma em capital financeiro o capital nelas adiantado. (Karl Marx – O Capital – O Processo Global de Produção Capitalista – Livro 3 – Volume 5 – p. 365).

As diferentes operações que, ao se tornarem autônomas, convertidas em negócios especiais, dão origem ao comércio de dinheiro, resultam das diversas destinações do próprio dinheiro e de suas funções, que também o capital na forma de capital dinheiro tem de exercer. (Karl Marx – O Capital – O Processo Global de Produção Capitalista – Livro 3 – Volume 5 – p. 365).

Desde que existam diferentes moedas nacionais, têm os comerciantes, que compram em países estrangeiros, de converter sua moeda nacional em moeda local e vice-versa, ou ainda de trocar diferentes moedas por prata ou ouro puros, sem cunhar, como moeda universal. Daí as operações de câmbio que devem ser consideradas uma das bases naturais do moderno comércio de dinheiro. Desenvolveram-se daí as casas de câmbio onde prata ou ouro funciona como dinheiro universal – agora como dinheiro bancário ou comercial – por oposição à moeda corrente. (Karl Marx – O Capital – O Processo Global de Produção Capitalista – Livro 3 – Volume 5 – p. 365-366).

Para chegar a dinheiro mundial, a moeda nacional se despoja de seu caráter local; uma moeda nacional se expressa noutra, e ambas se reduzem ao respectivo teor em ouro ou prata, enquanto esses dois metais, na condição de mercadorias que circulam como dinheiro mundial, se reduzem à relação mútua de valor, que varia constantemente. Os agentes de câmbio fazem dessa mediação negócio particular. O negócio de cambista e o comércio de lingotes de metais preciosos são as formas mais primitivas do comércio de dinheiro e têm sua origem nas duas funções do dinheiro: a de moeda nacional e a de dinheiro mundial. (Karl Marx – O Capital – O Processo Global de Produção Capitalista – Livro 3 – Volume 5 – p. 367).

O processo capitalista de produção e o comércio em geral, mesmo quando o modo de produção é pré-capitalista, implicam o seguinte: (Karl Marx – O Capital – O Processo Global de Produção Capitalista – Livro 3 – Volume 5 – p. 367-368).

1. o dinheiro se amontoa constituindo tesouro, isto é, a parte do capital que tem de existir sempre na forma dinheiro, como fundo de reserva de meios de pagamento e de meio de compra. Esta é a primeira forma do tesouro, e assim reaparece ele no modo capitalista de produção e se constitui pelo menos para o capital mercantil, à medida que este se desenvolve. Isto se aplica tanto à circulação interna quanto à internacional. Esse tesouro está sempre fluindo, e sem cessar lança-se na circulação e dela retorna;

2. a segunda forma do tesouro é o capital na forma dinheiro, vadio, momentaneamente desocupado, que abrange o capital dinheiro novamente acumulado, ainda não investido.

As funções que o entesouramento especificamente exige são antes de mais nada, a guarda, a contabilização etc. (Karl Marx – O Capital – O Processo Global de Produção Capitalista – Livro 3 – Volume 5 – p. 368).

É evidente que a massa de capital dinheiro, que os comerciantes de dinheiro (banqueiros) manipulam, é o capital dinheiro que está na circulação, dos capitalistas comerciantes e industriais, e que as operações que realizam são apenas as operações desses capitalistas a que servem de intermediários. (Karl Marx – O Capital – O Processo Global de Produção Capitalista – Livro 3 – Volume 5 – p. 371).

Também é claro que seu lucro é apenas dedução da mais-valia, pois só lidam com valores já realizados, mesmo quando realizados apenas na forma de créditos. (Karl Marx – O Capital – O Processo Global de Produção Capitalista – Livro 3 – Volume 5 – p. 371).

OBSERVAÇÕES HISTÓRICAS SOBRE O CAPITAL MERCANTIL

Se o capital comercial e o financeiro não se distinguem da triticultura de outra maneira que não seja aquela que a distingue da pecuária e da manufatura, fica meridianamente claro que a produção e a produção capitalista são coisas absolutamente idênticas, e sobretudo que a repartição dos produtos sociais entre os membros da sociedade, seja para consumo produtivo ou individual, tem de ser feita pelos comerciantes e banqueiros tão eternamente quanto o fornecimento de carne tem de ser feito pela pecuária e o de roupas, pela indústria de confecções. (Karl Marx – O Capital – O Processo Global de Produção Capitalista – Livro 3 – Volume 5 – p. 373).

O capital comercial está confinado na esfera da circulação, e sua função consiste exclusivamente em propiciar a troca das mercadorias. Por isso, para existir – excetuadas formas rudimentares derivadas da troca direta – bastam as condições indispensáveis à circulação das mercadorias e do dinheiro. (Karl Marx – O Capital – O Processo Global de Produção Capitalista – Livro 3 – Volume 5 – p. 374-375).

O volume da produção que entra no comércio, passa pelas mãos dos comerciantes, depende do modo de produção e atinge o máximo com o pleno desenvolvimento da produção capitalista, onde o produto assume, com exclusividade, o caráter de mercadoria e não mais o de meio de subsistência imediato. Mas, qualquer que seja o sistema econômico, o comércio incentiva o acréscimo de produção destinado a entrar na troca, para aumentar as fruições ou os tesouros dos produtores, ou melhor, dos proprietários da produção, subordinando-a portanto, cada vez mais, ao valor de troca. (Karl Marx – O Capital – O Processo Global de Produção Capitalista – Livro 3 – Volume 5 – p. 375).

A metamorfose das mercadorias, o movimento delas, consiste: (Karl Marx – O Capital – O Processo Global de Produção Capitalista – Livro 3 – Volume 5 – p. 375).

a.   materialmente, na troca das mercadorias umas pelas outras;

b.   formalmente, na conversão da mercadoria em dinheiro, na venda, e na conversão do dinheiro em mercadoria, é compra.

A função do capital mercantil se reduz assim, à troca de mercadorias por meio de compra e venda. Limita-se, portanto, a propiciar a troca de mercadorias, que entretanto não deve ser a priori interpretada como troca efetuada entre os produtores diretos. (Karl Marx – O Capital – O Processo Global de Produção Capitalista – Livro 3 – Volume 5 – p. 375).

Na produção capitalista, o capital mercantil deixa a antiga existência soberana para ser um elemento particular do investimento de capital, e o nivelamento dos lucros reduz sua taxa de lucro à média geral. Passa a funcionar como agente do capital produtivo. As condições sociais particulares que se formaram com o desenvolvimento do capital mercantil deixam de ser determinantes; ao revés, onde ele ainda prevalece, reinam condições arcaicas. É o que se verifica até no mesmo país, onde por exemplo, as cidades puramente mercantis estão próximas e as industriais se distanciam do passado. (Karl Marx – O Capital – O Processo Global de Produção Capitalista – Livro 3 – Volume 5 – p. 377).

O desenvolvimento autônomo e preponderante do capital como capital mercantil significa que a produção não se subordina ao capital, que o capital portanto se desenvolve na base de uma forma social de produção a ele estranha e dele independente. O desenvolvimento autônomo do capital mercantil está portanto na razão inversa do desenvolvimento econômico geral da sociedade. (Karl Marx – O Capital – O Processo Global de Produção Capitalista – Livro 3 – Volume 5 – p. 377).

A fortuna mercantil autônoma, como forma dominante do capital, é o processo de circulação que se torna autônomo perante seus extremos, e esses extremos são os próprios produtores que participam da troca. (Karl Marx – O Capital – O Processo Global de Produção Capitalista – Livro 3 – Volume 5 – p. 377-378).

É no processo de circulação que o dinheiro vira capital. É na circulação que o produto se torna valor de troca, mercadoria e dinheiro. O capital pode e tem de formar-se no processo de circulação, antes de aprender a dominar seus extremos, os diferentes ramos de produção, ligados pela circulação. A circulação de dinheiro e a de mercadorias podem servir de intermediários a ramos de produção com as mais diversas organizações, essencialmente dirigidas, por sua estrutura interna, para a produção de valores de uso. Essa autonomia do processo de circulação na qual um terceiro fator liga os ramos de produção tem duplo significado: (Karl Marx – O Capital – O Processo Global de Produção Capitalista – Livro 3 – Volume 5 – p. 378).

a. a circulação ainda não se apoderou da produção, que desempenha o papel de condição prévia da circulação;

b. o processo de produção ainda não incorporou a circulação a si como simples fase dele.

Ao revés, essas duas circunstâncias se verificam na produção capitalista: o processo de produção repousa por inteiro na circulação, e esta é mero elemento, fase transitória da produção, simples realização monetária do produto gerado como mercadoria, e reposição dos elementos de produção também gerados como mercadorias. A forma do capital oriunda diretamente da circulação – o capital mercantil – aparece então como uma das formas do capital em seu movimento de reprodução. (Karl Marx – O Capital – O Processo Global de Produção Capitalista – Livro 3 – Volume 5 – p. 378).

A lei, segundo a qual o desenvolvimento do capital mercantil está na razão inversa do grau de desenvolvimento da produção capitalista, patenteia-se melhor na história do tráfico praticado pelos venezianos, genoveses, holandeses etc. Obtinham o lucro principal não exportando os produtos do respectivo país, mas servindo de intermediários na troca dos produtos de comunidades menos desenvolvidas no plano comercial ou mesmo econômico, e explorando os dois países produtores. O capital mercantil aparece aí puro, separado dos extremos, os ramos de produção que enlaça. Temos aí uma das principais fontes de sua formação. Mas, ao decair o monopólio do tráfico, decai o próprio tráfico na proporção em que progride a economia dos povos, que explorava como intermediário e cujo subdesenvolvimento era a base de sua existência. Essa transformação significa mais que a decadência de um tipo determinado de comércio; marca o fim da preponderância dos povos puramente comerciais e de sua riqueza mercantil, nele baseada. Temos aí apenas uma forma particular em que a subordinação do capital comercial ao industrial transparece no curso do desenvolvimento da produção capitalista. (Karl Marx   O Capital – O Processo Global de Produção Capitalista – Livro 3 – Volume 5 – p. 379).

Os habitantes das cidades mercantis importavam de países mais ricos manufaturas refinadas e artigos de luxo caros, destinados a satisfazer a vaidade dos grandes proprietários de terras, que avidamente compravam essas mercadorias, pagando-as com grandes quantidades de produtos primários de suas terras. Assim, naquele tempo, o comércio de grande parte da Europa consistia na troca dos produtos primários de um país por manufaturas de outro país, mais adiantado industrialmente [...]. Logo que o gosto por elas se generalizava e ocasionava procura importante, começam os comerciantes, para evitar os custos de transporte, a estabelecer manufaturas semelhantes no respectivo país (A. Smith, Wealth of Nations, Aberdeen, Londres, 1848, Livro III, Capítulo III) (Karl Marx – O Capital – O Processo Global de Produção Capitalista – Livro 3 – Volume 5 – p. 379).

Quando o capital mercantil agencia a troca de produtos de comunidades pouco desenvolvidas, o logro e a trapaça aparecem no lucro comercial, que deles deriva em grande parte. Há aí aspectos a considerar além da circunstância de o capital mercantil explorar a diferença entre os preços de produção dos diferentes países (e então atua nivelando e determinando os valores das mercadorias). Aqueles modos de produção possibilitam ao capital mercantil apropriar-se de parte preponderante do produto excedente: seja porque esse capital se interpõe entre comunidades com produção essencialmente orientada para o valor de uso e com organização econômica para a qual é de importância secundária a venda da parte do produto destinada à circulação, em geral, portanto, a venda dos produtos pelo respectivo valor. Ou, seja porque, naqueles antigos modos de produção, os possuidores principais do produto excedente com os quais lida o comerciante, o proprietário de escravos, o senhor feudal, o Estado, representam a riqueza a fruir, exposta às armadilhas do comerciante, conforme já percebia acertadamente A Smith na passagem citada relativa à época feudal. O capital mercantil, quando domina, estabelece por toda parte um sistema de pilhagem, e seu desenvolvimento entre os povos comerciais, dos tempos antigos e dos modernos, está diretamente ligado à rapina, à pirataria, ao rapto de escravos, à subjugação de colônias; assim foi em Cartago, Roma e, mais tarde, com os venezianos, portugueses, holandeses etc. (Karl Marx – O Capital – O Processo Global de Produção Capitalista – Livro 3 – Volume 5 – p. 381-382).

Os comerciantes se derramam agora em queixas contra os cavaleiros ou ladrões, e apontam os graves perigos que têm de enfrentar no comércio, sendo presos, espancados, extorquidos, roubados. Seriam verdadeiros santos, se sofressem tudo isso por amor à justiça... Se no mundo inteiro os comerciantes praticam tão grandes injustiças, burlas e ladroeiras nada cristãs, mesmo entre si, por que admirarmo-nos se Deus faz que esses grandes haveres injustamente ganhos se percam, sejam roubados, e que os próprios comerciantes sejam golpeados na cabeça ou presos?... E os príncipes devem com energia adequada punir e evitar que os súditos sejam tão vergonhosamente esfolados pelos comerciantes. Mas, eles se omitem: Deus então faz dos cavaleiros e dos salteadores demônios para punir as injustiças dos comerciantes, do mesmo modo que, no Egito, atormentou com demônios ou arruinou com inimigos a terra e o povo. Castiga um patife com outro, e não precisa dar a entender que salteadores são menos ladrões que os comerciantes, pois estes roubam o mundo inteiro todos os dias, enquanto aqueles uma ou duas vezes por ano despojam uma ou duas pessoas. **Atentai para o que diz Isaías: Teus príncipes se associaram aos ladrões. É o que fazem quando mandam enforcar os que furtam um florim ou metade, e traficam com os que roubam o mundo todo e com mais segurança que os demais ladrões, confirmando-se a verdade do provérbio: os grandes ladrões enforcam os pequenos ladrões. Ou como dizia Catão, senador romano: os ladrões de pouco jazem acorrentados nas masmorras, mas os ladrões**

públicos ostentam ouro e seda. Mas qual será a palavra final de Deus? Ele fará o que falou pela boca de Ezequiel: fundirá, como chumbo e cobre, príncipes e ladrões, ladrões com ladrões, num incêndio capaz de consumir uma cidade inteira e que extinguirá todos os príncipes e comerciantes. (De Martin Luther, Bucher vom Kaufhandel und Wucher, 1527) (grifo meu) (Karl Marx – O Capital – O Processo Global de Produção Capitalista – Livro 3 – Volume 5 – p. 381-382).

As descobertas geográficas, por certo, provocaram grandes revoluções no comércio e maior velocidade no desenvolvimento do capital mercantil, e essas transformações constituíram fator fundamental de aceleração da passagem do modo feudal de produção para o capitalista. Mas, justamente esse fato levou a concepções de todo errôneas. A expansão súbita do mercado mundial, a multiplicação das mercadorias em circulação, a luta entre as nações europeias para se apoderarem dos produtos asiáticos e dos tesouros americanos, o sistema colonial, contribuíram substancialmente para derrubar as barreiras feudais da produção. Entretanto, o moderno modo de produção em seu primeiro período, o manufatureiro, só se desenvolveu onde se tinham gerado as condições apropriadas no curso da Idade Média. Comparemos por exemplo Holanda e Portugal. E se no século XVI e em parte ainda no século XVII, a extensão súbita do comércio e a criação de novo mercado mundial exerceram influência preponderante na decadência do antigo modo de produção e na ascensão do modo capitalista, isto se deu, entretanto, na base do modo capitalista de produção já existente. (Karl Marx – O Capital – O Processo Global de Produção Capitalista – Livro 3 – Volume 5 – p. 383-384).

Mas, a necessidade imanente ao capitalismo, de produzir em escala cada vez maior, leva à expansão contínua do mercado mundial, de modo que não é o comércio que revoluciona constantemente a indústria, mas o contrário. E o domínio comercial é agora função da predominância maior ou menor das condições da indústria moderna. Comparemos por exemplo Inglaterra e Holanda. A história do declínio da Holanda como nação comercial dominante à história da subordinação do capital mercantil ao capital industrial. Os obstáculos que a solidez interna e a estrutura de modos de produção pré-capitalistas nacionais opõem à ação dissolvente do comércio se revelam de maneira contundente na relação dos ingleses com a Índia e a China. Nesta, o modo de produção tem por base a unidade da pequena agricultura com a indústria doméstica, e a esse tipo de estrutura, na Índia, acresce a forma das comunidades rurais baseadas na propriedade comum do solo, forma que vigorava primitivamente na China. Na Índia, os ingleses como dominadores e proprietários de terras empregaram conjuntamente a força política direta e o poder econômico para desagregar essas pequenas comunidades econômicas. O Comércio inglês só atua aí revolucionariamente na medida em que destrói, com os preços baixos de suas mercadorias, a fiação e a tecelagem, elementos antiguíssimos dessa unidade da produção industrial e agrícola, e assim lacera (rasga, dilacera) as comunidades. Mas essa obra desagregadora só se efetua muito lentamente, e mais lentamente ainda na China, onde os ingleses não dispõem do poder político direto. (Karl Marx – O Capital – O Processo Global de Produção Capitalista – Livro 3 – Volume 5 – p. 384).

Dificilmente a história de um povo apresentará experimentos econômicos tão desacertados e realmente estúpidos (na prática infames) como os da administração inglesa na Índia. Em Bengala criou ela uma caricatura da grande propriedade fundiária inglesa; no Sudoeste indiano, uma caricatura da pequena propriedade agrícola. No noroeste fez tudo por transformar a comunidade econômica indiana apoiada sobre a propriedade comum do solo, em caricatura dela mesma. (Karl Marx – O Capital – O Processo Global de Produção Capitalista – Livro 3 – Volume 5 – p. 384).

A grande economia e o ganho de tempo, resultantes da conexão imediata entre agricultura e manufatura, oferecem a mais tenaz resistência aos produtos da indústria moderna, com preços onde entram os custos necessários, mas improdutivos, do processo de circulação que a traspassa por todas as partes. Ao contrário do comércio inglês, o russo deixa intata a base econômica da produção asiática. (Karl Marx – O Capital – O Processo Global de Produção Capitalista – Livro 3 – Volume 5 – p. 384-385).

> Com os imensos esforços feitos pela Rússia para desenvolver produção capitalista própria, destinada ao mercado interno e ao mercado asiático limítrofe, as coisas começaram a mudar – F. E. (Karl Marx – O Capital – O Processo Global de Produção Capitalista – Livro 3 – Volume 5 – p. 385).

A transição que se opera a partir do modo feudal de produção apresenta dois aspectos. O produtor se torna comerciante e capitalista, em oposição à economia natural agrícola e ao artesanato corporativo da indústria urbana medieval. Este é o caminho realmente revolucionário. Ou então o comerciante se apodera diretamente da produção. Este último caminho, embora constitua uma fase de transição histórica, de per si não consegue revolucionar o velho modo de produção, que conserva e mantém como condição fundamental. É o que sucedeu por exemplo com o comerciante inglês de panos do século XVII: colocou sob seu controle os tecelões, embora estes fossem independentes, vendendo-lhes lã e comprando-lhes pano. (Karl Marx – O Capital – O Processo Global de Produção Capitalista – Livro 3 – Volume 5 – p. 385).

Até a metade deste século, os fabricantes da indústria francesa de seda, da inglesa de malhas e de rendas eram fabricantes apenas nominalmente, de fato meros comerciantes, que faziam os tecelões trabalhar dispersos, à maneira antiga, e só os controlavam como comerciantes para os quais eles realmente trabalhavam. **Esse sistema por toda parte estorva o verdadeiro modo capitalista de produção e perece ao desenvolver-se este. Sem revolucionar o modo de produção, apenas agrava a situação dos produtores imediatos, transforma-os em meros assalariados e proletários em piores condições que as experimentadas pelos diretamente submetidos ao capital, e apropria-se do trabalho excedente na base do antigo modo de produção.** (grifo meu) (Karl Marx – O Capital – O Processo Global de Produção Capitalista – Livro 3 – Volume 5 – p. 385).

Nesse parágrafo, podemos constatar que Marx tinha uma visão progressista com relação à produção, produtividade e distribuição de produtos no mercado; que via o método capitalista como um sistema revolucionário da produção e comercialização de novos produtos.

De acordo com o desenvolvimento técnico revelado por essa pequena exploração autônoma – quando já emprega máquinas que permitem exploração em escala de artesanato – há também transição para a indústria moderna; a máquina não é mais impulsionada pela mão e sim pelo vapor, como acontece ultimamente nas empresas britânicas de meias. (Karl Marx – O Capital – O Processo Global de Produção Capitalista – Livro 3 – Volume 5 – p. 386).

Essa transição acontece da seguinte forma: (Karl Marx – O Capital – O Processo Global de Produção Capitalista – Livro 3 – Volume 5 – p. 386-387).

a.   o comerciante se torna diretamente industrial; o que se dá com atividades baseadas no comércio, sobretudo com as indústrias de luxo, que os comerciantes importam do exterior, juntamente com as matérias-primas e os trabalhadores, como sucedeu no século XV, na Itália, que foi buscá-las em Constantinopla;

b.   o comerciante torna os mestres artesãos seus intermediários ou compra diretamente do produtor autônomo; deixa-o nominalmente independente e intato o modo de produção dele;

c.   o industrial se torna comerciante e produz em grosso diretamente para o comércio.

Conforme diz acertadamente Poppe, o comerciante na Idade Média se limitava a "distribuir" – **porque distribuía com muito lucro em detrimento do produtor** – as mercadorias conforme produzidas pelos membros das corporações e pelos camponeses. (grifo meu) (Karl Marx – O Capital – O Processo Global de Produção Capitalista – Livro 3 – Volume 5 – p. 387).

O comerciante tornar-se-á industrial ou, pelo contrário, fará trabalhar para ele a indústria do artesanato ou a pequena indústria rural. O produtor, por sua vez, se torna comerciante. O mestre tecelão, por exemplo, em vez de receber a lã em pequenas porções do comerciante e trabalhar para ele com seus oficiais, passa a comprar diretamente a lã ou o fio e a vender o pano ao comerciante. Os elementos de produção entram no processo de produção como mercadorias compradas pelo próprio produtor. E em vez de produzir para o comerciante individual, ou para determinados fregueses, o tecelão produz agora para o mundo do comércio. O produtor é, ao mesmo tempo, comerciante. O capital mercantil fica limitado a efetuar o processo de circulação. (Karl Marx – O Capital – O Processo Global de Produção Capitalista – Livro 3 – Volume 5 – p. 387).

Logo que a manufatura atinge certo nível de desenvolvimento – o que é mais válido ainda para a indústria moderna – cria ela para si o mercado, conquista-o com suas mercadorias. O comércio se torna então servidor da produção industrial, para a qual é condição de vida a expansão contínua do mercado. (Karl Marx – O Capital – O Processo Global de Produção Capitalista – Livro 3 – Volume 5 – p. 387).

A produção em massa cada vez maior inunda o mercado existente e por isso se empenha sempre em expandi-lo, em romper seus limites. O que limita a produção em massa não é o comércio, mas a magnitude do capital em funcionamento e a produtividade atingida pelo trabalho. (Karl Marx – O Capital – O Processo Global de Produção Capitalista – Livro 3 – Volume 5 – p. 387).

A ciência real da economia moderna só começa quando a análise teórica se desloca do processo de circulação para o de produção. Por certo, o capital a juros é também forma arcaica do capital. (Karl Marx – O Capital – O Processo Global de Produção Capitalista – Livro 3 – Volume 5 – p. 388).

ASPECTOS PRÉ-CAPITALISTAS

O capital produtor de juros, ou, como podemos chamá-lo em sua forma antiga, o capital usurário, pertence, como o irmão gêmeo o capital mercantil, às formas antediluvianas de capital que por longo tempo precedem o modo capitalista de produção e se encontram nas mais diversas formações econômicas da sociedade. (Karl Marx – O Capital – O Processo Global de Produção Capitalista – Livro 3 – Volume 5 – p. 680).

Para existir o capital usurário, basta que, pelo menos parte dos produtos, se converta em mercadorias e que o dinheiro, com o comércio de mercadorias, tenha desenvolvido suas funções. (Karl Marx – O Capital – O Processo Global de Produção Capitalista – Livro 3 – Volume 5 – p. 681).

Todavia, são duas as formas características em que o capital usurário existe nas épocas que precedem o modo capitalista de produção: (Karl Marx – O Capital – O Processo Global de Produção Capitalista – Livro 3 – Volume 5 – p. 681).

1. usura em empréstimos aos fidalgos pródigos, sobretudo os proprietários de terras;

2. usura em empréstimos de dinheiro aos pequenos produtores, proprietários dos meios de trabalho.

Além dos artesãos, essa categoria compreende particularmente o camponês, pois nas condições pré-capitalistas, na medida em que admitem a existência de pequenos produtores autônomos, a maioria deles é constituída necessariamente pela classe camponesa. (Karl Marx – O Capital – O Processo Global de Produção Capitalista – Livro 3 – Volume 5 – p. 681).

A usura, que arruína os ricos proprietários das terras e esgota os pequenos produtores, faz que se formem e se concentrem grandes capitais em dinheiro. Depende por inteiro do nível de desenvolvimento histórico e das circunstâncias dele decorrentes, a extensão em que esse processo extingue o antigo modo de produção, como aconteceu na Europa moderna, e a possibilidade que ele tem de substituir o modo de produção antigo pelo capitalista. (Karl Marx – O Capital – O Processo Global de Produção Capitalista – Livro 3 – Volume 5 – p. 681-682).

A usura, na antiguidade e na era feudal, solapa e destrói a riqueza e a propriedade. Além disso, corrói e arruína a pequena produção camponesa e pequeno-burguesa, em suma, todas as formas em que o produtor aparece como proprietário dos meios de produção. (Karl Marx – O Capital – O Processo Global de Produção Capitalista – Livro 3 – Volume 5 – p. 683).

Na produção capitalista evoluída, o trabalhador não é proprietário das condições de produção, do campo que cultiva, da matéria-prima com que trabalha etc. A circunstância de o trabalhador alienar-se dos meios de produção corresponde aí a uma transformação real no próprio modo de produção. Os trabalhadores desvinculados são reunidos em grandes oficinas onde as atividades se repartem e se entrosam; a ferramenta se converte em máquina. O modo de produção não permite mais aquela dispersão dos instrumentos de produção, ligada à pequena propriedade, nem o isolamento entre os trabalhadores. Na produção capitalista, a usura não pode mais dissociar do produtor as condições de produção, porque essa dissociação já existe. (Karl Marx – O Capital – O Processo Global de Produção Capitalista – Livro 3 – Volume 5 – p. 683-684).

A usura centraliza as fortunas em dinheiro onde estão dispersos os meios de produção. Não altera o modo de produção, mas explora-o firme como uma sanguessuga, tornando-o miserável. Esgota-o, debilita-o, e força a reprodução a efetuar-se em condições cada vez mais lastimáveis. Daí o ódio popular contra a usura, atingindo a maior intensidade no mundo antigo, onde a propriedade dos meios de produção pelo produtor é, ao mesmo tempo, a base das instituições políticas e da autonomia do cidadão. (Karl Marx – O Capital – O Processo Global de Produção Capitalista – Livro 3 – Volume 5 – p. 684).

Enquanto rege a escravidão, ou enquanto o produto excedente é consumido pelo senhor feudal e seu séquito, e o dono de escravos ou o senhor feudal ficam sob o domínio da usura, não se altera o modo de produção; este apenas se torna mais duro para o trabalhador. O dono de escravos ou o senhor feudal, endividados, sugam mais porque são fortemente sugados pela usura. Ou são, por fim, substituídos pelo usurário que se converte em proprietário de terras ou dono de escravos, como os cavalheiros da velha Roma. Novo protagonista, duro, ávido de dinheiro, substitui os antigos exploradores, de sistema mais ou menos patriarcal, em grande parte meio de poder político. Mas, o próprio modo de produção não se altera. (Karl Marx – O Capital – O Processo Global de Produção Capitalista – Livro 3 – Volume 5 – p. 684).

O capital usurário possui o método de explorar do capital sem o correspondente modo de produção. Na economia burguesa, essa situação reaparece nas indústrias atrasadas ou naquelas que resistem à passagem para o novo modo de produção. Se queremos, por exemplo, comparar a taxa inglesa de juro com a indiana, não devemos tomar a taxa do Banco da Inglaterra, mas, digamos, a dos que emprestam pequenas máquinas aos pequenos produtores da indústria doméstica. (Karl Marx – O Capital – O Processo Global de Produção Capitalista – Livro 3 – Volume 5 – p. 685).

A usura, em relação à riqueza subordinada ao consumo, é historicamente importante por ser ela mesma um processo de aparecimento do capital. O capital usurário e a fortuna mercantil propiciam a formação de uma riqueza monetária, independente da propriedade da terra. Quanto menos o produto assume o caráter de mercadoria, quanto menos o valor de troca se apodera da produção, em toda a amplitude e profundidade, tanto mais o dinheiro se revela a riqueza propriamente dita, a riqueza absoluta, em relação à manifestação limitada dela em valores de uso. (Karl Marx – O Capital – O Processo Global de Produção Capitalista – Livro 3 – Volume 5 – p. 685).

É principalmente em virtude de sua função de meio de pagamento que o juro evolui e por conseguinte o capital dinheiro. (Karl Marx – O Capital – O Processo Global de Produção Capitalista – Livro 3 – Volume 5 – p. 685).

O terreno adequado, amplo e peculiar da usura é a função que tem o dinheiro de meio de pagamento. Toda prestação de dinheiro que vence em determinado prazo – foro, tributo, imposto etc. – acarreta a necessidade de um pagamento em dinheiro. Por isso, desde a Roma antiga à Idade Moderna, a usura em grande escala se tem ligado aos coletores e cobradores de tributos, os *fermiers généraux, receveurs généraux*. (Karl Marx – O Capital – O Processo Global de Produção Capitalista – Livro 3 – Volume 5 – p. 687).

As modernas crises de dinheiro demonstram que isso pode levar ainda hoje a condições em que as figuras do capitalista financeiro e do usurário se confundem. Mas, a própria usura torna-se principal meio de intensificar mais a necessidade de dinheiro como meio de pagamento: endivida cada vez mais o produtor, destrói os meios de pagamento de que ele habitualmente dispõe, ao tornar-lhe impossível a reprodução regular, em virtude da própria sobrecarga dos juros. A usura brota aí do dinheiro como meio de pagamento e amplia essa função do dinheiro, o terreno em que se expande. (Karl Marx – O Capital – O Processo Global de Produção Capitalista – Livro 3 – Volume 5 – p. 687).

O crédito se desenvolve como reação contra a usura. Mas, é mister evitar aí uma interpretação errada, sobretudo a dada pelos antigos, pelos patriarcas da Igreja, por Lutero e pelos primeiros socialistas. Essa reação significa, nem mais nem menos, a subordinação do capital, que rende juros, às condições e necessidades do modo capitalista de produção. (Karl Marx – O Capital – O Processo Global de Produção Capitalista – Livro 3 – Volume 5 – p. 687-688).

O que distingue o capital produtor de juros, como elemento essencial do modo capitalista de produção, do capital usurário, não é de modo algum a natureza ou o caráter desse capital. É o fato de serem outras as condições em que opera e, por conseguinte, de mudar por inteiro a figura do prestatário (a quem se empresta o dinheiro) que se confronta com o emprestador do dinheiro. (Karl Marx – O Capital – O Processo Global de Produção Capitalista – Livro 3 – Volume 5 – p. 688).

Um homem sem fortuna, mas com energia, firmeza, capacidade e conhecimento dos negócios pode transformar-se em capitalista, e essa circunstância robustece o domínio do capital, amplia-lhe a base e permite-lhe recrutar sempre novas forças das camadas inferiores da sociedade. (Karl Marx – O Capital – O Processo Global de Produção Capitalista – Livro 3 – Volume 5 – p. 688).

As associações de crédito, que se formaram em Veneza e Gênova, nos séculos XII e XIV, provieram da necessidade que tinham o comércio marítimo e o comércio em grosso, nele baseado, de se libertar do domínio da usura anacrônica e dos monopolizadores do comércio do dinheiro. Se os bancos propriamente ditos, fundados nessas cidades repúblicas, constituem, ao mesmo tempo, instituições de crédito público das quais o Estado recebia adiantamentos por conta de impostos a arrecadar, não se deve esquecer que os comerciantes que formavam aquelas associações eram as pessoas mais importantes dessas repúblicas, tendo interesse de libertar da usura tanto o governo quanto a si mesmos, e, ao mesmo tempo, de reforçar, por esse meio mais seguro, domínio sobre o Estado. (grifo meu) (Karl Marx – O Capital – O Processo Global de Produção Capitalista – Livro 3 – Volume 5 – p. 690).

Nem o banco de Amsterdã (1609), nem o de Hamburgo (1619) marcaram época no desenvolvimento do moderno sistema de crédito. Eram meros bancos de depósitos. Os bilhetes que o banco emitia eram na realidade meros recibos pelos metais preciosos depositados, amoedados ou não, e só circulavam com o endosso do receptor. Mas, na Holanda, com o comércio e a manufatura desenvolveram-se o crédito comercial e o comércio de dinheiro, e o capital produtor de juros, em virtude de o próprio desenvolvimento subordinar-se ao capital industrial e comercial. É o que evidenciava a redução da taxa de juro. No século XVII considerava-se a Holanda o modelo do desenvolvimento econômico, como é hoje a Inglaterra. Lá, o monopólio da velha usura, baseada na pobreza, desvaneceu-se por si mesmo. (Karl Marx – O Capital – O Processo Global de Produção Capitalista – Livro 3 – Volume 5 – p. 690-691).

No decurso de todo o século XVIII ressoa, apoiado no exemplo da Holanda, o grito pela baixa abrupta da taxa de juro, a fim de subordinar o capital produtor de juros ao capital comercial e industrial, e não o contrário. (Karl Marx – O Capital – O Processo Global de Produção Capitalista – Livro 3 – Volume 5 – p. 691).

O sistema bancário, ao substituir o dinheiro pelas diversas formas circulantes do crédito, mostra que o dinheiro na realidade nada mais é que expressão particular do caráter social do trabalho e dos produtos do trabalho, mas esse caráter, opondo-se à base da produção privada, em última instância configura-se sempre e necessariamente em coisa, em mercadoria específica, ao lado de outras mercadorias. (Karl Marx – O Capital – O Processo Global de Produção Capitalista – Livro 3 – Volume 5 – p. 696).

Finalmente, não há dúvida de que o sistema de crédito servirá de poderosa alavanca durante a transição do modo capitalista de produção para o modo de produção do trabalho associado; todavia, será apenas um elemento relacionado com outras grandes mudanças orgânicas do próprio modo de produção. Por outro lado, as quimeras acerca do poder miraculoso que teriam o crédito e os bancos de marchar no sentido do socialismo supõem que se desconheça por completo o modo capitalista de produção e a circunstância de o sistema de crédito ser uma de suas formas. Quando os meios de produção tiverem cessado de se converter em capital (o que inclui a abolição da propriedade fundiária privada), o crédito como tal não terá mais sentido algum, o que os saint-simonistas, aliás, já tinham notado. Enquanto perdurar o modo capitalista de produção, haverá como uma de suas formas o capital produtor de juros, que constitui de fato a base de seu sistema de crédito. (Karl Marx – O Capital – O Processo Global de Produção Capitalista – Livro 3 – Volume 5 – p. 696).

Na Religion Saint-Simonienne, Économie et Politique, lê-se: (Karl Marx – O Capital – O Processo Global de Produção Capitalista – Livro 3 – Volume 5 – p. 697).

> Numa sociedade em que uns possuem os instrumentos industriais, sem ter capacidade ou vontade de empregá-los, e outros, industriosos, não possuem instrumentos de trabalho, o crédito tem por objetivo transferir esses instrumentos, o mais facilmente possível, das mãos daqueles, os proprietários, para as destes, que sabem aplicá-los. Observemos que, de acordo com essa definição, o crédito é uma consequência da maneira em que está constituída a propriedade.

O crédito portanto desaparecerá junto com essa constituição da propriedade. Os bancos atuais: (Karl Marx – O Capital – O Processo Global de Produção Capitalista – Livro 3 – Volume 5 – p. 697).

> consideram-se destinados a seguir o movimento que as transações operadas fora deles lhes imprimem, mas não a impulsionarem a si mesmos; em outras palavras, os bancos desempenham junto aos trabalhadores, aos quais emprestam capitais, o papel de capitalistas.

O *crédit mobilier* está latente na ideia de os bancos deverem assumir a direção e distinguir-se: (Karl Marx – O Capital – O Processo Global de Produção Capitalista – Livro 3 – Volume 5 – p. 697).

> pelo número e pela utilidade dos estabelecimentos que comanditam e dos trabalhos que estimulam.

Também Constantin Pecqueur pede que os bancos (o que os saint-simonistas chamam de "sistema geral dos bancos") rejam a produção. No essencial, Pecqueur é saint-simonista, embora muito mais radical. Quer que "a instituição do crédito [...] governe todo o movimento da produção nacional": (Karl Marx – O Capital – O Processo Global de Produção Capitalista – Livro 3 – Volume 5 – p. 697).

> Tentai organizar instituição nacional de crédito que comandite a capacidade e o mérito não-proprietários, sem obrigar os comanditados a se solidarizarem intimamente na produção e no consumo, mas, ao contrário, deixando-os governar as respectivas trocas e produções. Desse modo conseguireis apenas o que até agora obtêm os bancos privados: a anarquia, a desproporção entre a produção e o consumo, a ruína súbita de uns e o súbito enriquecimento de outros; por esse caminho, vossa instituição se limitará a produzir soma de prosperidade para uns, igual à soma de prejuízos sofridos por outros... Tereis somente dado aos assalariados, vossos comanditados, os meios de estabelecerem entre si concorrência análoga à que se fazem os patrões burgueses. (C. Pesqueur, Theéorie nowvelle d'économic soc. et pol, Paris, 1842) (Karl Marx – O Capital – O Processo Global de Produção Capitalista – Livro 3 – Volume 5 – p. 697-698).

No capital produtor de juros, apresenta-se como qualidade oculta, em estado puro, o caráter auto reprodutor do capital, o valor que se valoriza, a produção da mais-valia. Esta é a razão por que certos economistas, sobretudo nos países onde o capital industrial ainda não se desenvolveu de todo, como na França, se aferram a essa forma como fundamental, e concebem por exemplo a renda fundiária como outra feição dela, pois aí prevalece a forma de empréstimo. Por conseguinte, desconhecem por completo a estrutura interna do modo capitalista de produção e deixam de ver que a terra, como o capital, só se empresta a capitalistas. Em vez de dinheiro, podem ser naturalmente emprestados meios de produção tais como máquinas, edifícios para indústria etc. Mas, representam determinada soma em dinheiro, e a circunstância de pagar-se, além do juro, a parte relativa a desgaste, decorre do valor de uso, da forma natural específica desses elementos do capital. (Karl Marx – O Capital – O Processo Global de Produção Capitalista – Livro 3 – Volume 5 – p. 698).

> **A igreja proibira se exigissem juros, mas não que o dono vendesse a propriedade para sair de dificuldades; nem mesmo que a cedesse por determinado tempo, e até o reembolso da dívida, ao emprestador do dinheiro, a fim de que este a tivesse como garantia e, enquanto a possuísse, pudesse, utilizando-a, obter a reposição do que emprestara [...]. A própria Igreja ou as comunidades e corporações pias a ela pertencentes tiravam grandes vantagens disso, sobretudo no tempo das cruzadas. Isso converteu grande parte da riqueza nacional aos chamados bens de mão morta, principalmente porque não se permitia aos judeus usurar dessa maneira, sendo impossível ocultar a posse de uma garantia tão maciça [...]. Sem a proibição dos juros, as Igrejas e os conventos nunca poderiam ter ficado tão ricos. (loc. cit.) (grifo meu) (Karl Marx – O Capital – O Processo Global de Produção Capitalista – Livro 3 – Volume 5 – p. 701).**

DIVISÃO DO LUCRO EM
JURO E LUCRO DE EMPRESÁRIO

1 O Capital Produtor de Juros

Dinheiro – considerado aqui expressão autônoma de certa soma de valor, exista ela em dinheiro ou em mercadorias – pode na produção capitalista transformar-se em capital, quando esse valor determinado se transforma em valor que acresce, que se expande. É dinheiro produzindo lucro, isto é, capacitando o capitalista a extrair dos trabalhadores determinada quantidade de trabalho não-pago – produto excedente e mais-valia – e dela apropriar-se. Por isso, além do valor de uso que possui como dinheiro, passa a ter outro valor de uso, isto é, o de funcionar como capital. Seu valor de uso consiste agora justamente no lucro que produz, uma vez transformado em capital. Nessa qualidade de capital potencial, de meio de produzir lucro, torna-se mercadoria, mas mercadoria de gênero peculiar. Vale dizer – o capital como capital se torna mercadoria. (Karl Marx – O Capital – O Processo Global de Produção Capitalista – Livro 3 – Volume 5 – p. 392).

Uma pessoa que dispõe de 100 libras esterlinas, tem nas mãos um capital potencial de 100 libras esterlinas. Se transfere por um ano as 100 libras esterlinas a outra pessoa que as aplica realmente como capital, dá a ela o poder de produzir 20 libras esterlinas de lucro, mais-valia que nada custa ao cessionário que por ela não pagará equivalente. Se no fim do ano pagar ao dono das 100 libras esterlinas 5 libras, isto é, parte do lucro produzido, terá pagado o valor de uso das 100 libras esterlinas, o valor de uso de sua função de capital, a função de produzir 20 libras esterlinas de lucro. A parte do lucro paga ao cedente das 100 libras esterlinas chama-se de juro, que nada mais é que nome, designação especial da parte do lucro, a qual o capitalista em ação, em vez de embolsar, entrega ao dono do capital. (Karl Marx – O Capital – O Processo Global de Produção Capitalista – Livro 3 – Volume 5 – p. 392).

A equidade das transações efetuadas entre os agentes da produção repousa na circunstância de decorrerem elas naturalmente das relações de produção. As formas jurídicas em que essas transações econômicas aparecem – atos de vontades das partes, expressões de sua vontade comum, contratos com força de lei entre as partes – não podem como puras formas determinar o próprio conteúdo. Limitam-se a dar-lhe expressão. Esse conteúdo é justo quando corresponde e é adequado ao modo de produção. Injusto, quando o contraria. No sistema capitalista, a escravatura é injusta, do mesmo modo que a fraude na qualidade da mercadoria. (Karl Marx – O Capital – O Processo Global de Produção Capitalista – Livro 3 – Volume 5 – p. 393).

As 100 libras esterlinas produzem lucro de 20, por funcionarem como capital, seja industrial ou mercantil. Mas, para exercerem essa função de capital, é indispensável que sejam desembolsadas como capital, empregando-se o dinheiro na compra de meios de produção (capital industrial) ou na de mercadoria (capital mercantil) (Karl Marx – O Capital – O Processo Global de Produção Capitalista – Livro 3 – Volume 5 – p. 393).

A forma empréstimo – peculiar dessa mercadoria, o capital na condição de mercadoria –, embora apareça noutras transações substituindo a forma venda, já resulta da particularidade de o capital patentear-se aí mercadoria ou do dinheiro como capital tornar-se mercadoria. (Karl Marx – O Capital – O Processo Global de Produção Capitalista – Livro 3 – Volume 5 – p. 395).

Logo que o capital produtivo se transforma em capital mercadoria, tem de ser lançado no mercado, de ser vendido como mercadoria. Então exerce simplesmente a função de mercadoria. O capitalista aí se revela apenas vendedor de mercadoria, e o comprador, comprador de mercadoria. Como mercadoria, o produto no processo de circulação tem de realizar o valor por meio da venda, de assumir a forma transmutada de dinheiro. Por isso, não importa que essa mercadoria seja meio de subsistência, comprado pelo consumidor, ou meio de produção, componente de capital, comprado pelo capitalista. (Karl Marx – O Capital – O Processo Global de Produção Capitalista – Livro 3 – Volume 5 – p. 395).

Por isso, no ato de circulação, o capital mercadoria só desempenha o papel de mercadoria e não o de capital. É capital mercadoria, distinguindo-se da simples mercadoria: (Karl Marx – O Capital – O Processo Global de Produção Capitalista – Livro 3 – Volume 5 – p. 396).

a.   porque já está prenhe de mais-valia, implicando a realização do valor da mais-valia, o que, entretanto, em nada altera a mera existência que tem de mercadoria, de produto com preço definido;

b.   porque sua função de mercadoria constitui fase do processo de reprodução como capital, e seu movimento nessa fase, sendo apenas movimento parcial do processo todo por que passa, é, ao mesmo tempo, movimento como capital; e isto se dá não em virtude da própria venda e sim da conexão que existe entre ela e o movimento total dessa determinada soma de valor que desempenha o papel de capital.

Do mesmo modo, na condição de capital dinheiro, o capital aí só exerce realmente a função de dinheiro, isto é, de meio de compra de mercadorias. A circunstância de o dinheiro ser aí, ao mesmo tempo, capital dinheiro, forma do capital, não decorre do ato de compra, da verdadeira função do dinheiro que aí exerce, e sim da conexão desse ato com o movimento total do capital, pois esse ato que perfaz na qualidade de dinheiro inicia o processo capitalista de produção. (Karl Marx – O Capital – O Processo Global de Produção Capitalista – Livro 3 – Volume 5 – p. 396).

Mas, quando estão realmente funcionando, desempenhando seu papel nesse processo, capital mercadoria e capital dinheiro exercem aí respectivamente o ofício de mercadoria e o de dinheiro. Em nenhuma fase isoladamente considerada da metamorfose vende o capitalista a mercadoria ao comprador como capital, embora ela configure para ele capital, ou cede dinheiro ao vendedor como capital. Nos dois casos, a mercadoria cedida não passa de mercadoria e o dinheiro não passa de dinheiro, de meio de compra de mercadoria. (Karl Marx – O Capital – O Processo Global de Produção Capitalista – Livro 3 – Volume 5 – p. 396).

Em seu processo de circulação, o capital nunca é capital e sim mercadoria ou dinheiro e apenas assim existe então para os outros. Mercadoria e dinheiro são aí capital, não quando a mercadoria se converte em dinheiro e o dinheiro em mercadoria, não em suas relações reais com o comprador ou vendedor, e sim em suas relações ideais com o próprio capitalista ou como fases do processo de reprodução. No movimento real, o capital é capital não no processo de circulação, mas no processo de produção, o da exploração da força de trabalho. (Karl Marx – O Capital – O Processo Global de Produção Capitalista – Livro 3 – Volume 5 – p. 397).

A coisa é diferente com o capital produtor de juros, o que justamente marca seu caráter específico. O dono do dinheiro, para valorizar seu dinheiro como capital, cede-o a terceiro, lança-o na circulação, faz dele a mercadoria capital; capital não só para si, mas também para os outros; é capital para quem o cede e a priori para o cessionário, é valor que possui o valor de uso de obter mais-valia, lucro; valor que se conserva no processo e volta, concluído seu papel, para quem o desembolsou primeiro, no caso, o proprietário do dinheiro. O dinheiro portanto se afasta do dono por algum tempo, passando de suas mãos para as do capitalista ativo; não é dado em pagamento, nem vendido, mas apenas emprestado; só é cedido sob a condição de voltar, após determinado prazo, ao ponto de partida, e ainda de retornar como capital realizado, positivando seu valor de uso de produzir mais-valia. (grifo meu) (Karl Marx – O Capital – O Processo Global de Produção Capitalista – Livro 3 – Volume 5 – p. 397).

Mercadoria, quando emprestada como capital, é cedida, segundo a natureza dela, como capital fixo ou circulante. O dinheiro pode ser emprestado nas duas formas; como capital fixo quando, por exemplo, é reembolsado na forma de anuidades, de modo que com o juro reflui sempre parcela do capital. Certas mercadorias pela natureza do valor de uso só podem ser emprestadas como capital fixo; é o caso por exemplo de imóveis, navios, máquinas etc. Mas, todo capital emprestado, qualquer que seja a forma dele, como quer que a natureza do valor de uso modifique o modo de devolução, é sempre forma particular do capital dinheiro, pois o que se empresta então é sempre determinada soma de dinheiro sobre a qual se calculam os juros. O que se empresta, se não for dinheiro nem capital circulante, será reembolsado da mesma maneira que capital fixo. O locador recebe periodicamente juros e ainda parte do valor consumido do próprio capital fixo, equivalente ao desgaste periódico. E ao final do prazo retorna fisicamente a parte não consumida do capital fixo emprestado. Se o capital emprestado é circulante, retorna ele ao locador da maneira própria ao capital circulante. (grifo meu) (Karl Marx – O Capital – O Processo Global de Produção Capitalista – Livro 3 – Volume 5 – p. 398).

O capital emprestado efetua duplo retorno: no processo de reprodução volta ao capitalista ativo e em seguida transfere-se ao prestamista, o capitalista financeiro, e assim é devolvido ao verdadeiro proprietário, o ponto de partida jurídico. (grifo meu) (Karl Marx – O Capital – O Processo Global de Produção Capitalista – Livro 3 – Volume 5 – p. 398).

Na venda, cede-se a mercadoria, mas não o valor, que se recupera na forma de dinheiro ou, o que dá no mesmo, noutra forma, a de títulos de dívida ou a de ordens de pagamento. Na compra transfere-se o dinheiro, mas não o valor que é reposto na forma de mercadoria. Durante todo o processo de reprodução, o capitalista industrial conserva em suas mãos, em formas diversas, o mesmo valor. (Karl Marx – O Capital – O Processo Global de Produção Capitalista – Livro 3 – Volume 5 – p. 399).

Segundo Proudhon, "uma casa", "dinheiro" etc. não devem ser emprestados como "capital", mas vendidos como "mercadoria [...] ao preço de custo."

Lutero ia mais longe que Proudhou. Já sabia que tanto se pode obter lucro emprestado quanto vendendo: "O comércio se torna também usurário. E numa extensão grande demais para se combater de uma só vez. Temos agora de tratar do usurário prestamista: depois de o ter prevenido do que o espera no juízo final, passaremos a repreender o usurário comerciante. (M. Luther, Ari die Pfarr-herrn wider den Wucher zu predigen, Wittenberg, 1540).

O retorno do capital ao ponto de partida é justamente o que caracteriza seu movimento no ciclo completo. Isto não distingue apenas o capital produtor de juros. O que o distingue é a forma externa do retorno, dissociada do ciclo mediador. O capitalista que empresta cede seu capital, transfere-o ao capitalista industrial, sem receber equivalente. Essa cessão não constitui ato do processo cíclico efetivo do capital, mas apenas introduz esse ciclo que o capitalista industrial efetuará. Essa primeira mudança de posição do dinheiro não exprime fase alguma da metamorfose, nem compra nem venda. Não se transfere a propriedade, pois não há troca, não se recebe para o prestamista, apenas completa o primeiro ato, a cessão do capital. Adiantado na forma de dinheiro, o capital retorna ao capitalista industrial novamente na forma de dinheiro, depois de percorrer o processo cíclico. Mas, uma vez que o capital não lhe pertencia por ocasião do desembolso, não pode tecer-lhe quando retorna. A passagem pelo processo de reprodução não pode converter esse capital em propriedade sua. Tem de restituí-lo ao prestamista. (Karl Marx – O Capital – O Processo Global de Produção Capitalista – Livro 3 – Volume 5 – p. 401-402).

O primeiro desembolso que transfere o capital das mãos do prestamista para as do proprietário é uma transação jurídica que nada tem com o processo real de reprodução do capital, introduzindo-o apenas. O reembolso, com a transferência do capital refluído, das mãos do prestatário para as do prestamista, é uma segunda transação jurídica que complementa a primeira; uma introduz o processo real, e a outra é posterior a esse processo. (Karl Marx – O Capital – O Processo Global de Produção Capitalista – Livro 3 – Volume 5 – p. 402).

No movimento real do capital, o retorno é um componente do processo de circulação. O dinheiro, de início, se converte em meios de produção; o processo de produção transforma-o em mercadoria; com a venda da mercadoria reconverte-se em dinheiro e nessa forma retorna às mãos do capitalista que adiantara o capital na forma de dinheiro. Mas, com o capital produtor de juros, a cessão e o retorno resultam exclusivamente de uma transação jurídica entre o proprietário do capital e outra pessoa. Apenas vemos cessão e restituição. Desaparece tudo o que se passa de permeio. (Karl Marx – O Capital – O Processo Global de Produção Capitalista – Livro 3 – Volume 5 – p. 403-404).

O empréstimo de dinheiro como capital – a cessão condicionada à restituição após determinado prazo – supõe que o dinheiro seja realmente aplicado como capital, volte efetivamente ao ponto de partida. A circulação real do dinheiro como capital é portanto pressuposto da transação jurídica, em virtude da qual o prestatário tem de devolver o dinheiro ao prestamista. (Karl Marx – O Capital – O Processo Global de Produção Capitalista – Livro 3 – Volume 5 – p. 404).

O valor de uso do dinheiro emprestado consiste na faculdade de servir de capital e de nessa qualidade produzir nas condições médias o lucro médio. (Karl Marx – O Capital – O Processo Global de Produção Capitalista – Livro 3 – Volume 5 – p. 407).

> O direito de exigir juros não decorre da circunstância de alguém obter ou não lucro e sim da aptidão que tem o dinheiro de produzir lucro, quando adequadamente empregado. (An essay on the governing causes of the natural rate of interest, wherein the sentiments of Sir W. Petty and Mr. Locke, on that head, are considered, Londres, 1750 – autor anônimo: J. Massie) (Karl Marx – O Capital – O Processo Global de Produção Capitalista – Livro 3 – Volume 5 – p. 407).

O capitalista industrial paga o preço do capital emprestado com parte do lucro: (Karl Marx – O Capital – O Processo Global de Produção Capitalista – Livro 3 – Volume 5 – p. 407).

> O juro que se paga pelo que se tomou emprestado é, segundo Massie, parte do lucro que o emprego desse empréstimo é capaz de produzir.
>
> Os ricos, em vez de empregarem diretamente o dinheiro, [...] emprestam-no a outras pessoas para o fazerem e reservarem parte do lucro obtido para os proprietários. (loc. cit.)

O valor do dinheiro ou das mercadorias como capital não é determinado pelo respectivo valor como dinheiro ou como mercadorias, mas pela quantidade de mais-valia que produzirem para seu proprietário. O produto do capital é o lucro. Na base da produção capitalista há apenas aplicação diversa do dinheiro que ora é despendido como dinheiro, ora é adiantado como capital. Dinheiro ou mercadoria são em si capital potencial – como força de trabalho – pelas seguintes razões: (Karl Marx – O Capital – O Processo Global de Produção Capitalista – Livro 3 – Volume 5 – p. 410).

- o dinheiro pode transformar-se em elementos de produção e é, como dinheiro, mera expressão abstrata deles, a existência deles em valor;
- os elementos materiais da riqueza possuem a propriedade de já ser capital potencial, pois o contrário que os complementa, o que deles faz capital – o trabalho assalariado – existe no regime de produção capitalista.

A predestinação social antinômica (contraditória) da riqueza material já se expressa, dissociada do processo de produção, no direito mesmo de propriedade do capital. Esse aspecto particular, isolado do próprio processo capitalista de produção, deste sendo resultado constante e, como tal, condição permanente, revela-se na circunstância de o dinheiro e a mercadoria serem em si mesmo capital latente, potencial, poderem ser vendidos como capital e nessa forma comandarem trabalho alheio, darem direito ao ato de apropriar-se de trabalho alheio, sendo portanto valor que se expande. Está claro que esses elementos é que constituem o título e o meio de apropriar-se de trabalho alheio, e não trabalho algum efetuado em contrapartida pelo capitalista. (Karl Marx – O Capital – O Processo Global de Produção Capitalista – Livro 3 – Volume 5 – p. 411).

O capital se apresenta como mercadoria na medida em que a repartição do lucro em juro e lucro propriamente dito é regulada pela oferta e procura, pela concorrência portanto, como os preços de mercado das mercadorias. Entretanto, a diferença aí é tão contundente quanto a analogia. Se a oferta e a procura coincidem, o preço de mercado da mercadoria corresponde ao preço de produção, isto é, o preço se patenteia então regulado pelas leis internas da produção capitalista, sem depender da concorrência, pois as oscilações da oferta e da procura apenas explicam os desvios que os preços de mercado têm dos preços de produção. (Karl Marx – O Capital – O Processo Global de Produção Capitalista – Livro 3 – Volume 5 – p. 411).

Com o juro do capital dinheiro, a concorrência não determina os desvios da lei, ou melhor, não existe para a repartição lei alguma além da ditada pela concorrência, pois, conforme veremos ainda, não existe nenhuma taxa "natural" de juro. Habitualmente entende-se por taxa natural de juro a fixada pela livre concorrência. Não há limites "naturais" para a taxa de juros. Se a concorrência não se limita a determinar desvios e flutuações, se portanto suas forças opostas se equilibram cessando toda determinação, o que se trata de determinar é em si mesmo algo arbitrário e sem lei. (Karl Marx – O Capital – O Processo Global de Produção Capitalista – Livro 3 – Volume 5 – p. 411-412).

2 Repartição do Lucro – Taxa de Juro – Taxa Natural de Juro

Sendo o juro apenas parte do Lucro a qual, segundo a hipótese estabelecida, o capitalista industrial deve pagar ao financeiro, então o próprio lucro se patenteia o limite máximo do juro: atingido esse limite, a parte que caberia ao capitalista ativo seria igual a zero. (Karl Marx – O Capital – O Processo Global de Produção Capitalista – Livro 3 – Volume 5 – p. 413).

> A relação entre a quantia paga pelo uso de um capital e esse mesmo capital expressa taxa de juro medida em dinheiro – A taxa de juros depende: da taxa de lucro; e da proporção em que o lucro total se reparte entre prestamista e prestatário. (Economist, 22/01/1853). Se o juro que se paga pelo uso do que se toma emprestado é parte do lucro que a soma empresta é capaz de produzir, tem esse juro de ser sempre regulado pelo lucro. (Massie, Loc. Cit.) (Karl Marx – O Capital – O Processo Global de Produção Capitalista – Livro 3 – Volume 5 – p. 414).

Com taxas de lucro diferentes, taxas de juros diversas podem expressar as mesmas partes alíquotas do lucro global ou a mesma participação percentual nele. Com essa proporção constante do juro, o lucro industrial (lucro total menos o juro) será tanto maior, quanto maior for a taxa geral de lucro, e vice-versa. (Karl Marx – O Capital – O Processo Global de Produção Capitalista – Livro 3 – Volume 5 – p. 414-415).

Não se alterando as demais condições, desde que a relação entre juro e lucro global seja mais ou menos constante, o montante de juros que o capitalista ativo estará capacitado e se prontificará a pagar está na razão direta do nível da taxa de lucro. (Karl Marx – O Capital – O Processo Global de Produção Capitalista – Livro 3 – Volume 5 – p. 415).

> A taxa natural de juros é governada pelos lucros das empresas particulares (Massie, Loc. Cit.)

A taxa média de lucro deve ser considerada o limite máximo que, em instância final, determina o juro. (Karl Marx – O Capital – O Processo Global de Produção Capitalista – Livro 3 – Volume 5 – p. 415).

Entretanto, juro baixo pode coincidir com estagnação, e juro em ascensão moderada, com animação crescente. (Karl Marx – O Capital – O Processo Global de Produção Capitalista – Livro 3 – Volume 5 – p. 416).

A taxa de juro atinge seu nível mais alto nas crises, quando, para pagar, se tem de tomar emprestado a qualquer preço. Acarretando a alta do juro queda no preço dos títulos, têm então as pessoas que dispõem de capital dinheiro excelente oportunidade para se apropria-

rem, a preços vis, desses papéis rentáveis, que necessariamente recuperarão, pelo menos o preço médio, quando a situação se normalize e o juro de novo caia. (grifo meu) (Karl Marx – O Capital – O Processo Global de Produção Capitalista – Livro 3 – Volume 5 – p. 416).

> **No primeiro período, logo após a depressão, há dinheiro bastante sem especulação; no segundo, o dinheiro é abundante e a especulação floresce; no terceiro, a especulação diminui e procura-se dinheiro; no quarto, o dinheiro é raro e sobrevém a depressão.** (Gilbert, A practical irretrise on banking, Londres, 1849).

> **Segundo Tooke, isto se explica pela acumulação de capital excedente, pela liberação de dinheiro entesourado e pela reanimação da confiança no desenvolvimento dos negócios.** (History of prices from 1839 to 1847, Londres).

A taxa de juro tem ainda tendência para cair que não depende das flutuações da taxa de lucro e está vinculada a duas causas principais: (Karl Marx – O Capital – O Processo Global de Produção Capitalista – Livro 3 – Volume 5 – p. 417).

1. Ainda que só se tome capital emprestado para fins produtivos, é possível que a taxa de juro varie sem qualquer variação na taxa de lucro bruto. É que, ao desenvolver-se a riqueza de um povo, surge e cada vez mais cresce uma classe de pessoas que, em virtude do trabalho de seus antepassados, possuem fundos que lhes permitem viver dos meros juros que proporcionam. Muitos, inclusive aqueles que se lançaram cedo nos negócios e neles continuaram mourejando enquanto dispunham de vigor, aposentam-se e na velhice vivem tranquilamente dos juros das somas que acumularam. Essas duas classes têm a tendência a aumentar com a riqueza crescente do país, pois os que já começam com um capital regular obtêm fortuna com mais facilidade que os que começam com pouco. Do capital nacional a parte que os próprios donos não querem aplicar constitui, em relação a todo o capital produtivo da sociedade, nos países velhos e ricos, proporção maior que a encontrada nos países novos e pobres. É bem numerosa a classe dos rentiers na Inglaterra. Na medida em que cresce a classe dos rentiers, aumenta a dos prestamistas de capital, pois ambas são a mesma coisa (Ramsay, Essay on the distribution of Weath);

2. Também atuam necessariamente no sentido de comprimir a taxa de juros, o desenvolvimento do sistema de crédito; a circunstância daí decorrente de os industriais e os comerciantes disporem por intermédio dos banqueiros, e de maneira sempre crescente, de todas as poupanças em dinheiro de todas as classes da sociedade, e a concentração progressiva dessas poupanças em montantes em que podem operar como capital dinheiro.

Quanto à determinação da taxa de juros, diz Ramsay que: (Karl Marx – O Capital – O Processo Global de Produção Capitalista – Livro 3 – Volume 5 – p. 418).

> Depende da taxa de lucro bruto e da proporção em que ela se divide em juro e lucro do empresário. Essa proporção depende da concorrência entre prestamistas e prestatários do capital; a taxa previsível do lucro bruto influencia essa concorrência, mas não a regula de maneira exclusiva. Não a regula de maneira exclusiva porque, de um lado, muitos tomam emprestado sem qualquer intuito de investimento produtivo, e, do outro, a

magnitude de todo o capital disponível para empréstimo varia com a riqueza do país, sem depender de qualquer variação no lucro bruto. (Ramsay, loc. cit.).

Uma vez que a taxa de juros é, de modo geral, determinada pela taxa média de lucro, pode em fase febril de especulação estar muitas vezes ligada com baixa taxa de juros. Exemplo ocorrido com as especulações com as ferrovias no verão de 1844. Só em 16 de outubro de 1844, a taxa de juro do Banco da Inglaterra elevou-se a 3%. (Karl Marx – O Capital – O Processo Global de Produção Capitalista – Livro 3 – Volume 5 – p. 418).

Para se achar a taxa média do juro, é necessário calcular: (Karl Marx – O Capital – O Processo Global de Produção Capitalista – Livro 3 – Volume 5 – p. 418).

- a taxa média de juros correspondente às variações observadas nos grandes ciclos industriais;
- a taxa de juros em investimentos em que o capital é emprestado por prazo longo.

A taxa média de juros dominante num país – distinta das taxas de mercado sempre oscilantes – não é determinável por lei alguma. Não existe essa espécie de taxa natural de juro, no sentido em que os economistas falam de uma taxa natural de lucro e de uma taxa natural de salário. (Karl Marx – O Capital – O Processo Global de Produção Capitalista – Livro 3 – Volume 5 – p. 418).

Massie já observava, com toda a razão: (Karl Marx – O Capital – O Processo Global de Produção Capitalista – Livro 3 – Volume 5 – p. 418).

> O único problema então é saber a proporção desses lucros que por direito cabe ao prestatário e a que cabe ao prestamista; e só há um método de resolvê-lo – por meio das opiniões dos prestatários e prestamistas em geral; o consenso geral estabelece nesse domínio o que é certo e o que é errado.

Na verdade, a própria taxa de juro varia constantemente segundo as classes das garantias dadas pelos prestatários e segundo a duração do empréstimo; mas, no momento dado, é uniforme para cada uma dessas classes. Essa diferença portanto, não prejudica a figura fixa e uniforme da taxa de juro. (Karl Marx – O Capital – O Processo Global de Produção Capitalista – Livro 3 – Volume 5 – p. 421-422).

A taxa média de juro se patenteia magnitude constante em cada país e em períodos longos, porque a taxa geral de lucro só varia em períodos longos – as taxas particulares de lucros se alteram constantemente, mas as variações num ramo são compensadas por variações opostas noutro. E essa constância relativa da taxa geral de lucro reaparece justamente nesse caráter mais ou menos constante da taxa média de lucro (*average rate or common rate of interest*). (Karl Marx – O Capital – O Processo Global de Produção Capitalista – Livro 3 – Volume 5 – p. 422).

Sempre flutuante, a taxa de mercado do juro é grandeza fixa dada a cada momento, como o preço de mercado das mercadorias, pois no mercado financeiro todo o capital de empréstimo se confronta constantemente em sua totalidade com o capital ativo, e a relação entre a oferta e a procura de capital de empréstimo estabelece na ocasião a taxa de mercado do juro. E assim tanto mais acontece quanto mais o desenvolvimento e a concomitante concentração de crédito derem ao capital de empréstimo caráter social generalizado e o lançarem no mercado financeiro de uma vez, em massa. A taxa geral de lucro, ao revés, limita-se a ser tendência, movimento que nivela as taxas particulares de lucro. A concorrência entre os capitalistas consiste em retirar gradualmente capital dos ramos onde o lucro está por algum tempo abaixo da média, e em fornecer gradualmente capital para os ramos onde o lucro está acima dela; ou também, em repartir progressivamente capital adicional entre esses ramos, em diferentes proporções. Variam sem cessar a entrada de capital nesses diversos ramos e a saída deles, não havendo a ação simultânea, num só bloco, observada na determinação da taxa de juro. (Karl Marx – O Capital – O Processo Global de Produção Capitalista – Livro 3 – Volume 5 – p. 422-423).

No mercado financeiro confrontam-se apenas emprestadores e prestatários. A mercadoria aí tem forma invariável, a de dinheiro. Desvanecem-se todas as figuras particulares do capital, segundo os ramos particulares de produção ou circulação em que se aplica. Passa o capital a existir na figura que não se diferencia, do valor autônomo, sempre igual a si mesmo – o dinheiro. Anula--se a concorrência entre os diversos ramos, procurando todos conjuntamente tomar dinheiro emprestado, e o capital confronta-os todos na forma em que não lhe importa a maneira como vai ser empregado. O capital em si como fator comum da classe, qualidade que o capital industrial só revela no movimento e na concorrência entre os diferentes ramos, aparece então, com a força toda, na procura e oferta de capital. No mercado financeiro, o capital dinheiro ostenta efetivamente a figura em que se reparte, como elemento comum, seja qual for seu emprego particular, pelos diferentes ramos, pela classe capitalista, de acordo com as necessidades de produção de cada ramo. Acresce que, com o desenvolvimento da indústria moderna, o capital dinheiro, ao aparecer no mercado, é cada vez menos representado pelo capitalista isolado, pelo dono desta ou daquela fração do capital existente no mercado, e cada vez mais constitui massa concentrada, organizada, que, distinguindo-se totalmente da produção real, encontra-se sob controle dos banqueiros que representam o capital social. (Karl Marx – O Capital – O Processo Global de Produção Capitalista – Livro 3 – Volume 5 – p. 424-425).

> A taxa de juro é a quantia percentual que o prestamista se satisfaz em receber, e o prestatário em pagar, pelo uso de certo montante de capital dinheiro, durante um ano ou período mais ou menos longo [...]. O dono do capital, quando o emprega ativamente na reprodução, não se classifica entre aqueles capitalistas cuja proporção, em relação ao número dos prestatários, determina a taxa de juro. (Th. Tooke, Hist. Of prices, Londres, 1838) (Karl Marx – O Capital – O Processo Global de Produção Capitalista – Livro 3 – Volume 5 – p. 427-428).

JURO E LUCRO DO EMPRESÁRIO

Enquanto o capital funciona no processo de reprodução, o capitalista industrial tem à sua disposição como particular não o próprio capital, mas somente o lucro, que pode gastar como renda. O capital, enquanto funciona como capital, pertence ao processo de reprodução, nele está comprometido. O industrial no caso é proprietário dele, mas essa propriedade, enquanto utilizada como capital para explorar trabalho, não o capacita a dispor do capital de outra maneira. O mesmo se dá com o capitalista financeiro. Seu capital, enquanto está emprestado, desempenhando o papel de capital dinheiro, rende-lhe juro, parte do lucro, mas ele não pode dispor do principal. (Karl Marx – O Capital – O Processo Global de Produção Capitalista – Livro 3 – Volume 5 – p. 428).

Vários capitalistas industriais, por exemplo, se associam para explorar um negócio e repartir entre si o lucro dele oriundo, de acordo com normas juridicamente estipuladas. Outros exploram seu negócio individualmente, sem associado. Os últimos não têm de considerar o lucro segundo duas categorias: uma parte correspondendo a lucro individual e outra ao lucro da associação, destinada a sócios inexistentes. No caso, a divisão quantitativa não se converte em qualitativa. Essa divisão só se dá quando eventualmente a propriedade da empresa é de várias pessoas. (Karl Marx – O Capital – O Processo Global de Produção Capitalista – Livro 3 – Volume 5 – p. 430).

Para o capitalista produtivo que trabalha com capital emprestado, o lucro bruto se divide em duas partes: o juro que tem de pagar ao prestamista, e o que excede o juro, a parte que lhe cabe do lucro. (Karl Marx – O Capital – O Processo Global de Produção Capitalista – Livro 3 – Volume 5 – p. 430).

Dada a taxa geral de lucro, essa segunda parte é determinada pela taxa de juro, e dada esta, pela taxa geral de lucro. Além disso, por mais que o lucro bruto se desvie, em cada caso particular, do lucro médio, a parte que pertence ao capitalista produtivo é determinada pelo juro, uma vez que o fixa taxa geral de juro e já se supõe que será percebido, antes de começar a produção, antes de se alcançar o lucro bruto. (Karl Marx – O Capital – O Processo Global de Produção Capitalista – Livro 3 – Volume 5 – p. 430).

Para o capitalista que trabalha com capital emprestado, não é o lucro, e sim o lucro menos o juro, a parte que lhe resta do lucro, depois de pagar o juro. Essa parte do lucro aparece-lhe necessariamente como produto do capital que funciona; e assim é realmente para ele, pois só representa o capital ativo. (Karl Marx – O Capital – O Processo Global de Produção Capitalista – Livro 3 – Volume 5 – p. 430).

Contrastando com o juro, que tem de pagar ao prestamista, a expensas do lucro bruto, a parte que lhe cabe do lucro toma necessariamente a forma de lucro industrial ou comercial, ou, para usar expressão que abrange ambos, a forma de lucro de empresário. Se o lucro bruto é igual ao lucro médio, a grandeza do lucro de empresário é determinada exclusivamente pela taxa de juro. Se o lucro bruto se desvia do lucro médio, a diferença entre eles, excluídos os juros, é determinada por todos os fatores conjunturais que temporariamente fazem a taxa de lucro dum ramo particular de produção desviar-se da taxa geral de lucro, ou o lucro obtido por um capitalista isolado em determinado ramo, do lucro médio desse ramo. (Karl Marx – O Capital – O Processo Global de Produção Capitalista – Livro 3 – Volume 5 – p. 431).

Supondo-se que o capitalista ativo não é proprietário do capital, quem representa perante ele a propriedade sobre o capital é o emprestador, o capitalista financeiro. A este é pago o juro, que configura assim do lucro bruto a parte que cabe à nua propriedade do capital. Por outro lado, aparece a parte do lucro destinada ao capitalista ativo, o lucro de empresário, oriundo exclusivamente das operações ou funções que efetua com o capital no processo de reprodução das funções específicas que exerce, de empresário industrial ou comercial. O juro é para ele mero fruto da propriedade do capital, do capital em si, fora do respectivo processo de reprodução, sem que trabalhe ou funcione; enquanto o lucro de empresário lhe parece fruto exclusivo das funções efetivadas com o capital, do movimento e da atuação do capital, o que considera sua própria atividade, em contraste com a inatividade e a não participação do capitalista financeiro no processo de produção. Essa separação qualitativa entre as duas partes do lucro bruto não é de modo algum concepção puramente subjetiva de capitalistas financeiros e de capitalistas industriais. Repousa sobre fato objetivo, pois o juro flui para o capitalista financeiro a nua propriedade do capital antes e fora do processo de produção; e o lucro de empresário flui para o capitalista que funciona sem ser o proprietário do capital. (Karl Marx – O Capital – O Processo Global de Produção Capitalista – Livro 3 – Volume 5 – p. 431-432).

Assim, tanto para o capitalista industrial que trabalha com capital emprestado, quanto para o capitalista financeiro que não emprega diretamente o próprio capital, converte-se em separação qualitativa a divisão puramente quantitativa do lucro bruto entre duas pessoas diferentes, ambas com direitos de natureza diversa ao mesmo capital e por conseguinte ao lucro dele oriundo. Uma parte do lucro, o juro, se apresenta de per si como fruto do capital numa significação definida; e a outra, o lucro de empresário, se revela fruto específico do capital em significação oposta: uma deriva da nua propriedade do capital, e a outra, da simples aplicação desse capital, do capital em movimento, ou das funções exercidas pelo capital ativo. As duas partes se cristalizam e se tornam independentes uma da outra, como se a origem de uma fosse essencialmente diversa da origem da outra, e se esta circunstância se impõe então necessariamente à totalidade da classe capitalista e do capital. (Karl Marx – O Capital – O Processo Global de Produção Capitalista – Livro 3 – Volume 5 – p. 432).

O lucro de cada capital, e portanto o lucro médio baseado no nivelamento dos capitais entre si, se decompõe em duas partes diversas em qualidade, autônomas e independentes entre si – juro e lucro de empresário, ambas regidas por leis específicas. O capitalista que trabalha com capital próprio, como o que trabalha com capital emprestado, reparte seu lucro bruto em juro que lhe cabe como proprietário, emprestador de capital a si mesmo, e em lucro de empresário, que lhe toca na condição de capitalista ativo, operante. (Karl Marx – O Capital – O Processo Global de Produção Capitalista – Livro 3 – Volume 5 – p. 432-433).

O juro se impõe, não se limitando a surgir eventualmente na produção, quando o industrial que trabalha com capital alheio reparte o lucro bruto. Mesmo quando trabalha com capital próprio, seu lucro se reparte em juro e lucro de empresário. Assim, a divisão meramente quantitativa se torna qualitativa. Verifica-se sem depender da ocorrência fortuita de o industrial ser ou não o proprietário do capital. Trata-se não só de cotas de lucro repartidas por diversas pessoas, mas de categorias diversas dele, relacionadas de maneira diferente com o capital, ou seja, com destinações diferentes do capital. (grifo meu) (Karl Marx – O Capital – O Processo Global de Produção Capitalista – Livro 3 – Volume 5 – p. 433).

Inferem-se facilmente as razões por que essa divisão do lucro bruto em juro e lucro de empresário, ao tornar-se qualitativa, estende à totalidade do capital esse caráter, impondo-o à classe capitalista toda. (Karl Marx – O Capital – O Processo Global de Produção Capitalista – Livro 3 – Volume 5 – p. 433).

Primeiro, isso já decorre da simples circunstância empírica de a maioria dos capitalistas industriais, embora em proporções numéricas diversas, trabalhar com capital próprio e emprestado, variando segundo os diversos períodos a relação entre ambos. (Karl Marx – O Capital – O Processo Global de Produção Capitalista – Livro 3 – Volume 5 – p. 433).

Segundo, ao converter-se parte do lucro bruto à forma de juro, transforma-se a outra em lucro de empresário. Esta é apenas a forma oposta, assumida pelo excedente do lucro bruto sobre o juro, desde que este existe como categoria autônoma. Analisar por completo a maneira como o lucro bruto se diferencia em juro e lucro de empresário, reduz-se a investigar como parte do lucro bruto geralmente se solidifica em juro e se torna autônoma. A circunstância de o capital emprestado produzir juro, seja ou não efetivamente aplicado como capital – até quando emprestado para consumo – robustece a ideia acerca da autonomia dessa forma de capital. A melhor prova da autonomia com que, nos primeiros períodos do modo capitalista de produção, o juro se apresentava perante o lucro, e o capital produtor de juros, perante o capital industrial, é o fato de só se descobrir – graças a Massie, seguido de Hume – em meados do século XVIII, que o juro é apenas parte do lucro bruto, tendo sido necessária essa descoberta. (Karl Marx – O Capital – O Processo Global de Produção Capitalista – Livro 3 – Volume 5 – p. 433-434).

Terceiro, tanto faz que o capitalista industrial trabalhe com capital próprio ou com capital emprestado; tem diante de si, do mesmo modo, a classe dos capitalistas financeiros (espécie particular de capitalistas), o capital dinheiro, espécie autônoma de capital, e o juro, a forma autônoma de mais-valia, correspondente a esse capital específico. (Karl Marx – O Capital – O Processo Global de Produção Capitalista – Livro 3 – Volume 5 – p. 434).

Sob o aspecto qualitativo, o juro é mais-valia, proporcionada pela nua propriedade do capital, pelo capital em si, embora o proprietário esteja fora do processo de reprodução; é mais-valia que o capital rende, dissociado de seu processo. (Karl Marx – O Capital – O Processo Global de Produção Capitalista – Livro 3 – Volume 5 – p. 434).

Sob o aspecto quantitativo, a parte do lucro constituída pelo juro não aparece referida ao capital industrial e comercial como tal, mas ao capital dinheiro, e a taxa dessa parte da mais-valia, a taxa de juro, confirma essa relação. É que a taxa de juro – embora dependa da taxa geral de lucro – é determinada de maneira autônoma, e, além disso, se revela relação fixa, uniforme e sempre dada, apesar de todas as oscilações contrastando com a taxa fluída do lucro. (Karl Marx – O Capital – O Processo Global de Produção Capitalista – Livro 3 – Volume 5 – p. 434).

O que distingue o capitalista industrial do capitalista financeiro é apenas o lucro de empresário, o excedente do lucro bruto sobre o juro médio, que graças à taxa de juro se revela grandeza empírica dada. Nos dois casos, a parte do lucro bruto destacada do juro constitui para o capitalista industrial lucro de empresário, e o próprio juro, mais-valia que o capital por si mesmo rende e que renderá portanto sem aplicação produtiva. (Karl Marx – O Capital – O Processo Global de Produção Capitalista – Livro 3 – Volume 5 – p. 435).

Mesmo quando emprega capital próprio, necessariamente considera a parte de seu lucro médio – igual ao juro médio – como fruto de seu capital de per si, fora do processo de produção; e, contrastando com essa parte autônoma que é o juro, considera o restante do lucro bruto como puro lucro de empresário. (Karl Marx – O Capital – O Processo Global de Produção Capitalista – Livro 3 – Volume 5 – p. 435).

O juro é então, como o chama Ramsay, lucro líquido, que a nua propriedade do capital proporciona, seja ao mero prestamista, que fica por fora do processo de reprodução, seja ao proprietário que aplica produtivamente o respectivo capital. Mas, esse proprietário recebe esse lucro líquido, não por ser capitalista ativo, e sim por ser capitalista financeiro, emprestador a si mesmo na qualidade de capitalista ativo, do próprio capital produtor de juros. (grifo meu) (Karl Marx – O Capital – O Processo Global de Produção Capitalista – Livro 3 – Volume 5 – p. 436).

A conversão do dinheiro em capital é o resultado constante, e a existência dele como capital, a condição permanente do processo capitalista de produção. Com sua capacidade de converter-se em meios de produção, o dinheiro comanda sempre trabalho não-pago, e assim transforma o processo de produção e de circulação de mercadorias na produção de mais-valia para o seu dono. Assim, o juro expressa apenas que o valor em geral – o trabalho objetivado em sua forma social genérica – o valor que no processo efetivo de produção se configura nos meios de produção, como potência autônoma se defronta com a força de trabalho viva, sendo meio de apropriar-se dela – potência que, como propriedade alheia, se opõe ao trabalhador. Sob outro aspecto, entretanto, essa oposição ao trabalho assalariado se desvanece na forma do juro, pois de per si o capital produtor de juros se opõe não ao trabalho assalariado, mas ao capital em função. (Karl Marx – O Capital – O Processo Global de Produção Capitalista – Livro 3 – Volume 5 – p. 436-437).

No processo de reprodução, o capitalista emprestador como tal se confronta diretamente com o capitalista ativo e não com o trabalhador assalariado, o expropriado dos meios de produção no sistema capitalista. O capital produtor de juros é o capital propriedade em face do capital função. E, enquanto não funciona, o capital não explora os trabalhadores, nem está se opondo ao trabalho. (Karl Marx – O Capital – O Processo Global de Produção Capitalista – Livro 3 – Volume 5 – p. 437).

Por outro lado, o lucro de empresário não se contrapõe ao trabalho assalariado, mas somente ao juro: (Karl Marx – O Capital – O Processo Global de Produção Capitalista – Livro 3 – Volume 5 – p. 404).

1. dado o lucro médio, a taxa do lucro de empresário é determinada não pelo salário, mas pela taxa de juro, variando na razão inversa desta;

2. o capitalista ativo deriva o direito ao lucro de empresário, e portanto o próprio lucro de empresário, não de sua propriedade sobre o capital, mas da função do capital oposta à destinação em que existe como propriedade inerte. Essa oposição logo se manifesta quando ele opera com capital emprestado, cabendo juro e lucro de empresário a duas pessoas distintas. O lucro de empresário decorre da função do capital no processo de reprodução; portanto, das operações, da atividade com que o capitalista ativo efetiva essas funções do capital industrial e mercantil. Representar o capital ativo não é a sinecura (cargo ou emprego rendoso e de pouco trabalho) que é a representação do capital produtor de juros. No processo de produção capitalista, dirige o capitalista o processo de produção e o de circulação. Custa esforço a exploração do trabalho produtivo, execute-a o próprio capitalista ou outros por delegação dele. (Karl Marx – O Capital – O Processo Global de Produção Capitalista – Livro 3 – Volume 5 – p. 437-438).

O lucro de empresário depende do lucro líquido do capital, e não este daquele. (Ramsay, loc. Cit. - para Ramsay, lucro líquido = juro).

No processo de reprodução, o capitalista ativo representa perante os trabalhadores assalariados o capital, propriedade alheia, e o capitalista financeiro, por intermédio do capitalista ativo, participa da exploração do trabalho. A oposição entre função do capital no processo de reprodução e a nua propriedade do capital fora do processo de reprodução obscurece que só representando os meios de produção perante os trabalhadores pode o capitalista ativo fazê-los trabalhar para ele ou conseguir que os meios de produção funcionem como capital. (Karl Marx – O Capital – O Processo Global de Produção Capitalista – Livro 3 – Volume 5 – p. 438).

Na realidade, não expressa relação alguma para com o trabalho a forma que ambas as partes do lucro, o juro e o lucro de empresário, assumem, pois o que existe é a relação entre o trabalho e o lucro, ou seja, a mais-valia, a soma, o todo, a unidade dessas duas partes. A proporção em que o lucro se reparte e os diversos títulos jurídicos em que se baseia essa divisão, supõe-se a existência prévia, pronta e acabada, do lucro. Por isso, se o capitalista é proprietário do capital com que opera, embolsa o lucro todo ou a mais-valia, não interessa ao trabalhador que ele assim proceda ou que tenha de entregar parte a outra pessoa, juridicamente proprietária do capital. (Karl Marx – O Capital – O Processo Global de Produção Capitalista – Livro 3 – Volume 5 – p. 438-439).

O capital produtor de juros só se sustém como tal, na medida em que o dinheiro emprestado se converte efetivamente em capital, produzindo um excedente de que o juro é fração. Mas isso não exclui que, fora do processo de produção, nele se insira a qualidade de render juros. (Karl Marx – O Capital – O Processo Global de Produção Capitalista – Livro 3 – Volume 5 – p. 439).

O capitalista industrial, diferindo do proprietário do capital, não se apresenta assim como capital em ação, e sim como funcionário dissociado mesmo do capital, como simples agente do processo de trabalho, trabalhador e, mais precisamente, assalariado. (Karl Marx – O Capital – O Processo Global de Produção Capitalista – Livro 3 – Volume 5 – p. 440).

O juro em si expressa justamente que as condições de trabalho existem como capital, em oposição social ao trabalho, transformando-se em poder pessoal ante o trabalhador e acima dele. Representa a nua propriedade do capital como meio de apropriar-se de produtos do trabalho alheio. Mas, representa esse caráter do capital como algo que lhe cabe fora do processo de produção e que não provém de maneira alguma da destinação especificamente capitalista do próprio processo de produção. Representa-o não em oposição direta ao trabalho, mas, ao contrário, sem relação com ele, como simples relação entre dois capitalistas. Assim, o juro é uma relação entre dois capitalistas, e não entre capitalista e trabalhador. (Karl Marx – O Capital – O Processo Global de Produção Capitalista – Livro 3 – Volume 5 – p. 440).

As funções particulares que o capitalista como tal tem de desempenhar, e que lhe cabem diferenciando-o dos trabalhadores e opondo-o a eles, são representadas como puras funções de trabalho. Ele cria mais-valia não porque trabalha como capitalista, mas porque, omitindo-se a qualidade de capitalista, também trabalha. Essa parte da mais-valia deixa de ser mais-valia, para ser o oposto: equivalente de trabalho efetuado. Tanto é trabalho o de explorar quanto o que é explorado. Ao juro corresponde a forma social do capital, expressa de maneira neutra, indiferente; ao lucro de empresário, a função econômica do capital, omitindo-se o caráter capitalista determinado dessa função. (Karl Marx – O Capital – O Processo Global de Produção Capitalista – Livro 3 – Volume 5 – p. 440-441).

O que se passa na consciência do capitalista é o mesmo fenômeno observado com os motivos de compensação que levam ao nivelamento do lucro médio. Esses motivos que constituem fator determinante da repartição da mais-valia transmudam-se, no espírito do capitalista, em razões que explicam a origem do próprio lucro e subjetivamente o justificam. (Karl Marx – O Capital – O Processo Global de Produção Capitalista – Livro 3 – Volume 5 – p. 441).

A ideia de o lucro de empresário ser salário por direção do trabalho, ideia derivada de opor-se ao juro, mais se robustece porque parte do lucro pode separar-se como salário – o que efetivamente acontece – ou, antes, parte do salário, no sistema capitalista, pode aparecer integrando o lucro. Conforme já percebera A. Smith, essa parte se apresenta pura, autônoma – de todo dissociada do lucro e ainda da parte remanescente do lucro, o lucro de empresário, obtida após deduzir-se o juro – na remuneração do dirigente em negócios cujas dimensões permitem divisão de trabalho bastante para justificar o salário especial de um dirigente. (Karl Marx – O Capital – O Processo Global de Produção Capitalista – Livro 3 – Volume 5 – p. 441).

O trabalho de supervisão e direção surge necessariamente todas as vezes que o processo imediato de produção se apresenta em processo socialmente combinado e não no trabalho isolado de produtores independentes. Possui dupla natureza. (Karl Marx – O Capital – O Processo Global de Produção Capitalista – Livro 3 – Volume 5 – p. 441).

De um lado, em todos os trabalhos em que muitos indivíduos cooperam, a conexão e a unidade do processo configuram-se necessariamente numa vontade que comanda e nas funções que não concernem aos trabalhadores parciais, mas à atividade global da empresa, como é o caso do regente de uma orquestra. É um trabalho produtivo que tem de ser executado em todo sistema combinado de produção. (Karl Marx – O Capital – O Processo Global de Produção Capitalista – Livro 3 – Volume 5 – p. 441-442).

O feitor (villicius) ao tempo de Catão (Marco Pórcio Catão, 234 – 149 a.C.; em latim, *Marcus Porcius Cato,* foi um político e escritor da gente Pórcia da República Romana, eleito Cônsul em 195 a.C. com Valério Flaco. Ficou conhecido como Catão, o Velho, Catão, o Censor, Catão Sapiente... - Wikipédia): (grifo meu) (Karl Marx – O Capital – O Processo Global de Produção Capitalista – Livro 3 – Volume 5 – p. 442-443).

> À frente dos escravos da propriedade rural (família rústica) estava o feitor (villicus de villa), com a incumbência de cobrar e pagar, comprar e vender, executar as instruções do senhor e, na ausência dele, ordenar e punir [...]. O feitor dispunha naturalmente de mais liberdade que os outros escravos; os livros de mago aconselham que se lhe permita casar, ter filhos e possuir dinheiro próprio, e Catão, a casá-lo com a governanta; só ele podia esperar, no caso de boa conduta, obter do senhor a liberdade. Todos, de resto, constituíam uma comunidade doméstica [...]. Todo escravo, inclusive o próprio feitor, recebia do senhor os meios de subsistência, em certas datas e segundo princípios estabelecidos, e tinha de os achar suficientes [...]. A quantidade era dosada de acordo com o trabalho, e assim o feitor (villicus), cujo trabalho era mais leve que o dos outros escravos, recebia quantidade menor que a destes. (Mommsen, Romische Geschicte, 1856)

Aristóteles: (Karl Marx – O Capital – O Processo Global de Produção Capitalista – Livro 3 – Volume 5 – p. 443).

> Pois o Senhor (digamos o capitalista) não atua como tal comprando escravos (a propriedade de capital que dá o poder de comprar trabalho) mas utilizando-os (empregando os trabalhadores, hoje assalariados no processo de produção). Mas, nada há de grande ou de sublime nessa ciência; o que o escravo tem de saber executar, deve aquele saber mandar. Quando os senhores não têm necessidade de se sobrecarregar com essa tarefa, delega essa honra ao feitor, e se dedicam à política ou à filosofia. (Aristóteles, Respubl., ed. Bekker, Livro I).

Aristóteles diz secamente que o domínio tanto no setor político quanto no econômico impõe aos detentores do poder a função de mandar; vale dizer que eles devem, no plano econômico, saber consumir a força de trabalho. Acrescenta que não se deve dar grande importância a esse trabalho de direção, e por isso o senhor, logo que dispõe de fortuna bastante, transfere a "honra" dessa sobrecarga a um feitor. (Karl Marx – O Capital – O Processo Global de Produção Capitalista – Livro 3 – Volume 5 – p. 443).

Um defensor da escravidão nos EUA, o advogado O'Conor, numa reunião em Nova Iorque, em 19 de dezembro de 1859, tendo por lema "Justiça para o Sul", defendeu: (Karl Marx – O Capital – O Processo Global de Produção Capitalista – Livro 3 – Volume 5 – p. 444).

> Então meus senhores – dizia ele fortemente aplaudido – foi a própria natureza que destinou o negro para escravo. Ele é forte e vigoroso para o trabalho; mas, a natureza que o dotou com essa força, negou-lhe a inteligência para governar e a vontade de trabalhar. Ambas lhe estão vedadas! E a natureza que o privou da vontade de trabalhar deu-lhe um senhor para impor-lhe essa vontade e fazer dele, no clima a que foi destinado, um servidor útil a si mesmo e ao senhor que o governa. Afirmo que não constitui injustiça deixar o negro na situação em que o pôs a natureza, dar-lhe um senhor que o dirija; nenhum direito dele é violado, quando forçado a trabalhar, para compensar, para indenizar o senhor dos trabalhos e talentos que emprega para dirigi-lo e torná-lo um ser útil a si mesmo e à sociedade.

É escancarada a discriminação em relação ao negro. Só faltou falar que Deus criou o negro para ser serviçal dos brancos.

> Como o escravo, o assalariado precisa ter um senhor para fazê-lo trabalhar, para dirigi-lo. E estabelecida essa relação de domínio, de servidão, é normal que o assalariado seja compelido a produzir o próprio salário e por cima o salário de direção, uma compensação pelo trabalho de governá-lo e vigiá-lo para indenizar o senhor dos trabalhos e talentos que emprega para dirigi-lo e torná-lo um ser útil a si mesmo e à sociedade. (Karl Marx – O Capital – O Processo Global de Produção Capitalista – Livro 3 – Volume 5 – p. 444).

Marx demonstra aqui que, para o capitalista, tal qual no sistema de servidão, os trabalhadores são considerados meros instrumentos de apropriação de recursos para a geração de lucros. Vejo aí o prenúncio do racismo estrutural disseminado pela sociedade capitalista industrial e burguesa.

A produção capitalista chegou a um ponto em que frequentes vezes se vê o trabalho de direção por inteiro dissociado da propriedade do capital. Assim, não é mais necessário que o capitalista exerça esse trabalho de direção. (Karl Marx – O Capital – O Processo Global de Produção Capitalista – Livro 3 – Volume 5 – p. 445).

As fábricas cooperativas demonstram que o capitalista como funcionário da produção tornou-se tão supérfluo quanto o é, para o capitalista mais evoluído, o latifundiário. Na medida em que o trabalho do capitalista não resulta do processo de produção em seu aspecto puramente capitalista, isto é, não se estingue automaticamente com o capital, ultrapassa a função de explorar trabalho alheio e deriva portanto da forma social do trabalho, da combinação e da cooperação de muitos para atingir um resultado comum, é tão independente do capital quanto essa forma quando arrebenta o invólucro capitalista. (Karl Marx – O Capital – O Processo Global de Produção Capitalista – Livro 3 – Volume 5 – p. 445).

Após cada crise, podem ser vistos nas zonas industriais inglesas um bom número de ex-fabricantes que superintendem por salário modesto – como dirigentes contratados pelos novos proprietários, muitas vezes, seus credores – as fábricas que antes lhes pertenciam. (Karl Marx – O Capital – O Processo Global de Produção Capitalista – Livro 3 – Volume 5 – p. 446).

Após a crise de 1868 deparei com o caso de um fabricante falido que se tornou assalariado de seus antigos trabalhadores. Uma cooperativa de trabalhadores passou a administrar a fábrica e empregou o antigo dono como diretor. (F.E.).

Dos balanços publicados (1864) pelas fábricas cooperativas da Inglaterra vê-se que – deduzidas a remuneração do diretor, a qual constitui parte do capital variável desembolsado como o salário dos demais trabalhadores – obtiveram elas lucro maior que o lucro médio, embora em alguns casos pagassem juros muito mais elevados que os fabricantes particulares. Em todos esses casos, a causa do lucro mais alto era maior economia no emprego do capital constante. Mas, o que nos interessa aí é a circunstância de o lucro médio (juros + lucro do empresário) se configurar de maneira objetiva e tangível em magnitude de todo independente do salário de direção. Sendo o lucro aí maior que o lucro médio, o lucro de empresário ultrapassa também o nível comum. (Karl Marx – O Capital – O Processo Global de Produção Capitalista – Livro 3 – Volume 5 – p. 445-446).

O mesmo se observa em certas empresas capitalistas por ações, como os bancos por ações (joint-stock banks). Em 1863, o London and Westminster Bank rendeu dividendos à taxa anual de 30%, e o Union Bank of London e outros, 15%. Do lucro bruto deduz-se, além do salário dos diretores, os juros pagos pelos depósitos. Aí o lucro elevado se explica pela proporção menor do capital realizado com os depósitos. Assim, em 1863, para o London and Westminster Bank, o capital realizado era de 1.000.000 de libras, e os depósitos, de 14.540.275; para o Union Bank of London, o capital realizado era de 600.000 libras, e os depósitos, de 12.384.173. (Karl Marx – O Capital – O Processo Global de Produção Capitalista – Livro 3 – Volume 5 – p. 447).

Ao desenvolverem-se as cooperativas, do lado dos trabalhadores, e as sociedades por ações, do lado da burguesia, dissolveu-se o derradeiro subterfúgio empregado para confundir o lucro de empresário com o salário de direção, e o lucro se revelou, na prática, o que é inegavelmente, na teoria, mera mais-valia, valor por que não se paga equivalente algum, trabalho realizado não-pago; desse modo, o capitalista ativo explora efetivamente o trabalho e o lucro dessa exploração, quando opera com capital emprestado, se divide em juro e lucro de empresário, excedente do lucro sobre o juro. (grifo meu) (Karl Marx – O Capital – O Processo Global de Produção Capitalista – Livro 3 – Volume 5 – p. 448).

Nas sociedades capitalistas por ações criou-se novo embuste com o salário de direção, surgindo ao lado e acima do verdadeiro dirigente, conselheiros de administração e supervisão aos quais o título serve de pretexto para espoliarem os acionistas e se enriquecerem. (grifo meu) (Karl Marx – O Capital – O Processo Global de Produção Capitalista – Livro 3 – Volume 5 – p. 448).

> **O que banqueiros e comerciantes ganham por participar na direção de 6 a 9 diferentes companhias pode ilustrar-se com o seguinte exemplo: o balanço particular que Mister Timothy Abraham Curtis, ao falir, apresentou à justiça, registrava uma renda de 800-900 libras por ano, sob o título de cargos diretoriais. Uma vez que Mister Curtis era diretor do Banco da Inglaterra e da Companhia das Índias Orientais, toda sociedade por ações considerava uma felicidade por tê-lo como diretor.** (The City or The Physiology of London Business; with sketches on change, and the coffee Houses, Londres, 1845).

> Os patrões são trabalhadores como seus operários. Nessa qualidade, seus interesses coincidem com os de seus homens. Mas, eles são capitalistas ou agentes de capitalistas, e sob esse aspecto seu interesse se opõe frontalmente ao interesse dos operários. A educação amplamente difundida entre os operários industriais deste país diminui diariamente o valor do trabalho e da habilidade de quase todos os patrões e empregadores, aumentando o número de pessoas que possuem seu conhecimento especializado. (Hdgskin, Labour defended against tje claims of capital etc., Londres, 1825) (grifo meu) (Karl Marx – O Capital – O Processo Global de Produção Capitalista – Livro 3 – Volume 5 – p. 447-448).

> Barreiras convencionais abrandadas e maiores facilidades de educação tendem a rebaixar os salários dos trabalhadores qualificados, em vez de elevar os dos não qualificados (J. St. Mill, Princ. Of Pol. Econ., Londres, 1849) (Karl Marx – O Capital – O Processo Global de Produção Capitalista – Livro 3 – Volume 5 – p. 448).

A remuneração dos diretores dessas sociedades por cada reunião semanal é no mínimo de 21 marcos. Nos processos da justiça falimentar vê-se que esse salário de direção está em regra na razão inversa da supervisão realmente exercida por esses diretores nominais. (Karl Marx – O Capital – O Processo Global de Produção Capitalista – Livro 3 – Volume 5 – p. 449).

A RELAÇÃO CAPITALISTA REIFICADA NA FORMA DO CAPITAL PRODUTOR DE JUROS

No capital produtor de juros, a relação capitalista atinge a forma mais reificada, mais fetichista (fantasiosa, ilusória). (Karl Marx – O Capital – O Processo Global de Produção Capitalista – Livro 3 – Volume 5 – p. 450).

A forma de capital mercantil representa de qualquer modo unidade de duas fases opostas, movimento que se decompõe em duas ocorrências contrárias, a compra e a venda de mercadorias. Isto desaparece em (D – D'), a forma do capital produtor de juros. (Karl Marx – O Capital – O Processo Global de Produção Capitalista – Livro 3 – Volume 5 – p. 450).

O capital produtor de juros é o fetiche autômato perfeito – o valor que se valoriza a si mesmo, dinheiro que gera dinheiro, e nessa forma desaparecem todas as marcas da origem primitiva (D – M – D'). (Karl Marx – O Capital – O Processo Global de Produção Capitalista – Livro 3 – Volume 5 – p. 450).

A relação social reduz-se a relação de uma coisa, o dinheiro, consigo mesma. Em vez da verdadeira transformação do dinheiro em capital, o que se mostra aí é uma forma vazia. Equiparado à força de trabalho, o valor de uso do dinheiro passa a ser o de criar valor, valor maior do que o que nele mesmo se contém. O dinheiro como tal já é potencialmente valor que se valoriza, e como tal é emprestado – o que constitui a forma de venda dessa mercadoria peculiar. (Karl Marx – O Capital – O Processo Global de Produção Capitalista – Livro 3 – Volume 5 – p. 451).

Para a economia vulgar, que pretende apresentar o capital como fonte autônoma do valor, geradora de valor, essa forma é, sem dúvida, suculento achado: nela, não se pode mais reconhecer a fonte do lucro, e o resultado do processo capitalista de produção adquire existência independente, separada do próprio processo. (Karl Marx – O Capital – O Processo Global de Produção Capitalista – Livro 3 – Volume 5 – p. 452).

Na condição de capital dinheiro tornou-se o capital a mercadoria cuja qualidade de valorizar-se tem um preço fixo, expresso pela taxa corrente de juro. (Karl Marx – O Capital – O Processo Global de Produção Capitalista – Livro 3 – Volume 5 – p. 452).

Como capital produtor de juros, e na forma direta de capital dinheiro que rende juros, adquire o capital a forma fetichista pura, (D – D'), como sujeito e coisa vendável: (Karl Marx – O Capital – O Processo Global de Produção Capitalista – Livro 3 – Volume 5 – p. 452-453).

1. por existir constantemente como dinheiro, forma em que se desvanecem todas as particularidades e são imperceptíveis os elementos reais. Dinheiro é exatamente a forma em que se dissolvem as diferenças das mercadorias como valores de uso, e por conseguinte as diferenças entre os capitais industriais consistentes nessas mercadorias e nas condições de produção delas; é a forma em que o valor capital existe como valor de troca autônomo. No processo de reprodução do capital, a forma dinheiro é efêmera, simples elemento transitório. Ao revés, no mercado de dinheiro, o capital existe sempre nessa forma;

2. a mais-valia por ele produzida e que também se apresenta na forma de dinheiro parece inerente à natureza dele. Gerar dinheiro parece tão próprio do capital nessa forma de capital dinheiro, quanto crescer é natural às árvores.

A concepção de o capital ser valor que se reproduz a si mesmo e aumenta na reprodução, graças à propriedade inata de durar e acrescer por toda a eternidade, levou Dr. Price a fabulosas ideias que deixam muito para trás as fantasias dos alquimistas; ideias em que Pitt acreditava piamente, fazendo delas, em suas leis sobre o fundo de amortização da dívida pública, os pilares da política financeira. (Karl Marx – O Capital – O Processo Global de Produção Capitalista – Livro 3 – Volume 5 – p. 454).

> O dinheiro que rende juros compostos cresce, de início, lentamente, mas o ritmo de crescimento acelera-se cada vez mais e, após algum tempo, é tão rápido que desafia a imaginação...

Price ficou simplesmente deslumbrado com a monstruosidade do número resultante da progressão geométrica. Pondo de lado as condições da reprodução e do trabalho, considerava o capital um autômato, mero número que acresce, e assim podia pensar que descobrira a lei de seu crescimento, com a fórmula **S = C((1+j)^n), sendo (S)** Montante do Capital após a aplicação composta do capital a determinada taxa de juros **(J)**, em determinado prazo de empréstimo **n** (período de dias, meses ou anos) (grifo meu) (Karl Marx – O Capital – O Processo Global de Produção Capitalista – Livro 3 – Volume 5 – p. 455-456).

Pitt leva a sério a mistificação de Dr. Price. Em 1786, a Câmara dos Comuns resolveu levantar 1 milhão de libras esterlinas para a receita pública. Segundo Price, em quem Pitt acreditava, nada naturalmente melhor que tributar o povo, acumular a soma que se arrecadasse e assim exorcizar a dívida pública com o mistério do juro composto. Àquela resolução da Câmara dos Comuns logo seguiu uma lei, de iniciativa de Pitt, dispondo sobre a acumulação de 250.000 libras esterlinas,

> até que, com as anuidades vencidas, o fundo tenha atingido 4 milhões de libras esterlinas por ano. (Lei 31, de ano 26 do reinado de Jorge III) (Karl Marx – O Capital – O Processo Global de Produção Capitalista – Livro 3 – Volume 5 – p. 456).

Em seu discurso de 1792, em que Pitt propôs que se aumentasse a soma destinada ao fundo de amortização, apontou entre as causas da supremacia da Inglaterra, máquinas, crédito etc., mas,

> a acumulação, como a causa mais importante e mais duradoura. Esse princípio, disse, está perfeitamente exposto e bastante explicado na obra de Smith, esse gênio... Essa acumulação dos capitais se efetiva pondo-se de lado pelo menos parte do lucro anual para aumentar a soma principal, que é da mesma maneira aplicada no ano seguinte, obtendo-se assim lucro contínuo. (Karl Marx – O Capital – O Processo Global de Produção Capitalista – Livro 3 – Volume 5 – p. 456).

Graças a Dr. Price, Pitt transforma a teoria da acumulação de Smith na do enriquecimento de um povo por meio da acumulação de dívidas e num doce crescendo atinge o infinito dos empréstimos, empréstimos para pagar empréstimos. (Karl Marx – O Capital – O Processo Global de Produção Capitalista – Livro 3 – Volume 5 – p. 456).

A economia moderna está inconscientemente impregnada da concepção de Dr. Price, e essa influência aparece na seguinte passagem do Economist: (Karl Marx – O Capital – O Processo Global de Produção Capitalista – Livro 3 – Volume 5 – p. 456-457).

> Capital, com juros compostos sobre toda porção de capital poupada, absorve tudo com tal ímpeto que toda a riqueza do mundo da qual deriva renda já se tornou, há muito tempo, juro de capital... Toda renda fundiária hoje é pagamento de juro sobre capital antes empregado na terra. (Economist, 19 de julho de 1851).

Na qualidade de capital a juros, pertence toda riqueza que pode ser produzida e tudo o que recebeu até agora não é mais que pagamento por conta de seu apetite insaciável. (Karl Marx – O Capital – O Processo Global de Produção Capitalista – Livro 3 – Volume 5 – p. 457).

O processo de acumulação do capital pode ser considerado acumulação de juros compostos, no sentido de poder chamar-se de juro a parte do lucro (mais-valia) que é reconvertida em capital e serve para absorver novo trabalho excedente. Mas: (Karl Marx – O Capital – O Processo Global de Produção Capitalista – Livro 3 – Volume 5 – p. 458-459).

1. omitidas todas as perturbações fortuitas, deprecia-se mais ou menos, no curso do processo de reprodução, grande parte do capital existente, pois o valor das mercadorias se determina não pelo tempo de trabalho que originalmente custa produzi-las, mas pelo que custa reproduzi-las, e esse tempo diminui constantemente em virtude do desenvolvimento da produtividade social do trabalho. Por isso, em nível superior da produtividade social, todo capital existente aparece como resultado de um tempo de reprodução relativamente bem curto, e não de um longo processo em que se poupa capital;

2. a taxa de lucro diminui na proporção em que aumenta a acumulação de capital e acresce a correspondente produtividade do trabalho social, a qual se expressa no decréscimo relativo cada vez mais acentuado da parte variável do capital, comparada com a constante. Para produzir a mesma taxa de lucro, se o trabalhador passa a movimentar um capital constante dez vezes maior, é mister que decuplique também o tempo de trabalho excedente, e logo nem o tempo todo de trabalho daria para isso, mesmo que o capital se apoderasse das 24 horas do dia. Entretanto, é na ideia de que não diminui a taxa de lucro que se baseia a progressão de Price e, em geral, o capital a juros compostos que absorve tudo.

> É claro que nenhum trabalho, nenhuma produtividade, nenhum engenho e nenhuma arte podem corresponder às exigências avassaladoras dos juros compostos. Mas, toda poupança provém da renda do capitalista, e por isso essas exigências são sem cessar feitas e a força produtiva do trabalho se recusa sem cessar a satisfazê-las. Assim estabelece-se constantemente uma espécie de equilíbrio. (Hodgskin Labour defended against the claims of capital).

Em virtude da identidade entre mais-valia e trabalho excedente, estabelece-se limite qualitativo à acumulação de capital: a jornada total de trabalho, as forças produtivas e a população que, de acordo com seu nível, limitam o número das jornadas de trabalho simultaneamente exploráveis. Ao revés, se a mais-valia for considerada na forma irracional do juro, o limite é apenas quantitativo e desafia qualquer imaginação. (Karl Marx – O Capital – O Processo Global de Produção Capitalista – Livro 3 – Volume 5 – p. 459).

No capital produtor de juros está perfeita e acabada a representação fetichista do capital, a ideia que atribui ao produto acumulado do trabalho e por cima configurado em dinheiro, a força de produzir automaticamente mais-valia em progressão geométrica em virtude de qualidade inata e oculta. Desse modo, esse produto acumulado do trabalho, conforme opina o "Economist", há muito já fez o desconto com que adquiriu para sempre a riqueza toda do mundo, a qual então lhe pertenceria e caberia de direito. Aí, o produto de trabalho passado, o próprio trabalho passado, de per si, está fecundado por uma porção de trabalho excedente, presente ou futuro. Todavia, sabemos que, na realidade, a conservação do valor dos produtos de trabalho passado resulta apenas de seu contato com o trabalho vivo; e que o comando dos produtos do trabalho passado sobre trabalho excedente vivo durará somente o tempo que durar a relação capitalista, a relação social determinada que põe o trabalho passado em posição autônoma e preponderante para com o trabalho vivo. (Karl Marx – O Capital – O Processo Global de Produção Capitalista – Livro 3 – Volume 5 – p. 459).

CRÉDITO E CAPITAL FICTÍCIO

A respeito do crédito em geral, Tooke diz: (Karl Marx – O Capital – O Processo Global de Produção Capitalista – Livro 3 – Volume 5 – p. 462).

> O crédito, em sua expressão mais simples, é a confiança, com ou sem base, que leva alguém a entregar a outrem certo montante de capital, em dinheiro ou em mercadorias, com valor monetariamente fixado, montante que deve sempre ser pago após o decurso de determinado prazo. Quando o capital é emprestado em dinheiro, seja em bilhetes de banco, em crédito aberto ou em ordem a ser paga por um correspondente, acrescenta-se tantos por cento sobre a soma a devolver, pelo uso do capital. No caso de mercadorias, a soma fixada a pagar inclui uma compensação pelo uso do capital e pelo risco assumido até o dia do vencimento. Em troca de créditos dessa espécie emitem-se em regra compromissos de pagamento com datas de vencimento determinadas. E essas obrigações ou promessas transferíveis constituem meio que geralmente capacitam os emprestadores a tomar emprestado ou a comprar mais barato antes do vencimento das letras, pois o próprio crédito se reforça com o da outra assinatura que já está na letra. (Inquiry into the currency principle).

Ch. Coquelin, *Du Crédit et des banques dans l'industrie*, em Revue des deux Mondes, 1842, tomo 31: (Karl Marx – O Capital – O Processo Global de Produção Capitalista – Livro 3 – Volume 5 – p. 462-463).

> Em todo país, a maioria dos negócios de crédito efetua-se na própria esfera das relações industriais [...]. O produtor da matéria-prima adianta-a ao fabricante que a transforma e dele recebe promessa de pagamento que se vence em data fixada. O fabricante, após executar o trabalho que lhe cabe, por sua vez e nas mesmas condições, adianta seu produto a outro fabricante que deve submetê-lo a nova transformação, e assim o crédito vai se estendendo de um para outro até chegar ao consumidor. O atacadista adianta mercadorias ao retalhista, depois de tê-las recebido do fabricante ou do comissário. Cada um toma emprestado com uma mão e empresta com a outra, às vezes dinheiro e com frequência bem maior, produtos. Assim ocorre nas relações industriais, troca infindável de adiantamentos, que se combinam e se cruzam em todos os sentidos. O desenvolvimento do crédito consiste justamente em se multiplicarem e crescerem esses adiantamentos recíprocos, e aí está a verdadeira fonte de sua força.

O outro aspecto do sistema de crédito liga-se à ampliação do comércio de dinheiro, a qual, na produção capitalista, segue naturalmente o ritmo de desenvolvimento do comércio de mercadorias. (Karl Marx – O Capital – O Processo Global de Produção Capitalista – Livro 3 – Volume 5 – p. 463).

Ligado ao comércio de dinheiro desenvolve-se o outro aspecto do sistema de crédito, a administração do capital produtor de juros ou do capital dinheiro como função particular dos banqueiros. Tomar dinheiro emprestado e emprestá-lo torna-se negócio especial deles. São os intermediários entre o verdadeiro emprestador e o prestatário de capital dinheiro. De modo geral, o negócio bancário, sob esse aspecto, consiste em concentrar grandes massas de capital dinheiro a emprestar, e assim, em vez do prestamista isolado, os banqueiros, representando todos os prestamistas, se confrontam com os capitalistas industriais e comerciais. Tornam-se administradores gerais do capital dinheiro. Além disso, concentram todos os prestatários perante todos os prestamistas, ao tomarem emprestado para todo o mundo comercial. Um banco representa, de um lado, a centralização do capital dinheiro, dos emprestadores, e, do outro, a dos prestatários. Em geral, seu lucro consiste em tomar emprestado a juro mais baixo que aquele a que empresta. (Karl Marx – O Capital – O Processo Global de Produção Capitalista – Livro 3 – Volume 5 – p. 463).

Flui de vários modos para os bancos o capital de que dispõem: (Karl Marx – O Capital – O Processo Global de Produção Capitalista – Livro 3 – Volume 5 – p. 464).

1. concentra-se neles, que são os caixas dos capitalistas industriais, o capital dinheiro que todo produtor ou comerciante detém como fundo de reserva ou recebe em pagamento. Os fundos de reserva se convertem assim em capital dinheiro a emprestar. Por isso, limita-se ao mínimo necessário o fundo de reserva do mundo comercial, concentrado num fundo comum, e do capital dinheiro, a parte que de outro modo ficaria dormindo como fundo de reserva é emprestada, exercendo a função de capital produtor de juros;

2. o capital de empréstimo dos bancos constitui-se dos depósitos dos capitalistas financeiros que lhes transferem a tarefa de emprestá-los. Com o desenvolvimento do sistema bancário e notadamente desde que os bancos pagam juro por depósitos, põem-se neles ainda as poupanças de dinheiro e o dinheiro momentaneamente vadio, de todas as classes. Pequenas somas, cada uma de per si, incapazes de operar como capital dinheiro, se fundem em grandes massas e assim formam poder financeiro. A ação do sistema bancário destinada a aglomerar quantias pequenas deve ser distinguida de sua mediação entre os capitalistas financeiros propriamente ditos e os prestatários. Por fim, depositam-se nos bancos as rendas que se consomem gradualmente.

Empresta-se por meio do desconto de letras – convertendo-as em dinheiro antes do vencimento – e por meio de adiantamentos em diversas formas: diretos na base de crédito pessoal, garantidos por papéis rentáveis, títulos públicos, ações de todos os tipos, e notadamente adiantamentos sobre conhecimentos de embarque, warrants e outros certificados de propriedade sobre mercadorias, além de empréstimos a descoberto etc. (Karl Marx – O Capital – O Processo Global de Produção Capitalista – Livro 3 – Volume 5 – p. 464).

O crédito que o banqueiro dá pode ter diversas formas, por exemplo, letras e cheques contra outro banco ou aberturas de crédito a outro banco e, por fim, bilhetes de banco, no caso de bancos emissores. O bilhete de banco nada mais é do que uma letra contra o banqueiro, pagável ao portador a qualquer momento, o que para o banqueiro faz as vezes de letra de câmbio particular. Tal forma de crédito impressiona ao leigo e lhe parece de grande importância, primeiro, porque essa espécie de dinheiro de crédito sai da mera circulação comercial e entra na circulação geral, funcionando aí como dinheiro; depois, porque, na maioria dos países, os bancos principais, emissores de bilhetes, na realidade têm atrás de si o crédito nacional, e seus bilhetes têm curso mais ou menos legal. Assim, fica evidente que a função do banqueiro é negociar com o crédito mesmo, pois o bilhete de banco somente simboliza crédito em todas as outras formas, mesmo quando adianta dinheiro efetivamente depositado em seu estabelecimento. De fato, o bilhete de banco apenas constitui a moeda do comércio atacadista, e o principal para os bancos é sempre o depósito. A melhor prova disso fornecem os bancos escoceses. (Karl Marx – O Capital – O Processo Global de Produção Capitalista – Livro 3 – Volume 5 – p. 464-465).

> O negócio dos banqueiros é duplo [...]:
>
> 1) Recolher capital daqueles que não têm em que o empregar diretamente e reparti-lo, transferindo-o a outros que podem utilizá-lo;
>
> 2) Receber depósitos de rendas de seus fregueses e entregar-lhes a importância de que precisem para as despesas de consumo.
>
> No primeiro caso, temos circulação de capital, e, no segundo, circulação de dinheiro (currency). Num caso, temos concentração de capital, seguida de distribuição; no outro, administração da circulação para as necessidades locais da circunvizinhança. (Tooke Inquiry into the currency principle).

J. W. Gilbert, *The History and principles of banking*, Londres, 1834, diz: (Karl Marx – O Capital – O Processo Global de Produção Capitalista – Livro 3 – Volume 5 – p. 466).

> O capital de um banco consiste em duas partes: o capital investido e o capital bancário (banking capital), recebido de empréstimo.
>
> O capital bancário ou tomado de empréstimo obtém-se por três meios:
>
> 1) recebimento de depósito;
>
> 2) emissão de bilhetes de banco próprios.
>
> 3) emissão de letras.
>
> Se alguém me emprestar grátis 100 libras, e se as empresto a outrem a juros de 4%, ganharei, decorrido um ano, 4 libras. Do mesmo modo, se alguém aceitar minha promessa de pagar (I promise to pay é a fórmula usual dos bilhetes de banco ingleses) e devolver-me a quantia no fim do ano, pagando-me juros de 4%, como se lhe tivesse emprestado 100 libras esterlinas, ganharei com o negócio, 4 libras... Aí está um resumo objetivo das operações de um banco e da maneira como se cria capital bancário por meio de depósitos, bilhetes de banco e letras.
>
> Em geral, o lucro de um banqueiro é proporcional ao montante do capital recebido de empréstimo, o capital bancário. Para averiguar-se o lucro efetivo de um banco, é mister deduzir do lucro bruto o juro sobre o capital investido. O resto é lucro do banco.
>
> O banqueiro adianta aos clientes o dinheiro dos outros.
>
> Os banqueiros que não emitem bilhetes de banco são justamente os que criam capital bancário descontando letras. Aumentam os depósitos por meio de operações de desconto. Os banqueiros londrinos só descontam para as firmas que neles mantêm conta de depósito.

Uma firma que desconta letras em seu banco e paga juros sobre a importância total dessas letras tem de deixar nas mãos do banco parte dessa importância, sem por isso receber juros. Desse modo o banqueiro recebe, sobre o dinheiro adiantado, taxa de juro maior que a corrente e cria um capital bancário por meio do saldo remanescente em suas mãos.

Economia resultante dos fundos de reserva, depósito, cheques: (Karl Marx – O Capital – O Processo Global de Produção Capitalista – Livro 3 – Volume 5 – p. 467).

Transferindo saldos, os bancos de depósito economizam o emprego dos instrumentos monetários, e com soma reduzida de dinheiro efetivo consumam negócios de elevado montante. O dinheiro assim liberado emprega-o o banqueiro em adiantamentos aos clientes por meio de descontos etc. Assim, a transferência dos saldos aumenta a eficácia do sistema de depósitos.

Tanto faz que duas firmas que transacionam entre si operem com o mesmo banco ou com bancos diferentes, pois na Câmara de Compensação os banqueiros trocam entre si os cheques que elas emitem. Com a transferência, o sistema de depósitos poder-se-ia ampliar a ponto de suprimir a utilização do dinheiro metálico. Se todo mundo mantivesse uma conta de depósito no banco e fizesse os pagamentos por meio de cheques, estes constituiriam o meio circulante todo. Nesse caso, seria mister supor que os bancos teriam o dinheiro em seu poder, pois do contrário os cheques não teriam valor.

Hoje já não mais precisamos de cheque ou moeda para pagamento de consumo. Basta utilizar o aplicativo de qualquer banco no qual se mantêm uma conta corrente e receber ou pagar transferências e contas de consumo. E, pela autorização de débitos em conta, os bancos debitam na conta do cliente e transferem o dinheiro para a empresa que emitiu a fatura.

A centralização dos movimentos locais nas mãos dos bancos é assegurada: (grifo meu) (Karl Marx – O Capital – O Processo Global de Produção Capitalista – Livro 3 – Volume 5 – p. 467-468).

1. por filiais; os bancos provinciais têm filiais nas cidades menores de sua área, e os bandos de Londres, nos diversos bairros da Cidade;

2. por representantes ou agentes.

Todo banco provincial tem agente em Londres, para aí pagar seus bilhetes de banco ou letras e receber dinheiro depositado por habitantes de Londres em favor de pessoas que moram na província.

Todo banqueiro recebe os bilhetes do outro, mas não os passa adiante. Em toda grande cidade reúnem-se uma ou duas vezes por semana e trocam os bilhetes. O saldo é pago mediante ordem a Londres.

O objetivo dos bancos é facilitar os negócios. Tudo o que facilita os negócios, facilita a especulação. Em muitos casos, negócio e especulação se entrelaçam tanto que é difícil dizer onde acaba o negócio e onde começa a especulação [...]. Por toda parte onde há bancos é mais fácil e mais barato obter capital.

Quanto maior a facilidade com que se obtém adiantamentos sobre mercadorias não vendidas, tanto mais se tomam esses adiantamentos e maior a tentação de fabricar mercadorias ou lançar mercadorias já fabricadas em mercados distantes, com o objetivo único de conseguir adiantamentos de dinheiro. A história comercial da Inglaterra de 1845 a 1847 ilustra, de maneira contundente, como todo o mundo de negócios de um país pode envolver-se nesse gênero de especulação, e a que leva esse embuste. (Karl Marx – O Capital – O Processo Global de Produção Capitalista – Livro 3 – Volume 5 – p. 469).

No fim de 1842, começou a abrandar a depressão que, desde 1837, pesava quase ininterrupta sobre a indústria inglesa. A procura externa de produtos industriais ingleses aumentou ainda mais nos dois anos seguintes. O período de 1845-1846 marcou a fase de maior prosperidade. (Karl Marx – O Capital – O Processo Global de Produção Capitalista – Livro 3 – Volume 5 – p. 469).

Em 1843, a Guerra do Ópio (iniciou-se depois que o governo da China se opôs à entrada no país de ópio que os comerciantes ingleses traziam da Índia) abrira a China ao comércio inglês. O novo mercado constituiu novo pretexto para a expansão da indústria, particularmente da têxtil algodoeira – a China foi derrotada e forçada a abrir seu mercado à Grã-Bretanha, de 1839-1842. (Karl Marx – O Capital – O Processo Global de Produção Capitalista – Livro 3 – Volume 5 – p. 469).

Com a mesma paixão com que se aumentava a produção, empreendia-se a construção de ferrovias; começa a se satisfazer aí, e já desde o verão de 1844, a sede de especulação dos fabricantes e dos comerciantes. Subscreviam-se tantas ações quantas se podiam, ou seja, até onde o dinheiro chegava para os primeiros pagamentos; quanto ao resto, depois se acharia a solução. Quando se venciam os demais débitos a pagar, era mister recorrer ao crédito, e o verdadeiro negócio da firma ficava, na maioria dos casos, prejudicado. (Karl Marx – O Capital – O Processo Global de Produção Capitalista – Livro 3 – Volume 5 – p. 469-470).

Os atraentes lucros elevados tinham incentivado operações bem mais amplas que as possibilitadas pelos recursos líquidos disponíveis. Mas o crédito estava aí fácil de obter e por cima barato – taxa de desconto de 1 ¾ a 2 ¾, inferior à taxa de 3% em 1845, até outubro, elevando-se depois por pouco tempo, até 5% (fevereiro de 1846), caindo, em seguida, em dezembro a 3 ½. (grifo meu) (Karl Marx – O Capital – O Processo Global de Produção Capitalista – Livro 3 – Volume 5 – p. 470).

O Banco da Inglaterra tinha em suas casas-fortes estoques de ouro em quantidade inacreditável. Os valores de bolsa internos subiam a níveis jamais atingidos. Por que, então, perder tão bela oportunidade? Por que não se lançar de corpo e alma nos negócios que se ofereciam? Por que não mandar para os mercados estrangeiros, ávidos de produtos britânicos, todas as mercadorias que se pudessem fabricar? E por que o fabricante não embolsaria o duplo lucro, derivado da venda do fio e do tecido no Extremo Oriente e da venda, na Inglaterra, da carga de retorno obtida na troca? (Karl Marx – O Capital – O Processo Global de Produção Capitalista – Livro 3 – Volume 5 – p. 470).

Assim, surgiu o sistema de consignações em massa contra adiantamentos, destinadas à Índia e à China, e logo se transformou em sistema de consignações apenas por causa do adiantamento, conforme se pormenoriza a seguir, tendo fatalmente por acabar abarrotando os mercados e provocando o craque. (Karl Marx – O Capital – O Processo Global de Produção Capitalista – Livro 3 – Volume 5 – p. 470).

O desmoronamento começou com a má colheita de 1846. A Inglaterra e a Irlanda, especialmente, precisavam importar enormes quantidades de víveres, principalmente trigo e batata. Mas era ínfima a proporção em que os países fornecedores poderiam ser pagos em produtos ingleses. Era mister pagar com metais preciosos, e, pelo menos, 9 milhões em ouro foram remetidos para o exterior. Desse ouro, nada menos que 7 ½ milhões saíram das reservas do Banco da Inglaterra, e por isso a liberdade de movimento dessa instituição ficou sensivelmente tolhida no mercado financeiro; os demais bancos, com suas reservas no Banco da Inglaterra, confundidas de fato com as deste banco, tinham igualmente de reduzir os empréstimos em dinheiro; a corrente rápida e abundante dos pagamentos começou a estancar aqui e ali e depois de maneira geral. O desconto bancário, ainda no nível de 3 a 3 ½, em janeiro de 1847, subiu, em abril, para 7%, quando irrompeu o primeiro pânico. No verão, sobrevém ligeira melhoria transitória, mas, com o malogro da nova colheita, o pânico se desencadeou de novo e com mais violência. A taxa mínima oficial de desconto do Banco da Inglaterra ascendeu a 7%, em outubro, e a 10%, em novembro. As letras, em sua grande maioria, só eram descontáveis mediante enormes juros usurários, quando não o eram de todo. A paralisação geral dos pagamentos levou à falência certo número de firmas de primeira grandeza e inúmeras empresas médias e pequenas. E o próprio banco esteve a pique de falir em virtude das limitações a que foi submetido pela cerebrina lei bancária de 1844. (Karl Marx – O Capital – O Processo Global de Produção Capitalista – Livro 3 – Volume 5 – p. 470-471).

O governo, então, levado pela pressão geral, suspendeu, em 25 de outubro, a lei bancária, afastando, assim, as restrições legais absurdas impostas ao banco. Assim, podia este, sem peias, lançar bilhetes na circulação. Sendo o crédito desses bilhetes garantido realmente pelo crédito da nação, e portanto sólido, abrandou-se logo de maneira decisiva a crise financeira. (Karl Marx – O Capital – O Processo Global de Produção Capitalista – Livro 3 – Volume 5 – p. 471).

Naturalmente, faliram ainda certo número de firmas grandes e pequenas que se encontravam em situação irremediável, mas se ultrapassara a fase aguda da crise – o desconto bancário caiu a 5% em dezembro, e, já no decorrer de 1848, voltou a surgir nos negócios nova animação que enfraqueceu o ímpeto dos movimentos revolucionários do Continente em 1849 e levou, na década dos 1850, a uma prosperidade industrial até então desconhecida, mas que findou também em novo craque em 1857. (Karl Marx – O Capital – O Processo Global de Produção Capitalista – Livro 3 – Volume 5 – p. 471).

Em 1848, a Câmara dos Lordes organizou uma comissão secreta para investigar as causas da crise de 1847. Mas os depoimentos prestados perante a comissão só foram publicados em 1857 (Minutes of Evidence, taken before the Secret Commmittee of the H. Of L. Appointed to inquire into the cause of distresss etc., 1857; documento aqui citado pela sigla C.D., 1848-1857). Nele, Mister Lister, diretor do Union Bank de Liverpool, diz, entre outras coisas: (Karl Marx – O Capital – O Processo Global de Produção Capitalista – Livro 3 – Volume 5 – p. 476-477).

2.444: Na primavera de 1847, houve espantosa expansão do crédito... pois homens de negócios transferiram capital da própria empresa para as ferrovias, mas queriam manter seu negócio na mesma escala. No início, todos pensavam provavelmente que pudessem vender com lucro as ações ferroviárias e assim repor o dinheiro do negócio. Ao verificar talvez que isso não era possível, recorreram ao crédito para substituir os pagamentos que antes eram feitos à vista. Surgiu daí expansão do crédito.

2.500: Essas letras que acarretaram prejuízos aos bancos que as tomaram eram garantidas principalmente por trigo ou por algodão? [...] Eram letras sobre produtos de toda espécie, trigo, algodão, açúcar e mercadorias de todos os tipos. Nada houve então, excetuado talvez o óleo, que não baixasse de preço;

2.506: Um corretor que aceita uma letra, não a aceita sem estar bastante coberto, inclusive contra queda de preço da mercadoria que serve de garantia.

2.512: Emitem-se duas espécies de letras relativas a mercadorias vendidas. Uma primeira espécie pertence a letra original sacada de além-mar sobre o importador [...]. As letras assim emitidas com frequência se vencem antes de os produtos chegarem. Por isso, o comerciante, sem ter dinheiro bastante ao chegar a mercadoria, empenha-a ao corretor até que possa vendê-la. Uma segunda espécie de letra é sacada então pelo comerciante de Liverpool sobre o corretor, garantida por aquela mercadoria [...]. Daí em diante é problema do banqueiro verificar se o corretor tem a mercadoria e até quanto adiantou sobre ela. É mister que ele se convença de que o corretor tem cobertura para reembolsar-se em caso de perda.

2.516: Recebemos também letras do exterior [...]. Alguém compra no estrangeiro uma letra sacada sobre a Inglaterra e remete-a a uma firma inglesa; a letra não nos diz se ela foi emitida de maneira sensata ou não, se representa produtos vendidos ou é simples papagaio.

2.533: O Senhor disse que os produtos estrangeiros de quase todas as espécies eram vendidos com grande prejuízo. Acha que isso decorria de especulação injustificável com esses produtos?

R: A origem estava nas importações excessivas, sem haver o consumo correspondente para absorvê-los. Tudo indica que o consumo baixou consideravelmente.

2.534: Em outubro [...] os produtos eram quase invendáveis.

No mesmo relatório, Samuel Guerney, de Overend, Gurney & Co., fala sobre o "salve-se quem puder" que se apodera de todos, na fase culminante do craque:(Karl Marx – O Capital – O Processo Global de Produção Capitalista – Livro 3 – Volume p. – p. 477-478).

1.262: Quando reina o pânico, o que preocupa o homem de negócios não é a taxa a que pode empregar seus bilhetes de banco, nem a perda de 1 ou 2% que terá com a venda de seus títulos do tesouro ou de seus papéis de 3%. Se está sob a influência do pânico, não lhe importa ganhar ou perder. Procura pôr-se a salvo, e o resto do mundo que se arranje.

Perante a Comissão da Câmara dos Comuns para as leis bancárias (citada pela sigla V. C.), Mister Alexander, comerciante ligado a negócios com as Índias Orientais, fala sobre a saturação recíproca dos dois mercados: (Karl Marx – O Capital – O Processo Global de Produção Capitalista – Livro 3 – Volume 5 – p. 478).

4.330: Neste momento, se adianto 6 xelins em Manchester, só reembolso 5 xelins na Índia, e se desembolso 6 xelins na Índia, recebo 5 xelins em Londres.

Assim, o mercado indiano estava abarrotado pela Inglaterra e igualmente o mercado inglês pelas Índias. Era o que sucedia no verão de 1857, dez anos apenas após a amarga experiência de 1847 [...].

ACUMULAÇÃO DE CAPITAL DINHEIRO – SUA INFLUÊNCIA NA TAXA DE JURO

Na Inglaterra há contínua acumulação de riqueza adicional, tendendo a assumir finalmente a forma monetária. Depois do anseio de ganhar dinheiro, o mais imperioso é o de desembaraçar-se dele mediante qualquer aplicação que proporcione juro ou lucro; pois o dinheiro de per si nada rende. Se, justamente com esse constante afluxo de capital que sobra, não se dá expansão progressiva e suficiente das atividades, estamos expostos a acumulações periódicas de dinheiro procurando aplicação, as quais são mais ou menos importantes conforme as circunstâncias. Durante muitos anos a dívida pública absorvia grandemente a riqueza que sobrava na Inglaterra. Depois de ter atingido o máximo em 1816, deixou de absorvê-la, e assim todo ano havia uma soma de 27 milhões pelo menos, que procurava outra oportunidade de investimento [...]. Empreendimentos que precisam de muito capital para se efetivar... são absolutamente necessários, pelo menos em nosso país, para aproveitar as riquezas excedentes da sociedade, juntadas periodicamente, e que não podem colocar-se nos ramos habituais de investimento (The currency theory reviewed, Londres, 1845) (Karl Marx – O Capital – O Processo Global de Produção Capitalista – Livro 3 – Volume 5 – p. 479).

Seguem extratos do relatório parlamentar Commercial Distress, 1847-1848 – com a má colheita e a falta geral de víveres de 1846-47, tornou-se necessário importar grande quantidade de alimentos. (Karl Marx – O Capital – O Processo Global de Produção Capitalista – Livro 3 – Volume 5 – p. 480).

Daí a importação exceder muito a exportação [...]. Daí considerável retirada de dinheiro dos bancos e pressão acrescida sobre os corretores de desconto, de pessoas que tinham letras a descontar; os corretores começaram então a examinar cuidadosamente as letras. Limitou-se muito a prorrogação dos títulos e quebraram as firmas de pouca solidez. Faliram os que se escoraram apenas no crédito. Aumentou assim, a inquietação que antes já se fazia sentir. Banqueiros e outros interessados viram que não podiam mais, com aquela segurança antiga, esperar que as letras e outros títulos se transformassem em bilhetes de banco, para poderem dar conta de suas obrigações; reduziram ainda mais as prorrogações e com frequência as recusavam de plano. Em muitos casos guardavam a sete chaves os bilhetes de banco para cobrir as próprias obrigações futuras; preferiam não se desfazer deles. Cada dia eram maiores a intranquilidade e a confusão, e, não fora a carta de Lorde Jon Russel, a bancarrota seria geral.

A Carta de Russel suspendia os efeitos da lei bancária – Charles Turner, declara: (Karl Marx – O Capital – O Processo Global de Produção Capitalista – Livro 3 – Volume 5 – p. 481).

Havia firmas que dispunham de grandes recursos mas que não possuíam liquidez. O capital todo estava imobilizado em terras na Ilha Maurício ou em fábricas de anil ou de açúcar. Depois de terem assumido compromissos de 500 a 600 mil libras esterlinas, não dispunham de meios líquidos para pagar as letras correspondentes, e por fim verificou-se que só poderiam pagar as letras mediante crédito e até onde este chegasse.

No século atual, muitos investidores, por certo, investiram e estão investindo muito dinheiro em Dubai – o mais recente paraíso do dinheiro especulativo no mercado imobiliário, e talvez de caixa dois, investido por bilionários do mundo capitalista.

O mencionado S. Gurney: (Karl Marx – O Capital – O Processo Global de Produção Capitalista – Livro 3 – Volume 5 – p. 481).

1.664: Atualmente (1848) restringem-se os negócios e há grande sobra de dinheiro.

1.763: Não acredito que tenha sido a escassez de capital que fez subir tanto a taxa de juro; foi o alarme, a dificuldade de obter bilhetes de banco.

Em 1847, a Inglaterra pagou pelo menos 9 milhões de libras esterlinas em ouro ao estrangeiro, por alimentos importados. Delas, 7 ½ milhões saíram do Banco da Inglaterra e o restante de outras fontes – Morris, governador do Bando da Inglaterra: (Karl Marx – O Capital – O Processo Global de Produção Capitalista – Livro 3 – Volume 5 – p. 481).

Em 23 de outubro de 1847, os fundos públicos e as ações dos canais e das ferrovias já estavam depreciados de 11.752.225 libras esterlinas.

O mesmo Morris interrogado por Lord G. Bentinck: (Karl Marx – O Capital – O Processo Global de Produção Capitalista – Livro 3 – Volume 5 – p. 481).

3.846: não sabia que todo capital empregado em papéis e produtos de toda espécie se depreciou da mesma maneira, que matérias-primas, algodão, seda, lã, foram remetidos para o Continente a preços vis, e que açúcar, café e chá foram vendidos em hasta pública?

R: Era inevitável que a Nação fizesse grande sacrifício para contrabalançar a saída de ouro, causada pela enorme importação de alimentos.

Não lhe parece que teria sido melhor deixar que se exaurissem os 8 milhões de libras guardadas nas casas-fortes do Banco, em vez de procurar recuperar o ouro com tanto sacrifício?

R: Não acredito.

O reverso desse heroísmo: Disraeli interroga W Cotton, diretor e ex-governador do Banco da Inglaterra. (Karl Marx – O Capital – O Processo Global de Produção Capitalista – Livro 3 – Volume 5 – p. 482).

Em 1844, qual foi o dividendo recebido pelos acionistas do Banco? - 7%;

E o dividendo de 1847? - 9%.

No ano em curso paga o Banco o imposto de renda dos acionistas? - Sem dúvida;

Fez isso em 1844? - Não.

Então, a lei bancária de 1844 favoreceu muito os acionistas... Por conseguinte, a partir da introdução da nova lei, os dividendos dos acionistas subiram de 7% para 9%, e, além disso, o Banco paga o imposto de renda que antes os acionistas tinham de pagar? - Exatamente.

Sobre o entesouramento nos bancos durante a crise de 1847, diz Mister Pease, banqueiro de província: (Karl Marx – O Capital – O Processo Global de Produção Capitalista – Livro 3 – Volume 5 – p. 482).

4.605: Sendo o banco obrigado a aumentar cada vez mais a taxa de juro, generalizaram-se os temores; os bancos provinciais aumentaram os montantes de numerário e de bilhetes em seu poder, e muitos de nós que costumávamos manter apenas uma provisão de algumas centenas de libras esterlinas em ouro ou bilhetes de banco, passamos logo a armazenar milhares em cofres e escrivaninhas, pois reinava grande incerteza no que se refere a descontos e à capacidade de circulação das letras no mercado, daí resultando entesouramento geral.

Um membro da Comissão observa: (Karl Marx – O Capital – O Processo Global de Produção Capitalista – Livro 3 – Volume 5 – p. 482).

4.691: Por conseguinte, qualquer que tenha sido a causa no decurso dos últimos 12 anos, o resultado foi de qualquer modo mais favorável ao judeu e ao comerciante de dinheiro que à classe produtiva em geral.

Quanto o banqueiro explora em época de crise, diz-nos Tooke: (Karl Marx – O Capital – O Processo Global de Produção Capitalista – Livro 3 – Volume 5 – p. 482).

Em 1847, as empresas metalúrgicas de Warwickshire e Staffordshire recusaram muitas encomendas, porque o juro que o fabricante tinha de pagar para descontar suas letras bastava para devorar o lucro inteiro e mais.

Tomemos agora outro relatório parlamentar já citado, Report of Select Committee on Bank Acts, communicated from the Commons to the Lords, 1857. Nele, Mister Norman, diretor do Banco da Inglaterra e um dos luminares entre os adeptos do *currency principle*, aparece interrogado como segue: (Karl Marx – O Capital – O Processo Global de Produção Capitalista – Livro 3 – Volume 5 – p. 483).

3.635: Segundo seu parecer, a taxa de juro depende não da quantidade de bilhetes de banco, mas da oferta e procura de capital. Quer dizer-nos o que entende por capital, abstraindo de bilhetes de banco e moeda metálica?

R: Creio que a definição costumeira de capital é: mercadorias ou serviços utilizados na produção.

3.636: Quando fala de taxa de juro, o termo capital abrange todas as mercadorias?

R: Todas as mercadorias empregadas na produção.

3.637: Inclui tudo isso no termo capital, quando fala da taxa de juro?

R: Sem dúvida. Admitamos que um fabricante precise de algodão para seu estabelecimento; para arranjá-lo, provavelmente obtém adiantamento do banqueiro, e com os bilhetes de banco recebidos vai a Liverpool e faz sua compra. Algodão é o que realmente precisa; não precisa de bilhetes de banco nem de ouro, exceto na função de meios de adquirir algodão. Precisa também de meios para pagar os empregados; novamente toma de empréstimos bilhetes com que paga os empregados; e estes por sua vez precisam de alimentação e moradia, e o dinheiro é o meio de pagá-las.

3.638: Mas, é pelo dinheiro que se paga juro?

R: Por certo, em primeira instância; mas, figuremos outro caso. Imaginemos que o fabricante compre o algodão fiado, sem valer-se do adiantamento do Banco; o juro então se mede pela diferença entre o preço à vista e o preço a crédito, a ser pago no vencimento. Juro haveria, mesmo se não existisse dinheiro.

Esses presunçosos disparates assentam muito bem nesse baluarte do *currency principle*. (Karl Marx – O Capital – O Processo Global de Produção Capitalista – Livro 3 – Volume 5 – p. 483).

Explicações de Samuel Jones Loyd, por que toma 10% por seu dinheiro, considerando que o capital é tão raro no país: (Karl Marx – O Capital – O Processo Global de Produção Capitalista – Livro 3 – Volume 5 – p. 485).

As flutuações da taxa de juros decorrem de uma de duas causas: ou da variação do valor do capital, ou da variação na quantidade de dinheiro existente no país. Todas as grandes flutuações da taxa de juros, medidas pela duração ou pela magnitude, relacionam-se claramente com variações no valor do capital. Não há melhor ilustração prática desse fato que a alta da taxa de juro em 1847 e de novo nos dois últimos anos (1855-56); as flutuações menores da taxa de juros, oriundas de variação no montante do dinheiro existente são fracas em magnitude e em duração. São frequentes, e quanto mais frequentes, tanto mais eficazmente atingem o objetivo.

O de enriquecer os banqueiros do estilo de Overstone. Admira a candidez de nosso amigo Samuel Gurney falando a respeito do assunto perante a Comissão da Câmara dos Lordes (D.D., 1848): (Karl Marx – O Capital – O Processo Global de Produção Capitalista – Livro 3 – Volume 5 – p. 485).

1.324: Segundo seu parecer, as grandes flutuações da taxa de juros, ocorridas no ano passado, foram ou não vantajosas para os banqueiros e corretores de dinheiro?

R: Acho que foram vantajosas. Todas as flutuações são vantajosas para quem sabe oportunamente.

1325: Com a alta da taxa de juro não acabaria o banqueiro perdendo em virtude do empobrecimento de seus melhores clientes?

R: Não, não creio que se produza esse efeito em grau apreciável.

Em 1847, a procura de capital dinheiro aumentou por diversas razões. Trigo mais caro, preços ascendentes do algodão, açúcar invendável com a superprodução, especulação ferroviária e craque; saturação dos mercados estrangeiros com artigos de algodão; as exportações e importações forçadas para a Índia e da Índia, constituindo mero pretexto para emitir papagaios. Todos esses fatores, o excesso da produção industrial e o decréscimo da agrícola, causas bem diversas, portanto, provocaram aumento da procura de capital dinheiro, ou seja, de crédito e dinheiro. O acréscimo da procura de capital dinheiro tinha origem na marcha do próprio processo de produção. Mas, qualquer que fosse a causa, era a procura de capital dinheiro que fazia subir a taxa de juros, o valor do capital dinheiro. Se Overstone quer dizer que o valor do capital dinheiro subiu, porque subiu, temos simples tautologia. Se entende por "valor do capital" a taxa de lucro que ascende como causa da elevação da taxa de juro, esse modo de ver também se patenteia falso. A procura de capital dinheiro, e por conseguinte o "valor do capital", pode aumentar, embora o lucro caia; ao diminuir a oferta relativa de capital dinheiro, sobe seu valor. (Karl Marx – O Capital – O Processo Global de Produção Capitalista – Livro 3 – Volume 5 – p. 486).

Overstone pretende demonstrar que a crise de 1847 e a concomitante alta taxa de juro nada tinham que ver com a quantidade de dinheiro existente, isto é, com as disposições da lei bancária de 1844, por ele inspiradas, quando, na realidade, tinham relação com ela, na medida em que o temor de esgotamento da reserva bancária ajuntava à crise de 1847-48 o pânico financeiro. (Karl Marx – O Capital – O Processo Global de Produção Capitalista – Livro 3 – Volume 5 – p. 486-487).

Havia carência de capital dinheiro causada pela magnitude desmensurada das operações, comparadas com os meios disponíveis; ela manifestou-se por se ter perturbado o processo de reprodução com a má colheita, com investimento excessivo em ferrovias, com superprodução particularmente em artigos da indústria algodoeira têxtil, com os negócios fictícios indianos e chineses, com a especulação, importações excessivas de açúcar etc. (grifo meu) (Karl Marx – O Capital – O Processo Global de Produção Capitalista – Livro 3 – Volume 5 – p. 487).

Quando o trigo caiu a 60 xelins por quarter, o que faltava às pessoas que o compraram a 120 por quarter, eram os 60 xelins que pagaram a mais e o correspondente crédito em adiantamento sobre o trigo. Não era portanto escassez de bilhetes de banco que as impedia de converter o trigo em dinheiro, ao antigo preço de 120 xelins. O mesmo se aplica aos que importaram em excesso açúcar que quase ficou invendável. Estende-se também aos que imobilizaram o capital de giro em ações das ferrovias, esperando repô-lo em seu negócio legítimo, com o crédito. Tudo isso, para Overstone, se reduz à percepção moral do valor acrescido do dinheiro que se tem (a moral *sense of enhanced value of his money*). Mas, a esse valor acrescido do capital dinheiro, por outro lado, correspondia diretamente à queda do valor monetário do capital real (capital mercadoria e capital produtivo) (Karl Marx – O Capital – O Processo Global de Produção Capitalista – Livro 3 – Volume 5 – p. 487).

Quanto à alta taxa de juro que era paga em 1856, Overstone ignorava realmente que era em parte sintoma do aparecimento da fauna dos cavaleiros do crédito que pagavam o juro não com o lucro, mas com o capital alheio; afirmara alguns meses antes da crise de 1857 que "os negócios iam muito bem". (Karl Marx – O Capital – O Processo Global de Produção Capitalista – Livro 3 – Volume 5 – p. 488).

Prossegue ele: (Karl Marx – O Capital – O Processo Global de Produção Capitalista – Livro 3 – Volume 5 – p. 488).

> 3.722: É erro grave supor que a elevação da taxa de juro destrói o lucro do negócio. Primeiro, a alta da taxa de juro raramente dura muito. Segundo, se persiste e é importante, é que objetivamente acresceu o valor do capital, e por que acresce o valor do Capital? Porque aumentou a taxa de lucro.

Afinal ficamos sabendo o sentido de valor do capital. Demais, a taxa de lucro pode ficar em alta por muito tempo, enquanto o lucro de empresário cai e a taxa de juro sobe, de modo que o juro absorve a maior parte do lucro. (Karl Marx – O Capital – O Processo Global de Produção Capitalista – Livro 3 – Volume 5 – p. 488).

> 3.724: A alta da taxa de juro tem sido consequência da enorme expansão dos negócios em nosso país e da grande elevação da taxa de lucro; queixar-se de que a elevada taxa de juro destrói esses dois elementos que são a própria causa dela é um absurdo lógico, não merecendo a menor consideração.

Isso é tão lógico quanto dizer: a taxa elevada de lucro foi consequência da alta dos preços das mercadorias, causada pela especulação, e queixar-se de que a alta dos preços destrói a própria causa, a saber, a especulação, é um absurdo lógico etc. (Karl Marx – O Capital – O Processo Global de Produção Capitalista – Livro 3 – Volume 5 – p. 488).

A cretinice do mundo burguês atual não pode ser mais bem caracterizada que pelo respeito que infunde a toda a Inglaterra a lógica desse ricaço, guindado a barão. Demais, se a alta taxa de lucro e a expansão dos negócios podem ser causas da alta taxa de juro, a taxa de juro elevada não é de modo algum causa de lucro alto. E o problema em foco é justamente o de saber se a alta taxa de juro (como se verificou de fato na crise) não prossegue ou mesmo só atinge o ponto culminante depois de a alta taxa de lucro já ter, há muito tempo, desaparecido. (Karl Marx – O Capital – O Processo Global de Produção Capitalista – Livro 3 – Volume 5 – p. 488-489).

> 3.718: A considerável elevação da taxa de desconto decorre por completo do valor acrescido do capital, e a causa desse valor acrescido do capital, creio, pode ser percebida por qualquer um, com clareza meridiana. Já mencionei este fato: nos 13 anos em que esteve em vigor a lei bancária, o comércio da Inglaterra aumentou de 45 para 120 milhões

de libras esterlinas. Reflitamos sobre todas as ocorrências que esses simples números implicam; consideremos a enorme procura de capital, que tão gigantesco aumento do comércio acarreta, e consideremos também que a fonte natural que abastece essa grande procura, a saber, a poupança anual do país, desviou-se, nos últimos três ou quatro anos, para as improdutivas despesas de guerra. Confesso admirar-me de não ser ainda mais alta a taxa de juros; em outras palavras, surpreende-me que a carência de capital em virtude dessas operações gigantescas não seja ainda mais violenta que aquela que os senhores verificaram.

Esse descomunal acréscimo da produção não era ele mesmo acréscimo do capital e, se gerava procura, não criava, ao mesmo tempo, a oferta e até oferta aumentada de capital dinheiro? Se a taxa de juro subiu tanto é apenas porque a procura de capital dinheiro cresce mais rapidamente que a oferta, o que em outras palavras significa que a produção industrial, ao expandir-se, operava cada vez mais na base do crédito. Vale dizer, a expansão industrial efetiva causava procura acrescida de prorrogação de letras, o que os banqueiros entendem por enorme procura de capital. Por certo não foi a expansão da mera procura de capital que aumentou o comércio de exportação de 45 para 120 milhões. E que quer expressar Overstone quando sustenta que a fonte natural abastecedora dessa grande procura são as poupanças anuais do país devoradas pela Guerra da Criméia? Primeiro, como a Inglaterra acumulou de 1792 a 1815, quando a dimensão da guerra diferiu bastante da pequena Guerra da Criméia? Segundo, se a fonte natural secou, de que fonte fluiu então o capital? É sabido que a Inglaterra não tomou empréstimos a nações estrangeiras. Mas, se ao lado da fonte natural existe uma artificial, seria para uma nação um método dileto, empregar a fonte natural na guerra e a artificial nos negócios. Mas, se só existe o antigo capital, poderia ele duplicar a eficiência com a elevação da taxa de juro? Mister Overstone, é evidente, acredita que as poupanças anuais do país se transformam simplesmente em capital dinheiro. Mas, se não ocorresse acumulação efetiva, isto é, se não acrescesse a produção e não aumentassem os meios de produção, de que adiantaria a acumulação de títulos a crescer na forma de dinheiro por conta dessa produção? (Karl Marx – O Capital – O Processo Global de Produção Capitalista – Livro 3 – Volume 5 – p. 489-490).

Conforme lhe convém, Overstone atribui o valor do capital ao capital real ou ao capital dinheiro. A improbidade desse Lorde banqueiro, juntamente com sua estreita visão bancária, agravada pelo tom professoral, patenteia-se mais uma vez: (Karl Marx – O Capital – O Processo Global de Produção Capitalista – Livro 3 – Volume 5 – p. 490-493).

> 3.728: O senhor disse que, na sua opinião, a taxa de desconto não tem importância fundamental para o comerciante. Poderia ter a bondade de dizer-nos o que considera a taxa usual de lucro?
>
> R: É impossível responder a essa pergunta.
>
> 3.729: Imaginemos que a taxa média de lucro seja 7 a 10%. Desse modo, uma variação na taxa de desconto de 2% para 7 a 8% deve alterar essencialmente a taxa de lucro, não é verdade?
>
> R: Antes de mais nada, os comerciantes não pagam taxa de desconto que lhes reduza o lucro de maneira substancial; preferirão encerrar o negócio.

Que significa desconto? Por que uma empresa desconta uma letra? [...]. Porque deseja obter capital maior.

E por que pretende comandar capital maior? Porque quer aplicar esse capital. E por que quer aplicá-lo? Porque é lucrativo; mas não o seria, se o desconto absorvesse o lucro.

3.730: Os comerciantes, uma vez metidos ao negócio, não têm de prosseguir por certo tempo, embora sobrevenha elevação temporária da taxa de juro?

R: Numa transação isolada qualquer, é sem dúvida mais agradável a possibilidade de dispor de capital a juro baixo em vez de alto, se consideramos o problema sob esse aspecto restrito.

3.732: No tocante à lei bancária de 1844, poderá informar-nos a relação aproximada entre a taxa de juro e as reservas em ouro do Banco da Inglaterra; é verdade que a taxa de juro era de 6 ou 7% quando o ouro do Banco atingia 9 ou 10 milhões, e de 3 a 4% mais ou menos quando o ouro chegava a 16 milhões?

R: Não digo que seja este o caso... mas se é, temos, pelo que me parece, de adotar providências ainda mais austeras que as empregadas em 1844; pois, se fosse verdade que quanto maior o encaixe em ouro, tanto mais baixa a taxa de juro, então deveríamos esforçar-nos, de acordo com esse modo de ver, para aumentar sem limites o encaixe metálico, e assim reduziríamos o juro a zero.

3.733: Se assim fosse, supondo-se ocorresse a devolução de 5 milhões em ouro ao Banco, o encaixe metálico atingiria, no curso dos próximos seis meses, cerca de 16 milhões, e, admitindo-se caísse a taxa de juro a 3 ou 4%, como se poderia afirmar então que a queda na taxa de juro decorre de grande decréscimo nos negócios?

R: Eu disse que a acentuada elevação recente da taxa de juro e não a queda da taxa de juro está estritamente ligada à grande expansão dos negócios.

3.736: Observo que o senhor (no texto usa-se sempre o tratamento de Your Lordship) sustenta que o dinheiro é o instrumento para conseguir capital. Ao decrescer o encaixe em ouro (do Banco da Inglaterra), a dificuldade não está, ao contrário, na impossibilidade de capitalistas conseguirem dinheiro?

R: Não são os capitalistas e sim os não-capitalistas que procuram obter dinheiro; e por que procuram arranjar dinheiro?... Porque, por meio do dinheiro, consegue dispor do capital do capitalista para conduzir os negócios de pessoas que não são capitalistas.

Overstone diz, erradamente, que fabricantes e comerciantes não são capitalistas, e que só capital dinheiro é o capital do capitalista. (Karl Marx – O Capital – O Processo Global de Produção Capitalista – Livro 3 – Volume 5 – p. 493).

3.737: Então, as pessoas que emitem letras não são capitalistas?

R: Os que emitem letras podem ser ou não capitalistas.

O Objetivo do comerciante não é conseguir dinheiro?

R: Não; quando emite a letra, o objetivo não é obter dinheiro; tem esse objetivo quando desconta a letra.

Emitir letra é transformar mercadoria numa forma de dinheiro de crédito, do mesmo modo que descontar letra é converter esse dinheiro de crédito em outro, o bilhete de banco. Em todo caso, Overstone admite que o objetivo do desconto é conseguir dinheiro. Antes, para ele, descontar não se destinava a fazer o capital passar de uma forma para outra, mas a obter capital adicional. (Karl Marx – O Capital – O Processo Global de Produção Capitalista – Livro 3 – Volume 5 – p. 493-494).

3.743: Sob a pressão de pânico, tal como o de 1825, de 1837 e 1839, mencionados em seu depoimento, qual o grande desejo dos homens de negócios: apoderar-se de capital ou de moeda legal para pagamento?

R: Procuram conseguir comando sobre capital, para prosseguir nos negócios.

O objetivo deles é obter meios de pagar as letras sacadas sobre eles e vencidas, tendo em conta a carência de crédito e a fim de não ter de liquidar suas mercadorias abaixo do preço. Se não possuem capital próprio, conseguem-no sem dúvida ao receber os meios de pagamento, pois recebem valor sem dar contraprestação equivalente. Mas, a procura de dinheiro como tal sempre consiste apenas no desejo de fazer o valor passar da forma de mercadoria ou de dívida ativa (crédito) para a de dinheiro. Daí, se abstraímos das crises, a grande diferença entre empréstimo de capital e desconto é que no desconto a dívida ativa (o crédito) passa de uma forma para outra, isto é, se converte em dinheiro efetivo. (Karl Marx – O Capital – O Processo Global de Produção Capitalista – Livro 3 – Volume 5 – p. 494).

O banqueiro habituou-se tanto a exercer a junção de distribuidor do capital social disponível em forma de dinheiro, que qualquer operação em que ceda dinheiro lhe parece empréstimo. Todo dinheiro que entrega afigura-se-lhe adiantamento. Se o dinheiro é desembolsado diretamente em empréstimo, isso é literalmente exato. Se é empregado para descontar uma letra, para ele a operação constitui de fato um adiantamento até vencer-se a letra. Daí cristalizar-se na mente dele a ideia de que todo pagamento que faz é adiantamento. Deixa de lado o desembolso de dinheiro para obter juro ou lucro, quando o dono do dinheiro, como particular, o faz a si mesmo na qualidade de empresário, o que é adiantamento, sob o aspecto econômico. Só considera adiantamento de dinheiro no sentido definido de o banqueiro ceder por empréstimo ao cliente uma soma que do mesmo tanto aumenta o capital de que o segundo dispõe. (Karl Marx – O Capital – O Processo Global de Produção Capitalista – Livro 3 – Volume 5 – p. 494-495).

Essa ideia que da atividade bancária se transferiu para a economia política gerou problema que é fonte de litígio e confusão: o de saber se é capital ou apenas dinheiro, meio de circulação (*currency*), o que o banqueiro põe à disposição de seu cliente empresário, em dinheiro efetivo. Para resolver essa questão litigiosa, simples no fundo, é mister considerá-la do ponto de vista do cliente do banco. Trata-se de determinar o que pleiteia e obtém. (Karl Marx – O Capital – O Processo Global de Produção Capitalista – Livro 3 – Volume 5 – p. 495).

Se o Banco ao cliente empresário concede empréstimo baseado simplesmente no crédito pessoal, sem que o devedor apresente garantias, a coisa está clara. O que o cliente recebe é por princípio adiantamento com magnitude de valor determinada, que acresce o capital que aplica. Recebe-o em forma de dinheiro; portanto, não só dinheiro, mas também capital dinheiro. (Karl Marx – O Capital – O Processo Global de Produção Capitalista – Livro 3 – Volume 5 – p. 495).

Se o adiantamento lhe é feito contra caução de títulos etc., há adiantamento no sentido de lhe ter sido entregue dinheiro sob reserva de devolução. Mas não há adiantamento de capital, pois os títulos também representam capital, e de montante maior que o adiantamento. O cliente recebe valor capital menor que o dado por ele em penhor; não há para ele aquisição alguma de capital adicional. Não faz o negócio por precisar de capital – que possui configurado nos títulos – mas por precisar de dinheiro. Aí há adiantamento de dinheiro e não de capital. (Karl Marx – O Capital – O Processo Global de Produção Capitalista – Livro 3 – Volume 5 – p. 495).

Se o adiantamento se faz mediante desconto de letras, desaparece ainda a forma de adiantamento. Ocorre mera operação de compra e venda. A letra por endosso torna-se propriedade do banco, e o dinheiro, propriedade do cliente. Não se fala em devolução do dinheiro. (Karl Marx – O Capital – O Processo Global de Produção Capitalista – Livro 3 – Volume 5 – p. 495-498).

3.744: Poderia dizer-nos o que entende realmente por capital?

R: Capital consiste em diferentes mercadorias por meio das quais se movimenta o negócio (capital consists of various commodities, by the means of which trade is carried on). Há capital fixo e capital circulante. Navios, armazéns, estaleiro são capital fixo; víveres, roupas etc. (**mercadorias estocadas**), capital circulante.

3.745: O escoamento de ouro para o exterior trouxe prejuízos para a Inglaterra?

R: Não, se damos à palavra um sentido racional... No estado natural das coisas, o dinheiro mundial se distribui pelos diversos países em certas proporções; estas são tais que, nessa distribuição do dinheiro o movimento é simples movimento de troca; mas há influências perturbadoras que de vez em quando prejudicam essa distribuição, e, ao surgirem elas, parte do ouro de um país se escoa para outros países.

3.746: Acaba o senhor de empregar a palavra dinheiro. Se bem entendi o que declarou antes, o senhor chamava isso de perda de capital?

R: Que é que chamei de perda de Capital?

3.747: O escoamento do ouro.

R: Não, não disse isso. Se o senhor considera o ouro capital há, sem dúvida, perda de capital. Trata-se de cessão de certa proporção do metal nobre em que consiste o dinheiro mundial.

3.748: O senhor não disse antes que variação na taxa de desconto indica apenas variação no valor do capital?

R: Por certo.

3.749: E que em geral a taxa de desconto varia com o encaixe metálico do Banco da Inglaterra?

R: Sem dúvida; mas, já disse que são insignificantes... as flutuações da taxa de juros que decorrem num país de variação na quantidade de dinheiro.

3.750: Quer dizer então que terá ocorrido decréscimo de capital, se a taxa de desconto se eleva acima da usual, de modo prolongado, embora temporário?

R: Decréscimo em certo sentido da palavra. Alterou-se a relação entre capital e a procura dele; possivelmente por expandir-se a procura e não por reduzir-se a quantidade de capital.

3.751: A que capital está se referindo especificamente?

R: Isso depende inteiramente do capital que cada um precise. É o capital de que a nação dispõe para movimentar os negócios, e, se estes se duplicam, é mister grande aumento na procura de capital, para prosseguir neles. O capital é como qualquer outra mercadoria, varia de preço de acordo com a procura e a oferta.

O banqueiro vê o cliente procurando-o sempre para pleitear mais capital, a fim de aumentar os negócios. (grifo meu) (Karl Marx – O Capital – O Processo Global de Produção Capitalista – Livro 3 – Volume 5 – p. 498).

3.752: As variações na taxa de desconto estão geralmente ligadas às variações do encaixe em ouro do Banco. É a esse capital que o senhor se refere?

R: Não.

3.753: Poderia dar exemplo de caso em que se amontoasse no Banco da Inglaterra grande reserva de capital, coincidindo com taxa elevada de desconto?

R: No Banco da Inglaterra não se amontoa capital e sim dinheiro.

3.754: O senhor disse que a taxa de juro depende da quantidade de capital; que capital é esse a que se refere? Pode mencionar caso em que grande encaixe em ouro no Banco coincidisse com taxa alta de juro?

R: É bem provável que a acumulação de ouro no Banco coincida com baixa taxa de juro, por tratar-se de período com menor procura de capital **(isto é, capital dinheiro; era de prosperidade a época que se considerava, relativa aos anos de 1844 e 1845)**, quando naturalmente se pode acumular o meio ou instrumento que possibilita comando sobre capital.

3.755: Acredita portanto que não exista conexão alguma entre a taxa de desconto e a quantidade de encaixe em ouro?

R: Pode existir conexão, que, entretanto, não é essencial **(a lei bancária dele, de 1824, tem por fundamento o princípio de o Banco da Inglaterra regular a taxa de juro pela quantidade de ouro em seu poder);** pode haver coincidência no tempo.

3.758: Pretende dizer que para os comerciantes deste país – em tempos de dinheiro escasso, em virtude da alta taxa de desconto – a dificuldade está em obter capital e não em obter dinheiro?

R: O senhor mistura duas coisas que não relaciono dessa forma; a dificuldade tanto consiste em obter capital quanto em obter dinheiro... As duas dificuldades constituem uma única dificuldade, considerada em dois estádios diferentes do seu curso.

3.760: Mas, taxa mais elevada de desconto significa dificuldade maior para obter dinheiro?

R: É dificuldade maior para obter dinheiro, mas o que importa não é a propriedade do dinheiro, e sim a forma **(que é lucrativa para o banqueiro)** apenas em que se apresenta, nas relações complicadas de nível civilizado, a dificuldade acrescida de obter capital.

3.763: **Segundo Overstone**, o banqueiro é o intermediário que, de um lado, recebe depósitos e, do outro, emprega-os, confiando-os, na forma de capital, a pessoas...

Então, segundo Overstone, o banqueiro transforma o dinheiro em capital empregando-o a juros. (Karl Marx – O Capital – O Processo Global de Produção Capitalista – Livro 3 – Volume 5 – p. 499-500).

3.805: **Overstone repete:** Se o dinheiro do país diminui, escoando-se, aumenta o valor dele, e o Banco da Inglaterra tem de adaptar-se a essa variação no valor do dinheiro. Tecnicamente dir-se-á que o Banco eleva a taxa de juro.

3.819: **Overstone:** Nunca misturei as duas coisas.

Respondendo à 3.834: A enorme soma que teve de ser despendida (para comprar trigo em 1847) para abastecer o país de meios de subsistência necessários e que, na realidade, era capital.

À 3.841: As flutuações na taxa de desconto têm fora de dúvida relação íntima com o nível do encaixe em ouro do Banco da Inglaterra, pois o nível das reservas é o indicador do acréscimo ou decréscimo da quantidade de dinheiro existente no país; e na proporção em que o dinheiro do país aumenta ou diminui, baixa ou sobe o valor do dinheiro, e a taxa bancária adaptar-se-á a essa variação;

À 3.842: Há estreita conexão entre os dois fatores.

Isto é, a quantidade de ouro no departamento de emissão e a reserva de bilhetes no departamento bancário, do Banco da Inglaterra, explica a variação na taxa de juro pela variação na quantidade de dinheiro. Mas a reserva de bilhetes pode diminuir, porque aumenta o dinheiro circulante no país. É o que se dá quando o público retira mais bilhetes, e o encaixe metálico não diminui. Mas, então, sobe a taxa de juro, porque, de acordo com a lei de 1844, é limitado o capital bancário do Banco da Inglaterra. Entretanto, em virtude dessa lei, os dois departamentos do Banco nada têm que ver um com o outro. (Karl Marx – O Capital – O Processo Global de Produção Capitalista – Livro 3 – Volume 5 – p. 500).

À 3.859: Alta taxa de lucro produzirá sempre grande procura de capital; e grande procura de capital aumentará seu valor (do juro).

Eis aí por fim a conexão entre alta taxa de lucro e procura de capital, tal como se afigura a Overstone. Em 1844-45, por exemplo, reinava alta taxa de lucro na indústria têxtil algodoeira porque, apesar da forte procura de manufaturas dessa indústria, o algodão estava e se mantinha barato. O valor do capital, o valor do algodão, portanto, não aumentou para o fabricante. Nessas condições, a alta taxa de lucro pode ter levado vários fabricantes de manufaturas de algodão a tomarem dinheiro para ampliar o negócio. Nesse caso, aumentaria a procura de capital dinheiro exclusivamente. (Karl Marx – O Capital – O Processo Global de Produção Capitalista – Livro 3 – Volume 5 – p. 501).

À 3.889: Ouro pode ser ou não dinheiro, como papel pode ser ou não bilhete do banco.

3.896: Se bem o entendi, o senhor abandona o princípio que sustentava em 1840, a saber, que as flutuações nos bilhetes em circulação do Bando da Inglaterra devem se ajustar às flutuações no montante do encaixe em ouro?

R: Rejeito-o no sentido de... que, no estado atual de nossos conhecimentos, aos bilhetes em circulação temos de acrescentar ainda os que integram a reserva bancária do Banco da Inglaterra.

A disposição arbitrária que autoriza o Banco a emitir tanto bilhetes quanto de ouro tem seu encaixe, em mais 14 milhões, determina naturalmente que a emissão de bilhetes varie com as flutuações do encaixe ouro. Mas, "o estado atual de nossos conhecimentos" revelou claramente que o montante de bilhetes que o Banco pode então fabricar (os quais o departamento de emissão transfere ao departamento bancário) circula entre os dois departamentos do Banco da Inglaterra, variando com as flutuações do encaixe ouro, sem determinar as flutuações da circulação dos bilhetes de banco fora dos muros do Banco. Assim, esta, a verdadeira circulação, não importa à administração do Banco, e o que decide é apenas a circulação entre os dois departamentos do Banco, a qual se diferencia da verdadeira, pela reserva. A reserva só importa ao mundo exterior por indicar o que falta para o Banco atingir a emissão legal máxima de bilhetes e quanto os clientes do Banco ainda podem obter do departamento bancário. (Karl Marx – O Capital – O Processo Global de Produção Capitalista – Livro 3 – Volume 5 – p. 501).

Segue exemplo que ilustra a má-fé de Overstone: (Karl Marx – O Capital – O Processo Global de Produção Capitalista – Livro 3 – Volume 5 – p. 502).

4.243: No seu modo de ver, a quantidade de capital varia de um mês para outro em tal grau que o valor em consequência se altera da maneira que vimos nas flutuações da taxa de desconto, ocorridas nos últimos anos?

R: A relação entre procura e oferta de capital pode, sem dúvida, oscilar mesmo em curto lapso de tempo... Se a França comunicar amanhã a decisão de tomar empréstimo de grande vulto, daí resultaria, sem dúvida, alteração imediata no valor do dinheiro, ou seja, no valor do capital na Inglaterra.

Overstone à 4.245: Se a França anunciar que por uma razão qualquer precisa comprar, no momento, 30 milhões em mercadorias, surgirá grande procura de capital, para usarmos a expressão mais científica e mais simples.

4.246: O capital que a França desejaria comprar com o empréstimo é uma coisa; o dinheiro com que a França o compra é outra; é ou não o dinheiro o que muda de valor?

R: Voltamos de novo à velha questão, e acredito que é mais apropriada para um gabinete de estudos do que para a sala dessa Comissão.

PAPEL DO CRÉDITO NA PRODUÇÃO CAPITALISTA

O Sistema de Crédito motivou até agora as seguintes observações gerais: (Karl Marx – O Capital – O Processo Global de Produção Capitalista – Livro 3 – Volume 5 – p. 503).

I) Necessidade de seu desenvolvimento para produzir-se o nivelamento da taxa de lucro ou a tendência a esse nivelamento sobre a qual repousa toda a produção capitalista;

II) Decréscimo dos custos de circulação;

II.1) Um dos custos principais da circulação é o próprio dinheiro enquanto valor de per si. O crédito poupa-o de três maneiras:

a) suprimindo-o em grande parte das transações;

b) acelerando o movimento dos meios de circulação;

c) substituindo o dinheiro-ouro por papel.

De um lado, a aceleração é de ordem técnica, isto é: invariáveis o montante e o número das operações reais em mercadorias destinadas ao consumo; quantidade menor de dinheiro ou de símbolos de dinheiro efetuando o mesmo serviço. Isto faz parte da técnica bancária. Por outro lado, o crédito acelera a velocidade da "metamorfose das mercadorias" **(transformação da mercadoria em dinheiro)** e em consequência a velocidade da circulação monetária. (grifo meu) (Karl Marx – O Capital – O Processo Global de Produção Capitalista – Livro 3 – Volume 5 – p. 504).

II.2) O crédito acelera as diversas fases da circulação ou da metamorfose das mercadorias e ainda da metamorfose do capital; em consequência, acelera o processo de reprodução em geral (além disso, o crédito possibilita prolongar os intervalos entre dois atos, o de comprar e o de vender, servindo por isso de base para a especulação). Há contração dos fundos de reserva, o que se pode considerar sob dois aspectos: (Karl Marx – O Capital – O Processo Global de Produção Capitalista – Livro 3 – Volume 5 – p. 504).

a) decréscimo do meio circulante;

b) e diminuição da parte do capital que tem sempre de existir na forma dinheiro.

Banco da França – Dados em Francos		
Anos	**Circulação Média de Bilhetes**	**Circulação Monetária**
1812	106.538.000	2.837.712.000
1818	101.205.000	9.665.030.000
Relação 1818/1812	3 x 1	

(Karl Marx – O Capital – O Processo Global de Produção Capitalista – Livro 3 – Volume 5 – p. 503 e 504).

O grande regulador da velocidade da circulação é o crédito... Daí explicar-se por que uma pressão violenta sobre o mercado monetário usualmente se combina com uma circulação abundante (The currency theory revicived et.) (Karl Marx – O Capital – O Processo Global de Produção Capitalista – Livro 3 – Volume 5 – p. 504).

Entre setembro de 1833 e setembro de 1843, fundaram-se na Grã-Bretanha cerca de 300 bancos, que emitiam bilhetes próprios; a consequência foi restringir-se a circulação de bilhetes, de 2 ½ milhões de libras; no fim de setembro de 1833, era de 36.035.244 de bilhetes e, no fim de setembro de 1843, 33.518.544. (Karl Marx – O Capital – O Processo Global de Produção Capitalista – Livro 3 – Volume 5 – p. 504).

III) Desenvolvimento das sociedades por ações: (grifo meu) (Karl Marx – O Capital – O Processo Global de Produção Capitalista – Livro 3 – Volume 5 – p. 504-505).

III.1) Expansão imensa da escala de produção e das empresas, impossível de ser atingida por capitais isolados. Ao mesmo tempo, as empresas desse gênero que antes eram governamentais, se constituem por sociedades.

III.2) **O capital** que, por natureza, assenta sobre modo social de produção e supõe concentração social de meios de produção e de forças de trabalho, **assume então diretamente a forma de capital social (capital de indivíduos diretamente associados) em oposição ao capital privado, e as empresas passam a ser sociais em contraste com as empresas privadas. É a abolição do capital como propriedade privada dentro dos limites do próprio modo capitalista de produção.**

III.3) **Transformação do capitalista realmente ativo em mero dirigente, administrador do capital alheio, e dos proprietários de capital em puros proprietários, simples capitalistas financeiros.** Mesmo quando os dividendos que recebem englobam o juro e o lucro de empresário, isto é, o lucro total (pois a remuneração do dirigente é ou deveria ser mero salário para certa espécie de trabalho qualificado, com preço regulado pelo mercado como qualquer outro trabalho), esse lucro total é percebido tão só na forma de juro, isto é, como recompensa à propriedade do capital, a qual por completo se separa da função no processo real de produção, do mesmo modo que essa função, na pessoa do dirigente, se dissocia da propriedade do capital. O lucro se revela puro assenhoreamento de trabalho excedente alheio, originando-se da circunstância de os meios de produção se converterem em capital, isto é, se tornarem estranhos aos produtores reais, de se oporem, como propriedade alheia, a todos os indivíduos efetivamente ocupados na produção, do dirigente até o último dos assalariados.

Nas sociedades por ações dissociam-se a função e a propriedade do capital, e em consequência, o trabalho aparece por completo separado da propriedade, quer dos meios de produção, quer do trabalho excedente. Este resultado do desenvolvimento máximo da produção capitalista é uma fase transitória que levará o capital necessariamente a reverter à propriedade dos produtores, não mais, porém, como propriedade privada de produtores individuais, e sim como propriedade dos produtores na qualidade de associados, propriedade diretamente social. Nesta fase transitória todas as funções do processo de reprodução ainda ligadas até agora à propriedade do capital se transformarão em simples funções dos produtores, associados em funções sociais. (grifo meu) (Karl Marx – O Capital – O Processo Global de Produção Capitalista – Livro 3 – Volume 5 – p. 505-506).

Importa sob o aspecto econômico observar o seguinte: uma vez que o lucro aí assume a pura forma de juro, tais empresas ainda são possíveis quando rendem juros apenas, e esta é uma das causas que freiam a queda da taxa geral de lucro, pois essas empresas, onde é enorme o capital constante em relação ao variável, não entram necessariamente no nivelamento da taxa geral do lucro. (Karl Marx – O Capital – O Processo Global de Produção Capitalista – Livro 3 – Volume 5 – p. 506).

De F.E: (grifo meu) (Karl Marx – O Capital – O Processo Global de Produção Capitalista – Livro 3 – Volume 5 – p. 506-507).

Depois de Marx ter escrito as linhas acima, desenvolveram-se, como é notório, novas formas de empresas industriais em que a **sociedade por ações se eleva à segunda ou à terceira potência.**

A rapidez cada dia maior com que se pode atualmente aumentar a produção, em todos os grandes domínios industriais, se depara com a lentidão sempre acrescida com que se expande o mercado para essa produção ampliada. O que aquela fornece em meses, leva este (o mercado, os consumidores) anos para absorver. **E acresce que cada país industrial, com a política de proteção aduaneira, se isola dos demais e notadamente da Inglaterra, ainda aumentando de modo artificial a capacidade interna de produção. As consequências são superprodução crônica geral, preços deprimidos, lucros em baixa ou mesmo desaparecendo por completo; em suma, a liberdade de concorrência, essa veneranda celebridade, já esgotou seus recursos, cabendo a ela mesma anunciar sua manifesta e escandalosa falência. É o que evidencia o fato de se associarem, em cada país, os grandes industriais, de determinado ramo, para constituir cartel, destinado a regular a produção.** Uma junta (cartelizada) estabelece a quantidade a produzir, por cada estabelecimento, e em última instância reparte as encomendas ou pedidos apresentados. Em certos casos formaram-se, temporariamente, cartéis internacionais, como o anglo-teuto de produção siderúrgica. Mas, essa forma de associação entre empresas produtoras ainda não era adequada. O choque de interesses das diversas empresas violava-se com demasiada frequência e acabava restabelecendo a concorrência. Assim chegou-se, em certos ramos em que o nível da produção o permitia, a concentrar a produção toda do ramo industrial em uma grande sociedade por ações com direção única. **É o que já aconteceu, várias vezes, na América, e na Europa – o maior exemplo até agora é a United Alkali Trust, que pôs nas mãos de uma única firma toda a produção britânica de álcali. Os antigos proprietários das diversas empresas – mais de trinta – receberam em ações o valor estimado dos seus investimentos, ao todo cerca de 5 milhões de libras, que constituem o capital fixo do truste.** A direção técnica continua nas mesmas mãos, mas o comando comercial está nas mãos da direção geral. O capital de giro (floating capital) no montante aproximado de **1 milhão de libras esterlinas** foi oferecido à subscrição pública. O capital todo atinge portanto 6 milhões de libras. **Assim, nesse ramo que constitui a base de toda a indústria química, o monopólio na Inglaterra substitui a concorrência e prepara de maneira alentadora a futura expropriação (retirada dos meios de produção dos pequenos e médios produtores) pela sociedade toda, pela nação.**

É a negação do modo capitalista de produção dentro dele mesmo, por conseguinte, uma contradição que se elimina a si mesma, e logo se evidencia que é fase de transição para nova forma de produção. Esta fase assume assim aspecto contraditório. Estabelece o monopólio em certos ramos, provocando a intervenção do Estado. Reproduz nova aristocracia financeira, nova espécie de parasitas, na figura de projetadores, fundadores e diretores puramente nominais; um sistema completo de especulação e embuste e comércio de ações. Há produção privada, sem o controle da propriedade privada. (grifo meu) (Karl Marx – O Capital – O Processo Global de Produção Capitalista – Livro 3 – Volume 5 – p. 507).

IV) Além do sistema de ações – que suprime a indústria capitalista privada na base do próprio sistema capitalista, destruindo a indústria privada na medida em que se expande e se apodera de novos ramos de produção – o crédito oferece ao capitalista particular, ou ao que passa por tal, disposição livre, dentro de certos limites, de capital alheio e de propriedade alheia e, em consequência, de trabalho alheio. (grifo meu) (Karl Marx – O Capital – O Processo Global de Produção Capitalista – Livro 3 – Volume 5 – p. 507-508).

> Ver, por exemplo, no Times, as listas dos falidos num ano de crise, como 1857, e compare-se o patrimônio próprio dos falidos com o montante das respectivas dívidas.
>
> Na verdade, o poder de compra de pessoas que possuem capital e crédito ultrapassa de longe tudo o que se pode imaginar quando não se tem conhecimento prático dos mercados onde reina a especulação.
>
> Um homem que tem a reputação de possuir capital suficiente para os negócios regulares e que no ramo usufrui de bom crédito, pode efetuar compras em montante assombroso em relação ao capital próprio, se está vivamente convencido de que suas mercadorias estão numa conjuntura de alta e se as circunstâncias o favorecem no início e no curso de sua especulação. (Tooke, Inquiry into the currency principle).
>
> Os fabricantes, comerciantes etc., fazem todos eles negócios bem acima do respectivo capital... Hoje em dia, o capital é muito mais a base sobre que se constrói o crédito, que o limite das transações de um negócio comercial qualquer. (Economist, 1847) (Karl Marx – O Capital – O Processo Global de Produção Capitalista – Livro 3 – Volume 5 – p. 508).

Comando sobre capital social, de que não é proprietário, permite-lhe dispor de trabalho social. (Karl Marx – O Capital – O Processo Global de Produção Capitalista – Livro 3 – Volume 5 – p. 508).

O capital, mesmo que realmente ou na opinião do público possui, passa a ser apenas a base para a superestrutura do crédito. Isto vale sobretudo para o comércio atacadista, por onde flui a maior parte do produto social. Desaparecem então todas as normas, todas as justificações ainda mais ou menos válidas no modo capitalista de produção. Ao especular, o que arrisca o comerciante em grande escala é a propriedade social e não a sua. (grifo meu) (Karl Marx – O Capital – O Processo Global de Produção Capitalista – Livro 3 – Volume 5 – p. 508).

A tese que estabelece a origem do capital na poupança (alheia, dos entesouradores) perde também qualquer sentido, pois o especulador exige justamente que outros poupem para ele. (Karl Marx – O Capital – O Processo Global de Produção Capitalista – Livro 3 – Volume 5 – p. 508).

O próprio luxo se converte também em meio de crédito, desmentindo de maneira contundente a proposição da abstinência. Concepções que ainda tinha sentido em fase menos desenvolvida da produção capitalista tornam-se por completo caducas. (Karl Marx – O Capital – O Processo Global de Produção Capitalista – Livro 3 – Volume 5 – p. 508).

O sucesso e o fracasso levam igualmente à centralização dos capitais e em consequência à expropriação na mais alta escala. A expropriação agora vai além dos produtores diretos, estendendo-se aos próprios capitalistas pequenos e médios. Ela é o ponto de partida do modo capitalista de produção, que tem por objetivo efetuá-la e, em última instância, expropriar todos os indivíduos dos meios de produção. (grifo meu) (Karl Marx – O Capital – O Processo Global de Produção Capitalista – Livro 3 – Volume 5 – p. 508).

Estes meios, com o desenvolvimento da produção social, cessam de ser meios e produtos da produção privada, só podendo ser meios de produção em poder dos produtores associados, por conseguinte, propriedade social deles, como deles já são produto social. Mas, no interior do próprio sistema capitalista, essa expropriação se apresenta de maneira antinômica (contraditória, oposta), a saber: poucos se apropriando da propriedade social; e o crédito dá cada vez mais, a esses poucos, o caráter de meros cavalheiros de indústria. Uma vez que a propriedade aí existe na forma de ações, seu movimento e transferência tornam-se simples resultados do jogo de bolsa em que os peixes pequenos são devorados pelos tubarões, e as ovelhas (os pequenos poupadores) pelos lobos de Bolsa. (grifo meu) (Karl Marx – O Capital – O Processo Global de Produção Capitalista – Livro 3 – Volume 5 – p. 508-509).

No sistema de ações existe já, oposição à antiga forma em que o meio social de produção se apresenta como propriedade individual; mas, a mudança para a forma de ações ainda não se liberta das barreiras capitalistas, e em vez de superar a contradição entre o caráter social e o caráter privado da riqueza, limita-se a desenvolvê-la em nova configuração. (Karl Marx – O Capital – O Processo Global de Produção Capitalista – Livro 3 – Volume 5 – p. 509).

<u>As fábricas das cooperativas de trabalhadores, no interior do regime capitalista, são a primeira ruptura da velha forma, embora naturalmente, em sua organização efetiva, por toda parte reproduzam e tenham de reproduzir todos os defeitos do sistema capitalista.</u> Mas, dentro delas suprimiu-se a oposição entre capital e trabalho, embora ainda na forma apenas em que **<u>são os trabalhadores como associação os capitalistas deles mesmos</u>**, isto é, aplicam os meios de produção para explorar o próprio trabalho. Elas mostram como, em certo nível de desenvolvimento das forças produtivas materiais e das formas sociais de produção correspondentes, novo modo de produção naturalmente desponta e se desenvolve partindo do antigo. **Sem o sistema fabril oriundo do modo capitalista de produção, não poderia desenvolver-se a cooperativa industrial dos trabalhadores, e tampouco o poderia sem o sistema de crédito derivado desse modo de produção. Esse sistema de crédito, que constitui a base principal para a transformação progressiva das empresas capitalistas privadas em sociedades capitalistas por ações, também proporciona os meios para a expansão progressiva das empresas cooperativas em escala mais ou menos nacional. Tanto as empresas capitalistas por ações quanto as cooperativas industriais dos trabalhadores devem ser consideradas formas de transição entre o modo capitalista de produção e o modo associado.** (grifo meu) (Karl Marx – O Capital – O Processo Global de Produção Capitalista – Livro 3 – Volume 5 – p. 509).

Se o sistema de crédito é o propulsor principal da superprodução e da especulação excessiva no comércio, é só porque o processo de reprodução, elástico por natureza, se distende até o limite extremo, o que sucede em virtude de grande parte do capital social ser aplicada por não-proprietários dele, que opera considerando receoso os limites de seu capital. Isto apenas ressalta que a valorização do capital fundada no caráter antinômico (contraditório) da produção capitalista só até certo ponto permite o desenvolvimento efetivo, livre, e na realidade constitui entrave à produção, limite imanente (inerente) que o sistema de crédito rompe de maneira incessante. Assim, este, o sistema de crédito, acelera o desenvolvimento material das forças produtivas e a formação do mercado mundial; e levar, até certo nível esses fatores, bases materiais da nova forma de produção, é a tarefa histórica do modo capitalista de produção. Ao mesmo tempo, o sistema de crédito acelera as erupções violentas dessa contradição – as crises – e, em consequência, os elementos dissolventes do antigo modo de produção. (Karl Marx – O Capital – O Processo Global de Produção Capitalista – Livro 3 – Volume 5 – p. 510).

O sistema de crédito, pela natureza dúplice que lhe é inerente, de um lado, desenvolve a força motriz da produção capitalista, o enriquecimento pela exploração do trabalho alheio, levando a um sistema puro e gigantesco de especulação e jogo, e limita cada vez mais o número dos poucos que exploram a riqueza social; de outro, constitui a forma de passagem para novo modo de produção (do sistema capitalista de um só proprietário capitalista para o sistema de produção capitalista social – societário – com vários sócios). (grifo meu) (Karl Marx – O Capital – O Processo Global de Produção Capitalista – Livro 3 – Volume 5 – p. 510).

É essa ambivalência que dá aos mais eminentes arautos do crédito, de Law a Issac Périe, o caráter híbrido e atraente de escroques (aqueles que se apoderam de bens alheios por meios ardilosos e fraudulentos) e profetas. (Karl Marx – O Capital – O Processo Global de Produção Capitalista – Livro 3 – Volume 5 – p. 510).

MEIOS DE CIRCULAÇÃO E CAPITAL – AS IDEIAS DE TOOKE E FULLARTON

O meio de circulação exerce a função de moeda (dinheiro), quando é meio para dispêndio de renda, para o comércio portanto, entre os consumidores individuais e os retalhistas, categoria em que se incluem todos os comerciantes que vendem aos consumidores – aos consumidores individuais que se distinguem dos consumidores produtivos ou produtores. O dinheiro circula aí exercendo a função de moeda, embora continuamente reponha capital. (Karl Marx – O Capital – O Processo Global de Produção Capitalista – Livro 3 – Volume 5 – p. 512).

Parte do dinheiro de um país se consagra sempre a essa função, constituindo-se embora de peças monetárias que mudam sem cessar. Ao revés, o dinheiro é capital quando é meio de transferência de capital, seja como meio de compra (meio de circulação), seja como meio de pagamento. O que o distingue da moeda portanto, não é a função de meio de compra nem a de meio de pagamento, pois pode funcionar entre comerciantes como meio de compra, quando um compra ao outro à vista, e pode configurar-se em meio de pagamento entre comerciante e consumidor, quando este obtém crédito e consome a renda para pagar depois. A diferença portanto, é que entre comerciantes esse dinheiro não só repõe capital do lado do vendedor, mas também é desembolsado, adiantado como capital do lado do comprador. O que há, portanto, na realidade, é a diferença entre a forma dinheiro da renda e a forma dinheiro do capital, mas não a diferença entre circulação (moeda) e capital, pois quer mediando entre comerciantes, quer mediando entre consumidores e comerciantes, circula porção determinada de dinheiro, e em consequência a circulação é comum a ambas as funções. (Karl Marx – O Capital – O Processo Global de Produção Capitalista – Livro 3 – Volume 5 – p. 512-513).

A concepção de Tooke gera várias confusões: (Karl Marx – O Capital – O Processo Global de Produção Capitalista – Livro 3 – Volume 5 – p. 513).

1) Tooke erra quanto às destinações funcionais do dinheiro: (Karl Marx – O Capital – O Processo Global de Produção Capitalista – Livro 3 – Volume 5 – p. 513).

Temos o equívoco das destinações funcionais: o dinheiro numa forma é circulação (*currency* – moeda corrente) e na outra é capital. Exerça uma ou outra função, realize renda ou transfira capital, o dinheiro serve para compra e venda ou para pagamento, de meio de compra ou de meio de pagamento, e, no sentido mais amplo da palavra, de meio de circulação. A determinação por quem o entrega ou recebe, classificando-o de capital ou de renda, não traz absolutamente alteração alguma, o que se evidencia de dois modos. Embora difiram os tipos de dinheiro que circulam nas duas esferas, a mesma peça de dinheiro, digamos, uma nota de 5 libras esterlina, passa de uma esfera para outra e efetua alternadamente as duas funções, o que já é inevitável porque o retalhista só pode dar a seu capital a forma de dinheiro com a forma da moeda que recebe de seus compradores. Podemos admitir que a moeda divisionária propriamente dita tem seu centro de gravidade na área do comércio a retalho; o comerciante retalhista precisa dela constantemente para troco e recebe-a sem cessar nos pagamentos efetuados pelos fregueses. Também recebe dinheiro, isto é, moeda cunhada no metal que mede o valor, na Inglaterra, peças de 1 libra e mesmo bilhetes de banco, sobretudo bilhetes de importância menor, digamos de 5 e 10 libras. Todo dia e toda semana deposita no banco as peças de outro e os bilhetes, além dos miúdos por acaso disponíveis, e assim paga as compras mediante saques contra seu depósito bancário. Mas, todo o público, na condição de consumidor, de maneira também constante retira dos bancos direta ou indiretamente as mesmas peças e os mesmos bilhetes, os quais fluem sem cessar para os comerciantes a retalho, assim de novo realizando para eles parte do capital e, ao mesmo tempo, da renda. É importante esta última circunstância, inteiramente ignorada por Tooke. O valor-capital só existe puro, como tal, quando o dinheiro se desembolsa como capital dinheiro, no início do processo de reprodução. (Karl Marx – O Capital – O Processo Global de Produção Capitalista – Livro 3 – Volume 5 – p. 513-514).

O que o retalhista cede pelo dinheiro que lhe reflui, sua mercadoria, é para ele portanto capital + lucro, capital + renda. Mas, além disso, ao retornar para o retalhista, o dinheiro circulante restabelece a forma de dinheiro do capital dele. (Karl Marx – O Capital – O Processo Global de Produção Capitalista – Livro 3 – Volume 5 – p. 514).

É por completo errôneo converter a diferença existente na circulação entre a circulação de renda e a de capital numa diferença entre circulação e capital. (Karl Marx – O Capital – O Processo Global de Produção Capitalista – Livro 3 – Volume 5 – p. 514).

Em Tooke, essa maneira de falar decorre da circunstância de colocar-se ele simplesmente na posição do banqueiro que emite os próprios bilhetes de banco. O montante desses bilhetes que está constantemente nas mãos do público e que funciona como meio de circulação não lhe custa além de papel e impressão. São títulos de dívida (letras) emitidos contra ele mesmo, mas que lhe rendem dinheiro, servindo assim de meio para valorizar seu capital. Mas, distinguem-se desse capital, seja ele próprio ou emprestado. Daí surge para ele diferença especial entre circulação e capital, que entretanto nada tem que ver com as definições como tais, e muito menos com as apresentadas por Tooke. (Karl Marx – O Capital – O Processo Global de Produção Capitalista – Livro 3 – Volume 5 – p. 514).

Sem dúvida, o dinheiro, quando é a forma dinheiro da renda, funciona mais como meio de circulação propriamente dito (moeda, meio de compra), em virtude de serem dispersas as compras e as vendas, e porque a maioria dos que despendem renda, os trabalhadores, relativamente pouco podem comprar a crédito; enquanto no intercâmbio comercial onde o meio de circulação é a forma dinheiro do capital, o dinheiro serve principalmente de meio de pagamento, tanto por causa da concentração quanto por causa do sistema reinante de crédito. Mas, a diferença entre o dinheiro que é meio de pagamento e o dinheiro meio de compra (meio de circulação) é uma distinção inerente ao próprio dinheiro, e não uma diferença entre dinheiro e capital. No comércio a retalho circula mais cobre e prata e no por atacado mais ouro; nem por isso, a diferença entre os metais, prata e cobre de um lado e ouro do outro, é diferença entre circulação e capital. (Karl Marx – O Capital – O Processo Global de Produção Capitalista – Livro 3 – Volume 5 – p. 514-515).

2) Tooke, ao suscitar a questão da quantidade de dinheiro circulante nas duas funções reunidas: (Karl Marx – O Capital – O Processo Global de Produção Capitalista – Livro 3 – Volume 5 – p. 513).

A velocidade da circulação ou o número de vezes que em dado período as mesmas peças de dinheiro repetem a mesma função de meio de compra e de meio de pagamento, a massa das compras e vendas simultâneas, ou seja, dos pagamentos; a soma dos preços das mercadorias circulantes; enfim os balanços de pagamentos a saldar no mesmo tempo determinam nos dois casos a quantidade de dinheiro circulante, de *currency* (moeda corrente). Que o dinheiro operante represente capital ou renda para quem o paga ou quem o recebe é fato que não importa e em nada absolutamente altera o problema. Sua quantidade é simplesmente determinada por sua função de meio de compra e meio de pagamento. (Karl Marx – O Capital – O Processo Global de Produção Capitalista – Livro 3 – Volume 5 – p. 515).

3) Tooke, ao suscitar o problema da proporção entre as quantidades em curso de meios de circulação, nas duas funções e, por conseguinte, nas duas esferas do processo de reprodução: (Karl Marx – O Capital – O Processo Global de Produção Capitalista – Livro 3 – Volume 5 – p. 513).

Ambas as esferas de circulação estão em conexão íntima, uma vez que a massa das rendas a despender expressa o montante do consumo, e a magnitude das massas de capital circulantes na produção e comércio exprime o montante e a velocidade do processo de reprodução. Apesar disso, as mesmas circunstâncias atuam de maneira diversa e até em direções opostas sobre as quantidades das massas circulantes de dinheiro nas duas funções ou esferas, ou sobre o montante da circulação, para usarmos a linguagem bancária dos ingleses. E isso motiva a distinção absurda que faz Tooke entre circulação e capital. Mas, a circunstância de os adeptos da teoria da *currency* (moeda corrente) misturarem duas coisas diversas não deve constituir motivo bastante para apresentá-las em conceitos diferentes. (Karl Marx – O Capital – O Processo Global de Produção Capitalista – Livro 3 – Volume 5 – p. 515-516).

Em tempos de prosperidade, grande expansão, aceleração e energia do processo de reprodução, os trabalhadores estão plenamente ocupados. Na maioria dos casos surge alta dos salários compensando até certo ponto a baixa deles abaixo do nível médio nos demais períodos do ciclo comercial. Ao mesmo tempo, aumentam de maneira apreciável as rendas dos capitalistas. O consumo de modo geral cresce. Os preços das mercadorias sobem de maneira regular, pelo menos nos diferentes ramos de atividade decisivos. Em consequência acresce a quantidade do dinheiro em circulação pelo menos dentro de certos limites, enquanto a velocidade maior da circulação limita o crescimento da massa do meio circulante. Uma vez que da renda social a parte consistente em salários é originalmente adiantada pelo capitalista industrial na forma de capital variável e sempre na forma de dinheiro, em tempos de prosperidade precisará ele de mais dinheiro para a circulação dela. Mas, não devemos contá-la duas vezes, como dinheiro necessário à circulação do capital variável e ainda como dinheiro necessário à circulação da renda dos trabalhadores. O dinheiro pago aos trabalhadores como salário é gasto no comércio a retalho e assim volta mais ou menos toda semana aos bancos como depósito do retalhista, depois de ter servido de veículo, em circuitos limitados, a toda espécie de operações intermediárias. Em tempos de prosperidade, o dinheiro reflui facilmente para os capitalistas industriais e por isso não aumenta sua necessidade de empréstimos de dinheiro por ter de pagar mais salários, por precisar de mais dinheiro para a circulação do capital variável. (Karl Marx – O Capital – O Processo Global de Produção Capitalista – Livro 3 – Volume 5 – p. 516-517).

O resultado final é que nos períodos de prosperidade acresce a massa dos meios de circulação que serve para o dispêndio de renda. (Karl Marx – O Capital – O Processo Global de Produção Capitalista – Livro 3 – Volume 5 – p. 517).

Quanto à circulação necessária à transferência de capital, apenas entre os próprios capitalistas, esse período próspero é simultaneamente o tempo do crédito mais elástico e mais fácil. A velocidade de circulação entre capitalistas é regulada diretamente pelo crédito, e a quantidade de meios de circulação exigida para saldar os pagamentos e mesmo para as compras à vista decresce em termos relativos. Pode expandir-se em termos absolutos, mas de qualquer modo diminui relativamente, comparada com a expansão do processo de reprodução. Massas maiores de pagamentos são liquidadas sem interferência de dinheiro; com a grande animação do processo, predomina movimento mais rápido das mesmas quantidades de dinheiro, tanto na função de meio de compra quanto na de meio de pagamento. A mesma massa de dinheiro possibilita o retorno de número maior de capitais individuais. (Karl Marx – O Capital – O Processo Global de Produção Capitalista – Livro 3 – Volume 5 – p. 517).

Ao todo, a circulação de dinheiro nesses períodos de prosperidade está em sua plenitude, embora a transferência de capital se contraia pelo mesmo, relativamente, enquanto o dispêndio de renda se expande em termos absolutos. (Karl Marx – O Capital – O Processo Global de Produção Capitalista – Livro 3 – Volume 5 – p. 517).

O crédito, torna a reversão à forma dinheiro independente do momento da reversão real, tanto para o capitalista industrial quanto para o comerciante. Ambos vendem a crédito e portanto alienam a respectiva mercadoria antes de ela converter-se em dinheiro, antes de ter refluído na forma dinheiro. Por outro lado, compram a crédito e assim o valor das suas mercadorias se reconverte em capital produtivo ou em capital mercadoria já antes de esse valor se ter transformado realmente em dinheiro, antes de chegar a data de pagar o preço das mercadorias e de este ser pago. (Karl Marx – O Capital – O Processo Global de Produção Capitalista – Livro 3 – Volume 5 – p. 517).

Nesses tempos de prosperidade, o retorno se dá fácil e suave. O comerciante a retalho paga certo ao atacadista, este ao fabricante, este ao importador das matérias primas etc. A aparência de retornos rápidos e seguros mantém-se por algum tempo após deixarem eles de ser reais em virtude do crédito que está em funcionamento, uma vez que os retornos em crédito representam os verdadeiros. Os bancos começam a desconfiar, quando os clientes depositam mais letras que dinheiro. (Karl Marx – O Capital – O Processo Global de Produção Capitalista – Livro 3 – Volume 5 – p. 517-518).

> Em épocas em que predomina o crédito, a velocidade da circulação de dinheiro aumenta mais rapidamente que os preços das mercadorias, mas, se o crédito é decrescente, os preços das mercadorias diminuem mais lentamente que a velocidade da circulação. (Zur Kritik d. Pol. Oeko., 1859).

No período de crise temos o inverso: a circulação do dispêndio de renda contrai-se, os preços caem e os salários, restringem-se o número dos trabalhadores ocupados, e reduz-se a quantidade das transações; na circulação de transferência de capital, ao contrário, com a diminuição do crédito, que coincide com a paralisação do processo de reprodução, aumenta a necessidade de empréstimos. (Karl Marx – O Capital – O Processo Global de Produção Capitalista – Livro 3 – Volume 5 – p. 518).

De acordo com a proposta por Fullarton e outros: (Karl Marx – O Capital – O Processo Global de Produção Capitalista – Livro 3 – Volume 5 – p. 518).

> Procura de empréstimo de capital e procura de meios de circulação adicionais são coisas por completo distintas e raramente se encontram associadas.

De início, é claro que no primeiro dos dois casos acima, isto é, na época de prosperidade, quando é necessário aumentar a massa do meio circulante, acresce a correspondente procura. Mas também é claro que, quando um fabricante retira de sua conta bancária quantidade maior de ouro ou de bilhetes de banco, porque tem de desembolsar mais capital na forma de dinheiro, nem por isso aumenta sua procura de capital, e sim, apenas, sua procura dessa forma particular em que adianta seu capital. A procura somente se refere à forma técnica em que ele põe o próprio capital em circulação. Se difere o desenvolvimento do sistema de crédito, o mesmo capital variável, a mesma quantidade de salários, exige quantidade maior de meios de circulação num país que em outro – na Inglaterra, mais que na Escócia; na Alemanha, mais que na Inglaterra. (Karl Marx – O Capital – O Processo Global de Produção Capitalista – Livro 3 – Volume 5 – p. 519).

Não é verdadeira a oposição estabelecida por Fullarton. O que distingue o período de estagnação do de prosperidade não é, como ele diz, a forte procura de empréstimos, e sim a satisfação fácil dessa procura na época de prosperidade, e difícil, quando sobrevém estagnação. O que suscita a apertura de crédito no período de estagnação é justamente o enorme desenvolvimento do sistema de crédito na fase de prosperidade, portanto o acréscimo imenso da procura de capital de empréstimo e a solicitude com que a oferta se põe à disposição dela nessa fase. O que caracteriza os dois períodos não é a diferença na magnitude da procura de empréstimos. No tempo de prosperidade predomina a procura de meios de circulação entre consumidores e comerciantes, que decresce no período de estagnação; e no de paralisação, aumenta a procura de meios de circulação entre capitalistas. (Karl Marx – O Capital – O Processo Global de Produção Capitalista – Livro 3 – Volume 5 – p. 519-520).

A Fullarton e a outros autores parece de importância decisiva este fenômeno: nos períodos em que os títulos (cauções e letras) em poder do Banco da Inglaterra aumentam, reduz-se a circulação de seus bilhetes e vice-versa. (Karl Marx – O Capital – O Processo Global de Produção Capitalista – Livro 3 – Volume 5 – p. 520-521).

O montante dos títulos expressa porém a magnitude dos adiantamentos em dinheiro, das letras descontadas e dos adiantamentos sobre valores negociáveis. Assim, Fullarton diz que os títulos em poder do Banco da Inglaterra variam em regra na direção oposta da circulação dos bilhetes, confirmando o velho princípio resultante da experiência dos bancos particulares: um banco não pode aumentar a emissão de bilhetes além de certo montante determinado pelas necessidades de seu público, e se quer fazer adiantamentos acima desse montante, tem de fazê-lo de seu capital, portanto convertendo títulos em dinheiro ou empregando para aquele fim entradas de dinheiro que antes teria investido em títulos. (Karl Marx – O Capital – O Processo Global de Produção Capitalista – Livro 3 – Volume 5 – p. 521).

Sabe-se que o Banco da Inglaterra faz todos os adiantamentos em bilhetes. Se, apesar disso, em regra, a circulação de bilhetes do Banco diminui na proporção em que aumentam as letras descontadas e as cauções em seu poder, portanto os adiantamentos que faz, que acontece com os bilhetes postos em circulação, como refluem eles ao Banco? (Karl Marx – O Capital – O Processo Global de Produção Capitalista – Livro 3 – Volume 5 – p. 522).

Quando a procura de adiantamentos de dinheiro decorre de um balanço nacional de pagamentos desfavorável, provocando saída de ouro, descontam-se então as letras em bilhetes que o próprio Banco troca, em seu departamento de emissão, por ouro, que é exportado. É como se o Banco, ao descontar as letras, pagasse diretamente em ouro, sem interferência de bilhetes. Procura ascendente dessa espécie nada acrescenta naturalmente à circulação interna do país, nem mesmo um bilhete apenas de (x) libras. (Karl Marx – O Capital – O Processo Global de Produção Capitalista – Livro 3 – Volume 5 – p. 522).

Dizer que o Banco adianta aí capital e não meios de circulação significa duas coisas: (Karl Marx – O Capital – O Processo Global de Produção Capitalista – Livro 3 – Volume 5 – p. 522).

1. Não adianta crédito, mas valor real, parte do capital próprio ou nele depositado;

2. Adianta dinheiro não para a circulação interna e sim para a circulação internacional, dinheiro universal portanto. Para esse fim é mister que o dinheiro exista sempre na forma de tesouro, em sua corporeidade metálica, na forma em que, além de ser a forma do valor, é igual ao valor de que é a forma dinheiro.

Embora esse ouro represente capital tanto para o Banco quanto para o exportador de ouro, capital bancário ou capital mercantil, a procura que se faz dele não é a de capital mas a da forma absoluta de capital dinheiro. Surge no momento exato em que os mercados externos estão abarrotados de capital mercadoria inglês invendável. O que se exige é capital não como capital e sim como dinheiro, na forma em que o dinheiro é mercadoria universal, a forma primitiva dele como metal precioso. As saídas de ouro não constituem mera questão de capital, como dizem Fullarton, Tooke e outros, e sim de dinheiro, embora em função específica. (Karl Marx – O Capital – O Processo Global de Produção Capitalista – Livro 3 – Volume 5 – p. 522).

A circunstância de não ser questão de circulação interna como sustentam os adeptos da teoria da *currency* absolutamente não demonstra, como opinam Fullarton e outros, tratar-se de mera questão de capital. É questão de dinheiro na forma em que dinheiro é meio internacional de pagamento. (Karl Marx – O Capital – O Processo Global de Produção Capitalista – Livro 3 – Volume 5 – p. 522-523).

> Seja o capital (o preço dos milhões de quarters de trigo, comprados no exterior após má colheita interna), transferido em mercadoria ou em espécie, é um ponto que em nada influencia a natureza da transação. (Fullarton, loc. cit.).

Mas, influencia, e muito, haver ou não saída de ouro. O capital se transfere na forma de metal precioso, porque sua transferência não é possível na forma de mercadoria ou só é possível com enormes perdas. O medo que o moderno sistema bancário tem da saída de ouro ultrapassa tudo o que imaginara o metalismo (sistema monetário) que via no metal precioso a única riqueza autêntica. Ouçamos por exemplo o depoimento do Governador do Banco da Inglaterra, Morris, perante a comissão parlamentar de inquérito sobre a crise de 1847-48: (Karl Marx – O Capital – O Processo Global de Produção Capitalista – Livro 3 – Volume 5 – p. 523).

> 3.846: Quanto à depreciação de estoques e de capital fixo, não sabeis que todo capital empregado em estoques e produtos de todo gênero estava desvalorizado, da mesma maneira que as matérias-primas algodão, seda, lã, foram enviadas para o continente aos mesmos preços vis, e que açúcar, café e chá se venderam com grande perda como ocorre em liquidações forçadas?
>
> R: Era inevitável que o país fizesse considerável sacrifício para contrapor-se à saída de ouro, que sucedera em virtude da importação em massa de gêneros alimentícios.

> 3.848: Não acha que teria sido melhor usar os 8 milhões de libras que estavam arma-
> zenados na casa-forte do Banco, do que empenhar-se em recuperar o ouro com esses
> sacrifícios?
>
> R: Não, não sou dessa opinião.

O ouro era aí considerado a única riqueza autêntica. Segundo a descoberta de Tooke, citada por Fullarton: (Karl Marx – O Capital – O Processo Global de Produção Capitalista – Livro 3 – Volume 5 – p. 523).

> Com apenas uma ou duas exceções, que encontram explicação satisfatória, toda queda
> importante da taxa de câmbio, seguida de saída de ouro, e que ocorreu nos últimos 50
> anos, coincidiu sempre com nível relativamente baixo do meio circulante, e vice-versa.
> (Fullarton).

Essa descoberta demonstra que essas saídas de ouro ocorrem em regra após período de animação e especulação, constituindo: (Karl Marx – O Capital – O Processo Global de Produção Capitalista – Livro 3 – Volume 5 – p. 524).

> Sinal de colapso já iniciado [...] indicação de mercados abarrotados, de que cessa a procura
> estrangeira de nossos produtos, de que se atrasam os pagamentos, sendo consequência
> necessária de tudo isso, o descrédito comercial, o fechamento de fábricas, a fome entre
> os operários e paralisação geral da indústria e dos negócios.

Aí está naturalmente a melhor refutação da tese sustentada pelos adeptos da teoria da *currency*: (Karl Marx – O Capital – O Processo Global de Produção Capitalista – Livro 3 – Volume 5 – p. 524).

> Circulação abundante expele ouro, e fraca o atrai.

Ao contrário, embora na época de prosperidade exista forte reserva em ouro no Banco da Inglaterra, esse encaixe se forma sempre na fase de apatia e estagnação que segue à tempestade. (Karl Marx – O Capital – O Processo Global de Produção Capitalista – Livro 3 – Volume 5 – p. 524).

O saber todo relativo às saídas de ouro se reduz portanto ao seguinte: a procura de meios internacionais de circulação e de pagamento difere da procura de meios internos de circulação e de pagamento (donde naturalmente se infere que a saída de ouro não implica necessariamente decréscimo da procura interna de meios de circulação, conforme diz Fullarton, e a remessa para fora do país dos metais preciosos, o lançamento deles na circulação internacional, não é a mesma coisa que o lançamento de bilhetes ou moeda na circulação interna. Aliás, o movimento do tesouro concentrado como fundo de reserva de pagamentos internacionais nada tem que ver de per si com o movimento do dinheiro no papel de meio de circulação. É verdade que surge uma complicação porque as diferentes funções do tesouro ou encaixe, as quais examinei a partir da natureza do dinheiro – a função de fundo de reserva de meios de pagamento, para pagamentos vencidos no mercado interno; a de fundo de reserva de meios de circulação, e finalmente a de fundo de reserva de dinheiro mundial – recaem sobre um único fundo de reserva. Segue-se daí que, em certas circunstâncias, saída de ouro do Banco para o mercado interno pode combinar-se com saída para o exterior. (Karl Marx – O Capital – O Processo Global de Produção Capitalista – Livro 3 – Volume 5 – p. 524).

Outra complicação emerge com a função complementar que arbitrariamente se impõe a esse tesouro, a de servir de fundo de garantia para a conversibilidade de bilhetes de banco em países onde o sistema e o dinheiro de crédito estão desenvolvidos. A tudo isso acresce finalmente: (Karl Marx – O Capital – O Processo Global de Produção Capitalista – Livro 3 – Volume 5 – p. 524-525).

a.   a concentração do fundo nacional de reserva num só banco principal; e

b.   a redução desse fundo ao mínimo possível.

Daí a queixa de Fullarton: (Karl Marx – O Capital – O Processo Global de Produção Capitalista – Livro 3 – Volume 5 – p. 525).

> Ressalta de maneira contundente a grande vantagem da circulação metálica, quando vemos a calma perfeita e a facilidade com que soem acontecer as variações da taxa de câmbio nos países do Continente, divergindo da inquietação febril e do alarma que se produzem na Inglaterra sempre que o encaixe do Banco parece aproximar-se de completa exaustão.

Mas, se abstraímos da exportação de ouro, como pode um banco emissor de bilhetes, o Banco da Inglaterra, por exemplo, aumentar a outorga de adiantamentos de dinheiro sem aumentar a emissão de bilhetes? (Karl Marx – O Capital – O Processo Global de Produção Capitalista – Livro 3 – Volume 5 – p. 525).

Todos os bilhetes fora do recinto do Banco, circulem eles ou os entesourem os particulares, estão, do ponto de vista do Banco, em circulação, isto é, escapam a seu domínio. Se o Banco portanto, expande os descontos e o crédito caucionado, os adiantamentos sobre títulos, tem de retornar-lhe os bilhetes emitidos para esse fim, pois do contrário aumentarão eles o montante da circulação, justamente o que não deve ocorrer. Esse retorno pode dar-se de dois modos: (Karl Marx – O Capital – O Processo Global de Produção Capitalista – Livro 3 – Volume 5 – p. 525-526).

1.   O Banco paga a (A) com bilhetes, recebendo em troca títulos; com esses bilhetes, (A) paga a (B) letras que se venceram, e (B) deposita os bilhetes no Banco. Encerra-se então a circulação desses bilhetes, mas o empréstimo persiste. Os bilhetes que o Banco adiantou a (A), retornam-lhe agora; mas o Banco é credor de (A) ou do sacado na letra descontada por (A), e devedor de (B) pela soma de valor expressa nesses bilhetes, e (B) dispõe assim de fração correspondente do capital do Banco.

> O empréstimo persiste, e o meio de circulação, se não se precisa dele, volta ao emitente. (Furllarton).

2. (A) paga a (B); (B) mesmo, ou (C), a quem transfere os bilhetes em pagamento, utiliza-os para pagar letras vencidas ao Banco, direta ou indiretamente. Nesse caso, o Banco é pago com os próprios bilhetes. Assim, para completar a transação só falta que (A) reembolse o Banco.

Quando o adiantamento do Banco a (A) pode ser considerado adiantamento de capital, e quando, simples adiantamento de meios de pagamento? (Karl Marx – O Capital – O Processo Global de Produção Capitalista – Livro 3 – Volume 5 – p. 526).

Depende da natureza do adiantamento: (Karl Marx – O Capital – O Processo Global de Produção Capitalista – Livro 3 – Volume 5 – p. 526-527).

1. Na base do crédito pessoal, (A) recebe do Banco adiantamentos sem dar garantia alguma. Nesse caso, além de lhe terem sido adiantados meios de pagamento, recebeu (A) sem sombra de dúvida novo capital que pode, até a devolução, empregar no negócio como capital adicional e valorizar.

Só neste caso se pode falar de adiantamento efetivo de capital. (grifo meu) (F.E.)

2. Entregou (A) ao Banco, títulos, apólices da dívida pública ou ações em garantia de adiantamento em dinheiro representando digamos 2/3 do valor deles. Nesse caso recebeu meio de pagamento de que precisava, mas nenhum capital adicional, pois entregou ao Banco valor-capital maior que dele recebeu. Mas, esse valor-capital maior era inútil para as necessidades momentâneas de meio de pagamento, aplicado que estava em determinada forma, rendendo juros; demais, (A) tinha suas razões para não o transformar diretamente em meio de pagamento, vendendo-o. Os títulos se destinavam, entre outras coisas, a servir de capital de reserva, e nessa qualidade utilizou-os. O que houve portanto entre (A) e o Banco foi transferência temporária, recíproca de capital, não tendo (A) recebido capital adicional algum e sim os meios de pagamento de que necessitava. Para o Banco, houve imobilização temporária de capital dinheiro na forma de empréstimo, conversão de capital dinheiro que passa de uma forma para outra, e essa transformação é justamente a função essencial do setor bancário.

3. Descontando uma letra no Banco, recebe (A) em dinheiro o montante dela, reduzido do desconto. Nesse caso vendeu ao Banco capital dinheiro em forma não líquida, recebendo em troca importância equivalente em forma líquida; permutou a letra a vencer-se por numerário. Agora pertence a letra ao Banco. Nada se altera aí por ser (A), no caso de falta de pagamento, responsável, perante o Banco, pela importância da letra; é corresponsável com os outros endossantes e com o emitente, contra os quais tem, por sua vez, o direito de ressarcir-se. Não existe aí adiantamento algum e sim compra e venda com as características habituais. Por isso, (A) não tem de reembolsar o Banco, que se ressarce cobrando a letra no vencimento. Houve também aí transferência recíproca de Capital entre (A) e o Banco, tal como sucede na compra e venda de qualquer outra mercadoria, e justamente por isso (A) não recebeu capital adicional algum. O que precisava e obteve foram meios de pagamento, e recebeu-os porque uma forma de seu capital dinheiro (a letra) foi transformada pelo Banco em outra, o dinheiro.

Para o Banco particular, emissor de bilhetes, caso seus bilhetes não permaneçam na circulação local, nem lhe voltem na forma de depósito ou de pagamento de letras vencidas, caem eles nas mãos de pessoas às quais tem de pagar, para resgatá-los, ouro ou bilhetes do Banco da Inglaterra. Então, o adiantamento dos próprios bilhetes constitui na realidade adiantamento de bilhetes do Banco da Inglaterra, ou o que dá no mesmo, de ouro, de parte portanto do respectivo capital bancário. O mesmo se estende ao caso em que o próprio Banco da Inglaterra ou qualquer outro banco subordinado a limite máximo legal de emissão de bilhetes, tenha de vender títulos a fim de retirar da circulação os respectivos bilhetes e depois nela lançá-los de novo em adiantamentos; nesse caso, seus bilhetes representam parte do próprio capital bancário mobilizado. (Karl Marx – O Capital – O Processo Global de Produção Capitalista – Livro 3 – Volume 5 – p. 527-528).

Ainda quando a circulação fosse apenas metálica, seriam simultaneamente possíveis as seguintes ocorrências: (Karl Marx – O Capital – O Processo Global de Produção Capitalista – Livro 3 – Volume 5 – p. 528).

1. Saída de ouro esvaziaria o tesouro; e

2. Uma vez que o Banco só precisa do ouro para saldar pagamentos (liquidar transações anteriores), os adiantamentos sobre papéis aumentariam muito, mas lhe voltariam na forma de depósitos ou de reembolso de letras vencidas, e, desse modo, acresceriam os papéis em carteira, às custas do decréscimo do tesouro global. Entretanto, a mesma soma de que era antes proprietário, passará a constituir dívida do Banco para com os depositantes, o que reduzirá finalmente a massa global do meio circulante.

Se a circulação de meios de pagamento tivesse acréscimo maior que o decréscimo da circulação de meios de compra, aumentaria a circulação global, mesmo que se reduzisse consideravelmente a massa de dinheiro que serve de meio de compra. É o que sobrevém de fato em certos momentos da crise, notadamente quando há colapso total do crédito, tornando-se as mercadorias e valores invendáveis e ficando impossível descontar as letras, quando nada mais vale que a caixa. Uma vez que Fullarton e outros não compreendem que a circulação dos bilhetes como meio de pagamento caracteriza esses tempos de escassez de dinheiro, consideram eles o fenômeno como fortuito. (Karl Marx – O Capital – O Processo Global de Produção Capitalista – Livro 3 – Volume 5 – p. 530).

Poder-se-ia ainda perguntar que falta então, nessas épocas de apertura financeira, capital ou dinheiro na qualidade de meio de pagamento? (Karl Marx – O Capital – O Processo Global de Produção Capitalista – Livro 3 – Volume 5 – p. 531).

De início, quando a crise se manifesta na saída de ouro, é claro que o que se exige é o meio de pagamento internacional. Mas dinheiro na qualidade de meio de pagamento internacional é ouro em sua realidade metálica, substância que tem ela mesma valor, massa de valor. É, ao mesmo tempo, capital, mas não capital mercadoria e sim capital dinheiro, capital não na forma de mercadoria e sim na forma de dinheiro (no sentido eminente da palavra, a mercadoria universal do mercado mundial). Não existe aí contradição entre procura de dinheiro como meio de pagamento e procura de capital. A contradição está entre procura de dinheiro como meio de pagamento e procura de capital. A contradição está entre o capital na forma de dinheiro e na forma de mercadoria; e a forma em que é exigido, a única em que pode funcionar, é a forma dinheiro. (Karl Marx – O Capital – O Processo Global de Produção Capitalista – Livro 3 – Volume 5 – p. 531).

Excetuada essa procura de ouro (ou prata), não se pode dizer que nessas épocas de crise haja escassez, qualquer que seja, de capital. Isso pode ocorrer em circunstâncias extraordinárias, quando os preços do trigo ficam em alta, escassez de algodão etc.; mas não são fenômenos necessários e normais dessas épocas; e a existência dessa espécie de escassez de capital não pode por isso ser a priori inferida da circunstância de haver procura premente de adiantamentos de dinheiro. Pelo contrário. Os mercados estão abarrotados, inundados de capital mercadoria. Seja como for, não é a escassez de capital mercadoria que causa a apertura financeira. (Karl Marx – O Capital – O Processo Global de Produção Capitalista – Livro 3 – Volume 5 – p. 531-532).

COMPONENTES DO CAPITAL BANCÁRIO

O capital bancário abrange: dinheiro de contado – ouro ou bilhetes; e Títulos. (Karl Marx – O Capital – O Processo Global de Produção Capitalista – Livro 3 – Volume 5 – p. 534).

Os títulos podem ser classificados em: (Karl Marx – O Capital – O Processo Global de Produção Capitalista – Livro 3 – Volume 5 – p. 534).

1. papéis comerciais, letras que se vencem a prazos diversos, constituindo o desconto delas o negócio propriamente dito dos banqueiros;

2. papéis lançados ao público, como apólices, obrigações do tesouro, ações de toda espécie, inclusive as hipotecas, enfim, papéis que rendem juros e se distinguem essencialmente das letras comerciais.

O capital constituído por esses elementos objetivos, por sua vez, se biparte em capital próprio empregado pelo banqueiro e em depósitos que constituem o "banking capital", isto é, o capital emprestado. Nos bancos emissores há a considerar ainda os bilhetes. (Karl Marx – O Capital – O Processo Global de Produção Capitalista – Livro 3 – Volume 5 – p. 534).

A forma do capital produtor de juros faz que toda renda monetária determinada e regular apareça como juro de um capital, derive ela ou não de um capital. Primeiro, se converte a renda monetária em juro, e como juro se acha então o capital donde provém. Analogamente, no capital produtor de juros aparece como capital a soma de valor que não é despendida como renda. Aparece como principal em oposição ao juro possível ou real que deve render. (Karl Marx – O Capital – O Processo Global de Produção Capitalista – Livro 3 – Volume 5 – p. 534).

Consideremos que o Estado tem de pagar anualmente aos credores certo montante de juros pelo capital emprestado. O credor não pode exigir que o devedor lhe restitua o empréstimo, mas pode vender o crédito, o título que lhe assegura a propriedade dele. O capital mesmo é devorado, despendido pelo Estado. (Karl Marx – O Capital – O Processo Global de Produção Capitalista – Livro 3 – Volume 5 – p. 535).

O que o credor possui é:

1. Um título de dívida contra o Estado;

2. Esse título lhe dá direito a participar das receitas anuais do Estado, isto é, do produto anual dos impostos, em determinada importância de x%;

3. Pode vender esse título a quem quiser. Se a taxa de juros é de 5%, supondo-se a garantia do Estado, pode (A), o proprietário do título, vendê-lo em regra por 100% do valor do título a (B), pois para este tanto faz emprestar anualmente 100% do título a 5% quanto assegurar-se mediante o pagamento de 100% do título um tributo anual pago pelo Estado, no montante de 5% do título. Mas, em todos esses casos, o capital permanece ilusório, fictício. A possibilidade de (A) vender o crédito que tem contra o Estado representa o poder de reembolsar o principal. Quanto a (B), do ponto de vista particular dele, empregou capital como capital produtor de juros. Obviamente, apenas substituiu (A), ao comprar-lhe o crédito contra o Estado. Por mais

numerosas que sejam essas transações, o capital da dívida pública permanece meramente fictício, e a partir do momento em que os títulos de crédito se tornam invendáveis, desfaz-se essa aparência de capital. Não obstante, esse capital fictício possui movimento próprio. (Karl Marx – O Capital – O Processo Global de Produção Capitalista – Livro 3 – Volume 5 – p. 535).

O absurdo da concepção capitalista atinge o apogeu quando considera a produtividade da força de trabalho anual com a circunstância de produzir juros, em vez de aplicar a valorização do capital pela exploração do trabalho – **se o salário de um ano é 50 libras, a força de trabalho anual é igualada a um capital de 1000 libras, para produzir um juro de 5% ao ano (50 libras)**. (grifo meu) (Karl Marx – O Capital – O Processo Global de Produção Capitalista – Livro 3 – Volume 5 – p. 536).

Na escravidão, o trabalhador tem um valor-capital – o respectivo preço de compra. E, quando alugado, tem o locatário de pagar o juro do preço de compra e, por cima, de repor o desgaste anual do capital. **(**Karl Marx – O Capital – O Processo Global de Produção Capitalista – Livro 3 – Volume 5 – p. 536).

> O operário tem valor-capital, encontrado considerando-se como juro o valor monetário da remuneração anual... Se capitalizamos a 4% os salários médios, obteremos o valor médio de um trabalhador agrícola do sexo masculino. Na Áustria Alemã, 1500 táleres; na Prússia, 1500; na Inglaterra, 3750; na França, 2000; e na Rússia Central, 750 táleres. (Von Reden, Vergleichende Kulturstatistik, Berlim, 1848).

Constituir capital fictício chama-se capitalizar. Capitaliza-se toda receita periódica, considerando-a, na base da taxa média de juro, rendimento que proporcionaria um capital emprestado a essa taxa. (Karl Marx – O Capital – O Processo Global de Produção Capitalista – Livro 3 – Volume 5 – p. 536).

Mesmo quando a obrigação, o título, não seja como as apólices que representam capital imaginário, ainda assim o valor-capital desse título é puramente ilusório. Os papéis constituem títulos de propriedade que representam esse capital. (Karl Marx – O Capital – O Processo Global de Produção Capitalista – Livro 3 – Volume 5 – p. 537).

As ações das companhias ferroviárias, de mineração, de navegação etc. representam capital efetivo, isto é, capital empregado e operante nessas empresas ou a soma de dinheiro adiantada pelos acionistas para nelas ser desembolsada como capital. Mas esse capital não existe duas vezes, uma como valor-capital dos títulos, das ações, e outra como o capital efetivamente empregado ou a empregar naquelas empresas. Só existe na última forma, e a ação nada mais é que título de propriedade sobre proporção da mais-valia a ser realizada por intermédio desse capital. (Karl Marx – O Capital – O Processo Global de Produção Capitalista – Livro 3 – Volume 5 – p. 537).

O movimento autônomo do valor desses títulos de propriedade, sejam títulos da dívida pública ou ações, reforça a aparência de constituírem capital efetivo ao lado do capital ou do direito que possam configurar. Convertem-se em mercadorias, com preço que varia e se fixa segundo leis peculiares. O valor de mercado se determina diversamente do valor nominal, sem que se altere o valor do capital efetivo. O valor de mercado flutua com o nível e a segurança dos rendimentos a que os títulos dão direito. **Se o valor nominal de uma ação, isto é, a soma desembolsada que ela originalmente representa, é de 100 libras, e o negócio rende 10% em vez de 5%, o valor de mercado, não se alterando as demais condições e para uma taxa de juro de 5%, elevar-se-á a**

200 libras, pois capitalizada a 5%, a ação representa agora um capital fictício de 200 libras. Quem a compra por 200 libras receberá 5% de renda por esse investimento. Temos o inverso, se diminui o rendimento da empresa. O valor de mercado desses títulos é em parte especulativo, pois não é determinado apenas pelo rendimento efetivo, mas pelo esperado, pelo que previamente se calcula. (grifo meu) (Karl Marx – O Capital – O Processo Global de Produção Capitalista – Livro 3 – Volume 5 – p. 537-538).

Quando a baixa ou a alta desses títulos não depende do movimento do valor do capital efetivo que representam, a riqueza de uma nação é tão grande antes quanto depois da baixa ou da alta. (Karl Marx – O Capital – O Processo Global de Produção Capitalista – Livro 3 – Volume 5 – p. 539).

Em 23 de outubro de 1847, os Fundos Públicos e as ações dos canais e das ferrovias tiveram depreciação de 114.752.225 libras esterlinas. (Morris, Governador do Banco da Inglaterra, depoimento no relatório sobre a Commercial distress, 1847-48).

Na medida em que essa depreciação não significava parada efetiva da produção e do tráfego das ferrovias e canais, desistência de empreendimentos iniciados ou desperdício de capital em cometimentos destituídos de valor, não se empobreceu a nação de um ceitil sequer ao se arrebentarem as bolhas de sabão do capital dinheiro nominal. (Karl Marx – O Capital – O Processo Global de Produção Capitalista – Livro 3 – Volume 5 – p. 539).

Quando os títulos da Petrobras chegaram a ser cotados a menos de R$5,00, em jan./2016, a empresa não perdeu nada de seu patrimônio, embora a imprensa divulgasse que ela estivesse quebrada. Na época, era a mais rentável empresa do ramo e com melhores dados econômico-financeiro das suas similares no ramo. Contudo, o que se almejava era a privatização dos poços de petróleo do pré-sal e a venda de ativos rentáveis da Petrobras que mais lhe propiciavam rentabilidade. Fazia parte do jogo da imprensa, das grandes corporações petrolíferas e do golpe em curso contra Dilma Roussef na presidência do Brasil.

Na realidade, todos esses papéis constituem apenas direitos acumulados, títulos jurídicos sobre produção futura, e o valor dinheiro ou o valor-capital ora não representa capital algum, como é o caso das apólices da dívida pública, ora é regulado de maneira independente do valor do capital efetivo que esses papéis configuram. (Karl Marx – O Capital – O Processo Global de Produção Capitalista – Livro 3 – Volume 5 – p. 539).

Em todos os países de produção capitalista existe, nessa forma, massa enorme do chamado capital produtor de juros ou *moneyed capital*. E deve entender-se por acumulação do capital dinheiro, notadamente a acumulação desses direitos sobre a produção, acumulação segundo o preço de mercado, o valor capital ilusório deles. (Karl Marx – O Capital – O Processo Global de Produção Capitalista – Livro 3 – Volume 5 – p. 539).

Parte do capital bancário é empregada nesses papéis que rendem juros. Faz parte do capital de reserva que não tem função na atividade genuína do banco. Consiste notadamente em letras, isto é, em promessas de pagamento de capitalistas industriais ou comerciantes. Para o emprestador de dinheiro essas letras são papéis que rendem juros: ao comprá-las, desconta o juro pelo tempo que falta para o vencimento. É o que se chama descontar. Depende da taxa de juro vigente, o montante a descontar da soma que a letra representa. (Karl Marx – O Capital – O Processo Global de Produção Capitalista – Livro 3 – Volume 5 – p. 539).

A outra fração do capital bancário se constitui de sua reserva monetária em ouro ou bilhetes. Os depósitos, quando não são a prazo fixo, estão sempre ao dispor dos depositantes. Flutuam constantemente. Mas, o que uns retiram, outros repõe, de modo que, em média, o montante global pouco oscila nos tempos em que os negócios correm normalmente. (Karl Marx – O Capital – O Processo Global de Produção Capitalista – Livro 3 – Volume 5 – p. 539-540).

Os fundos de reserva dos bancos, em países de produção capitalista desenvolvida, expressam sempre em média a magnitude do dinheiro entesourado, e parte desse tesouro consiste por sua vez em países, meros bilhetes representativos de ouro, mas que não possuem valor próprio. A maior parte do capital bancário portanto é puramente fictícia e consiste em créditos (letras), títulos governamentais e ações. Não devemos esquecer que é puramente fictício o valor monetário do capital que esses títulos guardados nos cofres dos banqueiros representam, e que é regulado por leis que diferem das relativas ao valor do capital efetivo representado pelo menos em parte por tais títulos. E quando esses títulos representam, em vez de capital, mero direito a rendimento uniforme, esse direito se expressa em capital dinheiro fictício que varia sem cessar. Acresce ainda, que esse capital fictício do banqueiro em grande parte não é próprio, mas do público, que o deposita no banco, com ou sem juros. (Karl Marx – O Capital – O Processo Global de Produção Capitalista – Livro 3 – Volume 5 – p. 540).

Com o desenvolvimento do capital produtor de juros e do sistema de crédito, todo capital parece duplicar-se e às vezes triplicar-se em virtude das diferentes formas em que o mesmo capital ou o mesmo título de crédito se apresenta em diferentes mãos. A maior parte deste capital dinheiro é puramente fictícia. (Karl Marx – O Capital – O Processo Global de Produção Capitalista – Livro 3 – Volume 5 – p. 541).

A mesma peça de dinheiro, podendo efetuar diferentes compras, de acordo com a velocidade da circulação, pode também possibilitar diferentes empréstimos, pois as compras fazem-na mudar de mãos, e o empréstimo é apenas transferência de uma mão para outra, sem mediação de compra. Para todo vendedor o dinheiro representa a forma transmutada de sua mercadoria: hoje em dia, quando se expressa todo valor como valor-capital, representa o dinheiro nos diferentes empréstimos, sucessivamente, diferentes capitais, o que constitui outra maneira de exprimir a proposição de que o dinheiro pode realizar sucessivamente diferentes valores mercadorias. Ao mesmo tempo, serve de meio de circulação, possibilitando aos capitais materiais se trasladarem a outras mãos. (Karl Marx – O Capital – O Processo Global de Produção Capitalista – Livro 3 – Volume 5 – p. 542 e 543).

No sistema de crédito, tudo se duplica e triplica e se converte em pura fantasmagoria, e o mesmo se aplica ao fundo de reserva, onde se esperava finalmente encontrar algo sólido. (Karl Marx – O Capital – O Processo Global de Produção Capitalista – Livro 3 – Volume 5 – p. 543).

De Mr. Morris, o Governador do Banco da Inglaterra: (Karl Marx – O Capital – O Processo Global de Produção Capitalista – Livro 3 – Volume 5 – p. 544).

> As reservas dos bancos particulares estão em poder do banco da Inglaterra, na forma de depósitos. Exportação de ouro parece de imediato atingir apenas o Banco da Inglaterra; mas, deve repercutir também sobre as reservas dos outros bancos, pois exporta-se então

parte da reserva que eles mantêm em nosso banco. É de se esperar a mesma repercussão sobre as reservas de todos os bancos provinciais. (Commercial Distress, 1847-48).

Os fundos de reserva, portanto, finalmente se reduzem na realidade, ao fundo de reserva do Banco da Inglaterra. (Karl Marx – O Capital – O Processo Global de Produção Capitalista – Livro 3 – Volume 5 – p. 544).

Nome do Banco	Passivo (1)	Encaixe (2)	% (2/1)
City	9.317.629	746.551	8,01
Capital and Counties	11.392.744	1.307.483	11,48
Imperial	3.987.400	447.157	11,21
Lloyds	23.800.937	2.966.806	12,47
London and Estminster	24.671.559	3.818.885	15,48
London an S. Western	5.570.268	812.353	14,58
London Joint Stock	12.127.993	1.288.977	10,63
London and Midland	8.814.499	1.127.280	12,79
London and County	37.111.035	3.600.374	9,70
National	11.163.829	1.426.225	12,78
National Provincial	41.907.384	4.614.780	11,01
Parrs and the Alliance	12.794.489	1.532.707	11,98
Proscott and Co.	4.041.058	538.517	13,33
Union of London	15.502.618	2.300.084	14,84
Williams, Deaxon, and Manhester & Co.	10.452.381	1.317.628	12,61
Total	**232.655.823**	**27.845.807**	**11,97**

Posteriormente, o fenômeno continuou acentuado. É o que se verifica no quadro oficial acima, extraído do Daily News, de 15/12/1892, e relativo às reservas bancárias dos quinze maiores bancos de Londres em novembro de 1892. (Karl Marx – O Capital – O Processo Global de Produção Capitalista – Livro 3 – Volume 5 – p. 544).

Desses, quase 28 milhões de encaixe, pelo menos 25 milhões estão depositados no Banco da Inglaterra e no máximo 3 milhões nos cofres dos próprios bancos. Entretanto, o encaixe do departamento bancário do Banco da Inglaterra, no mesmo mês de novembro de 1892, nunca chegou a perfazer 16 milhões. (F. E.).

O fundo de reserva do departamento bancário é igual ao excesso dos bilhetes que o Banco pode legalmente emitir sobre os bilhetes que estão circulando. (Karl Marx – O Capital – O Processo Global de Produção Capitalista – Livro 3 – Volume 5 – p. 545-546).

Grande parte dos depósitos para os quais os próprios banqueiros não acham procura imediata vai para as mãos dos bill-brokers. (corretores ou agentes de câmbio, na prática, meio banqueiros), "que em caução entregam ao banqueiro pelo adiantamento que recebem em letras comerciais que descontaram para pessoas de Londres e das províncias. O bill-broker é responsável perante o banqueiro pelo reembolso desses money at call" (dinheiro imediatamente reembolsável quando exigido); e é tão grande a amplitude desses negócios que Mr. Neave, o atual Governador do Banco da Inglaterra diz em seu depoimento: Sabemos que um broker tinha 5 milhões, e temos razões para crer que outro tinha entre 8 e 10 milhões, havia um com 4, outro com 3,5 e ainda outro com mais de 8. Falo dos depósitos em mãos dos brokers. (Report of commiterr on Banck Acts, 1857/58).

A suspensão da lei bancária de 1844 permitiu ao Banco emitir qualquer quantidade de bilhetes de banco, sem cobertura garantida pelo ouro entesourado em seu poder; criar, portanto, o montante que queira de capital dinheiro fictício, para fazer adiantamentos aos bancos e aos bill-brokers, e, por meio deles, ao comércio. (F.E.) (Karl Marx – O Capital – O Processo Global de Produção Capitalista – Livro 3 – Volume 5 – p. 545).

CAPITAL DINHEIRO E CAPITAL REAL (I)

Problemas difíceis referentes ao sistema de crédito: (Karl Marx – O Capital – O Processo Global de Produção Capitalista – Livro 3 – Volume 5 – p. 547-548).

1. A acumulação do capital dinheiro propriamente dito. Até onde é indicadora de verdadeira acumulação de capital, isto é, de reprodução em escala ampliada? A chamada pletora de capital, designação que se aplica sempre ao capital produtor de juros, ao capital dinheiro portanto, é apenas maneira especial de expressar a superprodução industrial ou constitui fenômeno particular, ao lado dela? Coincide essa pletora, essa oferta demasiada de capital dinheiro, com a existência de massas de dinheiro estagnadas (barras, moedas de ouro e bilhetes de banco), de modo que esse excesso de dinheiro efetivo expressa e patenteia aquela pletora de capital de empréstimo?

2. Até onde a carência de dinheiro, isto é, a escassez de capital de empréstimo, expressa carência de capital real (capital mercadoria e capital produtivo)? Até onde aquela carência coincide com a escassez de dinheiro em si, escassez de meios de circulação?

A acumulação do capital da dívida pública nada mais significa que aumento de uma classe de credores do Estado, a qual tem direito a tomar para si certas quantias tiradas do montante dos tributos. Até acumulação de dívidas chega a passar por acumulação de capital, e fatos como esse revelam a que extremos vai a deformação das coisas no sistema de crédito. Esses títulos de dívida, emitidos em troca do capital originalmente emprestado e há muito tempo despendido, essas duplicatas em papel do capital destruído, servem de capital para os respectivos possuidores, na medida em que são mercadorias vendáveis e por isso podem ser reconvertidos em capital. (grifo meu) (Karl Marx – O Capital – O Processo Global de Produção Capitalista – Livro 3 – Volume 5 – p. 548).

Os títulos de propriedade sobre sociedades mercantis, ferrovias, minas etc. são por certo, conforme vimos, direitos sobre capital real. Entretanto, não permitem que se disponha desse capital, que não pode ser extraído donde está. Apenas dão direito à parte da mais-valia a ser obtida. Mas, esses títulos constituem também duplicação em papel do capital real, como se o conhecimento de carga pudesse ter um valor além do da carga e ao mesmo tempo que ela. Tornam-se representantes nominais de capitais inexistentes. Assim é que o capital real existe ao lado dele e não muda de mãos com a circunstância de essas duplicações serem vendidas. Tornam-se formas do capital produtor de juros, não só porque asseguram certos rendimentos, mas também porque mediante venda são reembolsáveis como valor-capital. A acumulação desses papéis, na medida em que representa a acumulação de ferrovias, minas, navios etc., expressa ampliação do processo real de reprodução, do mesmo modo que o aumento de um cadastro tributário relativo, por exemplo, a bens móveis, indica expansão desses bens. Mas, como duplicatas negociáveis por si mesmas como se fossem mercadorias, e circulando por isso como valor-capital, são ilusórios, e o valor pode variar sem depender por nada do movimento do valor do capital real que representam como títulos jurídicos. Seu valor, isto é, a cotação em bolsa tem necessariamente a tendência a subir, ao baixar a taxa de juro, na medida em que essa baixa não depende dos movimentos peculiares do capital dinheiro e é mera consequência da tendência a cair, da taxa de lucro. Já por essa razão, essa riqueza imaginária expande-se com o desenvolvimento da produção capitalista. (Karl Marx – O Capital – O Processo Global de Produção Capitalista – Livro 3 – Volume 5 – p. 548-549).

> Os fundos públicos não são mais do que capital imaginário que representa, da receita anual, a parte destinada a pagar a dívida... Novas riquezas entretanto devem surgir do trabalho da indústria, e parte dessa riqueza será destinada aos impostos, a fim de ser entregue aos credores do Estado... (Sismondi, Vouveaus principles, II).

> Parte do capital dinheiro de empréstimo acumulado é na realidade mera expressão do capital industrial. Quando, em 1857, por exemplo, a Inglaterra empregou 80 milhões de libras em ferrovias e outros empreendimentos na América, foi esse investimento proporcionado quase totalmente pela exportação de mercadorias inglesas, pelas quais os americanos nada tinham que pagar. Em relação a essas mercadorias, o exportador inglês emitiu letras contra a América, as quais foram compradas por subscritores ingleses de ações e enviadas para a América a fim de pagar as ações subscritas.

Poderíamos também entender por acumulação de capital dinheiro a acumulação da riqueza nas mãos dos banqueiros (emprestadores de dinheiro), como intermediários entre capitalistas financeiros particulares, de um lado, e, do outro, o Estado, as comunidades e os prestatários reprodutivos. (grifo meu) (Karl Marx – O Capital – O Processo Global de Produção Capitalista – Livro 3 – Volume 5 – p. 550).

Fundos públicos, ações e quaisquer outros títulos são campos de investimento de capital que se pode emprestar, de capital que se destina a ser capital produtor de juros. (grifo meu) (Karl Marx – O Capital – O Processo Global de Produção Capitalista – Livro 3 – Volume 5 – p. 550).

O crédito que se concedem reciprocamente os capitalistas ocupados na reprodução constitui a base do sistema de crédito. Representa-o a letra de câmbio (no Brasil é a duplicata, que é emitida para ser aceita pelo devedor ou comprador da mercadoria), título de dívida com prazo fixo de vencimento e que é a forma jurídica do pagamento protelado (*document of deferred payment*) – o crédito bancário constitui outro campo, domínio essencialmente diverso. (Karl Marx – O Capital – O Processo Global de Produção Capitalista – Livro 3 – Volume 5 – p. 550-551).

Quando essas letras circulam entre os próprios comerciantes como meio de pagamento, mediante endosso de um para outro, sem interferência de desconto, nada mais há que transferência de título de crédito de (A) para (B), e nada se altera absolutamente no contexto dos negócios. Há apenas substituição de uma pessoa por outra. E mesmo nesse caso pode-se dar a liquidação sem interferência de dinheiro. (Karl Marx – O Capital – O Processo Global de Produção Capitalista – Livro 3 – Volume 5 – p. 551).

Observações sobre o ciclo desse crédito puramente comercial: (Karl Marx – O Capital – O Processo Global de Produção Capitalista – Livro 3 – Volume 5 – p. 551-552).

1. A liquidação desses débitos recíprocos depende de refluir o capital, (M – D), apenas protelado. Se o fabricante de fios recebe letra do fabricante de chita, só poderá este pagar-lhe, se a chita que pôs no mercado é vendida nesse entretempo. Se o especulador de trigo dá uma letra a seu agente, só lhe poderá pagar o dinheiro, se no tempo intermédio o trigo for vendido ao preço

esperado. Esses pagamentos dependem portanto da fluidez da reprodução, isto é, do processo de produção e de consumo.

2. Tal sistema de crédito não abole a necessidade de pagamentos de contado. Deve ser paga em dinheiro grande parte das despesas: salários, impostos etc. Demais, pode ocorrer que (B), antes de vender letra que recebeu de (C) em vez de pagamento, tenha de pagar a (D) letra que já se venceu, e para isso precisa de numerário. Um circuito tão perfeito de reprodução, como o suposto acima, indo do plantador do algodão até a indústria de fiação e vice-versa, só pode ocorrer excepcionalmente e tem sempre de ser interrompido em muitos pontos. Quando estudamos o processo de reprodução, vimos que os produtores do capital constante trocam entre si parte dele. Nessas trocas, as letras podem mais ou menos compensar-se. E isso pode se dar na linha ascendente da produção, quando o corretor de algodão deve sacar sobre o fabricante de fio, este sobre o de chitas, o fabricante de chitas sobre o exportador, e este sobre o importador. Mas, as transações não constituem automaticamente um circuito, de modo que os débitos se eliminassem dentro dele. Tais créditos têm portanto de ser pagos em dinheiro.

O limite desse crédito comercial, considerado isoladamente, são: (Karl Marx – O Capital - O Processo Global de Produção Capitalista – Livro 3 – Volume 5 – p. 552).

• a riqueza dos industriais e comerciantes, isto é, suas disponibilidades em capital de reserva no caso de se retardarem os retornos de capital;

• esses próprios retornos.

Os retornos podem atrasar-se, ou os preços das mercadorias podem cair no tempo intermédio, ou a mercadoria pode momentaneamente ficar invendável com a estagnação dos mercados. Quanto maior o prazo de vencimento das letras, tanto maior tem de ser o capital de reserva e tanto maior é a possibilidade de que se restrinja ou se atrase o retorno do dinheiro em virtude de queda dos preços ou de abarrotamento dos mercados. Contudo, está claro que, com o desenvolvimento da produtividade do trabalho e portanto da produção em grande escala: (Karl Marx – O Capital – O Processo Global de Produção Capitalista – Livro 3 – Volume 5 – p. 552-553).

• os mercados se expandem e se distanciam do local de produção;

• por isso, os créditos devem prolongar-se;

• e, portanto, o fator especulação deve dominar cada vez mais as transações.

A produção em grande escala e para mercados distantes lança o produto global nas mãos do comércio; mas, é impossível que o capital da nação dobre, de modo que o comércio de per si esteja capacitado para comprar com capital próprio todo o produto nacional e em seguida revendê-lo. (Karl Marx – O Capital – O Processo Global de Produção Capitalista – Livro 3 – Volume 5 – p. 553).

O desenvolvimento do processo de produção amplia o crédito, e o crédito leva à expansão das operações industriais e mercantis. (Karl Marx – O Capital – O Processo Global de Produção Capitalista – Livro 3 – Volume 5 – p. 553).

Há dois aspectos distintos a considerar: (Karl Marx – O Capital – O Processo Global de Produção Capitalista – Livro 3 – Volume 5 – p. 554).

1. o crédito serve de veículo às fases sucessivas reais da produção de determinado artigo;

2. permite que este se transfira de um comerciante para outro, sendo inclusive transportado, que se efetue, portanto, o ato (M – D). Mas, a mercadoria aí está sempre no ato de circulação, portanto em fase do processo de reprodução.

Abundância de crédito no ciclo reprodutivo – pondo-se de lado o crédito bancário – não significa abundância de capital desocupado, oferecido para empréstimo e que procura emprego lucrativo, e sim grande ocupação de capital no processo de reprodução. O crédito aí permite portanto: (Karl Marx – O Capital – O Processo Global de Produção Capitalista – Livro 3 – Volume 5 – p. 554).

- quanto aos capitalistas industriais, que o capital industrial passe de uma fase para outra, que se conjuguem as esferas de produção que reciprocamente se pertencem e que interferem umas nas outras;

- quanto aos comerciantes, que as mercadorias se transportem e mudem de mãos até a venda definitiva por dinheiro ou a troca por outra mercadoria.

O máximo de crédito significa aí o pleno emprego, levado ao máximo, do capital industrial, isto é, a tensão extrema da capacidade de reprodução desse capital, sem levar em conta os limites do consumo. (Karl Marx – O Capital – O Processo Global de Produção Capitalista – Livro 3 – Volume 5 – p. 554).

Enquanto o processo de reprodução mantém a fluidez e assim assegura o retorno do capital, esse crédito perdura e se expande, e essa expansão é baseada sobre a do próprio processo de reprodução. (Karl Marx – O Capital – O Processo Global de Produção Capitalista – Livro 3 – Volume 5 – p. 555).

O crédito contrai-se: (grifo meu) (Karl Marx – O Capital – O Processo Global de Produção Capitalista – Livro 3 – Volume 5 – p. 555).

- **porque o capital está desocupado, isto é, parado numa das fases da reprodução, não podendo completar sua metamorfose;**

- **porque se quebrou a confiança na fluidez do processo de reprodução; e**

- **porque diminui a procura desse crédito comercial.**

O fabricante de fios que reduz a produção e tem estoque invendável não precisa comprar algodão a crédito; o comerciante não necessita comprar mercadorias a crédito, pois delas já tem mais do que carece. (Karl Marx – O Capital – O Processo Global de Produção Capitalista – Livro 3 – Volume 5 – p. 555).

Perturbada a expansão dos negócios ou mesmo a intensidade normal do processo de reprodução, sobrevém escassez de crédito; fica mais difícil obter mercadorias a crédito. (Karl Marx – O Capital – O Processo Global de Produção Capitalista – Livro 3 – Volume 5 – p. 555).

Na própria crise, uma vez que cada um tem de vender e não pode comprar, precisando vender para pagar, é justamente quando é maior a massa, não do capital desocupado a investir, mas a do capital paralisado no processo de reprodução, embora a escassez de crédito chegue ao extremo (e por isso a taxa de desconto, no crédito bancário, está no nível mais alto). Na realidade, o capital já desembolsado está desocupado em massa, porque parou o processo de reprodução. (Karl Marx – O Capital – O Processo Global de Produção Capitalista – Livro 3 – Volume 5 – p. 555).

Nada mais falso que atribuir essa situação à carência de capital produtivo, seja com referência ao tamanho normal, momentaneamente contraído, da reprodução, seja com referência ao consumo paralisado. (Karl Marx – O Capital – O Processo Global de Produção Capitalista – Livro 3 – Volume 5 – p. 555).

A reposição dos capitais aplicados na produção depende, em grande parte, da capacidade de consumo das classes não produtivas, enquanto a capacidade de consumo dos trabalhadores está limitada pelas leis do salário e ainda pela circunstância de só serem empregados quando o puderem ser com lucro para a classe capitalista. (grifo meu) (Karl Marx – O Capital – O Processo Global de Produção Capitalista – Livro 3 – Volume 5 – p. 556).

A razão última de todas as crises reais continua sendo sempre a pobreza e a limitação do consumo das massas em face do impulso da produção capitalista: o de desenvolver as forças produtivas como se tivessem apenas por limite o poder absoluto de consumo da sociedade. (grifo meu) (Karl Marx – O Capital – O Processo Global de Produção Capitalista – Livro 3 – Volume 5 – p. 556).

Só se pode falar de escassez real de capital produtivo, pelo menos nos países capitalistas desenvolvidos, nos casos de más colheitas generalizadas, seja dos principais produtos alimentares, seja das matérias-primas industriais mais importantes. (grifo meu) (Karl Marx – O Capital – O Processo Global de Produção Capitalista – Livro 3 – Volume 5 – p. 556).

Os adiantamentos recíprocos dos industriais e comerciantes amalgamam-se com os adiantamentos em dinheiro que lhes fazem os banqueiros e os prestamistas. No desconto das letras, o adiantamento é apenas nominal. Um fabricante vende seu produto contra letra, e desconta-a num *bill-broker*. Na realidade, este nada mais adianta que o crédito de seu banqueiro, que por sua vez lhe adianta o capital dinheiro dos depositantes, os próprios industriais e comerciantes, além de trabalhadores, dos que fruem renda fundiária e das outras classes improdutivas. Assim, o fabricante ou o comerciante pode individualmente contornar a necessidade de ter grande capital de reserva e a dependência dos retornos efetivos de capital. Entretanto, o processo inteiro se complica tanto – com a emissão de meros papagaios, ou com negócios de mercadorias destinados apenas a fabricar letras – que pode subsistir a aparência tranquila de negócio sólido e de retornos fáceis de dinheiro, quando há muito tempo esses retornos na realidade só se fazem mediante fraude contra prestamistas ou contra produtores. Por isso, sempre à véspera do craque, os negócios aparentam quase solidez extrema. Para comprová-lo, o melhor exemplo são os Reports on Bank Acts de 1857 e 1858: aí, todos os diretores de bancos, comerciantes, em suma, todos os experts chamados a depor, Lorde Overstone à frente deles, se felicitavam pela prosperidade e solidez dos negócios – justamente um mês antes de rebentar a crise de agosto de 1857. (Karl Marx – O Capital – O Processo Global de Produção Capitalista – Livro 3 – Volume 5 – p. 556-557).

Nem todo acréscimo de capital dinheiro que se pode emprestar representa acumulação real de capital ou ampliação do processo de reprodução. Isto se revela com a maior clareza na fase do ciclo industrial que vem logo depois de passada a crise, quando capitais de empréstimo se amontoam ociosos. Nesses momentos, quando o processo de produção se restringe, quando os preços das mercadorias descem ao nível mais baixo, quando o espírito de empresa cai em marasmo, é baixa a taxa de juros reinante, o que apenas constitui índice de ter acrescido o capital para empréstimo em virtude de contrair-se e paralisar-se o capital industrial. Se os preços das mercadorias caem, se diminuem as transações; se o capital desembolsado em salários se contrai, fica sendo menor a quantidade necessária de meios de circulação; se foram liquidadas as dívidas ao estrangeiro, seja pela exportação de ouro, seja por meio de falências, não é necessário dinheiro adicional algum para exercer a função de dinheiro mundial; se decresce o número e os montantes das próprias letras, reduzir-se-á a magnitude do negócio de descontos – tudo isto salta logo à vista. A procura de capital dinheiro de empréstimo, na condição de meio de circulação ou de pagamento diminui portanto, e esse se torna relativamente abundante. Nessas circunstâncias, a oferta de capital dinheiro de empréstimo aumenta positivamente. (Karl Marx – O Capital – O Processo Global de Produção Capitalista – Livro 3 – Volume 5 – p. 557-558).

Assim, após a crise de 1847, reinava redução das transações e grande abundância de dinheiro (Comm. Distress, 1847-48, depoimento 1664). A taxa de juro estava muito baixa em virtude da quase total destruição do comércio e quase impossibilidade de aplicar dinheiro. (Loc. Cit. Depoimento de Hodgson, diretor do Roual Bank of Liverpool) (grifo meu) (Karl Marx – O Capital – O Processo Global de Produção Capitalista – Livro 3 – Volume 5 – p. 558).

Não se pode compreender como a transformação do capital de circulação em fixo diminuiria o capital dinheiro do país, pois, no caso das ferrovias, por exemplo, ouro ou papel não são material de construção de viadutos e vias, e o dinheiro para as ações ferroviárias, depositado para pagá-las, funcionava como qualquer outro depositado no banco, aumentava momentaneamente o capital dinheiro possível de ser emprestado; mas, quando realmente empregado nas construções, rolava pelo país na condição de meio de compra e de meio de pagamento. O capital dinheiro só poderia ser prejudicado na medida em que capital fixo não é artigo exportável, em que deixa de existir, em virtude da impossibilidade de venda no exterior; o capital disponível, obtido com retornos correspondentes a mercadorias exportadas, neles incluídos os retornos em numerário ou barras. Naquela época, quantidades enormes de artigos ingleses de exportação se amontoavam invendáveis nos mercados externos. (Karl Marx – O Capital – O Processo Global de Produção Capitalista – Livro 3 – Volume 5 – p. 558-559).

A redução real do capital dinheiro disponível, em virtude de más colheitas, da importação de trigo e da exportação de ouro, ocorreu naturalmente sem ter qualquer ligação com a especulação ferroviária. (grifo meu) (Karl Marx – O Capital – O Processo Global de Produção Capitalista – Livro 3 – Volume 5 – p. 559).

> Quase todas as casas comerciais começaram a reduzir mais ou menos os próprios recursos financeiros, para empregar o dinheiro em ferrovias – os adiantamentos, tão avantajados, que as casas comerciais fizeram ao setor ferroviário, induziram-nas a apoiar-se demais nos bancos, recorrendo ao desconto de letras, e por esse meio prosseguir as operações comerciais. (Hodgson, loc. Cit).

> Em Manchester ocorreram perdas imensas em virtude da especulação ferroviária. (R. Gardner, citado no livro primeiro, capítulo XIII; depoimento n. 4884, loc. Cit.).

Entre as causas principais da crise de 1847 figuram o abarrotamento colossal dos mercados e a especulação sem peias nos negócios com as Índias Orientais. Mas, houve também outras circunstâncias que levaram, à falência, casas muito ricas que operavam nesses negócios: (Karl Marx – O Capital – O Processo Global de Produção Capitalista – Livro 3 – Volume 5 – p. 559).

Dispunham de recursos abundantes, mas estes não eram realizáveis. Todo o capital delas estava imobilizado em terras nas Ilhas Maurício ou em fábricas de anil e açúcar. Se contraíram então obrigações que atingiam 500 a 600 mil libras, não dispunham de meios financeiros líquidos para pagar as letras, e por fim evidenciou-se que, para pagá-las, precisavam recorrer totalmente ao crédito. (Ch. Turner, grande comerciante de Liverpool, com negócios nas Índias Orientais, loc. Cit.).

Logo após o tratado com a china abriram-se para os negócios com esse país perspectivas tão amplas que muitas grandes fábricas foram construídas expressamente para esse comércio, a fim de fabricar sobretudo, artigos de fácil saída no mercado chinês, e essas fábricas se juntaram às já existentes. (Gardner, Loc Cit, 4872) (Karl Marx – O Capital – O Processo Global de Produção Capitalista – Livro 3 – Volume 5 – p. 560).

Loc Cit, 4874: Como transcorreram esses negócios?

Gardner: De maneira tão ruinosa que desafia qualquer descrição; acredito que de todos os embarques feitos para a China em 1844-45, não foram recuperados mais de 2/3 do montante; por ser o chá o principal artigo de exportação chinês e por nos encherem de grandes esperanças, nós fabricantes contávamos seguramente com grande redução nos direitos aduaneiros sobre o chá. (Karl Marx – O Capital – O Processo Global de Produção Capitalista – Livro 3 – Volume 5 – p. 560).

Os países relativamente pobres com que comercia a Inglaterra podem naturalmente pagar e consumir qualquer quantidade possível de produtos ingleses, mas infelizmente a rica Inglaterra não pode digerir os produtos recebidos em troca. (Karl Marx – O Capital – O Processo Global de Produção Capitalista – Livro 3 – Volume 5 – p. 560).

Loc Cit – 4.876: No início remeti algumas mercadorias que foram vendidas com prejuízo de cerca de 15%, e tinha a firme convicção de que o preço a que meus agentes comprariam chá me proporcionaria na revenda aqui lucro tão grande que cobriria essa perda; mas, em vez de lucro, perdi frequentes vezes 25 e até 50%. 4.877: Exportavam os fabricantes por conta própria?

R: Na maioria dos casos: os comerciantes, parece, logo perceberam que o negócio não rendia, e procuravam não participar diretamente dele, preferindo incentivar os fabricantes a lhes confiar as mercadorias em consignação.

Em 1857, ao contrário, as perdas e falências recaíram de preferência sobre os comerciantes, pois dessa vez os fabricantes lhes transferiram a tarefa de abarrotar por conta própria os mercados externos. (Karl Marx – O Capital – O Processo Global de Produção Capitalista – Livro 3 – Volume 5 – p. 560).

A facilidade e a regularidade dos retornos, conjugadas com crédito comercial expandido, asseguram a oferta de capital de empréstimo, apesar da procura acrescida, e impedem que se eleve a taxa de juro. Surge então em cena número considerável de embusteiros que trabalham sem capital de reserva, sem qualquer capital, operando totalmente na base do crédito monetário. Acresce aí a grande expansão do capital fixo em todas as formas e a fundação em

massa de novas e vastas empresas. O juro chega então a seu nível médio. Volta a atingir o nível máximo, quando irrompe a nova crise, quando o crédito cessa de súbito, estancam os pagamentos, paralisa-se o processo de reprodução e surge ao lado da escassez quase absoluta de capital de empréstimo, pletora de capital industrial desocupado. (grifo meu) (Karl Marx – O Capital – O Processo Global de Produção Capitalista – Livro 3 – Volume 5 – p. 561).

Esses embusteiros, em momentos de grande ânimo dos negócios, com especulação comercial desenfreada, levam sempre a danos incomensuráveis à economia, sendo responsabilidade dos bancos a liberação desenfreada de créditos sem garantias, que, no entanto, não são punidos com rigor da lei – é comum nesses períodos de grande especulação, vendedores e repassadores de recursos liberarem créditos sem a devida constatação de garantias de recebimento da dívida.

Assim, no conjunto, o movimento do capital de empréstimo, expresso na taxa de juro, se efetua em sentido inverso ao do capital industrial. (Karl Marx – O Capital – O Processo Global de Produção Capitalista – Livro 3 – Volume 5 – p. 561).

No começo do ciclo industrial, a taxa de juro baixa coincide com a contração do capital industrial, e, no fim dele, a alta, com a abundância desse capital. A taxa de juro baixa, concomitante à melhoria, expressa que o crédito comercial, ainda andando com os próprios pés, só moderadamente precisa do crédito bancário. (Karl Marx – O Capital – O Processo Global de Produção Capitalista – Livro 3 – Volume 5 – p. 562).

De F.E.: (Karl Marx – O Capital – O Processo Global de Produção Capitalista – Livro 3 – Volume 5 – p. 562).

A forma aguda do processo periódico com seu ciclo decenal parece ter cedido à intermitência – mais crônica, mais extensa, repartindo-se pelos diversos países em tempos diferentes – de melhoria nos negócios relativamente curta e débil e de depressão relativamente longa onde não se antevê uma decisão. Mas, talvez o ciclo tenha somente se alongado. Na fase infantil do mercado internacional, de 1815 a 1847, evidenciam-se os ciclos de cerca de 5 anos. De 1847 a 1867, o ciclo é decididamente de dez anos; estaríamos no período preparatório de novo craque mundial, de violência inédita? Os indícios são fortes. Depois da crise geral de 1867 sobrevieram grandes modificações. Na realidade foi a expansão colossal dos meios de transporte e comunicações – navios a vapor, ferrovias, telégrafo elétrico, canal de Suez – que estruturou o mercado mundial. Vários países industriais surgiram ao lado da Inglaterra, que antes monopolizava a indústria; em todas as partes do mundo, abriram-se mais vastos e mais diversificados territórios à aplicação do capital europeu excedente, que desse modo se reparte mais amplamente, superando com mais facilidade os excessos de especulação locais. Todos esses fatores suprimiram ou enfraqueceram bastante, na maior parte, os antigos focos e as conjunturas responsáveis pelas crises. Ademais, a concorrência retrocede no mercado interno diante dos cartéis e trustes, enquanto se restringe no mercado externo pela proteção aduaneira com que se cercam todos os grandes países industriais, exceto a Inglaterra. Mas, as muralhas de proteção aduaneira são apenas armaduras para última batalha internacional da indústria que decidirá o domínio do mercado mundial. Assim, todo fator que se opõe à repetição das velhas crises traz consigo o germe da crise futura muito mais violenta.

Num sistema de produção em que o mecanismo do processo de reprodução repousa sobre o crédito, se este cessa bruscamente admitindo-se apenas pagamento de contado, deve evidentemente sobrevir crise, corrida violenta aos meios de pagamento. Por isso, à primeira vista, toda a crise se configura como simples crise de crédito e crise de dinheiro. E na realidade trata-se apenas da conversibilidade das letras em dinheiro. Mas, essas letras representam, na maioria dos casos, compras e vendas reais, cuja expansão ultrapassa de longe as exigências da sociedade, o que constitui em última análise a razão de toda a crise. (Karl Marx – O Capital – O Processo Global de Produção Capitalista – Livro 3 – Volume 5 – p. 563).

Não pode remediar a todo o sistema artificial de expansão forçada do processo de reprodução a circunstância de um banco, o Banco da Inglaterra, por exemplo, fornecer em bilhetes o capital que falta a todos os especuladores e comprar todos os valores depreciados aos antigos valores nominais. Tudo aqui está às avessas, pois, nesse mundo de papel, nenhures aparecem o preço real e seus elementos efetivos, vendo-se apenas barras, dinheiro sonante, bilhetes, letras, valores mobiliários. Essa deformação aparece principalmente nos centros como Londres, onde se concentram todos os negócios financeiros de um país. Todo o processo se torna incompreensível; já menos, nos centros de produção. (Karl Marx – O Capital – O Processo Global de Produção Capitalista – Livro 3 – Volume 5 – p. 563).

Quanto à pletora (excesso sem utilização) do capital industrial que se manifesta nas crises, observemos: o capital mercadoria em si é, ao mesmo tempo, capital dinheiro, isto é, determinada soma de valor, expressa no preço da mercadoria. Como valor de uso, é quantidade determinada de certos objetos úteis, existente em demasia no momento da crise. Mas, como capital dinheiro em si, como capital dinheiro potencial, está sujeito a processo constante de expansão e contração. Na véspera da crise e dentro dela, o capital mercadoria na condição de capital dinheiro potencial se contrai. Representa para o possuidor e para o credor deste (e como garantia de letras e empréstimos) menos capital dinheiro que ao tempo em que foi adquirido e em que, por ele garantidos, se efetuaram descontos e empréstimos. Se tem esse sentido a afirmação de que se reduz o capital dinheiro de um país em épocas de crise, significa ela que os preços das mercadorias caíram. Aliás, esse desmoronamento dos preços apenas compensa a inflação anterior. (grifo meu) (Karl Marx – O Capital – O Processo Global de Produção Capitalista – Livro 3 – Volume 5 – p. 563-564).

As receitas das classes improdutivas e dos que vivem de renda fixa permanecem em grande parte estacionárias durante a inflação dos preços, que corre junta com a superprodução e a especulação excessiva. Por isso, sua capacidade de consumo diminui relativamente, e em consequência o poder de repor a parte que, integrando a reprodução global, normalmente teria de entrar nesse consumo. Sua procura, mesmo quando não varia nominalmente, diminui em termos reais. (grifo meu) (Karl Marx – O Capital – O Processo Global de Produção Capitalista – Livro 3 – Volume 5 – p. 564).

Quanto à importação e à exportação releva observar que, um após outro, todos os países se envolvem na crise, verificando-se que todos, com poucas exceções, exportaram e importaram demais, ficando o balanço de pagamentos desfavorável a todos: é que a crise de fato não provém do balanço de pagamentos. (Karl Marx – O Capital – O Processo Global de Produção Capitalista – Livro 3 – Volume 5 – p. 564).

A crise pode rebentar primeiro na Inglaterra, o país que mais dá crédito e menos o recebe, porque o balanço de pagamentos vencidos que devem ser imediatamente liquidados, é contra ela, embora lhe seja favorável o balanço comercial geral. (Karl Marx – O Capital – O Processo Global de Produção Capitalista – Livro 3 – Volume 5 – p. 564).

Mas em todos os países ocorreu tanto excesso de importação quanto de exportação (não estamos falando de más colheitas etc., e sim de crise geral), isto é, superprodução fomentada pelo crédito e pela concomitante inflação geral dos preços. (Karl Marx – O Capital – O Processo Global de Produção Capitalista – Livro 3 – Volume 5 – p. 565).

Em 1857 irrompeu a crise nos Estados Unidos. O ouro fluiu da Inglaterra para a América. Mas, logo que a inflação rebentou na América, surgiu crise na Inglaterra e ouros saiu da América para a Inglaterra. A mesma coisa se passou entre a Inglaterra e o Continente. Em tempos de crise geral, o balanço de pagamentos é desfavorável a toda nação, pelo menos a toda nação comercialmente desenvolvida, mas sempre uma após a outra, como num fogo por filas, de acordo com a vez de pagar; e a crise, uma vez irrompida na Inglaterra, por exemplo, concentra a série desses pagamentos que se vencem em período extremamente curto. (Karl Marx – O Capital – O Processo Global de Produção Capitalista – Livro 3 – Volume 5 – p. 565).

O fenômeno da saída de ouro então ocorre a todas, uma após outra, e em virtude da generalidade revela: (Karl Marx – O Capital – O Processo Global de Produção Capitalista – Livro 3 – Volume 5 – p. 565-566).

- que a hemorragia de ouro é mero sintoma da crise e não causa dela; e
- que a sucessão em que sobrevém às diversas nações apenas mostra a ordem em que estas ajustam as contas com os céus, a ocasião em que surge a fase decisiva da crise e se desencadeiam os elementos latentes dela.

> Em 1847 devia a Inglaterra liquidar compromissos correntes (relativos em grande parte ao trigo). Infelizmente liquidou-os em grande parte por meio de falências (a rica Inglaterra recuperava o fôlego por meio de falências perante credores do Continente e da América). Mas quando não os liquidava por meio de falência, pagava-os mediante exportação de metais preciosos. (Export of committs on Bank Acta, 1857) (Karl Marx – O Capital – O Processo Global de Produção Capitalista – Livro 3 – Volume 5 – p. 564).

Assim, a legislação bancária, na medida em que agrava a crise na Inglaterra, é, em épocas de escassez de alimentos, meio de lesar as nações exportadoras de trigo, tanto no trigo, quanto no dinheiro que por ele têm a receber. Para países, por sua vez mais ou menos sujeitos a situações de carestia, proibir exportação de trigo, nessas épocas, é meio racional de se oporem a esse plano do Banco da Inglaterra de liquidar compromissos referentes à compra de trigo por meio de falências. Nessas condições, é muito melhor que os produtores de trigo e especuladores percam parte do lucro em benefício do país, que o capital em benefício da Inglaterra. (Karl Marx – O Capital – O Processo Global de Produção Capitalista – Livro 3 – Volume 5 – p. 566).

Do exposto, infere-se que o capital mercadoria, na crise e nas estagnações dos negócios em geral, perde em grande parte a capacidade de representar capital dinheiro potencial. (Karl Marx – O Capital – O Processo Global de Produção Capitalista – Livro 3 – Volume 5 – p. 566).

Quanto às ações, há baixa em virtude de redução dos rendimentos a que dão direito ou em virtude do caráter fraudulento das empresas que com tanta frequência representam. Esse capital fictício reduz-se enormemente nas crises, e em consequência o poder dos respectivos proprietários de obter com ele dinheiro no mercado. A baixa nominal desses valores mobiliários no boletim de bolsa não tem relação com o capital real que representam, mas tem muito que ver com a solvência do proprietário desse capital. (grifo meu) (Karl Marx – O Capital – O Processo Global de Produção Capitalista – Livro 3 – Volume 5 – p. 567).

CAPITAL DINHEIRO E CAPITAL REAL (II)

Bem mais simples que a transformação de dinheiro em capital produtivo é a transformação de dinheiro em capital dinheiro de empréstimo. (Karl Marx – O Capital – O Processo Global de Produção Capitalista – Livro 3 – Volume 5 – p. 568).

Mas há duas hipóteses a saber: (Karl Marx – O Capital – O Processo Global de Produção Capitalista – Livro 3 – Volume 5 – p. 568).

1. a mera conversão de dinheiro em capital de empréstimo;

2. a conversão de capital ou renda, em dinheiro, que se transforma em capital de empréstimo. Esta hipótese pode abranger acumulação positiva do capital de empréstimo, conexa com a acumulação real do capital industrial.

1 Conversão de Dinheiro em Capital de Empréstimo

Já vimos que pode haver amontoamento, pletora de capital de empréstimo, que se relaciona com a acumulação produtiva somente no sentido de lhe ser inversamente proporcional. (Karl Marx – O Capital – O Processo Global de Produção Capitalista – Livro 3 – Volume 5 – p. 569).

Essa relação se positiva em duas fases do ciclo industrial: (Karl Marx – O Capital – O Processo Global de Produção Capitalista – Livro 3 – Volume 5 – p. 569).

1. na ocasião em que o capital industrial se contrai nas duas formas de capital produtivo e de capital mercadoria, portanto no início do ciclo após a crise – o capital dinheiro, nesta fase, que era antes empregado em produção e comércio, aparece agora como capital de empréstimo desocupado (Pletora de capital de empréstimo);

2. quando começa a melhoria, mas o crédito comercial ainda recorre pouco ao crédito bancário – o capital dinheiro, nesta fase aparece empregado em escala crescente, mas a juro muito baixo, porque agora os capitalistas industriais e comerciais ditam as condições aos capitalistas financeiros.

A pletora de capital de empréstimo significa no primeiro caso estagnação do capital industrial e no segundo independência relativa do crédito comercial quanto ao crédito bancário, baseada na fluidez dos retornos, nos prazos curtos de crédito e no predomínio das operações com capital próprio. Os especuladores que contam com o alheio capital de crédito ainda não entraram em cena; as pessoas que operam com capital próprio ainda estão bem longe de efetuar operações que se pareçam com operações puras de crédito. (Karl Marx – O Capital – O Processo Global de Produção Capitalista – Livro 3 – Volume 5 – p. 569).

Na primeira fase, a pletora de capital de empréstimo significa justamente o oposto de acumulação real. Na segunda fase, coincide com expansão renovada do processo de reprodução, acompanhando-a, sem ser causa dela. O excesso de capital passa a declinar, existindo apenas em termos relativos, comparado com a procura. Em ambos os casos, a ampliação do processo real de acumulação é incentivada porque a taxa de lucro baixa, que no primeiro caso coincide com preços baixos e no segundo com preços em ascensão lenta, aumenta a parte do lucro que se converte em lucro de empresário. Esse aumento é maior ainda quando o juro se eleva ao nível médio no auge da prosperidade, embora não suba na proporção do lucro. (Karl Marx – O Capital – O Processo Global de Produção Capitalista – Livro 3 – Volume 5 – p. 569).

Pode ocorrer acumulação de capital de empréstimo sem qualquer acumulação real, por processos puramente técnicos, como ampliação e concentração dos bancos, economia das reservas de circulação ou ainda dos fundos de reserva de meios de pagamentos de particulares; daí resultam sempre conversões em capital de empréstimo por prazos curtos.

Esse capital de empréstimo, embora assuma essa forma sempre por períodos curtos (capital flutuante), flui e reflui sem cessar. O que um tira da circulação, outro nela repõe. A massa de capital dinheiro de empréstimo de curto prazo, baseados em letras e depósitos, aumenta desse modo sem qualquer dependência efetiva da acumulação real. (Karl Marx – O Capital – O Processo Global de Produção Capitalista – Livro 3 – Volume 5 – p. 569-570).

De Weguelin: capital circulante é bullion (barras e dinheiro metálico) (Karl Marx – O Capital – O Processo Global de Produção Capitalista – Livro 3 – Volume 5 – p. 570).

Nessa algaravia (confusão) do mercado financeiro, admira como todas as categorias da economia política assumem outro sentido e outra forma. Capital flutuante (floating capital) serve para designar capital em circulação (*circulating capital*), coisa totalmente diversa. Dinheiro (*money*) é capital e barras de ouro (bullion); bilhetes de banco constituem circulação (*circulation*); capital é mercadoria (a commodity), e dívidas são mercadorias; capital fixo (*fixed capital*) é dinheiro empregado em papéis difíceis de vender. (Karl Marx – O Capital – O Processo Global de Produção Capitalista – Livro 3 – Volume 5 – p. 570-571).

O banqueiro, ao fazer adiantamentos ao *bill-bloker* sobre as letras que este já descontou, de fato redesconta-a outra vez; na realidade porém, muitas dessas letras já foram redescontadas pelo *bill-broker*, e, com o mesmo dinheiro com que o banqueiro redesconta as letras do *bill-broker*, este redesconta novas letras. Daí resulta o seguinte: (Karl Marx – O Capital – O Processo Global de Produção Capitalista – Livro 3 – Volume 5 – p. 571).

> Letras de favor e créditos abertos criaram amplos créditos fictícios, o que foi grandemente facilitado pela maneira de proceder dos bancos por ações das províncias, os quais descontavam essas letras e faziam-nas descontar depois pelos bill-brokers no mercado de Londres, e apenas na base do crédito do banco, sem levar em conta a verdadeira qualidade da letra. (Loc. Cit.).

A respeito dos redescontos e da ajuda que esse aumento puramente técnico do capital dinheiro de empréstimo proporciona em especulações creditícias, temos as seguintes observações do Economist, 1847: (Karl Marx – O Capital – O Processo Global de Produção Capitalista – Livro 3 – Volume 5 – p. 571-573).

Durante muitos anos acumulou-se o capital dinheiro de empréstimo em certas circunscrições do país, mais rapidamente do que podia ser aplicado, enquanto noutras os meios de investi-lo cresceram com mais rapidez que o próprio capital. Assim, enquanto os banqueiros das circunscrições agrícolas não tinham oportunidade de empregar os depósitos de maneira lucrativa e segura na própria região, os das circunscrições industriais e das cidades mercantis se defrontavam com procura de capital maior que a que podiam atender. Em consequência dessas diferenças de situação nas diferentes circunscrições surgiu e se desenvolveu impetuosamente nos últimos anos novo gênero de firmas operando na repartição do capital; chamadas geralmente de bill brokers, são na realidade banqueiros na mais ampla das escalas. O negócio dessas firmas é tomarem a si, de acordo com períodos e juros estipulados, o capital excedente dos bancos das circunscrições onde não pode ser empregado, e os recursos provisoriamente ociosos de sociedades anônimas e de grandes casas comerciais, tendo em mira adiantar esse dinheiro a juro mais alto aos bancos das circunscrições onde há mais procura de capital; é o que em regra fazem redescontando as letras de seus clientes... Assim, Lombardstreet tornou-se o grande centro onde o capital ocioso da parte do país na qual não se pode empregar utilmente se transfere para outra parte onde existe procura; e isto se aplica tanto às diferentes circunscrições do país quanto aos indivíduos colocados na mesma situação... As facilidades oferecidas por Lombardstreet robusteiam a posição dos corretores de Mincing Lane, os quais por sua vez transferiam todas essas vantagens aos importadores; estes utilizaram-nas tanto que nos últimos anos tal prática se generalizou a ponto de se poder considerá-la a regra... então, tomar emprestado na base de conhecimentos de embarque ou mesmo de certificados de depósito de mercadoria (dock warrants) arruinava o crédito do comerciante. Esse sistema ampliou-se tanto que em Lombardstreet se tomavam emprestadas grandes somas com letras que tinham por garantias futuras sagras (produtos virtuosos) a colher nas colônias distantes. Em virtude dessas facilidades, os importadores ampliaram os negócios no exterior e o capital flutuante (floting) com que teriam o próprio negócio imobilizaram nas aplicações mais condenáveis, em plantações coloniais, sobre as quais pouco ou nenhum controle poderiam exercer. Eis como se apresenta o encadeamento direto dos créditos. O capital que em nosso país se junta nas áreas rurais deposita-se em pequenas quantidades nos bancos das províncias e centraliza-se para ser empregado em Lombardstreet. Mas, é utilizado primeiro para expandir os negócios nas áreas mineiras e industriais por meio do redesconto de letras nos bancos locais; em seguida, para proporcionar facilidades maiores aos importadores de produtos estrangeiros, por meio de adiantamentos garantidos por certificados de mercadoria armazenada e conhecimentos de embarque, o que possibilitou ao capital mercantil legítimo de firmas que operam em negócios externos e coloniais liberar-se e ser aplicado nos investimentos mais condenáveis em plantações nos países de ultramar.

A massa do capital de empréstimo difere totalmente da quantidade do meio circulante. Por quantidade do meio circulante entendemos a soma de todos os bilhetes de banco existentes e circulantes num país e todo o dinheiro metálico, inclusive as barras de metais preciosos. Parte dessa quantidade constitui encaixe dos bancos de magnitude sempre variável. (Karl Marx – O Capital – O Processo Global de Produção Capitalista – Livro 3 – Volume 5 – p. 573).

As variações da taxa de juro dependem da oferta do capital de empréstimo, isto é, do capital que se empresta na forma do dinheiro, espécies metálicas ou bilhetes, desde que invariáveis as demais condições, grau de confiança etc. Esse capital difere do capital industrial que os agentes reprodutivos, por meio do crédito comercial, se emprestam reciprocamente na forma de mercadoria. (Karl Marx – O Capital – O Processo Global de Produção Capitalista – Livro 3 – Volume 5 – p. 574).

Nos países de crédito desenvolvido podemos admitir que todo capital dinheiro disponível para empréstimo existe na forma de depósitos nos bancos e nas mãos dos prestamistas. Isto se aplica pelo menos aos negócios em geral. Além disso, nas épocas prósperas, antes de desencadear-se a especulação propriamente dita, quando o crédito é fácil e a confiança crescente, a maior parte das funções da circulação se efetua por meio de mera transferência de créditos, sem intervenção de moeda metálica ou de papel. (Karl Marx – O Capital – O Processo Global de Produção Capitalista – Livro 3 – Volume 5 – p. 574).

A simples possibilidade de grandes depósitos, com quantidade relativamente reduzida de meios de circulação, depende unicamente: (Karl Marx – O Capital – O Processo Global de Produção Capitalista – Livro 3 – Volume 5 – p. 575).

1. do número das compras e pagamentos efetuados pela mesma peça de dinheiro;

2. do número de vezes em que essa peça retorna aos bancos como depósito, de modo que a função repetida de meio de compra e de pagamento é possibilitada pela conversão renovada em depósitos.

A estatística das exportações e importações serve para medir a acumulação do capital real – o capital produtivo e o capital mercadoria. E revela sempre que no período de desenvolvimento da indústria inglesa (1814-70) marcado por ciclos decenais, o máximo da última fase de prosperidades antes da crise reaparece sempre como mínimo da subsequente fase de prosperidade, para em seguida atingir novo máximo mais elevado. (Karl Marx – O Capital – O Processo Global de Produção Capitalista – Livro 3 – Volume 5 – p. 576).

2 Transformação de Capital ou Renda em Dinheiro, e Conversão deste em Capital de Empréstimo

A acumulação de todos os capitalistas que emprestam dinheiro se dá sempre, é claro, na forma imediata de dinheiro, mas vimos que a acumulação real dos capitalistas industriais em regra se efetua por meio do acréscimo dos elementos do próprio capital reprodutivo. O desenvolvimento do sistema de crédito e a concentração enorme do negócio de emprestar dinheiro nas mãos dos grandes bancos necessariamente já aceleram de per si a acumulação do capital de empréstimo como forma diversa da acumulação real. Esse desenvolvimento rápido do capital de empréstimo resulta da acumulação real, pois é consequência do desenvolvimento do processo de reprodução, e o lucro que constitui a fonte de acumulação desses capitalistas financeiros é dedução da mais-valia que os capitalistas reprodutivos obtêm. O capital de empréstimo acumula-se às custas dos industriais e comerciantes ao mesmo tempo. (grifo meu) (Karl Marx – O Capital – O Processo Global de Produção Capitalista – Livro 3 – Volume 5 – p. 577).

Todo lucro que os capitalistas financeiros fazem e convertem em capital, é convertido antes de mais nada em capital de empréstimo. A acumulação deste, diversa da acumulação real, embora fruto dela, já se patenteia, se consideramos apenas os capitalistas financeiros, banqueiros etc., como acumulação dessa classe particular de capitalistas. E cresce necessariamente à medida que se expande o sistema de crédito, que acompanha a ampliação real do processo de reprodução. (grifo meu) (Karl Marx – O Capital – O Processo Global de Produção Capitalista – Livro 3 – Volume 5 – p. 578).

Quanto à acumulação de dinheiro das demais classes de capitalistas, abstraímos da parte que se emprega em papéis que rendem juros e nessa forma se acumula. Só se considera a parte que se lança no mercado como capital dinheiro de empréstimo. (Karl Marx – O Capital – O Processo Global de Produção Capitalista – Livro 3 – Volume 5 – p. 578).

De início, há a parte de lucro que não se despende como renda, destinando-se à acumulação, e para a qual os capitalistas industriais não encontram por ora emprego no próprio negócio. Esse lucro existe diretamente no capital mercadoria e constitui parte do valor que é realizado em dinheiro. Se não se reconverte nos elementos de produção do capital mercadoria, terá de permanecer por certo tempo na forma de dinheiro. Essa massa aumenta com a massa do próprio capital, mesmo que decresça a taxa de lucro. A parte a ser despendida como renda consome-se pouco a pouco, constituindo no intervalo, como depósito, capital de empréstimo nas mãos do banqueiro. Por conseguinte, também o crescimento da parte do lucro despendida como renda expressa acumulação progressiva, que se repete sem cessar. (Karl Marx – O Capital – O Processo Global de Produção Capitalista – Livro 3 – Volume 5 – p. 578).

Com o desenvolvimento e a organização do sistema de crédito, portanto, o aumento da renda, isto é, do consumo dos capitalistas industriais e comerciais, redunda em acumulação de capital de empréstimo. E isto se aplica a todas as rendas, desde que se consumam pouco a pouco: renda fundiária, salário nas formas superiores, receita das classes improdutivas etc. Todas assumem por certo tempo a forma de renda em dinheiro, sendo por isso transformáveis em depósitos e por conseguinte em capital de empréstimo. (Karl Marx – O Capital – O Processo Global de Produção Capitalista – Livro 3 – Volume 5 – p. 579).

CAPITAL DINHEIRO E CAPITAL REAL (III) – CONCLUSÃO

A massa do dinheiro a reconverter-se em capital resulta do vasto processo de reprodução, mas, considerada de per si, como capital dinheiro de empréstimo, não constitui ela mesma capital reprodutivo. (Karl Marx – O Capital – O Processo Global de Produção Capitalista – Livro 3 – Volume 5 – p. 580).

Na acumulação de capital dinheiro surge assim aspecto que a diferencia essencialmente da acumulação real do capital industrial: a parte do produto anual destinada a consumo não se torna de maneira alguma capital. Fração dela repõe capital, isto é, o capital constante dos produtores de meios de consumo, mas, ao converter-se realmente em capital, existe na forma natural da renda dos produtores desse capital constante. O mesmo dinheiro que representa a renda e serve de mero intermediário do consumo transforma-se regularmente, por algum tempo, em capital dinheiro de empréstimo. Esse dinheiro, quando configura salário, é também a forma dinheiro do capital variável, e, quando repõe o capital constante dos produtores de meios de consumo, é a forma dinheiro que seu capital constante momentaneamente assume, servindo para comprar os elementos naturais do capital constante a repor. (Karl Marx – O Capital – O Processo Global de Produção Capitalista – Livro 3 – Volume 5 – p. 580-581).

A acumulação do capital dinheiro de empréstimo expressa em parte o simples fato de todo o dinheiro assumir não a forma de dinheiro que os capitalistas reprodutivos adiantam, mas a de dinheiro que tomam emprestado, configurando-se em adiantamento de dinheiro emprestado o adiantamento de dinheiro que necessariamente ocorre no processo de reprodução. Na realidade, no sistema de crédito comercial, um empresta ao outro o dinheiro de que precisa no processo de reprodução. Mas, a coisa agora assume outra forma: o banqueiro, nas suas relações com os capitalistas produtivos, recebe o dinheiro emprestado de uns e empresta-o a outros, como se desempenhasse a função de uma fada benfazeja; ao mesmo tempo, o poder de dispor sobre esse capital cai por completo nas mãos dos banqueiros, os mediadores. (grifo meu) (Karl Marx – O Capital – O Processo Global de Produção Capitalista – Livro 3 – Volume 5 – p. 581).

A parte do lucro não destinada a ser consumida como renda só se transforma em capital dinheiro, se não puder ser imediatamente aplicada para ampliar o negócio no ramo de produção onde se obtém esse lucro. Essa impossibilidade decorre de duas causas: ou esse ramo já está saturado de capital, ou a acumulação, para funcionar como capital, precisa primeiro atingir certo montante, de acordo com as proporções exigidas para investir novo capital nesse negócio particular. (Karl Marx – O Capital – O Processo Global de Produção Capitalista – Livro 3 – Volume 5 – p. 582).

A acumulação de capital de empréstimo consiste simplesmente nisto: dinheiro que se amontoa como dinheiro que se pode emprestar. Esse processo difere muito da conversão real em capital; há apenas acumulação de dinheiro em forma em que se pode transformar em capital. Mas, essa acumulação, conforme demonstramos, pode apresentar aspectos muito diferentes dos da acumulação real. Quando a acumulação real se expande de maneira contínua, essa acumulação ampliada de capital dinheiro pode resultar dela ou de fatores que a acompanham mas dela divergem por completo; finalmente pode resultar mesmo de interrupções da acumulação real. Uma vez que esses fatores independentes da acumulação real, mas que a acompanha, entumecem a acumulação de capital de empréstimo, necessariamente ocorre em determinadas fases do ciclo, pletora constante de capital dinheiro, e essa pletora se desenvolve à medida que se estende o crédito. Essa pletora acarreta o desenvolvimento concomitante da necessidade de impelir o processo de produção além das barreiras capitalistas: comércio em excesso, superprodução, crédito em demasia. E sempre ocorre necessariamente em formas que provocam regressão. (Karl Marx – O Capital – O Processo Global de Produção Capitalista – Livro 3 – Volume 5 – p. 583).

O lucro consiste no ato de apropriar-se de trabalho alheio, e o capital com que se mobiliza e se explora esse trabalho alheio consiste em propriedade alheia, que o capitalista financeiro põe à disposição do capitalista industrial a fim de explorá-lo por sua vez. (Karl Marx – O Capital – O Processo Global de Produção Capitalista – Livro 3 – Volume 5 – p. 584).

A frequência com que a mesma peça de dinheiro pode figurar como capital de empréstimo, depende: (Karl Marx – O Capital – O Processo Global de Produção Capitalista – Livro 3 – Volume 5 – p. 584).

1. do número de vezes que, em venda ou pagamento, realiza valores mercadorias e, ainda, que realiza renda. A frequência com que muda de mãos como valor realizado, trate-se de capital ou renda, regula-se evidentemente pelo número e pelo montante das operações reais;

2. da economia dos pagamentos, e do desenvolvimento e organização do sistema de crédito;

3. enfim, do encadeamento e da rapidez de ação dos créditos, de modo que o dinheiro que num ponto se imobiliza como depósito, noutro logo se mobiliza como empréstimo.

À primeira vista, o capital de empréstimo existe sempre na forma de dinheiro, depois como direito a dinheiro, enquanto o dinheiro, o modo original de sua existência, passa a existir nas mãos do prestatário na forma de dinheiro real. Para o emprestador converteu-se em direito a dinheiro, em título de propriedade. Por isso, a mesma quantidade de dinheiro real pode representar quantidades bem diversas de capital dinheiro. Mero dinheiro, representando capital realizado ou renda realizada, torna-se capital de empréstimo mediante o simples ato de emprestar, mediante conversão em depósito, se consideramos a forma geral em sistema desenvolvido de crédito. Mas, nas mãos do banqueiro pode ser apenas capital dinheiro potencial, parado em sua caixa, em vez de ficar no bolso do proprietário. (Karl Marx – O Capital – O Processo Global de Produção Capitalista – Livro 3 – Volume 5 – p. 585-586).

Ao crescer a riqueza material, aumenta a classe dos capitalistas financeiros; prolifera o número e a riqueza dos capitalistas que se retiram, os rentiers, e o impulso dado ao desenvolvimento do sistema de crédito faz subir o número dos banqueiros, dos emprestadores de dinheiro, dos operadores financeiros etc. (grifo meu) (Karl Marx – O Capital – O Processo Global de Produção Capitalista – Livro 3 – Volume 5 – p. 586).

Com o desenvolvimento do capital dinheiro disponível cresce a massa dos papéis rentáveis, dos títulos da dívida pública, das ações etc. Mas, ao mesmo tempo, cresce também a procura de capital dinheiro disponível, desempenhando os corretores (*jobbers*) que especulam com esses papéis, função basilar no mercado financeiro. (Karl Marx – O Capital – O Processo Global de Produção Capitalista – Livro 3 – Volume 5 – p. 586).

B. A., 1857, nº 4.886: No seu modo de ver, indicarei corretamente as causas que determinam a taxa de desconto se disser que é regulada pela quantidade do capital existente no mercado, aplicável no desconto de letras comerciais, separando-as das outras espécies de papéis?

Chapman: Não; acho que a taxa de juro é influenciada por todos os papéis de negociação corrente; seria errado cingir (ligar) a questão apenas ao desconto de letras, pois, se existe grande procura de dinheiro contra a caução de títulos da dívida consolidada ou de bônus do tesouro, como acontecia há pouco tempo, e a juro mais alto que o comercial, é absurdo dizer que esses elementos não influem em nosso mundo comercial, quando têm sobre ele influência decisiva.

4.890: Se bons papéis negociáveis, reconhecidos como tais pelos banqueiros, estão no mercado, e os possuidores querem levantar dinheiro caucionando-os, terá isso sem a menor sombra de dúvida repercussão nas letras comerciais; não posso, por exemplo, esperar que alguém me ceda dinheiro a 5% sobe letras comerciais, quando pode emprestar esse dinheiro a 6% sobre títulos da dívida consolidada: nosso comportamento é influenciado da mesma maneira; ninguém pode exigir de mim que desconte sua letra a 5 ½, se tenho a possibilidade de emprestar meu dinheiro a 6%.

4.892: Não diremos que tenham influência essencial no mercado financeiro pessoas que compram papéis no montante de 2000 ou 5000 ou 10000 libras, como investimento fixo de capital. Mas, se o senhor me interroga a respeito da taxa de juro relativa a títulos da dívida consolidada (dados em caução), apontarei aqueles que fazem negócios na base de centenas de milhares de libras, os chamados especuladores de bolsa (jobbers), que subscrevem ou compram no mercado, grandes quantidades de empréstimos públicos, e precisam guardar esses papéis até que possam se desfazer deles com lucro; para essas operações têm de levantar dinheiro.

Com o desenvolvimento do sistema de crédito criam-se grandes mercados financeiros concentrados, como Londres, que são, ao mesmo tempo, centros desse comércio de papéis. Os banqueiros põem o capital dinheiro do público, em grandes quantidades, à disposição dessa casta de negociantes, e assim prolifera essa raça de jogadores. (Karl Marx – O Capital – O Processo Global de Produção Capitalista – Livro 3 – Volume 5 – p. 588).

Dinheiro é geralmente mais barato de obter na bolsa de valores que em qualquer outra parte, diz, em 1848, o então Governador do Banco da Inglaterra, perante a Comissão secreta da Câmara dos Lordes. (C.D., 1848, impresso 1857).

Sobre Juros: (Karl Marx – O Capital – O Processo Global de Produção Capitalista – Livro 3 – Volume 5 – p. 588-589).

1. A Taxa de juro, quando se mantém alta por período longo (estamos falando da taxa de juro num país como a Inglaterra onde a taxa média de juro é dada para período longo, configurando-se no juro pago por empréstimos a prazo longo: é o que se pode chamar de juro privado); é demonstração imediata de que nesse período era alta a taxa de lucro, mas não prova necessariamente

que também era alta a taxa do lucro do empresário. Esta última distinção não é relevante para capitalistas que operam predominantemente com o próprio capital; realizam a alta taxa de lucro, uma vez que pagam o juro a si mesmos. Alta taxa de lucro proporciona a possibilidade de taxa de juro alta por longo tempo. Mas é possível que essa alta taxa de lucro, após deduzida a alta taxa de juro, só deixe remanescendo baixa taxa de lucro de empresário. Esta pode contrair-se, enquanto perdura a alta taxa de lucro. Isto é possível, porque as empresas, uma vez iniciadas, têm de continuar... Alta taxa de juro pode ser paga com alta taxa de lucro, embora decresça o lucro de empresário. Pode ser paga não com o lucro, mas com o próprio capital alheio emprestado, o que pode persistir por algum tempo;

2. Dizer que a procura de capital dinheiro sobe e em consequência a taxa de juro, por ser alta a taxa de lucro, não é o mesmo que afirmar que a procura de capital industrial sobe e em consequência a taxa de juro.

Em tempos de crise, a procura de capital de empréstimo e com ela a taxa de juro atingem o máximo; a taxa de lucro e com ela a procura de capital industrial praticamente desaparecem. Nesses tempos toma-se emprestado para pagar, para liquidar obrigações já contraídas. Ao contrário, em épocas de reanimação após a crise, procura-se capital de empréstimo para comprar e para transformar o capital dinheiro em capital produtivo ou comercial. Então pedem-no tanto o capitalista industrial quanto o comerciante. O capitalista industrial emprega-o em meios de produção e em força de trabalho. (Karl Marx – O Capital – O Processo Global de Produção Capitalista – Livro 3 – Volume 5 – p. 589).

A procura ascendente de força de trabalho nunca pode ser de per si causa de elevação da taxa de juro, na medida em que esta é determinada pela taxa de lucro. Aumento de salário nunca é causa de elevação do lucro, embora, considerando-se fases especiais do ciclo industrial, possa ser uma de suas consequências. (Karl Marx – O Capital – O Processo Global de Produção Capitalista – Livro 3 – Volume 5 – p. 589).

Em épocas de crise, a procura de capital de empréstimo é procura de meios de pagamento e nada mais; de modo nenhum é procura de dinheiro como meio de compra. A taxa de juro pode então subir muito, não importando que haja excesso ou escassez de capital real. A procura de meios de pagamento é simples procura de conversibilidade em dinheiro, quando os comerciantes e produtores podem oferecer boas garantias; é procura de capital dinheiro, quando por inexistência dessa possibilidade, adiantamento de meios de pagamento lhes proporciona, além da forma dinheiro, o equivalente de que precisam para pagar seja qual for a forma. Aí está o ponto em que as duas facções da teoria consagrada acertam e erram ao apreciar as crises. (Karl Marx – O Capital – O Processo Global de Produção Capitalista – Livro 3 – Volume 5 – p. 592).

Princípio em que se baseia a produção capitalista, o dinheiro é a forma autônoma do valor em face da mercadoria, ou o valor de troca tem de assumir forma autônoma do dinheiro. Isto só é possível enquanto determinada mercadoria se torna a matéria que serve para medir o valor de todas as outras mercadorias, vindo a ser por isso a mercadoria geral, a mercadoria por excelência em oposição a todas as demais. (Karl Marx – O Capital – O Processo Global de Produção Capitalista – Livro 3 – Volume 5 – p. 592).

Em épocas de crise, quando o crédito se reduz ou cessa por inteiro, o dinheiro se patenteia de chofre (repentino) e de maneira absoluta o único meio de pagamento e a existência verdadeira do valor em face das mercadorias. Daí a depreciação geral das mercadorias, a dificuldade e

mesmo a impossibilidade de convertê-las em dinheiro, a forma quimérica (fantástica, imaginária) pura que lhes é própria. Mas, o próprio dinheiro de crédito só é dinheiro na medida em que representa absolutamente o dinheiro real no montante de seu valor nominal. Ao esvair-se o ouro, torna-se problemática sua conversibilidade em dinheiro, sua identidade com ouro real. Daí medidas coativas, fixação de alta taxa de juro etc., para assegurar as condições dessa conversibilidade. Isto pode, em maior ou menor grau, ser levado ao extremo por legislação errônea, baseada em falsas teorias do dinheiro e imposta à nação pelo interesse dos comerciantes do dinheiro, os Overstones e quejandos (semelhantes). (grifo meu) (Karl Marx – O Capital – O Processo Global de Produção Capitalista – Livro 3 – Volume 5 – p. 592-593).

Procura e oferta de capital de empréstimo seriam idênticos à procura e oferta de capital em geral, se, em vez de emprestadores de dinheiro, houvesse capitalistas que, na posse de máquinas, matérias-primas etc., as emprestassem ou alugassem aos capitalistas industriais, por sua vez proprietários de parte desses objetos. Nessas circunstâncias, a oferta de capital de empréstimo seria idêntica à oferta de elementos de produção ao capitalista industrial e à de mercadorias ao comerciante. Mas, é claro que, nessas condições, a repartição do lucro entre emprestador e prestatário antes de mais nada dependeria inteiramente da proporção em que esse capital é emprestado e da proporção em que é propriedade de quem o emprega. (Karl Marx – O Capital – O Processo Global de Produção Capitalista – Livro 3 – Volume 5 – p. 595).

Segundo Mr. Weguelin (B.A, 1857), a taxa de juro é determinada pela "massa de capital desocupado"; é "apenas índice da massa do capital desocupado que procura emprego"; mais tarde chama esse capital desocupado de "floating capital", e como tal compreende "bilhetes do Banco da Inglaterra e outros meios de circulação no país; por exemplo, os bilhetes dos bancos das províncias e a moeda existente no país [...]. Considero também floating capital os encaixes dos bancos", e ainda barras de ouro. O mesmo Weguelin diz que o Banco da Inglaterra tem grande influência sobre a taxa de juro em épocas "em que nós (Banco da Inglaterra) temos de fato em nossas mãos a maior parte do capital desocupado", quando, segundo os depoimentos Mr. Overstone, o Banco da Inglaterra "não é lugar de capital". (Karl Marx – O Capital – O Processo Global de Produção Capitalista – Livro 3 – Volume 5 – p. 596).

Diz mais Weguelin: (Karl Marx – O Capital – O Processo Global de Produção Capitalista – Livro 3 – Volume 5 – p. 596).

> No meu modo de ver, a taxa de desconto é regulada pela quantidade do capital desocupado no país. A quantidade do capital desocupado está representada pelo encaixe do Banco da Inglaterra, e esse encaixe é na realidade reserva metálica. Se portanto diminui a reserva metálica, reduz-se a quantidade do capital desocupado no país e eleva-se portanto o valor da parte remanescente.

J. Stuart Mill afirma: (Karl Marx – O Capital – O Processo Global de Produção Capitalista – Livro 3 – Volume 5 – p. 596).

> Para garantir a solvibilidade do departamento bancário, o Banco é forçado a fazer o máximo possível para manter em sua plenitude o encaixe desse departamento; logo,

portanto, que o encaixe começa a esvair-se, tem o Banco de assegurar-se um encaixe limitando seus descontos ou vendendo títulos.

Considerando-se apenas o departamento bancário, o encaixe só serve para os depósitos. Segundo os Overstones, o departamento bancário deve operar somente como banqueiro, sem levar em conta a emissão automática dos bilhetes. Mas, em épocas de verdadeira crise, a instituição, independentemente do encaixe do departamento bancário, constituído apenas de bilhetes, está com a atenção concentrada na reserva metálica, e tem de estar, para não falir. (Karl Marx – O Capital – O Processo Global de Produção Capitalista – Livro 3 – Volume 5 – p. 596).

É que na medida em que desaparece a reserva metálica, desaparece também o encaixe de bilhetes de banco, e ninguém entende melhor desse mecanismo que Mr. Overstone, que tão sabiamente o tornou órfão com sua lei bancária de 1844. (Karl Marx – O Capital – O Processo Global de Produção Capitalista – Livro 3 – Volume 5 – p. 596).

O MEIO DE CIRCULAÇÃO
NO SISTEMA DE CRÉDITO

O grande regulador da velocidade da circulação é o crédito. É por isso que crises agudas no mercado de dinheiro costumam coincidir com numerário abundante em circulação (The currency theory reviewed). (Karl Marx – O Capital – O Processo Global de Produção Capitalista – Livro 3 – Volume 5 – p. 597).

A economia pura e simples do meio de circulação atinge o máximo na câmara de compensação, quando há mera troca de letras vencidas, e o dinheiro, na função predominante de meio de pagamento, liquida as diferenças. (Karl Marx – O Capital – O Processo Global de Produção Capitalista – Livro 3 – Volume 5 – p. 597-598).

A velocidade do dinheiro que se movimenta no papel de meio de circulação (velocidade que é também meio de o economizar) depende por completo do fluir das compras e vendas, ou também da maneira como se encadeiam os pagamentos que ocorrem sucessivamente em dinheiro. (Karl Marx – O Capital – O Processo Global de Produção Capitalista – Livro 3 – Volume 5 – p. 598-599).

Mas, o crédito intervém aí e aumenta a velocidade da circulação. No papel de simples meio de circulação, sem interferência do crédito, a mesma peça de dinheiro só pode efetuar seus movimentos, e demorando nas mãos de cada um, compras e vendas reais, possibilitando a transferência dela de um para outro. (Karl Marx – O Capital – O Processo Global de Produção Capitalista – Livro 3 – Volume 5 – p. 599).

A quantidade de dinheiro que circula efetivamente é determinada pelos preços das mercadorias e pelo número das transações, supondo-se dadas a velocidade da circulação e a economia dos pagamentos. A mesma lei se aplica à circulação dos bilhetes de banco. (Karl Marx – O Capital – O Processo Global de Produção Capitalista – Livro 3 – Volume 5 – p. 599).

A tabela seguinte apresenta os montantes médios anuais dos bilhetes do Banco da Inglaterra em poder do público, classificados de 5 a 10 libras esterlinas, de 20 a 100, de 200 a 1000; indica também a percentagem que cada categoria de bilhete ocupa na circulação global (B.A., 1858): (Karl Marx – O Capital – O Processo Global de Produção Capitalista – Livro 3 – Volume 5 – p. 599-600).

Bilhetes – Em milhares de libras esterlinas							
Ano	5 a 10	%	20 a 100	%	200 a 1000	%	Total
1844	9.253	45,71	5.735	28,33	5.253	25,95	20.241
1845	9.698	46,80	6.082	29,35	4.942	23,85	20.722
1846	9.918	48,89	5.778	28,48	4.590	22,63	20.286
1847	9.591	50,07	5.498	28,70	4.066	21,23	19.155
1848	8.732	48,28	5.046	27,90	4.307	23,82	18.085
1849	8.692	47,23	5.234	28,44	4.477	24,33	18.403
1850	9.164	47,24	5.587	28,80	4.647	23,96	19.398
1851	9.362	48,08	5.554	28,52	4.557	23,40	19.473
1852	9.839	45,02	6.161	28,19	5.856	26,79	21.856
1853	10.699	47,23	6.393	28,22	5.561	24,55	22.653
1854	10.565	51,02	5.910	28,54	4.234	20,45	20.709
1855	10.628	53,70	5.706	28,83	3.459	17,48	19.793
1856	10.680	54,36	5.645	28,73	3.323	16,91	19.648
1857	10.659	54,75	5.567	28,60	3.241	16,65	19.467

Em 8 de junho de 1854, os bancos particulares de Londres permitiram aos bancos por ações participarem do mecanismo da Câmara de Compensação, e pouco depois organizou-se a Câmara de Compensação definitiva no Banco da Inglaterra. Os saldos de cada dia se liquidam por meio de transferências lançadas nas contas que os diversos bancos mantêm no Banco da Inglaterra. Com a introdução desse sistema tornaram-se supérfluos os bilhetes de importância elevada que os bancos antes utilizavam para liquidar as contas recíprocas (B.A., 1858) (Karl Marx – O Capital – O Processo Global de Produção Capitalista – Livro 3 – Volume 5 – p. 601).

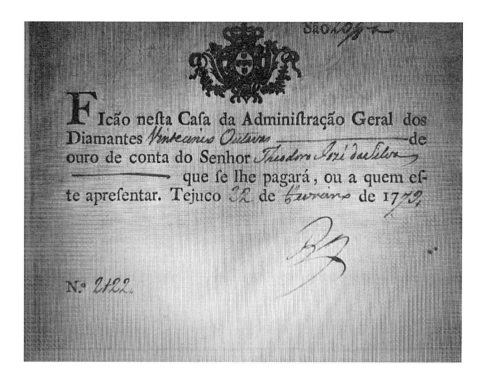

É ínfima a quantidade de dinheiro usada no comércio atacadista. (Karl Marx – O Capital – O Processo Global de Produção Capitalista – Livro 3 – Volume 5 – p. 601).

Segundo o depoimento de W. Newmarch perante a Comissão Parlamentar (B.A., 1857, n. 1741), outras circunstâncias concorreram para economizar os meios de circulação: o porte de um pêni para as cartas, as ferrovias, o telégrafo, em suma, aperfeiçoamento dos transportes e comunicações; desse modo, a Inglaterra agora pode fazer um montante de negócios cinco a seis vezes maior com a mesma circulação de bilhetes de banco aproximadamente. (Karl Marx – O Capital – O Processo Global de Produção Capitalista – Livro 3 – Volume 5 – p. 601).

A quantidade dos bilhetes que circulam rege-se pelas necessidades do comércio, e todo bilhete supérfluo logo retorna a seu emissor. Na Inglaterra só os bilhetes do Banco da Inglaterra circulam em todo o país como meio legal de pagamento, e por isso podemos aqui pôr de lado a circulação de bilhetes puramente local e pouco significativa dos bancos provinciais. (Karl Marx – O Capital – O Processo Global de Produção Capitalista – Livro 3 – Volume 5 – p. 602).

Em 1858, diz Mr. Neave, Governador do Banco da Inglaterra (B.A.): (Karl Marx – O Capital – O Processo Global de Produção Capitalista – Livro 3 – Volume 5 – p. 602).

Nº. 947: Quaisquer que sejam as medidas que tome, diz o senhor, o montante de bilhetes nas mãos do público permanece o mesmo, isto é, cerca de 20 milhões de libras esterlinas?

R Em tempos normais, as necessidades do público parecem se situar por volta de 20 milhões; em fases intermitentes do ano, aumentam de 1 ou 1 ½ milhões. Se o público precisar mais, poderá sempre obtê-los, conforme já disse, no Banco da Inglaterra.

Nº. 948: O senhor disse que, durante o pânico, o público desejava impedir que o senhor reduzisse o montante dos bilhetes. Quer justificar isso?

R: Em tempos de pânico, o público, segundo me parece, tem plenos poderes para se prover de bilhetes. E naturalmente, enquanto há obrigação do Banco, o público dele pode retirar os bilhetes na base dessa obrigação.

Nº 949: Parece portanto que são sempre necessários cerca de 20 milhões de bilhetes do Banco da Inglaterra?

R: 20 milhões de bilhetes nas mãos do público; montante varia. São 18 ½, 19, 20 milhões etc., mas em média podemos falar de 19 a 20 milhões.

Depoimento de Thomas Tooke perante a comissão da Câmara dos Lordes sobre a crise comercial (Commercial distress, 1848-57, nº 3094): (Karl Marx – O Capital – O Processo Global de Produção Capitalista – Livro 3 – Volume 5 – p. 602).

O Banco não tem força para aumentar, à sua vontade, o montante dos bilhetes nas mãos do público; tem força para diminuir o montante dos bilhetes nas mãos do público, mas terá de operar brutalmente.

J.C. Wright, há 30 anos banqueiro em Nottingham, depois de analisar em pormenor a impossibilidade de os bancos provinciais manterem em circulação maior quantidade de bilhetes que a que o público precisa e quer, diz a respeito dos bilhetes do Banco da Inglaterra (C.D., 1848-57): (Karl Marx – O Capital – O Processo Global de Produção Capitalista – Livro 3 – Volume 5 – p. 602-603).

Nº 2.844: Não conheço limites à emissão de bilhetes para o Banco da Inglaterra, mas todo excesso da circulação converte-se em depósito, assumindo assim outra forma.

Isso se aplica à Escócia, onde quase só circula papel, pois lá como na Irlanda se permitem bilhetes de uma libra esterlina, e os escoceses odeiam ouro. Kennedy, diretor de um banco escocês, assevera que os bancos nem sequer podem diminuir os respectivos bilhetes em circulação (C.D., 1848-57, n.º 3446, 3448): (Karl Marx – O Capital – O Processo Global de Produção Capitalista – Livro 3 – Volume 5 – p. 603).

De parecer que, se os negócios ajustados no país exigem, para se concretizar, bilhetes ou ouro, têm os banqueiros de fornecer meios de circulação na quantidade exigida por esses negócios – seja porque o requeiram os depositantes ou por outro motivo... Os bancos escoceses podem limitar seus negócios, mas não podem exercer controle sobre sua emissão de bilhetes.

É a mesma a opinião de Anderson, diretor do Union Bank of Scotland (C.D., 18484-57, nº 3578): (Karl Marx – O Capital – O Processo Global de Produção Capitalista – Livro 3 – Volume 5 – p. 603).

> O sistema de troca recíproca de bilhetes impede que um banco isolado emita bilhetes demais?
>
> R: Sem dúvida. Mas, temos meio mais eficaz que a troca de bilhetes e que é o costume escocês generalizado de manter conta bancária; quem quer que tenha algum dinheiro tem conta num banco e nele diariamente deposita todo o dinheiro que não precisa para uso pessoal imediato, e, desse modo, ao fim de cada dia útil está no banco o dinheiro todo, com exceção do que se tem no bolso.

A circulação de bilhetes é independente não só da vontade do Banco da Inglaterra, mas também do nível do encaixe em ouro guardado nas casas-fortes do Banco e que garante a conversibilidade desses bilhetes. (Karl Marx – O Capital – O Processo Global de Produção Capitalista – Livro 3 – Volume 5 – p. 603).

> **Em 18 de setembro de 1846, a circulação dos bilhetes do Banco da Inglaterra era de 20,9 milhões de libras esterlinas e o encaixe metálico de 16,273 milhões; em 5 de abril de 1847, essa circulação era de 20,815 milhões de libras esterlinas e o encaixe metálico de 10,246 milhões. Assim, apesar da exportação de 6 milhões de libras esterlinas de metal precioso, não houve decréscimo da circulação.** (J.G. Kinnear, The crisis and the currency, Londres, 1847) (grifo meu).

São portanto, as necessidades dos próprios negócios e só elas que influem sobre a quantidade do dinheiro que circula – bilhetes e ouro. Antes de mais nada importa considerar aí as flutuações periódicas que se repetem todos os anos, qualquer que seja a situação geral dos negócios. Há 20 anos: (Karl Marx – O Capital – O Processo Global de Produção Capitalista – Livro 3 – Volume 5 – p. 604).

> A circulação em determinado mês aumenta, noutro diminui, e num terceiro mês atinge nível médio. (Newmarch, B.A., 1857, nº 1650).

Muito mais importante e duráveis são as flutuações na magnitude do meio circulante, correspondentes às diversas fases do ciclo industrial. Vejamos o que diz a respeito outro sócio daquela firma, o digno quacre (membro de seita protestante) Samuel Gurney (C.D., 1848-1857): (Karl Marx – O Capital – O Processo Global de Produção Capitalista – Livro 3 – Volume 5 – p. 605).

> Nº 2645: No fim de outubro (1847) estavam nas mãos do público 20,8 milhões de libras esterlinas. Na ocasião, havia grande dificuldade em conseguir bilhetes de banco no mercado do dinheiro. A causa disso era recearem todos a impossibilidade de obtê-los, em virtude da limitação da lei bancária de 1844. Atualmente (março de 1848) o montante

dos bilhetes em mãos do público é de 17,7 milhões de libras esterlinas, mas, não havendo agora alarme comercial, é muito mais do que se precisa. Não há banqueiro ou comerciante de dinheiro em Londres que não tenha bilhetes de banco além do que pode precisar.

Nº 2650: O montante dos bilhetes de banco... que não constituem encaixe do Banco da Inglaterra é índice inexpressivo das condições em que opera a circulação, se não se leva em conta ao mesmo tempo... a situação do mundo comercial e do crédito.

Nº 2651: A impressão de que o montante atual da circulação em mãos do público é maior que o necessário provém de nossa situação atual de grande marasmo. Com preços altos e negócios animados, essas 17,7 milhões de libras esterlinas nos causariam um sentimento de carência.

Quando a situação dos negócios é tal que os adiantamentos feitos se reembolsam regularmente e o crédito portanto está firme, a expansão e a contração da circulação se regulam apenas pelas necessidades dos industriais e comerciantes. Na calmaria que segue à crise, a circulação é mínima; com a reanimação da procura, surge necessidade maior de meio circulante, a qual cresce com a prosperidade ascendente; a quantidade de meio circulante atinge o ponto culminante no período de tensão excessiva e especulação em demasia; então irrompe a crise e, da noite para o dia, os bilhetes de banco que ontem eram tão abundantes desaparecem do mercado, e com eles os descontadores de letras, os emprestadores sobre títulos, os compradores de mercadorias. Quando a crise irrompe, a questão se limita ainda a meios de pagamento. Mas, uma vez que cada um depende do outro para receber esses meios de pagamento e ninguém sabe se o outro é capaz de pagar no dia do vencimento, surge terrível luta para conquistar os meios de pagamento existentes no mercado, os bilhetes de banco. Todos entesouram a quantidade deles que podem obter, e assim os bilhetes desaparecem da circulação no dia em que mais se precisa deles. (F.E.) (Karl Marx – O Capital – O Processo Global de Produção Capitalista – Livro 3 – Volume 5 – p. 606).

Em sistema desenvolvido de crédito, em que o dinheiro se concentra nas mãos dos bancos, são estes que o adiantam, pelo menos nominalmente. Esse adiantamento se refere somente ao dinheiro que está em circulação. Trata-se de adiantamento de circulação e não de capitais, que circulam por meio desse dinheiro. (Karl Marx – O Capital – O Processo Global de Produção Capitalista – Livro 3 – Volume 5 – p. 610).

Chapman: (Karl Marx – O Capital – O Processo Global de Produção Capitalista – Livro 3 – Volume 5 – p. 610).

Nº 5062: Pode haver épocas em que é muito grande o montante dos bilhetes de banco nas mãos do público, ser possível, entretanto, conseguir um só deles.

Mesmo durante o pânico há dinheiro; mas todo o mundo se abstém de convertê-lo em capital de empréstimo, em dinheiro de empréstimo; cada um guarda-o para as necessidades efetivas de pagamento. (Karl Marx – O Capital – O Processo Global de Produção Capitalista – Livro 3 – Volume 5 – p. 610).

Nº 5099: Os bancos nas circunscrições rurais enviam para o senhor e para outros estabelecimentos de Londres os excedentes que não utilizam? Sim.

Nº 5100: Por outro lado, as circunscrições rurais de Lancashire e Yorkshire, para suas necessidades comerciais, descontam letras no senhor? Sim.

Nº 5101: Desse modo, o dinheiro supérfluo numa parte do país torna-se útil às necessidades de outra parte? Absolutamente certo.

Mais ou menos para todo o país, sobretudo para o país que dá crédito, o aumento das exportações representa também exigência crescente feita ao mercado interno de dinheiro, e só se toma consciência disso em épocas de crise monetária. Nas épocas em que se expandem as exportações, os fabricantes emitem em regra contra os exportadores letras de prazo dilatado, garantidas por consignações - Nº 5126. (Karl Marx – O Capital – O Processo Global de Produção Capitalista – Livro 3 – Volume 5 – p. 611).

Nº 5127: Não é frequente existir acordo no sentido de renovar essas letras em certos prazos?

Chapman: É coisa que escondem de nós; de nossa parte não admitiríamos letra dessa espécie [...]. Tal coisa pode por certo ocorrer, mas sobre esse assunto nada posso dizer.

Nº 5129: Se ocorre grande acréscimo de exportação, e só no ano passado foi de 20 milhões de libras esterlinas, não decorre daí automaticamente grande procura de capital para descontar letras que representam essas exportações? R: Sem Dúvida.

Nº 5130: Uma vez que a Inglaterra em regra dá crédito ao exterior para todas as exportações, não determinaria esse fato absorção de correspondente capital adicional durante os prazos dos créditos concedidos?

R: A Inglaterra concede créditos imensos, mas em compensação adquire matérias-primas a crédito. Da América sacam contra nós a 60 dias e de outras regiões a 90 dias. Por outro lado concedemos crédito; damos 2 ou 3 meses quando mandamos mercadorias para a Alemanha.

5.136: Não é uma regra o comerciante quem faz os negócios com as regiões distantes, esperando vender as mercadorias para recuperar o capital?

R: Pode haver casas muito ricas, capazes de desembolsar o próprio capital sem exigir adiantamentos pelas mercadorias; mas, essas mercadorias em regra se convertem em adiantamentos por meio dos aceites de firmas conceituadas.

5137: Essas firmas estão estabelecidas [...] em Londres, Liverpool e alhures.

5138: Tanto faz que o fabricante tenha de fornecer o próprio dinheiro ou que consiga que um comerciante de Londres ou Liverpool o adiante; de qualquer modo, o adiantamento sempre se efetua na Inglaterra, não é verdade?

R: Exatamente. É raro o caso em que o fabricante interfere aí (em 1847, ao contrário, em quase todos os casos). Um comerciante em produtos acabados, por exemplo, em Manchester, compra mercadorias e as embarca por meio de casa respeitável em Londres; logo que a casa de Londres esteja convencida de que tudo está embalado de acordo com o contrato, o comerciante saca sobre ela letras de 6 meses pelas mercadorias em viagem para a Índia, China ou qualquer outra parte; recorre então ao mundo bancário que lhe desconta essas letras, e, desse modo, na ocasião em que tiver de pagar as mercadorias, terá à disposição o dinheiro em virtude do desconto das letras.

5139: Mas, se o comerciante tem o dinheiro, o banqueiro teve de adiantá-lo?

R: O banqueiro possui a letra; o banqueiro comprou a letra; emprega dessa forma o capital bancário, isto é, para descontar letras comerciais.

Chapman também considera o desconto de letras não adiantamento, mas compra de mercadoria – F.E. (Karl Marx – O Capital – O Processo Global de Produção Capitalista – Livro 3 – Volume 5 – p. 612).

5140: Mas, isso constitui parte das exigências a serem atendidas pelo mercado financeiro de Londres?

R: Sem dúvida, e é a ocupação essencial do mercado financeiro e do Banco da Inglaterra. O Banco da Inglaterra, tanto quanto nós, aprecia receber essas letras, pois sabe que são um bom investimento.

5141: Ao crescerem as exportações, cresce também a procura no mercado financeiro, não é verdade? À medida que aumenta a prosperidade no país, dela participamos.

5.142: Se todos esses campos de aplicação do capital se expandem de maneira brusca, a consequência natural será a elevação da taxa de juros? Sem a menor sombra de dúvida.

5144: A causa não será que damos mais créditos para exportar do que recebemos para importar?

R: Tenho minhas dúvidas. Se alguém emite letras por ter remetido mercadorias para a Índia, o sacado não pode aceitá-las para prazo inferior a 10 meses. Temos por certo de pagar à América pelo algodão algum tempo antes de a Índia nos ter pago; mas o que resulta daí é questão bastante delicada a examinar.

5145: Se as exportações de manufaturas aumentam de 20 milhões de libras esterlinas como no ano passado, terá havido antes necessariamente acréscimo considerável da importação de matérias-primas para produzir essa quantidade maior de manufaturas? R: Sem dúvida.

5146: Tivemos com certeza considerável saldo a pagar; isto é, o balanço durante esse tempo foi naturalmente contra nós, mas, a longo prazo, o curso do câmbio com a América nos é favorável e há muito tempo que estamos recebendo importantes remessas de metais preciosos da América.

5148: Não vê nos juros elevados que recebe, sinal de grande prosperidade e de lucros altos?

R: Sim. Há alguns que não podem encontrar outra saída; têm obrigações a cumprir e cumprem-nas, sejam lucrativas ou não; mas quando persiste a alta taxa de juro, será índice de prosperidade.

5156: Creio poder afirmar que as somas que descontamos atualmente, e há muito tempo perdura alta taxa de juro, atingiram o máximo, diz Chapman (21 de julho de 1857, poucos meses antes do craque).

5157: Nem de longe chegavam a esse nível em 1852, quando o juro era baixo.

5159: Se o dinheiro inundasse o mercado... e fosse baixa a taxa de desconto bancário, teríamos decréscimo de letras... Em 1852 estávamos em fase por completo diversa da atual. As exportações e importações do país eram ínfimas, comparadas com que são hoje.

5161: Com essa alta taxa, o montante de nossos descontos é o mesmo de 1854, quando o juro era de 5 a 5 ½%.

5169: Quem conhece nossa vida comercial sabe que ao chegarmos ao ponto de ficarem invendáveis os bônus do Tesouro, de se depreciarem por completo as obrigações da Companhia das Índias Orientais, de não se poder descontar as melhores letras comerciais, deve ser grande a preocupação daqueles que têm por negócio efetuar, a simples ordem, pagamentos imediatos em meios de circulação correntes, conforme acontece com todos os banqueiros. Daí resulta que todos duplicam o encaixe. Basta considerar o que ocorrerá em todo o país, se todo banqueiro de província tiver de encarregar o correspondente londrino, de lhe remeter 5000 libras esterlinas em bilhetes de banco. Mesmo tomando por média quantia tão pequena, o que é de todo absurdo, chegamos a 2 ½ milhões de libras esterlinas, retiradas da circulação. Como repô-las?

5195: Preferimos não receber juros a ficar em dúvida se poderemos ou não obter dinheiro, quando precisarmos dele.

5173: Nosso sistema é este: temos 300 milhões de libras esterlinas em obrigações, cujo pagamento em moeda corrente nacional pode ser exigido num mesmo momento; e toda a moeda nacional que podemos empregar para esse fim atinge 23 milhões de libras esterlinas ou quanto possa ser; não é esta uma situação que a todo instante pode nos lançar em convulsões?

Daí, a súbita passagem nas crises do sistema de crédito para o sistema monetário. (Karl Marx – O Capital – O Processo Global de Produção Capitalista – Livro 3 – Volume 5 – p. 616).

Pondo-se de lado o pânico interno das crises, só se pode falar de quantidade de dinheiro no tocante a metal, a dinheiro mundial. E é justamente o que Chapman exclui, falando apenas de 23 milhões em bilhetes de banco. (Karl Marx – O Capital – O Processo Global de Produção Capitalista – Livro 3 – Volume 5 – p. 616).

Chapman, 5218: A causa original da perturbação do mercado financeiro – [em abril e mais tarde em outubro de 1847] – era sem dúvida a quantidade de dinheiro necessária para regular o curso das divisas, em virtude das importações extraordinárias do ano.

Primeiro, a reserva em dinheiro do mercado mundial estava então extremamente reduzida e, segundo, servia também de garantia à conversibilidade do dinheiro de crédito, os bilhetes de banco. Conjugava assim duas funções diferentes por completo, mas ambas oriundas da natureza do dinheiro, uma vez que o dinheiro real é sempre dinheiro do mercado mundial, e o dinheiro de crédito se funda sempre sobre o dinheiro do mercado mundial. (Karl Marx – O Capital – O Processo Global de Produção Capitalista – Livro 3 – Volume 5 – p. 616).

Em 1847, se não fosse suspensa lei bancária de 1844, as Câmaras de Compensação não teriam podido liquidar as operações. (Karl Marx – O Capital – O Processo Global de Produção Capitalista – Livro 3 – Volume 5 – p. 616).

> Chapman, 5236: Há certas situações do mercado de dinheiro em que o dinheiro é muito difícil e temos de recorrer aos bancos.
>
> 5239: Quanto às somas que levantamos no Banco, na sexta, sábado e segunda, em 19, 20 e 22 de outubro de 1847, teríamos sido extremamente felizes se pudéssemos na quarta-feira seguinte recuperar as letras; logo que o pânico passou, o dinheiro refluiu instantaneamente à nossa caixa.

É que na terça-feira, 23 de outubro, suspendeu-se a lei bancária, o que pôs fim à crise. (Karl Marx – O Capital – O Processo Global de Produção Capitalista – Livro 3 – Volume 5 – p. 617).

> 5287: Quando, em outubro de 1856, o montante de bilhetes nas mãos do público elevou-se a 21.155.000 de libras esterlinas, era extremamente difícil arranjar dinheiro; apesar de o público ter em mãos tanto dinheiro, não podíamos tocá-lo.

Era a consequência dos temores resultantes dos apertos em que estivera por algum tempo (março de 1856) o Eastern Bank. (Karl Marx – O Capital – O Processo Global de Produção Capitalista – Livro 3 – Volume 5 – p. 617).

Cessado o pânico, começam logo os banqueiros, que tiram seu lucro do juro, a empregar o dinheiro. (Karl Marx – O Capital – O Processo Global de Produção Capitalista – Livro 3 – Volume 5 – p. 617).

> Chapman: 5306: Se não existisse dinheiro para liquidar os saldos na Câmara de Compensação, penso que nada mais restaria que nos reunir e fazer nossos pagamentos em letras de primeira categoria, como as emitidas sobre o tesouro, sobre Smith, Payne & Co. etc.
>
> 5307: Então, se o governo deixasse de prover os senhores com meios de circulação, os senhores os criariam para si mesmos?
>
> R: Que podemos fazer? O público chega e nos toma das mãos os meios de circulação. Não há tal coisa.
>
> 5308: Assim, os senhores apenas fariam em Londres o que se faz todos os dias em Manchester? R: Sem dúvida.

5315: Foi dito perante a Comissão que em crise, como a de 1847, não se procura dinheiro e sim capital. Que pensa sobre isso?

R: Não entendi; só lidamos com dinheiro; não sei o que o senhor quer dizer."

5316: Se entende por isso (por capital comercial) a quantidade de dinheiro que o próprio dono possui no negócio, se a chama de capital, essa soma constitui em regra parte ínfima do dinheiro com que dirige o negócio, em virtude do crédito que o público lhe dá, por intermédio dos Chapmans.

5339: É por falta de riqueza que suspendemos os pagamentos em dinheiro metálico?

R: De maneira nenhuma; [...] não nos faltam riquezas, mas nos movemos dentro de um sistema muito artificial e, se temos enorme e alarmante procura de meios de circulação, podem sobrevir circunstâncias que nos impedem de nos apoderar desses meios. Deve por isso parar toda a atividade comercial do país? Devemos bloquear todos os caminhos que levam à ocupação?

5338: Se somos colocados diante do dilema de manter os pagamentos em dinheiro metálico ou a indústria do país, sei muito bem qual o partido a tomar.

(Karl Marx – O Capital – O Processo Global de Produção Capitalista – Livro 3 – Volume 5 – p. 618).

Quanto ao entesouramento de bilhetes de banco, com o propósito de agravar a crise e tirar proveito das consequências dela, diz Chapman que é ocorrência que se pode dar muito facilmente. Bastariam para isso três grandes bancos. (Karl Marx – O Capital – O Processo Global de Produção Capitalista – Livro 3 – Volume 5 – p. 618-619).

5383: Como homem familiarizado com os grandes negócios de nossa metrópole, sabe necessariamente que há capitalistas que utilizam essas crises para conseguir lucros enormes com a ruína dos que perderam? Isso está acima de qualquer dúvida.

Além dos bilhetes de banco, o comércio atacadista dispõe de outro meio de circulação para ele bem mais importante: as letras de câmbio. Chapman mostrou-nos ser essencial para a marcha regular dos negócios que boas letras se aceitem em pagamento por toda parte, sejam quais forem as circunstâncias. (Karl Marx – O Capital – O Processo Global de Produção Capitalista – Livro 3 – Volume 5 – p. 619-620).

Diz Gilbart: (Karl Marx – O Capital – O Processo Global de Produção Capitalista – Livro 3 – Volume 5 – p. 620).

Ao decrescer o montante dos bilhetes em circulação aumenta ordinariamente o das letras em circulação. As letras são de duas espécies – comerciais e bancárias [...]. **Se o dinheiro escasseia, dizem os emprestadores de dinheiro: saque sobre nós, que aceitaremos. E um banco de província, se desconta letra de um cliente, não lhe dá dinheiro de contado,**

mas letra própria, a 21 dias sobre o agente em Londres. Essas letras servem de meio de circulação. (J. W. Gilbart, An inquiry into the causes of the pressure etc.) (grifo meu).

Mas as letras então emitidas não são apenas as letras bancárias a curto prazo, mencionada por Gilbart. Ao contrário, são em grande parte papagaios que não representam negócio efetivo ou apenas representam negócios iniciados apenas para se poder emitir letras sobre eles; de ambos os casos demos exemplos suficientes. Daí dizer o Economist, comparando a segurança dessas letras com a dos bilhetes de banco: (grifo meu) (Karl Marx – O Capital – O Processo Global de Produção Capitalista – Livro 3 – Volume 5 – p. 620).

> Nunca pode haver em mãos do público excesso de bilhetes de banco pagáveis ao serem apresentados, pois esse excesso refluirá sempre ao banco para substituição, enquanto letras a 2 meses podem ser emitidas em demasia, pois não há meio de controlar a emissão até que se vençam, quando são repostas por outras. Não podemos absolutamente compreender que uma nação aceite a garantia da circulação de letras, pagáveis em data por vir, ao mesmo tempo que levantaria dúvidas contra a circulação de moeda-papel, pagável na apresentação. (Economist, 1847).

A quantidade das letras em circulação, como a dos bilhetes de banco, só é portanto determinada pelas necessidades do comércio. Em épocas normais, na década dos 50 (1850), circulavam no Reino Unido, além de 39 milhões de bilhetes de banco, perto de 300 milhões de letras, das quais 100 a 120 milhões sobre Londres apenas. O montante das letras em circulação não influi no montante dos bilhetes em circulação, e é influenciado por este somente em épocas de carência de dinheiro, quando aumenta a quantidade e piora a qualidade das letras. Finalmente, no momento da crise, para por completo a circulação das letras; ninguém pode utilizar promessa de pagamento, pois todo mundo só quer pagamento de contado; só o bilhete de banco, pelo menos até agora na Inglaterra, mantém a capacidade de circular, pois a nação com toda a sua riqueza está atrás do Banco da Inglaterra. (Karl Marx – O Capital – O Processo Global de Produção Capitalista – Livro 3 – Volume 5 – p. 621).

O Banco da Inglaterra (Instituto semi-estatal) tinha capital de 14,553 milhões de libras esterlinas e dispunha de saldo, constituído de lucros não distribuídos, de cerca de 3 milhões de libras esterlinas, e ainda de todas as quantias recebidas pelo governo, como impostos nele obrigatoriamente depositados, até serem empregadas. Se adicionarmos aí o total dos outros depósitos em dinheiro (em épocas normais, por volta de 30 milhões de libras esterlinas) e o dos bilhetes de banco emitidos a descoberto, acharemos bastante modesta a estimativa de Newmarch, ao dizer (Bank Acts, 1857): (Karl Marx – O Capital – O Processo Global de Produção Capitalista – Livro 3 – Volume 5 – p. 621-622).

> Estou convencido de que a soma global dos títulos de bolsa sem cessar negociados no mercado financeiro de Londres possa estimar-se em perto de 120 milhões; e o Banco da Inglaterra dispõe de parte considerável desses 120 milhões, 15 a 20%.

Na medida em que emite bilhetes, sem cobertura do encaixe metálico, guardado nos subterrâneos, o Banco cria símbolos de valor, que para ele constituem meio de circulação e, além disso, capital adicional, embora fictício, no valor nominal desses bilhetes sem cobertura. E esse capital adicional lhe rende lucro adicional. (Karl Marx – O Capital – O Processo Global de Produção Capitalista – Livro 3 – Volume 5 – p. 622).

Em Bank Acts, 1857, Wilson pergunta a Newmarch: (Karl Marx – O Capital – O Processo Global de Produção Capitalista – Livro 3 – Volume 5 – p. 622).

> 1563: A circulação dos bilhetes próprios de um banco, isto é, o montante que em média fica nas mãos do público, constitui acréscimo do capital efetivo desse banco, não é verdade? R: Perfeitamente.
>
> 1564: Todo o lucro, portanto, que o banco extrai dessa circulação é lucro derivado do crédito e não de um capital que de fato possua? R: Exatamente.

O mesmo se estende aos bancos privados emissores de bilhetes. Newmarch, nas respostas 1866 a 1868, considera 2/3 de todos os bilhetes que eles emitem (para o outro terço, os bancos são obrigados a manter encaixe metálico) criação do mesmo tanto, em capital, pois se poupa dinheiro metálico nesse montante. Por isso, o lucro do banqueiro pode não ser tão grande quanto o lucro de outros capitalistas. Permanece o fato de ele extrair o lucro dessa economia nacional de dinheiro metálico. Uma economia nacional aparece como lucro privado, e essa circunstância em nada abala o economista burguês, pois o lucro, em suma, é o apropriar-se do trabalho nacional. **Há absurdo maior, por exemplo, que o Banco da Inglaterra (1797 a 1817): seus bilhetes só têm crédito graças ao Estado e o Banco, na forma de juros por empréstimos ao governo; faz que o Estado, o público portanto, pague o poder que o Estado lhe confere – o de transmutar esses bilhetes que são papel em dinheiro e em seguida emprestá-los ao Estado?** (grifo meu) (Karl Marx – O Capital – O Processo Global de Produção Capitalista – Livro 3 – Volume 5 – p. 622-623).

Aliás, os bancos dispõem ainda de outros meios de criar capital. Segundo o mesmo Newmarch, os bancos de província têm o hábito de remeter os fundos que sobram (bilhetes do Banco da Inglaterra) aos bill-brokers londrinos, que em troca lhes enviam letras descontadas. Os bancos de província servem os clientes com essas letras, pois para eles é regra não pôr novamente em circulação as letras dos clientes locais, a fim de que as operações destes não cheguem ao conhecimento da vizinhança. As letras vindas de Londres podem passar às mãos de clientes que tenham de fazer pagamentos diretos a Londres, caso não prefiram mandar pelo Banco ordem de pagamento própria sobre Londres; elas também servem para liquidar pagamentos na província, pois o endosso do banqueiro lhes assegura o crédito local. Assim, expulsaram da circulação em Lancashire, por exemplo, todos os bilhetes dos bancos locais e grande parte dos bilhetes do Banco da Inglaterra. (Bank Acts, 1857, respostas 1568 a 1574) (Karl Marx – O Capital – O Processo Global de Produção Capitalista – Livro 3 – Volume 5 – p. 623).

Estamos vendo como os bancos criam crédito e capital: (Karl Marx – O Capital – O Processo Global de Produção Capitalista – Livro 3 – Volume 5 – p. 623).

1) emitindo os próprios bilhetes;

2) expedindo ordens de pagamento sobre Londres com prazo de até 21 dias, mas que lhes são pagas de contado na emissão;

3) pagando por meio de letras descontadas, endossadas pelo banqueiro – o endosso, antes de mais nada e essencialmente, firma o crédito das letras pelo menos na circunscrição local.

O poder do Banco da Inglaterra revela-se na função de regular a taxa de mercado do juro. Quando os negócios correm normais, pode suceder que o Banco da Inglaterra fique impossibilitado de conter evasão moderada de ouro de seu encaixe metálico, elevando a taxa de desconto, porque a necessidade de meios de pagamento é satisfeita pelos bancos privados, pelos bancos por ações e pelos bill-brokers, com o poderio em capital consideravelmente acrescido nos últimos trinta anos. Tem de recorrer então a outros meios. Mas, nos momentos críticos é válido o que disse o banqueiro Glyn perante a Comissão relativa a Commercial Distress, 1848-1857: (Karl Marx – O Capital – O Processo Global de Produção Capitalista – Livro 3 – Volume 5 – p. 623-624).

> 1709: Em épocas de grande aperto financeiro no país o Banco da Inglaterra comanda a taxa de juro.
>
> 1710: Em épocas de apertura financeira extraordinária... os descontos, ao serem relativamente reduzidos pelos bancos particulares ou pelos corretores, recaem sobre o Banco da Inglaterra, que então tem o poder de fixar a taxa de mercado do juro.

Declaração de Hubbard perante a Comissão Bancária (Bank Acts, 1857): (Karl Marx – O Capital – O Processo Global de Produção Capitalista – Livro 3 – Volume 5 – p. 624).

> 2844: Quando a taxa de desconto atinge o máximo, a do Banco da Inglaterra está em nível inferior, e quando atinge o mínimo, a taxa de nível inferior é a dos corretores, não é verdade?
>
> R: E será sempre assim, pois o Banco da Inglaterra nunca baixa tanto a taxa quanto os concorrentes, nem o eleva tanto, quando ela sobe ao máximo.
>
> Logo que o Banco da Inglaterra aperta os parafusos, cessam todas as compras para exportação... Os exportadores esperam que a depressão dos preços atinja o ponto mais baixo, e só então e não antes, passam a comprar. Mas, atingido esse ponto, o curso do câmbio já está de novo regulado – o ouro cessa de exportar-se, antes de ser atingido esse ponto mais baixo da depressão. É possível que as compras de mercadorias para exportação tragam de volta parte do ouro mandado para o exterior, mas sucedem tarde demais para impedir a evasão. (J. W. Gilbart, An inquiry into the causes of the pressure on the money market, Londres, 1840) (Karl Marx – O Capital – O Processo Global de Produção Capitalista – Livro 3 – Volume 5 – p. 625).
>
> A regularização do meio circulante por intermédio do curso do câmbio tem ainda outra consequência, a de provocar em épocas de carência elevação enorme na taxa de juro. Os custos para restabelecer o curso do Câmbio recaem sobre a indústria nacional, enquanto no decurso desse processo o Banco da Inglaterra tem o lucro realmente aumentado, por prosseguirem suas operações, com quantidade menor de metais preciosos. (loc. cit.)

(Karl Marx – O Capital – O Processo Global de Produção Capitalista – Livro 3 – Volume 5 – p. 625).

De Samuel Gurney: (Karl Marx – O Capital – O Processo Global de Produção Capitalista – Livro 3 – Volume 5 – p. 625).

Essas grandes oscilações da taxa de juro são vantajosas para os banqueiros e agentes financeiros – todas oscilações nos negócios são lucrativas para quem está bem informado.

Os Gurneys colhem o melhor da exploração implacável das fases de carência financeira, coisa que o Banco da Inglaterra não se pode permitir com a mesma liberdade. Este, entretanto, tem lucros portentosos – para não falarmos dos lucros particulares, caídos do céu, que seus diretores embolsam, em virtude da excepcional oportunidade que fruem de conhecer a situação geral dos negócios. Segundo dados apresentados perante a Comissão da Câmara dos Lordes em 1817, ao reinstituir-se o resgate em dinheiro metálico, os lucros do Banco da Inglaterra para todo o período de 1797 a 1817 eram: (Karl Marx – O Capital – O Processo Global de Produção Capitalista – Livro 3 – Volume 5 – p. 625).

Bonificações e acréscimos de dividendos	7.451.136
Novas ações distribuídas pelos acionistas	7.276.500
Acréscimo do capital	14.553.000
Total	29.280.636

Quem quer que ainda duvide que esses honrados salteadores só têm em vista o interesse da produção e dos próprios explorados, quando interferem na produção nacional e internacional, acabará por certo aceitando a doutrina, exposta a seguir, sobre a alta dignidade moral do banqueiro: (Karl Marx – O Capital – O Processo Global de Produção Capitalista – Livro 3 – Volume 5 – p. 626).

Os estabelecimentos bancários são instituições religiosas e morais. Quantas vezes o medo da vigilância e da reprovação do banqueiro não faz o jovem comerciante afastar-se da companhia de amigos turbulentos e dissolutos? E como se preocupa em manter a estima do banqueiro e em parecer sempre respeitável. O franzir da testa do banqueiro tem mais influência sobre ele que as prédicas dos amigos; tremo ante a possibilidade de ser considerado culpado de um engano ou da menor declaração inexata, receoso de que surjam daí suspeitas que restrinjam ou eliminem seu crédito. O conselho do banqueiro é, para ele, mais importante que o do sacerdote. (G.M. Bell, banqueiro escocês, The philosophy of joint stock banking, Londres, 1840).

METAIS PRECIOSOS E TAXA DE CÂMBIO

1 O Movimento do Encaixe Metálico

A lei de 1844 é digna de nota quanto aos efeitos, porque quer transformar todo o metal precioso do país em meio de circulação; procura assimilar a saída de ouro à contração do meio circulante, e o ingresso à expansão dele. Por seu intermédio estabeleceu-se experimentalmente a prova do contrário. Com uma única exceção, a massa dos bilhetes circulantes do Banco da Inglaterra, de 1844 para cá, nunca atingiu o máximo que o Banco estava autorizado a emitir. Por outro lado, a crise de 1857 demonstrou que em certas circunstâncias esse máximo não chega. De 3 a 30 de novembro de 1857 circularam em média por dia, acima do máximo, 488.830 libras esterlinas. (Bank. Acts, 1858) (grifo meu) (Karl Marx – O Capital – O Processo Global de Produção Capitalista – Livro 3 – Volume 5 – p. 648).

A respeito das saídas e ingressos de metais preciosos cabe observar: (Karl Marx – O Capital – O Processo Global de Produção Capitalista – Livro 3 – Volume 5 – p. 649).

1. As saídas e ingressos de metal nas áreas que não produzem ouro nem prata devem ser distinguidos das correntes de ouro e prata que vão das fontes de produção para os demais países, entre os quais se reparte o suprimento.

Avalia-se que até 1857 perto de 30 milhões em ouro entraram adicionalmente na circulação interna da Inglaterra. Em seguida aumentou, a partir de 1844, o nível médio dos encaixes metálicos de todos os bancos centrais da Europa e da América do Norte. O crescimento da circulação monetária interna acarretou que, após o pânico, no período subsequente de estagnação, o encaixe bancário já aumentasse mais rapidamente em virtude da massa maior das moedas de ouro retiradas da circulação interna e imobilizadas. Finalmente, após as novas descobertas de ouro, subiu o consumo de metal precioso para artigos de luxo, em virtude do acréscimo da riqueza. (Karl Marx – O Capital – O Processo Global de Produção Capitalista – Livro 3 – Volume 5 – p. 649-650).

2. O metal precioso flui e reflui entre os países que não produzem ouro nem prata; o mesmo país, sem cessar, importa-o e exporta-o. Os movimentos oscilatórios e muitas vezes paralelos se neutralizam em grande parte, e, por isso, só a predominância de movimento num ou noutro sentido decide se há, por fim, saída ou ingresso de metal.

Interpreta-se sempre como se o excedente da importação ou da exportação de metal precioso fosse apenas consequência e expressão da relação entre importação e exportação de mercadoria quando, ao mesmo tempo, expressa a relação entre importação e exportação de metal precioso, independentes do comércio de mercadorias. (Karl Marx – O Capital – O Processo Global de Produção Capitalista – Livro 3 – Volume 5 – p. 650).

3. A variação do encaixe metálico nos bancos centrais serve de modo geral para medir a predominância da importação sobre a exportação de metais, e vice-versa. A exatidão desse barômetro naturalmente depende, antes de mais nada, do grau em que está centralizado o sistema bancário, pois dessa centralização depende a extensão em que o metal precioso armazenado no

chamado Banco Nacional representa a reserva metálica do país. Mesmo admitindo-se preenchidas essas condições, o barômetro não é exato, porque em certas circunstâncias a circulação interna e o crescente emprego suntuário do ouro e da prata absorvem importação adicional, e, além disso, porque, sem importação adicional, moedas de ouro se deslocam para a circulação interna, podendo assim diminuir o encaixe de metal precioso, sem haver acréscimo simultâneo da exportação dele. (Karl Marx – O Capital – O Processo Global de Produção Capitalista – Livro 3 – Volume 5 – p. 650).

4. Exportação de metal configura-se em evasão, quando o movimento decrescente se prolonga por muito tempo, de modo que o decréscimo se patenteia tendência do movimento e faz o encaixe metálico do Banco situar-se bem abaixo do nível médio, levando-o para o mínimo médio. Este é fixado de maneira mais ou menos arbitrária, pois sua determinação difere de um caso para outro, conforme a legislação de cada país, relativa à garantia para o resgate de bilhetes etc. Quanto ao limite que essa evasão pode atingir na Inglaterra, diz Newmarch perante a Comissão Bancária (Bank Acts, 1857): (Karl Marx – O Capital – O Processo Global de Produção Capitalista – Livro 3 – Volume 5 – p. 650-651).

> 1494: A julgar pela experiência, não é provável que a evasão de metal, causada por qualquer flutuação no comércio exterior, ultrapasse 3 ou 4 milhões de libras esterlinas.

5. **O encaixe metálico do chamado Banco Nacional por si só não regula a magnitude do tesouro metálico, pois este pode crescer pela mera paralisia do comércio interno e externo.** (grifo meu) (Karl Marx – O Capital – O Processo Global de Produção Capitalista – Livro 3 – Volume 5 – p. 651-652).

Sua função é tríplice:

a. **fundo de reserva para pagamentos internacionais, em suma, fundo de reserva de dinheiro mundial;**

b. **fundo de reserva para a circulação interna que ora se expande ora se contrai;**

c. **fundo de reserva para pagar depósitos e resgatar bilhetes, o que se liga à função bancária e nada tem que ver com as funções do dinheiro como dinheiro puro e simples.**

Por isso o encaixe metálico pode ser influenciado por condições que atuam sobre cada uma das três funções isoladamente; como fundo internacional, pelo balanço de pagamentos, quaisquer que sejam as causas que determinam esse balanço, e qualquer que seja a relação deste com o balanço comercial; como fundo de reserva da circulação metálica interna, pela expansão ou contração dessa circulação. A terceira função, a de fundo de garantia, não determina o movimento autônomo do encaixe metálico, mas tem duplo efeito. Se se emitem bilhetes que substituem o dinheiro metálico na circulação interna, cessa a função do fundo de reserva, enunciada em (b), e emigra para o exterior em caráter duradouro parte do metal precioso que a exercia. Neste caso não sai moeda metálica para a circulação interna, e em consequência cessa, ao mesmo tempo, o fortalecimento temporário do encaixe metálico por meio da imobilização de parte do metal amoedado circulante. E mais, se é mister, quaisquer que sejam as circunstâncias, manter um mínimo de encaixe metálico para pagar depósitos e converter bilhetes, essa condição terá influência peculiar sobre os efeitos de uma saída ou de um ingresso de ouro; atuará sobre a parte do encaixe a qual o Banco é de qualquer modo obrigado a manter, ou sobre a parte de que procura se desfazer, noutras ocasiões, por considerá-la inútil. Com circulação puramente metálica e sistema bancário concentrado, teria o Banco igualmente de considerar o encaixe metálico garantia para pagar os depósitos, e, se houver evasão de metal, poderá sobrevir um pânico semelhante ao ocorrido em Hamburgo em 1857.

6. Com exceção talvez de 1837, as crises reais sempre irromperam após mudança do curso do câmbio, isto é, logo que a importação de metal precioso de novo predomina sobre a exportação. (Karl Marx – O Capital – O Processo Global de Produção Capitalista – Livro 3 – Volume 5 – p. 651-652).

Em 1825 sobreveio o verdadeiro craque, depois de ter cessado a evasão de ouro. Em 1839 ocorreu evasão de ouro, sem que se chegasse ao craque. Em 1847, a evasão de ouro cessou em abril, e o craque surgiu em outubro. Em 1857, a evasão de ouro para o exterior cessara no princípio de novembro, e só depois no decorrer do mês veio o craque. (grifo meu). Karl Marx – O Capital – O Processo Global de Produção Capitalista – Livro 3 – Volume 5 – p. 652)

Os depoimentos seguintes foram prestados em 1848 perante a comissão secreta da Câmara dos Lordes sobre a crise comercial (Secret Committee of the House of Lords on Commercial Distress) – depoimentos impressos em 1857: (Karl Marx – O Capital – O Processo Global de Produção Capitalista – Livro 3 – Volume 5 – p. 652-653).

> Tooke, 2996: Em abril de 1847 surgiram dificuldades, a rigor, equivalentes a um pânico, mas de duração relativamente reduzida, não tendo sido acompanhadas por falências comerciais de alguma importância. Em outubro, a crise foi bem mais intensa do que em qualquer ocasião de abril, ocorrendo número fora do comum de falências comerciais.
>
> 2997: Em outubro, o câmbio era favorável à Inglaterra.
>
> 2998: A mudança nas taxas de câmbio começaram na terceira semana de abril.
>
> 3000: Flutuaram em julho e agosto; desde o início de agosto eram sempre favoráveis à Inglaterra.
>
> 3001: A evasão de ouro em agosto decorreu da procura para a circulação interna.

J. Morris, governador do Banco da Inglaterra: (Karl Marx – O Capital – O Processo Global de Produção Capitalista – Livro 3 – Volume 5 – p. 653).

> Embora o câmbio desde agosto de 1847 fosse favorável à Inglaterra, tendo havido por isso importação de ouro, decresceu o encaixe metálico do Banco."
>
> "Em virtude de procura interna escoaram-se pelo país 2.200.000 libras esterlinas em ouro. Isto se explica por duas razões: acréscimo do número de trabalhadores empregados em virtude de construções ferroviárias, e desejo dos banqueiros de possuir, em épocas de crise, reserva de ouro própria.

Palmer, ex-governador e desde 1811 diretor do Banco da Inglaterra: (Karl Marx – O Capital – O Processo Global de Produção Capitalista – Livro 3 – Volume 5 – p. 653).

684: Durante todo o período que vai de meados de abril de 1847 até o dia da suspensão da lei bancária de 1844, as taxas de câmbio foram favoráveis à Inglaterra.

A evasão de metal, que em abril de 1847 provocou pânico exclusivamente financeiro, neste caso como em todos, apenas precede à crise, e já se inverte antes que esta rebente. Em 1839, com forte depressão comercial, houve evasão muito grande de metal para compra de trigo etc., mas sem haver crise e pânico financeiro. (Karl Marx – O Capital – O Processo Global de Produção Capitalista – Livro 3 – Volume 5 – p. 653).

7. Logo que se extinguem as crises gerais, o ouro e a prata voltam a repartir-se nas proporções correspondentes ao estado de equilíbrio em que se encontravam, como tesouros particulares dos diferentes países. (Karl Marx – O Capital – O Processo Global de Produção Capitalista – Livro 3 – Volume 5 – p. 653-654).

O metal precioso flui do país que dele tem mais que a porção normal, para os outros países; esses movimentos de ingresso e saída apenas restabelecem a repartição primitiva entre os diferentes tesouros nacionais. Essa redistribuição resulta da atuação de circunstâncias diversas. Depois que se restabelece repartição normal, acresce o tesouro metálico e em seguida se dá nova evasão.

Esta afirmação evidentemente se aplica apenas à Inglaterra, centro do mercado financeiro mundial. (F.E.) (grifo meu).

8. O êxodo de metal é em regra sintoma de mudança na situação do comércio exterior, e essa mudança por sua vez prenuncia que estão amadurecendo as condições de nova crise. (Karl Marx – O Capital – O Processo Global de Produção Capitalista – Livro 3 – Volume 5 – p. 654).

Segundo Newmarch, a evasão de ouro para o exterior pode decorrer de três causas:

a) causas puramente comerciais, ou seja, quando a importação ultrapassa a exportação, como ocorreu em 1836 e 1844, e de novo em 1847, em virtude principalmente de grande importação de trigo;

b) obtenção de meios para investir capitais ingleses no exterior, caso das ferrovias na Índia em 1857; e

c) dispêndio definitivo no exterior, conforme aconteceu em 1853-54 com as despesas militares no Oriente.

9. O balanço de pagamentos pode ser favorável à Ásia e desfavorável à Europa e à América. (Karl Marx – O Capital – O Processo Global de Produção Capitalista – Livro 3 – Volume 5 – p. 654).

1918 (Newmarch): Se consideramos em conjunto Índia e China, e se levamos em conta as operações comerciais entre Índia e Austrália, e ainda as operações mais importantes entre China e Estados Unidos, e nesses casos o negócio é triangular, sendo liquidados por nosso intermédio... então é correto dizer que o balanço comercial era desfavorável à Inglaterra e ainda à França e aos Estados Unidos. (B.A., 1857).

Êxodo (grande exportação contínua de metal precioso), dá-se quando as receitas não mais se convertem em dinheiro, os mercados estão abarrotados e a prosperidade aparente só se mantém ainda por meio do crédito; isto é, que não já existe procura de capital de empréstimo muito acrescida e por isso a taxa de juro já alcançou pelo menos o nível médio. Nessas condições, que se refletem justamente na evasão de metal precioso, fortalece-se consideravelmente o efeito da retirada contínua de capital em forma direta de capital de empréstimo, o que deve repercutir imediatamente sobre a taxa de juro. Mas, a alta da taxa de juro, em vez de limitar as operações de crédito, amplia-as e leva à exploração extrema de todos os recursos utilizáveis nessas operações. Eis porque esse período precede o craque. (grifo meu) (Karl Marx – O Capital – O Processo Global de Produção Capitalista – Livro 3 – Volume 5 – p. 655).

1520: O montante das letras em circulação aumenta como a taxa de juro?

(Newmarch – B.A., 1857): R: Assim parece.

1522: Em épocas tranquilas, normais, o livro razão comprova realmente os negócios; mas, quando surgem dificuldades, quando, por exemplo, nas circunstâncias a que me referi, o Banco eleva a taxa de desconto [...] então, os negócios por si mesmos se reduzem a emissão de letras; estas, além de serem mais adequadas para provar legalmente o negócio concluído, servem melhor ao objetivo de fazer novas compras e acima de tudo podem desempenhar o papel de meio de crédito para a obtenção de capital.

É o próprio desenvolvimento do sistema de crédito e bancário que leva todo capital dinheiro a pôr-se a serviço da produção e que em certa fase do ciclo reduz o encaixe metálico a um mínimo que não lhe permite mais preencher as funções que lhe cabem. É esse sistema de crédito e bancário desenvolvido que gera essa sensibilidade exagerada de todo o organismo. (Karl Marx – O Capital – O Processo Global de Produção Capitalista – Livro 3 – Volume 5 – p. 656).

A confiança no caráter social da produção dá à forma dinheiro dos produtos o aspecto de algo evanescente e ideal, de mera representação. Mas, abalado o crédito, impõe-se então efetiva e bruscamente converter em dinheiro, em ouro e prata, a riqueza real toda, exigência absurda, mas que decorre inevitável do próprio sistema. E o total de ouro e prata para satisfazer essas necessidades imensas atinge apenas a cifra de alguns milhões guardados nas caixa-forte do Banco. (Karl Marx – O Capital – O Processo Global de Produção Capitalista – Livro 3 – Volume 5 – p. 658).

2 A Taxa de Câmbio

O barômetro do movimento internacional dos metais com função monetária é a taxa de câmbio. Se a Inglaterra tem mais pagamentos a fazer na Alemanha do que esta na Inglaterra, o preço do marco, expresso em libras esterlinas, sobe em Londres, e o da libra, expresso em marco, baixa em Hamburgo e Berlim. Se esse excesso das obrigações de pagamentos, devido pela Inglaterra à Alemanha, não se eliminar, por exemplo, em virtude de compras suplementares da Alemanha na Inglaterra, o preço em libras esterlinas das letras em marcos enviadas para a Alemanha subirá até o ponto em que é melhor negócio remeter em pagamento da Inglaterra para a Alemanha, em vez de letras de câmbio, moedas de ouro ou barras. Este é o curso típico dessas operações.

Caso essa exportação de metal precioso se expande e se prolonga, o encaixe bancário inglês será atingido, e o mercado financeiro britânico, à frente o Banco da Inglaterra, terá de adotar medidas protetoras, essencialmente em elevar a taxa de juro. Havendo considerável evasão de ouro, o mercado financeiro é em regra difícil, isto é, a procura de capital de empréstimo na forma de dinheiro supera grandemente a oferta, e daí resulta taxa de juro mais alta como consequência natural; e a taxa de desconto decretada pelo Banco da Inglaterra corresponde à situação real e se impõe ao mercado. Mas, também ocorrem casos em que a evasão de metal decorre de operações que não fazem parte dos negócios comuns (empréstimos feitos por estados estrangeiros, investimento de capital no exterior etc.), e a situação propriamente do mercado financeiro de Londres não justifica elevação eficaz da taxa de juro; então, o Banco da Inglaterra tem primeiro, como se diz, de rarear o dinheiro, levantando grandes somas emprestadas no mercado aberto, e assim criar artificialmente a situação que justifica ou torna necessária a alta da taxa de juro; manobra cada ano mais difícil para ele. (F.E.) (Karl Marx – O Capital – O Processo Global de Produção Capitalista – Livro 3 – Volume 5 – p. 659-660).

Os efeitos dessa elevação da taxa de juro sobre a taxa de câmbio se evidenciam nos seguintes depoimentos feitos perante a comissão de legislação bancária da Câmara dos Comuns em 1857. (B.A. ou B.C., 1857) (Karl Marx – O Capital – O Processo Global de Produção Capitalista – Livro 3 – Volume 5 – p. 660).

De John Stuart Mill: (Karl Marx – O Capital – O Processo Global de Produção Capitalista – Livro 3 – Volume 5 – p. 660).

2176: Quando os negócios estão difíceis [...] há baixa considerável nos preços dos títulos [...]. Estrangeiros mandam comprar aqui na Inglaterra ações de ferrovias, ou donos ingleses de ações de ferrovias estrangeiras vendem-nas no exterior [...] o que elimina de montante correspondente a transferência de ouro.

2182: Classe importante e rica de banqueiros e comerciantes em títulos, por meio dos quais de ordinário se efetua o nivelamento da taxa de juro e o nivelamento da pressão comercial entre os diversos países [...] está sempre procurando comprar títulos que prometem elevação de preço [...] Para eles, o lugar adequado para compra é o país que está remetendo ouro para o exterior.

2183: Esses investimentos de capital ocorreram em escala considerável em 1847, bastando para reduzir a evasão de ouro.

De J. G. Hubbard, ex-Governador e depois de 1838, membro da direção do Banco da Inglaterra: (Karl Marx – O Capital – O Processo Global de Produção Capitalista – Livro 3 – Volume 5 – p. 660).

2545: Há grandes quantidades de títulos europeus [...] que têm circulação europeia, em todos os diversos mercados financeiros, e esses títulos, quando caem no mercado de 1 ou 2%, são logo comprados em grandes quantidades e remetidos para os mercados onde o valor ainda se mantém.

2565: Países estrangeiros não devem somas consideráveis a comerciantes na Inglaterra?

R: Bem consideráveis.

2566: O recebimento dessas dívidas não bastaria de per si para explicar acumulação bem grande de capital na Inglaterra?

R: Em 1847 restabelecemos finalmente o equilíbrio, cancelando muitos milhões que a América e a Rússia deviam à Inglaterra.

A Inglaterra devia ao mesmo tempo a essas mesmas nações muitos milhões por compra de trigo, e em grande parte não deixou de cancelá-los também por intermédio de falências dos devedores ingleses. (F.E.) (grifo meu) (Karl Marx – O Capital – O Processo Global de Produção Capitalista – Livro 3 – Volume 5 – p. 660-661).

2572: Em 1847, a taxa de câmbio entre Inglaterra e São Petersburgo era muito alta. Quando foi promulgada a resolução governamental que autorizou o Banco a emitir bilhetes, além do limite prescrito de 14 milhões, havia a condição de o desconto manter-se a 8%. Naquela ocasião e com aquela taxa de desconto era negócio lucrativo transportar ouro de São Petersburgo para Londres e, quando chegasse, emprestá-lo a 8% até o vencimento das letras de 3 meses, emitidas contra o ouro vendido.

2573: Em todas as operações com ouro é mister ponderar muitos aspectos; importam a taxa de câmbio e a taxa de juro à qual se pode empregar o dinheiro até vencer-se a letra emitida contra o ouro. (Karl Marx – O Capital – O Processo Global de Produção Capitalista – Livro 3 – Volume 5 – p. 661).

2.1 A Taxa de Câmbio com a Ásia

Antes de mais nada é compreensível que se remetam para a Índia tantos milhões em metal precioso ou em carris para aí empregar em ferrovias; ambas as coisas constituem apenas formas diferentes de transferir de um país para outro o mesmo montante de capital, e uma transferência que não entra no domínio dos negócios mercantil habituais e pela qual o país exportador nada espera além da futura renda anual derivada das receitas dessas ferrovias. Se essa exportação se dá sob a forma de metal precioso – que é capital dinheiro de empréstimo imediatamente disponível e base de todo o sistema monetário – terá ela, por se tratar de metal precioso, influência direta sobre o mercado financeiro e, portanto, sobre a taxa de juro do país exportador. Do mesmo modo influi também diretamente sobre a taxa de câmbio. (Karl Marx – O Capital – O Processo Global de Produção Capitalista – Livro 3 – Volume 5 – p. 661-662).

Só se expede metal precioso porque e enquanto as letras, por exemplo, sobre a Índia, oferecidas no mercado financeiro de Londres, não bastam para fazer essas remessas extras de dinheiro. Há portanto, procura de letras para a Índia, ultrapassando a oferta, e o câmbio fica momentaneamente desfavorável à Inglaterra, não por dever ela à Índia, mas por ter de mandar para a Índia somas extraordinárias. Com o tempo, essas remessas de metal precioso para a Índia devem influir no sentido de aumentar a procura indiana de mercadorias inglesas, pois indiretamente acrescem a capacidade de consumo indiana de mercadorias europeias. (Karl Marx – O Capital – O Processo Global de Produção Capitalista – Livro 3 – Volume 5 – p. 662).

O capital, se é remetido sob a forma de carris etc., pode não ter influência alguma sobre a taxa de câmbio, pois a Índia não tem de pagar essas mercadorias. Justamente por isso essa remessa deixa de repercutir no mercado financeiro. (Karl Marx – O Capital – O Processo Global de Produção Capitalista – Livro 3 – Volume 5 – p. 662).

Qualquer que seja o lugar para o qual se remetam os carris ou onde sejam fixados, no solo inglês ou no indiano, nada mais representam que determinada expressão da produção inglesa em determinado ramo. É tolice afirmar ser impossível expandir a produção, inclusive com grande amplitude, sem provocar alta da taxa de juro. Os adiantamentos em dinheiro podem aumentar, isto é, a soma dos negócios em que entram operações de crédito; mas, essas operações podem acrescer com dada taxa invariável de juro. Foi o que aconteceu durante o surto ferroviário da década dos 40. A taxa de juro não subiu. (Karl Marx – O Capital – O Processo Global de Produção Capitalista – Livro 3 – Volume 5 – p. 662).

Tratando-se de capital real, no caso, de mercadorias, o efeito sobre o mercado financeiro será o mesmo, destinem-se as mercadorias ao exterior ou ao consumo interno. Só haverá diferença se as aplicações de capital efetuadas pela Inglaterra no exterior atuassem no sentido de restringir sua exportação comercial ou se já constituíssem sintoma de hipertensão do crédito e início de manobras especulativas. (Karl Marx – O Capital – O Processo Global de Produção Capitalista – Livro 3 – Volume 5 – p. 662-663).

Winson pergunta a Newmarch: (Karl Marx – O Capital – O Processo Global de Produção Capitalista – Livro 3 – Volume 5 – p. 663).

1786: No tocante à procura de prata destinada à Ásia Oriental, seu parecer já expresso é de que as taxas de câmbio com a Índia são favoráveis à Inglaterra, apesar dos importantes tesouros metálicos de contínuo remetidos para a Ásia oriental; tem essa tese fundamentos?

R: Por certo [...] calculo que o valor real das exportações do Reino Unido para a Índia, em 1851, importava em 7,42 milhões de libras esterlinas; há a acrescentar aí o montante das letras da Índia House, isto é, dos fundos que a Companhia das Índias Orientais saca para pagar as próprias despesas. Essas letras naquele ano montavam a 3,2 milhões de libras esterlinas, de modo que a exportação global do Reino Unido para a Índia chegava a 10,62 milhões de libras esterlinas. Em 1855 [...] o valor real da exportação de mercadorias subira a 10,35 milhões de libras esterlinas; as letras da Índia House atingiam 3,7 milhões de libras esterlinas; portanto, exportação total de 14,05 milhões de libras esterlinas. Parece-me que, para o ano de 1851, não há meios de estabelecer o valor real da importação pela Inglaterra, de mercadorias oriundas da Índia; mas, há dados para 1854 e 1855. Em 1855, o valor global efetivo das importações pela Inglaterra, das mercadorias indianas, era de 12,67 milhões de libras esterlinas, e essa soma comparada com o montante de 14,05 milhões de libras esterlinas deixa um saldo a favor da Inglaterra, no comércio direto entre ambos os países, de 1,38 milhões de libras esterlinas.

Observa Wilson (1787-88) que o comércio indireto influencia também as taxas de câmbio. Assim, por exemplo, as exportações da Índia para a Austrália e América do Norte são cobertas por letras sacadas sobre Londres e por isso influem sobre a taxa de câmbio justamente como se fossem expedidas da Índia diretamente para a Inglaterra. Além disso, consideradas Índia e China em conjunto, o balanço será desfavorável à Inglaterra, uma vez que a China tem pagamentos importantes e contínuos a fazer à Índia pela compra de ópio, e a Inglaterra, pagamentos à China, e por esse meio as importâncias vão para a Índia (Karl Marx – O Capital – O Processo Global de Produção Capitalista – Livro 3 – Volume 5 – p. 663).

> Wilson, 1791: O efeito sobre a taxa de câmbio não será o mesmo, esteja o capital na forma de carris e locomotivas, esteja na de dinheiro metálico?
>
> Newmarch, R:Os 12 milhões de libras esterlinas, remetidos nos últimos anos à Índia para construção de ferrovias, serviram para adquirir uma renda anual que a Índia tem de pagar à Inglaterra em épocas fixas.
>
> No tocante ao efeito imediato sobre o mercado de metais preciosos, só pode exercê-lo esse investimento de 12 milhões de libras esterlinas, na medida em que se tenha de expedir metal para a inversão efetiva em dinheiro.
>
> 1797 (Weguelin): Se a esse ferro (carris) não corresponde reembolso, como se pode dizer que influi na taxa de câmbio?
>
> R: Não acredito que a parte do desembolso, remetida para fora do país na forma de mercadorias, atue no nível da taxa de câmbio.. O que influencia o nível da taxa de câmbio, entre dois países, podemos dizer, com exclusividade, é a quantidade das obrigações ou letras oferecidas por um país, comparadas com a quantidade ofertada em troca por outro país; eis aí a teoria racional da taxa de câmbio. Quanto à remessa dos 12 milhões, antes de mais nada, foram subscritos aqui. Se o negócio fosse de natureza que todos esses 12 milhões se depositassem em dinheiro metálico em Calcutá, Bombaim e Madras [...] essa súbita procura atuaria violenta sobre o preço da prata e sobre a taxa de câmbio, como aconteceria se a Companhia das Índias Orientais anunciasse amanhã o aumento do montante de suas letras de 3 para 12 milhões. Mas, a metade desses 12 milhões se desembolsa [...] na compra de mercadorias na Inglaterra [...] carris, madeiras e outros materiais [...] é desembolso de capital inglês na própria Inglaterra, para adquirir certas espécies de mercadorias, expedidas para a Índia, e tudo acaba aí.
>
> 1798 (Weguelin): Mas, a produção dessas mercadorias de ferro e madeira, necessárias às ferrovias, provoca forte consumo de mercadorias estrangeiras, o que poderia influenciar a taxa de câmbio? R: Sem dúvida. (Karl Marx – O Capital – O Processo Global de Produção Capitalista – Livro 3 – Volume 5 – p. 663-664).

Investimentos em que o capital se transfere para países estrangeiros em mercadorias e não em dinheiro metálico só pode atuar sobre as taxas de câmbio (e não sobre o câmbio do país onde se emprega), na medida em que a produção dessas mercadorias exportadas exige importação extra de outras mercadorias estrangeiras. Essa produção não se destina a liquidar essa importação extra. Isso se dá em toda exportação a crédito, trate-se de investimento de capital ou de operação comercial normal. Além disso, essa importação extra pode provocar, por efeito indireto, procura extra de mercadorias inglesas, de parte por exemplo das colônias ou dos Estados Unidos. (Karl Marx – O Capital – O Processo Global de Produção Capitalista – Livro 3 – Volume 5 – p. 667).

Em 1847, Wilson, então diretor do Economist, nas teses seguintes, diz: (Karl Marx – O Capital – O Processo Global de Produção Capitalista – Livro 3 – Volume 5 – p. 671).

Tese 1): (grifo meu) (Karl Marx – O Capital – O Processo Global de Produção Capitalista – Livro 3 – Volume 5 – p. 671-672).

> **É claro que essa pletora de capital, configurada em estoques imensos de toda espécie, inclusive de metais preciosos, tem de levar necessariamente à baixa dos preços das mercadorias em geral, e ainda à redução da taxa de juro pelo uso do capital.**

Cabe observar que pode ocorrer grande afluência de metal precioso com produção ao mesmo tempo contraída, como acontece na época posterior à crise. Na fase seguinte os metais preciosos podem provir de países que predominantemente produzem esses metais; as importações das outras mercadorias em regra se equilibram nesse período com as exportações. Em ambas as fases, o juro é baixo e só lentamente sobe; sabemos por que essa taxa de juro baixa se explica em todos os casos sem intervenção alguma de quaisquer estoques imensos de toda espécie. E como se daria essa intervenção? O preço baixo do algodão, por exemplo, possibilita grandes lucros à fiação etc. E por que o juro então é baixo? Por certo, não por ser alto o lucro que se pode obter com o capital emprestado, e sim exclusivamente porque, nas circunstâncias, a procura de capital de empréstimo não cresce em proporção a esse lucro; isto é, o movimento do capital de empréstimo difere daquele do capital industrial. O Economist quer provar justamente o oposto – são idênticos os movimentos dos dois capitais.

Tese 2): (grifo meu) (Karl Marx – O Capital – O Processo Global de Produção Capitalista – Livro 3 – Volume 5 – p. 671-672).

> **Se há estoque de mercadorias disponível para abastecer o país nos próximos dois anos, obter-se-á domínio sobre essas mercadorias a taxa muito mais baixa por período dado, do que se esse estoque mal desse para dois meses.**

Cabe observar que há aí suposição de mercado de mercadorias saturado, se reduzimos à hipótese dos estoques de dois anos às dimensões que lhe deem sentido. Daí resultaria queda de preços. Pagar-se-ia menos por um fardo de algodão. Mas daí não se segue que se poderia tomar dinheiro mais barato para comprar um fardo de algodão. Isto depende da situação do mercado de dinheiro. Se se pode consegui-lo mais barato é apenas porque o crédito comercial está em condições tais que recorre ao crédito bancário menos que o normalmente necessário. As mercadorias que abarrotam o mercado são meios de subsistência ou meios de produção. O baixo preço de ambas as espécies aumenta o lucro do capitalista industrial. Por que esse preço baixaria o juro, a não ser em virtude da oposição entre abundância de capital industrial e a procura de empréstimo? O comerciante e o industrial podem reciprocamente se proporcionar crédito; por causa dessa facilidade do crédito comercial, o industrial e o comerciante precisam de menos crédito bancário; por isso, a taxa de juro pode ser baixa. Essa taxa reduzida nada tem que ver com a afluência de metais preciosos, embora ambas possam andar juntas, e as causas que produzem os baixos preços dos artigos de importação podem produzir também o excedente de metal precioso importado. Se o mercado de importação estivesse realmente abarrotado, isto provaria decréscimo da procura de mercadorias importadas, inexplicável com os preços baixos, a não ser que se contraísse a produção industrial indígena; mas, essa contração seria por sua vez inexplicável com importações abundantes a preços baixos. Meros absurdos para demonstrar que queda dos preços é igual à queda do juro. Ambas podem coexistir uma ao lado da outra. Mas, nesse caso, exprimem os sentidos opostos em que se movem o capital industrial e o capital de empréstimo, e não a identidade desses movimentos.

Tese 3): (grifo meu) (Karl Marx – O Capital – O Processo Global de Produção Capitalista – Livro 3 – Volume 5 – p. 671-673-674).

> **Todos os empréstimos de dinheiro, qualquer que seja a forma, transferem de uma pessoa para outra o poder de dispor das mercadorias. Se há excesso de mercadorias, o preço do dinheiro (taxa de juro) tem de ser baixo, e se há escassez, alto.**

Por que a taxa de juro deve ser baixa, quando as mercadorias têm preços baixos? Se as mercadorias barateiam, preciso, para comprar determinada quantidade, digamos de 1.000 libras esterlinas, em vez das 2000 anteriores. Mas, é possível também que inverta agora 2000 libras esterlinas, comprando por essa quantia o dobro da quantidade anterior de mercadorias, e amplie meu negócio, adiantando o mesmo capital, que talvez tenha de tomar emprestado. Assim, minha procura no mercado financeiro não varia, embora suba minha procura no mercado de mercadorias, com a queda do preço das mercadorias. Mas, se esta procura cair, isto é, se a produção não se amplia com a queda dos preços das mercadorias, o que iria contrariar todas as leis do Economist, decrescerá a procura do capital dinheiro de empréstimo, embora aumente o lucro; esse lucro crescente geraria procura de capital de empréstimo. Aliás, a baixa dos preços das mercadorias pode provir de três causas:

a.   procura insuficiente. Então, a taxa de juro é baixa, por estar paralisada a produção, e não por baratearem as mercadorias, pois os preços baixos apenas expressam aquela paralisação;

b.   a oferta excede à procura, o que pode decorrer de abarrotamento dos mercados etc., o qual leva à crise, e possivelmente coincide na crise com taxa de juro elevada;

c.   reduz-se o valor das mercadorias, e por isso a mesma procura pode satisfazer-se a menor preço. Por que deve a taxa de juro baixar neste caso? Será por que aumenta o lucro? E se aumenta por ser necessário menos capital dinheiro para se obter o mesmo capital produtivo ou capital mercadoria, isto apenas prova que lucro e juro estão entre si em razão inversa. Em todo caso, a tese geral do Economist é falsa. Preços baixos em dinheiro das mercadorias e baixa taxa de juro não coincidem necessariamente. Do contrário, os países mais pobres onde os produtos têm os mais baixos preços em dinheiro, disporiam da mais baixa taxa de juro, e os países mais ricos, onde os produtos agrícolas apresentam os preços mais altos, teriam a mais alta taxa de juro.

Ao baratearem os elementos do capital constante e variável, o lucro acresce e o juro cai. Mas, pode ocorrer também o oposto, e com frequência sucede. O algodão, por exemplo, pode baratear por não haver procura de fio e tecidos. Pode encarecer relativamente por grande lucro na indústria têxtil algodoeira gerar grande procura dessa fibra. Por outro lado, o lucro do industrial pode ser alto, justamente por ser baixo o preço do algodão.

Apesar da tese do Economist, nas crises ocorre justamente o contrário. Há sobra de mercadorias, inconversíveis em dinheiro, e, por isso, o juro sobe. Na outra fase do ciclo reina grande procura de mercadorias, por conseguinte, retornos fáceis, mas, ao mesmo tempo, ascensão dos preços das mercadorias e, em virtude dos retornos fáceis, taxa de juro baixa. Se escasseiam as mercadorias, a taxa de juro tem de ser alta. Sucede o oposto em épocas de inação após a crise. As mercadorias são escassas em termos absolutos, não relativamente à procura. A taxa de juro é baixa.

Tese 4): (grifo meu) (Karl Marx – O Capital – O Processo Global de Produção Capitalista – Livro 3 – Volume 5 – p. 671-674-675).

Se cresce a abundância das mercadorias, aumentará o número dos vendedores em relação ao dos compradores, e na medida em que a quantidade delas ultrapassa as necessidades do consumo imediato, porção cada vez maior deve ser guardada para utilização posterior. Nessas circunstâncias, o dono de mercadorias vende, para pagamento futuro, ou seja, a crédito, a preços mais baratos, do que o faria se tivesse a certeza de vender o estoque todo em poucas semanas.

Está bem claro que, em mercado saturado, o dono de mercadorias – desde que possa vendê-las – se desfará delas mais barato do que o faria se a perspectiva fosse a de se esgotarem rápidos os estoques existentes. Está menos claro, porém, o motivo por que a taxa de juro deva então cair.

Se o mercado está abarrotado de mercadorias importadas, a taxa de juro pode subir, em virtude de os proprietários delas aumentarem a procura de capital de empréstimo, para não serem constrangidos a lançá-las no mercado; ou pode cair, em virtude de a facilidade do crédito comercial manter relativamente baixa a procura de crédito bancário.

O Economist menciona a rápida repercussão que tiveram sobre as taxas de câmbio, a elevação da taxa de juro e outras pressões sobre o mercado de dinheiro. Mas, não se deve esquecer que, apesar da alteração do câmbio, o ouro continuou saindo até fins de abril e só muda esse rumo no começo de maio.

Em 1º de janeiro de 1847, o encaixe metálico do Banco era de 15.066.691 libras esterlinas; taxa de juro, 3 ½%; câmbio a três meses sobre Paris, 25,75; sobre Hamburgo, 13,10, sobre Amsterdã, 12,3 ¼. Em 5 de março, o encaixe metálico caiu para 11.595.535 libras esterlinas; o desconto elevou-se para 4%; a taxa de câmbio sobre Paris caiu a 25,67 ½; sobre Hamburgo, a 13,9 ¼; e sobre Amsterdã, a 12,2 ½. A saída de ouro prossegue.

1847	Encaixe Metálico do Banco da Inglaterra em Milhões de Libras Esterlinas	Mercado Monetário – Desconto Bancário	Taxa Máxima de Câmbio a 3 Meses		
			Paris - Franco	Hamburgo - Marco	Amsterdã - Florin
20 de mar	11,231	4,00%	25,67 ¹/2	13,09 ³/₄	12,20 ¹/₂
03 de abr	10,246	5,00%	25,80	13,10	12,30 ¹/₂

10 de abr	9,867	Grande Escassez de Dinheiro	25,90	13,10 $^1/_3$	12,40 $^1/_2$
17 de abr	9,330	5 $^1/_2$%	26,02 $^1/2$	13,10 $^3/_4$	12,50 $^1/_2$
24 de abr	9,214	Aperto	26,05	13,12	12,60
01 de mai	9,338	Aperto Crescente	26,15	13,12 $^3/_4$	12,60 $^1/_2$
08 de mai	9,589	Aperto Máximo	26,27 $^1/2$	13,15 $^1/_2$	13,70 $^3/_4$

Vê-se o efeito rápido e decisivo da alta da taxa de juro e do consequente aperto financeiro, na correção do câmbio desfavorável e na reversão do fluxo do ouro, fazendo-o refluir à Inglaterra. O efeito obtido não dependeu absolutamente do balanço de pagamentos. Taxa de juro mais alta na Inglaterra, fez baixar o preço dos títulos, ingleses e estrangeiros, e motivou grandes compras desses papéis por conta de clientes estrangeiros. Isto aumentou a soma das letras emitidas pela Inglaterra, enquanto, com a taxa de juro elevada, era tão grande a dificuldade de obter dinheiro, que decrescia a procura dessas letras, à medida que aumentava a soma delas. Pela mesma razão anularam-se pedidos de mercadorias estrangeiras, e capitais ingleses aplicados em papéis estrangeiros converteram-se em dinheiro trazido para a Inglaterra e aqui empregado. Assim, lemos no Rio de Janeiro Price Current, de 10 de maio: "A taxa de câmbio sobre a Inglaterra experimentou nova baixa causada principalmente por pressão sobre o mercado de remessas correspondentes a grandes vendas de títulos públicos brasileiros, feitas por conta de clientes ingleses. Capital inglês, empregado em diversos papéis no exterior, quando a taxa de juro aqui era muito baixa, refluiu para cá logo após a elevação da taxa de juros. (The Economist, 1847) (Karl Marx – O Capital – O Processo Global de Produção Capitalista – Livro 3 – Volume 5 – p. 677).

No tocante à balança comercial e às taxas de câmbio: (Karl Marx – O Capital – O Processo Global de Produção Capitalista – Livro 3 – Volume 5 – p. 678).

Em cada momento dado é uma questão de tempo. Em regra... a Inglaterra dá créditos a longo prazo para suas exportações, enquanto as importações são pagas à vista. Em certas ocasiões, essa diferença, fundada no que é usual, tem efeito importante no câmbio. Em período, como o ano de 1850, em que nossas exportações crescem em grande proporção, há necessariamente expansão contínua dos investimentos de capital britânico [...] Assim, podem ser feitos em 1850 pagamentos de mercadorias exportadas em 1849. Mas, se as exportações de 1850 ultrapassam em 6 milhões as de 1849, o efeito prático inevitável, naquele ano, será o dinheiro saído exceder, por aquela quantia, o que refluiu. Há desse modo influência nas taxas de câmbio e na taxa de juro. Ao revés, quando a crise deprime nossos negócios, e se reduzem muito nossas exportações, as obrigações vencidas de pagamentos, relativas às exportações maiores efetuadas em anos anteriores sobrepujam consideravelmente o valor de nossas exportações; por isso, as taxas de câmbio revertem a nosso favor, o capital acumula-se rápido no país, e a taxa de juro cai. (The Economist, 11 de janeiro de 1851).

A taxa de câmbio pode alterar-se por força de diversos fatores: (Karl Marx – O Capital – O Processo Global de Produção Capitalista – Livro 3 – Volume 5 – p. 678-679).

1. em virtude do balanço de pagamentos do momento considerado, quaisquer que sejam as causas que o determinem: puramente mercantis, investimentos no estrangeiro, ou dispêndios governamentais em guerras etc., os quais impliquem pagamento em dinheiro metálico no exterior;

2. em virtude de depreciação do dinheiro de um país, seja moeda metálica ou papel-moeda. Trata-se de valor nominal apenas. Se 1 libra esterlina passasse a representar só metade do dinheiro que representava antes, seria cotada a 12 ½ francos, em vez de 25;

3. quando está em jogo o câmbio entre duas nações, tendo uma por dinheiro a prata, e a outra, o ouro, a taxa de câmbio depende das flutuações relativas de valor de ambos os metais, uma vez que estas, sem dúvida, alteram a paridade entre os dois países. Exemplo desse caso são as taxas de câmbio de 1850; eram desfavoráveis à Inglaterra, embora fosse enorme o aumento de sua exportação; mas, apesar disso, não se deu evasão de ouro. Era consequência da alta momentânea do valor da prata em relação ao do ouro (Economist, 30 de novembro de 1850).

Para 1 libra esterlina, a paridade do câmbio com Paris é 25 francos e 20 cêntis. O câmbio com Paris, ao ultrapassar esse valor, torna-se mais favorável ao inglês que deve à França ou que compra mercadorias francesas. Em ambos os casos pode atingir seu objetivo com menos libras esterlinas. Em países mais afastados onde não é fácil obter metais preciosos, quando rareiam e são insuficientes as letras para as remessas com destino à Inglaterra, a consequência natural é aumentarem os preços daqueles produtos que usualmente se expedem para a Inglaterra, por acrescer a procura deles, a fim de mandá-los para a Inglaterra, em vez de letras. É o que se dá frequentes vezes com a Índia. (Karl Marx – O Capital – O Processo Global de Produção Capitalista – Livro 3 – Volume 5 – p. 679).

Pode haver câmbio desfavorável e até evasão de ouro, quando na Inglaterra reina grande pletora de dinheiro, taxa de juro baixa e alta dos preços dos títulos. (Karl Marx – O Capital – O Processo Global de Produção Capitalista – Livro 3 – Volume 5 – p. 679).

No decurso de 1848, a Inglaterra recebeu grandes quantidades de prata da Índia, uma vez que as boas letras eram raras e as de qualidade mediana eram aceitas de má vontade, em virtude da crise de 1847 e da grande falta de crédito no comércio com a Índia. Toda essa prata, mal chegava, tomava o caminho do Continente, onde a revolução provocou entesouramento por toda parte. A mesma prata em 1850 refluiu na maior parte para a Índia, pois a taxa de câmbio tornava essa operação vantajosa. (Karl Marx – O Capital – O Processo Global de Produção Capitalista – Livro 3 – Volume 5 – p. 679).

O sistema monetário é essencialmente católico; o sistema de crédito, essencialmente protestante. Os escoceses (protestantes), odeiam o ouro. A existência monetária das mercadorias em papel é de natureza apenas social. É a fé que salva. A fé no valor monetário – o espírito imanente das mercadorias; a fé no modo de produção e na sua ordem predestinada; a fé nos agentes privados da produção; meras personificações do capital que se valoriza. Mas o protestantismo não se livra do catolicismo, nem o sistema de crédito da base do sistema monetário. (Karl Marx – O Capital – O Processo Global de Produção Capitalista – Livro 3 – Volume 5 – p. 679).

Sobre a Taxa de Câmbio, a seguir coloco elucidação sobre ela, conforme informações atuais coletadas no site do NuBank: (grifo meu).

> **Taxa de Câmbio: basicamente, ela é o preço de uma moeda estrangeira em unidades da moeda nacional – no caso do Brasil, o real.**

A taxa de câmbio reflete o custo de uma moeda em relação à outra, não importa quais sejam. É possível comparar a do real em relação ao dólar, em relação à libra ou a qualquer outra moeda em circulação. Um exemplo: ao comprar dólar para viajar, a cotação encontrada é de R$ 4,15. Essa é a taxa de câmbio da moeda naquele momento.

Como a taxa de câmbio é calculada?

Diversos fatores podem aumentar ou diminuir a taxa de uma moeda estrangeira em relação a outra, mas o principal é a oferta e demanda da moeda. O dólar, por exemplo, é uma moeda forte e valorizada em relação a muitas outras pois diversas transações comerciais entre países de todo o mundo se baseiam nela. Além disso, fatores políticos e econômicos podem tornar uma moeda mais forte ou mais fraca, influenciando o preço final da taxa de câmbio.

As taxas de câmbio são definidas a partir desses fatores e dos regimes cambiais dos países, que determinam como ela será calculada. Esses regimes podem ser de três tipos:

1. Regime cambial fixo:

No regime cambial fixo, a autoridade monetária do país – o equivalente ao Banco Central do Brasil – determina um valor fixo de uma moeda estrangeira em relação à sua moeda nacional. Ou seja: neste caso, a conversão é garantida pelo governo local pela taxa de câmbio determinada.

O grande objetivo desse regime cambial é estabilizar o valor de uma moeda em relação à outra mais estável.

2. Flutuante:

Este é o regime cambial em que as taxas de câmbio são determinadas sem intervenção ou controle do governo do país – no caso, somente de acordo com a oferta e demanda do mercado.

É o mercado cambial que se autorregula e controla os preços das moedas – mas, se necessário, os governos podem intervir para tentar influenciar o preço das moedas. O dólar, euro, iene e outras moedas mais negociadas aderem ao câmbio flutuante.

3. Atrelado:

O regime cambial atrelado é uma junção do câmbio fixo e flutuante. Na prática, isso significa que a taxa de câmbio de outra moeda varia diariamente conforme a oferta e demanda, mas dentro de faixas determinadas pelo governo. Com isso, o governo pretende manter o preço atrelado às faixas definidas.

Taxas de compra e venda:

As taxas de câmbio variam conforme a operação da moeda – compra ou venda:

- Se uma pessoa física deseja comprar moeda estrangeira de alguma instituição autorizada a operar com câmbio – casas de câmbio, bancos etc. – a taxa oferecida será a de venda.

- Na situação contrária, na qual a instituição compra moeda estrangeira de pessoa física, a taxa será de compra.

CRÍTICA À ECONOMIA POLÍTICA

Livro III - Volume 6

CONVERSÃO DO LUCRO SUPLEMENTAR EM RENDA FUNDIÁRIA

Introdução

A suposição de o modo capitalista de produção se ter apoderado da agricultura implica que ele domina todas as esferas da produção e da sociedade burguesa, e que portanto existem em toda a plenitude as condições do sistema, tais como livre concorrência dos capitais, possibilidade de transferi-los de um ramo de produção para outro, taxa igual de lucro médio etc. (Karl Marx – O Capital – O Processo Global de Produção Capitalista – Livro 3 – Volume 6 – p. 705).

Um dos grandes méritos de A. Smith é o de ter mostrado que a renda fundiária do capital empregado para produzir outros produtos agrícolas, por exemplo, linho, plantas tintoriais, pecuária autônoma etc., é determinada pela renda fundiária proporcionada pelo capital investido para produzir o principal meio de alimentação. (Karl Marx – O Capital – O Processo Global de Produção Capitalista – Livro 3 – Volume 6 – p. 706).

A propriedade fundiária supõe que certas pessoas têm o monopólio de dispor de determinadas porções do globo terrestre como esferas privativas de sua vontade particular, com exclusão de todas as demais vontades. (Karl Marx – O Capital – O Processo Global de Produção Capitalista – Livro 3 – Volume 6 – p. 707).

Nessas condições, o monopólio da propriedade da terra é pressuposto histórico e fica sendo base constante do modo capitalista de produção, como de todos os modos anteriores de produção que se fundamentam de uma forma ou de outra na exploração das massas. Mas, a forma de propriedade fundiária que o sistema capitalista no início encontra não lhe corresponde. Só ele mesmo cria essa forma, subordinando a agricultura ao capital, e assim a propriedade fundiária feudal, a propriedade de clãs ou a pequena propriedade camponesa combinada com as terras de uso comum se convertem na forma econômica adequada a esse modo de produção, não importando quão diversas sejam suas formas jurídicas. (Karl Marx – O Capital – O Processo Global de Produção Capitalista – Livro 3 – Volume 6 – p. 708).

O modo capitalista de produção gera, entre outros, os seguintes resultados importantes: (grifo meu) (Karl Marx – O Capital – O Processo Global de Produção Capitalista – Livro 3 – Volume 6 – p. 708-709).

- transforma a agricultura, que deixa os processos da fração menos evoluída da sociedade, puramente empíricos e prisioneiros da tradição e passa a aplicar, de maneira consciente e científica, a agronomia, desde que essa transformação seja possível nas condições da propriedade privada;

- dissocia por completo a propriedade fundiária das relações senhoriais e de sujeição, e ainda separa de todo a terra, como condição de trabalho, da propriedade fundiária e do proprietário, para quem a terra nada mais representa que um tributo em dinheiro que o monopólio lhe permite arrecadar do capitalista industrial, o arrendatário. E os vínculos se desfazem tanto que donos de terras na Escócia podem passar toda a vida em Constantinopla.

A propriedade fundiária adquire assim sua forma puramente econômica, despindo-se de todos os anteriores ornamentos e vínculos políticos e sociais, em suma, de todos aqueles tradicionais ingredientes, denunciados pelos próprios capitalistas industriais e por seus porta-vozes teóricos, na ardorosa luta que travaram contra a propriedade fundiária, com excrescência inútil e absurda. (Karl Marx – O Capital – O Processo Global de Produção Capitalista – Livro 3 – Volume 6 – p. 709).

São grandes méritos do modo capitalista de produção, o ter racionalizado a agricultura, capacitando-a pela primeira vez para ser explorada em escala social, e o ter posto em evidência o absurdo da propriedade fundiária. (Karl Marx – O Capital – O Processo Global de Produção Capitalista – Livro 3 – Volume 6 – p. 709).

> Misère de la Philosophie – Aí estabeleço a diferença entre matéria terra e capital terra. Basta aplicar às áreas de terra já transformadas em meios de produção, investimentos adicionais de capital, para aumentar o capital terra, sem nada acrescentar à matéria terra, isto é, à extensão do solo [...] O capital terra, como qualquer outro capital, não é eterno [...]. O capital terra é um capital fixo, mas o capital fixo também se consome como os capitais circulantes.

A condição prévia do modo capitalista de produção, portanto, é esta: os agricultores efetivos são trabalhadores agrícolas, empregados por um capitalista, o arrendatário, que explora a agricultura como campo particular de aplicação de capital, como investimento de seu capital, numa esfera particular de produção. Esse capitalista arrendatário paga ao proprietário das terras, ao dono do solo que explora, em prazos fixados, digamos, por ano, quantia contratualmente estipulada (como prestatário de capital dinheiro paga determinado juro) pelo consentimento de empregar seu capital nesse campo especial de produção. Chama-se essa quantia de renda fundiária, e tanto faz que seja paga por terra lavradia, ou por terreno de construção, mina, pesca, florestas etc. Esse pagamento se efetua durante todo o período em que o proprietário contratualmente emprestou, alugou o solo ao arrendatário. Assim, a renda fundiária é a forma em que se realiza, economicamente se valoriza a propriedade fundiária. Demais, temos aí reunidas e em confronto as três classes que constituem o quadro da sociedade moderna – o trabalhador assalariado, o capitalista industrial e o proprietário da terra. (Karl Marx – O Capital – O Processo Global de Produção Capitalista – Livro 3 – Volume 6 – p. 710).

O capital pode ser fixado à terra, a ela incorporado, em caráter mais ou menos transitório (melhorias de natureza química, adubação etc.) e em caráter mais ou menos permanente (como acontece com os canais de drenagem, as obras de irrigação, de terraplanagem, as construções para a exploração rural etc.). (Karl Marx – O Capital – O Processo Global de Produção Capitalista – Livro 3 – Volume 6 – p. 710).

O juro pelo capital empregado na terra e pelas melhorias que ela assim adquire como instrumento de produção pode integrar a renda que o arrendatário paga ao proprietário, mas que não faz parte da renda fundiária propriamente dita, paga por utilizar-se a terra como tal, seja ela virgem ou cultivada. (Karl Marx – O Capital – O Processo Global de Produção Capitalista – Livro 3 – Volume 6 – p. 710-711).

O arrendatário faz todos os investimentos de caráter mais transitório, exigidos na agricultura pelos processos normais de produção. Esses investimentos (como o próprio cultivo da terra, se efetuado de maneira algo racional, não se reduzindo portanto ao esgotamento brutal do solo, como o faziam os antigos senhores americanos de escravos, e contra isso os proprietários das terras estipulam cláusulas no contrato) melhoram o solo, aumentam a produção e transformam a terra de simples matéria em capital terra. Sendo a mesma a qualidade natural, a terra cultivada vale mais que a inculta. O arrendatário também fornece em parte e em certos ramos, muitas vezes, totalmente, os capitais fixos de caráter mais durável, que levam mais tempo para se desgastar e são incorporados à terra. (Karl Marx – O Capital – O Processo Global de Produção Capitalista – Livro 3 – Volume 6 – p. 711).

Ao fazer novo contrato de arrendamento, o proprietário acrescenta à renda fundiária propriamente dita o juro pelo capital incorporado à terra, alugue-a ao arrendatário que fez as melhorias ou a outro. Assim cresce sua renda, ou o valor da terra fica aumentado no caso de querer vendê-la, e logo veremos como se determina seu preço. Vende, além da terra, o solo melhorado, o capital incorporado à terra e que nada lhe custou. Aí está um dos segredos do enriquecimento ascendente dos proprietários das terras, do aumento contínuo de suas rendas e do valor monetário crescente de suas propriedades com o progresso do desenvolvimento econômico. (grifo meu) (Karl Marx – O Capital – O Processo Global de Produção Capitalista – Livro 3 – Volume 6 – p. 711-712).

Este é um dos maiores obstáculos à racionalização da agricultura, pois o arrendatário evita todas as melhorias e dispêndios de que não pode esperar completo reembolso durante o prazo do arrendamento. (grifo meu) (Karl Marx – O Capital – O Processo Global de Produção Capitalista – Livro 3 – Volume 6 – p. 712).

A. A. Walton, em *History of the landed tenures of Great Britain and Ireland*, Londres, 1865, diz a respeito: (grifo meu) (Karl Marx – O Capital – O Processo Global de Produção Capitalista – Livro 3 – Volume 6 – p. 712).

> **Todos os esforços dos numerosos estabelecimentos agrícolas de nosso país não podem chegar a resultados muito importantes ou realmente apreciáveis para o progresso efetivo destinado a melhorar a agricultura, enquanto tais melhorias sirvam mais para aumentar o valor da propriedade e o montante da renda do proprietário do que para melhorar a situação do arrendatário ou do trabalhador agrícola. Os arrendatários em geral sabem tão bem quanto os proprietários das terras e seus administradores ou mesmo o presidente de uma sociedade agrícola que drenar bem, adubar com abundância e amanhar bem a terra, empregando-se ao mesmo tempo, mais trabalho, para limpar rigorosamente o terreno e revolvê-lo, produzem maravilhosos resultados, melhorando o solo e acrescendo a produção. Mas, tudo isso exige despesas consideráveis, e os arrendatários também sabem e muito bem que por mais que melhorem a terra ou aumentem o valor dela, quem a longo prazo tira a vantagem principal em rendas aumentadas e valor acrescido do solo é o proprietário...**

Na agricultura propriamente dita esse processo ainda não se patenteia tão claro como na utilização de terrenos para construção. Na Inglaterra, a maior parte dos terrenos para construção não são vendidos como propriedade alodial (livre de encargos gerais) e sim alugados pelos proprietários por 99 anos, ou se possível por tempo mais curto. Vencido esse prazo, as construções revertem com o solo ao proprietário deste. (grifo meu) (Karl Marx – O Capital – O Processo Global de Produção Capitalista – Livro 3 – Volume 6 – p. 713).

A propriedade fundiária em todas as velhas nações passa por forma nobre de propriedade, e, a compra dela, por investimento bastante seguro de capital. (grifo meu) (Karl Marx – O Capital – O Processo Global de Produção Capitalista – Livro 3 – Volume 6 – p. 716).

É natural que na prática se considere renda fundiária tudo o que o arrendatário paga ao proprietário na forma de tributo pela permissão de explorar a terra. Qualquer que seja a composição ou a fonte desse tributo, tem ele de comum com a renda fundiária propriamente dita este traço comum: o monopólio sobre um pedaço do globo terrestre capacita o intitulado proprietário para cobrar, impor o gravame. Outro traço comum – esse tributo, como a renda fundiária, determina o preço da terra, o qual nada mais é que a receita capitalizada do aluguel da terra. (Karl Marx – O Capital – O Processo Global de Produção Capitalista – Livro 3 – Volume 6 – p. 717).

Na Irlanda, o arrendatário é em regra um pequeno camponês. O que ele paga ao proprietário da terra a título de arrendamento absorve muitas vezes não só parte do lucro, isto é, do próprio trabalho excedente a que tem direito como dono dos instrumentos de trabalho, mas também parte do salário normal que noutras condições receberia pela mesma quantidade de trabalho. Além disso, como o faria um usurário em semelhantes condições, o proprietário da terra, que nada faz aí para melhorar o solo, o expropria do pequeno capital que ele na maior parte, com o próprio trabalho, incorpora ao solo. A única diferença é que o usurário pelo menos arrisca na operação o próprio capital. Essa espoliação contínua constitui o objeto da controvérsia em torno da legislação agrária irlandesa, que no essencial se reduz a que ela procura obrigar o proprietário que rescinde o contrato de arrendamento a indenizar o arrendatário pelas benfeitorias que fez ou pelo capital que incorporou ao solo. No debate do assunto, Palmerston argumentava cinicamente: (grifo meu) (Karl Marx – O Capital – O Processo Global de Produção Capitalista – Livro 3 – Volume 6 – p. 718).

A Câmara dos Comuns é uma câmara de proprietários de terras.

Entre os arrendatários ingleses, encontra-se certo número de pequenos capitalistas que a educação, a formação, a tradição, a emulação (estímulo, disputa entre concorrentes) e outras circunstâncias determinam e obrigam a que empreguem o capital na agricultura, como arrendatários. São forçados a se contentar com lucro inferior à média e a ceder parte dele na forma de renda ao arrendatário. Só sob esta condição lhes é permitido empregar o capital na terra, na agricultura. Uma vez que os proprietários das terras por toda a parte exercem grande influência na legislação, e que chega a ser preponderante na Inglaterra, podem utilizá-la para fraudar a classe inteira dos arrendatários. (grifo meu) (Karl Marx – O Capital – O Processo Global de Produção Capitalista – Livro 3 – Volume 6 – p. 718-719).

As leis de proteção aduaneira aos cereais de 1815, constituíam um tributo sobre o pão, imposto ao país com o objetivo confesso de assegurar aos ociosos proprietários das terras a perenidade das rendas enormemente acrescidas durante a guerra contra a Revolução Francesa. Essas leis, se abstraímos de alguns anos excepcionalmente bons, tiveram o efeito de manter os preços dos produtos agrícolas acima do nível a que teriam caído se a importação de cereais fosse livre. Mas, não mantiveram os preços altos decretados pelos proprietários legisladores como preços normais para constituir as barreiras legais à importação de trigo estrangeiro. Todavia, os contratos de arrendamento se concluíam sob a influência desses preços normais. Assim, fraudaram-se os arrendatários, de 1815 até a década dos 30. Daí ter sido tema permanente durante todo esse tempo a situação difícil da agricultura. Daí ter havido durante esse período a expropriação e a ruína de toda uma geração de arrendatários, e sua substituição por nova classe de capitalistas. (Karl Marx – O Capital – O Processo Global de Produção Capitalista – Livro 3 – Volume 6 – p. 719).

Fato mais geral e mais importante porém é a redução do salário do trabalhador agrícola propriamente dito abaixo do nível médio normal, subtraindo-se do trabalhador fração do salário, a qual passa a constituir parte integrante do arrendamento e assim, sob a máscara de renda fundiária, vai para o proprietário da terra e não para o trabalhador. É o que sucede em geral na Inglaterra e na Escócia, com exceção de alguns condados em melhor situação. Os trabalhos das comissões parlamentares de inquérito sobre os níveis dos salários, instituídos antes de se promulgarem as leis de proteção aduaneira aos cereais (trabalhos que até hoje constituem a mais valiosa contribuição, quase de todo inexplorada, à história dos salários no século XIX, e que são, ao mesmo tempo, um monumento de ignomínia que a aristocracia e a burguesia inglesas erigiram), provam amplamente, acima de qualquer dúvida, que as taxas elevadas das rendas fundiárias e a correspondente alta do preço da terra, durante a guerra contra a Revolução Francesa, eram devidas em parte a desfalque no salário e a redução deste abaixo, mesmo do mínimo vital, isto é, à passagem de fração do salário normal para o bolso do proprietário da terra. (Karl Marx – O Capital – O Processo Global de Produção Capitalista – Livro 3 – Volume 6 – p. 719-720.

De 1849 a 1859, subiu na Inglaterra os salários dos trabalhadores agrícolas em virtude de um concurso de circunstâncias avassaladoras, como: o êxodo da Irlanda que cortou a oferta de trabalhadores de lá procedentes; a extraordinária absorção de população agrícola pela indústria; a procura de soldados para a guerra; a extraordinária emigração para a Austrália e para os Estados Unidos (Califórnia), e outras causas. Ao mesmo tempo, com exceção das colheitas desfavoráveis de 1854 a 1856, os preços médios do trigo caíram em mais de 16% durante esse período. Os arrendatários bradavam, pedindo redução das rendas fundiárias. Essa reivindicação, embora vencedora em alguns casos, fracassou de modo geral. Recorreram à redução dos custos de produção e para isso entre outras coisas introduziram, em massa, locomóveis e novas máquinas que, além de **substituírem** os cavalos e os expulsarem da economia, criavam superpopulação artificial, desempregando jornaleiros agrícolas, o que acarretava nova baixa de salário. (grifo meu) (Karl Marx – O Capital – O Processo Global de Produção Capitalista – Livro 3 – Volume 6 – p. 721).

Fawcett, diz no Congresso de Sociologia (Social Science Congress), em 12 de outubro de 1865: (Karl Marx – O Capital – O Processo Global de Produção Capitalista – Livro 3 – Volume 6 – p. 721).

> Os jornaleiros agrícolas começaram a emigrar, e os arrendatários a se queixar de que não seriam capazes de pagar rendas fundiárias tão altas como as que costumavam pagar, porque o trabalho, em virtude da emigração, se tornara mais caro.

A renda fundiária alta se identificava aí com o salário baixo. (Karl Marx – O Capital – O Processo Global de Produção Capitalista – Livro 3 – Volume 6 – p. 722).

Não constitui característica peculiar da renda fundiária a circunstância de os produtos agrícolas se tornarem valores e se desenvolverem como tais, e a de os produtos não-agrícolas os confrontarem como mercadorias, ou a de eles se desenvolverem como expressões particulares do trabalho social. A característica peculiar consiste em que, com as condições em que os produtos agrícolas se desenvolvem como valores (mercadorias) e com as condições em que se realizam esses valores, desenvolve-se o poder do proprietário fundiário de apropriar-se de porção crescente desses valores criados sem interferência dele, e porção crescente da mais-valia se transforma em renda fundiária. (Karl Marx – O Capital – O Processo Global de Produção Capitalista – Livro 3 – Volume 6 – p. 733).

GÊNESE DA RENDA FUNDIÁRIA CAPITALISTA

1 A Renda em Trabalho

A forma mais simples da renda fundiária é a renda em trabalho: durante parte da semana, o produtor direto, com os instrumentos que lhe pertencem, de fato ou de direito, lavra o terreno de que dispõe de fato e, nos outros dias da semana, trabalha nas terras do solar senhorial, para o proprietário das terras, gratuitamente. Aí, a forma em que se expressa o trabalho excedente não-pago é a renda e não o lucro. (Karl Marx – O Capital – O Processo Global de Produção Capitalista – Livro 3 – Volume 6 – p. 905).

A forma econômica específica na qual trabalho não-pago se extorque dos produtores imediatos exige a relação de domínio e sujeição tal como nasce diretamente da própria produção e, em retorno, age sobre ela de maneira determinante. (Karl Marx – O Capital – O Processo Global de Produção Capitalista – Livro 3 – Volume 6 – p. 907).

Na renda em trabalho, é evidente que, invariáveis as demais condições, depende por completo da magnitude do trabalho excedente ou jeira (corveia, serviço de lavoura obrigatório e gratuito), até que ponto o produtor direto é capaz de melhorar a própria situação, enriquecer-se, produzir uma sobra acima dos meios de subsistência indispensáveis; em outras palavras, se antecipamos a terminologia capitalista, até que ponto pode produzir um lucro qualquer, isto é, uma sobra acima do salário por ele mesmo produzido. A renda aí é a forma normal, por assim dizer legítima, absorvendo tudo, e bem longe de ser um excedente sobre o lucro, isto é, sobre qualquer sobra acima do salário; ao contrário, a dimensão desse lucro e mesmo a existência dele dependem, não se alterando as demais condições, do montante da renda, isto é, do trabalho excedente a prestar coercitivamente ao proprietário. (Karl Marx – O Capital – O Processo Global de Produção Capitalista – Livro 3 – Volume 6 – p. 908-909).

O produtor imediato não é proprietário, mas apenas possuidor, e de direito todo o trabalho excedente dele pertence ao proprietário da terra. Por isso, alguns historiadores se admiram que tenha podido ocorrer desenvolvimento autônomo de patrimônio e, relativamente falando, de riqueza entre sujeitos à corveia ou servos. (Karl Marx – O Capital – O Processo Global de Produção Capitalista – Livro 3 – Volume 6 – p. 909).

2 A Renda em Produtos

Quando a renda em trabalho se converte na renda em produtos nada se altera, sob o aspecto econômico, na essência da renda fundiária. (Karl Marx – O Capital – O Processo Global de Produção Capitalista – Livro 3 – Volume 6 – p. 910).

A renda em produtos supõe estádio (período, época) cultural superior do produtor imediato, nível mais alto de desenvolvimento de seu trabalho e da sociedade em geral, distinguindo-se da forma anterior porque o trabalho excedente não deve mais prestar-se de maneira natural, sob a vigilância e a coação diretas do senhor da terra ou de seu representante; ao contrário, por força das circunstâncias e não por coação direta, compelindo-o a lei, em vez de o açoite, deve o produtor imediato efetuar o trabalho excedente, responsabilizando-se ele mesmo pela execução. Torna-se então evidente a regra: a produção excedente, no sentido de produção acima das necessidades indispensáveis do produtor imediato, efetua-se em área que lhe pertence de fato, no solo que ele mesmo explora, e não mais, como antes, nas terras do solar senhorial, separadas e ao lado da sua. (Karl Marx – O Capital – O Processo Global de Produção Capitalista – Livro 3 – Volume 6 – p. 911).

Embora possam persistir sobrevivências da renda pura em produtos, ela sempre supõe economia natural, isto é, que os meios de produção na totalidade ou na maior parte sejam criados pela própria exploração que os emprega e que sejam repostos e reproduzidos diretamente, partindo-se do próprio produto bruto. Demais, implica a união da indústria doméstica rural com a agricultura; o produto excedente que constitui a renda provém desse trabalho familiar que reúne agricultura e indústria, e, como ocorria na Idade Média, tanto faz que a renda em produtos abranja mais ou menos produtos industriais ou que se forneça apenas na forma de produtos agrícolas propriamente ditos. Não é mister que o trabalho excedente corporificado na renda em produtos abranja o trabalho todo que a família rural poderia prestar depois de prover as necessidades indispensáveis. Esta renda, comparada com a renda em trabalho, deixa ao produtor maior sobra de tempo para trabalhar em seu proveito além do tempo em que trabalha para as necessidades imediatas. (Karl Marx – O Capital – O Processo Global de Produção Capitalista – Livro 3 – Volume 6 – p. 911-912).

Conforme ocorria antes com a renda em trabalho, a renda fundiária aí é a forma normal da mais-valia e, por conseguinte, do trabalho excedente, isto é, de toda a sobra em trabalho que o produtor imediato deve fornecer de graça, ou seja, coercitivamente, ao proprietário do meio de trabalho mais essencial, a terra. O lucro – se assim chamamos, por antecipação injustificada, a fração de que o produtor se apossa, tirada da sobra de trabalho demarcada depois de deduzir-se o trabalho necessário – longe de determinar a renda em produtos, forma-se sub-repticiamente (sob fraude) e encontra o limite natural no volume da renda em produtos. A dimensão desta pode chegar ao ponto de pôr em sério risco a reprodução das condições de trabalho e dos próprios meios de produção, tornar quase impossível a ampliação da produção e reduzir ao mínimo vital os meios de subsistência dos produtores imediatos. (Karl Marx – O Capital – O Processo Global de Produção Capitalista – Livro 3 – Volume 6 – p. 912-913).

3 A Renda em Dinheiro

Aqui, a renda em dinheiro significa a renda fundiária resultante de simples metamorfose da renda em produtos, por sua vez oriunda de transformação da renda em trabalho. Com este significado distingue-se da renda fundiária comercial ou industrial baseada no modo capitalista de produção e que constitui apenas um excesso sobre o lucro médio. O produtor imediato em vez de entregar o produto ao proprietário da terra, que pode ser o Estado ou um particular, paga-lhe o correspondente preço. Assim, não basta mais produto excedente na forma natural; é mister que ele deixe essa forma, assumindo a forma de dinheiro. O produtor direto, embora produza como dantes pelo menos a maior parte dos próprios meios de subsistência, tem agora de converter parte do produto em mercadoria, produzi-lo como tal. Em consequência, muda de caráter em maior ou menor grau o modo de produção. Perde a independência e não se isola mais do conjunto das relações sociais. Dos custos de produção, a proporção constituída de desembolsos variáveis em dinheiro passa a ser decisiva; em todo caso, agora é fator determinante o excedente que a parte, a converter-se em dinheiro, do produto bruto forma em relação à parte que tem de servir de meio de reprodução e de meio de subsistência imediato. Entretanto, o fundamento dessa espécie de renda, embora ela tenda a dissolver-se, continua sendo o mesmo da renda em produtos, que constitui o ponto de partida. Como dantes, o produtor direto está na posse da terra, por herança ou tradição, e coercitivamente tem de fornecer ao senhor dela, o proprietário do meio de produção mais essencial, trabalho excedente, não-pago, sem contraprestação equivalente, na forma de produto excedente convertido em dinheiro. (Karl Marx – O Capital – O Processo Global de Produção Capitalista – Livro 3 – Volume 6 – p. 913-914).

Mas, a renda dinheiro, enquanto mudança de forma da renda em produtos, e a esta se opondo, é porém a última forma e, ao mesmo tempo, a forma de dissolução da espécie de renda fundiária que vimos estudando até agora, isto é, da renda fundiária como a forma normal da mais-valia e do trabalho excedente não-pago devido ao proprietário das condições de produção. (Karl Marx – O Capital – O Processo Global de Produção Capitalista – Livro 3 – Volume 6 – p. 914).

Com a renda dinheiro, a relação tradicional e consuetudinária (habitual) entre o subordinado que possui e explora parte do solo e o proprietário da terra se converte em relação contratual puramente monetária, determinada pelas regras sólidas do direito positivo. (Karl Marx – O Capital – O Processo Global de Produção Capitalista – Livro 3 – Volume 6 – p. 915).

Entre os antigos possuidores de terra, que a cultivam diretamente, surge um viveiro de arrendatários capitalistas. Seu desenvolvimento está condicionado pelo desenvolvimento geral da produção capitalista fora do campo e se acelera particularmente quando circunstâncias especiais o favorecem, como ocorreu no século XVI na Inglaterra. Então, a moeda se deprecia progressivamente, enriquecendo os arrendatários às custas dos donos das terras, em virtude dos tradicionais contratos de arrendamento a longo prazo. (Karl Marx – O Capital – O Processo Global de Produção Capitalista – Livro 3 – Volume 6 – p. 915-916).

Quando a renda assume a forma de renda dinheiro, e a relação entre camponês que paga renda e proprietário da terra, a forma contratual (transformação que só é possível em certo nível elevado de desenvolvimento do mercado mundial, do comércio e da manufatura), a terra passa necessariamente a ser arrendada a capitalistas, que até então estavam fora do domínio rural. Eles trazem para o campo e para a agricultura o capital obtido nas cidades e o modo capitalista de produção já desenvolvido na economia urbana: o produto que se gera é mercadoria apenas e simples meio de extorquir mais-valia. Essa forma só pode generalizar-se nos países que estejam dominando o mercado mundial, na fase de transição do modo feudal para o modo capitalista de produção. Com a interferência do arrendatário capitalista entre o dono da terra e o que efetivamente a cultiva dissolvem-se todas as relações oriundas do velho modo rural de produção. O arrendatário se torna comandante efetivo desses trabalhadores agrícolas e o verdadeiro explorador do trabalho excedente que efetuam, enquanto o proprietário só mantém relação direta, e de caráter puramente monetário e contratual, com esse arrendatário capitalista. (Karl Marx – O Capital – O Processo Global de Produção Capitalista – Livro 3 – Volume 6 – p. 916).

A renda deixa de ser a forma normal da mais-valia e do trabalho excedente para reduzir-se a sobra desse trabalho excedente, a qual aparece depois de deduzida a parte de que se apropria o explorador capitalista sob a forma de lucro. Do mesmo modo, o total do trabalho excedente, o lucro e o que o ultrapassa, extrai ele agora diretamente, recebendo-o na forma de produto excedente global e convertendo-o em dinheiro. A renda que entrega ao proprietário da terra é apenas fração remanescente dessa mais-valia que extrai com o capital, explorando diretamente os trabalhadores agrícolas. (Karl Marx – O Capital – O Processo Global de Produção Capitalista – Livro 3 – Volume 6 – p. 916).

4 A Pequena Propriedade Camponesa

Na pequena agricultura, o preço da terra, forma e resultado da propriedade privada do solo, constitui entrave à produção. Também na agricultura em larga escala e na grande propriedade fundiária, explorada pelos métodos capitalistas, a propriedade constitui entrave, pois limita o arrendatário nos investimentos produtivos que em última instância não o beneficiem e sim ao dono da terra. Em ambas as formas, em vez de se cultivar consciente e racionalmente a terra, como propriedade perpétua e coletiva, condição inalienável da existência e da reprodução das gerações que se sucedem, o que existe é a exploração que desperdiça as forças do solo, e, além disso, essa exploração não depende do nível atingido pelo desenvolvimento social, e sim das condições fortuitas e variáveis dos produtores particulares. Isso acontece com a pequena propriedade, por carência de meios e de conhecimentos científicos para aplicar a produtividade social do trabalho; com a grande propriedade, em virtude de a exploração desses meios se destinar ao enriquecimento mais rápido possível do arrendatário e do proprietário; e com ambas, por dependerem do preço de mercado. (Karl Marx – O Capital – O Processo Global de Produção Capitalista – Livro 3 – Volume 6 – p. 930).

Toda crítica da pequena propriedade reduz-se, em última instância, à crítica da propriedade privada, limite e estorvo da agricultura. O mesmo se estende à crítica oposta, a da grande propriedade. É evidente que nos dois casos estamos abstraindo de considerações políticas adicionais. Esse limite, esse estorvo que toda propriedade fundiária priva, opõe à produção agrícola, ao tratamento racional, à conservação e à melhoria da própria terra, revela-se, dos dois lados, em diferentes formas, e no debate sobre essas formas específicas esquece-se a causa fundamental. (Karl Marx – O Capital – O Processo Global de Produção Capitalista – Livro 3 – Volume 6 – p. 930-931).

A pequena propriedade supõe que a imensa maioria da população é rural e que predomina o trabalho isolado e não o social. Implica portanto que não existam as condições materiais e espirituais da riqueza e do desenvolvimento da reprodução, e, em consequência, tampouco as condições de uma agricultura racional. Por outro lado, a grande propriedade fundiária reduz a população agrícola a um mínimo, em decréscimo contínuo, opondo-lhe uma população industrial que aumenta sem cessar, concentrada em grandes cidades. Produz assim as condições que provocam ruptura insanável na coesão do metabolismo social estabelecido pelas leis naturais da vida. Em consequência, dissipam-se os recursos da terra, e o comércio leva esse desperdício muito além das fronteiras do próprio país. (Liebig) (Karl Marx – O Capital – O Processo Global de Produção Capitalista – Livro 3 – Volume 6 – p. 931).

A pequena propriedade fundiária gera uma classe até certo ponto à margem da sociedade e que combina toda a crueza das formas sociais primitivas com todos os sofrimentos e todas as misérias dos países civilizados. A grande propriedade fundiária deteriora a força de trabalho no último refúgio onde se abriga sua energia natural e onde ela se acumula como fundo de reserva para renovar a força vital das nações: no próprio campo. A grande indústria e a grande agricultura industrialmente empreendida atuam em conjunto. Se na origem se distinguem porque a primeira devasta e arruína mais a força de trabalho, a força natural do homem, e a segunda, mais diretamente, a força natural do solo, mais tarde, em seu desenvolvimento, dão-se as mãos: o sistema industrial no campo passa a debilitar também os trabalhadores, e a indústria e o comércio a proporcionar à agricultura os meios de esgotar a terra. (grifo meu) (Karl Marx – O Capital – O Processo Global de Produção Capitalista – Livro 3 – Volume 6 – p. 931).

A FÓRMULA TRINITÁRIA (TRÍPLICE)

I

Capital – Lucro (lucro do empresário + juro); Terra – renda fundiária; Trabalho – salário. Esta é a fórmula trinitária em que encerram todos os mistérios do processo social de produção. (Karl Marx – O Capital – O Processo Global de Produção Capitalista – Livro 3 – Volume 6 – p. 935).

Já vimos antes que o juro aparece como o produto verdadeiro, característico do capital, e o lucro do empresário, em oposição, como salário independente do capital. Assim, aquela forma trina se reduz precisamente a: capital – juro, terra – renda fundiária, trabalho – salário, com a divertida eliminação do lucro, a forma de mais-valia que especificamente caracteriza o modo capitalista de produção. (Karl Marx – O Capital – O Processo Global de Produção Capitalista – Livro 3 – Volume 6 – p. 935).

Capital, terra, trabalho! Mas, o capital não é coisa, mas determinada reação social de produção, pertencente a uma formação histórica particular da sociedade, e essa relação se configura numa coisa e lhe dá caráter social específico. O capital não é a soma dos meios de produção materiais e produzidos. São os meios de produção convertidos em capital, os quais em si não são capital como o ouro ou a prata em si, tampouco são moeda. São os meios de produção monopolizados por determinada parte da sociedade, os produtos e condições de atividade da força de trabalho os quais se tornam autônomos em oposição à força de trabalho viva e, em virtude dessa oposição, se personificam no capital. O capital são os produtos gerados pelos trabalhadores e convertidos em potências autônomas dominando e comprando os produtores, e mais ainda são as forças sociais e a forma do trabalho com elas conexa, as quais fazem frente aos trabalhadores como se fossem propriedades do produto deles. Temos aí portanto determinada forma social, envolvida numa névoa mística, de um dos fatores de um processo social de produção fabricado pela história. (Karl Marx – O Capital – O Processo Global de Produção Capitalista – Livro 3 – Volume 6 – p. 936).

A seguir vem a terra, a natureza inorgânica em si, essa massa bruta e caótica em sua originalidade primitiva. Valor é trabalho. Valor excedente, mais-valia, não pode portanto ser terra. Fertilidade absoluta da terra significa apenas que certa quantidade de trabalho dá certo produto, condicionado pela fertilidade natural da terra. A diferença na fertilidade faz que as mesmas quantidades de trabalho e de capital, o mesmo valor portanto, se expressem em quantidades diversas de produtos agrícolas; que esses produtos possuam, por isso, valores individuais distintos. O nivelamento desses valores individuais pelos valores de mercado leva a que "vantagens do solo mais fértil... se transfiram do agricultor ou do consumidor para o dono das terras (Ricardo, Principles)". (Karl Marx – O Capital – O Processo Global de Produção Capitalista – Livro 3 – Volume 6 – p. 936-937).

E, por fim, o terceiro componente da trindade, mero fantasma: o trabalho, simples abstração, sem existência de per si, ou, no sentido que se lhe dá, atividade produtiva que o homem em geral exerce e com que efetua o intercâmbio material com a natureza: atividade despojada de toda forma social e de toda especificação, em sua existência natural pura, sem depender da sociedade; separada de todas as sociedades e reduzida a manifestação e afirmação da vida, comuns ao homem ainda não social e ao homem, seja como for, socialmente determinado. (Karl Marx – O Capital – O Processo Global de Produção Capitalista – Livro 3 – Volume 6 – p. 937).

II

Capital – juro; propriedade fundiária, propriedade da terra, no sentido moderno, correspondente ao modo capitalista de produção – renda(fundiária); trabalho assalariado – salário. Nessa forma encontrar-se-ia, portanto, a coesão entre as fontes das rendas. Como o capital, o trabalho assalariado e a propriedade fundiária são formas sociais historicamente determinadas, respectivamente, do trabalho e da terra monopolizada e ambas estão em correspondência com o capital e pertencem à mesma formação econômica da sociedade. (Karl Marx – O Capital – O Processo Global de Produção Capitalista – Livro 3 – Volume 6 – p. 937).

O que surpreende nessa fórmula é que junto ao capital (a forma desse elemento de produção pertence a determinado modo de produção, a determinada estrutura histórica do processo social de produção), junto a esse elemento de produção que se combina com determinada forma social e nela se manifesta, se colocam, sem quaisquer explicações, a terra de um lado e o trabalho do outro, os quais são, nessa forma física, comuns a todos os modos de produção e constituem os elementos materiais de todo processo de produção, nada tendo que ver com a forma social. (Karl Marx – O Capital – O Processo Global de Produção Capitalista – Livro 3 – Volume 6 – p. 937-938).

E mais, na fórmula (capital – juro; terra – renda fundiária; trabalho – salário) aparecem capital, terra e trabalho como fontes, respectivamente, do juro (posto no lugar do lucro), da renda fundiária e do salário, que deles seriam produtos, frutos. Temos aí, de um lado, a razão, a causa e, do outro, a consequência, o efeito, apresentando-se o produto de cada fonte particular como coisa que ela gera e lança ao mundo. Todas as três rendas, juro (em vez de lucro), renda fundiária e salário, são três frações do valor do produto, parcelas do valor, portanto, ou, expressando monetariamente, porções de dinheiro, parcelas do preço. (Karl Marx – O Capital – O Processo Global de Produção Capitalista – Livro 3 – Volume 6 – p. 938).

A terra atua quando é agente da produção de um valor de uso, de um produto material, do trigo, por exemplo. Mas, nada tem que ver com a produção do valor do trigo. O trigo, enquanto representa valor, é considerado quantidade determinada de trabalho social materializado, não importando a matéria particular em que esse trabalho se corporifica, nem o valor de uso particular dessa matéria. (Karl Marx – O Capital – O Processo Global de Produção Capitalista – Livro 3 – Volume 6 – p. 938).

III

Na realidade, a economia vulgar se limita a interpretar, a sistematizar e a pregar doutrinariamente as ideias dos agentes do capital, prisioneiros das relações de produção burguesas. Por isso, não admira que de todo se harmonize com as relações econômicas em sua aparência alienada, em que são evidentes contradições absurdas e completas (aliás, toda ciência seria supérflua se houvesse coincidência imediata entre a aparência e a essência das coisas). Que aí se sinta em casa, aparecendo-lhe essas relações tanto mais naturais quanto mais nelas se dissimule o nexo causal, e assim correspondam às ideias vigentes. Em consequência, a economia vulgar não tem a menor ideia de que a trindade em que se fundamenta (terra – renda (fundiária); capital – juro; trabalho – salário ou preço do trabalho), constitui três composições evidentemente impossíveis. Primeiro temos o valor de uso terra, que não possui valor, e o valor de troca renda fundiária uma relação social considerada coisa, estabelecendo-se entre ela e a natureza uma proporção; admite-se portanto a existência de uma proporção entre duas magnitudes incomensuráveis. Em seguida, capital – juro. (Karl Marx – O Capital – O Processo Global de Produção Capitalista – Livro 3 – Volume 6 – p. 939).

Se se entende por capital certa soma de valor representada em dinheiro de maneira autônoma, é contundente absurdo supor que um valor valha mais do que vale. Justamente na forma capital – juro desaparece toda mediação, e o capital se reduz à fórmula mais geral, que por isso mesmo é de per si inexplicável e absurdo. E aí está a razão por que o economista vulgar prefere a fórmula capital – juro, com a qualidade oculta de possuir um valor que difere de si mesmo, à fórmula capital – lucro, onde já se fica mais perto das verdadeiras relações capitalistas. (grifo meu) (Karl Marx – O Capital – O Processo Global de Produção Capitalista – Livro 3 – Volume 6 – p. 939).

O economista vulgar, ao atingir essa relação incomensurável, acha que tudo se esclareceu, e não sente mais necessidade de aprofundar o raciocínio, pois chegou ao cerne racional da concepção burguesa. Por fim, trabalho – salário, preço do trabalho, expressão que, segundo vimos, de imediato contradiz a ideia do valor e a do preço, que em geral é apenas determinada manifestação do valor; e preço do trabalho é coisa tão irracional quanto um logaritmo amarelo. Mas, então, o economista vulgar fica plenamente satisfeito, pois atingiu a profunda sagacidade contida na afirmação do burguês de que paga o trabalho, e a contradição entre a fórmula e a ideia do valor isenta-o da obrigação de apreender essa ideia. (Karl Marx – O Capital – O Processo Global de Produção Capitalista – Livro 3 – Volume 6 – p. 940).

A riqueza efetiva da sociedade e a possibilidade de ampliar sempre o processo de reprodução depende não da duração do trabalho excedente e sim da produtividade deste e do grau de eficiência das condições de produção em que se efetua. De fato, o reino da liberdade começa onde o trabalho deixa de ser determinado por necessidade e por utilidade exteriormente imposta; por natureza, situa-se além da esfera da produção material propriamente dita. (Karl Marx – O Capital – O Processo Global de Produção Capitalista – Livro 3 – Volume 6 – p. 941-942).

Aumentam-se as necessidades, mas, ao mesmo tempo, ampliam-se as forças produtivas para satisfazê-las. A liberdade nesse domínio só pode consistir nisto: o homem social, os produtores associados regulam racionalmente o intercâmbio material com a natureza, controlam-no coletivamente, sem deixar que ele seja a força cega que os domina; efetuam-no com o menor dispêndio de energias e nas condições mais adequadas e mais condignas com a natureza humana. Mas, esse esforço situar-se-á sempre no reino da necessidade. Além dele, começa o desenvolvimento das forças humanas como um fim em si mesmo, o reino genuíno da liberdade, o qual só pode florescer tendo por base o reino da necessidade. E a condição fundamental desse desenvolvimento humano é a redução da jornada de trabalho. (Karl Marx – O Capital – O Processo Global de Produção Capitalista – Livro 3 – Volume 6 – p. 942).

Na sociedade capitalista, a mais-valia ou produto excedente se reparte entre os capitalistas como dividendos na proporção da cota do capital social. A mais-valia aí se representa no lucro médio, que pertence ao capital e por sua vez se fraciona em lucro do empresário e juro, e nessas duas categorias pode caber a diferentes espécies de capitalistas. Entretanto, essa colheita e repartição da mais-valia, ou do produto excedente, pelo capital, encontra limites

na propriedade fundiária. Se o capitalista ativo extrai do trabalhador o trabalho excedente e, por conseguinte, na forma de lucro, a mais-valia e o produto excedente, o dono da terra por sua vez tira do capitalista fundiário parte dessa mais-valia ou trabalho excedente, na forma de renda. (grifo meu) (Karl Marx – O Capital – O Processo Global de Produção Capitalista – Livro 3 – Volume 6 – p. 942-943).

Ao estudar as categorias mais simples do modo capitalista de produção, vigentes na produção mercantil, a mercadoria e o dinheiro, pusemos em evidência o caráter mistificador que transforma as relações sociais – a que os elementos materiais da riqueza servem de suporte na produção – em propriedades dessas coisas mesmas (mercadoria), e que de maneira ainda mais acentuada converte em coisa (dinheiro) a relação mesma de produção. Todas as formas de sociedade, ao chegarem à produção de mercadorias e à circulação de dinheiro, participam dessa perversão. E esse mundo enfeitiçado e invertido desenvolve-se ainda mais no sistema capitalista de produção e com o capital, que constitui a categoria dominante do sistema, a relação dominante de produção. Se de início consideramos o capital no processo de produção imediato, na qualidade de extrator de trabalho excedente, essa relação ainda é muito simples, e a verdadeira conexão causal não escapa à percepção dos agentes desse processo, os próprios capitalistas, estando presente sua consciência. A prova mais contundente disso é a dura luta para limitar a jornada de trabalho. As coisas, contudo, se complicam mesmo dentro dessa esfera onde não há mediação, dentro do processo em que capital e trabalho atuam diretamente. Com o desenvolvimento da mais-valia relativa, no modo de produção especificamente capitalista, que implica a expansão das forças produtivas sociais do trabalho, essas forças e as conexões sociais do trabalho, no processo direto de trabalho, parecem transferidas do trabalho para o capital. Em consequência, o capital se torna ser sumamente místico, pois todas as forças produtivas sociais do trabalho parecem provir, brotar dele mesmo, e não do trabalho como tal. (Karl Marx – O Capital – O Processo Global de Produção Capitalista – Livro 3 – Volume 6 – p. 949).

> Salário, lucro e renda fundiária são as três fontes primitivas de todas as espécies de renda e de todo valor de troca. (A. Smith).

> Assim, as causas da produção material são ao mesmo tempo as fontes das rendas originais existentes. (Stroch, Cours d'économic politique, São Petersburgo, 1815) (Karl Marx – O Capital – O Processo Global de Produção Capitalista – Livro 3 – Volume 6 – p. 949).

Intervém, então, o processo de circulação que nas suas mudanças de matéria e de forma envolve todas as partes do capital, inclusive do capital agrícola, na medida em que se desenvolve o modo especificamente capitalista de produção. Na esfera da circulação eclipsam-se por inteiro as relações da produção original do valor. Já no processo imediato de produção, o capitalista tem dupla atividade: a de produtor de mercadorias e a de diretor da produção de mercadorias. (Karl Marx – O Capital – O Processo Global de Produção Capitalista – Livro 3 – Volume 6 – p. 950).

A reposição dos valores adiantados na produção e particularmente a mais-valia encerrada nas mercadorias parecem que, além de se converterem em dinheiro na circulação, desta decorrem; aparência que duas circunstâncias confirmam: o lucro obtido com a venda depende de logro, astúcia, conhecimento técnico, habilidade e de mil fatores conjunturais do mercado:

além disso, ao lado do tempo de trabalho surge outro elemento determinante: o tempo de circulação. Este, no tocante à formação do valor e da mais-valia, exerce apenas a função de limite negativo, mas parece ser fator tão positivo quanto o trabalho, de trazer uma determinação oriunda da natureza do capital e independente do trabalho. (grifo meu) (Karl Marx – O Capital – O Processo Global de Produção Capitalista – Livro 3 – Volume 6 – p. 950).

A conversão da mais-valia em lucro é determinada tanto pelo processo de circulação quanto pelo processo de produção. Na forma de lucro, a mais-valia não se relaciona mais com a parte do capital desembolsada em trabalho e da qual se origina, mas com o capital todo. Leis próprias que regulam a taxa de lucro permitem e até condicionam a modificação dela com taxa invariável de mais-valia. Tudo isso dissimula cada vez mais a verdadeira natureza da mais-valia e por conseguinte o motor autêntico do capital. (Karl Marx – O Capital – O Processo Global de Produção Capitalista – Livro 3 – Volume 6 – p. 951)

A bifurcação do lucro em lucro do empresário e juro (para não falarmos da interferência do lucro comercial e do lucro bancário, baseados na circulação, parecendo provir desta diretamente e não do processo de produção) dissocia a mais-valia da respectiva forma, que se torna autônoma e se ossifica em relação à substância, à essência. Uma parte do lucro, contrastando com a outra, destaca-se totalmente da relação capitalista como tal, e apresenta-se como se procedesse não da função de explorar o trabalho assalariado, mas do trabalho assalariado o próprio capitalista. Em oposição, o juro parece não depender do trabalho assalariado do trabalhador, nem do próprio trabalho do capitalista, mas ter no capital a fonte própria, autônoma. Se o capital, de início, na superfície da circulação, é o talismã capitalista, o valor que gera valor, agora aparece na figura do capital que dá juros: a forma mais alienada e mais característica. (Karl Marx – O Capital – O Processo Global de Produção Capitalista – Livro 3 – Volume 6 – p. 951-952).

Finalmente surge ao lado do capital, como fonte autônoma de mais-valia, a propriedade fundiária, que limita o lucro médio e transfere parte da mais-valia a uma classe que não trabalha, nem explora diretamente os trabalhadores, nem pode se consolar, como o faz o capital a juros, com motivos morais edificantes, alegando, por exemplo, o risco e o sacrifício de emprestar o capital. Uma vez que aí parte da mais-valia não parece estar diretamente ligada a relações sociais, mas a um elemento natural, a terra, dá-se o arremate final à forma alienada e ossificada das diferentes partes da mais-valia, dissociadas umas das outras; rompe-se definitivamente o nexo causal interno e obstrui-se a fonte dela por completo, justamente porque as relações de produção vinculadas aos diversos elementos materiais do processo de produção ficam reciprocamente autônomos. (Karl Marx – O Capital – O Processo Global de Produção Capitalista – Livro 3 – Volume 6 – p. 952).

Quando na fórmula (capital – juro; terra – renda fundiária; trabalho – salário), essa trindade econômica, passa a configurar a conexão entre as partes componentes do valor, da riqueza em geral e as respectivas fontes, completa-se a mistificação do modo capitalista de produção, a reificação das relações sociais, a confusão direta das condições materiais de produção com a determinação histórico-social dessas condições; é o mundo enfeitiçado, desumano e invertido, onde os manipansos, o senhor Capital e a senhora Terra, protagonistas sociais e, ao mesmo tempo, coisas, fazem suas assombrações. O grande mérito da economia clássica é ter dissolvido essa aparência, esse embuste, essa emancipação e ossificação dos diversos elementos sociais da riqueza, essa personificação das coisas e reificação das relações de produção, essa religião do cotidiano, reduzindo o juro a parte do lucro, e a renda a excedente sobre o lucro, de modo a se identificarem ambos com a mais-valia; vendo no processo de circulação simples metamorfose formal, e no processo direto de produção convertendo em trabalho o valor e a mais-valia das mercadorias. Contudo, mesmo os melhores corifeus (caudilhos, chefes) dela, e não poderia ser de outro modo sob o prisma burguês, permanecem mais ou menos prisioneiros do mundo falaz que destruíram com sua crítica, incidindo mais ou menos em inconsequências, em conclusões paliativas, e contradições insolúveis. Mas, é também natural que, ao revés, os agentes efetivos da produção se sintam muito à vontade com essas formas alienadas e irracionais (capital – juro; terra – renda fundiária; trabalho – salário), as quais são justamente as configurações do mundo aparente em que se movem e com que têm de lidar todos os dias. Por isso, é também compreensível que a economia vulgar – que não passa de interpretação didática, mais ou menos doutrinária das ideias correntes dos promotores reais da produção, nelas introduzindo certa ordem inteligível – acha, justamente nessa trindade onde desaparece toda a conexão causal interna, a base adequada e indestrutível de sua presunçosa superficialidade. Demais, essa fórmula corresponde ao interesse das classes dominantes, pois proclama e erige em dogma a necessidade natural e a legitimidade eterna de suas fontes de renda. (Karl Marx – O Capital – O Processo Global de Produção Capitalista – Livro 3 – Volume 6 – p. 953).

AS CLASSES

Os proprietários de mera força de trabalho, os de capital e os de terra, os que têm por fonte de receita, respectivamente, salário, lucro e renda fundiária, em suma, os assalariados, os capitalistas e os proprietários de terras, constituem as três grandes classes da sociedade moderna baseada no modo capitalista de produção. (Karl Marx – O Capital – O Processo Global de Produção Capitalista – Livro 3 – Volume 6 – p. 1012).

Sem dúvida, a estrutura econômica da sociedade moderna desenvolveu-se mais ampla e classicamente na Inglaterra. Não obstante, mesmo nesse país não se patenteia pura essa divisão em classes. Também lá, as camadas médias e intermediárias obscurecem por toda a parte as linhas divisórias (embora muito menos nas zonas rurais que nas urbanas). Esse fato, contudo, não tem importância para nossa análise. Vimos ser tendência constante e lei do desenvolvimento do modo capitalista de produção separar cada vez mais do trabalho os meios de produção e concentrar em constelações cada vez maiores os meios de produção dispersos, ou seja, converter o trabalho em trabalho assalariado e os meios de produção em capital. E essa tendência corresponde, noutro plano, o fato de a propriedade fundiária, como entidade autônoma, se dissociar do capital e do trabalho, isto é, a conversão de toda propriedade fundiária à forma adequada ao modo capitalista de produção. (Karl Marx – O Capital – O Processo Global de Produção Capitalista – Livro 3 – Volume 6 – p. 1012-1013).

A questão que se propõe agora é esta: que constitui uma classe? A resposta decorre automaticamente da que for dada à pergunta: que faz dos assalariados, dos capitalistas e dos proprietários de terra membros das três grandes classes sociais? (Karl Marx – O Capital – O Processo Global de Produção Capitalista – Livro 3 – Volume 6 – p. 1013).

À primeira vista, a identidade das rendas e das fontes de renda. São três grandes grupos sociais, e seus componentes, os indivíduos que os constituem, vivem respectivamente de salário, de lucro e de renda fundiária, utilizando a força de trabalho, o capital e a propriedade fundiária. (Karl Marx – O Capital – O Processo Global de Produção Capitalista – Livro 3 – Volume 6 – p. 1013).

Sob esse aspecto, porém, os médicos e os funcionários públicos, por exemplo, constituiriam também duas classes, pois pertencem a dois grupos sociais distintos, e as rendas dos membros de cada um deles fluem da mesma fonte. O mesmo se estenderia à imensa variedade de interesses e ofícios segundo os quais a divisão do trabalho social separa os trabalhadores, os capitalistas e os proprietários de terras; estes, por exemplo, se dividem em proprietários de vinhedos, de áreas de lavoura, de florestas, de minas, de pesqueiras. (Karl Marx – O Capital – O Processo Global de Produção Capitalista – Livro 3 – Volume 6 – p. 1013).

Assim, podemos considerar que, nessas três grandes classes, podem constituir subclasses distintas de ofícios ou atividades, em que cada indivíduo ou empresa exerceria, no contexto do comércio, da indústria, no arrendamento agrícola capitalista ou na propriedade da terra. O médico, por exemplo, quando empregado apenas do Estado ou de uma empresa, seria um assalariado; quando proprietário de uma empresa, uma clínica, empregando mão de obra assalariada e exercendo suas atividades de médico, comportaria como capitalista. Os arrendatários, não importando a sua atividade – se apicultura, vinicultura, citricultura ou agrícola etc. –, empregando assalariados, seriam enquadrados como representantes de uma classe de capitalista. Os donos de terras arrendadas para atividades várias seriam enquadrados como proprietários de terras, cujos rendimentos derivariam de rendas fundiárias.

F. List observa acertadamente: (Karl Marx – O Capital – O Processo Global de Produção Capitalista – Livro 3 – Volume 6 – p. 1013).

O predomínio das grandes fazendas administradas pelos próprios donos revela carência de civilização, de meios de transporte e comunicação, de indústrias nacionais e de cidades ricas. Por isso, encontramos esse sistema por toda parte na Rússia, Polônia, Hungria, Mecklemburgo. Outrora prevalecia também na Inglaterra, mas, com o progresso do comércio e da indústria, foi substituído pelo parcelamento em explorações medianas e pelo arrendamento. (Die Ackerverfassung, die Zwergwirthschaft und die Auswanderung, 1842).

ADITAMENTO AO LIVRO TERCEIRO DE *O CAPITAL*

1 A Bolsa

Depois de 1865, ano que o livro terceiro foi escrito, sobreveio transformação que, além de conferir à Bolsa importância acrescida e cada vez maior, tende, com o desenvolvimento posterior, a concentrar nas mãos dos que manejam os títulos de Bolsa a produção toda, industrial e agrícola, e a circulação econômica toda, os transportes e comunicações e as funções de troca, tornando-se assim a Bolsa de Valores a instituição que representa da maneira mais conspícua (distinta, notável) a produção capitalista. (grifo meu) (Karl Marx – O Capital – O Processo Global de Produção Capitalista – Livro 3 – Volume 6 – p. 1037).

Em 1865, ainda era a Bolsa um elemento secundário no sistema capitalista. Os títulos públicos representavam a massa principal dos valores de Bolsa e constituíam montante relativamente pequeno. Ao lado, os bancos por ações preponderantes na Europa Continental e na América; na Inglaterra, apenas davam os primeiros passos para absorver os bancos privados aristocráticos. Mas, o número deles ainda era relativamente insignificante. O montante das ações ferroviárias, comparado com o de hoje, ainda era bem modesto. Na forma de sociedades por ações havia poucas empresas diretamente produtivas, e o mesmo se dava com os bancos, sobretudo em países mais pobres, na Alemanha, Áustria, América etc., pois na época o olho do patrão ainda era superstição inexpugnável. (Karl Marx – O Capital – O Processo Global de Produção Capitalista – Livro 3 – Volume 6 – p. 1037-1038).

Nesse tempo, a Bolsa era portanto o lugar onde os capitalistas tiravam reciprocamente uns dos outros os respectivos capitais acumulados, e só atingia diretamente os trabalhadores por ser nova evidência da ação desmoralizadora geral da economia capitalista e por confirmar a tese calvinista de ser a predestinação, aliás o acaso (casualidade, sucesso imprevisto, eventualidade), que já nesta vida decide da bem-aventurança ou da perdição eterna, da riqueza, que proporciona deleite e poder, e da pobreza, que significa penúria e servidão. (grifo meu) (Karl Marx – O Capital – O Processo Global de Produção Capitalista – Livro 3 – Volume 6 – p. 1038).

Mudanças hodiernamente (moderna, dos dias atuais) ocorridas. Depois da crise de 1866, a acumulação efetuou-se com velocidade sempre crescente, de modo que em nenhum país industrial pôde o aumento da produção acompanhar o da acumulação, não conseguindo o capitalista isolado empregar plenamente a acumulação feita para ampliar o respectivo negócio, e isso era mais verdadeiro ainda na Inglaterra: a indústria têxtil algodoeira inglesa já em 1865 transfere capitais para a especulação com ações ferroviárias. Mas aumentou com essa acumulação a massa dos rentiers, das pessoas que estavam cansadas da tensão normal dos negócios e apenas desejavam recrear-se ou exercer as suaves funções de diretor ou de conselheiro administrativo de companhias. E, além disso, para facilitar a aplicação do capital dinheiro assim flutuante, estabeleceu-se, por toda parte, onde ainda não havia, novas formas legais de sociedade com responsabilidade limitada (nas Sociedades Anônimas, a responsabilidade é limitada à participação de cada sócio no capital social), e foram mais ou menos reduzidas as obrigações dos sócios até então com responsabilidade solidária (sociedades por ações na Alemanha, em 1890, representam 40% do capital total subscrito). (Karl Marx – O Capital – O Processo Global de Produção Capitalista – Livro 3 – Volume 6 – p. 1038).

Em correspondência, a indústria se converte progressivamente em empresas por ações. Um ramo após outro, como um destino inapelável. No início, a siderurgia onde são necessários investimentos gigantescos (antes, as minas quando já não estavam constituídas segundo o sistema de cotas mineiras). A seguir, a indústria química; de maquinaria. A Indústria têxtil na Europa Continental e na Inglaterra apenas em algumas zonas de Lancashire (fiação em Oldham, tecelagem em Burnley, cooperativas de alfaiates, as quais não passam de organizações preliminares, pois na crise próxima caem em poder dos patrões), fábricas de cerveja (as norte americanas vendidas, há alguns anos, a capitalistas ingleses; em seguida, Guinness, Bass, Allsopp). Depois, os trustes que criam empresas gigantescas com direção comum (como a Unite Alkali - A United Alkali Company Limited, empresa britânica, no ramo de química, foi fundada em 1890). (Karl Marx – O Capital – O Processo Global de Produção Capitalista – Livro 3 – Volume 6 – p. 1039).

A costumeira firma solidária serve unicamente de degrau para levar o negócio até o nível em que se possa fundar uma sociedade de capital com responsabilidade limitada. Isso se aplica ao comércio: Leafs, Persons, Morleys, Morrison, Dillon, todas sociedades de capital. E já se estende também ao comércio retalhista, e não só sob a capa de cooperativismo, no estilo de stores. O mesmo se dá com bancos e outras empresas de crédito, inclusive na Inglaterra: surgiram inúmeras organizações novas, todas de capital com responsabilidade limitada. Mesmo bancos como Glyns etc., transformaram-se em sociedade de 7 acionistas privados. (Karl Marx – O Capital – O Processo Global de Produção Capitalista – Livro 3 – Volume 6 – p. 1039).

A mesma coisa na agricultura. Os bancos que se espalharam tanto na Alemanha sobretudo, emprestam cada vez mais sobre hipoteca, e com seus títulos o verdadeiro domínio sobre as terras se transfere para a Bolsa, principalmente se os bens hipotecados caem nas mãos dos credores. Atua aí poderosa a revolução agrícola decorrente da cultura das planícies. A prosseguir assim, é de esperar o dia em que as terras inglesas e francesas ficarão subordinadas à Bolsa. E agora os investimentos no estrangeiro, todos em ações. Falando apenas na Inglaterra: ferrovias da América do Norte e do Sul, Goldberger etc. (grifo meu) (Karl Marx – O Capital – O Processo Global de Produção Capitalista – Livro 3 – Volume 6 – p. 1039).

Por fim, a colonização, hoje autêntica sucursal da Bolsa. No interesse desta, as potências europeias, há alguns anos, dividiram a África, os franceses conquistaram Tunis e Tonquim. África arrendada diretamente a Companhias (Niger, África do Sul, África Alemã do Sudoeste e Oriental). Cecil Rhodes apossou-se do território dos maxonas e de Natal para ficarem subordinados à Bolsa. (Karl Marx – O Capital – O Processo Global de Produção Capitalista – Livro 3 – Volume 6 – p. 1040).

TABELA DE PESOS, MEDIDAS E MOEDAS INGLESAS

(Karl Marx – O Capital – O Processo Global de Produção Capitalista – Livro 3 – Volume 6 – p. 1041)

Pesos

Tonelada	20 quintais ingleses (hundredweights)	1.016,050 kg
quintal inglês (hundredweight, cwt)	112 libras	50.802 kg
Quarter	28 libras	12,700 kg
Stone	14 libras	6,350 kg
Libra	16 onças	453,592 g
Onça		28,349 g

Pesos Troy (metais nobres, pedras preciosas e medicamentos)

libra troy	12 onças troy	373,240 g
onça troy		31,103 g
Grão		0,065 g

Medidas de Comprimento

Milha	5.280 pés	1.609, 329 m
Jarda	3 pés	91,439 cm
Pé	12 polegadas	30,480 cm
Polega		2,5640 cm

Medidas de Superfície

Acre	4 roods	4.046,7 m²
Rood		1.011,7 m²
Pé quadrado		9,29 dm²

Medidas de Capacidade

Bushel	8 galões	36,349 l
Galão	8 pints	4,544 l
Guartilho (pint)		0,568 l
Pé cúbico		28,317 dm³

Medidas de Potência

Cavalo-vapor (HP)	33.000 libras-pép/min	76 kgm/s
Cavalo-vapor métrico (CV)		75 kgm/s

REFERÊNCIAS

FARIA, Ricardo de Moura; MARQUES, Adhemar Martins; BERUTTI, Flávio Costa. **História para o Ensino Médio**. Belo Horizonte: Editora Lê Ltda., 1998.

FURTADO, Celso. **Nova Economia Política**. 3. ed. Rio de Janeiro: Editora Paz e Terra S/A, 1977.

FURTADO, Celso. **O Capitalismo Global**. 5. ed. São Paulo: Editora Paz e Terra S/A, 2001.

KUBITSCHEK, Juscelino. **Por que construí Brasília**. Rio de Janeiro: Bloch Editores S.A., 1975.

LOPEZ, Luiz Roberto. **História da América Latina**. 4. ed. Porto Alegre: Editora Mercado Aberto Ltda., 1986.

MARX, Karl; ENGELS, Friedrich. **Das Kapital**. 4. ed. Tradução de Reginaldo Sant'Anna. Rio de Janeiro: Editora Civilização Brasileira S. A., 1890.

MARX, Karl; ENGELS, Friedrich. **Manifesto Comunista**. Rocket Edition, 1999. Ed Ridendo Castigat Mores. www.jahr.org. Acesso digital em: 26 set. 2024.